经以济世
建德尚真
贺教方印
科技向项目
必羊玉瓴

李岚林

教育部哲学社会科学研究重大课题攻关项目

"十三五"国家重点出版物出版规划项目

中国—东盟区域经济一体化研究

RESEARCH ON CHINA-ASEAN REGIONAL ECONOMIC INTEGRATION

范祚军 等著

中国财经出版传媒集团

经济科学出版社
Economic Science Press

图书在版编目（CIP）数据

中国—东盟区域经济一体化研究/范祚军等著．—北京：
经济科学出版社，2016.10

教育部哲学社会科学研究重大课题攻关项目．"十三五"
国家重点出版物出版规划项目

ISBN 978 - 7 - 5141 - 7354 - 3

Ⅰ. ①中…　Ⅱ. ①范…　Ⅲ. ①区域经济一体化 - 研究 -
中国、东南亚国家联盟　Ⅳ. ①F114.46

中国版本图书馆 CIP 数据核字（2016）第 250114 号

责任编辑：白留杰
责任校对：杨　海
责任印制：邱　天

中国—东盟区域经济一体化研究

范祚军　等著

经济科学出版社出版、发行　新华书店经销

社址：北京市海淀区阜成路甲 28 号　邮编：100142

总编部电话：010 - 88191217　发行部电话：010 - 88191522

网址：www. esp. com. cn

电子邮件：esp@ esp. com. cn

天猫网店：经济科学出版社旗舰店

网址：http: //jjkxcbs. tmall. com

北京季蜂印刷有限公司印装

787 × 1092　16 开　36.25 印张　690000 字

2016 年 12 月第 1 版　2016 年 12 月第 1 次印刷

ISBN 978 - 7 - 5141 - 7354 - 3　定价：90.00 元

（图书出现印装问题，本社负责调换。电话：010 - 88191510）

（版权所有　侵权必究　举报电话：010 - 88191586

电子邮箱：dbts@ esp. com. cn）

课题组主要成员

（按姓氏笔画排序）

万 亿	王中昭	韦丽娜	韦姿百	方晶晶
申 韬	刘 璐	阮 锟	杨以轩	李 好
李 红	李雄师	吴家奇	何安妮	张文山
张宏杨	张金娟	张 涵	陆建人	陆善勇
范 励	林元辉	岳桂宁	金 丹	周晨阳
郑 薇	贺 柳	秦欣然	徐 啸	郭勇熙
唐文琳	唐玉爽	唐明知	黄立群	黄绥彪
常雅丽	阎世平	梁运文	梁淑红	程 成
廖素桃	缪慧星	黎 鹏	黎耀川	潘 永

编审委员会成员

主 任　周法兴
委 员　郭兆旭　吕　萍　唐俊南　刘明晖
　　　　刘　茜　樊曙华　解　丹　刘新颖

总　序

哲学社会科学是人们认识世界、改造世界的重要工具，是推动历史发展和社会进步的重要力量，其发展水平反映了一个民族的思维能力、精神品格、文明素质，体现了一个国家的综合国力和国际竞争力。一个国家的发展水平，既取决于自然科学发展水平，也取决于哲学社会科学发展水平。

党和国家高度重视哲学社会科学。党的十八大提出要建设哲学社会科学创新体系，推进马克思主义中国化时代化大众化，坚持不懈用中国特色社会主义理论体系武装全党、教育人民。2016 年 5 月 17 日，习近平总书记亲自主持召开哲学社会科学工作座谈会并发表重要讲话。讲话从坚持和发展中国特色社会主义事业全局的高度，深刻阐释了哲学社会科学的战略地位，全面分析了哲学社会科学面临的新形势，明确了加快构建中国特色哲学社会科学的新目标，对哲学社会科学工作者提出了新期待，体现了我们党对哲学社会科学发展规律的认识达到了一个新高度，是一篇新形势下繁荣发展我国哲学社会科学事业的纲领性文献，为哲学社会科学事业提供了强大精神动力，指明了前进方向。

高校是我国哲学社会科学事业的主力军。贯彻落实习近平总书记哲学社会科学座谈会重要讲话精神，加快构建中国特色哲学社会科学，高校应需发挥重要作用：要坚持和巩固马克思主义的指导地位，用中国化的马克思主义指导哲学社会科学；要实施以育人育才为中心的哲学社会科学整体发展战略，构筑学生、学术、学科一体的综合发展体系；要以人为本，从人抓起，积极实施人才工程，构建种类齐全、梯队衔接的高校哲学社会科学人才体系；要深化科研管理体制改革，发挥高校人才、智力和学科优势，提升学术原创能力，激发创新创造活力，建设中国特色新型高校智库；要加强组织领导、做好统筹规划、营造良好学术生态，形成统筹推进高校哲学社会科学发展新格局。

　　哲学社会科学研究重大课题攻关项目计划是教育部贯彻落实党中央决策部署的一项重大举措，是实施"高校哲学社会科学繁荣计划"的重要内容。重大攻关项目采取招投标的组织方式，按照"公平竞争，择优立项，严格管理，铸造精品"的要求进行，每年评审立项约40个项目。项目研究实行首席专家负责制，鼓励跨学科、跨学校、跨地区的联合研究，协同创新。重大攻关项目以解决国家现代化建设过程中重大理论和实际问题为主攻方向，以提升为党和政府咨询决策服务能力和推动哲学社会科学发展为战略目标，集合优秀研究团队和顶尖人才联合攻关。自2003年以来，项目开展取得了丰硕成果，形成了特色品牌。一大批标志性成果纷纷涌现，一大批科研名家脱颖而出，高校哲学社会科学整体实力和社会影响力快速提升。国务院副总理刘延东同志做出重要批示，指出重大攻关项目有效调动各方面的积极性，产生了一批重要成果，影响广泛，成效显著；要总结经验，再接再厉，紧密服务国家需求，更好地优化资源，突出重点，多出精品，多出人才，为经济社会发展做出新的贡献。

　　作为教育部社科研究项目中的拳头产品，我们始终秉持以管理创新服务学术创新的理念，坚持科学管理、民主管理、依法管理，切实增强服务意识，不断创新管理模式，健全管理制度，加强对重大攻关项目的选题遴选、评审立项、组织开题、中期检查到最终成果鉴定的全过程管理，逐渐探索并形成一套成熟有效、符合学术研究规律的管理办法，努力将重大攻关项目打造成学术精品工程。我们将项目最终成果汇编成"教育部哲学社会科学研究重大课题攻关项目成果文库"统一组织出版。经济科学出版社倾全社之力，精心组织编辑力量，努力铸造出版精品。国学大师季羡林先生为本文库题词："经时济世　继往开来——贺教育部重大攻关项目成果出版"；欧阳中石先生题写了"教育部哲学社会科学研究重大课题攻关项目"的书名，充分体现了他们对繁荣发展高校哲学社会科学的深切勉励和由衷期望。

伟大的时代呼唤伟大的理论，伟大的理论推动伟大的实践。高校哲学社会科学将不忘初心，继续前进。深入贯彻落实习近平总书记系列重要讲话精神，坚持道路自信、理论自信、制度自信、文化自信，立足中国、借鉴国外，挖掘历史、把握当代，关怀人类、面向未来，立时代之潮头、发思想之先声，为加快构建中国特色哲学社会科学，实现中华民族伟大复兴的中国梦作出新的更大贡献！

教育部社会科学司

前 言

纵观当今世界的经济发展，经济全球化与区域一体化已经成为世界经济发展的两大主要趋势和潮流。特别是 20 世纪 90 年代以来，区域经济一体化发展模式已表现出独特的魅力，合作形式多样化，合作层次逐渐提高。目前，世界上多数国家都在双边、多边以及次区域的经济合作中把握契机，寻求发展。

中国与东盟国家山水相连、文化交融、血脉相亲，双边关系经历了一个交错融合的发展历程。从最初的交往隔绝，到成功牵手走过"黄金十年"，再到顺利开启"钻石十年"，迈向"中国—东盟命运共同体"，中国与东盟在国际政治、经济关系等方面取得了重要进展：2000 年 9 月，在新加坡举行的第四次中国与东盟领导人会议上，时任中国总理朱镕基首次提出建立中国—东盟自由贸易区，并得到东盟相关国家的积极响应；2001 年 11 月，在文莱举行的中国东盟领导人第五次会议上，双方领导人一致同意在 10 年内建立中国—东盟自由贸易区；2002 年 5 月，中国—东盟自由贸易区谈判正式启动，并于同年 11 月签署了《中华人民共和国与东南亚国家联盟全面经济合作框架协议》，正式确立在 2010 年建立中国—东盟自由贸易区，中国与东盟的经济合作开始步入区域经济一体化进程；2004 年 11 月 29 日，中国与东盟签订《中国—东盟自由贸易区货物贸易协议》和《中国—东盟争端解决机制协议》，中国与东盟的经济合作开始进入实际操作阶段，东盟国家开始承认中国市场的经济地位；2005 年 7 月，中国东盟货物降税计划正式启动；2007 年 1 月 14 日，中国与东盟十国在菲律宾签署了《中国—东盟自贸区服务贸易协议》；2010 年 1 月 1 日，中国—东盟自贸区正式成立，中国—东盟间经济关系发展到一个新的历史水平；2012 年 11 月 4 日，中国与东盟十国领导人共同签署中国—东盟全面经济合作框架协议，中国—东盟自由贸易区建设首次纳入议程。自贸区的成立，标志着中国与东盟国家的关系已进入"钻石十年"的发展阶段，"中国—东盟区域经济一体化"这一个曾经被视为"遥不可及"的战略目标再次被推上战略前沿，中国与东盟之间的经济联系上升到新的历史水平。

然而，中国—东盟区域经济一体化的实现并不是一蹴而就的，其建设过程中往往会存在政治、经济、安全、文化等诸多因素的困扰。目前，中国—东盟关系发展已进入深水区：政治方面，中国与东盟十国政治体制的多样性促使各国在做出战略决策时有着复杂的思考，战略互信有待升级，冲突与摩擦时有发生；经济方面，双方相似的产业结构往往导致同质竞争，加上各国经济发展的不平衡，区域经济一体化举步维艰；安全方面，主权争端特别是南海争端曾经使得中国与有关国家的政治经济合作暂时搁置；文化方面，习俗冲突以及宗教信仰的多元与复杂化使中国与东盟各国间的沟通与理解存在障碍。此外，美国、日本等国对东盟各国事务的介入也在一定程度上阻碍了中国—东盟区域经济一体化的发展。

面对这些问题，现有的研究暂时不能提供出正确的理论指导或是实际解决方案。此外，对影响区域经济一体化进程的约束条件、相关因素以及突破方案也涉猎甚少。而确定相关约束条件，寻找突破路径，在实现区域经济一体化的进程中举足轻重。因此，本书在总结梳理了现有的区域经济一体化理论基础上，提出了中国—东盟区域经济一体化的理论创新框架。通过考察中国—东盟区域经济一体化的政治动因、经济动因、安全动因以及文化动因，充分了解了中国—东盟区域经济一体化的原因所在。通过对中国与东盟区域经济一体化的程度、未来的发展态势以及影响因素进行了测度，在此基础上，制定出中国—东盟区域经济一体化的运行框架和制度保障机制，并站在中国与东盟共同利益的立场上提出中国的推动策略并向东盟成员国或东盟国际组织提出相应的建议，共同推动这一进程。此外，本书就中国与东盟的互联互通建设、产业合作、贸易与投资合作、财政金融合作等的现状及存在的问题也进行了研究，提出了具有针对性的政策建议。最后，从促进中国—东盟区域经济一体化的整体策略和中国策略入手，制定了阶段性策略及国别策略。为了保障区域经济一体化的顺利实施，必须有相应保障机制，因此，对中国—东盟区域经济一体化的运行框架和制度保障本书进行了详细地分析，并提出了现有局限和未来展望。本书运用理论研究、案例考察与实证研究相结合的方法，着重对区域经济一体化程度的测度以及相关影响因素进行考察分析，立足理论同时把握中国—东盟区域贸易和投资现状，并在此基础上制定出促进中国—东盟区域经济一体化的中国策略。

中国政府提出的"包容的思想、开放的胸襟、积极的态度"等周边外交理念为中国—东盟未来合作奠定了更加扎实的基础，也为中国—东盟合作领域研究指明了方向。"流水淘沙不暂停，前波未灭后波生"。从 2010 年筹备申报到 2014 年完题结项，课题组的所有成员们用自己的智慧和心血，克服重重障碍，《中国—东盟区域经济一体化研究》终于问世。这部书稿是课题组全体人员的共同努力成果，是课题组全体科研人员对中国—东盟区域经济一体化这一长期战略的尊重与思考。希望这一成果能够推动学界业界对中国—东盟区域经济合作进一步的讨论与交流，形成新的观点，迸出新的思想火花，对深化中国—东盟全面战略合作伙伴关系、打造中国—东盟自由贸易区升级版、建设"海上丝绸之路"提供理论指导与参考。

2016 年 9 月

摘　要

　　近年来，区域经济一体化趋势已成为世界经济发展格局的重要特征之一，其发展模式在世界经济的发展过程中展示了其独特的魅力。自由贸易区作为其中的一种重要表现形式，在世界范围内得到蓬勃发展，其中，中国—东盟自由贸易区（CAFTA）发展尤其迅速。中国与"大东盟"和中国与东盟各成员国的双边关系都出现了较大的突破，政治、经济、文化、人员交流与安全合作等方面的交往越来越密切。现阶段，中国正倡议与东盟进一步全面深化政治和经济合作关系，强化中国—东盟区域内的互联互通建设，并着力打造中国—东盟自由贸易区升级版，启动21世纪"海上丝绸之路"建设，这预示着中国与东盟的区域经济一体化将进入到一个新的启动阶段。接下来，中国与东盟将积极加快区域经济一体化的进程，以能更好地促进中国与东盟国家之间的物流、资金流、人才流和信息流的形成，更加有效地促进区域市场的发展，为区域内各国人民谋求福祉。围绕这一目标，中国与东盟各国的经贸合作关系应更加密切，合作程度应进一步加深，合作领域应进一步拓宽，并带动中国与东盟全局性、整体性的合作，为东南亚地区的经济发展营造有利的环境。

　　然而，要加快中国—东盟区域经济一体化面临政治、经济、安全、文化等诸多因素的困扰，如政治上双方需要进一步加强战略互信；经济上双方相似产业结构导致同质竞争；安全合作相对欠缺以及领土争端愈演愈烈；文化习俗冲突与宗教信仰的多元化与复杂化依然存在，等等。面对这些问题，现有的研究尚不能提供很好的理论指导或是现实解决方案。此外，现有研究对影响区域经济一体化进程的整体相关因素以及约束条件、突破方案也涉猎甚少。而确定相关约束条件，寻找突破路径，则是推进区域经济一体化的前提条件以及关键步骤。

综上所述，本书首先构建了中国—东盟区域经济一体化研究的理论框架。在总结梳理现有区域经济一体化理论的基础上，提出了中国—东盟区域经济一体化的理论创新。其次，本书考察了中国—东盟区域经济一体化的政治动因、经济动因、安全动因以及文化动因，以充分了解中国—东盟区域经济一体化的原因所在。在此基础上，本书从中国—东盟区域经济一体化的约束条件出发，借鉴区域合作组织的经验与教训，测度中国—东盟区域经济一体化的程度及其影响要素，以总结影响中国—东盟区域经济一体化进程的约束条件，并最终找出突破路径。再次，根据约束条件，本书提出了促进区域经济一体化的整体策略和中国策略。除此之外，本书还专门对中国与东盟的互联互通、产业合作、贸易与投资合作、财政金融合作等领域进行了细化研究，并从这几个角度提出了推进中国—东盟区域经济一体化进程的策略。为了保障中国—东盟区域经济一体化的顺利实施，本书进一步探讨了中国—东盟区域经济一体化的运行框架和制度保障。最后，本书提出了现有的局限和对未来的展望。

Abstract

In recent years, the regional economic integration trend has become one important feature of the world economic development pattern. Such a development mode has also displayed its unique charm during the world economic development process. Free trade area, a key form of this development mode, thrives in the worldwide scope, especially China-ASEAN Free Trade Area (CAFTA) develops in a rapid way. The bilateral ties between China and ASEAN and between China and ASEAN members have made a significant breakthrough and the cooperation in terms of the politics, economy, culture, personnel exchanges, and security is increasingly close. During the current stage, China advocates that the political and economic cooperation should be further deepened in a comprehensive way, China-ASEAN regional connectivity construction should be enhanced, CAFTA should be further upgraded, and the construction of the 21st "Maritime Silk Road" should be launched, which together indicates that China-ASEAN regional economic integration ushers in a new stage. What follows is that China and ASEAN will actively speed up the regional economic integration process so as to better promote the formation of logistics, capital flow, talent flow, and information flow between China and ASEAN countries, to facilitate the development of the regional market in a more efficient way, and to seek for the well-being and happiness of people in all countries of this region. To reach this goal, China and ASEAN countries will launch a closer, deeper, and wider economic and trade cooperation, which will further drive their overall cooperation and thus create a favorable environment for the economic development in Southeast Asia.

However, problems in politics, economy, security, culture and other aspects still remain if the China-ASEAN regional economic integration is to be accelerated. Politically, both sides need to further strengthen the strategic trust; economically, the similar industrial structure of both sides leads to the homogeneous competition; cooperation on security is relatively scarce and territorial disputes are intensified; cultural and custom conflict, religious diversity and complexity still exist. These problems can not be theoretically analyzed or practically solved by the existing researches. In addition, the existing researches rarely dabble in the overall related factors, constraint conditions, and breakthrough solutions of regional economic integration, but the determination of constraint conditions and breakthrough solutions are the prerequisites and critical steps to promote the regional economic integration.

To sum up, this book first builds the theoretical framework of China-ASEAN regional economic integration study and proposes its theoretical innovations based on the current theories of regional economic integration. It then surveys the political, economic, security, and cultural motivations of China-ASEAN regional economic integration to fully understand the reasons why China-ASEAN regional economic integration emerges. Based on the above preparations, the book draws on the experience and lessons of regional cooperation organizations from the perspective of constraint conditions of China-ASEAN regional economic integration and measures the extent and influential factors of China-ASEAN regional economic integration, in order to summarize the constraint conditions and ultimately find breakthrough solutions. Then, according to the constraint conditions, the overall strategy and China's strategy of promoting regional economic integration are put forward. Following that is an elaborate study of China-ASEAN connectivity and their cooperation in industries, trade and investment, and finance and strategies in terms of these aspects which are provided to expedite China-ASEAN regional economic integration process. It further probes into the operation framework and institutional assurance of China-ASEAN regional economic integration to ensure its smooth implementation. The book ends with the existing limitations and outlook for the future.

目　录
Contents

Contents

3

第一章

导　论

第一节　选题背景与意义

一、研究背景

（一）区域经济一体化是全面深化中国—东盟合作的关键推手

近年来，区域经济一体化趋势已成为世界经济发展格局的重要特征之一。自由贸易区作为其中的一种重要表现形式，在世界范围内得到蓬勃发展，中国—东盟自由贸易区（CAFTA）发展尤其迅速，中国与"大东盟"和中国与东盟各成员国的双边关系都出现了较大的突破，政治、经济、文化、人员交流与安全合作等方面的交往越来越密切：从 1991 年中国成为东盟的对话伙伴国到 2001 年 11 月在中国与东盟领导人第五次会议上达成"在 10 年内建立中国—东盟自由贸易区（CAFTA）"的重要共识，这是一个中国—东盟关系的"跨越十年"。随后的 10 年被称为"黄金十年"，中国—东盟自由贸易区于 2002 年 5 月正式启动谈判，并于 11 月签署了《中华人民共和国与东南亚国家联盟全面经济合作框架协议》。2003 年 10 月 8 日，中国宣布加入《东南亚友好合作条约》；2004 年 11 月 29 日，中国与东盟签订中国—东盟自由贸易区《货物贸易协议》和《中国—东盟争端解决机制协议》；2007年1月14日，中国与东盟签署了中国—东盟自贸区《服务贸易协议》，并于2007年7月1日起正式生效；2010年1月1日中国—东盟自由贸易区正式成立。下一个10年，已经被我们定义为"钻石十年"。在这个十年里，自贸区机制的减税效应逐渐降低，我们提出了CAFTA升级版的建议，瞄准了"中国—东盟命运共同体"的宏伟目标，"中国周边外交座谈会"所传递的中国经济外交战略调整信号和习近平主席提出的中国—东盟关系"讲信睦邻、合作共赢、守望相助、心心相印"十六字方针，都要求我们寻求中国与东盟经济合作新的突破点，"中国—东盟区域经济一体化"这一个被视为"遥不可及"的战略目标再次被推上战略前沿。现阶段，中国正倡议进一步全面深化与东盟的政治和经济合作关系，强化中国—东盟区域内的互联互通建设，并着力打造中国—东盟自由贸易区升级版，启动"海上丝绸之路"建设，预示着中国与东盟的区域经济一体化建设将进入到一个新的启动阶段。

（二）中国—东盟走向区域经济一体化面临的诸多问题亟待解决

区域经济一体化发展模式已经展示其独特的魅力：较高程度的区域经济一体化推动了欧盟国家经济的快速增长，使得欧盟成员国日趋扩大；墨西哥金融危机能在较短时间里得到缓解，也在很大程度上说明了区域经济一体化在共同应对金融危机方面能够发挥积极作用。鉴于区域经济一体化在全球经济中日益重要的发展促进作用，中国与东盟应积极加快区域经济一体化的进程，以便能更好地促进中国与东盟国家之间的物流、资金流、人才流和信息流的形成，更加有效地促进区域市场的发展，为区域内各国人民谋求福祉。围绕这一目标，中国与东盟各国的经贸合作关系应更加密切，合作程度应进一步加深，合作领域应大大加宽，并带动中国与东盟全局性、整体性的合作，打开东亚区域合作发展的空间，促进东亚区域合作一体化，增强其在世界事务中的发言权，为东南亚地区经济的发展营造一个有利的环境。

然而，中国—东盟区域经济一体化在实施过程中面临政治、经济、安全、文化等诸多因素的干扰。如政治上，双方需要进一步加强战略互信矛盾不断；经济上，双方产业结构相似导致同质竞争；安全上，双方合作的相对欠缺及其领土争端；文化上，习俗冲突与宗教信仰的多元化与复杂化等等。面对这些问题，现有的研究尚不能提供很好的理论指导或是现实解决方案。此外，现有研究对影响区域经济一体化进程的整体相关因素以及约束条件、突破方案也涉猎甚少。而对于推进区域经济一体化，确定相关约束条件，寻找突破路径，则是推进区域经济一体化的前提条件以及关键步骤。因此，在区域经济一体化和CAFTA升级版的框架下，本书拟从中国—东盟区域经济一体化约束条件角度出发，借鉴相关经验，分析测度中国—东盟区域经济一体化程度及相关影响要素，总结影响中国—东盟区域经济一体化进程的约束条件，最终找出突破路径。除给出促进区域经济一体化的整体策略和中国策略之外，本书还将专门就互联互通、产业合作、贸易与投资合作、财政金融合作等方面进行细化研究，并提出相应的策略，进而推进中国—东盟区域经济一体化进程。

二、研究意义及价值

（一）理论意义与学术价值

关于一体化的程度与影响因素研究：当今世界，经济全球化和区域经济一体化成为世界发展的两大主流趋势，特别是区域经济一体化的步伐在不断加快，而且合作的形式不断多样化，合作的层次逐渐提高。随着区域经济一体化组织的快速发展，相关的理论研究虽然也在不断跟进，但仍有诸多问题尚未解决。例如，区域经济一体化程度的如何判别？区域经济一体化的影响因素是否具有普适性？特别是对于中国与东盟区域合作组织而言，其存在有别于世界上其他区域经济合作组织的特殊性，体现在中国—东盟区域经济一体化是属于发展中国家占主体的南南联合，是中国与外国、东盟十国与外部的首次合作，是一个国家与一个组织的联合，同时又是缺乏主导力量、区内合作和区外竞争并存的区域组织。对于这些不同之处，未有学者专门针对其发展作出系统和全面的理论分析。因此，现有的关于区域经济一体化的理论研究也许不能完全适用于中国与东盟的区域经济一体化。

关于一体化过程与进展规律的研究：我们知道，"经济一体化"一词是在1942年以后才出现的，根据学者们的定义，它是指将单独的经济整合为范围更广的经济的一种状态或过程，在这一过程中通常是伴随贸易壁垒、差别待遇等的消除，生产要素实现再配置。从其发展阶段来看，主要有六个阶段，特惠贸易安排→自由贸易区→关税同盟→共同市场→经济联盟→完全经济一体化。我们面临的疑问是，中国—东盟区域经济一体化是否一定按照这个进程发展？伴随世界各地区域经济合作组织的不断出现，有关区域经济一体化的理论也在不断发展，本书在第二章中将区域经济一体化理论分为传统理论分析框架和现代理论分析框架。我们将围绕中国—东盟区域经济一体化面临的困境提供解决方案，从理论高度分析其发展的突破路径是本书希望取得的理论创新。这对于完善区域经济一体化的理论具有重要的理论意义和学术价值，为以后中国以及其他国家参与国际区域经济一体化组织的研究奠定了坚实的基础。

（二）现实意义与应用价值

中国与东盟国家从地理位置上来看属于近邻，从政治合作上来看属于战略合作伙伴关系，从经济合作上来看双方虽在产业结构方面存在很多相似性，但也不乏互补性很强的产业。并且从目前来看，政治合作和经济合作能够有机互动，未来中国与东盟政治合作要进一步深化，加强区域经济一体化机制建设是关键因素。此外，中国—东盟区域经济一体化的发展对于整个东亚未来的合作而言也将意义重大。因此，对中国—东盟区域经济一体化的研究其现实意义之强、应用价值之高。

首先，中国—东盟区域经济一体化的发展能够为亚洲梦提供可借鉴的案例。中国与东盟在区域经济一体化过程中所面临的困难、采取的对策以及合作的示范效应都将为东亚合作提供经验。自中国—东盟自由贸易区启动建设以来，中国与东盟区域经济一体化就受到了广泛的关注。虽然中国与国际组织之间的关系历经了曲折的过程，但随着经济全球化和区域经济一体化的浪潮逐渐兴起，中国也积极加入到了这一进程之中。从成功加入 WTO，倡导和组织"上海合作组织"，再到积极参与各种国际会议与国际组织，如中国—东盟自由贸易区、东盟与中日韩领导人会议、东亚峰会、东盟地区论坛以及亚太经济合作组织等等。当然，中国参与这些组织、会议的目的不是控制地区，也不是称霸地区或者抢占地区主导地位。用长远的眼光来看，中国政府对于东亚经济合作的态度，其根本目的在于谋求地区和平发展的环境，使睦邻友好的外交战略深入到经济层面更具有积极意义，特别是中国多次强调中国作为东亚的一部分，理应承担相应的责任，这对于中国和东盟国家来说，都具有美好的前景。值得重视的是随着 20 世纪 90 年代"亚洲金融危机"的爆发，东盟经济受到重创，接着全球金融危机后，美国、日本、欧盟三大经济体经济持续低迷，使东盟国家经济也陷入危机。这时候的中国在金融危机后能顶住各方面压力，表现出大国风范，赢得了东盟国家的尊重。当然，中国经济在改革开放以后，能够有突飞猛进的发展，一部分原因在于依托东亚，与东亚各国共同发展，同甘共苦，互相促进，达到双赢。中国要想继续发展下去，还要继续依托东亚，甚至要把与东亚合作的设想提高到一个前所未有的高度，积极推动中国—东盟区域经济一体化。

其次，中国—东盟区域经济一体化也可以作为东盟国家寻求经济一体化发展的经验。20 世纪 80 年代以前日本牵动整个东亚以"雁形模式"发展经济，东盟作为东亚的低成本制造中心，同样也是受益者，在那个时期东盟经济得到迅速发展，但是现在陷入困境，东盟各国急需拓展海外发展空间。东盟经济领域的融合度持续上升，内部贸易比重已经达到地区贸易总量的 55%，内部贸易规模已经达到一定规模以后就很难进一步拓展。此外，东盟国家体量小，市场潜力不大，其出口对欧美日等国的依赖较大。而随着 2008 年全球性金融危机的爆发，这些国家自身的经济陷入衰退，对外就采取了不同程度的贸易保护政策以发展本国经济，这对出口导向型的东盟国家而言是一种沉重的打击。而促进中国—东盟区域经济一体化，东盟与中国可以寻求更广泛的合作空间，东盟各国可以利用中国经济快速发展的成果和广阔的市场空间，推动自身经济发展。中国在全球金融危机发生以来，无疑是表现最好的，东盟借中国这个经济体，可以使东盟经济出现新的发展点。但有一些东盟国家担心中国加入 WTO 后，会使中国企业的国际竞争力日益增强，中国产品的优势更为突出，对东盟国家产品出口中国产生不利影响。如果真正启动中国—东盟区域经济一体化进程，这种顾虑自然就会消除，中国可以提供各种优惠条件使东盟国家的产品顺利地进入中国市场，有利于东盟经济的稳定。

再次，中国—东盟区域经济一体化是深化中国与东盟全面合作的现实需要。中国贸易出口大国是欧美和日本，东盟国家贸易出口大国也是欧美和日本，但在全球金融危机后，欧、美、日经济一路下滑，三大经济体都采取不同程度的贸易保护政策，使中国与东盟出口贸易受阻。中国—东盟区域经济一体化的建立会使中国与东盟贸易与投资通道更加畅通，有利于中国扩大中国与东盟的双向贸易和投资，增加中国与东盟国家的贸易出口额和投资额，增强整体竞争能力和抵御风险的能力。另外，中国企业与东盟国家企业优势互补，中国可以利用东盟的资源、人力，降低企业成本，实现规模经济。而通过双方经济合作的加深，不仅可以获得经济福利，同时也会促进政治、安全、文化领域合作的深化。中国与东盟的合作所体现出的政治与经济的良性互动已经在此前的合作中充分表现了出来，我们有理由相信中国与东盟区域经济一体化的建设将促进双方之间的政治、经济、文化、安全领域的全面合作。

最后，中国—东盟区域经济一体化是推进中国能源战略安全的需要。就目前来看，经济发展离不开资源与能源的供给，但全球战略性资源严重紧缺，中国虽然幅员辽阔，但是部分资源也严重稀缺，如石油、天然气、有色金属矿等。随着中国经济的持续发展，对能源的需求量也将剧增，这必然使我国的能源进口量增加。东盟国家自然资源丰富，中国与东盟国家在资源禀赋方面正好形成优势互补，可以满足区域内的能源需求。并且，从现实情况来看，虽然东盟各国资源能源丰富，但开发程度并不高，中国—东盟区域经济一体化的建立可以促进中国对东盟国家资源、能源开发的投资和东盟国家对中国的出口，利用技术资本优势与东盟国家建立长期合作，从而降低中国进口资源能源成本，缓解我国资源与能源压力。

第二节 文献综述

一、关于区域经济一体化的动机与效应研究

区域经济一体化理论的起源是在 20 世纪 50 年代，1958 年《欧洲经济共同体条约》（简称《罗马条约》）生效，标志着欧洲经济共同体正式成立。这引起了经济学家们对区域经济一体化研究的极大兴趣。纵观现有研究文献，学者们的研究主要集中于对区域经济一体化的效应分析，这主要是为了考察区域经济一体化是否能为区域内国家带来福利增加，其实这也是区域经济一体化的动机所在。

对区域经济一体化动机的研究，Summers（1991）认为合理的区域安排可能使贸易创造效应超过贸易转移效应的影响，此外，区域贸易安排还可能带来其他有益的影响，这些都促使区域经济一体化的发展。[①] 杨森林、陈德泉（1995）从国际局势的宏观方面分析了区域经济一体化的动因，他认为区域经济一体化的动因因时代的不同呈现出阶段性特征：20 世纪 40 年代末至 50 年代末，区域经济一体化的动力主要是出于国际政治斗争的需要；而 60 年代初至 80 年代中，区域经济一体化的基本驱动力是发展中国家为争取经济独立和经济现代化，为加强南南合作和反对国际经济旧秩序；80 年代中至 90 年代中，区域经济一体化的发展则主要是得益于全球性经济竞争和贸易保护主义。[②] Fernandez 和 Portes（1998）认为由于区域经济一体化后贸易所带来的收益比传统收益要大，因此政策制定者们表现出了对区域贸易协定的兴趣。[③] 孟庆民（2001）认为由于区域经济一体化的互补性与竞争性、规模经济以及交易成本机制等内在动力机制使得区域经济一体化的参与主体能够获得利益，这是驱动区域经济一体化发展的原因。[④] 王瑛（2005）在总结区域经济一体化发展的经验与教训基础上，提出区域经济一体化能够为区域内的经贸合作和市场的共建提供协调机制，由此可减少和消除交易和

---

① Summers, Lawrence H. *Regionalism and the World Trading System. In Policy Implications of Trade and Currency Zones*, Federal Reserve Bank Press, 1991, pp. 296 – 297.

② 杨森林、陈德泉：《论区域经济一体化演进机制及阶段特征》，《商业经济与管理》，1995 年第 1 期，第 75 ~ 77 页。

③ Fernandez, R. J. Portes. *Returns to Regionalism*：*An Analysis of Nontraditional Gains from Regional Trade Agreements*, The World Bank Economic Review, Vol. 12, No. 2, 1998, pp. 197 – 220.

④ 孟庆民：《区域经济一体化的概念与机制》，《开发研究》，2001 年第 2 期，第 47 ~ 49 页。

流通的障碍。她认为区域经济一体化发展的动力机制主要是商流的集聚效应与扩散效应、产业转移的"多赢"合作、区域分工协作的专业化生产以及自由市场的贸易一体化四个方面。① 赵媛、诸嘉（2007）认为促使区域经济一体化发展的动力机制为"推、拉、压、支"四力（即外部压力、内在拉力、支撑力和推动力）以及"传统经济利益、非传统收益、政治利益"三大取向。② 陈军亚（2008）在论述西方区域经济一体化理论的起源与发展时分析了新区域主义理论对经济一体化原因的分析，随着贸易自由化的发展，区域贸易协定所倡导的"自由贸易"的意义已经减弱，在区域经济一体化过程中小国对大国单方面支付的出现其原因是小国期望通过签署优惠贸易安排以此获得进入大国市场的保证。因此，在贸易自由化目标被弱化后，各个国家在谈判和签署自由贸易协定时追求的目标呈现多元化。③ 此外，国内的学者还从新制度经济学、政治经济学方面分析了区域经济一体化的动因和本质。从新制度经济学角度来看区域经济一体化是全球化背景下的一个制度创新，它的出现源于潜在利润的存在，是为了减少完全由市场规则决定的全球化带来的不确定性和风险，降低交易成本④⑤。从政治经济学角度来看，区域合作所涉及的不仅仅是经济，任何区域合作或者自由贸易安排都有着明显的政治含义⑥⑦。

对区域经济一体化效应的研究，国外已有很多文献对此进行了分析，国内对此研究主要是论述国外的理论并在此基础上借鉴国外的模型进行实证分析。Scitovsky（1958）研究了生产效率变化对贸易条件的影响。⑧ Tinbergen（1962）⑨ 在引力模型中运用虚拟变量，对贸易创造和贸易转移进行拟合。Balassa（1963）通过局部均衡模型对欧共体的贸易创造和贸易转移进行了系统分析。⑩ Massell

---

① 王瑛：《区域经济一体化发展的驱动机制分析》，《企业经济》，2005 年第 4 期，第 144 ~ 145 页。

② 赵媛、诸嘉：《区域经济一体化的动力机制及组织类型》，《世界地理研究》，2007 年第 3 期，第 1 ~ 6 页。

③ 陈军亚：《西方区域经济一体化理论的起源及发展》，《华中师范大学学报》，2008 年第 6 期，第 57 ~ 62 页。

④ 侴晓光：《从新制度经济学角度看经济全球化和区域经济一体化》，《经济与管理》，2005 年第 8 期，第 10 ~ 12 页。

⑤ 刘澄、王东峰：《区域经济一体化的新制度经济学分析》，《亚太经济》，2007 年第 2 期，第 26 ~ 28 页。

⑥ 张蕴岭：《区域合作的政治经济学》，《世界经济与政治》2004 年第 6 期，第 1 页。

⑦ 曹亮：《区域经济一体化的政治经济学分析》，中国财政经济出版社 2006 年版，第 5 ~ 38 页。

⑧ T. Scitovsky. *Economic Theory and Western European Integration*, Stanford University Press, 1958, pp. 112 – 132.

⑨ Tinbergen, J. *Shaping the World Economy*；*Suggestions for an International Economic Policy*, New York：The Twentieth Century Fund, 1962, pp. 5 – 33.

⑩ Bela Balassa. *European Integration*：*Problems and Issues*, The American Economic Review, 1963, pp. 175 – 184.

（1965）论证了在 Viner 模型框架下单边关税消减的福利效应要优于关税同盟，只有将"公共产品"引入福利效应分析，才能得出关税同盟的全部福利效应。[①] 而继 Tinbergen 之后，Frankel 和 Wei（1993）[②] 将引力模型的虚拟变量发展为两个；Soloaga 和 Winters（2001）[③] 发展为三个虚拟变量。运用虚拟变量拟合区域经济一体化组织的贸易创造与贸易转移效应往往会把对结果的影响全部归因于虚拟变量，从而忽略其他一些重要的解释变量。因此，Michaely（1996）[④] 设计了一套考察潜在贸易创造与贸易转移的指数，避免了使用虚拟变量。Chang 和 Winters（2002）在相同的前提下研究了巴西加入南方共同市场后的贸易条件效应，两者的研究结论表明组织外经济体的贸易条件恶化了。[⑤] Galgau，Olivia 和 Khalid Sekkat（2004）通过对 1980～1994 年欧盟成员国的 FDI 流入量数据进行分析，得出如下结论：欧盟区域经济一体化的发展对成员国 FDI 流入量有明显的促进作用。[⑥] Brodzicki 和 Tomasz（2005）以欧盟为分析视角，运用 GMM 方法对 1960～1999 年 27 个发达国家的面板数据进行了分析，结果显示区域经济一体化在长期与实际人均 GDP 呈正相关关系，但在中期来看，加入欧盟对经济增长的效应为负。[⑦] Brown 等（2006）使用 Computable General Equilibrium（CGE）模型以美国和日本已签订的或正在协商签订的双边和区域自由贸易协定为对象进行了分析，结果显示美、日两国所签订的双边自由贸易协定对两国的福利水平有正面影响，但无论是从绝对值来看还是从相对值来看，其影响都比较小。但通过该模型对另外的区域一体化协定进行分析后发现，有部分区域经济一体化协定存在贸易转移效应并使得非成员方的福利水平下降。[⑧] 李瑞林、骆华松（2007）在《区域经济一体化：内涵、效应与实现途径》一文中认为，对于政府而言，区域经济一体化

① Cooper, C. A. and Massell B. F. . *Toward a General Theory of Customs Unions for Developing Countries*, The Journal of Political Economy, Vol. 73, 1965, pp. 461 – 476.

② Frankel, Jeffrey and Wei Shangjin. *Trade Blocs and Currency Blocs*, NBER Working Paper, No. 4335, 1993, pp. 21 – 23.

③ Soloaga I, Alan Wintersb L. *Regionalism in the nineties: What effect on trade?*, The North American Journal of Economics and Finance, 2001, pp. 1 – 29.

④ Michaely M. *Trade preferential agreements in Latin America: an ex-ante assessment*, World Bank Publications, 1996, P. 4.

⑤ Chang W, Winters L A. *How regional blocs affect excluded countries: the price effects of MERCOSUR*, World Bank Publications, 1999, pp. 16 – 31.

⑥ Galgau, Olivia and Khalid Sekkat. *The Impact of the Single Market on Foreign Direct Investment in the European Union*, APF Press, 2004, pp. 199 – 213.

⑦ Brodzicki, Tomasz. *New empirical insights into the growth effects of economic integration within EU*, Paper presented at the Fourth Annual Conference of the European Economic and Finance Society, 2005, pp. 291 – 314.

⑧ Brown, Drusilla K. , Kozo Kiyota and Robert M. Stern. *Computational Analysis of the Menu of US – Japan Trade Policies*, World Economy, Vol. 29, No. 6, 2006, pp. 805 – 855.

首先带来的是利益分配的问题。如果合作后，双方的福利大于合作前的福利水平，但一方福利水平的提高大于另一方，那么另一方往往会采取政治抵制，只有在合作双方的福利水平共同提高的情况下，双方才可能积极合作。经济一体化并不是对所有地区搞平均，而对于经济利益受损或暂时由于一体化的实施而延缓了经济发展速度的地区，应该以多种形式给予利益补偿。①

二、关于东盟一体化的动机与效应研究

由于东盟一体化的进程广受关注，不仅东盟自身，域外国家也对其给予了高度关注。因此，对于东盟一体化的动机及其效应越来越受到学者们的关注。

对东盟一体化动机的研究，Charles E. Moris 和 Astley Schulke（1978）认为区域合作的动因几乎没有崇高的理想主义，而是出于更合实际的现实考虑，其中的一个事实就是东南亚国家都相对弱小。② 学者王子昌（2002）则从分析区域一体化的条件入手，对东盟的发展进行了评析，笔者认为区域一体化有两个必要条件，一是强烈的合作收益预期，二是解除安全之忧。前述本书已经论及，东盟的成立是出于政治因素，而非经济因素的结果，王子昌认为正是由于东盟的成立是由内外部安全环境受到挤压才导致的结果，使得东盟合作的动力不足，这也是为什么东盟内部合作发展缓慢、仍处于国家间合作的原因。考虑到东盟成立的条件特殊，东盟将遵循外延式发展路径，即主要是成员国的增加和合作事务的扩大，而在合作制度的完善和发展方面会进展缓慢。③ 陈寒溪（2003）对东盟和欧盟的地区一体化进行了比较，笔者认为欧盟的组建是为了寻求和平，其联合的思想源远流长，而东盟的组建则是为了协调矛盾，是出于政治现实的需要。④ Rodolfo Severino（2006）认为东盟成立的原因是在冷战的大背景下为了防止共产主义的威胁甚至遏制中国。⑤ 王勤（2006）认为东盟区域一体化的战略主要包括四个内容：一是倡导多边参与、实现大国的区域性均衡；二是以自身区域化为核心，多层次推进区域一体化进程；三是强调区域一体化内容的多样性和开放度；四是注

---

① 李瑞林、骆华松：《区域经济一体化内涵、效应与实现途径》，《经济问题探索》，2007 年第 1 期，第 52 ~ 56 页。

② Charles E. Moris and Astley Schulke. *Survival Strategy：Foreign Policy Dilemma of Small Countries in Asia*，New York：Sanit Martin Press，1978，P. 265.

③ 王子昌：《一体化的条件与东盟的发展》，《东南亚研究》，2002 年第 2 期，第 41 ~ 46 页。

④ 陈寒溪：《此"盟"彼"盟"各不同——东盟和欧盟的地区一体化比较》，《世界知识》，2003 年第 7 期，第 28 ~ 29 页。

⑤ Rodolfo Severino. *Southeast Asia in Search of an ASEAN Community*，Institute of Southeast Asian Studies，2006，P. 3.

重在区域一体化过程中发挥主导作用。[①] 朱进、王光厚（2009）重点探讨了冷战以后东盟一体化加速发展的动因，笔者认为有三点：一是冷战的结束及全球经济的竞争，使东盟危机感和紧迫感加强，由此加速经济一体化建设；二是后冷战时期，伴随美苏在这一地区的撤军，导致"权力真空"，为有效应对这一新地区安全形势，东盟加速其一体化进程；三是冷战之后东南亚地区集团对抗终结，为东盟扩大其规模提供了可能。[②] 陈璐（2012）在对欧盟和东盟一体化进程进行比较之后认为东盟的成立与欧洲的主动性有区别，东盟是为了抵制帝国主义对其安全的威胁以及应对所谓共产主义的扩张而成立，其更多是出于政治现实的需要。[③] Min Gyo Koo（2012）认为东盟已通过"东盟＋X"论坛显示出一定程度的制度弹性和适应性，比如"东盟＋1"、"东盟＋3"、"东盟＋6"以及"东盟＋8"等，激发这些国家考虑共享（和竞争）地区的领导地位，因为在这一地区复杂的权力和利益平衡当中不允许单一的主导者。[④] Myrna S. Austria（2012）则认为东盟要保持东亚关键角色的地位，现有的东盟服务框架协议和东盟投资领域还不足，必须进一步加强东盟经济共同体的建设。[⑤]

对东盟一体化效应的研究，王勤（2005[⑥]，2008[⑦]）认为自东盟启动区域经济一体化建设进程以来，经济效应已逐步显现，主要表现为区内贸易的扩大，产业内分工与贸易的增强，成员国的市场规模扩大，生产要素的流动性增强以及对区内外投资的吸引。而程敏（2006）则分析了东盟一体化发展中的功能性溢出效应、地理性溢出效应以及政治性溢出效应，认为这些溢出效应实现了东盟区域内经济结构的优化与整合，增强了区域内的凝聚力和在国际谈判中的能力，提高了东盟的地位及吸引力等等。[⑧] 外国学者 L. K. Lim（2008）检验了东盟五国的动态依赖关系和长期关系，以及在1997年亚洲金融危机后，这些国家股票市场是否存在趋同关系，跨市场的一体化程度是否加强。笔者的结论主要有以下几点：在

① 王勤：《东盟区域一体化的发展及成员国间的双边关系》，《当代亚太》，2006年第11期，第10~14页。

② 朱进、王光厚：《冷战后东盟一体化论析》，《北京科技大学学报》，2009年第1期，第38~42页。

③ 陈璐：《东盟一体化的前景——与东盟一体化的比较分析》，《云南社会主义学院学报》，2012年第2期，第66~68页。

④ Min Gyo Koo. The ASEAN + "X" Framework and its Implications for the Economic Security Nexus in East Asia, The Political Economy of the Asia Pacific, Vol. 1, 2013, pp. 89 – 109.

⑤ Myrna S. Austria. Moving Towards an ASEAN Economic Community, East Asia, Vol. 29, 2012, pp. 141 – 156.

⑥ 王勤：《东盟区域经济一体化的进展与前景》，《国际论坛》，2005年第4期，第70~73页。

⑦ 王勤：《论东盟区域经济一体化》，《厦门大学学报》，2005年第5期，第71~76页。

⑧ 程敏：《东盟一体化发展中的溢出效应及其影响》，《经济问题探索》，2006年第5期，第135~137页。

危机之后这些国家的市场的相关度有所提升；除新加坡外，东盟五国在次贷危机时期与美国股指的相关度很低。[1] 由此可见，东盟一体化发展过程中，区内在金融市场发展联动性方面的效应有所体现。卢光盛（2006）评估了东盟经济一体化的绩效，首先，经济一体化有利于各国的经济增长，为和平、合作、协调的宏观环境创造了条件，巩固了各国的对外发展战略；其次，它有利于东盟内部市场的成长，表现为贸易自由化的发展，内部贸易的持续增长以及东盟内部地区生产网络的形成；最后，它有利于提高地区竞争力和拓展外部市场。[2] 刘险得（2008）分析了东盟一体化过程中的"外溢"效应，与区域一体化新功能主义理论的外溢效应相契合，东盟一体化也表现出了功能领域逐渐扩大的过程，由经济向政治、社会以及文化等领域的扩溢趋势。[3] 国外学者 Prasit Aekaputra（2011）从东盟一体化对世界经济的影响角度进行了研究，笔者认为随着 2015 年东盟经济共同体的成立，势必会加强东盟这一区域贸易的发展以及自由化投资的程度，但这些并不意味着东盟经济共同体的建立会阻碍世界贸易组织的发展，相反它能更好地体现世界贸易组织的宗旨，而且作为一个重要的区域经济体能更好地促进世界经济的合作与发展。[4] 李军林、姚东旻、许晓晨（2012）测度了东盟区域经济一体化的边境效应，主要得出两个结论：一是东盟区域内部各国之间的贸易壁垒和边境效应普遍降低；二是东盟作为一个整体对于世界其他主要贸易国家的边境效应在不断提升。据此可以看出，东盟一体化程度在提高。[5] 刘京华（2013）认为东盟一体化过程中取得了巨大的成绩，在关税减让、贸易创造、区域市场成长、贸易增长、产业分工发展、投资创造方面的效应明显。此外，除了在经济方面取得的收益外，东盟在政治、安全等方面也取得了巨大的非传统收益。[6] Meng-Horng Lee 和 Chee-Wooi Hooy（2013）考察了东盟经济体、东盟地区各个国家与行业对东盟股票市场国际多元化潜力的影响，结果表明尽管东盟地区的经济与金融市场一体化的速度在不断加快，国家的影响依然占据对行业发展的统治地位。然而 2008 年次贷危机以来，国家的影响程度有减弱的趋势，同时这也表现在东盟地区的股票市场一体化中，最终结论表明国家统治权力的影响是促成这一地区政治

---

[1]　L. K. Lim. *Convergence and interdependence between ASEAN5 stock markets*, Mathematics and computers in Simularion, 2008, pp. 2957 – 2966.

[2]　卢光盛：《东盟经济一体化的绩效评估》，《世界经济研究》，2006 年第 10 期，第 24 ~ 30 页。

[3]　刘险得：《东盟一体化过程中的"外溢"效应》，《法制与社会》，2008 年第 3 期，第 180 ~ 181 页。

[4]　Aekaputra, Prasit. *Report on the ASEAN Economic Cooperation and Integration*, European Yearbook of International Economic Law 2011, Springer Berlin Heidelberg, 2011, pp. 375 – 386.

[5]　李军林、姚东旻、许晓晨：《东盟区域经济一体化——基于边境效应的实证分析》，《经济理论与经济管理》，2012 年第 4 期，第 102 ~ 111 页。

[6]　刘京华：《东盟区域经济一体化绩效评估》，《长江大学学报》，2013 年第 11 期，第 54 ~ 56 页。

风险的主要原因。[①] Fernando T. Aldaba（2014）研究了东盟经济共同体的进程对劳动力转移的影响，认为东盟区域经济一体化的深化毫无疑问会促进经济增长，但同时也将扩大成员国之间发展的差异。而劳动力的流动性要达到完全自由化在短期和中期还是不可知的，但技术劳工和非技术劳工的转移定会随着货物贸易和服务贸易自由化的发展而显著增加。[②]

三、关于中国—东盟合作动机、领域及策略的研究

关于中国与东盟的合作，首先引起学者们关注的是双方合作的动机，不同国家的学者对合作动机的关注点也有所区别，如西方国家的学者对中国与东盟合作动机的关注点主要是从其对美国等域外国家的视角进行分析的。而对中国—东盟合作的领域及其面临的问题，提出解决对策这方面的研究则主要集中于国内学者的研究。

对中国—东盟合作动机的研究，国外的学者如 Sokolsky、Richard（2000）所作的一项研究报告的突出特点是大力鼓吹中国威胁论，认为一个正在崛起的中国正在构成对东南亚安全的威胁[③]。这实际上是在离间中国与东盟（东南亚国家）的关系，通过渲染中国的威胁，希望通过东南亚国家的手遏制中国在该地区日益扩大的影响，以继续保持美国在东南亚地区的主导地位。Waynet Bert（2003）认为随着中国的崛起，中国在东南亚的利益也日益扩大，它正在谋求更多的机会加入现有的秩序并且试图在最后占主导地位，这是美国的东南亚政策目前面临的最大挑战。[④] Alice D. Ba（2003）认为自 1989 年后，东盟对中国的重要性除外交之外还涉及贸易、投资以及政治合作潜力方面。[⑤] Kuik Cheng Chwen（2005）认为冷战的结束是实现中国—东盟关系发展的重要背景因素，因为它消除了东盟与中国对抗的共产主义威胁，让中国看到了与东盟加强经济合作的希望。另一个背景因素则是多边主义模式的出现，这是中国选择东盟而不再是坚持仅与东南亚各国

---

① Meng-Horng Lee and Chee-Wooi Hooy. *Country Versus Industry Diversification in ASEAN – 5*, Emerging Markets Finance & Trade, Vol. 49, No. 2, 2013, pp. 44 – 63.

② Fernando T. Aldaba. *Migration Governance in the ASEAN Economic Community*, Global and Asian Perspectives on International Migration, Vol. 4, 2014, pp. 197 – 224.

③ Sokolsky, Richard. *The Role of Southeast Asia in U. S. Strategy Toward China*, RAND CORP SANTA MONICA CA, 2000, pp. 5 – 22.

④ Waynet Bert. *The United States, China and Southeast Asian Security-A Changing of the Guard*, New York, Palgrave Macmillan, 2003, pp. 434 – 459.

⑤ Alice D. Ba. *China and ASEAN：Renavigating Relations for a 21st-Century Asia*, Asian Survey, Vol. 43, No. 4, 2003, pp. 622 – 647.

开展合作的原因。① Michael A. Glosny（2006）分析了中国在 1997 年东南亚金融危机以后的政策演变，笔者认为中国通过在金融危机中的表现已经说服了东南亚国家放弃对其的担忧，东南亚国家相信中国强大后有利于该地区的稳定与繁荣。② Evelyn Gob（2007）认为冷战结束后，东盟为促进地区的稳定发展，采取了不在大国选边站的策略，而是尽可能将大国都纳入到这一地区安全结构中，因此，中国对东盟发出合作要约正迎合了东盟的这一需求。③ Shaun Breslin（2010）认为当中国与东盟的关系是经济利益处于主导地位时，双方的合作就会顺利推进，但当地缘政治思想被更多考虑时，合作就被竞争取代。④ 国内的学者韦红（2005）从中国—东盟合作与东亚一体化的视角分析了中国与东盟合作开展的动因。中国与东盟的合作一方面可以在东亚地区形成良好的示范效应，进而发挥"诱导型领导"作用，解决东亚共同体构建中的主导力量错位问题；另一方面，中国与东盟的合作可以释放巨大的政治影响力，从而激励其他国家采取合作行动，减少制约合作的"不确定性"。⑤ 此外，笔者还在 2006 年出版的《地区主义视野下的中国—东盟合作研究》一书中，从地区主义视角研究了中国—东盟合作在东盟各层次地区主义发展中的地位与作用。笔者首先从中国因素方面分析了东盟地区主义发展的动因，认为地区主义是东盟应对中国崛起的战略。而中国与东盟的合作在东盟共同体的建设中发挥了积极的作用，成为实践和推广东盟地区合作观的平台。⑥ 侯文霞、庞维杰（2008）则从相互依存视角分析了中国与东盟由于相互依赖所产生的合作，一方面东盟共同体的建设以及其主导的地区层次的合作都需要中国的支持与合作，另一方面中国的发展及国家利益的维护也需要东盟的发展。二者相互依赖，而这种依赖存在不对称性、能进一步促进双方合作的特点。对于由相互依赖所产生的合作的未来前景，笔者并不赞同一些学者所持的最终会导致不合作、关系破裂的后果，反而认为这种相互依赖可以使双方的合作得到加强。⑦ 杨宏恩（2009）通过实证分析发现，东盟主要是出于扩大对中国的出口以及扩大

① Kuik Cheng Chwen. *Multilateralism in China's ASEAN Policy*：*Its* Evolution，Characteristics，and Aspi-ra-tion，Contemporary Southeast Asia，Vol. 27，No. 1，2005，pp. 102 – 122.

② Michael A. Glosny. *Heading toward a Win-Win Future*：*Recent Developments in China's Policy toward South-east Asia*，Asian Security，Vol. 2，No. 1，2006，pp. 24 – 57.

③ Evelyn Gob. *Great Powers and Hierarchical Order in Southeast Asia*：*Analyzing Regional Security Strategies*，international Security，Vol. 32，No. 3，2007，pp. 113 – 157.

④ Shaun Breslin. *Comparative Theory*，*China*，*and the Future of East Asian Regionalism*，Review of Interna-tional Studies，Vol. 36，No. 3，2010，P. 709.

⑤ 韦红：《中国—东盟合作与东亚一体化》，《现代国际关系》，2005 年第 9 期，第 21～30 页。

⑥ 韦红：《地区主义视野下的中国—东盟合作研究》，世界知识出版社 2006 年版，第 97～127 页。

⑦ 侯文霞、庞维杰：《论相互依存与中国—东盟合作》，《贵州工业大学学报》，2008 年第 2 期，第 27～29 页。

自身的外资流入等动机，展开与中国的经济合作。①

对中国—东盟合作领域的研究，国内的学者们对中国与东盟合作领域的研究范围很广，几乎涵盖了各重要领域，如对中国与东盟政治合作、经贸合作、文化合作、安全领域合作、高等教育合作、产业合作、能源合作等方面均有相关的研究文献。曹云华、唐翀（2005）就指出中国—东盟关系在历经了许多发展变化之后，展开了包括政治、经济、文化以及安全等领域在内的全方位的合作。② 关于中国与东盟的政治合作，赵银亮（2004）③、马春海（2005）④ 均考察了区域制度变迁对中国与东盟政治合作的影响，并从结构现实主义视角解析了双方的合作行为。徐秦法（2009）⑤ 从关联经济理论的视角，肖安宝、元晋秋（2011）则从中国化的马克思主义理论成果的视角分析了中国东盟间的政治合作。⑥ 关于中国与东盟的经贸合作的研究文献非常多，邝国良、肖磊（2003）研究了中国—东盟自贸区贸易合作的战略，认为中国应注重与东盟合作的长期稳定性与互惠性，在具体目标选择上，中国要与新加坡建立经贸合作战略伙伴关系，与高技术贸易导向型国家结成贸易合作伙伴，成为工业制成品贸易型国家的最大出口对象以及与农业及原料贸易型国家结成垂直贸易伙伴。⑦ 杨春梅（2004）⑧ 也探讨了双方贸易合作的战略选择，与前者的结论基本一致。除对经贸合作的整体研究之外，还有众多学者对具体的贸易领域进行了研究，比较多的是对服务贸易的研究，如安德鲁（2007）⑨，张静宜（2010）⑩，高绵等（2010）⑪，唐姣美、钟明容（2013）⑫等学者对中国与东盟服务贸易进行了研究。关于中国与东盟的产业合作，吕洪良

---

① 杨宏恩：《东盟与中国经济合作的动机及其现实收益》，《当代经济研究》，2009 年第 7 期，第 39 ~ 44 页。

② 曹云华、唐翀：《新中国—东盟关系论》，世界知识出版社 2005 年版，第 3 ~ 25 页。

③ 赵银亮：《区域体制变迁与中国和东盟的政治合作》，《国际观察》，2004 年第 6 期，第 20 ~ 25 页。

④ 马春海：《区域制度变迁与中国和东盟的政治合作》，《东南亚纵横》，2005 年第 5 期，第 5 ~ 9 页。

⑤ 徐秦法：《关联经济理论视域下的中国—东盟政治合作》，《学术论坛》，2009 年第 10 期，第 52 ~ 54 页。

⑥ 肖安宝、元晋秋：《中国化的马克思主义与中国—东盟政治关系的发展》，《学术论坛》，2011 年第 9 期，第 61 ~ 64 页。

⑦ 邝国良、肖磊：《中国—东盟自由贸易区的贸易合作战略研究》，《对外经济贸易大学学报》，2003 年第 1 期，第 22 ~ 25 页。

⑧ 杨春梅：《中国与东盟进行贸易合作的战略选择》，《现代财经》，2004 年第 4 期，第 54 ~ 56 页。

⑨ 安德鲁：《发展中国—东盟服务贸易合作的思考》，《消费导刊》，2007 第 11 期，第 28 页。

⑩ 张静宜：《中国—东盟自由贸易区服务贸易发展的思考》，《经济与管理》，2010 年第 6 期，第 93 ~ 95 页。

⑪ 高绵、肖琼、林珊：《中国与东盟五国服务贸易发展趋势与竞争力特点分析》，《亚太经济》，2010 年第 9 期，第 44 ~ 49 页。

⑫ 唐姣美、钟明容：《钻石 10 年：中国—东盟服务贸易发展的机遇与挑战》，《东南亚纵横》，2013 年第 11 期，第 23 ~ 27 页。

（2004）做了详细的分析，从双方开展产业合作的现状及必要性分析入手，探讨了双方开展产业合作的模式。在此基础上，从农业合作、工业合作以及第三产业合作分析了产业合作的具体内容，并对双方未来开展产业合作的障碍进行了分析，最后提出了促进双方产业合作的对策建议，包括推动双方的产业整合和产业升级，加强政府与企业在产业合作中的作用，加强政治文化等的交流与合作。[①]随后，许宁宁（2012）对2011年中国与东盟产业合作的现状进行了分析，并展望双方产业合作的发展趋势。[②] 陈家福（文莱）（2013）认为中国与东盟产业合作需要进行经济转型。[③] 王景敏（2013）则分析了中国与东盟物流产业合作的情况。[④] 余振、葛伟（2014）认为自由贸易区的组建和发展对中国和东盟区域的制造业产业区位分布产生了显著影响。[⑤] 关于中国与东盟的文化合作，萨勒胡丁·萨勒（2008）认为文化产业的合作可以成为促进中国和东盟经贸合作的推动力，应从国家层面和地区层面争取主动。[⑥] 陶剑平（2009）首先分析了自贸区建设对广西文化产业的影响及广西构建"中国—东盟文化产业区"的优势，认为广西应结合特色，培育文化产业品牌，加大文化产业创新力度以及调整文化产业结构等举措来加强与东盟的文化产业合作。[⑦] 覃玉荣（2012）从文化距离视角探讨了中国与东盟跨境民族文化产业的发展。[⑧] 关于中国与东盟的安全合作，方军祥（2005）主要研究了中国与东盟的非传统安全领域合作问题，笔者认为各国在安全上的相互依存在不断加深，所存在的共同利益也逐渐增多。虽然合作才刚开始，但已取得一定的实质性进展，并存在广阔的合作空间。[⑨] 王光厚（2007）分析了中国与东盟关系中的安全问题，他指出菲律宾、越南和印度尼西亚对中国的疑虑较大，而马来西亚、新加坡和文莱虽对中国有一定安全顾虑，但认为还未对自身构成现实"威胁"，泰国、缅甸、老挝和柬埔寨则对中国几乎没有安全顾虑。可见，东盟各国在对中国的安全问题上有着不同的判断。笔者认为增进安全互

---

① 吕洪良：《中国与东盟国家间的产业合作升级》，华中科技大学博士学位论文，2004 年。

② 许宁宁：《中国—东盟产业合作现状、趋势及建议》，《东南亚纵横》，2012 年第 6 期，第 3～6 页。

③ ［文莱］陈家福：《经济转型：中国—东盟相互投资与产业合作》，《东南亚纵横》，2013 年第 10 期，第 23～25 页。

④ 王景敏：《中国—东盟物流产业合作研究》，《经济研究参考》，2013 年第 41 期，第 52～53 页。

⑤ 余振、葛伟：《经济一体化与产业区位效应：基于中国东盟自贸区产业层面的面板数据分析》，《财贸经济》，2014 年第 12 期，第 95 页。

⑥ 萨勒胡丁·萨勒：《论中国和东盟经济发展的文化动力》，《国际学术交流》，2008 年第 2 期，第 127～129 页。

⑦ 陶剑平：《浅析广西与东盟文化产业的交流与合作》，《东南亚纵横》，2009 年第 12 期，第 76～78 页。

⑧ 覃玉荣：《中国—东盟跨境民族文化产业发展与合作——基于文化距离的探究》，《广西社会科学》，2012 年第 11 期，第 168～171 页。

⑨ 方军祥：《中国与东盟：非传统安全领域合作的现状与意义》，《南洋问题研究》，2005 年第 4 期，第 26～30 页。

信，加强沟通交流是消除安全问题的有效举措。[①] Anthony Welch（2014）认为中国与东盟之间的关系源远流长，两者关系具有多样化和复杂性，笔者分析了因为中国崛起以及在东南亚的大量华人的广泛影响，包括高等教育在内所带来的地区安全形势的变化。[②]

对中国—东盟合作面临的问题及对策研究，黄骏（2009）认为中国与东盟合作向前发展的关键是软实力的运用，因为继续深化双方合作面临着一系列的挑战，如共同利益需要进一步整合，价值观存在分歧以及在多元文化环境下需要建设共享文化等，要打造中国—东盟新型合作关系则要充分运用软实力，如加强中国—东盟区域文化建设，构建更具亲和力的国际合作核心价值体系以及主动参与东亚地区机制的建设。[③] 侯振宇（2011）认为中国与东盟存在合作的价值基础，但是后自贸区时代需要寻找新的合作动力。虽然双方在南海问题、经济结构、价值认同以及外部因素等方面仍存在一些障碍，但是只要双方能够正确理解相互的价值，就能为合作奠定基础。从东盟方面来看，中国积极对待东盟的成长并且用实际行动支持东盟的一体化，双方是政治上的好伙伴，中国的经济发展也很好地发挥了地区引擎的作用；从中国方面来看，东盟对中国存在重要的地缘价值，此外，政治上、经济上、文化上和安全上都存在价值基础。对于双方未来合作的前景，笔者认为取决于地区认同以及双方相互价值的认同和理解。[④] 约瑟思·艾思塔尼斯劳、庞奔奔（2011）首先分析了中国—东盟合作未来20年可能面临的一些发展趋势，一是人口老龄化趋势，中国与东盟都将面临人口的老龄化；二是自然资源问题，区域经济的发展会造成各国对自然资源的掠夺，特别是大国更需要大量的自然资源，这会产生经济增长和资源保护之间的问题；三是科技发展，科技的发展能够解决一些难题，但这需要较长的时间，区域内各国都能从科技的发展中获益；四是相对开放和自由的贸易，可以促进区域经济的发展，但需建立规范的管理体制；五是金融方面的问题，区域的合作最终会产生金融合作，未来中国与东盟的金融合作会更紧密与广泛。笔者根据这五大趋势，对中国—东盟未来的合作进行了展望，并提出了相应的建议应对这些趋势，如增强团结精神，提升"共同繁荣"的信念，转变思维模式等等。[⑤] 陆建人（2013）分析了新形势下中国与东盟合作面临的挑战，表现为世界经济低迷、全球贸易下滑以及南海争端，

① 王光厚：《试析中国东盟关系中的安全问题》，《兰州学刊》，2007 年第 2 期，第 64～67 页。

② Anthony Welch. China – ASEAN Relations in Higher Education：An Analytical Framework，Emerging International Dimensions in East Asian Higher Education，2014，pp. 103 – 120.

③ 黄骏：《软实力运用：推进中国与东盟合作的关键》，《现代国际关系》，2009 年第 8 期，第 8～12 页。

④ 侯振宇：《中国—东盟合作的价值基础》，《开放导报》，2011 年第 4 期，第 61～64 页。

⑤ ［菲律宾］约瑟思·艾思塔尼斯劳、庞奔奔：《中国—东盟合作的前景》，《东南亚纵横》，2011 年第 11 期，第 17～19 页。

特别是在后自贸区时代双方合作需要有新的推动力。从短期来看，应进一步推动贸易便利化，开展互联互通建设以及提高中国对东盟的投资；从长期来看则应思考构建中国—东盟经济区。[①]

四、关于中国—东盟区域经济一体化的研究

自中国—东盟自贸区启动建设以来，有关中国与东盟区域经济一体化的研究就受到了学者们的高度关注，从区域经济一体化的动因、面临的困境、解决对策以及区域经济一体化带来的效应等诸多方面进行了分析。

对中国—东盟区域经济一体化的动因、阻碍因素及对策的研究。Kevin G. Cai (2003) 认为全球化和区域一体化的发展，中国与东盟双边经贸关系的快速发展以及双方的相互依赖程度不断加深促进了中国—东盟自贸区计划的提出和顺利推进，除这些因素之外，双方政治领导人对自贸区成本和收益作出的理性判断也推进了这一进程。[②] 柯雷、赵曙东 (2003) 则认为 CAFTA 建立后会面临各种困难，如生产要素在区域内缺乏流动性、汇率的不稳定性。为此，曹云华 (2003) 提出中国与东盟的合作不能只是停留在自由贸易区的水平上，还应该进一步开拓合作的广度和深度。邱丹阳 (2005) 认为我国正在实施和平崛起的发展战略，开展强势经济外交是实施和平崛起战略的主要手段。从地缘经济学角度考察，我国实施和平崛起的战略需要有一个可靠的地区依托，建设中的中国—东盟自由贸易区正在起这样的依托作用，它具有良好的示范效应和扩散效应。李强 (2005) 认为外资竞争与外资转移是中国—东盟区域经济合作的障碍因素。[③] 马炳寿 (2008) 从税收政策协调视角研究了促进中国—东盟区域经济一体化的对策，笔者认为由于区域内各国税收政策存在差异，会对区域经济的协调有序发展产生影响，因此，促进双方区域经济一体化需解除税收障碍，税收政策应及时协调与调整。[④] 孙林 (2010) 认为中国—东盟区域经济一体化有其现实基础，一是有利于双方在国际舞台上地位的提高，二是在后金融危机时期，东盟国家有加强和中国合作的愿望，三是区域经济一体化是经济全球化的必然趋势。并且中国—东盟区域经济一

---

①　陆建人：《当前中国—东盟合作面临的新挑战与对策》，《广西大学学报》，2013 年第 7 期，第 1～4 页。

②　Kevin G. Cai. *The ASEAN-China Free Trade Agreement and East Asian Regional Grouping*，Contemporary Southeast Asia，Vol. 25，No. 3，2003，pp. 387–404.

③　李强：《试论中国—东盟区域经济合作的障碍因素：外资竞争和外资转移》，《经济研究参考》，2005 年第 82 期，第 38～43 页。

④　马炳寿：《促进中国—东盟区域经济一体化发展的税收对策研究》，《广西财经学院学报》，2008 年第 4 期，第 20～25 页。

体化的发展存在有利因素，包括东盟国家认识到与中国进一步加强合作的重要性，而中国也采取了一系列的措施积极推动与东盟的经济联系，双方的经济互补性有望进一步挖掘。虽然双方的经济一体化有其现实需要与有利因素，但中国与东盟的区域经济一体化仍面临政治体制多样性、经济发展不平衡、文化差异较大、贸易结构雷同以及来自日本、美国等外部因素的挑战。孙林建议可采取循序渐进，多渠道、多形式推进，进行货币金融改革推进统一货币的方法推动经济一体化过程，而且在一体化过程中应推举东盟牵头。① 胡超、王新哲（2012）认为在后自贸区时代，关税减低对贸易的促进作用有限，应着手进行制度环境的改善。笔者通过实证分析表明制度环境的差异对中国与东盟国家之间的贸易有显著的影响。为了加强中国与东盟区域经济深度一体化，中国与东盟应从缩小国家之间的差距等制度环境的改善方面着手。笔者用于衡量制度环境的指标体系包括言论自由、政治稳定性、政府效率、规则质量、法治水平、腐败控制，并据此进行了实证检验。结论显示制度环境等隐性因素与基础设施等显性因素一样，对贸易成本有较大影响。② 陆利香（2012）从包容性增长视角研究了中国与东盟的区域经济一体化，认为由于贫困和不平等的广泛持续的存在，因此有必要建立包容性增长。从中国与东盟的实际情况来看，自贸区的建立、关税的减让促进了各国经济的增长，这也在一定程度上使成员国的贫困人口有了明显的下降，但任务仍十分艰巨。建立包容性增长要基于相互信任与求同存异，促进包容性增长的策略为必要可持续的经济增长以及贸易投资的自由化。③ 高辰星（2013）回顾了中国—东盟区域经济一体化发展的历程，在此基础上分析了区域经济一体化所面临的障碍，一是中国与东盟的合作是政治主导下的经济驱动式合作，使双方内部矛盾尖锐，表现为由"中国威胁论"所导致的双方互信障碍、出口产品的竞争对经济一体化的阻碍。二是由于东盟本身的向心力不足，使得中国与东盟合作的壁垒较高。三是区域经济一体化过程中的大国博弈问题严重。面对这些问题，笔者提出要加强贸易自由化的谈判，实现包括货物贸易、服务贸易以及技术及知识产权领域的自由化。此外，还要优化区域内的投资环境，开展次区域经济合作，发展区域内金融体系以及保证区域经济一体化与东盟自身的内部一体化的协调发展。④ 张晓钦（2015）认为中国—东盟自贸区的建设能给双方带来巨大的经济收益，同

---

① 孙林：《中国—东盟区域经济一体化问题研究》，《现代商贸工业》，2010 年第 20 期，第 136～137 页。
② 胡超、王新哲：《中国—东盟区域经济深度一体化——制度环境与制度距离的视角》，《国际经贸探索》，2012 年第 3 期，第 77～85 页。
③ 陆利香：《包容性增长视域下的中国—东盟区域经济一体化》，《学术论坛》，2012 年第 8 期，第 183～188 页。
④ 高辰星：《加速推进中国—东盟区域经济一体化的战略思考》，《国际经贸》，2013 年第 8 期，第 62～64 页。

时，对于保持周边地区的稳定繁荣、促进与东盟国家和平友好，也是我国推动自贸区战略的重要考量。[①]

对中国—东盟区域经济一体化效应的研究。李欣广（2004）研究了中国—东盟区域经济一体化所带来的产业转移效应。这一效应主要体现在经济一体化后可在更广阔的空间内进行经济资源的配置，自由的贸易能够带动投资的自由。此外，产业转移能给中国与东盟各自带来"后发性效益"的发展效应，并且不会减少双方的经济互补性。[②] 东艳（2006）以中国—东盟自由贸易区为例研究了南南型区域经济一体化的 FDI 效应，笔者以古诺数量竞争模型为基础，认为由于区域内贸易壁垒的降低使得跳过关税型投资和重组性平台的投资增加。并且对中国与东盟的实证分析也显示，CAFTA 可通过影响市场规模、进口额、工资水平以及对区内市场的开放程度等影响 FDI 流入的因素来提高区位优势，从而促进 FDI 的整体流入水平。[③] 贺艳红（2009）认为中国与东盟区域经济一体化的形式越来越明显，但双方一体化有利有弊，其中有利的方面体现在资源禀赋之间的优势互补，经贸上的差异互补，产业结构上的互补以及对良好的政治环境的建设有促进作用；不利方面体现在经济和政治环境复杂以及一体化进程难度很大方面。[④] 范祚军、侯晓（2011）研究了中国—东盟区域经济一体化下的成员国之间的税收竞争效应。笔者认为虽然 CAFTA 的建设为各国带来了实惠，但仍无法避免税收竞争问题。税收竞争所带来的影响包括对各国经济利益的影响、对国际社会的影响，以及对税制的完整性等方面的影响。[⑤] 张媛（2013）研究了中国—东盟区域经济一体化下的 FDI 效应。通过设置市场规模、进口总额、劳动力成本以及区域经济一体化的建立等指标来考察区域经济一体化的建立对 FDI 的影响。实证结果表明 CAFTA 的建立对吸引区域外直接投资的流入有促进作用。[⑥]

---

① 张晓钦：《区域经济一体化的演化脉络及对 CAFTA 的启示》，《亚太经济》，2015 年第 6 期，第 94 页。

② 李欣广：《中国—东盟区域经济一体化的产业转移效应》，《国际经贸探索》，2004 年第 6 期，第 78 ~ 82 页。

③ 东艳：《南南型区域经济一体化能否促进 FDI 流入？——中国—东盟自由贸易区引资效应分析》，《南开经济研究》，2006 年第 6 期，第 70 ~ 77 页。

④ 贺艳红：《中国—东盟区域经济一体化的利弊分析》，《中国商贸》，2009 年第 5 期，第 83 ~ 84 页。

⑤ 范祚军、侯晓：《中国—东盟区域经济一体化趋势下的税收竞争与中国的政策选择》，《东南亚纵横》，2011 年第 11 期，第 80 ~ 85 页。

⑥ 张媛：《中国—东盟区域经济一体化 FDI 效应实证研究》，《现代商贸工业》，2013 年第 22 期，第 74 ~ 76 页。

五、研究述评

基于上述研究可以看出，学者们对区域经济一体化的研究取得了丰硕的成果，从区域经济一体化的理论到区域经济一体化的实践，学者们都给予了高度的热情。由于中国—东盟区域经济要实现一体化，必然离不开东盟本身的一体化过程，因此，本书先行对东盟一体化的研究现状进行了梳理，由此可见学者们对东盟一体化的研究高度关注，自东盟组织成立开始就有学者不断对其一体化的动因、效应进行了研究。我们有理由相信，东盟一体化的发展与中国—东盟区域经济一体化的发展密切相关，如果东盟自身经济一体化的水平难以提高，那么与中国的区域经济一体化则更难推进。不过值得高兴的是东盟经济一体化的过程虽面临一些挑战，但一体化的水平在不断地提高，研究也在不断深入，这为中国与东盟区域经济一体化的深化提供了有利因素。

自中国与东盟建立对话关系以来，双方的合作就一直没有停止，而学者们也就双方的合作领域及合作关系进行了详细研究。经过梳理发现，中国与东盟开展了全方位、宽领域的合作，包括政治、经济、文化、社会、安全、产业等的合作正不断展开，学者们就这些领域合作的现状及制约因素，以及未来的合作策略都进行了研究。专门针对中国—东盟区域经济一体化的研究也有较多文献，这些文献主要是探讨区域经济一体化过程中所面临的障碍及制约因素，以及如何消除不利因素使中国—东盟区域经济一体化的进程更为顺利地推进。当然，对中国与东盟区域经济一体化所带来的效应学者们也进行了测度，包括税收竞争效应、产业转移效应、经济效应以及 FDI 效应等等。这些为本书奠定了基础，具有可借鉴的意义。而对于作为中国—东盟区域经济一体化的阶段性成果的中国—东盟自由贸易区的研究文献也较多，学者们认为 CAFTA 的建立是中国—东盟区域经济一体化的最有力经济手段，也是中国在这一地区承担大国责任的重要渠道。现在中国倡议打造 CAFTA 升级版，而 CAFTA 升级版的未来发展方向将是中国—东盟区域经济一体化，这是必然趋势。因此，现阶段学者们进行较多研究的仅是对区域经济一体化的初级阶段的 CAFTA 所作的研究，而对于如何打造 CAFTA 升级版以及中国—东盟区域经济一体化进程的研究成果较少。从未来发展来看，东盟已经启动一体化进程，特别是在《东盟宪章》和《东盟经济共同体》文件生效后，我们应该在 CAFTA 的基础上，系统研究中国—东盟区域经济一体化的进展及其这一进程对于中国和东盟各成员国的影响，以及在此基础上提出推动这一进程的策略与建议。

我们应该根据政治经济学逻辑，测度中国—东盟区域经济一体化程度及其影响因素，系统研究中国—东盟区域经济一体化的约束条件以寻求突破路径，制定中国—东盟区域经济一体化的运行框架和制度保障机制，以掌握主动，站在中国与东盟共同利益的立场上提出中国的推动策略并向东盟成员国或东盟国际组织提出相应的建议，共同推动这一进程。作为中国政府来说，更应该在产业发展与贸易往来、投资与金融合作等具体层面认真研究，以寻求与东盟更广阔的合作领域。

第三节　研究方案

一、研究框架和主要内容

（一）研究框架

本书构建了中国—东盟区域经济一体化研究的理论框架，在总结梳理了现有的区域经济一体化理论基础上，提出了中国—东盟区域经济一体化的理论创新。通过考察中国—东盟区域经济一体化的政治动因、经济动因、安全动因以及文化动因，充分探究了中国—东盟区域经济一体化的根本原因。在此基础上对中国与东盟区域经济一体化的程度、未来的发展态势以及影响因素进行了测度，希望能够把握住影响区域经济一体化的关键因素。由于世界上的区域合作组织非常多，因此本书还选取了其中具有代表意义的区域合作组织进行考察，并总结了其对中国—东盟区域经济一体化的经验与教训。在此基础上分别就中国与东盟的互联互通建设、产业合作、贸易与投资合作、财政金融合作等的现状及存在的问题进行了研究，提出了具有针对性的政策建议。本书还从促进中国—东盟区域经济一体化的整体策略和中国策略入手，制定了阶段性策略及国别策略。为了保障区域经济一体化的顺利实施，必须有保障机制，因此，本书对中国—东盟区域经济一体化的运行框架和制度保障进行了详细的分析。最后，提出了现有局限和未来展望。本书的总体框架如图 1-1 所示。

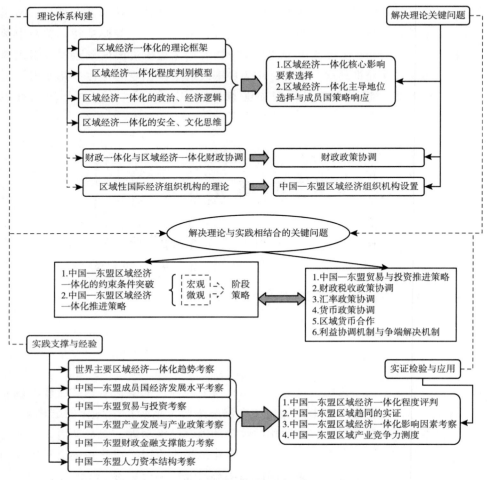

图1-1 中国—东盟区域经济一体化研究框架

（二）主要内容

本书的主要内容包含十三章。

第一章导论。本章阐述了选题背景及研究意义，梳理了区域经济一体化的动机与效应，东盟一体化的动机、效应与影响因素，中国—东盟合作动机、领域及策略以及中国—东盟区域经济一体化研究的相关文献并进行了述评。在此基础上给出了本书的研究框架、研究方法，以及研究中的重点、难点、创新点和研究的不足及对未来的展望。

第二章区域经济一体化的理论基础。本章首先介绍了区域经济一体化的理论体系，将区域经济一体化理论体系划分为传统理论分析框架和现代理论分析框架。其中，传统理论分析框架是指 20 世纪 50 年代到 80 年代中期之前所形成的区域一体化理论，现代理论分析框架则是指 20 世纪 80 年代末期以来所形成的一体化理论。其次，分析了中国—东盟区域经济一体化的特点与中国—东盟区域经济一体化的理论创新。

第三章中国—东盟区域经济一体化动因分析。本章考察了中国—东盟区域经济一体化的政治动因、经济动因、安全动因以及文化动因。政治动因分析了其理论基础及逻辑思维，在此基础上考察了中国—东盟区域经济一体化的政治动因。经济动因分析了其理论基础，中国—东盟区域经济一体化的经济效应（贸易效应、直接投资效应、经济增长效应），以及对中国—东盟经济一体化的经济动因进行了剖析。安全动因分析了国家安全与建构主义安全观、建构主义视角下的国家安全与中国—东盟区域经济一体化，在此基础上研究了中国—东盟区域经济一体化的安全动因。文化动因分析了文化认同与区域经济一体化的关系，以及文化认同推动中国—东盟区域经济一体化发展的情况。

第四章中国—东盟区域经济一体化考察。本章内容主要包括四个部分：首先，在对中国—东盟区域经济一体化现实考察的基础上，应用所构建的区域经济一体化程度判别模型测度中国—东盟区域经济一体化综合指数；其次，应用马尔科夫分析法对中国—东盟区域经济一体化的发展态势进行了测度，刻画了中国与东盟的经济增长关系演进以及推测未来中国—东盟区域经济一体化的发展态势；再次，对中国—东盟区域经济一体化的影响因素做了考察并进行实证分析，依据分析结果提出了促进中国—东盟区域经济一体化的政策建议；最后，对中国—东盟区域经济一体化的约束条件进行了分析，指出了未来中国—东盟区域经济一体化的深化所面临的问题及困难所在。

第五章世界主要区域经济一体化考察及经验借鉴。本章考察了南南型区域经济一体化组织西非经济共同体、南方共同市场，南北型区域经济一体化组织亚太经合组织、北美自由贸易区以及北北型区域经济一体化组织欧盟的发展历程、一体化程度、一体化特点，并对它们做了评价。从这些区域经济一体化组织的发展中吸取经验与教训，并探讨当中值得中国—东盟区域经济一体化借鉴的有益经验，以及避免其中的不利因素。此外，本章还专门将中国—东盟自由贸易区发展情况与南南型、南北型和北北型自由贸易区发展情况做了对比，深入总结了南南型自由贸易区发展的成功条件和失败因素，指出中国—东盟自由贸易区与南南型自由贸易区发展的对比优势和缺陷，及未来中国—东盟自由贸易区在发展过程中应该注意的几个方面。

第六章互联互通与中国—东盟区域经济一体化。本章首先说明了中国—东盟互联互通的建设目的，探析中国—东盟互联互通对中国—东盟区域经济一体化的推动作用。由于互联互通包括三个层面的互联互通：一是物理互联互通，二是机制互联互通，三是人文互联互通，因此，本章探讨了这三个层面的互联互通已经取得的成就及存在的问题。在此基础上结合这些存在的问题，本章提出了促进中国—东盟区域经济一体化互联互通的推进策略，并分别就物理互联互通、机制互联互通、文化互联互通提出了具有针对性的建议。

第七章中国—东盟区域经济一体化与产业合作研究。本章首先对中国—东盟区域产业政策、产业结构、产业分工合作以及产业承接与转移的发展状况进行了考察，在此基础上对中国与东盟各国产业的重要性进行了实证测度，结合东盟各国产业竞争力的分析，本章最后提出了中国与东盟产业合作的策略，包括中国产业政策策略、产业结构策略、产业组织策略、产业布局策略、产业技术策略以及跨境经济合作区建设策略。

第八章中国—东盟区域经济一体化与贸易投资合作研究。本章考察了中国—东盟区域贸易发展的情况，运用产业内贸易指数、中国收入条件贸易指数来测度区域贸易性质，并考察了中国与东盟贸易的静态效应及动态效应。接下来本章对中国与东盟投资发展情况进行了考察，主要分析了双方投资的基本情况以及国际直接投资的效应。在此基础上提出了促进中国—东盟区域经济一体化的贸易投资策略。

第九章中国—东盟区域经济一体化的财政策略。本章对中国—东盟区域经济一体化进程中的财政支撑情况进行了分析。以自由贸易区理论、财政溢出效应、区域财政政策协调的博弈论分析作为理论基础，在此基础上提出了区域经济一体化财政协调的内涵。在考察了中国—东盟财政协调现状基础之上提出了促进中国—东盟财政协调的推动策略，包括财政协调总体推动策略、完善财政政策协调的制度框架以及促进财政政策协调的具体路径选择。

第十章中国—东盟区域经济一体化进程中的金融支撑。本章对中国—东盟区域经济一体化进程中的金融支撑情况进行了分析。首先分析了中国—东盟金融合作的现状，考察了双方金融合作过程中的局限性，在此基础之上提出了中国—东盟区域经济一体化的金融推动策略，包括深化中国—东盟金融合作的推动策略以及助推中国—东盟区域经济一体化的金融手段。

第十一章中国—东盟区域经济一体化策略。本章从政治思维、经济思维、安全思维与文化思维四个维度探讨了中国—东盟区域经济一体化的总体原则，并从这四个维度提出促进中国—东盟区域经济一体化的策略，策略从中国层面、中国—东盟双边层面到东亚层面再到全球层面层层递进。由于中国—东盟区域经济一体化是一个长期的过程，因此，本章还提出了促进一体化建设的近期、中期、远期策略。在区域经济一体化建设中，次区域合作是不容忽视的促进因素，中国与东盟国家的次区域经济合作主要包括大湄公河次区域经济合作以及泛北部湾次区域经济合作，本章分别对这两个次区域的合作现状及存在的问题进行了分析，并提出了相应的策略。此外，中国—东盟自由贸易区是中国—东盟区域经济一体化的重要平台和手段，本章在最后还深入探讨了自贸区建设对中国—东盟区域经济一体化的重要意义及如何打造自贸区升级版。

第十二章中国—东盟区域经济一体化的框架设计与制度保障。本章包括五个方面的内容，一是组织建设，二是利益协调机制，三是争端解决机制，四是人力资本保障，五是法律运行保障。组织建设部分在考察了国际经济组织机构设置的主要模式基础上，提出中国—东盟区域经济一体化过程组织机构的设置。利益协调机制部分在考察了国际区域经济组织利益协调机制的基础上提出了 CAFTA 利益协调机制的模式选择及组织结构。争端解决机制部分在考察了国际区域经济组织的争端解决方法、争端解决机制以及 CAFTA 争端解决机制的现状及缺陷基础之上提出了进一步完善 CAFTA 争端解决机制的建议。人力资本保障部分在分析了中国与东盟十国人力资本结构的基本情况下，提出了中国与东盟人力资本优化策略。法律运行保障部分考察了 CAFTA 现有的政策法规，指出了如何构建 CAFTA 的法律保障体系、完善 CAFTA 的法律配套机制及构建具有法律保障的组织结构。

第十三章现有局限与未来展望研究。本章包括了三部分，首先探讨了中国—东盟区域经济一体化对南海争端解决的积极作用，重点从建设中国—东盟利益共同体、责任共同体、人文共同体对南海争端解决的积极作用进行分析；其次分析了美国"亚太再平衡"对东盟经济一体化及 CAFTA 建设的冲击，并分析了中国应对"亚太再平衡"战略经济冲击的策略；最后分析了中国—东盟区域经济一体化与中国—东盟命运共同体的建设，归纳总结了命运共同体的发展目标，包括利益共同体、责任共同体、人文共同体以及安全共同体。

二、研究方法

（一）理论分析与理论推进的研究方法

"中国—东盟区域经济一体化研究"需要建立在已有研究基础、多学科相关理论与知识等进行理论分析与理论推理基础之上。因此，本书首先搭建理论框架，在介绍了区域经济一体化理论体系后，提出了突破传统路径的中国—东盟区域经济一体化新路径。

25

（二）多学科综合分析与研究的方法

研究对象涉及面广，需综合运用区域经济学、政治经济学、制度经济学、经济地理学、国际经济学、产业经济学、国际金融学、财政学、国际关系学等学科的理论、思维与方法手段，来实施本书的具体研究工作。

（三）理论研究与实证研究相结合的方法

通过理论研究与一般逻辑推理分析，取得正确的理论与方法论思想是完成本项目研究的关键性基础。有效的实证研究是深化、验证理论研究，指导具体实践、取得有效应用的关键性保证。本书涉及的实证分析有：建立中国—东盟区域经济一体化程度评价指标体系，用以分析测定区域经济一体化程度；运用引力模型分析区域经济整体问题，对影响区域经济一体化效果的相关要素进行选择分析；用协调发展的动态均衡模型测度中国—东盟双边经济是否发展均衡、衡量中国—东盟经济协调发展所应具备的必要条件；通过基于假设抽取法的投入产出模型来测度各国国内与其经济发展密切相关的重点产业和主导产业；用主成分分析法测度各国产业的竞争力，筛选出各国的优势产业等等。

（四）文献搜集与实地考察相结合的方法

对中国—东盟区域经济一体化的研究不仅需要搜集国内外公开发表的文献以及各国公布的相关统计资料和数据，更需要到东盟国家进行实地调研，针对本书中的重点及难点问题展开实地考察，以取得第一手资料。

三、研究的重点、难点及创新点

（一）研究重点

第一，对于区域经济一体化程度的测度以及相关影响因素分析是本书的重点。本书总结分析中国—东盟区域经济一体化的约束条件，运用定性定量相结合的方法对各约束条件的约束机理及相关效应进行分析甄别，进而寻找相关条件的约束突破路径，解决中国—东盟区域经济一体化的约束突破问题。

第二，立足理论同时把握中国—东盟区域贸易和投资现状的实证研究，结合各种指数和模型分析，力求深入考察区域贸易效应和投资效应，以此为依据提出相应的基于区域经济一体化的中国—东盟贸易投资策略，全面推进中国—东盟区域经济一体化路径。

第三，由于中国与东盟的出口产品均主要面向日本和欧美市场，而中国与东盟的出口产品结构又极为类似，如何实现产业相对分工，建立区域产业政策协调机制也是本书的重点。产业发展及其分工形成是市场的作用，相关政策的协调特别是跨国的产业政策协调很难实现。本书调整研究思路，将重点放在产业链建设层面。

第四，制定促进中国—东盟区域经济一体化的中国策略，坚持开放的地区主义，并将东盟视为一个整体，既要超脱本国局限性，立足全区域发展的高度，又要从本国利益和地缘特点的实际出发统揽全局，以追求共同利益、应对共同挑战和威胁为路径，提出整体策略和次区域合作策略，同时还有从贸易、投资、技术、产业、能源、劳务等领域对东盟各国提出针对性的国别策略。

（二）研究难点

第一，一体化程度的测定问题。由于相关文献较少，且中国—东盟相关研究方面没有涉及此领域的资料，因此，需要根据相关因素的选择，同时考量数据的可获得性，建立一体化程度判别的分类指标体系。此外，在因素分析过程中，如何运用引力模型对区域经济一体化程度效果进行因素测定也是本书难点之一。

第二，构建协调发展的动态均衡模型，力求推测出是否存在中国—东盟区域经济均衡，以及中国—东盟是否能最终实现协调发展，并推测出未来中国—东盟区域经济一体化的发展态势。

第三，用投入产出模型测度中国与东盟各成员国各产业的重要性的时候需要用到各国的投入产出表，部分国家的投入产出表数据搜集不到，能找到数据的国家的投入产出表公布的时间也仅是 2005 年和 2007 年，还未有最新的投入产出表出来，因此本书只能用这两年的数据进行分析。

第四，在对中国—东盟区域贸易和投资进行考察时，如何合理恰当地运用各种国际贸易指数测度区域贸易状况，并且构建适合于 CAFTA 的引力模型，分别对中国—东盟双边合作的贸易效应、投资效应进行实证分析。

（三）创新点

第一，理论创新尝试。随着区域经济一体化组织的快速发展，相关的理论研究虽也在不断跟进，但仍有诸多问题尚未解决。特别是对于中国与东盟区域合作组织而言，其存在有别于世界上其他区域经济合作组织，体现在中国—东盟区域经济一体化是属于发展中国家占主体的南南联合；是中国与外国、东盟十国与外部的首次合作；是一个国家与一个组织的联合；同时又是缺乏主导力量、区内合作和区外竞争并存的区域组织。对于这些不同之处，未有学者专门针对其发展作出系统和全面的理论分析，现有的关于区域经济一体化的理论研究也并不能完全适用于中国与东盟的区域经济一体化。因此，要更好地服务于中国与东盟区域经济一体化建设，为其面临的困境提供解决方案，并从理论高度分析其发展的突破路径是本书希望取得的理论创新。这对于完善区域经济一体化的理论将具有重要的理论意义和学术价值，为以后中国以及其他国家参与国际区域经济一体化组织的研究奠定坚实的基础。

第二，观念创新突破。《东盟宪章》的生效，预示着东盟共同体的建设已经起步，东盟各国之间联系更为紧密。中国在推动中国—东盟区域经济一体化的进程中，要将东盟作为一个整体来看待，从整体上寻找突破口，有利于中国的形象，避免"分而治之"惯性思维的进一步形成，确立负责任的大国形象。另外，在开放、平等、协调与合作的区域观念下，中国谋求的是有利于本国和地区可持续发展的地区合作，不以取得地区霸权为目的。因此，本书将遵循新区域观和东盟单一经济体，从中国的角度提出全方位的、具有可操作性的区域战略。

第三，研究领域的创新。现有文献多集中于研究区域经济一体化的贸易效应、演进路径、制度安排等等方面，对于系统的提出区域经济一体化发展约束条件的文献较少，现有文献也只是对其相关影响因素进行简要的理论分析，而没有形成体系的研究，更没有系统的提出相关突破路径。鉴于此，本书创新性的采用定性分析与定量分析相结合、理论分析与实证分析相结合的方法，对中国—东盟区域经济一体化的约束条件进行系统的分析，并在此基础上提出突破路径。

第四，研究手段的创新。一是本书首次建立中国—东盟区域经济一体化程度评价指标体系，用以分析测定区域经济一体化程度。二是创新性运用引力模型对影响区域经济一体化的相关要素进行实证分析，并在此基础上结合因子分析，进一步确定影响一体化效果的相关要素。三是将协调发展的动态均衡模型用于测度中国—东盟双边经济是否均衡发展、衡量中国—东盟经济协调发展所应具备的必要条件，预测中国—东盟区域经济一体化未来发展态势，目的是将经济发展战略与经济发展阶段相联系，为中国制定全方位的区域策略提供正确的方向。

四、研究不足与未来展望

本书对中国—东盟区域经济一体化进行了详细而全面的研究，从政治、经济、安全、文化四个维度考察了一体化的动因，最后也从这四个维度分别提出了促进一体化的建议。在研究中不仅对世界上的区域合作组织的经验和教训进行了分析，还分别从互联互通建设、产业合作、贸易和投资合作以及财政金融合作等方面对中国与东盟的合作现状、面临的问题进行了分析，并提出了相应的解决措施。此外，本书还考虑到了保障措施，提出了中国—东盟区域经济一体化的运行框架和保障机制。由此可见，本书涉猎的范围较广，研究较细。但纵然如此，本书仍存在不足。部分东盟国家的政局较为动荡，政治不稳定，这对中国与东盟的区域经济一体化会造成影响，本书对这些影响及可能产生的后果及其解决对策并未进行详细研究；还有部分东盟国家由于国家较小，其相关政策和对外关系很容易受国家领导人的个人意志影响，对这些国家及相关国家领导人的偏好本书也尚未涉及；东盟国家主导并积极推动建设的区域全面经济伙伴关系（RCEP）以及美国积极推动的跨太平洋战略经济伙伴关系协定（TPP）必然会对正在建设的中国—东盟区域经济一体化产生影响，但对此本书虽有涉及，但未做详细分析。此外，中国于 2013 年中国—东盟博览会召开期间向东盟国家提出要打造自贸区升级版，得到了东盟国家的热烈响应，并且接下来中国提出了《中国—东盟国家睦邻友好合作条约》等一系列与东盟合作的计划，提出了"中国—东盟命运共同体"和亚洲梦的宏伟愿景。如果自贸区（CAFTA）升级版能顺利打造、"一路一带"战略规划进展顺利，都将是中国—东盟区域经济一体化迈上新台阶的重要推动因素。对于这些最新进展本书已有所涉及但由于相关战略尚在讨论之中，因此，未能做深入和全面的分析。进一步说，虽然说 21 世纪"海上丝绸之路"的地域范围不只局限于东盟，而是以点带线，以线带面，串起连通东盟、南亚、西亚、北非、欧洲等各大经济板块市场链的大的开放战略格局，但从这一战略构想首先是在东盟语境下提出的就能看出东盟在建设 21 世纪"海上丝绸之路"上的特殊作用。在所有沿线的国家和区域当中，东盟是 21 世纪"海上丝绸之路"建设的优先方向，是战略先行区。从后续研究看，以下三个方面的内容将是中国—东盟区域经济一体化领域持续研究的重点：一是 21 世纪"海上丝绸之路"建设的内涵、战略意义及战略定位，从中国—东盟区域合作的需要及应对周边大国的挑战两个方面阐述中国—东盟区域经济一体化的战略意义。二是重点探讨东盟在 21 世纪"海上丝绸之路"建设中的重要意义及优先作用，阐述东盟的战略先行区地位及其在中国—东盟区域经济一体化中的重要作用。本部分还要重点分析与东盟共建 21 世纪"海上丝绸之路"所面临的诸多问题，如南海领土争端就是横亘在双方之间的重要瓶颈，因为 21 世纪"海上丝绸之路"的构建主要是强化沿线国家之间的海上合作，这就意味着如何和平解决与东盟部分成员国之间的南海领土争端问题就成为影响 21 世纪"海上丝绸之路"建设的重要因素。此外，东盟各成员国对 21 世纪"海上丝绸之路"建设的态度并不一致，有些成员国积极响应，但有些成员国反应则较为冷淡，因此，如何采取差异化的合作策略以进行应对也是值得探讨的问题。在此基础上，还必须考虑到美国、日本、印度等中国—东盟域外大国对中国—东盟区域经济一体化的反应及遏制。三是为如何发挥东盟在 21 世纪"海上丝绸之路"建设中的战略先行区地位提出具有针对性且较为具体而全面的政策建议，既可以促进 21 世纪"海上丝绸之路"战略的顺利实施，又能推动中国—东盟区域经济一体化进程。考虑到中国—东盟自建立对话关系以来双方政治经济互动关系的特点，在解决与东盟关系发展所面临的问题时必须重视政治与经济的良性互动，拓展区域经济一体化的研究视野，如将 21 世纪"海上丝绸之路"的建设与南海领土争端的解决，与美国通过东盟所采取的对中国的遏制战略等有效结合起来，通过政治与经济之间的良性互动，最终促进中国—东盟区域经济一体化进程，助力 21 世纪"海上丝绸之路"的建设。综上所述，本书将在以后继续跟进这些最新动态，并对研究得不深入或者未涉及的内容做进一步的细化研究。

第二章

区域经济一体化的理论基础

　　最早提出"经济一体化"概念的是 Tinbergen（1952），他认为"经济一体化就是将有关阻碍经济最有效运行的人为因素加以消除，通过相互协调与统一，创造最适宜的国际经济结构。"[1] Tinbergen 把经济一体化分为消极一体化和积极一体化，消极一体化是如自由贸易区、关税同盟等消除贸易壁垒的一体化形式；积极一体化是指打破原来单个国家的制度体系，协调建立新的制度体系的一体化形式，如共同市场、经济同盟。消极一体化容易实现，而积极一体化较难实现，需要很长的时间去建立[2]。此外，Tinbergen 认为"经济一体化可以有效地减少区域内成员间武装冲突的可能性"，这为中国—东盟政治、经济、民族矛盾、宗教等各方面都较为复杂的区域进行经济一体化实践提供了一种理论支持。我们基于中国—东盟区域经济一体化与世界其他区域组织的不同[3]之处，借鉴 Baldwin 和 Venables（2004）的分析，并结合主流经济学的发展，将区域经济一体化理论体系划分为传统理论分析

---

　　① Tinbergen，J. *International economic integration.* Elsevier，Amsterdam，1954，P. 54.

　　② Tinbergen，J. *International Economic Integration.* Amsterdam：Elsevier Publishing Company，1965，pp. 77 – 79.

　　③ 中国—东盟区域经济一体化是属于发展中国家占主体的非传统南南合作（新加坡、文莱为小型发达国家）；是中国与外国、东盟十国与外部的首次合作；是一个国家与一个组织的联合；同时又是缺乏主导力量、区内合作和区外竞争并存的区域组织。

框架①和现代理论分析框架②。并在此基础上，提出了中国—东盟区域经济一体化突破路径（见图2-1），即中国不应像日本、韩国、印度那样以"外围者"的身份与东盟整体谈判，而是应该进入东盟，成为东盟一员，以中国为主导带动东盟各成员国的经济发展，随着经济的发展，中国—东盟区域经济一体化进程阻力将越来越小。

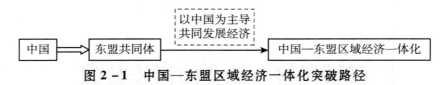

图2-1　中国—东盟区域经济一体化突破路径

第一节　区域经济一体化的理论框架

区域经济一体化的理论是一个复杂而综合的体系，有不同的架构方法。英国经济学家彼得·罗伯逊（Peter Robson，1990）按照国际经济一体化的组织形式对这一理论体系进行了架构，认为区域经济一体化的理论体系应由自由贸易区理论、关税同盟理论、共同市场理论、经济同盟理论和完全的经济一体化理论构成③。我们在深入研究区域经济一体化理论的基础上，借鉴 Baldwin 和 Venables（2004）④ 的分析，并结合主流经济学的发展，将区域经济一体化理论体系划分为传统理论分析框架和现代理论分析框架（见图2-2）。下面主要以这两大理论框架为线索展开分析。

---

① 区域经济一体化的传统理论分析框架是指20世纪50年代以来到80年代中期之前所形成的区域一体化理论，由于这一阶段的一体化理论其假设前提与传统的主流国际贸易理论相似，即都以完全竞争、产品同质、要素不流动等为假设前提而冠名。

② 现代区域经济一体化分析框架则是指20世纪80年代末期以来所形成的一体化理论，由于这一阶段所形成的一体化理论是以现代主流经济学的新贸易理论、新增长理论和新经济地理学理论为基础，以规模经济、不完全竞争和要素的自由流动为假设前提而得名。

③ Peter, R. *The Economics of International Integration*, Academic Division of Unmin Hyman Ltd. 1990.

④ Baldwin, Venables J. V. *Regional Economic Integration*, in Gene M. Grossman and Kenneth Rogoff（eds.），Handbook of International Economics，2004.

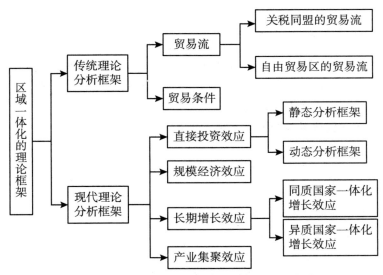

图 2-2　区域经济一体化的理论分析框架

一、区域经济一体化的传统理论分析框架

区域经济一体化的传统理论框架是以维纳（Viner Jocob，1950）所提出的关税同盟理论为基础和代表的。1950 年维纳在《关税同盟问题》中第一次提出了贸易创造和贸易转移这两个在一体化经济学中最基本和最重要的概念，并以此着重分析了成员国参与关税同盟后的贸易流和贸易条件的变化。贸易流主要用于衡量一体化组织成立对贸易流量和贸易方向的影响，而贸易条件则主要考察一体化组织的建立对贸易条件的影响①。后来米德（Meade，1955）在维纳模型的基础上，将区域一体化的分析扩展到了自由贸易区，提出了自由贸易区的成立对成员国贸易流和贸易条件的影响。因此，区域经济一体化的传统分析框架也可以称为 Viner-Meade 框架，他们的分析大多属于静态分析②，重点关注的是一体化的实施对区域内部成员国之间的贸易以及区域内部和外部国家之间贸易的影响，只有极少数的文献能从生产领域研究区域经济一体化的生产效应，但尽管如此，它们也仅仅是作为贸易效应的一种派生效应进行研究的。

① Viner J. *The Customs Union Issue*，Carnegie Endowment for International Perce Press，1950，pp. 1 – 221.
② Meade，J. E. *The theory of Customs Union*，North-Holland Amsterdam Press，1955，pp. 1 – 121.

（一）对贸易流的分析

贸易流是指一国加入区域一体化后对该国贸易流量和贸易方向的影响。维纳（1950）在一定的假设条件下通过引入贸易创造和贸易转移两个概念，使用局部均衡的方法分析了贸易流的影响。

1. 关税同盟的贸易流分析：Viner 框架

（1）假设条件。

①商品和要素市场是完全竞争的。

②产品具有同质性。

③生产要素只能在国内流动而不能跨国流动。

④运输成本忽略不计。

⑤关税是唯一的贸易管制形式。

⑥价格能准确地反映生产的机会成本。

⑦世界产品市场的供给具有充分弹性。

⑧贸易收支平衡。

⑨资源被充分利用。

（2）贸易创造效应和贸易转移效应。

①贸易创造（Trade Creation）是指关税同盟成立后，由于内部关税的取消而引起的同盟内某一成员国由消费本国较高成本的产品转向消费同盟内伙伴国较低成本的产品而引起的福利增加。这种福利增加一方面是由于减少或取消与伙伴国产品同类的产品生产而引起的成本的节约，另一方面是由于本国消费者增加了对伙伴国较低成本产品的消费而引起的本国消费者剩余的增加，前者又可称为生产效应（Production Effects），后者称为消费效应（Consumption Effects）。

②贸易转移（Trade Diversion）是指关税同盟成立后，由于同盟内关税的取消而引起的同盟内某一成员国由进口同盟外国家较低成本的产品转向进口同盟内伙伴国较高成本的产品而引起的福利损失。

③维纳准则，即维纳提出的用于衡量一个关税同盟总体福利效果的标准。维纳认为如果一个关税同盟能使其成员国的贸易创造大于贸易转移，则该关税同盟就有利，否则就不利。

（3）局部均衡分析。

①图 2-3 横轴表示进口量，纵轴表示进口价格。

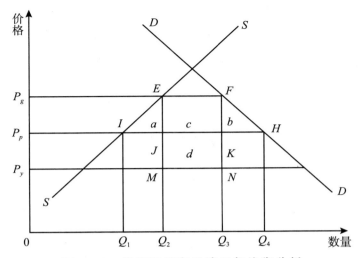

图 2-3　关税同盟贸易流局部均衡分析

注：图中小写字母表示该字母所在图形的面积，大写字母表示交点。

资料来源：张彬、王胜、余振：《国际经济一体化福利效应——基于发展中国家视角的比较研究》，社会科学文献出版社 2009 年版，第 19 页。

②SS 表示供给曲线，DD 表示需求曲线。

③P_y 表示非成员国产品的价格，P_p 表示成员国产品的价格，P_g 表示国内征收关税后产品的价格。

④关税同盟成立前，全部产品将从非成员国进口，进口量为 Q_2Q_3，政府的关税收入为 $c+d$。

⑤关税同盟成立后，由于关税取消，从成员国进口便宜些为 P_p，对非同盟国由于征收关税，所以进口价格加上关税的价格就为 P_g，显然 $P_p < P_g$，因此关税同盟成立后，国内进口全部转向同盟内成员国的产品，由于价格的降低使进口量增加为 Q_1Q_4，显然 Q_1Q_4 比 Q_2Q_3 多了（$Q_1Q_2 + Q_3Q_4$）部分，此时的 Q_1Q_2 可看做进口对国内生产的替代，增加了 a 的生产福利。Q_3Q_4 可看做是由于国内价格下降后所增加的消费量，增加了 b 的消费福利，$a+b$ 即为关税同盟的贸易创造的效应。

⑥贸易转移应由进口量 Q_2Q_3 所引起的成本上升表示。关税同盟成立前，全部的进口由非同盟国提供，价格为 P_y，进口的成本为 Q_2Q_3NM，关税同盟成立后，同样的进口量由同盟内伙伴国提供，价格为 P_p，进口成本为 Q_2Q_3KJ，显然进口成本增加了 d，即关税同盟的贸易转移福利损失。

⑦如果差值 $a+b-d>0$，即贸易创造效应大于贸易转移效应，关税同盟有净福利增加，如果差值 $a+b-d<0$，则表示该关税同盟有净福利损失。

2. 自由贸易区的贸易流分析：Meade 框架

（1）假设条件。

米德（Meade，1955）在维纳关税同盟的基础上提出了自由贸易区理论，其基本假设条件与维纳相同。

（2）贸易偏转效应。

所谓贸易偏转（Trade Deflection）是指成员国从关税最低的国家进口商品，然后在区内成员国内部销售以获利的现象。

（3）局部均衡分析（见图 2 – 4）。

第一，某一产品在 H 国和 P 国的供给曲线分别为 S_H、S_p，需求曲线为 D_H、D_p，并且 H 国的生产效率低于 P 国。

第二，H 国和 P 国在成立自由贸易区前，H 国的关税为 $P_W T_H$，P 国为 $P_W T_p$，并且 P 国的关税水平小于 H 国，P_W 为世界市场的供给价格。

第三，H 国和 P 国形成自贸区之后，两国间的商品往来不再设立关税，但它们各自的对外关税水平保持不变，此时 H 国国内价格为 T_P，显然，$a + b$ 为贸易创造效应，d 为贸易转移效应。

第四，在 T_P 下，H 国的需求大于供给，差额部分 $L'N'$ 完全由自贸区成员国 P 国弥补。而且在 P 国，T_P 价格下国内供求均衡，供给量为 OM，其中它会把 $L'N'$ 出口到 H 国，即相当于 $L''M$ 部分，而自己会再以 P_W 的价格从世界购买相当于 $L''M$ 的数量来满足国内需求，这就是自由贸易区产生的间接贸易偏转效应。"原产地原则"也不能限制 P 国将本国生产的 $L'N'$ 部分产品出口 H 国，并从世界市场进口 $L''M$ 部分产品满足本国需求。这一贸易偏转效应给 P 国带来了 g 面积的福利收入。

第五，如果 H 国和 P 国形成关税同盟，并且两国对外征收相同的关税 $P_W CET$，CET 为共同关税水平下的价格，但在 CET 价格下，由于 P 国供给大于需求的缺口大于 H 国需求大于供给的缺口，因此同盟内部总体供给大于需求，价格水平下降为 P_{cu}，此时 $US = TM'$。从 H 国看，与之前形成的自贸区相比，表示贸易创造的区域 a、b 减少了，而表示贸易转移的区域 d 增大了。从 P 国看，向 H 国出口 TM' 数量的商品会给 P 国带来 $c + f + e$ 的矩形面积福利，但由于 c 和 e 分别代表的是本国消费者和生产者的损失，为负效应，因此，净福利仅为三角形 f。

第六，对比自贸区和关税同盟可知，在关税同盟下，H 的贸易创造 a、b 减少了，而贸易转移 d 增大了，P 国的净福利也由 g 下降为 f，所以总体而言，关税同盟相对于自由贸易区是一种次优选择。

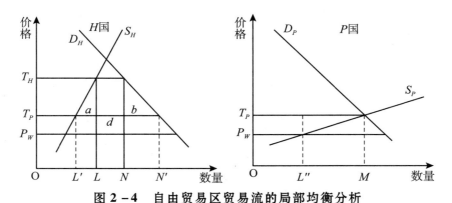

图 2 – 4　自由贸易区贸易流的局部均衡分析

注：图中小写字母表示该字母所在图形的面积，大写字母表示交点。

资料来源：［英］彼得·罗布森，戴炳然译：《国际经济一体化经济学》，上海译文出版社2001 年版。

3. 从 Viner 框架到 Meade 框架，贸易流对区域经济一体化的解释

Viner 框架是运用贸易转移和贸易创造指标对关税同盟贸易效应进行分析，认为如果贸易创造效应大于贸易转移效应，则关税同盟是有利于成员国的发展。Meade 将 Viner 研究进行了拓展，对区域经济一体化中自由贸易区的组织形式进行了探讨，他提出自贸区要避免贸易偏转带来的福利损失。虽然 Viner 和 Meade 的研究主要集中在区域经济一体化的早期阶段（关税同盟与自由贸易区），但其对我们的研究具有重要的理论指导意义。首先，可以运用 Viner-Meade 框架考察目前中国—东盟自由贸易区的发展状况，如果区域内福利水平为正，则说明选择自由贸易区形式是成功的，如果区域内福利水平为负，则要考虑造成福利损失的可能环节；其次，如果中国—东盟区域经济一体化具有进一步发展的可行性，则可借鉴 Viner 和 Meade 的研究方法从理论上探讨中国—东盟区域经济一体化下一阶段的组织形式。

（二）贸易条件分析

贸易条件是指一国出口商品的价格与进口商品价格的比值。显然，一国的出口商品价格越高，进口商品价格越低，该比值会越大，贸易条件会得到改善，该国的福利水平也会得到提升。尽管单个国家的进出口量一般不会影响到世界市场的价格，但如果是多个国家结成区域经济一体化组织后，它们就可以有足够的进出口量来影响世界市场的价格，进而影响到一体化组织与世界其他地区的贸易条件，产生贸易条件效应。

1. 以关税同盟为例的局部均衡分析（见图 2 – 5）

第一，O_H、O_P、O_W 分别表示 H、P、W 三国的产品供给曲线。

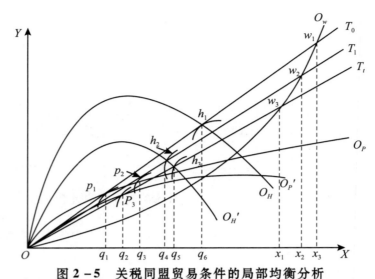

图 2 – 5　关税同盟贸易条件的局部均衡分析

资料来源：张彬：《国际区域经济一体化的比较研究》，人民出版社 2010 年版，第 38 页。

第二，在自由贸易下，贸易条件由 OT_0 表示，H 国出口 q_6h_1 的 Y，与 W 国换取 Oq_6 的 X 商品。P 国出口 q_1p_1 的 Y，与 W 国换取 Oq_1 的商品 X，显然，H 国和 P 国出口的 Y 产品总量为 $q_6h_1 + q_1p_1 = OX_3$，即为 W 国的进口量。

第三，当 H 国征收从价税后，供给曲线变为 $O_H{}'$，贸易条件变为 OT_1，在新的贸易条件下，H 国进口下降为 Oq_4，出口下降为 q_4h_2，P 国出口上升为 p_2q_3，进口上升为 Oq_3，但是由于 W 国的进口量下降为 OX_2，小于 OX_3，说明 H 国和 P 国出口的 Y 产品总量在下降。

第四，当 H 国征收从价税后，其贸易均衡点由 h_1 移动到 h_2，尽管它的进出口额都在减少，但由于 H 国是商品 Y 生产最有效率的大国，它出口 Y 的数量下降使得 Y 产品的世界市场价格提高，而进口 X 的下降则使 X 产品的世界市场价格下降，因此由贸易条件＝出口 Y 商品的价格/进口 X 商品的价格可知 H 国由于贸易条件得到改善而使其福利水平得到提高（从图 2 – 5 可看出 h_2 处的福利水平高于 h_1 处的福利水平）。

第五，再来看 P 国。当 H 国征收从价税后，使得 P 国的进出口量都获得了上升，但由于 P 国是小国，其进出口量的上升不会影响到 X 和 Y 的世界市场价格，但它却可以享受由于 H 国进出口的下降而引起的 X、Y 世界市场价格变动而改善的贸易条件进而提高了自身的福利，表现在图形上为 P 国的贸易均衡点由 p_1 移动到了 p_2（p_2 处的福利水平高于 p_1 处的福利水平）。

第六，如果 H 国还想进一步改善贸易条件提高福利水平，则 H 国就需要游说 P 国采取与自己相同的关税政策，如果 P 过采纳了 H 国的建议并与之建立关税同盟，那么两国的贸易条件都将得到进一步的改善。表现在图形中，如果 H 国、P 国形成了关税同盟后，贸易条件变为 OT_t，P 国的贸易均衡点由 p_2 移动到 p_3 后，福利出现了下降。此时，如果 H 国希望 P 国与自己建立关税同盟，它就必须给予 P 国相应的补偿，且这个补偿应该比 p_3 点和 p_2 之差要大，但又要比 h_3 与 h_2 点的福利水平要小。因此，只有通过制定合适的关税和补偿机制，才能使参与关税同盟的 H 国和 P 国的福利水平均得到提高。

2. 区域经济一体化趋势与贸易条件改善

以上是以关税同盟为例分析贸易条件的变化，相应地自由贸易区阶段的贸易条件变化也是类似的规律。但一般来说，如果区域经济一体化发展的程度越高，那么生产专业化分工越精细，资源要素利用的越充分，商品在国际市场上越具有垄断优势，那么区域组织在出口方面就越能够影响国际市场价格。另外，区域经济一体化发展程度越高，该区域成员国之间政治、经济等政策越统一，那么在进口区域外国家的商品时，如果以该区域整体进行价格谈判要比单个或者区域一体化程度不高的组织进行价格谈判会更有效率。综合两方面，其他条件不变的情况下，区域经济一体化程度越高，贸易条件（出口商品的价格/进口商品的价格）越容易得到改善。

二、区域经济一体化的现代理论分析框架

20 世纪 80 年代末，随着区域经济一体化组织的不断发展和深化，很多新问题已远远超越了传统理论框架所描述的范围，再加之新贸易理论、新经济地理学理论和新增长理论的出现，使得许多学者开始将传统理论的假设前提放宽，试图从规模经济、产品差异、不完全竞争、要素自由流动等前提假设出发，重新审视区域经济一体化的收益，这些收益更多以动态效应显示。我们借鉴 Baldwin 和 Venables（2004）的分析，将 20 世纪 80 年代末以来的区域经济一体化现代分析框架归纳为规模经济效应、直接投资效应、长期增长效应和产业集聚效应。由于区域经济一体化现代理论分析框架重点从生产领域分析区域经济一体化的生产效应，因而能更全面、更科学地揭示区域经济一体化的福利效应，下面分别进行论述。

（一）规模经济效应

如果一个国家由于国内市场狭小而无法形成经济规模，那么区域经济一体化有可能使之获得规模经济收益。下面以关税同盟为例考察区域经济一体化的规模经济效应（见图 2-6）。

第一，以 D_H、D_p、AC_H、AC_p 分别表示 H 国和 P 国的市场需求曲线和平均成

本曲线。

第二，两国国内产品价格分别为 P_H、P_p，并且 $P_H > P_p$，世界市场价格为 P_W，在加入关税同盟前，H 国政府征税为 $P_W P_H$，P 国政府征税为 $P_W P_p$，两国在加入关税同盟后，两国政府对外征收相同的关税 $P_W P_{cu}$。

第三，由于 $P_{cu} < P_p < P_H$，使得 H 国的消费者增加消费 MM'，带来了消费效应 b，而且 H 国的生产者以 P_{cu} 进口来替代原来的 OM，带来了生产效应 a。对于 P 国而言，由于价格下降为 P_{cu}（由规模生产所带来的成本节约）使得 P 国的消费者多消费了 NN'，带来了消费效应 e，生产者则以较低的成本生产了 ON，带来了生产效应 c。此外，P 国还可以以高于 P_W 价格向 H 国销售 $N'X_u$，带来了获利 f。其中 $c + e$ 为成本下降效应。但由于 H、P 国在成立关税同盟前都从世界市场以 P_W 价格进口，但关税同盟成立后，H 国转向 P 国进口，而 P 国的产品则同时供给国内和 H 国，产量为 OX_u，其产品成本高于世界其他地区低成本的进口，造成了贸易抑制效应（Trade Suppression Effect）。

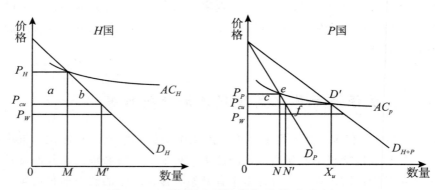

图 2 – 6　关税同盟规模经济效应分析

注：图中小写字母表示该字母所在图形的面积，大写字母表示交点。

资料来源：［英］彼得·罗布森，戴炳然等译：《国际一体化经济学》，上海译文出版社 2001 年版。

（二）直接投资效应

1. Kindleberger 的静态分析框架

对于区域经济一体化的直接投资效应，Kindleberger（1966）[①] 进行了开创性的研究，他认为关税同盟不仅能产生贸易创造效应和贸易转移效应，还能产生投

① Kindleberger, C. P. *European Integration and the International Corporation*, Columbia Journal of World Business, 1966, pp. 65 – 73.

资创造效应和投资转移效应。投资创造效应，也就是如果区域经济一体化产生贸易转移现象，那么会使区域外产品进入区域内变得更加困难，为了能够进入区域市场，区外企业可能选择直接投资方式进入区内，而区域内企业也会为了能够占用更大的市场份额而相互增加直接投资。

投资转移效应一方面是指如果区域内实现了一体化，那么成员国之间的区位优势格局会发生变化，使得投资转向优势更大的成员国；另一方面，由于区域经济一体化，区域内的市场形成联盟，市场容量变大，使得其他国家增加对区域内投资而减少对其他地区的投资（见表 2 - 1）。

表 2 - 1 　　　　　　　　　　**Kindleberger 的静态分析框架**

投资创造	投资转移
区内企业对区内的投资增加	区域内部各国间发生的投资转移
区外企业对区内的投资增加	区外非成员国对区内的投资转移

2. Yannopoulos 和 Dunning 的动态分析框架

Yannopoulos（1990）和 Dunning（1993）深化了 Kindleberger 的思想，分析了区域经济一体化的动态效应对直接投资的影响。他们按照关税同盟的静态和动态效应差异区分了以下四种不同类型的投资：

（1）防御性出口替代投资。这类投资是区域外企业为了维持一体化内部的市场份额，应对一体化可能带来的贸易转移效应而采取的一类投资行为。在这种情况下，FDI 替代了贸易，因此，贸易效应为负，投资效益为正。

（2）重组型投资。对于一体化之前就已经在该地区有投资的非成员国企业而言，重新整合现有的投资结构往往可以带来更大收益，使投资产生集聚现象，从而带来贸易创造的效果。这种投资的净投资效应和贸易效应往往是中性的。

（3）进攻性出口替代投资。这类投资体现了一体化的动态效应。一体化所带来的潜在经济增长效果会使该区域的需求增加，从而刺激跨国公司增加投资额，该类投资不会对贸易产生替代作用，其投资和贸易效应均为正。

（4）理性投资。该类投资是跨国公司出于降低生产成本和获得规模经济的考虑而采取的投资行为，这种投资往往是建立在生产成本和要素禀赋的国际差异基础上的，所以能与贸易形成相互促进的效果[①]（见表 2 - 2）。

[①] Dunning, J. *Multinational Enterprises and the Global Economy*, Addison Wesley, MA, 1993, pp. 17 - 61. Yannopoulos, G. *Foreign Direct Investment and European Integration: the Evidence from the Formative Years of the European Community*, Journal of Common Market Studies, 1990, pp. 235 - 259.

表2－2   四种投资类型的投资和贸易效应

投资类型	投资效应	贸易效应
防御性出口替代投资	正	负
重组型投资	中性	中性
进攻性出口替代投资	正	正
理性投资	正	正

资料来源：鲁晓东：《国际直接投资——基于区域经济一体化视角的研究》，经济管理出版社 2011 年版，第 27 页。

（三）长期增长效应

区域经济一体化的增长效应是指由于区域一体化带来的区内成员国经济增长水平发生变化而引起的成员国内部福利的增加或减少。区域经济一体化的增长效应可以分为同质国家的一体化增长效应模型和异质国家的一体化增长效应模型，下面分别进行介绍。

1. 同质国家的一体化增长效应模型

同质国家的一体化增长效应模型以 Rivera-Batiz 和 Romer[1] 在 1991 年提出的模型最具代表性。他们将 Romer 的内生增长模型扩展到开放经济条件下，考察了两个同质国家在实现了区域经济一体化后，由于规模经济效应引发了两国的经济增长。首先，他们假定世界上只有两个国家（本国和外国）组成，产品市场完全竞争，参与生产的生产要素只有三种，分别为非技术劳动力 L、人力资本 H 和物质资本 x，其中物质资本相当于一种中间产品投入，它主要取决于知识技术水平，这样他们构建了如下生产函数：

$$Y(H,\ L,\ x) = H^{\alpha}L^{\beta}\int_{0}^{A} x(i)^{1-\alpha-\beta}di$$

上式中的 A 表示最新研发出来的知识技术，同时，知识技术增长函数构建如下：

$$\Delta A = \delta HA$$

结合上两式得：

$$\Delta A = BH^{\alpha}L^{\beta}\int_{0}^{A} x(i)^{1-\alpha-\beta}di$$

其中，B 为常数代表规模因素。

---

[1]   Luis A. Rivera-Batiz and Paul M. Romer. *Economic Integration and Endogenous Growth*, The Quarterly Journal of Economics, Vol. 106, No. 2, 1991, pp. 531 – 555.

在消费方面，假定消费者偏好满足拉姆齐偏好（Ramsey Preference），方程表示如下：

$$U = \int_0^\infty \frac{C^{1-\sigma}}{1-\sigma} e^{-\alpha} dt, \ \sigma \in [0, \ \infty)$$

其中，U 代表效用，C 代表消费，σ 代表跨期替代弹性，t 表示消费者的时间偏好。

结合以上生产函数和效用函数可以推导出消费者福利最大化和生产者市场出清时的均衡增长率。Rivera-Batiz 和 Romer（1991）在这种内生增长框架下提出了新的观点：由于区域经济一体化能够通过联合的研发模式代替各个国家的单独行动，从而促进各成员国在特定专业化模式下的知识技术思想相互交流。因此，区域一体化这种组织模式可以促进知识技术在更大范围内传播和扩散，从而加速经济增长。

2. 异质国家的一体化增长效应模型

在异质国家研究中影响比较广泛的是 Frenkel 和 Trauth（1997）[①] 作出的模型研究，下面以此模型框架为基础对同质国家的一体化增长效应模型进行简单介绍。首先，该模型假设世界上只有两个国家组成（本国和外国），产品市场完全竞争，生产要素包括三种分别为非技术劳动力 L、人力资本 H 和物质资本（相当于中间产品的投入 x、m，取决于知识技术水平的应用）。假设国内知识积累方程为：

$$\Delta A = \delta (A + A^*) H_A$$

其中，A 为本国知识存量，A^* 为外国知识存量，ΔA 表示知识增量，H_A 代表本国投入在研发部门的人力资本，δ 为常数。同样，外国知识积累方程为，其中 * 代表国外。

$$\Delta A^* = \delta (A + A^*) H_A^*$$

同时本国的生产函数给定如下：

$$Y = H_y^\alpha L^\beta \left[\int_0^A x^\gamma(i) \, \mathrm{d}i + \int_0^{A^*} m^\gamma(j) \, \mathrm{d}j \right]$$

同理可得出国外生产函数：

$$Y^* = H_y^{*\alpha} L^{*\beta} \left[\int_0^A x^{*\gamma}(j) \, \mathrm{d}j + \int_0^A m^{*\gamma}(i) \, \mathrm{d}i \right]$$

为了计算方便，假设规模报酬不变，即 $\alpha + \beta + \gamma = 1$，这样在区域一体化导致产品价格相等的前提下，通过求出三个市场的均衡解即可得到模型生产部门的

[①]　Michael Frenkel and Thomas Trauth. *Growth Effects of Integration among Unequal Countries*, Global Finance Journal, Vol. 8, No. 1, 1997, pp. 114 – 129.

均衡解。即首先，由产品的生产价格等于产品的边际产量可得到产品市场的均衡解；其次，由中间产品获利的现值总和等于专利的价格可求出中间产品市场的均衡解；最后由每个部门的工资等于人力资本的边际产出可求出劳动力市场的均衡解。

在消费方面，同样假定消费者的偏好满足拉姆齐偏好（Ramsey Preference），建立消费者效用函数如下：

$$U_0 = \int_0^\infty U(C) e^{-\alpha} \mathrm{d}t = \int_0^\infty \frac{C^{1-\sigma} - 1}{1 - \sigma} e^{-\alpha} \mathrm{d}t$$

通过结合以上生产函数和效用函数可以求解出均衡增长率。在这种框架下，区域经济一体化会使得两国的经济增长率都会得到提高并趋于一致。但在消费者时间偏好不一致和生产效率不一致的情况下，初始生产效率高研发投入大的国家研发部门会进一步扩张，而初始生产效率低研发投入小的国家研发部门会收缩，因此区域经济一体化对初始研发水平较高的国家会更有利一些。

（四）产业集聚效应

区域经济一体化会对不同经济的产业布局、厂商位置的确定、劳动力流动以及新制造业中心的形成等方面产生影响，引发产业集聚。产业集聚来源于产业的向心力与离心力的相互作用，马歇尔（Marshall, 1920）[1] 曾将向心力概括为知识溢出效应、各种劳动力市场的蓄水池效应以及需求的扩大效应，离心力主要是指与集聚有关的负外部性，包括交通拥挤、污染及大城市的高额租金。而克鲁格曼（Krugman, 1991）[2] 则根据新经济地理学提出的核心—边缘模型进一步分析了影响产业集聚的向心力和离心力，他认为向心力一般包括本地市场效应和价格效应。离心力一般来源于市场竞争，主要是指由于集聚导致的企业增加会使竞争加剧，从而限制企业的获利能力。

借鉴范剑勇（2004）的研究，可将区域经济一体化水平对产业集中度的影响归纳为先递增后递减的倒"U"形。假设有两个资源禀赋完全相同的经济体，当它们的一体化水平较低时，它们的生产和消费基本上靠自给自足，并没有发生贸易往来，此时两经济体的产业集中度相等，即 $v_1 = v_2$，产业结构不存在差异，两经济体的专业化水平为零。当两经济体的一体化水平由低级向中级水平逐渐推进时，由于历史的偶然因素使得某一经济体的制造业具有初步优势，则该经济体将通过向心力吸收另一经济体的生产要素而使其制造业优势逐渐得到扩大，在累积

---

① Marshall A. *Principles of Economics*, Macmillan Press, 1920, P. 57.

② Krugman P. *Increasing Returns and Economic Geography*, Journal of Political Economy, Vol. 99, 1991, pp. 483 – 499.

循环机制的作用下，最终形成两经济体的"制造业中心—农业外围"的产业布局，在这一过程中，一方将逐渐成为制造业中心，即 v_1 逐渐趋向于 1，而另一方的制造业则逐步被掏空和边缘化，即 v_2 趋向于 0。当两经济体一体化水平向高级水平推进时，原制造业中心受产业集聚的离心力作用，出现产业向外围地区转移，与原制造业中心进行产业分工协作。此时，原制造业中心的产业集中率、区域专业化水平都有所下降。区域专业化生产的内容取决于经济体间的要素价格差异，如果两个经济体原来资源禀赋相同，则两地制造业平均集中率将重新趋于相等，即 $v_1 = v_2$（见图 2 - 7）。

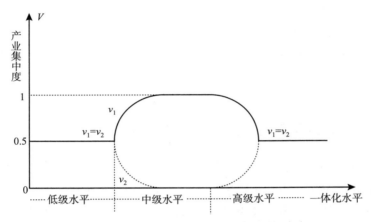

图 2 - 7　一体化水平对产业集聚的影响

资料来源：范剑勇：《市场一体化、地区专业化与产业集聚趋势》，《中国社会科学》，2004 年第 6 期，第 43 页。

（五）现代理论分析框架与中国—东盟区域经济一体化

区域经济一体化的传统理论分析框架主要从贸易的角度分析区域经济一体化给成员国带来的福利变化，而现代理论分析框架则侧重从生产的角度分析区域经济一体化的影响。从中国—东盟合作的情况来看，自由贸易区现阶段主要集中在贸易领域，投资、金融等制度还不完善。但仅贸易方面的合作已经不能满足中国与东盟双方合作的需求。现代理论分析框架为中国—东盟区域经济一体化的发展提供了理论基础。根据现代理论的分析，区域经济一体化能够促进要素自由流动、产业集群发展、区域经济增长等。因此，中国和东盟要想取得长足的发展，应积极推进中国—东盟自由贸易区的升级，推进中国—东盟区域经济一体化的发展。

第二节　基于中国—东盟区域经济一体化趋势的理论创新

目前来看，中国和东盟区域经济一体化的进程似乎并不顺畅，中国—东盟区域经济一体化的困境体现在：一是区域内异质性结构，增加了多方谈判的难度；二是区域内同质性问题，阻碍了一体化的进程；三是中国与东盟整体的双边协调困难较大；四是区域外部力量影响一体化进程。传统路径已经不适用于中国—东盟区域经济一体化的进程。基于经济一体化程度与各国经济发展水平密切相关的理论，我们将在理论层面增加新元素，为中国—东盟区域经济一体化提供理论指导。

一、中国与东盟区域经济一体化的特点

中国和东盟的区域合作目前尚处于自由贸易区阶段，是中国与其他国家谈定的第一个自由贸易区，也是东盟作为一个整体与一个国家建立的第一个自由贸易区，它的规模仅次于欧盟与北美自由贸易区，位居世界第三。虽然中国—东盟自由贸易区是为了顺应世界经济全球化的潮流而建立的，但它也有其自身不同于国际上其他区域组织的特点，这些特征将影响并贯穿于整个中国—东盟区域经济一体化的进程中。中国与东盟区域经济一体化的特点在于：

（一）发展中国家占主体的非传统南南联合

中国与东盟区域经济一体化进程中涉及的国家有中国与东盟十国。参与国的结构为发达国家 2 个（新加坡、文莱），发展中国家 9 个（中国、柬埔寨、印度尼西亚、老挝、马来西亚、缅甸、菲律宾、泰国、越南）。中国—东盟区域经济一体化的建立将是继欧盟、北美自由贸易区之后的未来世界第三大经济体，也是国际上发展中国家最大的区域经济一体化组织。

（二）中国与东盟的首次合作

中国—东盟自由贸易区是中国与世界其他国家建立的第一个自由贸易区，也是东盟十国与世界其他国家建立的第一个自由贸易区。中国—东盟自贸区的建立是中国和东盟十国共同应对世界经济全球化、加强抵御风险能力的重大举措，是

双方基于自身的发展需要而相互选择密切关系的积极体现，更是近些年来中国与东盟十国经贸合作发展的必然结果。可以说，中国—东盟自由贸易区是中国与东盟十国双方开创首次合作的里程碑，并为中国—东盟区域经济一体化的进一步发展奠定了坚实的基础。

（三）一个国家与一个组织的联合

东盟距今成立 40 多年，并建立起了较为成熟的合作机制。因此，在中国—东盟区域经济一体化的框架下，中国面临的是和一个发展较为成熟的区域经济一体化组织之间的联合与博弈，这是与欧盟、北美自由贸易区等区域组织最大的不同，而且已经成为世界上一种新的区域经济一体化合作模式，即一个国家与一个组织的区域合作。

（四）缺乏主导力量

从实践的角度来看，为了维系区域经济一体化的稳定，世界上主要区域组织内部都会有一个主导力量，例如，欧盟的主导力量国是法国和德国，北美自由贸易区的主导力量是美国。但在中国—东盟区域内，目前主导国的位置尚在空缺，没有主导力量，中国—东盟区域经济一体化的进程以及其合作机制将会存在很大的不确定性。如果只是比较经济实力，东盟任何一个国家都无法与中国相比，但是东盟国家主张发挥它们的"合力优势"，因此，主导国的争夺较量难以避免，因此，长期来看，中国—东盟区域经济一体化运作机制的不确定性还将持续下去。

（五）区内合作和区外竞争并存

区域经济组织建立的主要前提就是比较优势。从中国—东盟区域内来看，中国和东盟之间，一方面，在资源禀赋、文化风俗、经济结构和政策导向等方面有一定的相似之处，具有一定的竞争性；另一方面，在原材料、能源、资金、技术、劳动等方面存在着巨大差距，双方又具有一定的互补性，这为开展合作奠定了基础。

从中国和东盟国家所面对的国际市场上来看，与东盟国家经济合作较多的主要是美国、日本、欧洲等发达国家，中国与东盟一样，市场也主要依赖美国、日本和欧洲国家，中国与东盟的经济结构和产品结构类似，双方相对优势较小，所以从外部环境来看，中国与东盟本身就存在着对国外市场的竞争关系。如何协调和解决中国与东盟国家在共同国际市场上可能面临的摩擦与竞争，是中国—东盟区域经济一体必须要面对的现实问题。我们相信，加强区内合作可以为可能遇到的国际竞争提供缓冲地带。

二、中国与东盟区域经济一体化的理论分析

我们将从区域经济学传统理论框架下（静态分析），分析如果中国—东盟自由贸易区升级为关税同盟或共同市场，其区域经济一体化为中国和东盟带来的效应。

（一）关税同盟效应

根据 Viner（1950）提出的关税同盟理论，中国与东盟如果走向关税同盟阶段（假设东盟是一个整体①），那么将带来贸易创造效应与贸易转移效应。如图 2 - 3 所示，假设横轴表示进口量，纵轴表示进口价格。SS 表示供给曲线，DD 表示需求曲线。P_y 表示非成员国产品的价格，P_p 表示中国—东盟区域内成员国产品的价格，P_g 表示中国征收关税后产品的价格。在关税同盟成立前，假设中国全部产品将从区外的非成员国进口，进口量为 Q_2Q_3，我国政府的关税收入为 $c+d$。但关税同盟成立后，由于关税取消，我国从东盟各国进口价格降为 P_p，而对区外非成员国由于征收关税，所以进口价格加上关税的价格就为 P_g，显然 $P_p < P_g$，因此如果中国与东盟建立关税同盟后，中国国内进口全部转向中国—东盟内成员国的产品，由于价格的降低使进口量增加为 Q_1Q_4。因此，a 和 b 为中国—东盟建立关税同盟后的对中国所产生的贸易创造效应。

在中国—东盟关税同盟建立之前，中国全部的进口产品来自中国—东盟区外国家，价格为 P_y，进口的成本为 Q_2Q_3NM，中国—东盟关税同盟成立后，同样的进口量由同盟内东盟成员国提供，价格为 P_p，进口成本为 Q_2Q_3KJ，d 便为由于成立中国—东盟关税同盟后的贸易转移效应。如果差值 $a+b-d > 0$，则表示中国与东盟关税同盟后有净福利增加；如果差值 $a+b-d < 0$，则表示中国与东盟关税同盟后有净福利损失。

（二）共同市场效应

自由贸易区与关税同盟主要假设是成员国之间和世界其他地区的生产要素是

---

① 以上分析是基于东盟作为一个整体，而实际上东盟是由十个国家组成，《东盟宪章》确定的目标包括"建立一个稳定、繁荣、极具竞争力和一体化的共同市场和制造基地"，这意味着东盟将会以一个共同体的形态与中国组建关税同盟，其中的福利增加与损失将会更加复杂。

不流动的，但共同市场不仅实现了产品市场的一体化，还通过排除集团内要素自由流动的障碍实现要素市场一体化。下面以资本为例，分析中国和东盟如果达到共同市场阶段所带来的效应。

图 2-8 描绘了各国的生产条件，其中 M_h 和 M_p 代表在给定劳动力总量的前提下，中国与东盟资本总量与资本边际产品之间的关系。在关税同盟阶段，中国的资本总量为 M，东盟的资本总量为 Q。在共同市场建立之前，假设资本不能在中国与东盟之间自由流动，在完全竞争的市场环境下，单位资本的利润等于边际产品，因此，中国的总利润为 $q+t$，总产出为 $p+t+s+r$，劳动力的份额为 $p+r+s$。同样的在东盟，总利润为 $x+z$，劳动力的份额为 y。由图 2-8 可以看出，中国与东盟的资本回报仍存在差异，东盟较高，说明东盟较中国具备更有利的生产环境。

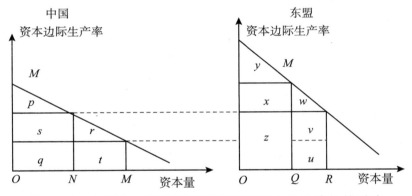

图 2-8　中国与东盟共同市场情况下资本自由流动的影响

如果在中国与东盟之上附加共同市场，消除了资本流动的障碍。假设外来资本投入量是控制的，不受引入共同资本市场的影响。共同市场建立后，资本会从中国流向东盟，以求更高的回报率。当达到同等边际生产率时，就达到了一个新均衡。中国的资本总量为 N，东盟的资本总量为 R。

共同市场虽然并不是所有的要素都增加了收益，但从图 2-8 可以看出，结果产生了明显的效率收益，两国都从共同市场中获得了好处。中国国内产品减少至 $p+q+s$，但其国民总收入增加了 $v-r$。在东盟区域内，其国内生产总值增加了 w。

三、中国与东盟区域经济一体化的理论创新

近年来，各种发展程度的经济体都在积极地推进区域经济合作进程[①]。对于

---

① 各种发展程度的经济体包括发达国家、发展中国家、欠发达国家。

发展中国家之间的联合，学术界持有不同观点。Oman（1994）则认为，区域一体化是发展中国家实现生产全球化增长效益的一种手段，这是因为发展中国家间的新区域主义是在生产和经营全球化背景下发生的①。罗布森（2001）认为，发展中成员间的一体化难以找出共性的理由②。在讨论到发展中国家经济一体化收效甚微时，赫国胜等（2003）认为主要原因于：首先，发展中国家经济发展水平普遍较低，缺乏进行贸易合作的物质基础。其次，发展中国家市场规模狭小限制了区域集团的作用。第三，新兴工业的区位配置及固有效益分配的不公平性③。

对于发展中国家与发达国家的联合，Schiff 和 Winters（2003）认为，对于发展中国家来说，形成南北 RIAs 比南南 RIAs 更符合逻辑。他们认为，如果发展中国家有意于区域化，对其来说几乎毫无疑问的是与一个大的富国签约比与一个小的穷国签约要好。因为，对大多数产品来说，大的富国一般会是一个更有效率的供应商④。Tinbergen（1954）则认为区域经济一体化一个非常重要的原因在于经济一体化可以有效地减少区域内成员间武装冲突的可能性⑤。

从实践的角度来看，世界上发展中国家与发达国家的联合还是一种比较新的模式，北美自由贸易区是第一个发达国家与发展中国家合作的区域组织，它有它的成功经验，各成员国都得到了相应的利益，但由于各经济体之间巨大的差距，北美自由贸易区无法像欧盟一样，快速地进行一体化，所以目前也只能停留在自由贸易区阶段。中国与东盟同样属于发展中国家与小型发达国家的区域合作，现在也正处于贸易一体化的发展阶段，所以如果按照 Balassa（1961）的路径，距离完全的中国—东盟区域经济一体化还要经历要素一体化、政策一体化两个阶段，如果按照 Lipsey（1960）的路径，距离完全的中国—东盟区域经济一体化还要经历关税同盟、共同市场、经济同盟、完全经济一体化四个阶段。中国与东盟如果想摆脱像北美自由贸易区的困境，那么就应当修正传统路径，寻求更适合中国与东盟区域经济一体化的道路。

（一）传统途径的困境

传统的区域经济一体化发展路径一般为优惠贸易安排、自由贸易区、关税同盟、共同市场、经济同盟、完全经济一体化。这个路径是以欧洲区域一体化发展

---

① Oman, C. *Globalisation and regionalisation*: *the challenge for developing countries*. Head of Publications, OCED, 1994, P. 10.

② ［英］彼得·罗布森，戴炳然等译：《国际一体化经济学》，上海译文出版社 2001 年版，第 256 页。

③ 赫国胜、杨哲英、张日新：《新编国际经济学》，清华大学出版社 2003 年版，第 137～138 页。

④ 徐春祥：《东亚贸易一体化的路径研究》，辽宁大学博士学位论文，2008 年，第 23 页。

⑤ Tinbergen, J. *International economic integration*. Elsevier, Amsterdam, 1954.

的经验总结得来的，为后期研究区域经济一体化的学者、专家提供了一条清晰的思路，在解释欧盟发展进程方面有一定的说服力。但是，随着世界经济的发展和国际形势的变化，各个国家之间的区域合作动机和目的变得越来越复杂。

中国和东盟现在处于自由贸易区阶段，距离完全经济一体化还有四个阶段。但目前来看，中国和东盟区域经济一体化的进程似乎并不顺畅，中国—东盟区域经济一体化的困境体现在：

1. 区域内异质性结构，增加了多方谈判的难度

这里的异质性结构是指中国和东盟各个国家经济发展水平的差异性和经济实力的非均衡性。异质性结构会在一定程度上阻碍了中国—东盟区域一体化的进程。当前，中国和东盟各国的经济实力及发展水平相差较大。区域内既有人均国民收入超过5万美元的新加坡，又有人均国民收入不足3 000美元的老挝、柬埔寨[1]；既有国内生产总值超过8万亿美元的中国，又有国内生产总值不到2 000亿的越南、泰国[2]。经济发展水平的非均衡性，经济实力的过大差距使各国在追求经济开放、经济合作方面分歧很大，有时难以弥合。

2. 区域内同质性问题，阻碍了一体化的进程

这里的同质性问题是指中国和东盟大部分国家都存在着相似的经济结构，经济结构相似性也在一定程度上阻碍了中国—东盟区域一体化的进程。中国和东盟支撑经济发展的高新技术主要来源于欧洲国家和美国，贸易伙伴也主要是欧洲国家和美国，加之中国与东盟大部分国家一样均属于发展中国家，产业结构几乎相同。基于贸易伙伴和产业结构的相似，多数国家的眼光是放在区域外，而不是区域内，从而削弱了中国—东盟区域经济一体化的积极性。世界银行 Yusuf 等曾指出，东亚实行贸易一体化的困境之一在于，各个经济体虽然认识到了区域合作的价值，但还是倾向于保护自己的国家主权，对于政策制定，尤其是 FDI 的政策实施仅停留在国家层面上[3]。虽然中国—东盟自由贸易区已经成立，但许多国家还是持有"慎重"思想，担心如果进一步加深中国与东盟各国的区域经济合作，是否会损害各国与世界多边区域体系的关系，从而招致欧美的贸易保护主义报复。

3. 中国与东盟整体的双边协调困难较大

为促进中国—东盟区域经济一体化，中国将面临与东盟各国面对面的多方会

---

① 2012年各国人均国民收入是以2005年美元购买力平价统计得来，数据来源于联合国开发计划署出版的《2013年人类发展报告》，http://www.un.org/zh/development/hdr/2013/。

② 国内生产总值以2012年美元现价计算，数据来源世界银行：http://data.worldbank.org.cn/indicator。

③ 徐春祥：《东亚贸易一体化的路径研究》，辽宁大学博士学位论文，2008年，第160页。

谈。除了多方会谈，中国还将要与已经成为一个整体的东盟组织进行磋商。东盟成立之时是一个较为松散的政治经济交流平台，但随着时间的发展，东盟国家之间的合作与联系会越来越紧密，特别是 2007 年十个成员国首脑签署了《东盟宪章》，明确了建设东盟共同体的发展方向和目标。东盟组织的目标为"维护并加强本地区和平、安全与稳定；保持本地区无核武化，支持民主、法制和宪政，为东盟居民提供公正、民主与和谐的和平环境；致力于经济一体化建设，构建稳定、繁荣和统一的东盟市场和生产基地，实现商品、服务和投资自由流动，促进商界人士、技术人才和劳动力的自由往来；增强合作互助，在本地区消除贫困，缩小贫富差距；加强开发人力资源，鼓励社会各部门参与，增强东盟大家庭意识。"① 由此可见，东盟已经成为了具有影响力的国际区域组织，并且有了自己较为成熟的具有法律约束力的文件。虽然中国和东盟之间的对话有了实质性的进展，但想要达到更高层次的区域经济一体化似乎困难得多。中国将要面临的是与东盟这个整体的沟通与协调，这不同于与单个国家的联盟。东盟已经成为一个较为成熟的区域组织，东盟在国际上的活动通常是以一个整体出现，试图打破东盟组织内的稳态，建立一种新的高层次的区域一体化形态，这比与单个国家，或者几个国家建立区域经济一体化组织要难得多。

4. 区域外部力量影响一体化进程

中国—东盟区域一体化的进程中，绝对不能忽视美国这个来自区域外的力量。虽然美国很多时候只是作为许多区域组织外部的观望者，不是区域内的成员国，但它所采取的态度和政策始终是影响这些区域一体化进程的重要因素。

美国在欧洲一体化进程和中国—东盟区域经济合作进程中所起的作用是不同的。冷战时期，美国为了对苏联和德国实行"双重遏制"，避免德国法西斯势力的复活，助推了欧洲一体化的进程。冷战结束后，欧洲大大减少了对美国的安全依赖，其区域经济一体化也开始突破传统的大西洋框架的限制。随着欧洲区域一体化的发展，欧盟在国际上的竞争力越来越强，这给美国带来了压力，于是美国在表面上声称继续支持欧洲一体化，但在实际行动上通过加强北约政治及安全职能以制约欧盟的防务，通过组建北美自由贸易区抗衡欧洲经济，强化自身的竞争地位，但这一系列的举动更加刺激了欧洲一体化的进程。

然而，美国对中国—东盟乃至整个东亚的区域合作持强烈抑制态度。美国是对亚洲影响最大的国家，冷战结束后，美国为巩固其在东亚的主导权，与日本建立了美日同盟，与韩国、菲律宾及其他东南亚盟友建立双边同盟，多个双边联盟形成围绕南中国海地区在内的地区安全联盟。"美国在东亚地区采取了与西欧地

---

① 《东盟宪章》。

区不同的战略，这对区域体系结构造成了截然不同的结果。西欧是在'我们是欧洲人'这一共识的基础上，通过政治的意识结成了西欧共同体，这种'区域主义'（欧洲主义）成为形成区域体系的原动力。而另一方面，东亚国家却缺少结成共同体的意愿，也没有以'我们是亚洲人'这一认识为基础的共识，不存在形成区域主义的原动力。"[①] 由此可见，美国在东亚战略部署上一定程度抑制了中国与东盟国家的区域合作。

（二）中国—东盟区域经济一体化途径选择

中国—东盟现阶段的一体化层次目前停留在自由贸易区的阶段，按照传统路径，下一个阶段为关税同盟阶段，但关税同盟形成的必要条件是各国经济发展水平基本一致，这不仅是关税同盟的必要条件，也是共同市场、经济同盟以及完全一体化的必要条件。我们认为如果不考虑其他因素，经济一体化程度与各国经济发展水平的关系如图 2-9 所示。

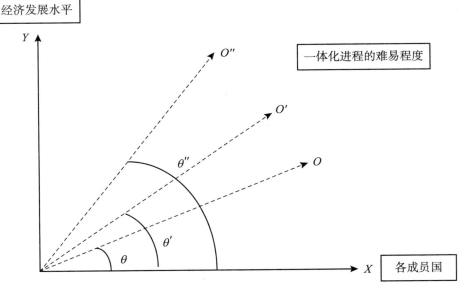

图 2-9 经济一体化程度与各国经济发展水平的关系

图 2-9 中，X 轴代表区域内各个成员国，Y 轴代表区域各成员国的经济发展水平，虚线 O 的斜率 θ 代表区域内各成员国经济一体化进程的难易程度，θ 越小区域经济一体化进程越容易，相反，θ 越大区域经济一体化进程越困难。如果 θ

---

① 徐春祥：《东亚贸易一体化的路径研究》，辽宁大学博士学位论文，2008 年，第 168 页。

相同，判断两个组织区域经济一体化进程的难易，则要依赖整体经济发展水平（即在 Y 轴上的截距），整体经济发展水平越高（即 Y 轴截距越大），组织越具有包容性，越容易推进区域经济一体化，反之亦然。

如图 2 – 10 所示，假设以人均 GDP 代表各国的经济发展水平，以总 GDP 代表国家规模，中国相对于东盟十国来说，可以称为大国，而文莱虽然人均 GDP 很高，但 GDP 总量为 16.85 万亿元人民币，不能将其划入大国的行列。在图 2 – 10 中，横轴表示区域内各个国家，纵轴表示区域内各个国家的人均 GDP，气泡的大小代表一国规模的大小，趋势线 Y 的斜率越小代表一体化进程阻力越小，越容易推动区域内的一体化进程，Y 的斜率越大代表一体化进程越难。

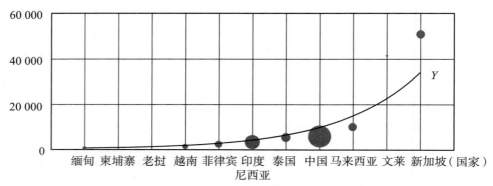

图 2 – 10   中国—东盟经济一体化程度与各国经济发展水平的关系

根据图 2 – 10 所示，如果仅考虑经济发展水平，缅甸、柬埔寨、老挝、越南、菲律宾、印度尼西亚、泰国的一体化进程阻力较小，但如果加上新加坡、文莱、马来西亚、中国，想要进一步加深区域合作，阻力较大。欧盟之所以能够走到经济货币同盟，主要原因在于欧盟属于同质结构，而且又都属于同质国家里的发达国家（同质又可分为发展中国家同质和发达国家同质），经济发展水平一致，发展程度也较高，在推动区域经济一体化时能够容易接受对方并达成共识。

目前，东盟以"东盟共同体"为目标，采取了巧妙稳妥的策略，利用自身对其他经济体不具威胁性的优势和一体化的经验，赢得了大国的信任，掌握了东亚一体化的主导权。如果把东盟看做是东亚区域组织的核心，则东亚其他国家处于外围的地位，如图 2 – 11 所示。

李克强总理在博鳌亚洲论坛 2014 年年会上指出"亚洲还是要加快发展，发展仍然是第一要务"，亚洲要"共同发展，就是要结成利益共同体"。基于图 2 – 11 的格局，我们认为，对于中国路径的选择上，为促进中国—东盟区域经济一体化的进程，中国不应像日本、韩国、印度那样以"外围者"的身份与东盟整体谈判，而是应该进入东盟，成为东盟一员，与东盟各成员国共同发展经济，当

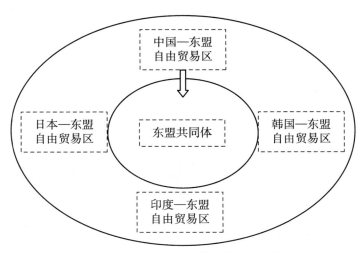

经济达到一定水平时，中国—东盟区域经济一体化进程阻力将越来越小。

图 2 – 11   "东盟共同体" 策略

第三章

中国—东盟区域经济一体化动因分析

区域经济一体化的动因隐含在全球一体化的洪流之中，既包含着全球化的共性，又有着与众不同的特点。近年来，中国—东盟区域经济一体化有着与以往区域经济一体化组织不一样的色彩，其动力因素包含了更多非经济利益以外的因素。本章从政治、经济、安全、文化四个角度分别探讨了中国—东盟区域经济一体化的动因。

第一节　中国—东盟区域经济一体化的政治动因

区域一体化组织的出现使得全球化在局部地区能够进展的更为顺利，国家在全球化浪潮中对自身利益的获取和保护的行为使得区域组织得以发展壮大，这其中除了不可抵挡的经济动因以外，也交织了各种政治因素。各国政治交往和主权因素的介入使得国家利益在区域化全球化的利益中不断协调和均衡，国家在一起"抱团取暖"的情况使得地区利益有时甚至凌驾于国家利益之上。尽管经济规律决定了区域一体化的大致走势，但是政治的介入有时是一剂强有力的催化剂。

一、政治动因的理论基础

（一）地区主义与新地区主义解释

1. 地区与地区主义对一体化的解释

"地区主义"就是"地区一体化"的代名词，在国际关系学中学者们对"地区"的界定和分类比较多。目前认同的是约瑟夫·奈（Joseph S. Nye）提出的概念："一个国际性地区就是由一种地缘关系和一定程度的相互依存性联结到一起的有限数量的国家"。① 这是国际政治理论中比较常见的定义，以国家为中心和重点。学者们对于地区的界定越来越靠近政治经济范畴而偏离地理范畴，使得地区作为一种功能单位而非地理区域。我们相信，上述概念的成立已经为中国—东盟区域经济一体化中的"区域"概念赋予了新的"地区"内涵，下面的分析将把区域或地区的概念引向"一体化"的解释。

目前大部分学者都是从政治的角度，认为地区一体化是国家"有意而为之"的产物，例如，约瑟夫·奈、路易斯·福西特（Louise Fawcett）等认为"地区主义"是指在地区基础上形成的、为了国家间的利益而组成的国家间集团。中国的学者何方、庞中英、王学玉等也基本上是持这种观点。怀特·瓦尔特（Wyatt Walter）提出经济地区主义概念——"一种有意的政策，目的在于鼓励成员国之间的经济交往，国际经济一体化则是上述政策的结果或'自然的'经济力量的产物"②。这些理论上的分析或概念界定，为跨国家区域一体化组织整合提供了理论支撑。

2. 新地区主义对区域一体化的解释

诺曼·D. 帕尔默在《亚洲和太平洋地区的新地区主义》（1991）中提出"新地区主义"概念。英国学者安德鲁·赫里尔在《地区主义的理论视角》一文中指出当前的地区主义产生的缘由可以用五种变量来进行解释，这五个变量分别是社会凝聚力、经济凝聚力、政治凝聚力、组织凝聚力以及地区内聚力等不同的方面来衡量地区一体化的现象，并且通过这些指标的衡量来解释地区主义的不同范畴。新地区主义把对地区一体化的研究放眼到全球，并且从经济、政治、社会和文化等层面进行深入探讨和剖析，并且特别强调政治观念建构下的地区内聚

---

① Joseph S. Nye, （ed.）. *International Regionalism：Readings*, *Boston*：Little Brown & Co., 1968, P. 5.

② Louise Fawcett and Andrew Hurrell, （eds.）. *Regionalism in World Politics：Regional Organization and International Order*, Oxford University Press, 1995/1997, pp. 77 - 78.

力。因此，显然新地区主义理论更为适合解释中国—东盟自由贸易区的地区一体化发展的动力。

安德鲁·赫里尔认为从国际关系层面解释地区主义的动力应从国际体系、地区和国内政治三个层次来看（见图 3 - 1）。[①]

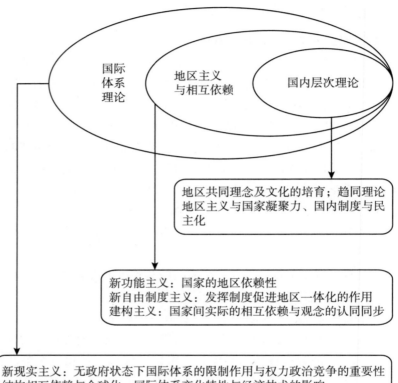

图 3 - 1   地区主义动力的国际关系理论层次

其实在新地区主义理论当中，有专门针对发展中国家加入或者创立地区组织的研究。学者们认为，在新的世界格局当中，为了在各大发达国家的真空地带谋求发展，在国际上争取一席之地，建构地区层次框架是一种较好并且可行的选择。另外，发展中国家为取得自身的发展和强大，摆脱对发达国家的经济依赖和控制，增强内部凝聚力，构建地区经济或安全合作机制也不失为一种最优选择。新地区主义认为直接或间接的外部压力不再是区域经济一体化的唯一动力，地区

---

① Fawcett, Louise L'Estrange, and Andrew Hurrell, eds. *Regionalism in world politics*: *regional organiza-tion and international order.* Oxford University Press, 1995, pp. 37 - 73.

内部的需求上升到一个新高度，并受到多种国家或非国家机构的推动。尤其是在新地区主义里面包含的制度主义，认为合理的制度将会来带来区域经济一体化的良好进展，会带来包括贸易、投资、技术进步等多方面的利益。

（二）联邦主义的借鉴

联邦主义的理论流派甚多，但是基本上可以从两个分析层次进行归类，第一个视角是从主权的角度划分为政府间主义与超国家主义，另一个视角是从管制权角度划分为现实主义和自由主义。基本上这些流派并不完全对立，可以整合在一起，为地区一体化的发展提供更为全面的动力解释。

联邦主义的观点基本上都在阐述欧洲一体化进程的方向和前景，对于在进程中可能出现的阻力或者实现目标后联邦如何运行与治理较少涉及。但是他们对于地区一体化的驱动力有深刻见解，他们认为由于政治一体化具有明确的导向性和目标性，将会使得其他层面的一体化更容易达成。但是这种一体化的促进作用并不是双向性的，仅仅只有政治一体化可以促进其他一体化的更快达成，但是反过来经济一体化或者文化、安全等方面一体化却并不一定会促进政治一体化的达成。联邦主义的主张迄今为止在一体化程度最高的欧洲也没有能够得到具体实施，主要是因为成员国需要让渡较多主权，并且形成大联邦以后将会以超国家形态运转，联邦内国家形态也许不复存在，这样的主张会导致强大的阻力难以进行。

对于中国—东盟自由贸易区或中国—东盟区域经济一体化目标来说，处于低级形态的区域一体化组织，也许并不适合用这样的一种政治主张和目标来建设自由贸易区，但是联邦主义提出的政治一体化先行于经济一体化的建议，倒是可以纳入现实考察。毕竟政治具有国家层面的主观能动性，政治的一体化将减少经济一体化乃至地区融合的阻力，使得自由贸易区的制度性安排能够顺利进行。

（三）功能主义与新功能主义的解释

功能主义与新功能主义都产生于欧洲一体化进程中，功能主义主要阐述了一体化进程中的动力机制，当然具体的研究对象仍然是欧洲一体化组织。功能主义主要强调的是，一体化组织中各个国家首先进行功能合作，使得各国利益均达到最大化，最终"自下而上"积极地推行一体化，才能使得各项目标得以完成。

1. 功能主义与中国—东盟区域经济一体化动因

功能主义最初是戴维·米特兰尼提出的，他主张在国家间一体化过程中基于"功能化选择"来解决"共同性问题"，由此而建立区域组织或者国际政府。他所阐述的功能主义的实质是，地区一体化允许保留国家权威而非完全消除国家权力，即区域组织是按照地区一体化需要的各种功能组织起来，进行技术化管理。功能主义的核心是科学组织和管理，而非重新构建。它主张在原有区域组织基础上发展成一个技术社会，该国际社会的功能就是满足区域内人民的需要。

在当时的各种流派当中，主张国家之间的合作以及国际关系的发展和改善有三种途径，如图 3 - 2 所示。

国家联合　　　　　地区性联邦体系　　　功能合作形式地区结合

图 3 - 2　国际关系发展和改善的三种途径

功能主义既避免了国家联合体之间的主权体目标不一致导致的松散状况，又避免了消除国家民族而带来的强大阻力。这种功能性合作机构的建立，从各个国家的需求出发，不带有任何政治安排，这样的合作将会使得地区组织的效率达到最大化。功能主义安排的自愿合作角度出发，似乎能够减少很多冲突，但这种提法并没有流于实践，主要因为功能主义者提出的构想并没有清楚地阐明如何建立这种功能性合作组织，以及该组织的权限如何分配等问题，正如雷根纳尔德·哈里森指出，"大多数功能化服务最终将会涉及资源的配置，而对这些资源配置的决定必然是政治性的"[1]。

目前东盟内部实行的是国家联合的形式构成区域经济一体化组织，而中国加入东盟构成的中国—东盟区域经济一体化组织，比东南亚国家联盟的形式更为松散，由于国家差异，该组织的目标更难达成统一，不能形成一股凝聚的合力使得区域型组织向更为深化的方向发展。因此，如果在功能主义的基础上，考虑细化中国—东盟自由贸易区的执行机构，将区域内各种社会化需求技术性的分配给各个执行机构的部门，那么不仅会大大提高区域性组织的运行效率，也避免了国家不融合带来的各种冲突。

2. 新功能主义与中国—东盟区域经济一体化目标

新功能主义将联邦主义与旧功能主义结合起来，并强调了经济领域一体化的重要地位，在新功能主义看来，一体化的根本动因是各种政治力量在追求各自利

---

① R. Harrison. *Europe in Quesion：Theories of Regional International Integration*，London，1974，pp. 32 - 36.

益过程中施加压力而产生的作用。"外溢"是该派的一个核心观念，指的是经济一体化的横向溢出效应以及政治性的垂直溢出效应。而政治性的溢出效应是在经济一体化溢出效应基础上的衍生和深化。他们认为在经济一体化领域的行为一定会扩展到政治、安全、文化等一体化层次，而在其他领域例如政治性领域的溢出将是自下而上的改变民族精英的思维决策，使之对一体化的目标考虑的更为广阔。

这个一体化不是完全的一体化，中国与东盟构建区域经济一体化的主要目的是想使得该区域国家之间紧密联系，但不影响国家主权包括经济主权。通过这样一个一体化的机制建设，推动政治、安全、文化等国家间紧密合作甚至一体化程度提高，有利于建立中国—东盟命运共同体。但是新功能主义的最终目的是建立一个超国家经济组织，暂时不符合中国—东盟区域经济一体化的构想，但是，该理论提出的"外溢"概念值得深思。在中国—东盟区域经济一体化的进程中，如果想达到经济一体化的目标，仅仅靠经济拉动融合程度是远远不够的，要通过政治、安全、文化等等领域的合作产生一定的"溢出效应"来推动经济的发展，单纯的经济外交不能完全解决贸易争端等等经济领域的问题。另外，经济的发展也促进了中国—东盟区域中各个国家之间在政治、文化等等其他非经济方面的交流，增强了国家之间联系。因此，我们要注重全方位的一体化对经济一体化的深化融合。

（四）政府间主义与自由政府间主义对区域经济一体化趋势的解释

政府间主义最为注重的还是国家权力的保留，他们认为地区范围内任何领域的一体化进展都是成员国之间讨价还价之后的结果，一体化的过程是国家间理性行为和政治决策之后的产物。其中代表人物是斯坦利·霍夫曼，他认为经济和政治是属于国家自治领域，在不同的国际环境中，政府的决策行为不会相同，因此促成一体化的速度和方向是由与国家共同体的决策、政府讨价还价能力以及共同国家利益来决定的。自由政府间主义创始人是美国哈佛大学教授安德鲁·穆拉维斯克（Andrew Moravcsik），他认为一体化并不是一种社会规律，而是各国政府的理性选择和相互交易的结果。这样的解释比较符合当时的欧盟一体化形成过程，因而受到比较高的评价。

其实，区域经济的一体化趋向，除了在长期共同的文化和交流下形成的自然经济一体化以外，其他类型的区域经济一体化都具有一定的政治意图和政治倾向，因为区域经济一体化都是各国政府间的协议和合作，所有的官方文件也都是政府签署的，代表了各个国家当权派的政治目标，因此，很多学者认为地区经济合作也就是某种意义上的政治合作。

二、政治动因的逻辑思维

综合上述理论来看，区域经济一体化的动力机制里，社会生产力的进步是其根本的推动力，政治、经济等因素是外力，起到促进或者延缓的作用。从某种程度上来说，区域经济一体化的动力表现如图 3-3 所示。

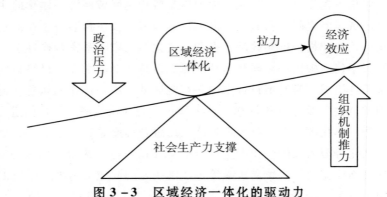

图 3-3　区域经济一体化的驱动力

从一般角度来说，区域经济一体化的政治动因缘于外部压力，新地区主义者认为现代社会的区域经济一体化不仅缘于单纯的直接或间接外部压力，还有区域内部自我需求的支撑力。

在现实经济一体化考察过程中，有时候外部压力仅仅是一个诱因，某些区域组织的经济一体化可能会自动衍生出政治一体化的需求，这主要源于内部的爆发力。其实许多学者也曾提到过，经济和政治是并驾齐驱的，不分先后。因此不论是联邦主义学者提出的政治一体化先行于经济一体化，还是新功能主义者认为的经济一体化的外溢效应导致政治一体化，都不能完全体现出政治与经济对区域经济一体化的驱动力作用。

从新功能主义到政府间主义关于区域一体化的观点，我们可以大致揣测区域经济一体化的根本政治动因。新功能主义在关于一体化的主张中认为，"一体化是出于满足人们需要更好地实现和促进共同利益的要求，要实现这种需要就必须建立具有一体化功能的国际组织，这种组织具有协调利益的差异性、提升利益共同性的能力。当人们的需要越来越多地通过这种组织来实现后，人们对民族国家的效忠就会慢慢转移到这种超国家①"。政府间主义也认同一体化能够深入合作的原因是因为经济共同利益的拉动，除此之外任何领域都难以找到像经济领域里

---

① 冯兴元：《立宪的意涵：欧洲宪法研究》，北京大学出版社 2005 年版，第 27~28 页。

如此多的共同利益。

虽然目前众多学者对于区域经济一体化的研究都认为区域经济一体化终将导致政治、文化、安全等方面的一体化，最终国家将消融，取而代之的是一个超国家实体，民族间的大融合。从长期历史演变角度来看，区域经济一体化最终的结局或许会最终消融国家主权，但就目前而言，决定区域经济一体化组织走向的仍然是国家主权。每个国家都会因为自身主权利益而选择性地加入区域组织，在区域组织中发挥特定作用为自身谋福祉。从某种程度上来说，超国家的区域组织所获得的权利取决于国家主权之间的决策和相互交易。

区域经济一体化的政治诱因应该从两个方面来考虑，一是外部政治因素，二是内部政治因素。另外，从利益的角度来看，区域经济一体化的结果对各个国家应该存在着非经济利益以外的政治利益或者其他社会利益，这也是政治动因的一部分。

（一）外部政治压力

自从冷战结束后，世界开始向多极化方向发展，甚至有学者认为目前世界格局已经不能用多极化来形容，应该用无极化来形容。在这样的一种世界格局之下，想在纷繁复杂的国际竞争中占有一席之地，单单靠本国的力量已是"势单力薄"。因此，各个国家倾向于加入区域经济一体化组织是为了增强对外界的防御。有些对外界依赖度过高的国家，更需要加入区域经济一体化组织才能够求得生存（见图3-4）。

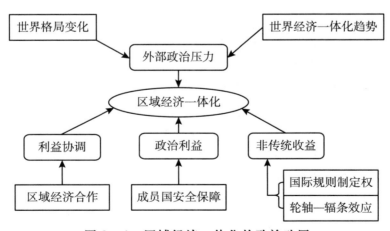

图3-4 区域经济一体化的政治动因

（二）利益协调

经济利益是区域经济一体化能够量化的一部分利益，而对于区域经济一体化所带来的经济效应，许多学者已经作出了深入的研究，并用实证结果深刻说明经济一体化所带来的经济效益是一块大的"蛋糕"。这块"蛋糕"应该采取怎样的制度保障和运行框架才能使区域内成员国都能获得应有的利益，这种利益分配催生出超国家性质的区域权力组织来协调这些利益纷争点。如果区域组织内部成员国过多，要达成一致意见，所需付出的代价将会特别大。因此随着区域经济一体化的发展，区域组织制度构建，政治协同等等需求都随之而来。而制度构建、政治协同同时又会反过来成为区域经济一体化的动力因素，使得区域经济一体化能够向纵深方向发展。

（三）政治利益

目前地区冲突和矛盾不断，各个国家之间经常会出现领土争端以及关系恶化的现象。不管是冲突国还是牵涉国，都会寻求一定办法缓解矛盾和冲突，而加入经济一体化组织是其中一个比较好的途径，因为利益的驱使会缓解多重矛盾。另外对于一些自身国力不太强大的国家，加入区域性组织是为了寻求安全保障和生存保护圈，寻求区域内的政治保护。实力强大的国家通常也有这种安全保障方面的考虑，特别是基于地缘政治领域的主张，往往会倾向于与地理位置相邻的国家达成区域经济联盟，这样可以减少周边冲突，保存国家实力，避免"后院起火"的现象发生。

多于以上两种原因的特殊政治利益并不常见，只有在少数超级大国或者联盟才有可能获得特殊的政治利益，即本国政治文化、政治价值理念的推广。一般来说，在世界上影响力巨大的国家和联盟，例如美国和欧盟等，为了扩大国际影响力，独霸国际规则制定权，都倾向于组建一些区域性组织或者签署准制度性协议来达到自身的某些政治目的。例如，跨太平洋伙伴关系协议（Trans-Pacific Partnership Agreement，TPP）的建立，带有明显的政治目的。这样一些有着明显的政治烙印的区域性组织或制度协议，容易被大国操纵，通过区域组织的联合力量促成大国自身政治利益的达成。

（四）非传统收益

1. 国际规则制定权

目前国际规则的制定是具有相当实力的各个国家之间相互博弈的结果，而区域经济一体化因其能够产生规模效应，国际影响力也比一般的单个国家影响力大很多。因此，通过加入区域经济一体化组织的手段来增强国际规则制定的话语权，是一个择优选择。另外，区域经济一体化除了带给一体化成员国看得见的经济利益以外，还给予了一些国家额外的福利效应。例如，一些国家可以通过加入一体化组织提升本国生产力和国际分工的地位，甚至促进国内政治改革等等。这些都是通过区域经济一体化来带动本国的发展。增强本国实力的手段，因此许多国家大力支持加入区域经济一体化。

2. 轮轴—辐条效应

"轮轴—辐条"（Hub & Spoke）是区域经济一体化的新模式，其核心点在于一个区域性组织中，有一个处于中心地位的轮轴国，然后其他的国家就像辐条一样，围绕轮轴国来签订各种区域协定。一般处于轮轴国地位的几乎都是经济实力强大的国家，而辐条国为获得市场准入的资格，即使经济无明显改善，仍然愿意加入。东艳（2006）对以墨西哥为轮轴的"轮轴—辐条"体系进行了回归检验，在这个实证检验中，她认为"轮轴—辐条"区域模式在利益分配上极为不均衡，利益天平明显偏向于轮轴国，而不利于辐条国。其他学者分析认为相对于辐条国来说，区域外非成员国所得福利比辐条国更差，因此综合来看，与轮轴国签订区域协议获得准入资格，仍然是上策。

区域经济一体化的驱动力里面，"轮轴—辐条"效应也是动力因素之一。作为轮轴国可以获得最大的经济利益，并且在区域力量格局中会处于优势地位、具有较强话语权，因此各国都会争做轮轴国，但是部分小国如果没有做轮轴国的资格，也会争取加入辐条国，获得更大的市场和各种优惠条件。"辐条—轮轴"效应下各国所得的经济利益有正有负，因此不能完全算做经济动因的一部分，也不能解释为什么有些国家在明知没有明显经济利益的情况下仍然选择加入区域组织。另外，大国的轮轴地位一般都是在无形中自然而然形成的，因此轮轴国如果是经济大国的话，并不一定是为了经济利益才去建立这样一个"辐条—轮轴"模式的区域组织，可能也有更多政治上的考虑。

三、中国—东盟经济一体化政治动因的现实剖析

在世界范围内看，中国—东盟自由贸易区是一个"年轻"的区域一体化组织，有学者尝试将中国—东盟自由贸易区与欧盟、北美自由贸易区等成熟的区域组织进行比较，以获取经验借鉴。但约瑟夫·奈（Joseph S. Nye）则指出，"欠发达国家的地区一体化进程看上去与欧洲很相似，但在因果机制上很可能是完全

不同的类型①"。确实如此，虽然经济一体化组织在某些方面存在着共同的规律，但是每个区域一体化组织都有自身的特点。尤其是像中国—东盟自由贸易区这样一个全部由发展中国家组成的区域一体化组织，其自身的模式和特点更为鲜明。

（一）世界政治格局变迁之下的利益交换

中国与东盟之间自 20 世纪 90 年代才开始正式建交，而中国与东盟之间的发展也是自 90 年代开始步入正式合作发展的轨道。20 世纪 60 ~ 70 年代，由于特定的两极格局国际环境以及国际政治斗争，使得中国与东盟之间的关系较为疏远。学者王玉主②曾从经济角度试图分析 90 年代以来中国—东盟之间依赖加深的原因，但是他从经济数据上未曾找到中国—东盟经济上相互依赖、不可或缺的依据，因此他认为中国—东盟的正式建交以及相互关系逐步深化，需要用经济以外的因素来解释。

1. 东盟外部政治环境变化

从各种官方文件记载来看，中国与东盟之间的正式建交，以 1991 年时任中国外长钱其琛参加东盟外长会议为标志。此前自东南亚国家联盟建立以来的 20 多年间，东盟对中国的态度一直在不断转变，从排斥到逐渐靠近，这样的一种转变从大的角度来说，是因为世界局势的变化，而从根本上说，不管东盟的态度如何，终究是由于东盟成员国的国家利益来决定一切关系。回顾东南亚联盟成立和发展的历程，以及当时所处的政治环境，就不难找出东盟对中国态度转变的动力因素以及中国与东盟区域经济一体化发展的政治动因。

从图 3 - 5 东盟发展历程中，可以看出东盟在不同的国际环境中，所应对的政策是与当时的世界局势紧密相连的。而中国—东盟区域经济一体化的政治动力应该从 20 世纪 90 年代东盟所处的国际环境中去找原因。冷战时期处于各个大国战略重点的东南亚地区从备受关注到备受冷落，这样一种尴尬的局势转变迫使东盟国家必须重找出路，以便在新的多极化格局下能够抢占更有利地位。东盟抓住了这样一个转折性的历史时期，从 20 世纪 90 年代后期开始大力发展多边关系，在东亚地区范围内构建了众多对话机制，为自身安全和发展奠定了良好的环境基础。进入 21 世纪以后，东盟更是将目光从亚洲地区转向全世界，与其他地区的国家也建立了良好的互动关系和合作机制，这也是东盟前期发展战略取得成果的体现。通过 90 年代对外开放大发展，东盟在整个亚洲地区的影响力甚至整个世

---

① Joseph S. Nye. *Comparative Regional Integration*：*Concepts and Measurement*，International Organization，Vol. 22，No. 4，1968，P. 880.

② 王玉主：《区域一体化背景下的中国与东盟贸易——一种政治经济学解释》，《南洋问题研究》，2006 年第 4 期，第 53 页。

界的影响力都扩大了。

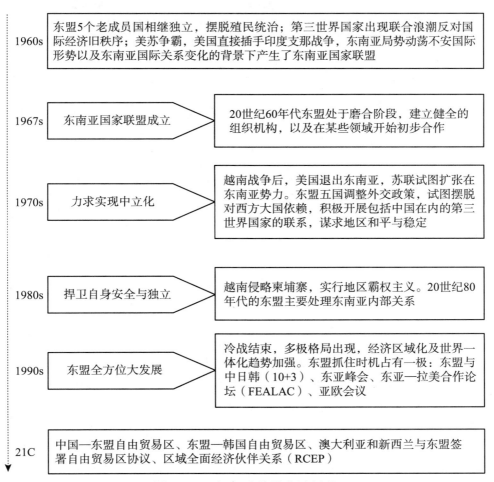

图 3 – 5 东南亚联盟发展历程

在东盟寻求世界定位的同时，与中国建立自由贸易区仅仅是东盟对外策略的一个部分。但是这种应对外界变化而展现出的开放交往的政治姿态，无形中极大促进了中国—东盟自由贸易区的经济一体化进程，使得东盟通过 CAFTA 这样一个渠道，能够增大自身的世界影响力。

2. 中国与东盟政治关系演变的促进作用

上文从东盟的角度分析了促成中国—东盟自由贸易区的政治压力因素，而从中国与东盟关系的角度来看，中国—东盟自由贸易区经济一体化进程中所涉及的政治动力是区别于东盟与其他国家建立的自由贸易区的。我们先来简单回顾一下中国与东盟在历史上的政治关系演变，如图 3 – 6 所示。

67

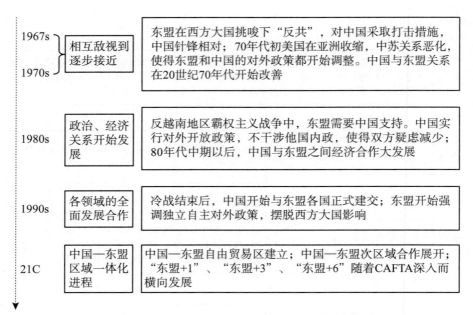

图 3 - 6　中国—东盟自由贸易区发展历程

从中国与东盟关系的角度来说，社会制度、历史文化的差异，以及大国制约等等因素都为这一国际关系添加了更多复杂的成分。从整个国际局势来看，中国与东盟之间关系的发展实质建立在利益交换的基础上，这种合作格局从外部政治压力伊始，已经逐步衍生为内部需求以及相互依赖的实质。有学者认为中国与东盟之间的自由贸易区建设会形成类似雁形模式的发展格局，加深东盟对中国的依赖。

其实，在中国—东盟区域经济一体化进程中，区域主导权问题一直不特别明确，而东盟总是展现出较强的自主性。目前东盟的对外政治态度和策略，对区域经济一体化的推动起实质性的作用。之前东盟内部一直存在着"中国威胁论"，但自从 1997 年亚洲金融危机及"9·11"事件之后，中国的积极应对态度让东盟意识到中国应该作为盟友而非敌对势力，加之中国这些年的发展壮大以及国际影响力提升所产生的制约作用，使得东盟实行对外政策会充分考虑到中国这个盟友。

短期来看，东盟大国均衡发展策略将是推动中国—东盟自由贸易区的主导政治因素。从中国的角度来说，无论是从国家周边外交策略还是国际发展定位的角度，都不得不重视东盟与中国之间的发展。双方之间基于目前局势所采取的对外策略和政治态度，都将极大推动中国—东盟区域经济一体化进程。

3. 区域经济一体化浪潮"推波助澜"

区域经济一体化是经济全球化的一个缩影，或者说是全球化趋势之下的一种临时替代品。世界其他区域现存的一体化组织均表现不俗，唯独亚洲区，特别是东亚地区的区域组织，除去东南亚国家联盟以外，并没有出现一些有影响力，能够"抱团"的区域性组织，大部分都是比较松散的准制度型地区论坛，没有太多的约束作用和凝聚作用。因此东盟在东亚甚至整个亚洲的权重无形中增大了许多，给东亚一体化的进程添加了无限可能的机会。

鉴于东盟在亚洲区是比较重要的区域性组织，众多专家学者认为东盟也可以作为东亚一体化的核心力量。东盟一直在极力扩大其在亚洲甚至世界的影响力，目前东盟已经与众多国家签订了自由贸易协定，打算以东盟为中心建设一个有影响力的辐射圈。在当前区域一体化的浪潮推动下，相信这种对外扩展的结盟势头不会减弱，而这种政治动机和外交策略对中国—东盟自由贸易区是一股强有力的推力，并带来很多积极的推进力量。

（二）内生性政治动力因素

1. 东盟内部的脆弱性导致"大结盟策略"

东盟自成立以来，显现出一种"先天不足"的状态。首先，从东盟内部成员国来看，十个成员国的发展水平参差不齐，新加坡、马来西亚等国显然在经济发展阶段上处于领先地位，但老挝、缅甸等国家仍然处于贫困闭塞的发展阶段。这样的一种巨大差异使得东盟内部的各种政策协调存在极大的难度，严重的阻碍了东盟一体化的进程。其次，东盟内部的各个经济体之间由于对外贸易结构的雷同导致了内部相互竞争大于互补，这样的一种状况使得成立多年的东盟在发展态势上远远落后于欧盟、北美自由贸易区等区域一体化组织。再次，东盟各成员国的经济发展水平差距大，产业、贸易结构等类似，导致了东盟区域内部市场较为狭小。也就是说东盟成立以来，长期的经济发展仍然是靠外部经济体的支撑而非东盟内部成员国之间的相互经济交流。最后，东盟组织成立多年，仍然没有核心力量来整合该组织，主要原因在于东盟建立的宗旨是不干涉各成员国内政，这在一定程度上否定了区域一体化要取得突破性进展的先决条件。依据欧洲联盟的发展历程来看，一体化程度的提高是需要各成员国让渡一部分国家主权的。

这样的一个一体化进程缓慢，且凝聚程度不高的区域一体化组织，单靠自身力量来促进地区发展将是一个艰难的过程。因此，当两极格局瓦解，美国抽身东南亚地区事务的时候，东盟从一贯依赖西方大国的状态中挣扎而出，开始寻找新局势下自身的发展出路。冷战结束后，东盟呈现出的多方结盟状态，正是因为其内部的脆弱性导致东盟必须依靠外部的拉力才能够增强自身的实力。以这样的一种思维来看，中国—东盟自由贸易区的建立也是东盟自身一种需求，这种内部的需求使得中国—东盟自由贸易区的发展获得了内部驱动力，不会轻易随着外部局势的变化就产生分歧或瓦解。

2. 东盟"10 + n"模式的轮轴—辐条效应

接上文所说，东盟由于意识到自身的脆弱性，自20世纪90年代开始实行大国平衡的外交策略，几十年间东盟因这种大结盟战略所获取的利益也是显而易见的。目前东盟初建其战略轴圈，并以轴心的姿态在地区事务中发挥重要的作用，首先表现为以东盟为轴心与多国签订协议建立自由贸易区。

如图3-7所示，中国—东盟自由贸易区与韩国—东盟自由贸易区同时于2010年建成，其中韩国—东盟自由贸易区签署经济合作框架协议比中国要晚，其建设模式基本上都是参照中国—东盟自由贸易区。日本—东盟自由贸易区也是在中国与东盟谈判之后开始起步。印度—东盟自由贸易区自2010年起才开始正式步入建设正轨。东盟—澳新自由贸易协议于2010年开始生效。目前东盟以"10 + n"的模式与多国签订自由贸易协定，建立自由贸易区，但中国是与东盟最早签订全面经济合作框架，并按计划如期建成自由贸易区的。东盟与中国建立的自由贸易区成了东盟与其他国家建立自由贸易区的一个模板和标杆。在这样的一种情况下，如果东盟希望继续扩展其推行的"10 + n"模式，就务必要把中国—东盟自由贸易区这样一个母版建设好，这样才能打消后续加入国的疑虑以及观望态度，这无形中使得中国—东盟区域经济一体化建设有了一个积极的内在推动力。

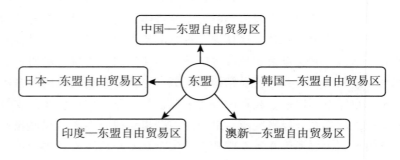

图3-7 以东盟为中心组建的自由贸易区

从中国方面说，积极推动中国—东盟区域经济一体化，在东盟的辐射圈中争取积极主动的地位，才是上计。东盟除了积极与外界国家建立自由贸易区以外，还推动了一些松散的准制度型的论坛会议，这也是东盟扩大其作为轴心国影响力的一部分计划。例如，作为领导者召开东亚峰会，东盟成员国新加坡以倡导者身份倡议的亚欧会议等等，这些都是东盟注重其核心领导地位的体现。东盟作为轴心国，对于推动中国—东盟自由贸易区经济一体化进程来说，有着积极的反馈效应，因为中国无疑是其辐条国中的重要一环，双方之间有唇齿相依的关系，这样的一种轮动机制在自由贸易区建设中是一剂有效的润滑剂。

（三）其他政治动因

1. 安全需求

最直接的政治动因即政治上的安全需求，政治的安全需求不仅指军事上的安全，还包括国家在国际社会中的政治地位安全。区域经济的一体化对于缓解区域的安全困境有重要作用，这一作用主要体现在：区域各国家间的相互信任感增强，政府和民间层面上的互动交流合作活动越来越多，关系更加密切，经济上的合作关系外溢到安全领域。

安全需求可以从两个层次上理解，一是区域内，二是区域外延。前者指的是区域范围内各成员国之间的相互合作而达到的地区安全，后者强调的是通过地区合作保证了地区内成员国在区域外延的国际活动中同样保有安全的动力和基础。经济的一体化使得区域机制的约束力更明显，使得框架范围内国家的行为受到机制的限制和约束，为成员国之间解决矛盾提供了一个良好的平台。在国际上，由于各国经济利益相互联系密切，内部政治协同效应强，使得地区在应对国际安全问题时更加能够发挥集团优势，这种集团的力量能够保证各主体成员国在处理国际纠纷时更加具有竞争力。

2. 国内政治改革及政治溢出效应

在全球经济政治关系日趋紧密的今天，经济问题的政治化。国内问题的国际化现象愈加明显，一个国家内部的事情有可能形成"蝴蝶效应"并且影响到国际效应。在一国融入国际关系网的同时必然会受到部分国内利益集团的阻挠，包括政治利益集团、经济利益集团，大到政府、企业，小到个人，形成了国内利益集团针对一体化的利益博弈阵势。国内利益集团矛盾的调和产生于一体化过程，其解决方式也必然回归到一体化之中。例如，在经济贸易中，赞成一体化的一方往往是在贸易中处于比较优势的一方，会同阻碍方形成一种利益博弈，这种博弈对外体现为经济性，而对内又融合了一定的政治性。博弈的最终结果是双方达成中性决策，将一体化的进程放缓，最终接纳双方的利益。事实上，最后还是会实现更加高级的一体化。另外，一体化进程也可以促进各个国家在政治文化、政治制度等方面产生模仿效应，一国可能主动学习更具先进政治体制的国家的管理经验和政治体制模式，并且将区域一体化视为促进国内制度改革的外在动力。

3. 增强国际规则制定话语权

增强区域国家参与国际新规则的制定能力也是区域经济一体化的主要原因。国际规则涵盖经济规则、政治规则和军事规则，这些国际秩序不仅体现出国际地位和关系，更能直接反映出国际利益的分配是否公平合理。对于中国—东盟国家而言，受到经济条件和历史条件的多方面制约，没有哪一个国家能够有能力在国际规则秩序的制定中扮演主导者的角色，合作共赢才是中国和东盟国家在国际利益分配竞赛中求得一定席次的必然选择。因此，政治上寻求地区安全、和平解决国内外各利益集团的矛盾、增强国际话语权是区域经济一体化的政治动因之一。对于中国和东盟国家而言，由于地理、人文、历史、经济贸易等多方面长期保持了一种密切和联系和共同的特点，为了实现各自利益，必须团结起来实现集团的整体利益，将中国—东盟区域经济一体化进程向更高层次推进。

第二节　中国—东盟区域经济一体化的经济动因

区域经济一体化发展的动力源于一体化所带来的利益，而最先体现出来的利益就是经济上的利益，因此经济一体化进程能够促进区域组织内部其他方面一体化的进程。关于区域经济一体化的经济动因主要来源于关税同盟理论、自由贸易理论、经济增长理论等等。通过这些理论梳理对照中国东盟经济一体化的经济效应的实证分析，可以全面性的分析推动中国—东盟区域经济一体化的经济动因。

一、经济动因的理论分析框架

（一）静态效应

1. 贸易效应

（1）贸易效应理论发展

针对古典经济学家亚当·斯密、大卫·李嘉图早期提出的"国家之间的关税优惠将给实行这种优惠政策的国家带来的'利益'和'损失'"这一观念，瓦伊纳将这种"利益"与"损失"赋予了具体的含义，这就是他所提出的"贸易创造"和"贸易转移"的概念。通过对这两个基本概念的阐述，建立了关税同盟的经济利益评价标准——瓦伊纳标准。瓦伊纳标准的判别依据是根据贸易创造和贸易转移之间的差额来评判关税同盟的成立是有利还是有弊，即关税联盟经济利益＝贸易创造－贸易转移，如果经济利益为负值则证明成立关税同盟是不利的，如果经济利益为正值则认为建立关税同盟是有利的。但是瓦伊纳认为从帕累托优化角度来说，关税同盟并没有达到最优状态，因为关税同盟的成立总有受损失的国家存在，因此成立关税同盟只能算一种次优选择。米德在 1955 年提出关税同盟内部不仅仅具有贸易创造的效应，还具有一个贸易扩大效应，主要是因为成员国内部关税降低后，产品市场范围扩大以及刺激国内需求增加等原因。1965 年约翰逊又深度细化了贸易创造效应的内涵，认为贸易创造应该从生产和消费两个环节来分析，他提出贸易创造效应 = 生产效应 + 消费效应。

（2）贸易效应实证研究进展

第一，事前估计。事前估计主要是通过预测来测度贸易优惠安排可能产生的效应。一般可通过一般均衡（CGE）模型的计算来进行估计，但是其针对假设条件以及参数、数据的选取的解释等应该在分析结果中体现出来。另一种方法是可以将经验数据代入进口需求回归模型进行回归估计，然后再代入经验表达式求解（Plummer，1991）。针对区域经济一体化的测度，如果是刚成立或准备成立的区域组织，可以通过事前估计的方法预测区域组织成立后可能产生的效应，利用一些经验表达式和合理预测能够作出指导性的意见。但是对于已经建成开始发生贸易效应的区域组织，则需要通过对事实数据的收集进行事后估计。针对中国—东盟自由贸易区的贸易效应的测度，自 2010 年自由贸易区建成以来，一般都是通过事后估计的方法来研究贸易效应。

第二，事后估计。事后估计的方法比较多，有巴拉萨模型、贸易引力模型、区域内贸易份额法、基于一般均衡模型预测的反事实估计等等方法。目前来说，贸易引力模型运用较多。

巴拉萨模型是巴拉萨·贝拉（Balassa Bela）于 1967 年分析欧共体的贸易创造效应和贸易转移效应所使用的模型，随后 Wilford（1970）、Nugent（1971）、Willmore（1976）又运用此模型分析中美洲共同市场的贸易创造和贸易转移效应。该模型是通过对比贸易合作前后区域组织内外进口需求收入弹性的变化情况来解释贸易优惠安排所带来的贸易创造和贸易转移效应。

Tinbergen（1962）、Poyhonen（1963）将物理上的引力模型引入了贸易研究领域，建立了贸易引力模型，随后 Linnemann（1966）又将人口因素引入贸易引力模型，之后各国学者陆续拓展贸易引力模型并加入虚拟变量，使得目前贸易引力模型是测度区域一体化组织贸易效应最常用的模型之一。但是该模型对数据的依赖度较高，且加入的虚拟变量具有很大的主观性，因此有时候不能客观反映数据带来的真实信息。

Straubhaar（1987）通过区域内贸易份额法对比区域一体化组织成立后区内和区外贸易份额增长率的变化，以此来证明区域一体化组织建立后所带来的贸易效应。

反事实估计分析法主要是通过 Magee（2004）[1] 针对细分数据采用的分析模型，通过对 K 类商品的贸易效应进行事先估计，并引入特定个体及特定时期具有固定影响的虚拟变量，然后在不存在自由贸易区情况下对国家之间双边贸易流进行反事实估计（见图 3 − 8）。Magee（2008）[2] 对测量区域组织贸易创造和转移效应的方法进行了改进。但是这种反事实估计的实证方法，在具体应用当中，只能通过数据的细分才能进行贸易创造和转移效应的测定，并且赋予具有固定影响的虚拟变量使得计量分析失去了自由度。

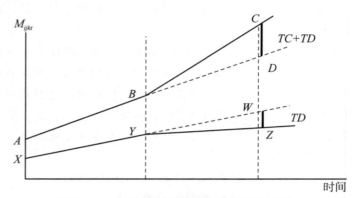

图 3 − 8　贸易创造与贸易转移的测量

注：M_{ijkt} 代表进口，即在时点 T 国家 i 从国家 j 进口的 K 类产业的产品量；TC（Trade Creation）代表贸易创造，TD（Trade Diversion）代表贸易转移。②ABC 段代表区域组织内国家间贸易走向，BC 段表示在 T_0 时间签订贸易协定后区域内国家间贸易状况的走向，BD 段表示假设在没有签订贸易协定情况下国家间原本的贸易走向；XYZ 段代表区域组织外国家与区内国家之间的贸易状况，YZ 段表示表示在 T_0 时间签订贸易协定后区域外国家与区域内国家的贸易走向，YW 段表示假设在没有签订贸易协定状况下区内外国家之间贸易走向。

资料来源：Magee，2004.

2. 贸易条件改善效应

在贸易创造效应微乎其微的关税同盟里，其成员国还是热衷于加入其中。因此 Kowalczyk（1990）指出，当关税同盟的贸易创造和贸易转移效应较小时，仍然存在其他静态效应，这些静态的作用往往是不可忽视的[3]。

R. 普雷比希和 H. 辛格等经济学家从国际收支的角度提出了贸易条件理论，

───────────

　　① Magee，Christopher S P. *Trade creation，trade diversion，and endogenous regionalism.* Econometric Society 2004 North American Summer Meeting. No. 289. 2004.

　　② Christopher S. P. Magee. *New measures of trade creation and trade diversion*，Journal of International Economics Volume 75，Issue 2，July 2008，pp. 349 − 362.

　　③ Kowalczyk，C. *Welfare and Customs Unions*，National Bureau of Economic Research Working Paper，No. 4983（Cambridge，MA：NBER），1990，pp. 9 − 10.

以此来考察国家之间的贸易状况和发展状况，而贸易条件则是其理论当中的量化衡量指标。贸易条件反映的是在一定时间段内某国出口相对于进口的相对利益的指标，它反映了该国出口相对于进口的盈利能力，其量化指标是贸易条件指数。贸易条件指数主要有四种：贸易条件指数、收入贸易条件指数、单因素贸易条件指数、双因素贸易条件指数。

$$① 贸易条件指数 = 出口价格指数/进口价格指数 × 100\%$$
$$② 收入贸易条件指数 = 出口价格指数/进口价格指数 × 出口商品数量指数 × 100\%$$
$$③ 单因素贸易条件 = 出口价格指数/进口价格指数 × 出口商品劳动生产率指数 × 100\%$$
$$④ 双因素贸易条件指数 = 出口价格指数/进口价格指数 × 出口商品劳动$$
$$生产率指数/进口商品劳动生产率 × 100\%$$

一般来说，因为数据的难以获取，在实证考察中较常用净贸易条件衡量一个国家在一定时期内贸易状况是恶化还是改善。净贸易条件就是指公式①中的贸易条件指数。以某国某个特定年份为基期，计算贸易条件指数，如果该指数比基期100大，则表明贸易条件改善，否则代表贸易条件恶化。

（二）动态效应

1. 投资效应

Kindleberger（1965）通过 Viner 在关税同盟理论中对贸易效应的分析方法，将投资效应分为投资创造（Investment Creation）和投资转移（Investment Diversion）[①]。Blomstrom（1997）[②] 指出自由贸易区内宏观经济的稳定度以及区内成员国国内贸易自由程度将决定自由贸易区投资效应是积极的还是负面的。John H. Dunning 和 Sarianna M. Lundan[③] 在其书《跨国公司与全球经济》中认为跨国公司选择 FDI 有四种原因，即逃避关税、扩大市场、出口导向、垂直一体化分工。他们在书中指出贸易环境、贸易条件的改善将使得跨国公司的 FDI 投资动机为扩大市场。总的来说，区域经济一体化对区内成员国 FDI 流量和流向具有动态效应。这种动态效应仍然归类为投资创造效应和投资转移效应。如图 3 - 9 所示。

[①] Kindleberger, C. P. *European integration and the international corporation*, Columbia Journal of World Business, Vol. 1, 1965, pp. 65 - 73.

[②] Blomstorm, M. and Ari Kokko. *How foreign investment affects host countries*, Policy Research Working Paper 1745, The world bank, Washington, D. C., 1997, pp. 1 - 38.

[③] John H. Dunning and Sarianna M. Lundan. *Multinational Enterprises and the Global Economy*, Edward Elgar Publishing, 2008, P. 47.

	区内—区内	区外—区内	
投资创造	A：要素流动壁垒取消	B：争夺区位优势，为享受国民待遇	投资创造
投资转移	C：区位优势格局发生变化	D：区内增加导致流入区外投资减少	投资转移

图 3 - 9　投资创造效应和投资转移效应

　　Motta 和 Norman（1996）针对区域经济一体化情形下逃避关税型投资行为，采用三国寡头垄断模型进行分析指出，规避贸易壁垒的投资恰恰能够和贸易产生互补。Montout 和 Zitouna（2005）利用上述三国寡头垄断模型中分析南北型区域经济一体化的投资效应，并证明南北型区域经济一体化组织将使得南方国家产生投资创造效应，吸引 FDI 增多。Buckley（2001）在分析欧盟与美国直接投资的基础上，试图通过以区域经济一体化和国际直接投资的同方向变动为前提条件，利用分阶段比较法探讨区域经济一体化的投资创造效应。

　　区域经济一体化投资效应的实证研究注重对投资效果的检验，而非对投资前景预测。目前的研究针对欧盟、北美自由贸易区的投资效应实证检验较多，但是针对南南型区域经济一体化组织检验较少。Bende-Nabende（1999）分析了东盟自由贸易区的投资效果，指出只有贸易区内发较发达国家才存在投资正效应，而对于不发达国家而言，其投资效果有负影响趋势。邵秀燕（2009）运用三国理论模型与回归分析将东盟区域经济一体化与成员国经济禀赋对投资效应的影响。在区域经济一体化投资效应的实证计量方法上，一直都未能将某国加入区域经济一体化组织后的投资效应完全分离出来，因为一国投资的变化由很多种因素引起，并不一定完全是由区域经济一体化带动的。但是 Meyer（1995）[1] 提出用倍差法（Difference-in-Difference Estimation）解决了区域经济一体化投资效应剥离问题。A. Tekin-Koru（2010）[2] 使用 Meyer 倍差法对 NAFTA 中美国与墨西哥的国际直接投资变化进行了分析，使得倍差法的研究方法更加趋于完善。

---

　　[1]　Bruce D. Meyer. *Natural and quasi-experiments in economics*, Journal of Bussiness & Economic Statistics, Apr 1995, pp. 1 - 38.

　　[2]　A. Tekin-Koru. *North South Integration and the Location of Foreign Direct Investment*. Review of International Economics, 2010, 4: pp. 696 - 713.

2. 增长效应

区域经济一体化的增长效应是一体化福利效应分析的重点，而经济一体化效应主要分为短期效应和长期效应，短期效应即我们在第一部分分析的贸易与经济增长的效应，在这里不再重复，而长期增长效应主要来自于规模收益。区域经济一体化的长期增长效应主要来源于三个方面：生产的专业化及劳动生产率的提高、技术变革及技术外溢、资本积累。

（1）增长理论。关于经济增长的研究方法主要有三个理论模型：①新古典经济增长模型。索洛模型是这个增长模型的典型代表，这个模型主要解释资本与劳动力之间的关系，而没有涉及技术因素。②在中心—外围理论中提及的Myrdal（1956）[①] 的累积因果模型，其模型解释了带来地区差异的原因，并且Myrdal 引入"扩散效应"（Spreading Effects）和"回波效应"（Backwash Effects）两个概念分析国际经济对发展中国家的影响。并且该增长模型认为发展中国家之间建立区域一体化组织是有利于改善国际经济秩序的一种良好选择。③新增长理论。以 Romer（1986）[②]、Lucas（1988）[③] 提出的内生增长理论为主要理论基础，支持了区域经济一体化长期增长效应的分析。该理论认为区域一体化过程中贸易会带来投资引致型增长（Investment-led Growth）和技术引致型增长（Technology-led Growth），也能够通过规模效应带来长期经济增长。

（2）增长效应实证方法。目前经济增长效应的实证分析都是从经济增长影响因素对经济增长贡献率大小方面进行研究的。例如由于区域经济一体化所引起的投资、技术扩散、贸易开放、制度安排等等，都是影响经济增长的因素或者渠道，不同的实证分析框架都是通过这些因素对经济增长的影响程度和影响时间的长短来分析经济增长效应的。但是目前对区域经济一体化的成员国经济增长的全面分析框架不存在，因此在研究经济一体化情形下经济增长的计量方法缺乏一致性和广泛接受性。经济增长的实证方法主要有以下几种：

第一，Vamvakidis（1988[④]，1999[⑤]）通过人均 GDP 与人口增长率、投资份

---

① Myrdal，G. *Development and Underdevelopment：A Note on the Mechanism of National and International Inequality*，Cairo：National Bank of Egypt，1956，pp. 9 – 10.

② Romer，P. *Increasing returns and long-run growth*，Journal of Political Economy，Vol. 94，1986，pp. 1002 – 1037.

③ Lucas，R. E. "*On the mechanics of economic development*"，Journal of Monetary Economics，Vol. 22，1988，pp. 3 – 42.

④ Vamvakidis Athanasios. *Regional Integration and Economic Growth*，The World Bank Economic Review，Vol. 12，No. 2，1988，pp. 251 – 270.

⑤ Vamvakidis Athanasios. "*Regional trade agreements or broad liberalization：which path leads to faster growth?*"，IMF Staff Papers，Vol. 46，No. 1，1999.

额、全球人均 GDP、贸易开放度、中学入学率等解释变量之间的长期关系，来考察世界上 18 个区域经济一体化组织 1952～1992 年的增长效应。在这个计量方程中，Vamvakidis 加入了表示一体化程度的虚拟变量的两个滞后变量，便于考察经济一体化对经济增长效应的短期影响和长期影响。

第二，Badinger（2005）[①] 以柯布—道格拉斯生产函数为基础展开计量模型，Badinger 是以欧洲经济一体化研究为基础来研究增长效应的，他将增长效应分为水平效应和增长效应。通过道格拉斯生产函数，将技术变量、资本变量以及一体化水平程度综合起来，最后得到长期增长效应。由于其方法可以将区域经济一体化增长效应从经济全球化的增长效应中分离出来，因此其计量模型具有一定参考价值。

第三，Berthelon（2004）[②] 提出了两个新的概念，绝对一体化指标和相对一体化指标，并将这两个指标与 GDP、政府支出、国外直接投资、贸易条件等变量一起用来解释经济增长率的变化原因。Berthelon 提出的测度经济增长效应的模型是从规模经济的角度来衡量的，更注重区域作为一个整体来衡量经济增长的效应。本书利用这种方法来测度中国—东盟区域经济一体化的增长效应。

其他的实证方法还有通过 CGE 模型扩展来测度区域经济一体化的增长效应的，CGE 模型不能直接测度增长效应，需要通过对贸易、投资等因素进行关联，从贸易与投资对生产增长率的影响来衡量经济增长效应。

二、中国—东盟区域经济一体化经济增长效应分析

基于对于区域经济一体化的经济增长效应研究的思路，增长效应实证分析的创新点是：考虑到中国—东盟正式建立时间较短，区内双边贸易量占比较少，并受外部经济大国的影响，故在模型中加入了美国影响这一指标，进而对中国与东盟 10 国（缅甸除外）在 1997～2012 年的区域经济一体化经济增长效应展开实证分析。

1. 模型建立

（1）衡量指标选择。本书选取了绝对一体化指标和相对一体化指标两个衡量

---

① Harald Badinger. "*Growth Effects of Economic Integration：Evidence from the EU Member States*"，Review of World Economics，Vol. 141，2005，pp. 50 - 78.

② Matias Berthelon. "*Growth effects of regional integration agreements*"，Central Bank of Chile working paper，No. 278，2004.

指标，表明与本国建立区域经济一体化组织的伙伴国的经济发展水平绝对一体化指标（Absolute RIA）是指与本国建立区域经济一体化组织的伙伴国的 GDP 占世界 GDP 的份额之和，用公式表示为：

$$AbsoluteRIA_{jt} = \sum_{i=1, j \neq i}^{N} (D_{it}^{j} \cdot SWGDP_{i,t}) \qquad (3-1)$$

其中，N 为贸易区内的国家数，对于中国—东盟而言，取值为 11。当 t 时期国家 j 和国家 i 之间存在区域经济一体化协议时，$D_{it}^{j} = 1$，否则为 0；$SWGDP_{i,t}$ 是指 t 时期 i 国占世界 GDP 的份额。

对于中国—东盟而言，区域经济一体化伙伴国的市场规模各不相同，因此签订的区域经济一体化协定可以不同程度地扩大国内市场规模。这种规模扩大所带来的效应可能是绝对的也可能是相对的，因此绝对一体化指标衡量了区域经济一体化实施后参与国所面临市场规模的绝对大小，相对一体化指标衡量本国市场规模与伙伴国市场规模的相对大小。相对一体化指标（Relative RIA）是指绝对一体化指标除以本国 GDP 占世界 GDP 的比重。

$$RelativeRIA_{jt} = \frac{\sum_{i=1, j \neq i}^{j} (D_{it}^{j} \cdot SWGDP_{i,t})}{SWGDP_{j,t}} \qquad (3-2)$$

其中，$SWGDP_{j,t}$ 是 j 国占世界 GDP 的份额，其他变量的含义同式（3-1）。在后文的回归模型中，绝对一体化指标变量和相对一体化指标变量将作为一国参与区域经济一体化的指标，一起来验证区域经济一体化与经济增长的关系。

（2）变量选取与数据来源。我们采用人均 GDP 的年增长率来表示成员国经济增长效应，将资本积累定义为 FDI 净流入占 GDP 的比重，R&D 表示为研发支出占 GDP 的比重，劳动力供给表示为一国当年劳动参与人口占当年总人口的比重，技术转移表示为工业制成品出口占总出口的比重。此外，还选用了其他变量，如进出口总额占一国 GDP 的比重，政府支出与一国 GDP 的比值，区域经济一体化的绝对指标和相对指标，美国人均 GDP 的年增长率（大国影响）等。

实证以 1997~2012 年中国与东盟 10 个国家（缅甸数据缺失）作为研究样本进行分析。其中中国与东盟十国及美国的人均 GDP 年增长率（GGDP）数据、外国直接投资流入占 GDP 的比率（FDI）数据、研发支出占 GDP 的比率（RD）数据、劳动力占人口的比率（Labor）数据、工业制成品占商业出口的比重（ME）数据、政府支出占 GDP 的比率（GE）来源于世界银行 WDI 数据库。进出口贸易总额占 GDP 的比率（TS）数据经计算得出。绝对一体化指标（Absolute RIA）和相对一体化指标（Relative RIA）经计算得出。

（3）模型与方法。本书采用常用的恒等式（3-3）来研究区域经济一体化对经济增长的影响

$$Y = C + I + G + X - M \tag{3-3}$$

其中，Y 代表 GDP，C 代表居民消费，I 代表投资，X 代表出口额，M 代表进口额。基于本书的研究目的，为检验区域经济一体化伙伴国的经济发展程度对本国经济增长的影响，尤其是增加了"绝对一体化指标"、"相对一体化指标"等解释变量，得到的扩展的增长模型为：

$$GGDP = \alpha + \beta_1 FDI + \beta_2 RD + \beta_3 Labor + \beta_4 ME + \beta_5 GE + \beta_6 TS +$$
$$\beta_7 AbsoluteRIA + \beta_8 RelativeRIA + \beta_9 USA + \varepsilon \tag{3-4}$$

上述模型包含 1997~2012 年 10 个国家的相关数据，本书采用面板数据模型进行研究。

面板数据模型一般形式为：

$$y_{it} = \alpha_{it} + \beta'_{it} x_{iti} + u_{it} \quad (i = 1, 2, \cdots, N; \ t = 1, 2, \cdots, T) \tag{3-5}$$

其中，$x'_{it} = (x_{1it}, \cdots, x_{2it}, \cdots, x_{kit})$ 是影响所有横截面的外生变量的向量形式，$\beta_{it} = (\beta_{1it}, \beta_{2it}, \cdots, \beta_{kit})$ 是参数向量，a_{it} 代表了截面单元的个体特性，反映模型中被遗漏的体现个体差异变量的影响，u_{it} 是个体时期变量，反映模型中被遗漏的体现随截面和时间序列同时变化的因素的影响。i 表示不同个体，t 表示时间，k 表示外生变量的个数，T 为时期总数，N 为截面样本容量，u_{it} 是随机扰动项，相互独立，满足均值为 0，方差相等。根据本书所研究模型的经济意义，应采用面板数据模型中的变截距模型，即斜率在不同的横截面样本点都是相同的，但截距不同：

$$y_{it} = \alpha_i + \beta' x_{it} + u_{it} \tag{3-6}$$

为使模型更加稳健，对变量采取逐步增多的方法，最终在保持模型稳健和可观测样本保留较多的情况下，得到下面的模型：

$$GGDP = \alpha + \beta_1 FDI + \beta_2 Labor + \beta_3 ME + \beta_4 GE + \beta_5 TS +$$
$$\beta_6 AbsoluteRIA + \beta_7 RelativeRIA + \beta_8 USA + \varepsilon \tag{3-7}$$

这样，对中国—东盟 10 个国家的经济一体化经济增长的研究就在模型（3-7）的基础上进行回归分析。

2. 回归结果分析

表 3-1 为 1997~2012 年各国 GDP 的年增长率、绝对一体化指标与相对一体化指标的关系，可以看出，整体上绝对一体化指标与 GDP 的年增长率相关性大于相对一体化指标与 GDP 年增长率的相关性，且均趋于正相关。

表 3 – 1   **经济增长指标与 RIA 之间的相关性**

	Decade	GGDP							
		1997～1998 年	1999～2001 年	2001～2002 年	2003～2004 年	2005～2006 年	2007～2008 年	2009～2010 年	2011～2012 年
绝对 RIA	1997～1998 年	0.5069							
	1999～2000 年		－0.4371						
	2001～2002 年			－0.6396					
	2003～2004 年				0.3478				
	2005～2006 年					0.3211			
	2007～2008 年						－0.0931		
	2009～2010 年							0.3097	
	2011～2012 年								0.6917
相对 RIA	1997～1998 年	0.5682							
	1999～2000 年		－0.5841						
	2001～2002 年			－0.9128					
	2003～2004 年				0.4975				
	2005～2006 年					0.5139			
	2007～2008 年						0.0126		
	2009～2010 年							0.5811	
	2011～2012 年								0.1485

表 3 – 2 中的第二列、第三列、第四列分别表示 GLS（随机效应）、GLS 固定效应和 OLS 回归结果。从整体上看，模型（2）结果显著的变量个数最多，且主要变量 Absolute RIA 和 Relative RIA 均显著，也即 GLS 固定效应的回归结果最好。此外，通过对 GLS 的随机效应和固定效应进行 hausman 检验，chi2（8）= －30.51，说明随机效应无法满足协方差为 0 的条件，应该选择固定效应，所以我们选取 GLS 固定效应的结果来做分析。

表 3 – 2   **GLS（随机效应）、GLS 固定效应、OLS 模型比较**

	(1) GGDP [re]	(2) GGDP (fe)	(3) GGDP (OLS)
FDI	0.363 ** (2.97)	0.305 * (2.45)	0.363 ** (2.97)

续表

	（1）GGDP［re］	（2）GGDP（fe）	（3）GGDP（OLS）
Labor	0.178 **	0.129	0.178 **
	(2.58)	(0.33)	(2.58)
ME	0.0343	0.0879	0.0343
	(1.92)	(1.21)	(1.92)
GE	0.0512	0.104	0.0512
	(0.53)	(0.39)	(0.53)
TS	-1.863 **	0.764	-1.863 **
	(-2.77)	(0.43)	(-2.77)
Absolute RIA	1.790	62.55 **	1.790
	(0.10)	(2.71)	(0.10)
Relative RIA	-0.00148	-0.0406 **	-0.00148
	(-0.61)	(-2.70)	(-0.61)
USA	0.206	0.519 *	0.206
	(0.95)	(2.46)	(0.95)
_cons	-11.66	-16.91	-11.66
	(-1.81)	(-0.57)	(-1.81)
N	120	120	120

注：t statistics in parentheses，* $p < 0.05$，** $p < 0.01$，*** $p < 0.001$。

主要变量 Absolute RIA 和 Relative RIA 均显著，且绝对一体化指标 Abso-luteRIA 的系数为正，说明该指标对于 GGDP 的作用为正向的，也即区域经济一体化的伙伴国的 GDP 占世界 GDP 的份额越大，对于本国经济增长的促进作用就越大。相对一体化指标 RelativeRIA 在我们结果中的系数为负且显著，即与本国签订区域经济一体化的伙伴国经济规模相对于本国的经济规模越大，对本国经济增长的抑制作用也就越大。这与我们初期对于单变量检验时 RelativeRIA 指标系数为正的结果相悖，可能是由于该变量本身的经济意义不够明确、中国—东盟区域经济一体化协定签订年份较少而致相对效果不明显。

该模型中大国影响效应，也即美国经济发展对于中国—东盟国家经济发展的变量 USA 作用为正且显著。说明美国人均 GDP 的年增长率，对于中国—东盟自贸区的伙伴国经济增长有直接的促进作用，当美国人均 GDP 的年增长率每增长 1%时，理论上会拉动中国—东盟自贸区伙伴国的人均 GDP 的年增长率增长 51.9%，这只是从平均上来说，对于具体国家而言情况各不相同：例如，新加坡、菲律宾等国与美国贸易往来多，美国对其经济增长起到促进作用；而印度尼西亚、中国等与美国贸易往来相对较少，美国对其经济增长就起到抑制作用。

3. 其他效应分析

（1）引入时间虚拟变量。

考虑到时间序列的差异性，我们在原来的模型中加入时间虚拟变量，并通过LR（似然比检定）方法来确定是否应加入时间虚拟变量，其中 fe 表示为加入时间虚拟变量的固定效应模型，fe_yr 表示加入时间虚拟变量的固定效应模型，似然比检验结果见表 3 – 3。

表 3 – 3   似然比检验

Lrtest fe fe_yr	
Likelihood-ratio test	LR chi2（13）= 107.23
（Assumption：fe nested in fe_yr）	Prob > chi2 = 0.0000

这一检验的原假设是模型 fe 嵌套于模型 fe_yr 中，即前者包含于后者，而结论是：p 值小于 0.05，故拒绝原假设，表明包含时间虚拟变量的模型是显著的，故应该在模型（3 – 7）中引入时间虚拟变量。模型（3 – 7）变为：

$$GGDP = \alpha + \beta_1 FDI + \beta_2 Labor + \beta_3 ME + \beta_4 GE + \beta_5 TS + \beta_6 AbsoluteRIA +$$
$$\beta_7 RelativeRIA + \beta_8 USA + yr^2 + \varepsilon \qquad (3-8)$$

加入时间虚拟变量后，每一年所引起的经济增长的情况是不相同的，而每一年的情况主要是受到当年和上一年或上几年的经济环境、国家政策、自贸区政策的影响，由于实验结果数据庞大，在此不另附表说明。只在当年情况下考虑，除了 yr2 这一虚拟变量加入后，TS 的系数为负（即进出口总额对中国—东盟区域经济一体化协定的伙伴国经济增长有抑制作用）外，其他虚拟变量的加入，都使得 TS 变量的系数由原来模型中的负数变为正数（即进出口总额对中国—东盟区域经济一体化协定的伙伴国经济增长有促进作用），而 RelativeRIA 的系数为负（中国—东盟区域经济一体化的伙伴国相对于本国的经济规模对本国经济的长期增长有着抑制作用），这与前面的结果保持一致。

考虑到当年经济增长状况不仅受到当年经济状态影响，更受前几年的经济状况影响，发现从 1998 年开始，TS 变量的系数和 RelativeRIA 的系数就一直为负，这与前面得到的结果保持一致，并且各个变量的系数变动不大，这说明该模型是稳健的。而 x_8 系数为负说明在中国—东盟区域经济一体化协定中，伙伴国相对于本国的经济规模越大，区域经济一体化对本国的长期经济增长的抑制作用就越明显。这也从另一个方面反映出当本国的经济规模足够大时，参与中国—东盟区

域经济一体化对本国经济是有促进作用，这一结论可由中国和泰国的对比来加以
验证。对中国而言，伙伴国的相对经济规模越大，对中国经济长期增长就有着促
进作用。而泰国经济规模相对较小，伙伴国的相对经济规模越大，对泰国经济长
期增长就有抑制作用。可以预见，随着自由贸易区的发展，经济规模较小的国家
逐渐增大，伙伴国的相对经济规模逐渐减小，中国—东盟区域经济一体化对国家
经济增长将会由抑制逐步转变为促进作用。

（2）大国影响效应分析。

美国经济是世界经济的风向标，因此在前面的讨论中，我们将美国经济的增
长作为影响中国—东盟自贸区成员国长期经济增长的一个指标。为了验证我们的
预期，将在下面的模型中去掉美国人均 GDP 的年增长率这一指标，与之前的结
果进行比较。

由表 3 - 4 可以看出，在去掉大国影响后，FDI、Labor 和 TS 变量在 GLS（随
机效应）和 OLS 模型中较为显著，但主要变量和 RelativeRIA 都不显著，并且变
量 AbsoluteRIA 的系数为负，说明参与中国—东盟区域经济一体化对伙伴国的长
期经济增长具有抑制作用，这违背了中国—东盟自贸区成立的根本目标，也不符
合当前各国的统计数据，世界银行数据表明，中国—东盟自贸区成员国的经济在
自贸区成立后确实取得了一定的进步。而通过 hausman 检验结果，p = 0.0091 小
于 0.05，故选择固定效应来分析，而固定效应的主要变量 AbsoluteRIA 不显著，
不能作为确切的说明依据。故在没有美国影响的前提下，无法合理说明模型的有
效性，也验证了美国影响这一变量的合理性。

表 3 - 4　　GLS（随机效应）、GLS 固定效应、OLS 结果比较

	(1) GGDP [re]	(2) GGDP (fe)	(3) GGDP (OLS)
FDI	0.371 ** (3.05)	0.368 ** (2.95)	0.378 ** (3.12)
Labor	0.172 * (2.39)	0.200 (0.50)	0.165 * (2.44)
ME	0.0320 (1.71)	0.0603 (0.82)	0.0312 (1.78)
GE	0.0344 (0.35)	0.0219 (0.08)	0.0298 (0.32)
TS	- 1.837 ** (- 2.67)	0.791 (0.44)	- 1.881 ** (- 2.80)

续表

	（1）GGDP［re］	（2）GGDP（fe）	（3）GGDP（OLS）
Absolute RIA	－3.789 （－0.26）	32.88 （1.63）	－6.860 （－0.47）
Relative RIA	－0.00147 （－0.58）	－0.0364* （－2.38）	－0.00118 （－0.50）
_cons	－10.29 （－1.63）	－17.44 （－0.57）	－9.468 （－1.58）
N	120	120	120

4. 主要结论

中国—东盟区域经济一体化的经济增长效应主要考察区域经济一体化对成员国经济增长的作用，绝对一体化指标衡量中国—东盟区域经济一体化对成员国经济增长作用，相对一体化指标衡量自贸区内伙伴国经济规模相对于本国经济规模的大小对本国经济增长带来的影响。我们得出下面结论：

（1）中国—东盟区域经济一体化对成员国经济增长的作用是积极正向的，对成员国的经济长期增长具有促进作用。伙伴国的经济发展水平越高，对本国经济的促进作用就越大。

（2）经济规模不同的国家参与中国—东盟区域经济一体化对本国经济的作用不同。本国经济规模较大，而伙伴国经济规模较小，对本国经济具有促进作用，反之，则有抑制作用。

（3）在目前状况下，美国经济体对中国—东盟区域经济一体化进程仍然有着重要影响。

三、中国—东盟经济一体化的经济动因剖析

（一）经济一体化福利效应"孕育"中国—东盟区域经济一体化元素的成长

一个有效且良性循环的经济组织，其成立之后所发挥的效应应该不仅仅是促进地区成员国的经济增长和经济结构调整，它应该对世界其他国家和地区都有一种良性的溢出效应，非主观意识上的带动世界经济的发展和进步。那么从这样的一个角度来考虑，东盟以自身为轴心，主导外向型经济而推出的"ASEAN +

85

1"、"ASEAN + 3"、"ASEAN + 6"的模式，就是在无形之中增进世界经济福利的一种溢出效应的表现。而中国—东盟自由贸易区也如同上述情形一样，在具有自身福利效应的同时也增进了世界福利效应，正是这样一种正向溢出效应在无形中推动区域经济一体化向纵深方向发展。

关于区域经济一体化的福利效应的定量分析一般采用 CGE（Computable General Equilibrium）模型，目前学者们使用 CGE 模型计算区域经济一体化组织的福利效应时，一般采用 GTAP（Global Trade Analysis Project）数据库，这个数据库目前包含了 87 个国家（地区）的基本经济数据，囊括了 57 种产品，该数据库的使用主要是根据研究需要将各个国家和地区分组，然后根据 CGE 模型的设定来计算各个国家和地区的各方面的经济利益得失。亚洲开发银行（ADB）为了测算亚洲地区经济一体化的福利，也使用了 GTAP 模型测算亚洲地区目前国际经济组织所带来的福利效应。亚洲开发银行（ADB）针对亚洲地区的分组为以下五组：

（1）ASEAN – China：东盟 10 国与中国。

（2）ASEAN – Korea：东盟 10 国与韩国。

（3）ASEAN – Japan：东盟 10 国与日本。

（4）ASEAN + 3：东盟 10 国与中国、日本、韩国。

（5）ASEAN + 6：东盟 10 国与中国、日本、韩国、印度、新西兰、澳大利亚。

ADB 对这五种包含外延国家不同的"东盟 10 + n"区域经济一体化组织的宏观福利效应进行了测度，之后的学者在研究亚洲区域经济一体化的福利效应时，都沿用了亚洲开发银行（ADB）的模型及其分组方法。Anyarath Kitwiwattanachai 和 Doug Nelson，Geoffrey Reed（2010）[①] 利用 GTAP（第六版）数据库对中国—东盟、东盟—日本、东盟—韩国这三个自由贸易区在一般均衡条件下的整体经济影响进行了测算（以下结果都以 2001 年美元价格为基期）。

表 3 – 5 显示了模型测度出来的中国—东盟贸易区域具体的贸易创造与贸易转移程度，可以看出，在中国—东盟自由贸易区内成员国之间的进口和出口趋势扩大，而与非成员国之间的进口和出口下降。一般来说，加入自由贸易区的成员国越多，所带来的贸易创造和贸易转移效应也就越大。如表 3 – 5 所示，东盟在中国—东盟贸易区协定中拥有了 225.3 亿美元的净出口贸易创造以及 246.1 亿美元的净进口贸易创造，而中国在此贸易区协定中拥有了 161 亿美元的净出口贸易创造以及 146.8 亿美元的净进口贸易创造。尽管自由贸易区的贸易创造对于成员国来说并不完全是贸易扩大效应，还有一部门是通过区外非成员国的贸易转移而

---

① Anyarath Kitwiwattanachai，Doug Nelson，Geoffrey Reed. *Quantitative impacts of alternative East Asia FreeTrade Areas*：*A Computable General Equilibrium（CGE）assessment*，Journal of Policy Modeling，Vol. 32，2010，P. 286.

产生的创造。但是从全球贸易的角度来看，自由贸易区的贸易效应还是以净贸易创造效应为主，如中国—东盟自由贸易区最后获得的贸易总效应是净出口贸易创造292.2亿美元和净进口贸易创造292.3亿美元。

表 3 – 5 　　　　　　　　　　中国—东盟自由贸易区贸易

流量变化的经济影响　　　　　　单位：十亿美元

	出口			进口		
	总计	成员国	非成员国	总计	成员国	非成员国
东盟	22.53	43.61	− 21.09	24.61	28.25	− 3.65
中国	16.10	13.48	2.62	14.68	28.84	− 14.16
成员国总计	38.63	57.09	− 18.47	39.29	57.09	− 17.81
日本	− 1.94	− 4.74	2.80	− 2.71	− 3.91	1.20
韩国	− 0.72	− 2.44	1.73	− 1.01	− 1.21	0.19
北美自贸区	− 1.91	− 3.58	1.67	− 2.01	− 4.05	2.04
欧盟	− 2.52	− 3.09	0.57	− 2.38	− 4.40	2.02
澳 & 新	− 0.23	− 0.68	0.45	− 0.29	− 0.58	0.29
其他	− 2.09	− 3.27	1.18	− 1.66	− 4.31	2.64
非成员国总计	− 9.41	− 17.80	8.40	− 10.06	− 18.46	8.38
世界	29.22	39.29	− 10.07	29.23	38.63	− 9.43

如果一国贸易条件变化比率是正向的，这说明该国出口价格相对于进口价格而言在上升，贸易条件得到了改善。若该国进出口量固定的情况下，一国能够以相对便宜的价格进口，则意味着该国福利的增加。一般从理论上说，自由贸易区内的成员国都趋向于改善区内贸易条件，而非成员国有时不得不被动接受恶化的贸易条件。如表 3 – 6 模型测度结果所示，在中国—东盟贸易区内，东盟的贸易条件改善 0.8%，而中国的贸易条件却恶化了 0.11%，东盟内部经济比较发达的成员国普遍都有贸易条件改善的状况，其中新加坡和越南贸易条件改善最多，分别为 1.40% 和 1.43%。在经济合作组织横向对比中发现，东盟参与东亚的任何一个区域经济组织，其贸易条件都得到了改善，但是与中国建立中国—东盟自由贸易区获得的贸易条件改善程度要远远高于其他自由贸易区。而中国无论参与哪个自由贸易区，其贸易条件都在恶化，这可能是因为中国对其他成员国进出口规模的强劲增长。

表 3 - 6　　　　　**在不同自由贸易协定下的贸易条件效应**
（百分比与基期比较的变化率）

	东盟—中国	东盟—日本	东盟—韩国	东亚自由贸易区
东盟总计	0.80	0.25	0.24	0.40
印度尼西亚	0.91	0.33	0.46	0.49
马来西亚	0.45	- 0.43	- 0.15	- 0.20
菲律宾	0.44	0.06	0.25	- 0.03
新加坡	1.40	0.74	0.81	1.10
泰国	1.43	1.28	0.22	1.63
越南	- 0.46	- 0.95	- 1.42	- 1.13
东盟其他	- 0.85	- 1.11	- 1.00	- 0.92
中国	- 0.11	- 0.14	- 0.09	- 0.43
日本	- 0.27	0.29	- 0.11	1.32
韩国	- 0.27	- 0.15	0.42	0.28
北美自贸区	- 0.05	- 0.06	- 0.03	- 0.17
欧盟	- 0.03	- 0.02	- 0.01	- 0.07
澳 & 新	- 0.10	- 0.17	- 0.11	- 0.48
世界其他	- 0.01	- 0.02	- 0.02	- 0.16

注：各国贸易条件是通过各国进口与出口的相对价格权重计算而来的。

　　表 3 - 7 显示了在一般均衡状态下处于不同自由贸易区中各国实际 GDP 及有效吸收的变化比例，从理论上来说，自由贸易区纵深方向发展将会导致成员国的实际 GDP 增加，而非成员国的实际 GDP 将减少，而实际 GDP 改变的程度要视该国的贸易伙伴国而定。从表中结果可以看出，东盟在各个自由贸易区当中实际 GDP 均为正向变化，而其中在中国—东盟自由贸易区中东盟的实际 GDP 及其有效吸收率变动最大。对于中国来说，中国处于东亚自由贸易区中时，其实际 GDP 及有效吸收变动最大，日本与韩国与中国的情况类似，这说明东亚自由贸易区因为其市场规模更大，参与其中的经济体可能会获得更大的福利。但是对于东盟来说，参与中国—东盟自由贸易区相对于加入其他类型的自由贸易区而言，能够获得更多的实际 GDP 的增长，甚至超越了大东亚自由贸易区。

表 3 - 7　　　　**在不同自由贸易区下实际 GDP 及有效**
吸收变动比率（与基期相比，%）

	东盟—中国		东盟—日本		东盟—韩国		东亚自贸区	
	实际 GDP	有效吸收	实际 GDP	有效吸收	实际 GDP	有效吸收	实际 GDP	有效吸收
东盟	1.15	1.31	0.70	0.79	0.50	0.57	1.09	1.24
印度尼西亚	0.83	0.99	0.42	0.51	0.44	0.53	0.61	0.73
马来西亚	2.53	6.08	1.23	2.96	1.20	2.90	1.95	4.68
菲律宾	0.94	0.88	0.51	0.47	0.63	0.59	0.67	0.63
新加坡	2.35	2.16	1.25	1.15	1.35	1.24	1.91	1.76
泰国	1.43	1.69	2.00	2.36	0.34	0.40	2.46	2.90
越南	1.65	1.28	0.92	0.71	0.80	0.62	2.79	2.17
东盟其他	0.04	0.04	0.00	-0.01	-0.01	-0.01	0.07	0.08
中国	0.07	0.08	-0.05	-0.06	-0.03	-0.03	0.29	0.33
日本	-0.04	-0.04	0.07	0.07	-0.02	-0.02	0.30	0.30
韩国	-0.17	-0.18	-0.08	-0.09	0.28	0.30	4.09	4.39
北美自贸区	-0.01	-0.01	-0.01	-0.01	-0.01	-0.01	-0.01	-0.01
欧盟	-0.02	-0.02	-0.02	-0.01	-0.01	-0.01	-0.03	-0.03
澳 & 新	-0.05	-0.05	-0.07	-0.07	-0.04	-0.04	-0.18	-0.18
世界其他	-0.02	-0.02	-0.02	-0.02	-0.01	-0.01	-0.08	-0.09

注：实际 GDP 计算公式为 $C + I + G + EX - IM$；有效吸收计算为 $C + I + G$。有效吸收被定义为固定价格下的家庭消费和政府消费及投资。

区域经济一体化下福利效应的改变与实际 GDP 的变动趋势是一致的，中国—东盟区域内成员国将由于加入区域一体化组织而得到福利效应，但是非成员国将会遭受福利损失。对于经济规模比较小的国家来说，所获得的福利效应对 GDP 的贡献率要比大国情况好。从表 3 - 8 可以看出，区域经济一体化所产生的福利效应主要是从分配效率上获得，简单来讲，区域外非成员国的福利损失主要是因为分配效率的损失。

表 3 - 8　　　**中国—东盟区域经济一体化下的福利效应和福利损失**

	福利损失（单位：十亿美元）	占 GDP 比重（%）	分配效率	贸易条件
东盟	4.94	0.79	4.35	0.59
印度尼西亚	0.71	0.48	—	—

续表

	福利损失（单位：十亿美元）	占 GDP 比重（%）	分配效率	贸易条件
马来西亚	1.00	1.11	—	—
菲律宾	0.73	1.01	—	—
新加坡	1.61	1.86	—	—
泰国	1.05	0.90	—	—
越南	0.61	1.85	—	—
东盟其他	0.11	0.14	—	—
中国	0.52	0.04	0.63	- 0.12
日本	- 1.50	- 0.04	- 1.34	- 0.16
韩国	- 0.48	- 0.11	- 0.42	- 0.06
北美自贸区	- 1.16	- 0.01	- 1.31	0.15
欧盟	- 1.22	- 0.02	- 1.22	- 0.01
澳 & 新	- 0.16	- 0.04	- 0.15	- 0.01
世界其他	- 1.00	- 0.02	- 0.99	0.00

一般来说，区域经济一体化组织成员国的福利效应主要是从分配效率与贸易条件改善中获得，但是对中国来说比较特殊的是，中国参与中国—东盟自由贸易区所获得的贸易条件效应是负的，因此还抵消了部分分配效率福利所得。这反映了中国作为全球经济中一个较大的进口商，在东南亚或者东亚区域的贸易自由化过程中将会带来比较强烈的进口需求。这个过程反映到模型中，就是中国为了维护外部均衡，必须调整对他国的供应价格，因此在这个调整过程中，中国的贸易条件在恶化。

通过以上一般均衡模型分析预测，可以看出东盟作为一个规模较小的外向型经济体，参与自由贸易区都能够从中获得较大福利，尤其是参与中国—东盟自由贸易区能够获得的福利相对于其他自由贸易区而言是更大的。因此对于东盟方面来说，以推动中国—东盟区域经济一体化进程为主，用中国—东盟自由贸易区的建设带动其他几个同等自由贸易区的进展，才是占优策略。而从中国的角度来说，中国与东盟国家也并非"自然合作伙伴"，GTAP 模型预测显示中国必须加入规模更大的区域一体化组织，才能够获得与国家经济规模相匹配的福利效应。中国对于中国—东盟区域经济一体化进程的推动，并不能完全由经济利益来衡量，应从国际关系和国家利益的角度来阐释中国的积极参与。简单来说，东盟在中国—东盟区域经济一体化进程中所获福利效应颇丰，基本上可以说是由经济利益推动其作出合作的积极回应，但是中国在中国—东盟区域经济一体化进程中应该是由部分经济利益及其他国家利益驱使其作出积极响应。

（二） 危机催化了中国—东盟之间的经济一体化合作

东南亚地区经历了两次金融危机，1997 年泰铢贬值引发的金融危机以及 2008 年的美国 "次贷危机" 引发的全球金融危机。危机过后，东南亚国家努力摆脱金融危机带来的阴影，加强区域内经济一体化，挽救国内经济，以期迎来新的经济增长点。但是，东盟经济体内部固有的缺陷，却使得其经济一体化进程十分困难，必须要引入外力才能解决。从另一个角度来说，中国成功加入世界贸易组织后，东盟领导人担心中国成为其世界市场上的强劲的竞争对手。时任中国总理的朱镕基认为解决这个问题的方法是推动中国与东盟的合作，因为中国加入世界贸易组织后，中国的市场会变得越来越开放，而东盟市场是中国开放市场过程中的必经之路。当时的东盟想从中国的繁荣和开放中获利，而中国也希望改善同东盟的关系，为未来的出口和投资打开市场。在 1997 年东南亚危机发生之时，美国刚开始选择了 "袖手旁观"，而欧盟选择 "隔岸观火" 期待能够重新在亚洲夺得一席之地，日本的救助态度还算比较积极，但是日本本国内经济问题却让东盟对日本的期望落空。日本在 1997 年东南亚经济危机之后，自身经济也收到重创，从此一蹶不振陷入增长乏力阶段，在 2008 年金融危机之时仍然没有摆脱国内经济困境。然而，在当时的情形下，中国却尽最大的努力帮助东盟国家摆脱金融危机带来的困境，最终东盟认识到选择与中国结盟是最优策略。东盟与中国结盟以后，不仅可以获得中国巨大的市场，更重要的是能够搭上中国经济高速发展的顺风车来挽救东盟内部经济。

如果说 1997 年的东南亚金融危机是东盟与中国走向合作的一个契机，那么 2008 年的全球金融危机就应该是中国与东盟之间展开深入合作的催化剂，后危机时代世界经济秩序的变动为中国—东盟区域经济一体化的深化与发展提供了更多的驱动因素。

1. 后危机时代的世界经济形势强化了中国—东盟区域经济一体化的必要性

首先，危机后时代，世界经济徘徊在下行通道，发达经济体经济前景堪忧。2016 年 5 月联合国总部发布的《2016 年世界经济形势与展望》年中修订版中指出全球经济增速为 2.4%，比其半年前的预计下调了 0.5%，报告称全球经济增长仍持续疲软，在今年出现复苏转机的可能性偏低。全球经济的下行风险依然偏高。另外，大宗商品价格的进一步下降可能加剧某些依赖大宗商品的经济体的债务负担。而中国和东盟都是外向型经济体，其经济受外部经济环境以及发达经济体的影响较大，更容易受到外部经济风险的冲击。为了尽可能地减少对发达经济体的经济依赖，增强外部风险的防御能力，进一步推进中国—东盟区域经济一体化进程越来越有必要。

东盟对几大贸易伙伴的贸易依存度变化趋势在几十年间有了非常大的转折。东盟自从东南亚金融危机以后，开始决定不再依赖少数西方国家，十几年间对美、日、欧盟的对外贸易依存度开始慢慢下降，而与中国结盟以后，对中国的贸易依存度开始逐步上升。一个很明显的趋势就是，东盟对其主要贸易伙伴的贸易依存度倾向于均衡对等状态。东盟在危机之后实行的这种增强自身实力式的均衡依赖策略，使得东盟在国际上的地位逐步的提升，这其中，中国扮演的角色是至关重要的，因为中国是东盟制衡其他大国的砝码。放眼世界，东盟再难找到像中国这样一个盟友，可以使其在得到经济利益的同时，助长其对外策略的成功实施。因此，东盟在危机之后的"自救"以及中国急需寻找世界市场新的突破口等等因素，会促使中国—东盟自由贸易区向纵深方向发展，促进中国—东盟区域经济一体化的提升。

从全球贸易的角度看，世界经济增长乏力引发全球贸易量增速的大幅减少。2015年有效需求普遍不足、大宗商品价格大幅下滑、全球贸易持续低迷。全球贸易的低迷还导致了贸易保护主义抬头，对包括中国和东盟在内的发展中国家经济体的出口造成了影响。而与此同时，新兴和发展中国家在世界贸易中占比处于不断上升的趋势，世界贸易格局逐渐向新兴和发展中国家市场倾斜，发展中国家发展相互之间的经贸合作成为其应对全球贸易需求不足的有效方式。因此，作为发展中国家的中国和东盟国家加强对彼此的经济一体化建设必要性凸显。从全球投资的角度看，《2015年全球投资报告》显示，发展中经济体的FDI流入量继续领先，达到6 810亿美元的纪录水平，增长2%，中国已成为最大的FDI接受国。世界上前十名FDI接受国中，有一半是发展中经济体。而中国—东盟各国之间FDI的不断扩大，更是加速了这一过程，特别是中国目前处于经济转型的关键时期，扩大内需和增加对外投资是其中的关键手段之一。中国对外投资总量的迅速上升将成为未来世界投资格局变动的一大亮点，东盟作为中国关系密切的周边国家，在中国对外投资中必然占有重要的角色，这也为中国—东盟经济一体化的发展提供了新的机遇。

值得一提的是，以美国为主导的经济体系在金融危机中显示出了脆弱性。越来越多的国家和学者达成共识，即世界多极化的发展会更有利于世界经济的可持续发展。就目前的状况看，随着世界新兴和发展中国家经济的崛起，世界多极化格局正在加速形成，而世界多极化格局逐渐呈现出朝着区域集团化方向发展的态势，经济竞争逐渐从单纯的国与国之间的竞争演变为地区与地区，集团与集团之间的竞争，区域经济一体化的发展有利于本地区国际竞争力的提升，而这也正是中国—区域经济一体化的初衷，同时也将继续成为中国—东盟区域经济一体化进程不断发展的动力之一。

2. 中国和东盟产业在全球产业链、价值链的互补性助力中国—东盟区域经济一体化的提升

随着经济全球化的发展和跨国公司在世界经济中地位的不断提升，全球生产网络逐渐形成垂直化的分工体系。得益于伴随着运输成本的降低、信息技术的发展以及贸易壁垒的下降，国际分工形式已经从产品外部延伸至产品内部，形成所谓的垂直化分工，从而形成了完整的全球产业链、价值链。与此同时，国际贸易的主要形式已经从传统的以最终产品为主转变为以全球价值链分工的产业内贸易为主。中国和东盟在这一过程中，逐渐通过自身的比较优势在全球产业链、价值链中占有一席之地。首先，就中国在全球价值链的地位和作用来看，在中国贸易差额中，零部件进口量远大于出口量，属于零部件的逆差国；半产品进口量远小于出口量，属于半产品顺差国；最终产品的出口占总出口的 60% 左右，属于最终产品的净出口国。由此可见，中国在全球生产链和价值链中的主要作用是组装加工，这也是中国被誉为"世界工厂"的原因。其次，就东盟在全球价值链的地位和作用来看，在东盟贸易差额中，零部件出口远大于进口，属于零部件的顺差国；半成品出口也远大于进口，同样也属于半成品顺差。由此可见，东盟国家在全球产生链和价值链中的主要作用是零部件生产与加工。因此，从全球价值链来看，中国东盟都处于生产链和价值链低端，但是分工明显不同，东盟是零件基地和半成品基地，中国是世界加工基地。

中国与东盟在全球产业链和价值链中的关系定位取决于两者的贸易结构。中国通过从东盟国家进口零部件或半成品组装加工为最终产品再销往世界各地的方式成为了全球分工体系中的一环，而东盟通过向中国出口零部件或半成品成为全球分工体系中的一环，这两个环节拥有最为直接而密切的联系，使得中国—东盟在全球产业链和价值链中具有明显的互补性。这样的互补性不仅为中国—东盟区域经济一体化提供了坚实的经济基础，也有利于中国—东盟经济一体化政策实施的效果，从而对中国—东盟区域经济一体化进程起到了巨大的促进作用。

第三节　中国—东盟区域经济一体化的安全动因

国家安全是国际安全研究中的重点，国际关系学家将国家安全看成国际关系发展的核心要素。从国家安全的发展历程来看，国家安全已从传统安全扩展到了非传统安全。传统安全是与国家政治军事领域有关的安全，一般可分为国家政治安全和国家军事安全。而非传统安全是相对传统安全而言，指与经济、环境、社会等非传统领域有关的安全，包括：经济安全、生态环境安全、信息安全、恐怖主义跨国犯罪、走私、贩毒、海盗等等。随着冷战的结束以及世界经济的蓬勃发展，军事因素在国际关系中的地位相对下降，非传统安全越来越突出，受到人们的普遍关注，尤其是经济安全已经逐渐成为左右一国国家安全政策的重要因素。那么，安全究竟能否成为一体化的动因，我们可以从建构主义的视角展开。

一、建构主义视角下国家安全与中国—东盟区域经济一体化

互动是建构主义的核心观点之一，互动意味着行为体相互之间的交往和实践行为。总的来说，国家间反复不断的互动最终构建起国际安全形势，互动产生观念，观念决定安全。区域经济一体化表现为生产要素、商品在区域内国家的自由流动，但从本质上来说，区域经济一体化是区域内国家行为主体间友好的互动内容之一。区域经济一体化的互动方式从两个方面对国家安全产生作用：首先，区域经济一体化促进区域经济整体的融合，也导致安全问题区域化，安全问题不再是一个国家的事情，任何一个国家的单独行为都无法有效地抵御和有效解决区域安全问题，唯有集体安全协作才能真正构建起国家安全，这就从客观上促使区域内国家不得不联合起来。更为重要的是，区域经济一体化促使区域内国家产生"区域内国家之间的经济合作有利于双方发展"的共同观念，强化合作、互惠文化，激发区域集体安全意识，区域内国家间集体身份得以形成，当面临可能威胁到集体客观利益的危险时，区域内的国家愿意联合起来共同遏制其发生，使国家朝着"安全共同体"的目标前进，从而实现区域内的国家安全。因此，区域经济一体化对国家安全的促进作用关键在于对区域内国家集体认同和集体身份形成的促进作用。

建构主义认为，相互依存、共同命运、同质性和自我约束四个变量影响着集体身份的形成。相互依存是指"如果对一方产生的结果取决于其他各方的选择，那么行为体就处于相互依存的状态"；共同命运是指"行为体中每个人的生存、健康、幸福取决于整体群体的状况"；同质性则是"行为体群体成员群体特征的相似性"；自我约束是指"国家行为体的自省，是对自我要求方面的自我克制"。① 其中，同质性主要从群体特征特别是政治体制、价值取向等非经济方面来考察对集体身份的作用，而区域经济一体化主要涉及经济方面，因此，笔者将主要从相互依存、共同命运、自我约束这三个方面探讨中国—东盟区域经济一体

① ［美］亚历山大·温特，秦亚青译：《国际政治的社会理论》，上海世纪出版集团2000年版。

化对中国和东盟各国集体认同的促进作用。

（一）互相依存

建构主义认为，相互依存是集体身份形成的有效原因之一，相互依存与集体身份之间形成建构关系。相互依存分为客观相互依存和主观相互依存，前者指的是物质上的相互依存，例如由于经济上存在互补性而产生的相互依存；后者指的是观念上的相互依存，比如"自身发展离不开对方"这样的共同观念认同。客观相互依存是集体身份形成的基础，而主观相互依存与集体身份形成建构关系。当客观相互依存在互动中转变为主观依存时，区域内国家间的集体认同就有可能实现。区域内的相互依存程度越高，国家行为体彼此间的互动频率越高，越有利于集体身份的认同。区域经济一体化是区域内的国家经济合作深入发展，经济上的互动密度增强，经济依存度不断上升，促进客观相互依存程度的上升，区域内国家将会更加认同"加强与区域内其他国家的合作有利于本国的发展"的观念，从而逐渐形成主观相互依存，有利于区域内国家的集体认同。

中国—东盟区域经济一体化使得中国与东盟各国的经济客观相互依存程度不断提高。中国与东盟一衣带水，在历史上就有着较为紧密的经济联系。冷战结束后，世界各国都注重对国家经济水平的提高，中国与东盟自然也无法例外，双方在经济上的合作逐渐增强，特别是中国—东盟自由贸易区的建立，是中国—东盟区域经济一体化进程的里程碑，国家之间的贸易壁垒被逐渐打破，中国和东盟国家的经济贸易总量逐年攀升。中国与东盟各国在经济上的互补性在经贸来往中转化为客观相互依存，例如，在资源禀赋上，中国与东盟各国存在较大的差异，也由此形成较强的资源互补性：东盟需要从中国进口茶叶、棉花等产品，而中国则对东盟的天然橡胶、木材、香料等拥有巨大的需求；在生产合作上，中国较为完善的工业体系以及产业结构能够助力东盟产业的升级，而东盟有着比中国更为廉价的劳动力能够降低生产的人工成本。总之，随着经济客观相互依存度的不断上升和经济水平的不断发展，中国与东盟各国将会强化"中国—东盟经济合作将促进各国的共同发展"的观念，当客观相互依存逐渐转化为主观相互依存时，中国与东盟各国相互依存就可能内化为集体认同。

（二）共同命运

建构主义认为，共同命运是由第三方所建构的，其强调的不是作为体系内国家的互动，而是作为一个整体面对来自外部的不安与威胁。区域经济一体化可以促使区域内部产生共同命运的意识。就经济方面而言，区域经济经济一体化将区域内部经济逐渐连为一体，除了促进了区域内部的经济发展之外，也随着带来了经济风险在区域内的外溢；当面临外部的威胁时，所造成的危害将可能使区域内的国家都受到损失，例如区域外的贸易保护主义、经济危机以及其他非传统安全问题。因此，区域经济一体化的程度越高，区域内对共同命运的认同意识也越强，也就越有利于集体认同的形成。

2013 年 10 月 3 日，中国国家主席习近平在印度尼西亚国会发表的题为《携手建设中国—东盟命运共同体》演讲中说道："中方高度重视印度尼西亚在东盟的地位和影响，愿同印度尼西亚和其他东盟国家共同努力，使双方成为兴衰相伴、安危与共、同舟共济的好邻居、好朋友、好伙伴，携手建设更为紧密的中国—东盟命运共同体，为双方和本地区人民带来更多福祉"。中国与东盟的关系经历了一个"黄金十年"，中国—东盟自由贸易区的建立不断深化双方彼此之间的经济贸易关系，促进中国—东盟区域经济一体化进程的不断深入，使得中国与东盟共享机遇，共同发展，共同繁荣。与此同时，区域安全问题也显得越来越重要，维护中国—东盟地区的繁荣稳定越来越需要双方共同和不懈的努力。中国—东盟区域经济一体化进程在加强中国与东盟各国的经济联系的同时，也加大了各类风险传导的可能性，一旦区域内部国家因受到某一风险冲击而遭受损失或造成危机时，也必然会引起区域内其他国家的损失，进而威胁到其他国家的安全。因此，中国—东盟区域经济一体化使中国和东盟各国更多的面对共同威胁，共迎挑战，唇齿相依。中国与东盟在一定程度上被视为同一整体，产生共同命运的观念，促进集体身份的认同。"中国—东盟命运共同体"的提出表明了在政府层面上已经认识到了共同命运观念对地区安全稳定的重要作用。通过促进中国和东盟国家集体身份的认同，双方将形成真正的中国东盟安全合作观，进而保障中国东盟区域经济一体化程度更加深入的发展。

（三）自我约束

自我约束首先是国家行为体对自身的束缚，但自我约束的效果还取决于其他国家行为体的反应，如果对方也能积极回应该国家行为主体的自我约束并也对自身进行约束，那么自我约束的共同规范将能够建立起来。区域经济一体化是长期的经济互动，将有利于区域内的国家建立起长期合作的预期，为了获得更为持久的合作和发展，区域内各国家行为主体都会意识到长期合作所带来的利益才是最重要的，为此，它们会对破坏长期合作的行为进行自我的约束，防止一些短视利益行为的出现。另外，区域内国家将在经济的互动中形成共有知识（包括规范或规则），这不仅是保障双方之间经济合作的重要手段，同时也是协调相互之间利益和冲突、进行自我约束的有效途径；更重要的是，其能够加强区域内国家对"区域内的冲突和纠纷都能通过形成的共有规范机制进行协调"的观念和"自我约束能在规范机制内获得积极的响应"的预期,这对于区域内的集体身份的认同将产生重要的影响。

例如,在中国—东盟自由贸易区的领导权问题上,中国坚持东盟的领导地位。无论从经济影响力还是从政治影响力来看,东盟没有任何一个国家能够与中国抗衡,从现实主义的角度考察,中国—东盟自由贸易区的领导权自然应属于中国,但中国为了更为长远的发展与东盟之间的关系,促进双方更好的合作而进行自我约束,坚持和尊重东盟在贸易区内的主导权地位。而东盟对此也是积极的响应,反对所谓的"中国威胁论"并认为中国的繁荣发展是东盟发展的机遇,不应该将中国的发展视为对自身发展的威胁,双方的关系应该是互利共赢,共同繁荣的关系。

二、中国—东盟区域经济一体化的安全动因

(一)消除"中国威胁论",营造稳定我国周围环境的需要

改革开放以来,营造一个稳定安全的外部环境就成为了我国外交的首要任务。东盟国家是中国的邻居,保持好与东盟的关系直接关系到我国周边的安全环境。

首先,中国—东盟区域经济一体化,使东盟能够分享到中国经济力量不断壮大而带来的益处,向邻国表明:中国的经济发展对他们并非威胁而是机遇。通过中国—东盟区域经济一体化,不仅中国获得了更大的发展空间,更让东盟国家直接受益于中国经济的发展。通过与东盟各国共享经济合作所带来的繁荣,打消他们的顾虑,增强东盟与中国集体身份的认同,为稳定我国的周边环境、营造安全的发展空间提供了有利条件,并向世界证明了"中国威胁论"根本就是无稽之谈。中国的发展不会对世界构成威胁,世界上的任何一个国家都将如东盟一样直接或间接的受惠于中国的崛起。其次,中国—东盟区域经济一体化有助于解决"台海问题",实现祖国统一。尽管东盟十国都承认"一个中国",但是台湾"当局"曾经费尽心机地利用"务实外交"与"度假外交"政策在东盟国家中拓展所谓的"国际空间",加之部分东盟国家也希望利用"台湾问题"达到牵制中国的目的,因此双方仍有政治、经济上的往来,种种分裂中国的"越轨"行为时有发生。随着中国与东盟经济联系日益紧密,东盟更加重视与中国保持良好的政治互动,唯恐政治上"越轨"行为会对双边关系产生巨大的影响,从来带来巨大的经济损失。因此,东盟的政治行为会考虑到中国大陆方面的感受,并将与台湾的关系放在次要和从属地位,这无疑是对"台独"势力的有力打击,有助于中国台

海问题的解决。再次，中国—东盟区域经济一体化有助于南海问题的和平解决，维护我国领土完整。近年来，中国与一些东盟国家之间存在着由领土主权和海洋权益争议引发的南海问题，南海问题也因此成为影响双边关系的障碍。当前，区域经济一体化已经是大势所趋。为了不让南海问题成为影响双边经济合作的掣肘，客观上就要求双边尽快以和平方式解决南海问题。而在中国—东盟区域经济一体化框架下，双方密切的经济往来有望进一步培养双边信任，为最终解决南海争端创造有利的条件。最后，中国—东盟区域经济一体化有助于打破美国的战略围堵，维护中国的政治安全。东盟国家地处包围中国的"新月链"上，如果双边保持友好关系，这条得天独厚的"新月链"便可以成为保护中国国家安全的一道天然屏障。"9·11"事件后美国的战略重心由欧洲逐步向亚洲转移，这一战略部署的主要目的之一就是通过利用中国周边国家与地区影响来牵制中国的发展。但是，在中国—东盟区域经济一体化的作用下，中国与东盟良好的政治关系不仅打破了美国战略围堵中国的意图，而且能够为中国赢得了一道天然的屏障，保护我国的国家安全。

（二） 维护东盟国家安全的需要

首先，更好地应对外部经济冲击。1997 年东南亚金融危机使得东盟意识到中国对其经济安全的重要性。中国—东盟区域经济一体化可以使东盟通过强化与中国的经济联系来加强其经济安全。其次，减少经济的对外依赖。一直以来，东盟的经济都过度依赖外部发达国家市场，在本区域内部的经贸交往相对较少。这就导致了东盟各国在经济安全上对西方发达国家市场的依赖过大，一旦国际市场出现大的波动，势必会极大地影响到东盟各国的经济安全。中国—东盟区域经济一体化进程，在增加中国与东盟相互依赖程度的同时减少了东盟各国对西方发达国家的经济依赖，有利于东盟经济的安全。亚洲金融危机中中国坚持货币不贬值，向东盟各国展现出一个负责任的大国的态度，使东盟各国意识到中国对于其经济安全的重要性，也意识到经济过多地依赖西方发达国家所造成的脆弱性，为了更好地分散和控制经济风险，有必要加快中国—东盟区域经济一体化的进程。特别是在贸易保护主义有所抬头的今天，发达国家为了自身经济利益纷纷实现贸易保护，提高非关税壁垒，并利用自身科技优势，制定各种新的技术标准以抵制发展中国家的产品，中国与东盟大多数国家同属于发展中国家，为了自身经济发展的安全，中国—东盟区域经济一体化就成了必然的选择。

（三） 有助于中国与东盟应对恐怖主义、贩毒等非传统安全问题

中国—东盟区域经济一体化有助于推动中国与东盟非传统安全领域的合作，

维护我国与东盟的非传统安全。在中国—东盟区域经济一体化的作用下，中国与东盟国家之间相互依存，已经形成了一个较为敏感的区域共振系统。这就意味着任何一方的危机所产生的"外溢效应"，都会通过共振系统迅速传递到另一方，形成整个区域共同的危机。经济上的往来促进了双方经济安全上的合作，而经济的持续发展需要稳定的环境，这就要求双方致力于非传统安全领域的合作，为双边经济的顺利发展保驾护航。相对于传统安全合作而言，非传统安全合作政治敏感性较小，易于为双边所接受并得以展开。2002 年 11 月，中国和东盟签署了《关于非传统安全领域合作联合宣言》，重点展开在禁毒、打击非法移民、海盗、恐怖主义、武器走私、洗钱、国际经济犯罪和网络犯罪等非传统安全领域的合作。2004 年 1 月，中国与东盟成员国政府签署了《非传统安全领域合作谅解备忘录》，并组建了多种多边合作协商机制，强调进一步加强双边合作。此后，中国与东盟双方展开了例如经济安全、打击跨国犯罪、公共卫生、环境、能源安全等全方面、多领域的合作。

（四）形成各国相互制衡的局面，推动东亚区域经济一体化的进程

中国—东盟区域经济合作对地区格局变动的影响是有迹可循的。东亚地区是众多世界大国都有利益关联的地区。随着中国和东盟区域经济一体化的不断深入，中国与东盟之间密切的经济往来与政治合作使得区域外其他国家开始担心其在东亚的利益会受到侵蚀。中国与东盟区域经济一体化刺激了区域外几个大国调整其亚洲战略，并争相与东盟拓展双边关系，而这些大国之间的竞争又推动了区域内大国相互制衡局面的形成，使得东亚地区出现了力量分散与多极化的局面。这一局面的形成可以防止区域内部出现霸权主义、强权政治，有效地维护区域和平、稳定。与此同时，中国—东盟自由贸易区的建立会刺激日本和韩国加快与东盟建立自由贸易区的步伐，从而推动东亚区域经济一体化的进程。

第四节 中国—东盟区域经济一体化的文化动因

一、文化、文化认同与区域经济一体化

建构主义的核心观点是观念、文化、认同能促进行为体间的信任与合作。建构主义的代表亚历山大·温特（2000）认为，"行为体不再是现实主义所描述的

只追求利益、权力和安全的政治实体，而是具有文化身份的政治实体，行为体的行为方式和结构关系都是由其身份认同来决定的。"① 建构主义一改过去主流理论偏重物质的现状，而重视观念、文化和规范的建构性作用，强调文化的力量、人的能动性和社会关系在国际政治中的重要作用。观念建构身份，身份决定利益。行为体间彼此共同认定的文化成分越多就越能组建稳定的结构。也就是说，具有相同价值观念和文化的行为体间更容易相互影响，从而达成合作的共识。

文化认同是由共同的文化产生的归属感和认同感，我们在"区域经济一体化进程中讲的文化认同是指建立在区域行为体共同特性的基础上以区别于其他群体的共有特征，以及行为体由此产生的对区域共同体的归属感和认同感"。② 亚历山大·温特认为："没有成员之间一定程度的文化共同体，国际体系不会形成"。③ 本节将文化认同划分为"归属性"文化认同、"回应性"文化认同和"功能性"文化认同，下面我们分别以这三种文化认同为视角，探讨它们对区域经济一体化的影响。

"归属性"文化认同又叫"原生性"文化认同，它是指区域内各国由于历史地理上的原因长期交往而形成的相同或者相类似的文化传统、价值观念和宗教信仰等。"归属性"文化认同一旦形成就会直接影响到区域内各国民众的态度、价值观念，从而影响区域经济一体化的发展进程。首先，"归属性"文化认同是国家区域属性和身份的标志。正如 Jepperson Ronald L.（1996）所说："行为体直到他们意识到他们代表谁——即他们是谁——才能确定他们的利益"④。其次，"归属性"文化认同促进区域内各国产生亲和力。社会认同理论认为："一旦人们将自己视作特定团体的一部分，他们对团体内其他成员的态度就会与对该团体外行为体的态度有所不同"⑤；最后，"归属性"文化认同使区域内国家将自己视为区域整体的一部分，从而产生了区域责任感，这对维护区域整体、区域规范、区域利益和区域价值观等都起到了积极的作用。一般来说，"归属性"文化认同越强，区域内各国的内聚性越高，他们就越容易达成"建设区域共同体"的意愿。总之，归属性文化认同黏合了区域内同质、同源文化的国家，推动了区域经济一体化进程的发展。

---

① ［美］亚历山大·温特，秦亚青译：《国际政治的社会理论》，上海世纪出版集团 2000 年版，第 28 页。

② 李明明：《论欧盟的区域认同与安全防务》，《当代西方研究》，2005 年第 5 期，第 8 页。

③ ［美］亚历山大·温特，秦亚青译：《国际政治的社会理论》，上海世纪出版集团 2000 年版，第 6 页。

④ Jepperson Ronald L., Alexander Wendt, and Peter J. Katzenstein. *Norms*, *Identity and Culture in National Security*. In The Culture of National Security: Norms and Identity in World Politics. Edited by Peter J. Katzenstein. New York, NY: Columbia University Press, 1996, pp. 216 – 270.

⑤ Christopher Hemmer, Peter J. Katzenstein. *Why Is There No NATO in Asia? Collective Identity*, *Regionalism*, *and the Origins of Multilateralism*. International Organization, Vol. 56, No. 3, 2002, pp. 575 – 607.

"回应性"文化认同是指区域内外各国在互动中更加清晰的界定自我和他者的相对性和差异性。根据刘兴华（2004）的定义："相对性是指区域内各国面对外部大国和地区集团的崛起或整体国际环境的威胁而产生的维护本地区生存和发展的危机感和紧迫感，由此产生与本区域其他国家团结合作的地区意识和文化认同；差异性是区域内各国在充分了解其他国家和地区特性的基础上强调本地区的文化价值观念与外部的不同。"[①]"回应性"文化认同推进区域经济一体化发展进程的作用体现在：一方面，"回应性"文化认同使得区域内各国表现出与外部的相对性，从而树立起想象的或实际的外部威胁，使得区域内各国更容易团结起来达成合作共识以应对外部威胁，从而促进了区域经济一体化的发展。另一方面，"回应性"文化认同使得区域内各国表现出与外部的差异性，从而把"自我"与"他者"区分开来，使得区域内各国更加重视加强本区域内的合作，担负起区域发展的责任从而推动区域经济一体化的发展。"回应性"文化认同决定着区域合作的对外性，即区域合作在很大程度上都源于对外部的回应。因此，"回应性"文化认同越强，区域合作的对外性就越明显，区域内各国就越积极地推动与本区域其他国家联合起来创建和维护本区域的经济、社会发展和制度、规范建设。

"功能性"文化认同是指区域内各国为应对突发事件和实现国家安全等功能性原因而达成的共识或形成的国际机制等。"功能性"文化认同产生于两个方面的原因：一是经济方面的原因，即随着市场经济的发展，区域内各国的商品和生产要素流动加速，使得区域内各国在贸易、投资、金融等领域的交流和合作日趋紧密，区域内各国逐渐认识到本国经济的发展与本区域其他国家的经济发展不可分割，本国的经济利益和社会进步离不开本区域的发展，区域成为国家经济发展的依托和后盾，从而产生对区域重要性的认同，促进区域经济一体化的发展。另一个是安全方面的原因，即突发的并具有区域蔓延性的危机、灾害以及国家安全受到威胁等因素使得区域内各个国家普遍认识到自己的命运和区域整体命运休戚与共，荣辱共存，因而产生共同命运感，形成强烈的区域认同感，从而积极参与到推动区域经济一体化的建设和发展中来。因此，"功能性"文化认同是与区域具体问题联系在一起的，带有明显的实用性。"功能性"文化认同越强，区域内国家对具体事务和具体问题的合作就越多，也越容易就某一类问题达成共识和形成国际规则，并最终促进区域经济一体化的发展。

总之，文化认同通过其三种形式（即"归属性"文化认同、"回应性"文化认同和"功能性"文化认同）使区域内不同的国家形成一定处理国际事务的国际制度或规则，从而推动区域经济一体化的发展，反过来区域经济一体化的发展

---

① 刘兴华：《区域认同与东亚区域主义》，《现代国际关系》，2004年第5期，第19页。

又进一步加深了区域内各国间的文化认同。文化认同与区域经济一体化的关系如图 3 – 10 所示。

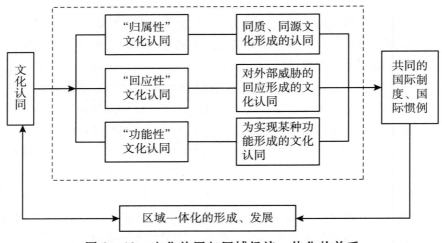

图 3 – 10　文化认同与区域经济一体化的关系

二、文化认同推动中国—东盟区域经济一体化的发展

中国与东盟各国在各自的历史发展进程中形成了丰富多彩的民族文化，它们共同构成了东南亚文化的重要内容。但由于民族起源、人口迁徙、习俗影响和政治、经济、文化交流等原因，中国与东盟各国在历史发展进程中，也形成了一些跨国界、多民族所共具的规范制度与文化认同理念，这无疑成了推动中国—东盟区域经济一体化发展的强劲动力。具体来说，文化认同推动中国—东盟区域经济一体化发展主要体现在以下三个方面：

（一）"归属性"文化认同：中国—东盟区域经济一体化发展的黏合剂

东南亚文化久远，有着深厚的历史文化积淀，虽然相对于欧洲来说东南亚各国文化差异有点大，但从总体上看整个东南亚仍处于一个相同的文化圈中，历史上，东南亚各国有着相同或相似的文化背景与文化经历。

1. 汉语的广泛使用

语言是文化最重要的外在载体，它具有政治、经济、心理，文化等多种价值，在构建国家和民族认同中发挥了不可或缺的作用，是克服认同障碍的最有效武器。另外，它作为国际社会交际的主要工具，代表了一个民族的思维模式，对促进国家之间的交流与合作发挥了重要作用。中国与东盟国家间的相互交往历史久远，双方在长期的历史交往过程中，汉语逐渐占据重要地位并渗透进入东盟各国。今天，汉语在东盟各国（如越南、新加坡、马来西亚等）语言中随处可见，东盟各国语言中有相当部分借鉴了汉语。据统计，马来西亚总人口的1/4是华人，有1 200多个汉语在马来语中使用，马来西亚人民在日常生活中广泛地使用汉语，在大街小巷中，汉字招牌比比皆是。在越南，根据孔远志（1998）的研究，"许多重要的史籍资料多为汉字写成，例如张合桂的《大南实录》、郑怀德的《嘉定通志》等，越南人不仅接受和使用汉字，还按照汉字的造字方式，创造出一种新型文字，即喃字，以区别汉字，现在，喃字同直接借用的汉语字词混合使用。"① 此外，在泰语、老挝语、菲律宾的加禄语、柬埔寨语和缅甸语中常常能看到汉语的身影，借用的汉语早已融入到他们国家民众的生活当中。因此，汉语作为中国与东盟国家文化交流的纽带，是形成双方文化认同的重要基础。东盟各国出现的汉语借用现象真实地反映了中国与东盟各国文化交流的历史，也为中国与东盟国家的文化进一步交流和实现政治、经济合作奠定了坚实的基础。

2. 中国宗教文化的推广

宗教作为中国与东盟国家文化交流的渠道，发挥了重要作用。早期的中国移民是中国宗教文化向东盟国家传播的重要使者，移民把中国宗教文化带到东盟各国，并与当地的宗教文化相融合发展，产生了东盟各国各具特色的宗教文化，这为东盟各国增强文化认同感和民族凝聚力奠定了基础。② 中国宗教文化以道教、基督教和佛教为主要形式，具有多样性和包容性特征，促进了中国与东盟国家文化的交流。道教作为中国本土的宗教，内容丰富多彩、博大精深，涉及宗教信仰、哲学思想、道德规范、风俗习惯以及文学艺术等各个方面，对东盟各国带来了积极而深远的影响。基督教在东盟地区也有广泛的传播，但该教大部分是由华人基督徒传入的。由于中国对东盟各国在地理、语言等方面具有先天优势，因此华人对东盟各国基督教的影响和发展也起了更为直接的作用。据记载，最早到东南亚地区布道的基督徒是两位祖籍福建的黄乃裳和郑聘廷牧师。后来，越来越多的中国牧师来到东南亚，他们为东南亚宗教文化的发展作出了巨大贡献。此外，中国佛教对东南亚宗教文化的影响也不容忽视。佛教最早产生于印度，然后传入中国，在中国得到广泛而深入的发展，但是东盟各国佛教的发展经历却异常复杂，先是大乘佛教的广泛传播，后来是南传佛教的盛行。目前南传佛教对老挝、越南、柬埔寨、泰国、缅甸等国家的经济、政治和文化都发挥了极其重要的作用，越南还曾两度把佛教定为国教，可见影响之深。而新加坡、马来西亚、印度

---

① 孔远志：《中国与东南亚文化交流的特点》，《东南亚研究》，1998年第4期，第54~56页。
② 黄新宪：《东南亚华人宗教文化与中国宗教文化的渊源联系》，《福建论坛》，1998年第2期，第56页。

尼西亚信奉汉传佛教。总之，宗教为中国与东盟国家的文化交流提供了平台，推动了中国和东盟地区的经济文化合作与发展。

3. 共同的殖民文化

19世纪以来，东盟各国（除泰国）都是西方列强疯狂侵略的对象，西方列强在侵略的同时，也对殖民国家输出其意识形态和文化价值观念。因此，可以说西方列强的侵略，既对中国与东南亚国家造成了严重的伤害，也使中国与东南亚各国文化具备了一些西方文化因素，使中国和东南亚国家形成了某些共性的文明意识，这为双方的文化交流提供了互信基础。另外，第二次世界大战期间，日本对中国、马来西亚、菲律宾、新加坡、缅甸、印度尼西亚等国家进行了侵略，而中国是遭受日本侵略最沉痛的国家之一。这种共同被邻国侵略的历史经历，使得中国与东盟各国都有一个爱好和平、与邻为睦的共同愿望，这也为区域经济一体化发展提供了共同的文化心理认同基础。

总之，中国与东盟各国由于历史和地理的原因，在长期的交往中形成了相当多的同质、同源文化，从而衍生出了许多相似的思维方式、价值理念和行为模式，正是这种"归属性"文化认同将中国与东盟各国紧紧地黏合在一起。

（二）"回应性"文化认同：中国—东盟区域经济一体化发展的助推力

中国与东盟各国的"回应性"文化认同是在20世纪后期经济全球化和地区经济一体化日益活跃的背景下逐渐形成的，其突出表现为2010年中国—东盟自贸区的全面建成。中国—东盟自由贸易区拥有19亿人口、近6万亿美元的国内生产总值、4.5万亿美元的贸易总额，是目前世界上消费者最多和覆盖面积最大的自由贸易区，也是世界上最大的由发展中国家组成的自由贸易区，这显然是对欧洲联盟和北美自由贸易区的一种回应，这表明中国与东盟各国的"回应性"文化认同开始形成。此外，中国与东盟各国在构建"回应性"文化认同时，也比较注重构建多层次的合作机制载体，这显然是受到了欧盟等地区一体化较为成功的区域组织的影响。由于中国与东盟各国在经济、文化方面存在着不平衡性和多样性，决定了中国与东盟各国在地区合作中不能采取像欧盟那样高度组织化的方式，而应该选择适合自身发展的道路，以构建多层次的合作机制作为载体。目前中国与东盟各国合作形式已经比较多样化，涉及的领域也很广泛。其中《中国—东盟全面经济合作框架协议》是双方最为成功的制度化协议。此外，还有大湄公河次区域经济合作机制（简称GMS），泛北部湾次区域合作机制，泛北部湾经济合作论坛，中国与菲律宾南海地区合作双边磋商机制、中越菲联合开发南海机制、中国—东盟海事磋商机制等多层次合作机制。只有重视相关合作机制的建立，才能为非制度化的双边协议增加执行力，中国与东盟多形式、多层次的合作机制是双方发展多元文化的共同需要，同时也是中国—东盟实现区域合作、区域经济一体化的重要保障。

中国与东盟各国形成的"回应性"文化认同也体现在对西方文化价值观的回应上。正如 Peter J. Katzenstein（2000）所言，"世界上每个地区都有自己的历史经历，这种经历形成了它的观念、价值和默契，亚洲地区的发展走了一条与其他地区不同的道路。"[1] 儒家文化、不干涉别国内政、承认国家主权、和平共处与共同发展、协商一致等这些都是东亚价值观与西方价值观的差异。新加坡学派（Singapore School）的领导人李光耀就曾经指出："中国、日本、韩国、新加坡和越南共同拥有中华文化或儒家文化的价值。"[2] 中国与东盟各国在强调本地区文化价值观独特性的同时，也开始对西方价值观持批判和否定的态度，尤其是对西方国家所主张的"人权高于主权"的强盗式理论特别反感，一致认为这是西方国家企图干涉发展中国家特别是第三世界国家内政的一个借口。当然，中国与东盟各国的"回应性"文化认同还处于萌芽状态，还需要在区域内部大力培育，只有中国与东盟各国的"回应性"文化认同得到大力发展，区域认同和区域凝聚力才会不断增强。

（三）"功能性"文化认同：中国—东盟区域经济一体化发展的驱动器

"功能性"文化认同的形成及影响在中国与东盟各国的合作中表现得最为明显。回顾历史我们知道，中国与大部分东盟国家在 20 世纪 70 年代中期逐步恢复了邦交正常化，但是这一时期邦交正常化主要是出于政治与战略上的需要，政治占主导因素。冷战结束后，苏联霸权主义对中国与东南亚地区的威胁已经不复存在，中国与东盟各国发展急需寻找新的合作契机。2003 年，中国与东盟正式确立战略伙伴关系，到 2013 年，战略伙伴关系已经持续发展了 10 周年。10 年来，中国与东盟总体发展态势良好，双方在政治、经济、文化、安全以及地区事务等各个方面合作不断拓展，尤其是在经济方面，双方贸易投资额持续增长。此外，中国与东盟国家也存在着产业和资源的互补性：一方面，东盟国家需要中国的电子产品、纺织产品、机械和轻工业产品等；另一方面，中国对东盟的木材、矿产

---

① Peter J. Katzenstein. *Regionalism and Asia*, *New Political Economy*, Vol. 5, No. 3, 2000, pp. 353 – 368.

② Narramore, T E. *Communities and Citizens*：*Identity and Difference in Discourses of Asia-Pacific Regionalism*. Citizenship Studies, Vol. 2, No. 1, 1998, pp. 69 – 88.

和农产品等资源也有大量需求。总之，快速发展的经济贸易关系为中国—东盟双边的文化交流与合作奠定了坚实基础。面对着世界经济全球化和区域经济一体化的发展趋势，东盟各国逐渐认识到，只有与中国建立区域经济一体化，才能更好地促进本地区经济的发展。

1997 年下半年，金融危机席卷东南亚，它从泰国开始并迅速蔓延到其他国家，引起地区动荡。金融危机发生后，东南亚一些国家为改变进出口贸易逆差的现状而不得不将本国货币大幅度贬值，此举在一定程度上缓解了这些国家贸易逆差的现状，但却给我国对外贸易带来严峻的挑战，特别是香港地区。面对日趋严重的金融危机，我国政府从维护本地区稳定的大局出发，承诺保持人民币不贬值，并加强了对东盟国家的经济援助和支持，这对防止东南亚经济的进一步恶化起到重要的作用。危机过后，东盟各国开始认识到相互依存的国家之间相互合作的重要性，并意识到中国是一个负责任的大国，中国经济的快速发展并不会给东盟国家带来安全威胁，相反，与中国建立区域经济一体化将更有利于共同应对危机。此外，在经济全球化时代，中国与东盟各国还面临着许多共同的困境和挑战，如武器扩散、走私贩毒、非法移民、疾病蔓延、环境污染、海盗、恐怖主义等非传统安全领域威胁严峻，地区的不安全就意味着本国安全将受到威胁，单靠一国的力量根本无法解决这些问题，因此区域经济一体化的观念日益为中国与东盟各国所接受，中国与东盟各国共同命运感增强，双方都认识到只有合作才能互利共赢。

总之，由于长期的经济交往和应对日趋严重的地区安全威胁使得中国与东盟各国的功能性文化认同呈现出逐渐增强的趋势，中国与东盟国家合作的实用性很强，在经济、政治、文化、金融、贸易、投资和社会政策等功能性领域的合作进展最为明显，这是中国—东盟区域经济一体化不同于其他地区的重要特征。

第四章

中国—东盟区域经济一体化考察

本章首先在对中国—东盟区域经济一体化进行现实考察的基础上，应用区域经济一体化程度判别模型测度中国—东盟区域经济一体化综合指数，量化 2002 ~ 2011 年中国—东盟区域经济一体化程度的变化情况；其次，应用马尔科夫分析法对中国—东盟区域经济一体化的发展态势进行测度；再次，实证研究中国—东盟区域经济一体化的影响因素；最后，分析中国—东盟区域经济一体化的约束条件，指出未来中国—东盟区域经济一体化所面临的问题及困难。

第一节　中国—东盟区域经济一体化程度考察

20 世纪 80 年代中期，伴随着世界经济、政治形势的深刻变化，众多区域性经济一体化组织如雨后春笋般迅速涌现，区域经济一体化再度成为世界关注的焦点。新一轮区域经济一体化浪潮对世界政治格局、经济发展以及社会进步等方面都产生了巨大的推动作用。而经过多年的研究，经济学家在区域经济一体化方面也获得了丰硕的研究成果，形成了较为完善的理论框架体系。但从目前的研究成果看，无论是国外还是国内，关于区域经济一体化的研究更多的集中于定性分析上，对于定量的分析相对较少。特别是关于区域经济一体化程度的定量测度方面的研究，虽然也有一些学者提出了对于区域经济一体化的定量测度方法，但在这方面的成果还是比较有限，我们需要找出合适的方法来测度中国—东盟区域经济一体化程度，才能提出可行的政策建议。

一、区域经济一体化程度判别模型

经济一体化程度的定量测度往往是对区域经济一体化进行分析研究以及提出相关政策建议的重要依据。因此，在对中国—东盟区域经济一体化进行分析研究前，有必要提出一个较为合理的区域经济一体化程度判别模型，用于测度中国—东盟区域经济一体化程度的变化情况。本部分试图在回顾国内外关于区域经济一体化测度相关文献的基础上、借鉴前人研究方式及经验，构建起区域经济一体化程度判别模型，以期反映区域经济一体化程度的发展状况。

（一）关于区域经济一体化程度测度的相关文献

1. 外国学者对区域经济一体化程度测度的相关研究

外国学者对区域经济一体化程度的测度进行了较多的研究。Harris（2001）提出，除贸易流量外，可以引入外商直接投资、公司并购行为、跨境劳动力转移、休闲和商务旅游、交通流量、电讯流量、电子邮件流量、互联网普及度、网页访问量、跨境电子商务销售等来综合测度区域经济一体化[①]。Sands（2003）在参考 Harris 等的基础上，构建了测度北美经济一体化的指标体系，从贸易、金融、劳动力以及其他维度选取若干指标，然后将这四个维度的指标进行加权平均，从而得到衡量北美经济一体化的指数[②]。Canjels 等（2004）利用非线性理论模型和阈值自回归方法，通过纽约市场英镑对美元汇率的高频数据来研究美国与欧洲的一体化程度[③]。Croci（2004）从无条件相关性、事后滚动估计相关性、动态无条件相关性来估计欧洲金融市场的一体化程度，表明欧元区内部的相互关系更加紧密，欧元区金融市场取获得较高的金融一体化程度[④]。Robertson（2004）从价格趋同、要素市场（包括资本和劳动力）、贸易流量、生产效率四个维度对北美市场的一体化进行了测定[⑤]。Albuquerque 等（2005）利用一个巨大的跨国家

---

① Harris R G. *North American economic integration：issues and research agenda*，Industry Canada，2001.

② Sands C. *Designing an Index of Relative Economic Integration for North American：Theory and Some Practical Considerations*，CSIS discussion paper，2003.

③ Canjels E，Prakash·Canjels G，Taylor A M. *Measuring market integration：foreign exchange arbitrage and the gold standard* 1879 - 1913，Review of Economics and Statistics，2004，86（4）：868 - 882.

④ Croci M. *Country pair-correlations as a measure of financial integration：the case of the euro equity markets*，2004.

⑤ Robertson R. *Defining North American Economic Integration.* NAAMIC conference，2004.

的时间序列，估计了伴随着国外直接投资的全球一体化因素和风险，并利用国外直接投资衡量世界经济一体化程度。[1] Martinoia（2011）利用欧洲 15 个国家的移民流量数据，通过将贸易开放、贸易一体化、金融一体化进行模型整合来测度欧洲的劳动力市场一体化。[2]

2. 国内学者对区域经济一体化程度测度的相关研究

国内学者在区域经济一体化程度测度方面的研究大多将测度对象集中在我国内地的省区、城乡之间，主要以各省、市、区域一体化程度和城乡一体化程度测度为主，对我国内地与其他经济体的区域经济一体化程度的测度研究相对较少。在内地与其他经济体的区域经济一体化程度的测度研究中，陈秀珍（2005）在简要回顾与评析国内外量化评价经济一体化程度的相关文献的基础上，选择贸易、金融、人流等三个维度的九个具体指标，设计编制了一种量化香港与内地经济一体化程度的综合指数——CDI 香港与内地一体化指数（INT 指数），并运用该指数实证分析了过去 20 多年来香港与内地经济一体化进程[3]。胡再勇（2007）通过使用汇率波动率、人均消费增长率的相关度、未抛补的利率平价偏差、双边贸易强度、利率相关度五个指标来反映中国、日本、韩国以及中国香港、中国台湾任意两个经济体之间金融一体化的程度，并采用主成分分析的方法计算出了任意两个经济体之间金融一体化程度的大小。[4] 余诚、秦向东（2011）利用 1985 ~ 2009 年的经济数据，选取包括中国在内的东亚 10 个国家两两之间的贸易数据，计算出贸易密集度指数、贸易依存度、产业结构相似度等，从贸易的角度考察了东亚经济一体化的进程。[5] 刘云中、刘泽云（2011）通过观察各个区域间经济波动一致性程度的变化来度量区域经济一体化，构建了区域经济一体化指数，并由此刻画了中国区域经济一体化程度的变化轨迹。[6] 李雪松、孙博文（2014）通过价格法对我国湘鄂赣皖四省 1995 ~ 2012 年九大类商品的零售价格指数进行市场整合程度的测度，用市场整合程度分析和评价四省区域经济一体化水平。[7]

① Albuquerque R, Loayza N, Servén L. *World market integration through the lens of foreign direct investors.* Journal of International Economics, 2005, 66 (2): 267 – 295.

② Martinoia M. *European Integration, Labour Market Dynamics and Migration Flows*, European Journal of Comparative Economics, 2011, 8 (1): 97 – 127.

③ 陈秀珍：《香港与内地经济一体化程度的量化评价——CDI 香港与内地经济一体化指数研究》，《开放导报》，2005 年第 4 期，第 62 ~ 68 页。

④ 胡再勇：《东亚金融一体化程度研究》，《亚太金融》，2007 年第 5 期，第 39 ~ 43 页。

⑤ 余诚、秦向东：《从贸易角度看东亚经济一体化的进程》，《国际商务——对外经济贸易大学学报》，2011 年第 5 期，第 43 ~ 53 页。

⑥ 刘云中、刘泽云：《中国区域经济一体化程度研究》，《财政研究》，2011 年第 5 期，第 35 ~ 38 页。

⑦ 李雪松、孙博文：《区域经济一体化视角下的长江中游地区市场整合测度——基于湘鄂赣皖四省面板数据的分析》，《江西社会科学》，2014 年第 34 期，第 34 ~ 40 页。

（二） 测度区域经济一体化程度的方法

区域经济一体化程度的测度方法，有以下方式：

首先，从测度的思路上看，区域经济一体化程度的测度方法可以分为两类：一是从过程上进行测度，通过不同区域之间的物质、能量、资本、技术等要素交换的流量计算相应指标，以这些指标来量化区域经济一体化程度，例如 Sands（2003）和 Robertson（2004）的研究。二是从结果上进行测度，通过测度各区域间例如生产率、价格水平、GDP 水平等的相关性或周期波动的一致性来量化区域经济一体化的程度，例如，一些学者如 Engel（1995）、Laurenceson（2003）等以价格的趋同来测度区域经济一体化程度。

其次，从测度的维度上看，区域经济一体化程度的测度也可以分为两类：一是以单一维度对区域经济一体化程度进行测度。单一维度的测度一般用于早期对区域经济一体化的测度，例如贸易流量。在早期应用单一维度来进行区域经济一体化的测度有其合理性，因为当时的区域经济交流活动主要集中于贸易领域，而在其他领域的交流无论从规模还是从影响力来看都很小，因此当时应用贸易流量这样一个单一的维度测度区域经济一体化无疑是一种方便且有效的方式，例如德国经济学家 Herbert Gaedicke 和 Von Eynern 在 1933 年时就仅仅使用欧洲各国之间的贸易流量测度欧洲经济一体化程度。二是从多个维度对区域经济一体化程度进行测度。随着区域经济一体化的不断加深，其涉及的领域已经不仅在贸易领域，更渗透到投资、金融、劳动力等领域，单一维度的测度再无法全面反映区域经济一体化程度。Robson（1980）、Harris（2001）等经济学家还专门就对此问题表示过异议和批判。为此，有学者在贸易维度的基础上，引入了其他维度以便反映其他领域对经济一体化程度的影响，形成了多个维度对区域经济一体化测度的方法，国外的 Harris（2001）、Sands（2003）以及国内的陈秀珍（2005）、刘云中等都提出了比较完整的多维度指标体系来度量区域一体化程度。其中刘云中、刘泽云（2011）通过地区之间经济增长率波动的关联性讨论了经济一体化程度，他认为衡量经济一体化的指标有四大类：第一，讨论地区间的价格差异；第二，讨论地区间的贸易联系；第三，讨论地区间在信息等方面的联系；第四，将资本回报率差异的变化作为衡量经济尤其是市场在区域间分割的程度。

（三） 区域经济一体化程度判别模型的构建

区域经济一体化涉及的众多领域，各个领域都有不同的指标可以进行测度，但每个指标往往都只能反映出区域经济一体化的一部分内容。因此，需要一种方法，综合地对区域经济一体化程度进行评价，以便全面准确地反映出区域经济一体化的发展状态。为此,本书将采用时序全局主成分分析法构建区域经济一体化程度判别模型。

时序全局主成分分析法是一种将时间序列分析与全局主成分分析相结合的方法,在经典的主成分分析的基础之上,通过用新的综合指标替代多个指标来描述某一复杂的系统,再利用此综合变量来刻画系统总体水平如何随时间而变动。乔峰、姚俭[1](2001)利用该方法对我国 1952～1982 年的经济发展历程做了动态描绘,并认为时序全局主成分分析法能够实现对经济发展动态过程的描述。唐志军、徐会军、巴曙松[2](2009)利用时序全局主成分分析法对我国房地产周期波动情况作了研究,认为我国房地产增长周期大概经历了两个完整的周期。

时序全局主成分分析法可以为区域经济一体化研究提供一种快速、科学的测度方法。而目前利用时序全局主成分分析法对区域经济一体化进行的研究还不多见,将该方法应用于区域经济一体化程度的测度将是一种新的尝试。

1. 时序全局主成分分析法计算区域经济一体化程度的原理

时序全局主成分分析法是主成分分析在时间序列中的应用,用其进行区域经济一体化程度的测度原理如下:设在某一时刻有多个可观测相关变动的指标可描述区域经济一体化测度的变化情况,而在这些指标背后,较少的不可观测、彼此互不相关且包含原有指标的大部分信息的共同因素存在。这些共同因素即是我们所说的主成分,确定主成分的数量以及权重,并利用这些主成分所组成的综合指标对每个时点上的区域经济一体化程度进行综合评分,以此评价区域经济一体化程度的发展变化过程。

将原理用数学过程表达,可得:

设有 t 个时间样本,每个时间样本观测到 p 项区域经济一体化指标:X_1,

X_2,$\cdots$,X_p,其中 $X_i = \begin{bmatrix} x_{1i} \\ x_{2i} \\ \cdots \\ x_{ti} \end{bmatrix}$,$x_{ji}$ 表示第 t 时刻的第 p 个一体化指标值。则原始的一

体化指标可以构成如下的矩阵:$X = \begin{pmatrix} x_{11} & x_{12} & \cdots & x_{1p} \\ x_{21} & x_{22} & \cdots & x_{2p} \\ \cdots & \cdots & \cdots & \cdots \\ x_{t1} & x_{t2} & \cdots & x_{tp} \end{pmatrix} = (X_1, X_2, \cdots, X_p)$

---

[1] 乔峰、姚俭:《时序全局主成分分析在经济发展动态描绘中的应用》,《数理统计与管理》,2003 年第 2 期,第 1～5 页。

[2] 唐志军、徐会军、巴曙松:《中国房地产周期波动研究——一个机遇时序全局主成分方法的分析》,《科学决策》,2009 年第 6 期,第 1～9 页。

运用一系列数学方法将 p 个变量综合成 p 个新的综合变量；新的综合变量由原来的变量线性组合而成，即：

$$y_1 = b_{11}x_1 + b_{12}x_2 + \cdots + b_{1p}x_p$$
$$y_2 = b_{21}x_1 + b_{22}x_2 + \cdots + b_{2p}x_p$$
$$\cdots$$
$$y_p = b_{p1}x_1 + b_{p2}x_2 + \cdots + b_{pp}x_p$$

在数学变换中，总体方差保持不变，且新的综合变量间保持相互独立。其中：y_1 被称为第一主成分，是新的综合变量中方差最大的变量；y_2 被称为第二主成分，是除 y_1 外方差最大的新的综合变量；以此类推，y_p 是方差最小的新的综合变量。

2. 计算区域经济一体化程度步骤

设原始数据所组成的矩阵为：$\begin{pmatrix} x_{11} & x_{12} & \cdots & x_{1p} \\ x_{21} & x_{22} & \cdots & x_{2p} \\ \cdots & \cdots & \cdots & \cdots \\ x_{t1} & x_{t2} & \cdots & x_{tp} \end{pmatrix}$，其中 t 表示时间，p 表示

衡量区域一体化程度的指标项数，则 x_{ij} 表示第 i 年的第 j 项区域经济一体化指标的指标值。那么，用时序全局主成分分析法测度区域经济一体化的计算步骤如下：

第一步，无量纲化。由于衡量区域经济一体化的各个指标在量纲或数量级上会存在差异，为了去除数量级和量纲的差异所带来的影响，有必要对各个指标原始数据进行无量纲化处理。这里采用标准化法进行处理，其方法为：

$$x_{ij}^* = (x_{ij} - \bar{x}_j)/\delta_j, \quad (i = 1, 2, \cdots, t; \ j = 1, 2, \cdots, p)$$

其中 x_{ij}^* 表示标准化后的第 i 年的第 j 项指标数据，x_{ij} 表示第 i 年的第 j 项数据，$\bar{x}_j$ 表示第 j 项指标在所有样本时间上的均值，δ_j 表示第 j 项指标在整个样本时间跨度上的标准差。为了方便表述，没有特殊说明的情况下，仍用 x_{ij} 表示标准化后的数据 x_{ij}^*。

第二步，计算相关系数矩阵。根据标准化数据表计算相关系数矩阵 $R = (r_{ij})_{p \times p}$，其中，$r_{ij} = \dfrac{1}{t} \sum\limits_{n=1}^{t} (x_{ni} - \bar{x}_i)(x_{nj} - \bar{x}_j)/\delta_i\delta_j$，$(i, j = 1, 2, \cdots, p)$，由于前面已经对原始指标数据进行标准化，因此可以简化为 $r_{ij} = \dfrac{1}{t} \sum\limits_{n=1}^{t} x_{ni}x_{nj}$，$(i, j = 1, 2, \cdots, p)$。

第三步，求解特征值和特征向量。计算相关系数矩阵 R 的特征值和特征向量。根据方程 $|R - \lambda I| = 0$ 计算出 p 个特征值 λ_i，$(i = 1, 2, \cdots, p)$；并将特征

值按照从小到大的顺序进行排序得 $\lambda_1 > \lambda_2 > \cdots > \lambda_m > \cdots > \lambda_p$，并列出与这些排序的特征值相对应的特征向量

$$B_i = (b_{i1}, \ b_{i2}, \ \cdots, \ b_{ip}), \ (i = 1, \ 2, \ \cdots, \ p);$$

则可以得到 p 个主成分 $y_1, y_2, \cdots, y_p$；

其中第 i 个主成分 $y_i = B_iX = b_{i1} * x_1 + b_{i2} * x_2 + \cdots + b_{ip} * x_p$。

第四步，计算主成分的贡献率以及累积贡献率。贡献率的计算等式为 $e_i = \lambda_i / \sum_{t=1}^{k} \lambda_t$；则前 j 个主成分累积贡献率为 $E_j = \sum_{i=1}^{j} \lambda_i$。

第五步，根据阈值确定主成分。定义一个阈值 a（一般取 80%），取 $E_j > a$ 的最小的 j。若最小的 j 为 $m(m \leq p)$，则我们可以认定，这前 m 个主成分可以代表原来的多个变量来反映所研究区域的综合特征，即取前 m 个主成分 y_1, $y_2, \cdots, y_m$。

第六步，构造综合评价模型。确定权重为 $W_i = \lambda_i \left(\sum_{i=1}^{m} \lambda_i \right)^{-1}$，构造综合评价模型 $F = \sum_{i=1}^{m} W_i y_i$，以此来评判区域经济一体化程度，得分越高说明一体化程度越高。

第七步，根据每个时间单位的综合评价指标绘制时间序列图。

当我们拥有区域经济一体化程度的计算方法之后，我们还需要选取一套评价指标，假设我们所选取的指标为 X_1, X_2, $\cdots$, X_p。指标的选择需要注意一些问题：首先是指标的相关性，即指标必须符合研究对象本身的特征以及发展规律，不能盲目地对指标进行选取，使得指标体系反映区域经济一体化所包含的内容，但又不能将与区域经济一体化的无关的一些指标也选择进来，比如人均 GDP、石油产量等。其次，由于区域经济的一体化涉及贸易领域、投资领域、金融领域、产业领域、跨境的消费、人员跨境流动、信息交流等诸多领域。为此，要尽量选取能涵盖以上各个方面的指标，以更全面准确地反映区域经济一体化程度。最后，指标的获得往往是实证研究成功的关键所在，Harris 和 Sands 都设计出了完整的测度经济一体化程度的指标体系，虽然为后来的研究者提供了重要的参考依据，但都由于缺乏统计数据，无法完成最后的实证工作。区域经济一体化指标体系的构建最终应用都是为了对区域经济一体化进行测度，这离不开统计数据的支持。因此，指标的选择必须要考虑数据的可得性。

二、中国—东盟区域经济一体化现状考察

中国—东盟自由贸易区加深了双方的经贸发展，促进中国—东盟区域经济一

体化进程的不断深入，为了更好地呈现出中国—东盟区域经济一体化水平的发展程度，本书拟用上文所构建的区域经济一体化程度判别模型对中国—东盟区域经济一体化程度进行测度。

（一）贸易一体化考察

贸易一体化指在国际贸易领域内全面减少或消除国际贸易障碍，并在此基础上逐步形成统一的产品与生产市场。关税水平、非关税壁垒的数量、对外贸易依存度、参加国际性或区域性贸易组织的情况等通常用来衡量贸易一体化的程度。经济贸易往来一直以来都是中国与东盟国家之间交往最为活跃的部分，也是双方发展最迅速的领域，经济贸易关系深化加深了双方其他领域的合作和相互依赖，共同利益越来越多。如今，自贸区的建立不仅使得贸易壁垒越来越少，而且货物流通也更为畅通，双方产品市场和生产市场的差异正在减小，趋于统一的趋势愈加明显。

1. 关税水平逐步下降，非关税贸易壁垒的数量在减少

中国—东盟双方领导人在 2001 年确立了建立自由贸易区的目标，2002 年签署了《中国与东盟全面经济合作框架协议》，宣布了 2010 年建成中国—东盟自由贸易区，从而正式启动了中国—东盟自由贸易区的进程。该框架协议的内容包括：逐步取消所有货物关税和非关税的壁垒，逐步实现服务贸易的自由化、便利化，促进中国—东盟自由贸易区内的投资等多项具体措施。在双方共同的努力下，中国与东盟的双边贸易额平均每年增长了 15%，在 2003 年贸易总额达到了782 亿美元的历史最高，相比上一年增长了 42.9%。2004 年又实施了"早期收获计划"，"早期收获计划"是中国—东盟自由贸易区建设的组成部分，是为了尽快使区域内消费者享受到自贸区带来的好处。2005 年，中国—东盟自贸区降税进程全面启动，《货物贸易协议》正式进入了实施阶段，中国—东盟自由贸易区的建设全面拉开了帷幕。① 2007 年 7 月又开始实施了《服务贸易协议》，各国均作出了很高水平的开放承诺，2007 年和 2009 年 8 月中国与东盟又共同签署了《中国—东盟全面经济合作框架协议货物贸易协议》、《中国—东盟自由贸易区投资协议》等一系列重要文件。这些措施为 2010 年中国—东盟自由贸易区的全面启动奠定了坚实的基础。此后，双方经贸合作水平不断提升。2014 年，中国—东盟的双边贸易额达到 4 801.25 亿美元，同比增长 8.23%，高于同期中国对外贸易总额增长幅度约 4 个百分点。2015 年，在中国进出口总额同比下降 7% 的背景下，中国—东盟的双边贸易额略降 0.6%，大幅优于我国进出口的总体情况。

---

① 《中国自由贸易区服务网》，2014 年 5 月 5 日。

表4-1反映了自确立中国—东盟自由贸易区的目标以后，在双方的努力下关于贸易货物税收水平的调整情况：税率水平越来越低，贸易壁垒越来越少。从表4-1可以看出，在2000年，中国对原东盟六国的关税水平介于0~5%，覆盖了CEPT条目的85%。随后中国对东盟国家关税的调节主要从三方面逐步放开，一是实施降税针对的对象；二是覆盖的产品种类；三是关税水平。到2010年自贸区正式启动，除了为保护本国产业和利益的敏感性产品外，中国与东盟六国之间实施零关税，中国从东盟六国进口，93%货物实行零关税政策，平均关税降到0.1%以下，而对其他国家的平均关税为9.8%。预计到2018年，中国将和东盟新成员国之间的关税除特殊产品外将全部降为零，实现中国—东盟区域内的全面零关税。

表4-1 　　　　　　　　　　**中国—东盟的关税削减时间**

起始时间	关税税率	覆盖关税条目	参与国家
2000 年	对所有东盟成员国 0~5%	85% 的 CEPT 条目	原东盟六国
2002 年 1 月 1 日	对所有东盟成员国 0~5%	全部的 CEPT 条目	原东盟六国
2003 年 7 月 1 日	WTO 最惠国关税税率	全部	中国与东盟十国
2003 年 10 月 1 日	中国与泰国果蔬关税降至零	中泰水果蔬菜	中国、泰国
2004 年 1 月 1 日	农产品关税开始下调	农产品	中国与东盟十国
2005 年 1 月	对所有成员开始削减关税	全部	中国与东盟十国
2006 年	农产品关税降至零	农产品	中国与东盟十国
2010 年	对老东盟成员国零关税	全部减税产品	原东盟六国
2010 年	关税降至零	全部产品	中国与原东盟 6 国，中国从东盟国家进口，93% 货物实行零关税政策，平均关税降到 0.1% 以下，而对其他国家的平均关税为 9.8%
2015 年	对新东盟成员国零关税	全部产品（部分敏感产品除外）	东盟新成员国
2015 年	对中国—东盟自贸区成员国关税降至零	全部产品（部分敏感产品除外）	东盟新成员国
2018 年	对东盟自贸区和中国—东盟自贸区所有成员国零关税	剩余的部分敏感产品	东盟新成员国

资料来源：2002 年 11 月签署的《中国与东盟全面经济合作框架协议》。

中国—东盟自由贸易区建成以后，双方的投资和贸易活动越来越频繁。但是非关税贸易壁垒仍是自贸区发展所面临的重大挑战。非关税壁垒是一个国家政府为了保护本国的产业和市场，对本国的外国贸易活动进行相关的调节、控制和干预的限制性措施和手段，甚至涉及一个国家的法律乃至宪法，具有一定程度的灵活性和针对性，且效果明显。因此，消减各国的非关税贸易壁垒往往是一件非常艰难的事情。另外，国与国之间固有的文化、语言、社会等方面的差异，也会带来交流上的障碍和隔阂。事实上，非关税贸易壁垒将会长期存在而且有一定的合理性。在当今竞争日益严重的经济环境中，经济安全已经成为各个国家面临的重要问题，各国都或多或少地希望利用非关税贸易壁垒来保护本国的经济安全，这也意味着非关税贸易壁垒是不可能完全消除的。但是，如果非关税贸易壁垒被不合理使用就会对双方的贸易关系造成影响，甚至引起贸易战。随着中国与东盟《货物贸易协议》和《服务贸易协议》的签署及实施，双方政府在创造贸易条件和保护贸易方面都作出了巨大努力和贡献，促进了贸易的发展。其他人文领域的交流，也为中国与东盟国家的交流创造了条件，总体上非关税贸易壁垒在降低。更重要的是双方就消减非关税贸易壁垒方面还在不懈地努力着。完善体制机制建设，建立统一标准，提高海关通关透明度，在贸易物流成本以及检验标准上做到更高效和更便捷。在面临巨大挑战的前提下，自贸区内各个经济体更应该紧密合作，积极关注非关税壁垒方面的信息交流及相关工作。2013 年 9 月，中国国务院总理李克强在出席第十届中国—东盟博览会和中国—东盟商务与投资峰会时提出了打造中国—东盟自由贸易区升级版的建议，力争 2020 年双边贸易额达到 1 万亿美元，今后 8 年新增双向投资达到 1 500 美元的具体目标。此后，双方经过一系列的交流与磋商，于 2014 年 8 月 26 日的第 13 次中国—东盟经贸部长会议上宣布中国—东盟自由贸易区升级版谈判正式启动。中国—东盟自由贸易区升级版谈判为进一步降低中国—东盟非关税贸易壁垒提供了更为重大的历史机遇。

2. 贸易总额迅速增加，贸易种类越来越多，东盟对中国的贸易依存度越来越高

随着中国—东盟自由贸易区的建立，双方的贸易总额由 2001 年的 416.1 亿美元一路攀升到 2014 年的 4 803.94 亿美元，2015 年虽然回落至 4 700 亿美元左右，但仍明显优于我国进出口总体水平。截至 2015 年底，中国连续七年成为东盟的第一大贸易伙伴。2001 ~ 2014 年，双方的绝对贸易额度增加了 4 387.84 亿美元，增长了 11.5 倍（见图 4 - 1）。

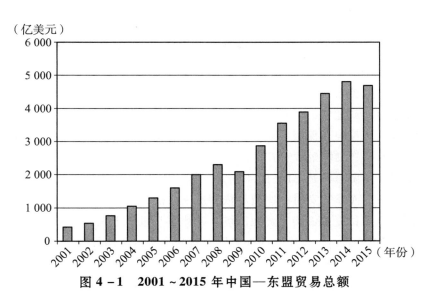

图 4-1　2001~2015 年中国—东盟贸易总额

资料来源：由 Wind 数据库数据整理而得。

　　虽然中国与东盟的贸易结构出现了雷同的现象，对外表现了一定的竞争关系，但是相互之间又存在着很强的依赖和互补的关系，对外竞争压力有助于提升我国低端的制造业水平，对内的互补关系有利于优化各自的产业结构。在此，我们用对外贸易依存度来表示东盟与中国的贸易依赖情况。对外贸易依存度，是指一个国家或者地区一年内进出口贸易总额与本国 GDP 的比值，此比值反映了一个国家或者地区对外经济的开放度，也反映了该国参与国际贸易的广度和深度，是衡量贸易一体化进程的一个重要指标。首先，我们来看一下东盟十国分别对中国的贸易依存度，如图 4-2 所示。

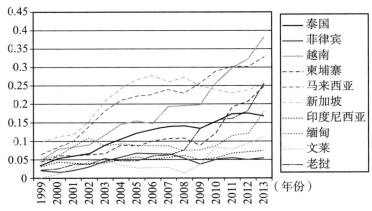

图 4-2　1999~2013 年东盟十国对中国的贸易依存度对比

资料来源：由中国—东盟各个国家的贸易额和东盟各国 GDP 计算而得。

117

从图 4-2 可以看出，东盟大多数国家对我国的贸易依存度呈上升趋势，仅有菲律宾和新加坡对中国的贸易依赖度在近期有下降趋势。贸易依存度越高说明东盟内部与我国的贸易往来越密切，贸易一体化的程度就越高，尤其是 2008 年以来，这种依赖关系明显增强。新加坡和菲律宾对中国的贸易依赖程度出现了下降，主要是因为新加坡的优势产业构成和外贸驱动型的经济，化工业、电子业、运输工程业、工程与环保服务业、精密工程业、物流业、生物医疗科学业和信息通信与传媒业是新加坡的优势产业。新加坡对外高度依赖美国、日本、欧洲和周边国家市场，外贸总额是 GDP 的 4 倍，与我国的电子产品等制造业的出口形成了竞争的关系。而菲律宾对中国贸易依存度下降的原因主要有三点：第一，相对于中国市场菲律宾更加依赖于美国市场。菲律宾是世界上领先的服务外包目的地之一，就 2009 年而言，菲律宾的外包服务贸易占全球离岸外包市场份额的 20%，仅次于印度；2013 年，菲律宾服务流程外包业务收入为 133 亿美元，占全球市场份额的 15% 左右。其中，美国在菲律宾服务市场来源中就占了 60%～70%。第二，我国与菲律宾的经济增长方式较为相似，资源推动型性的经济增长方式在两国经济增长中均占有较大比重，同时所生产的商品特点也较相似，所以中菲双方在商品贸易出口等方面也存在着激烈的竞争。第三，近几年来我国与菲律宾的领土争端问题比较突出，两国关系较为紧张，影响了我国与菲律宾的贸易往来，导致其对我国的贸易依赖度降低。从总体上看，中国与东盟之间贸易一体化的程度在提升，而且贸易一体化的发展将会促进双方产业结构的合理化和生产、产品市场的一体化，同时我们也应注意处理和协调好在贸易发展过程中出现的分歧和竞争。当然，这里仅仅反映出了东盟对中国的贸易依存度，如果要全面地反映双方的贸易依存度，还需要选择其他的指标。正如下文提到的，本书将会使用绝对贸易依存度来说明中国—东盟双方的贸易依存度的变动情况。

（二）金融一体化

金融一体化的衡量一般从两个层次上进行反应：一是流动性方面，意味着国（地区）内、外的经济主体可以不受任何限制地进行金融资产交易活动，即金融资产具有高度的流动性；二是替代性方面，意味着国（地区）内、外的金融资产具有高度的替代性。在区域一体化发展的同时，中国与东盟各国也加强了金融领域的合作，推动了区域金融开放和金融市场走向一体化的进程。尤其是在东亚金融危机的侵害之后，东盟各国寻求金融合作的意愿也越来越强烈。但就目前而言，中国与东盟绝大多数国家本国的金融体制发展仍不健全，在金融领域的合作也比较缺乏。缺乏统一的领导、健全的协调机制和坚实的金融背景支持等原因使得各国的金融合作所面对的困难较大。当前，中国与东盟各国所进行的金融合作还仅限于货币、金融服务方面。但中国与东盟在金融方面的合作正在加强，也取得了一些阶段性的成果。

1. 中国与东盟国家金融领域的合作正在逐步发展，其中跨境人民币贸易结算业务和双边货币交换协议的发展最为迅速

金融领域合作缓慢的主要原因，是受东盟各国比较薄弱的经济基础和脆弱的金融环境影响，给本来就不发达的东盟国家带来严重的损失，给他们的金融系统带来沉重的打击，放缓了东盟金融创新和发展的步伐，以至于中国和东盟之间在金融领域的合作迟迟不见突破。然而也正是由于经济危机所带来的痛楚，东盟国家认识到金融领域合作对本国经济和金融安全的重要性。随着双方经贸领域的日益繁荣，东盟的金融体系得以逐渐修复，中国与东盟国家在金融领域的合作环境也逐渐完善和成熟，双方在金融领域的合作逐渐深入，范围也渐渐扩大。2000年5月4日，《清迈协议》签订，作为亚洲货币金融合作所取得的最为重要的制度性成果，它对于防范金融危机、推动进一步的区域货币合作具有深远的意义。2009年7月，我国跨境贸易人民币结算业务正式启动，《跨境贸易人民币结算试点管理办法》将境外试点地域范围暂定为港澳地区及东盟国家，2014年10月，中国与泰国签署的《中泰关系发展远景规划》中指出："双方同意深化金融和银行业合作，推动更多使用两国本币作为两国贸易和投资结算的货币"。同年11月，中国民生银行、中国平安银行、泰国开泰银行等36家东盟国家银行在泰国曼谷签署《曼谷宣言："东盟＋3"银行业倡议》，中国与东盟国家的金融合作进一步加强。到目前为止，中国已与东盟多国签署了双边货币交换协议，并互设金融机构，如表4-2所示。

表4-2　　　　　　　中国与东盟国家签署的货币互换协议

签署时间	签署对象	签署额度、币种	签署期限
2001年12月	泰国	20亿美元	必要时
2002年10月	马来西亚	15亿美元	必要时
2003年8月	菲律宾	10亿美元	必要时
2003年12月	印度尼西亚	10亿美元	必要时
2005年10月	印度尼西亚	20亿美元	必要时
2009年2月	马来西亚	800亿元人民币/400亿林吉特	三年，可展期
2009年3月	印度尼西亚	1 000亿元人民币/175万亿印度尼西亚卢布	三年，可展期
2010年7月	新加坡	1 500亿元人民币/300新加坡元	三年，可展期
2011年12月	泰国	700亿元人民币/3 200亿泰铢	三年，可展期
2012年2月	马来西亚	规模扩张至1 800亿元人民币/900亿林吉特	三年，可展期

续表

签署时间	签署对象	签署额度、币种	签署期限
2013 年 3 月	新加坡	规模扩张至 3 000 亿元人民币/600 亿新加坡元	三年，可展期
2013 年 10 月	印度尼西亚	1 000 亿元人民币/163 亿美元	三年，可展期
2014 年 12 月	泰国	700 亿元人民币/3 700 亿泰铢	三年，可展期

资料来源：中国人民银行。2012 年和 2013 年马来西亚与新加坡的货币互换协议是分别对 2009 年和 2010 年的续签协议。

目前，菲律宾、马来西亚等东盟国家央行和货币当局已经将人民币列为官方储备货币。人民币跨境贸易结算已扩至东盟所有国家，人民币跨境投资也已开始试水。2009 年 10 月在首届中国—东盟金融合作与发展领袖论坛上，各国金融领袖和巨头围绕"深化交流与合作，建立中国—东盟金融服务平台"的主题，就深化金融合作，共同抵御国际金融危机，建立有利于中国—东盟经贸合作的金融服务体系，促进中国与东盟贸易与投资的便利化达成了广泛共识。会议通过了《共同宣言》，明确了今后中国—东盟金融合作开展的方向。2010 年 4 月，中国—东盟投资合作基金成立并开始运营，基金主要投资于东盟地区的基础设施、能源和自然资源等领域，具体包括：交通运输、电力、可再生资源、公共事业、电信基础设施、管道储运、公益设施、矿产、石油天然气、林木等；基金的募集的一期资金规模为 10 亿美元，目标总规模为 100 亿美元。此外，中方已设立 30 亿元人民币的中国—东盟海上合作基金，推动中国—东盟海洋科研与环保、互联互通、航行安全与搜救、打击跨国犯罪等领域合作，逐步形成中国—东盟多层次、全方位的海上合作格局；① 2014 年，在北京召开的 APEC 会议上，中国政府表示中国将出资 400 亿美元设立"丝路基金"为 21 世纪"海上丝绸之路"沿线国家基础设施建设、资源开发、产业合作以及金融合作等提供融资支持，为进一步推动中国与东盟的投资合作提供了契机。为促进本地区互联互通建设和经济一体化进程，将筹建亚洲基础设施投资银行，向包括东盟国家在内的本地区发展中国家基础设施建设提供资金支持，并得到了东盟多个国家的积极回应与支持。②

2013 年 11 月 27 日，中国央行联合多部委印发《云南省广西壮族自治区建设沿边金融综合改革试验区总体方案》，旨在促进沿边金融、跨境金融、地方金融改革先行先试，促进人民币周边区域化，提升两省区对外开放和贸易投资便利化水平，推动沿边开放实现新突破，推进中国与东盟互惠互利经贸发展，减少交易成本，实现人民币区域自由兑换、结算。中国—东盟自贸区的建立以来，中国东

① 《创新融资：撬动基础设施建设的支点》，《国际商报》，2014 年 4 月 10 日。
② 《中国—东盟互联互通增添新动力》，《经济日报》，2013 年 10 月 11 日。

盟金融合作有了深刻的变革与发展。统计显示，2014 年，中国各银行累计办理跨境贸易人民币结算业务量 6.55 万亿元人民币。其中，作为中国对东盟开发合作窗口的广西在 2014 年办理跨境人民币结算了超过 1 500 亿元人民币。从 2010 年 6 月 22 日至 2014 年，广西作为中国跨境贸易人民币结算试点地区总共完成跨境人民币结算 3 700 多亿元人民币，其中 88% 的结算量服务于东盟。东盟在中国的银行机构资产总额近 2 000 亿元人民币，自 2003 年以来年均增长达 38%。2012 年是中国与东盟签署《全面经济合作框架协议》的 10 周年，双方经贸合作取得了前所未有的成效。东盟已成为中国企业国外投资的第一大市场。随着中国与东盟贸易规模的扩大，中国与东盟跨境人民币业务的发展更是表现抢眼。人民币结算规模的扩大，也促进了区域内清算机构数量的增长，双边银行结算网络日趋完善。2012 年 9 月，中国银行广西分行宣布开办人民币兑越南盾汇率挂牌业务，为越南盾的汇入结汇及越南盾的购汇汇出等边贸提供结算服务。截至 2013 年 6 月底，中资银行在东盟国家共设立 3 家法人银行、16 家分行以及 1 家代表处，东盟国家在华设立 7 个法人银行。此外，中国工商银行中国—东盟人民币跨境清算（结算）中心、广西北部湾银行中国—东盟跨境货币业务中心等相继挂牌开业。①

2. 东盟各国在金融环境方面的改进和放宽为金融资产的流动和替代创造便利的条件，促进了中国东盟金融一体化的发展

东盟各国都在努力对本国的金融环境进行改进和放宽，但每个国家的情况不尽相同，为了更好地说明东盟各国在改善金融环境方面所做的努力和取得的成果，下面逐个对东盟国家的具体情况做介绍。

文莱的金融环境介绍可以从以下几个方面进行。首先，在外汇管制方面。文莱元与美元可以在文莱自由兑换；按文莱和新加坡两国所签署的协议，文莱元与新加坡元等值，并且可以在两国流通；银行允许非居民开户和借款，外资企业在当地开立外汇账户须提供公司注册文件及护照复印件等材料；个人可以自由携带现金出入境，不需要申报，个人及公司外汇可以自由汇出，只需要说明汇出原因。其次，在金融服务设施方面。文莱财政部通过下属的财政研究所、货币局和文莱投资局行使中央银行的职能，货币局负责发行钞票，现货币供应量年增长约 20%，银行协会设定银行利息。文莱国内有 9 家金融机构和 3 家保险公司，为投资者提供了尽可能的金融服务。第三，在融资条件方面：新注册外资企业须提供母公司信用情况证明材料，具体融资条件与银行协商确定。文莱当地信用卡使用较为普遍，我国发行的 VISA 卡和万事达卡在文莱当地都可以较为广泛的使用。

---

① 《人民币国际化应顺势而为》，国家信息中心中经网，2012 年 11 月 20 日。

目前，中国银联已经与文莱佰都利银行合作，开通了银联卡客户在佰都利银行ATM机终端提款业务，给中国游客带来了极大的方便，将会吸引更多的中国游客去文莱旅游。另外，由于该卡采取文莱币与人民币直接兑换方式，消费者的汇兑损失也将减少。同时，中国银联和佰都利银行今后还将进一步拓展合作，为文莱持卡人在中国境内消费提供便利。但是目前文莱没有证券市场。

　　泰国的金融环境相对较为好。首先，外汇管制方面：早在1991年4月1日起就充分放宽了对外汇的管制。居民持有的外汇在携带入泰国7天内须出售或者存入泰国的商业银行；投资者带入泰国的投资基金、离岸贷款等也应该在7天内出售或者兑换成泰铢，或者存入一家授权银行的外汇账户；外资公司向其海外总部汇出利润时需要征收10%的汇款税，而且汇出款项的公司在汇款7天内须付清税金；商业交易中的外汇兑换以及进出口贸易方面都有较为宽松的规定。其次，金融服务设施方面：泰国中央银行主要负责监管国内的金融体系、维护金融体系稳定、制定货币及汇率政策、发行货币等。国内有大量的商业银行和外资银行，中资银行有中国银行曼谷分行、中国工商银行泰国有限公司。第三，融资条件方面：外资企业与当地企业原则上享受同等待遇，具体贷款条件由商业银行根据其对贷款企业及项目的分析及风险控制情况而定；1974年成立的泰国证券交易所是泰国唯一的证券交易市场，负责二级市场的交易，此外还设有中小企业交易板块。

　　老挝在外汇管理规定：老挝货币基普为有条件兑换货币，市场上基普、美元和泰铢可以相互兑换及使用，而人民币仅在老挝北部中老边境地区兑换及使用；在老挝注册的外国企业可以在老挝银行开设外汇账户，外汇进出老挝需要申报；携带现金超过10 000美元的需要申报并获得同意才可出入境。在金融服务设施方面：老挝现有国有商业银行3家，包括老挝开发银行、农业发展银行和老挝外贸银行，以及政策性银行老挝政策银行，还有5家合资银行、7家外资银行包括中国工商银行、3家私营银行和1家外资银行代理处。在融资条件方面：老挝银行资产少，经营方式单一，缺乏完善的个人信用体系，银行资金规模小，贷款条件和利息比较高，中国发行的有银联标志或VISA及万事达卡可以在比较大的商店使用。证券市场方面：2010年10月10日，老挝证券市场在万象举行挂牌仪式，2011年1月11日正式开盘，首轮上市两只股票：外贸银行和大众发电，据来自老挝证券市场的分析，"七五"期间国有和民营企业通过发行股票和债券融资至少80亿美元。自老挝证券市场挂牌交易以来，市场运营状况良好，老挝政府对国外投资者来老挝投资证券采取了积极开放的政策，迄今外国投资者为当地证券市场贡献了60%的交易量。2012年7月26日，太平洋证券拟采取新设和参股的方式在老挝的万象市设立合资证券公司，开展各种证券业务。2012年11月

22 日，中国证券监督管理委员会通过了《关于核准太平洋证券股份有限公司在老挝人民民主共和国设立合资证券公司的批复》，核准了太平洋证券以自有资金出资，在老挝人民民主共和国参与发起设立——中合资证券有限责任公司，本公司出资额不超过人民币 3 500 万元。2013 年 3 月 27 日，中老合资证券公司正式签约仪式在老挝万象举行，中老合资公司是中国证券公司走出国门设立的第一个合资公司，太平洋证券占股 39%，中老合资公司将在资金、技术、市场方面给老挝提供非常大的支持。

越南的越南盾是不可自由兑换货币。越南海关规定，入境时如果携带 5 000 美元或者其他等值的外币、1 500 万越南盾以上的现金、300 克以上的黄金等必须申报。在金融服务设施方面，越南国家银行是越南的中央银行，越南本土商业银行包括 5 家国有控股银行、25 家城市股份商业银行、12 家农村股份商业银行、6 家金融公司、10 家金融租赁公司和 960 家信用社。外资银行有 48 家外国银行分行、5 家合资银行、外国全资银行 5 家、外国银行代表处 48 家、注册财务公司 17 家，注册融资租赁公司 13 家。中国工商银行在河内设立了分行，中国银行、中国建设银行、中国交通银行在胡志明市设立了分行。融资条件方面，外资企业与当地企业一般都有同等的待遇，外国投资者根据越南外汇管理的规定，在越南金融机构开设越盾或外汇账户，如果需要在国外银行开设账户，需要经过越南国家银行的批准。外国投资者可以向从事外汇经营的金融机构购买外汇，以满足项目往来交易、资金交易及其他交易需求。证券市场方面，越南有两个证券交易市场：一个是 2007 年 7 月 28 日开业的胡志明市证券交易所，另一个是 2005 年 3 月 8 日开业的河内证券交易中心。但是证券市场不是很景气，2012 年有所恢复。根据越南加入 WTO 和中国—东盟自贸区的有关开放承诺，中国证券企业可以在越南设立办事处或者是成立占股比例不超过 49% 的合资证券服务企业。2012 年，中国证券企业可以在越南设立独资证券服务企业，参与各类证券的发行；可开展资产管理，进行资产结算和清算；提供和传输其他证券服务提供者提供的金融信息、金融数据和软件以及其他有关的证券辅助服务。

菲律宾货币比索为可自由兑换货币，但是人民币目前还不能与比索直接进行结算。菲律宾在 1992 年就进行外汇管理制度的改革，改革的内容包括：解除了外汇管制，实行浮动汇率；在银行体系之外，可以自由买卖外汇；外汇收入和所得可以出售给授权代理行，也可以在银行体系之外进行交易，还允许在菲律宾境内外自由存储用于任何目的的外币。2013 年 4 月 18 日菲律宾宣布进一步放宽外汇出入境的管制，包括菲律宾居民从经授权的银行和外汇交易公司可购买外汇的限额从 6 万美元提高到 12 万美元或等值的其他外汇，而不需出具菲央行的批准文件；外国游客出境时将比索换回外汇的限额从过去的 5 千美元提高至 1 万美元，而不需出具此前兑换比索的凭据；允许菲律宾公民在海外进行基金、证券金融产品的投资；允许菲公民在海外投资房地产；直至 2016 年 12 月 28 日，菲当局允许菲私营企业将海外贷款用于公私合作项目（PPP），无须报央行批准。金融服务设施方面：菲律宾中央银行是国家货币管理部门，银行体系分为四类：商业银行、储蓄银行、农村银行和政府特别银行，其中商业银行是核心。外资银行参与菲律宾市场的程度居亚洲新兴市场国家前列。中国银行在马尼拉也设有分行。融资条件方面：在菲律宾的外资企业的融资可能性主要取决于公司的资质、项目效益和风险评估等方面的因素。证券市场方面：菲律宾证券交易所（PSE）是菲律宾唯一的证券交易市场，目前拥有 250 家上市公司和 132 家证券交易商。

柬埔寨政府于 1993 年通过并实施《外汇法》，规定实施浮动汇率。美元是柬埔寨主要的交换媒介，流通量占市场货币流通的 85% 以上，与人民币的兑换也必须通过美元的搭桥。居民可以自由持有外汇，通过授权银行进行的外汇业务不受管制，但是单笔转账金额在 10 000 美元以上的，授权银行应向国家银行报告。金融服务设施方面：柬埔寨银行体系主要由国家银行和商业银行构成，截至 2011 年底，共有商业银行 31 家、专业银行 7 家和小额贷款机构 32 家。由于其实施宽松的外汇政策，使得外资商业银行获得了较快的发展，中国银行和中国工商银行都已经在柬埔寨设立分行。融资条件方面：柬埔寨商业银行业务范围相对较窄，能够提供海外资本划拨、信用证开立及外汇服务，但是提供不动产抵押贷款服务仍然有很大困难，期限短、利率高。信用卡使用正在柬埔寨的中上阶层兴起，中国发行的银联卡可在大型的商场使用。证券市场方面：柬埔寨在 2011 年才设立了首家证券交易所。2012 年 4 月 18 日柬埔寨证券交易所正式开业，首家上市交易的股票是金边水务局，截至 2014 年，共有三只股票在柬埔寨证券交易所上市。

新加坡元是可自由兑换货币，新加坡的中国银行、中国工商银行、星展银行和汇丰银行已经推出了人民币业务，可开立人民币账户，人民币可直接结算。在外汇管制方面，新加坡无外汇管制，资金可自由流入流出，企业利润汇出没有限制和特殊税费。但是为了保护新元，1983 年实行的新元非国际化政策限制非居民持有新元的规模，个人携带出入境的现金也有一定限制。金融服务设施方面：新加坡的金融管理局行使央行职能，截至 2012 年，新加坡共有商业银行 122 家，其中外资银行 116 家，中国的中国银行、工商银行、建设银行、农业银行和交通银行均设有分行或代表处。融资条件方面：新加坡政府为了鼓励外资进入，在研发、贸易、企业扩展等方面制订了一系列优惠和奖励措施，例如，新企业发展计划、企业家投资奖励计划、全球贸易商计划和地区总部奖等。企业还可以根据自身条件申请获得税收优惠或者手续便利等。证券市场方面：新加坡证券交易所成立于 1999 年 12 月，2000 年 11 月成为亚太地区首家通过公开募股和私募配售方式上市的交易所。业务内容丰富，包括股票、期权、债券与抵押债券、凭单、基金及长短期利率期货等等。共有上市企业 769 家，其中中国企业 146 家，市值约占总市值的 4.8%。2010 年 7 月，中国人民银行宣布与新加坡金融管理局成立双边货币互换机制，将提供高达 1 500 亿元人民币（284 亿新元）和 300 亿新元的流动性资金。[①] 2011 年双方积极将新加坡发展成为继中国香港后的第二个人民币离岸金融中心。中国工商银行新加坡分行人民币业务中心也正式开业，这是目前新加坡境内唯一一家人民币业务中心。

缅甸于 2012 年 4 月起采用了基于市场情况并加以调控的浮动汇率制。这是继 1997 年特别提款权制订官方汇率以来的第一次汇改，有利于外汇汇率的整合、调控及开展国际结算和汇兑业务。但目前缅甸币还不能与人民币直接结算。缅甸的外汇管理规定：任何人在国内的买卖、借贷、兑换外汇；居住在国外的任何在籍人员拥有的买卖、借贷、暂时支付、转让和兑换外币；缅币不得出入国境，只有在边境贸易地区，才可以使用人民币和缅币。金融服务设施方面：缅甸以中央银行为中心，以国营专业银行为主体，多种金融组织并存的金融体系。截至 2012 年 3 月，缅甸已经开设了 4 家国有银行和 19 家私营银行，目前东盟大多数国家以及中国、日本都在缅甸开设了办事处。融资条件有限，可以通过项目抵押和同业拆借取得贷款。信用证的使用范围也比较小，还没有正规的证券交易市场。

印度尼西亚受到 1997 年金融危机的严重影响以后，在 IMF 和亚洲开发银行的帮助下金融环境已经大大改善。印度尼西亚的货币可以自由兑换，资本可以自由转移，实行浮动的汇率政策。金融服务设施方面：印度尼西亚有许多实力雄厚的外资银行，包括汇丰银行、花旗银行、美国运通银行、摩根大通银行、荷兰银行、东京三菱银行、德意志银行、渣打银行和盘谷银行以及中国银行和中国工商银行。信用卡使用普遍。证券市场方面：2007 年 11 月 30 日，成立了一个全国性的股票市场——印度尼西亚股票市场。

马来西亚，由于受到金融危机的影响，1998 年马来西亚实施固定汇率制，对外汇的流出实施严格的管制，但是随着经济环境的好转，2005 年 7 月 21 日，重新实施了有管理的浮动汇率制度，外汇的汇出也不需要缴纳特别税金。外汇管制的放松给外国的投资者创造了良好的环境。2010 年 8 月 19 日，开始了人民币与林吉特直接兑换，实行做市商制度，做市商承担连续提供两种货币的买卖双向报价。交易浮动区间 5%。此次放宽外汇管制，进一步提高了马来西亚国际贸易活动的效率，也改善马来西亚商业环境，从而有利于加强马来西亚与其他经济体的联系。金融服务设施方面：主要以国家银行和商业银行为主，有大量的外资银

---

① 罗梅：《新加坡：2011～2012 年回顾与展望》，《东南亚纵横》，2012 年第 3 期，第 37～43 页。

行，包括中国银行和中国工商银行，与当地银行都有合作，据统计，马来西亚有商业银行 35 家，外资银行办事处 36 家，证券公司 12 家，伊斯兰银行 20 家，金融公司 25 家。融资条件相对宽松，信用卡在当地使用也较为方便。证券市场发展方面：吉隆坡股票交易所是马来西亚唯一的股票交易市场，经营业务种类多。

3. 中国—东盟金融一体化基础正在建立，条件正在逐步趋于成熟

分析了东盟各国的金融环境，我们不难看出东盟各国金融发展水平差异较大，其中新加坡、印度尼西亚、马来西亚、越南金融发展较为成熟，柬埔寨、泰国、文莱、菲律宾最近几年的发展也很迅速，而缅甸、老挝的步伐相对落后一些。从整体上看，东盟的金融环境已经有了极大的改善。首先，在外汇管制方面都存在不同程度的放宽，汇率制度的改革，为资本的国际流动和资源的合理配置创造了良好的环境。有利于促使双方的企业进行跨国投资，从而实现产业结构的合理化和产业的专业化分工。其次，金融服务设施也越来越完善，融资条件也有所改善，中国的主要银行都在东盟设有办事处和分行，证券方面的服务合作也正在谈判当中，前途将更加光明。最后，证券市场方面发展最为显著，东盟大多数国家已经开始具备比较正规的证券交易所。除了文莱和缅甸，2008 年，亚洲六家证券交易所包括泰国、马来西亚、新加坡、越南、印度尼西亚和菲律宾证券交易所计划建立一个交易平台，关联它们市值最大的 180 家公司，以帮助吸引跨境和外国投资。与此同时，更加成熟的亚洲证交所正在老挝和柬埔寨设立当地首家交易所，以帮助扩展亚洲证券市场结构。老挝和柬埔寨证券交易所于 2011 年已经如期建成，为国内投资者提供了更加简易和廉价的渠道，使它们通过本地券商就能接触到 150 家外国公司的证券组合。证券化率是衡量一国证券市场发展程度的重要指标，是一国各类证券总市值与该国国内生产总值的比率（股市总市值与 GDP 总量的比值），实际计算中证券总市值通常用股票总市值来代表。证券市场发展程度越高，证明资源在国家之间的配置效率越高，金融一体化程度就越高。一般而言，一国或地区的证券化率越高，意味着证券市场在该国或地区的经济体系中越重要。如图 4-3 所示，东盟内部证券市场发展程度最高的是新加坡、菲律宾、泰国和马来西亚，我国和其他的东盟国家都处于证券化水平比较低的层次，可以看出东盟大多数国家的证券发展水平相当，都比较落后，主要是因为起步比较晚，缺乏健全的证券市场机制，不利于信息的充分传递，导致只有少数国家的发展程度比较高，而大多数国家发展速度缓慢。这也表明，在证券市场发展方面中国与东盟国家还存在许多发展的机会和空间，加强相互之间的合作，将有利于提升东盟整体的发展水平，将为资金的跨国流动提供更加广阔的渠道，有利于促进中国与东盟以及东盟内部朝着金融一体化方向发展。虽然中国与东盟金融

一体化的程度发展较为缓慢，但是这些条件表明双方进行金融合作的基础已经越来越牢固和夯实。

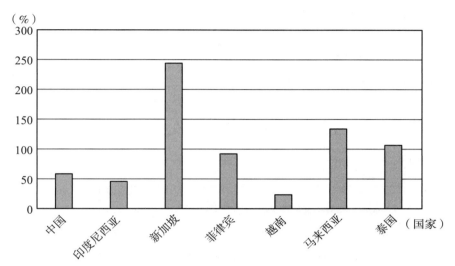

图 4 - 3　2014 年中国与东盟各国证券化对比情况

资料来源：世界银行。

（三）空间一体化

空间一体化是指区域内的空间布局与空间结构的整体发展，主要受经济发展水平、交通运输情况和社会文化三方面的影响。

1. 中国与东盟各国的经济发展水平的差异性正在减小，产业结构的空间布局正趋于合理，要素流动越来越快

各国的经济发展水平是影响空间一体化的主要因素，经济发展水平差异越小，区域空间的扩展也越快。中国—东盟国家的自由贸易区建立之初，各国的发展水平都有很大的差异，经济总量和经济结构上存在很大的差别。图 4 - 4 反映了从 1992 年以来的各国人均 GDP 总量的变化。

另外，图 4 - 5 反映了中国与东盟各个国家经济增长率的波动情况。从图 4 - 5 可以看出，中国的经济增长与东盟各国的经济增长，以及东盟内部各国的经济增长之间都存在明显的周期性以及很强的相关性。经济状况是一个国家对外增强经济联系和对内促进经济发展的综合反应，所以该指标的变化不仅反映了各国经济的发展情况，也反映了一个国家参与对外经济的程度。因为如果各国家之间的经济联系较少，经济变动情况就取决于各自内部要素的流动和分布，所以经济增长一般来说就会呈现出不一样的变动趋势。而从图 4 - 5 的走势可以看出，中国东盟 11 国的经济增长率有着惊人的相关性，直观上反映出中国东盟 11 国之间存在着紧密的经济联系，尤其是 2008 年以后，经济联系越来越紧密（除了缅甸因为 2013 年政局不稳导致经济大幅下滑外）。

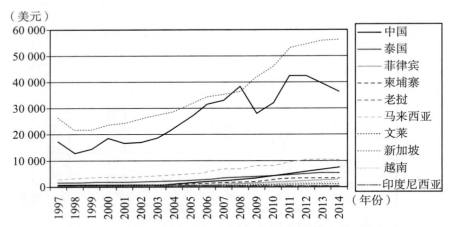

图 4 - 4　1997 ~ 2014 年中国与东盟各国的人均 GDP

资料来源：世界银行和 Wind 数据库整理而得。

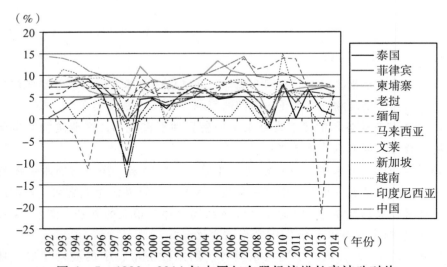

图 4 - 5　1992 ~ 2014 年中国与东盟经济增长率波动对比

资料来源：世界银行和 Wind 数据库整理而得。

近几年，通过中国与东盟各国的产业内贸易、产业间贸易和产业合作，促进了各国的经济增长和产业结构的优化升级，在各国政府的努力下，产业合作领域逐渐增多，中国与东盟国家之间的旅游服务正在迅速的发展，东盟大多数国家已经成为中国人常去的旅游胜地，每年的旅游人数急剧增长，出入境人数越来越多，农业合作也逐渐增多，这将有利于中国与东盟国家产业结构的优化。

2. 中国与东盟各国越来越便利的陆、空、海运的交通网络为各种要素、货物、能源的流动提供了非常便利的条件

交通运输的硬件设施建设包括了陆路交通基础设施、海上交通基础设施以及空中基础设施建设。中国与东盟之间已经初步建立了陆海空三位一体的交通网络。

空运：东盟各国现如今都具有比较标准的国际机场，并且东盟十国与中国都已经实现了直接通航。新加坡是亚洲地区重要的航空运输枢纽，中国国航、南航、东航、海南航空、厦门航空和新加坡航空公司、胜安航空、虎航、捷星等航空公司已开通新加坡往返中国北京、上海、天津、重庆、长沙、成都、大连、福州、广州、桂林、海口、杭州、哈尔滨、昆明、南京、南宁、宁波、青岛、汕头、沈阳、深圳、太原、武汉、西安、厦门和郑州 26 个城市的航线。老挝全国共有 11 个机场，有 10 条国际航线；越南共有 17 个规模较大的机场，已经有 45 家国际航空公司开通连接越南的 55 条航线，北京、上海、广州、重庆等地均有飞往越南河内和胡志明市的航线；菲律宾处于亚洲的中心位置，是全球和东盟货物贸易的中心，有多个航班从马尼拉飞往亚洲国家和地区，以及北美、欧洲等主要城市；柬埔寨有 11 个机场，近年来，开通柬埔寨航线的航空公司数量稳步增长，中国至柬埔寨的主要航线 8 条；缅甸大小机场有 73 个，主要航线可达我国的北京、昆明、广州、南宁等市以及东盟等国家；印度尼西亚航空运输越来越繁忙，全国有 179 个航空港，有 23 个已达到国际标准；马来西亚基础设施健全，是东南亚主要的空中枢纽之一；泰国共有 38 个机场，国际机场有 7 个，其中曼谷是东南亚地区重要的航空枢纽；文莱首都国际机场拥有 300 万人次进口港的能力。

陆运：陆运是东盟国家对内和对外主要的交通要道，也是中国与东盟各国联通的主要方式。正在计划中的泛亚铁路，将连接中国昆明和包括新加坡在内的 7 个东盟国家，预计全长 7 000 公里。老挝纳堆—巴蒙公路北段经亚洲 3 号公路向北可达中国昆明，向南可达泰国边境，同时它也连接越南，是老挝西北部乌多姆赛、南塔、丰沙里、波乔省通往首都万象的陆路通道。由泰国政府投资 1.97 亿泰铢修建的从首都万象的塔那凉车站通往老泰边境的友谊大桥于 2008 年 5 月完工，2009 年 3 月正式通车。中国通往东盟国家的第一条高速公路——南宁至友谊关高速公路在 2006 年建成通车，成为中国通往东南亚最便捷的公路。该高速公路全长 180 公里，起于广西南宁，止于中越边境关口友谊关。中国通往越南的蒙新高速公路段于 2009 年正式通车，蒙新高速公路是国道主干线二连浩特—成都—昆明—河口公路云南境内的重要一段，是中国外接越南及东南亚的重要国际大通道。图 4 - 6 是东盟主要国家陆运入境我国的旅游人数,可以看出总数一直在增长,步行入境的总额在下降,汽车运输的人数在增加,而铁路运输变化不大。但是步行入境占比却是最高。这表明中国与东盟国家的边境往来比较繁忙,而且公路设施比较完备,通过汽车入境的人也较多,而铁路设施还不够发达,通过火车入境的人数一直比例较低。

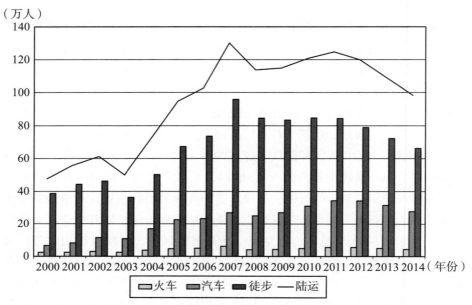

图 4 - 6 2000~2014 年东盟主要国家入境中国陆运旅游人数
资料来源:中国国家旅游局数据整理而得。

海运:东盟大多数国家都有比较完善的海运设施和较大的港口。新加坡拥有世界上最繁忙的港口和亚洲主要转口枢纽;老挝水路运输 3 000 公里,湄公河在老挝境内全长 1 800 多公里,流经 13 个省市,沿湄公河有 20 多个小型码头,运输总量占 18%;菲律宾的集装箱码头设施完善,能高速有效的处理货物,马尼拉的国际集装箱码头是亚洲效益最高的五个码头之一;柬埔寨的最大港口是西哈努克港,从港口出发可抵达美国、欧盟、中国、中国香港以及东盟内部等国家和地区;缅甸内河航道 9 219 英里;印度尼西亚水路运输发达,水运系统包括岛际运输、传统运输、远洋运输、先锋船运和特别船运,共有各类港口 670 个,主要港口 25 个;马来西亚的巴生港濒临马六甲海峡,是马来西亚最大的港口,集装箱处理能力约 500 万标准箱,是东南亚集装箱的重要转运中心,可以停靠世界上最大吨位的货船。文莱境内水运是重要的交通渠道。图 4 - 7 是东盟主要国家的乘船入境旅游人数,其中菲律宾占比最大,总数高于其他五个国家的总和,其次是新加坡，而且总数每一年都处于增长的态势。

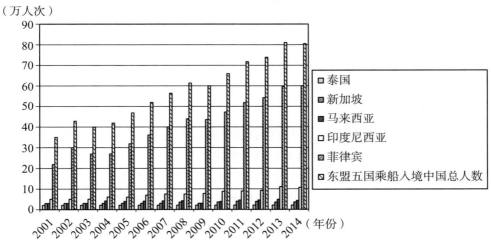

图4-7 2001～2014年东盟主要国家乘船入境旅游人数

资料来源：中经产业网。

上面分别从空、陆、海运分析了东盟各国的交通运输情况。可以看出东盟总体的交通运输能力在不断增长，为货物和人流提供了非常充足的运输渠道。世界银行用物流绩效指数来反映一个国家运输能力的强弱，它是反映一个国家对内对外运输和物流成本大小的指标，该指标的得分越高，表示运输和物流的能力就越强，否则相反。根据2014年东盟各国和我国的物流绩效排名，我们可以看出在中国和东盟组成的区域内，运输和物流能力最强的是新加坡，其次是中国和马来西亚。缅甸的得分最低，表明运输和物流的成本最高，不利于实现货物的自由流动和空间一体化的实现（见表4-3）。

表4-3　　　　　　　　**2014年中国与东盟各国的物流绩效指数**

国家	世界排名	综合得分
泰国	35	3.43
新加坡	5	4.00
柬埔寨	83	2.74
缅甸	145	2.25
菲律宾	57	3.00
越南	48	3.15
印度尼西亚	53	3.08

国家	世界排名	综合得分
老挝	131	2. 39
马来西亚	25	3. 59
中国	28	3. 53

注：物流绩效指数：综合分数（1 = 很低至 5 = 很高）。
资料来源：世界银行。

3. 随着中国与东盟政治经济领域合作的加深和民间交往的日益频繁，文化观念方面的改善和政策支持使得双方的认同感逐渐增强

国际关系理论中的建构主义认为，文化和观念意识的同化是影响双方关系发展的重要因素。如今影响相互间关系发展的不确定因素越来越多，相互之间的联系也越来越复杂，包括政治领域、经济领域以及社会团体和民间组织等，随着相互联系的增多，也增进了相互间的了解和信任，尤其是通过民间组织和社会团体的交流，青联、年轻企业家协会、妇联等的合作和交流使得双方的人民开始从心理上真正接受和认可异族文化，这种感情上的认可和接纳为开展经济和政治领域的交流也奠定了基础，在心理上和文化观念上实现了突破和同化。2014 年是中国—东盟文化交流年，双方合作举办了超过 100 项文化活动，增进了人民之间的了解和友谊。双方在旅游业的发展也对促进并深化相互之间的合作与友谊起到了重要的推动作用。如图 4 - 8 所示，中国与东盟各国近十年来旅游人数不断攀升，东盟主要有五个国家：新加坡、菲律宾、马来西亚、印度尼西亚、泰国进入中国境内的人数一直呈现增长趋势，这五国进入中国境内的总人数人数在 2011 年就已经突破 400 万人，并于 2013 年达到最高的 449 万人。

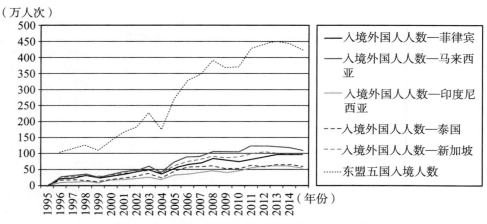

图 4 - 8　1995 ~ 2014 年东盟五国入境人数

4. 东盟互联互通战略的实施推动中国和东盟各国在空间一体化进程中实现更大的发展

2010 年 10 月 28 日，第 17 届东南亚国家联盟（东盟）首脑会议在越南河内国家会议中心闭幕，会议通过了《东盟互联互通总体规划》（简称《规划》）等文件，朝东盟共同体建设迈出了新步伐。东盟互联互通战略的实施，将有利于推动中国和东盟国家互联互通战略的开展；若东盟互联互通战略目标最终能顺利实现，必然极有利于中国—东盟区域经济一体化，特别是空间一体化的发展。

东盟互联互通可以分为三个层次，分别为物理互联互通、制度互联互通、人文互联互通。虽然实现真正的互联互通还有很长的一段路要走，但东盟国家已经为彼此之间的互联互通做了大量的实质性工作。而且随着《东盟互联互通总体规划》的实施，东盟互联互通的情况必然会发生翻天覆地的变化。

物理互联互通是互联互通中最首要的方面，主要包括了交通基础设施建设、信息与通信技术以及能源基础设施建设方面的内容。在交通基础设施建设方面，包含有陆路、海陆、空运方面的建设。信息与通信技术包括固定、移动以及卫星通信网络，互联网等。能源基础设施建设包括天然气、石油、电力等在东盟国家间管道的建设以及其配套硬件设施。依据《东盟互联互通总体规划》要求，为了满足东盟区域物理互联互通的需要，东盟将会展开以下工作：完成东盟高速公路网络的建设，完成新加坡至昆明的铁路计划，建立一个高效而完整的内陆水运网络，建立起一套完整、高效而富有竞争力的海运体系，向东亚地区建立一套完整的有多种运输方式无缝衔接的运输体系，加速建设东盟成员国之间的信息通信基础设施以及服务体系并优先解决在东盟能源基础设施建设中由来已久的问题。

第二核心的内容就是制度上的互联互通，制度的互联互通将使得物理上的互联互通变得更富有成效。制度上的互联互通旨在减少和消除货物、服务以及其他资源在本地区内流动时所面临的政策和制度上的障碍，并在东盟成员国之间建立起一套更富有协作性的、规范的标准程序，以获得货物、服务贸易上的便利性。为此，东盟国家制定了以下的关键战略措施：（1）使三大框架协议中关于运输便利性方面的要求可操作化；（2）在促进东盟成员国之间的陆路旅客运输便利化方面采取积极的执行态度；（3）发展统一的东盟空运市场；（4）发展统一的东盟船运市场；（5）通过在区域内消除商品贸易关税壁垒加速东盟各国之间相互的商品自由流通；（6）加速在运输、电子通信以及与连通性相关的服务领域建立起一个富有效率且有竞争优势的物流体系；（7）使区域内的贸易便利度产生质的提升；（8）加强边境管理能力；（9）在公平的投资规则下，促使东盟各国对东盟区域内外投资的开放程度不断提升；（10）加强制度；（11）加强区域内落后地区的公共机构的执行能力并加强次区域之间在政治、规划中的协调性。

133

最后一个核心内容是人文的互联互通，人文的互联互通会发挥社会文化粘合剂的功能，将多方面的积极性都聚焦到更高的物理互联互通上来，并且能促进各管理和监管部门为了实现更高程度的制度上的互联互通而对自身进行相应且必要的改革。主要包含教育合作、文化交流、促进旅游业的发展以及增加人口流动等。东盟互联互通战略最终会使中国与东盟的互联互通受益，毕竟互联互通是双方面的工作，来自任何一方的限制都会成为中国—东盟互联互通的瓶颈。目前，东盟在互联互通战略建设上已经取得了不小的进展。

（四）产业发展一体化

产业合作是中国—东盟区域经济一体化中一项非常重要的内容，中国和东盟各国应充分利用好相互开放市场的有利条件，积极进行产业合作，打造优势互补的产业链，提升中国—东盟自由贸易区的水平，促进产业一体化发展。主要从以下几方面入手：一是大力推进中国与东盟国家的三次产业之间的联动发展；二是全力打造区域内产业链发展；三是有效整合产业基地和产业园区，合力建成跨国的产业合作示范园区，促进国家之间产业合作，整合各国的优势产业。中国与东盟的产业合作的根本目的是为实现产业结构的优化和经济的增长。政府在双方产业合作中发挥着举足轻重的作用。中国与东盟国家之间三大产业的合作正处在起步阶段，其中农业合作的领域比较多，工业合作正在起步阶段，服务业的合作近几年发展迅速，中国与东盟各国产业结构有高度的互补性，在农业、工业、服务业方面具有合作的空间。

1. 农业合作方面

中国与东盟国家整体贸易和投资情况的良好发展进一步带动了中国与东盟国家的农业合作。双方的农业合作不仅表现为农产品贸易量的快速增长，也体现在一系列农业经济技术合作在范围和内容上的不断深化。在政策合作方面，《中国东盟全面经济合作框架协议》与《农业合作谅解备忘录》的签署为中国—东盟农业合作提供了政策保障：首先，在中国—东盟的"早期收获"计划中，大约有5万余种产品关税减免为零，其中大部分为农产品；其次，2010年中国—东盟自由贸易区正式建成后，中国农业部与东盟签署农业合作谅解备忘录，提出了双方农业合作的主要领域，并将杂交水稻种植、水产养殖、生物工艺、农场产品和机械等方面列为中国与东盟在农业科技方面长期合作的重点，标志了中国—东盟农业合作进入了新的发展阶段。在合作内容方面，中国与东盟在农业领域的互补性较大，中国拥有广阔的市场，对农产品的需求量巨大，大大推动东盟尤其是农业较发达东盟国家的农产品出口，从而获得巨大的经济利益；其次，中国在农业技术方面具有比较优势，中国通过多种合作渠道帮助东盟国家提高农业技术水平，提高东盟国家的农业生产力。

2. 工业合作方面

柬埔寨作为东盟十国中发展水平较低的发展中国家，技术水平较为落后。但其拥有较为丰富的自然资源以及大量廉价劳动力的优势。中柬在资源结构、产业结构、市场结构上具有较强的互补性。随着中国—东盟自由贸易区的建成，中柬之间会有更多的商品实现零关税，这将会不断刺激中柬贸易领域的不断增长。中国对柬埔寨的投资前景广阔，中国已经是柬埔寨最大的投资来源国，1994~2014年，中国对柬投资累计超过100亿美元。2014年就有70个投资项目，投资金额5.32亿美元，同比增长22%。截至2014年底，柬中双边贸易额为37.57亿美元。柬埔寨在农业、基础设施建设、劳动密集型产业、石油天然气、矿产、旅游资源开发等领域存在着较大的发展空间，这为中国企业到柬投资提供了机会。柬埔寨拥有丰富的自然资源，而中国拥有相对将为发达的开发技术，双方合作可以更好地对资源进行利用。越南2014年前11个月从中国进口总价值已经到达399亿美元，与2013年同期相比增长18.9%，中国仍旧是越南最大的进口市场。中国对原油、煤炭、水电、海鲜、蔬菜、木材、腰果和其他农产品的需求，尤其是能源商品（如原油及燃料油、煤炭）、橡胶等需求巨大，而这些产品均是越南出口的优势产品。印度尼西亚是东盟最大的经济体国家，以农业和油气产业作为传统支柱产业，在自然资源、海洋养殖、文化旅游等领域具有一定优势。能源合作将是中国与印度尼西亚合作很有潜力的领域。随着绿色科技的发展，中国—印度尼西亚的油气资源合作必然向纵深方向发展，通过加强油气、煤炭、电力等传统领域以及新能源、可再生能源领域的合作进一步开展更为广阔的能源领域合作。

3. 服务业合作方面

一般而言，越是发达的国家服务业在产业结构中所占的比重就越高，对经济的贡献度就越高。如图4-9所示，新加坡的服务业占比高于其他国家很多，而且从1997年以来都有上升的趋势，新加坡是东南亚人均GDP最高的国家，高收入会促使居民在服务方面的支出增多，如健康、旅游、教育，所以服务业的发展更为迅速。其次是菲律宾和马来西亚，大多数国家这一比重都在上升，只有文莱以石油为主，其服务业刚刚处于起步，尤其是旅游业正在迅速的发展。2010年中国就已经成为文莱最大的旅游客源国，中国游客人数近年持续增长。文莱的主要旅游景点有独具民族特色的水村、赛福鼎清真寺、杰鲁东公园等，位于淡布伦区的热带雨林天然区是目前文莱推介的主要旅游项目之一。2006年9月中国与文莱签署的《中华人民共和国政府和文莱达鲁萨兰国苏丹陛下政府旅游合作谅解备忘录》，加强了双方旅游合作，促进了两国旅游业协会和旅游企业的交流，从而促进两国旅游产业发展。

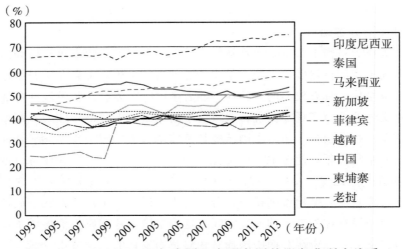

图 4 – 9　1993 ~ 2013 年中国与东盟各国的服务业所占比重

资料来源：由中国—东盟统计年鉴整理得出。

　　服务业也是马来西亚和新加坡经济中最大的产业部门，马来西亚服务业产值甚至可以占到 GDP 的 58% 左右。泰国是世界著名的旅游国家之一，广西也是我国重要的旅游省区，两地的旅游资源丰富，双方加强合作，可以把更多的东南亚游客吸引到广西来，广西也可以把更多的国内游客送到泰国去。

三、中国—东盟区域经济一体化程度测量

　　我们已经对中国—东盟区域经济一体化进行了较为细致的考察。直观上，已经能看出中国—东盟区域经济一体化程度在总体上是不断增强的，与此同时，我们也不难发现中国—东盟区域经济一体化进程也在不同的领域呈现出一定的不平衡性，表现为在某些领域一体化程度更高，发展速度更快，而在另一些领域的一体化程度相对较低，发展速度较慢。为了真实准确地反映出中国—东盟区域经济一体化进程，本部分使用上文提出的区域经济一体化程度判别模型对中国—东盟区域经济一体化进行测度。考虑到中国与东盟数据的可得性，本部分考虑使用以下指标对中国—东盟区域经济一体化进行测度。

（一）中国—东盟区域经济一体化测度指标选取

　　区域经济一体化指标的选取。Harris[1] 提出，除贸易流量外，还可以引入外

---

①　Harris R G. *North American economic integration：issues and research agenda*, Industry Canada, 2001.

商直接投资、公司并购行为、跨境劳动力转移、休闲和商务旅游、交通流量、电讯流量、电子邮件流量、互联网普及度、网页访问量、跨境电子商务销售等来综合测度区域经济一体化。杨琴[①]对此也做了较为全面的总结和梳理；杨琴从贸易、金融和生产要素三个维度建立起区域经济一体化测度指标体系。在贸易一体化中，采用区内贸易比重、贸易依存度、贸易密集度指数三个指标进行衡量；在金融一体化中，采用了非抛补的利率平价偏差、区域内相互持有外部金融资产的比重两个指标进行衡量；在生产要素一体化中，采用了区内直接投资比重、区内各成员国直接投资比重、跨国并购比重以及区内劳动力的流动性进行衡量。另外，陈秀珍在量化评价香港与内地经济一体化程度的综合指标时，从贸易一体化、金融一体化、人流一体化方面选取了九个指标。对于中国—东盟区域经济一体化程度的测度，数据上的获取是一大难点。东盟各国发展水平不一，政府对本国的经济情况的统计能力也大不一样，例如新加坡、马来西亚等发达的国家，对本国的经济数据统计往往较为全面，而诸如缅甸、柬埔寨等经济较为落后的国家，政府对本国经济的数据统计却往往力不从心。因此，在保证所选择的指标能较为准确而全面地反映出中国—东盟区域经济一体化水平的基础上，必须保证所选指标的数据可得性。为此，本书主要选取了以下指标来构建中国—东盟区域经济一体化测度模型。

由于中国与东盟大多数国家仍是发展中国家，各项经济数据增长较快。为了能更好地反映出中国—东盟区域经济一体化程度的发展水平，所选取的指标考虑使用相对量与绝对量相结合的形式。单一的使用相对量可能会低估双方经济一体化程度的进步，而单纯地使用绝对量又无法显示双方经济项目在彼此间的地位。为了解决这个矛盾，在我们所选取的指标中应该包含有绝对量指标和相对量指标。考虑到数据时间跨度的一致性，将各指标的数据统一到 2002～2011 年区间内。

1. 贸易一体化指标

纵观世界范围内区域经济一体化的发展，最开始往往都是从贸易领域开始的，即使是在现在，贸易依然也是区域经济一体化的重要内容。因此，通过贸易视角来对区域经济一体化进行测度是十分必要和重要的。同时就目前来看，贸易合作在中国与东盟的区域经济合作中无疑也是最重要的一项内容。

绝对量指标选取中国—东盟之间的进出口贸易总额数据。显然，双方的进出口贸易总额越高，表示中国—东盟的贸易一体化程度越高。如表 4 - 4 所示。

---

① 杨琴：《东南亚经济一体化研究》，厦门大学出版社 2008 年版，第 44～60 页。

表4－4 中国—东盟进出口贸易总额 单位：亿美元

年份	2002	2003	2004	2005	2006	2007	2008	2009	2010	2011
数额	536	767	1 043	1 288	1 588	2 005	2 281	2 089	2 863	3 540

资料来源：亚洲发展银行、Wind 数据库。

相对量指标选取绝对贸易依存度。绝对贸易依存度是在贸易依存度的基础上改进而来，其公式为：$y_{ij} = (X_{ij} + M_{ij})/(GDP_i + GDP_j)$，该指标能克服贸易依存度无法全面反映双方对彼此间的贸易依赖的缺陷。绝对贸易依存度越高，则中国—东盟的贸易一体化程度也越高。中国—东盟绝对贸易依存度，如表4－5所示。

表4－5 中国—东盟绝对贸易依存度

年份	2002	2003	2004	2005	2006
依存度	0.0274	0.0326	0.0382	0.0410	0.0421
年份	2007	2008	2009	2010	2011
依存度	0.0421	0.0381	0.0324	0.0370	0.0376

资料来源：亚洲发展银行、Wind 数据库整理而得。

2. 金融一体化指标

金融一体化是当今经济一体化的内容，金融一体化程度的高低影响着某地区的资源配置的效率。对金融一体化的衡量往往采用区内相互持有外部金融资产比重[1]、非抛补利率平价偏差[2]等进行衡量，对金融数据的要求比较高，而中国与东盟各国在这一方面的数据获取上仍有很大限制，制约了金融一体化指标的应用。且中国—东盟区域经济一体化的金融一体化程度相对其他领域较为落后，对中国—东盟区域经济一体化程度的发展还没有发挥太大影响，因此，本书将暂不考虑从金融方面选取指标衡量中国—东盟区域经济一体化程度。

3. 空间一体化指标

空间一体化涉及的方面较多，往往需要更多指标以便更真实地反映要素一体化程度。为此，本书考虑选用以下指标：

首先，选取中国与东盟十国的人均 GDP 差异度来衡量中国—东盟区域的人

---

[1] 区内相互持有外部金融资产比重指投资于区域内的区域外部金融资产占区域内总的外部金融资产的比重，其中外部金融资产可以分为对外债券投资、对外股票投资和对外银行贷款。

[2] 通过测度不同国家之间金融市场相同或可比的资产收益率之间的偏差来衡量金融一体化。

均收入水平。用该指标衡量空间一体化主要基于这样的逻辑：随着区域经济一体化进程的不断加深，其结果应该会导致各区域的居民收入差距在一定程度上的收缩。因此，人均 GDP 差异度的逐渐缩小，意味着区域经济一体化不断加深。在此，我们用各国的人均 GDP 的方差来反映中国与东盟各国的人均 GDP 差异度。人均 GDP 差异度用中国与东盟各国的人均 GDP 的标准差除以各国人均 GDP 的平均值来表示。计算结果如表 4－6 所示。

表 4－6　　　　　　　中国—东盟各国人均 GDP 差异度

年份	2002	2003	2004	2005	2006
差异度	1.607	1.611	1.605	1.600	1.569
年份	2007	2008	2009	2010	2011
差异度	1.536	1.496	1.476	1.483	1.447

资料来源：Wind 数据库整理而得。

其次，考虑绝对量指标的选取。绝对量指标选取区内直接投资额和东盟国家赴中国人数，反映中国与东盟直接投资和东盟赴中国人数在绝对量上的增长。

区内直接投资额由中国对东盟的外商直接投资额与东盟对中国的外商直接投资额构成。2002～2011 年，大多数时间内中国—东盟区内直接投资额都处于较低的水平，且增长的速度并不明显；直到最近几年，双方的相互投资力度不断加强，区内直接投资额迅速增加。如表 4－7 所示。

表 4－7　　　　　　中国—东盟区域区内直接投资额　　　　　单位：亿美元

年份	2002	2003	2004	2005	2006
区内直接投资额	32.51	30.44	32.32	32.59	36.87
年份	2007	2008	2009	2010	2011
区内直接投资额	53.56	79.38	73.73	107.28	129.10

资料来源：东盟统计年鉴、东盟秘书处网站、Wind 数据库相关数据整理得出。

关于东盟国家赴中国人数的统计，暂时只能找到马来西亚、印度尼西亚、泰国、新加坡、菲律宾五国对中国的入境人数。虽然无法涵盖东盟全部国家，但这 5 个国家对中国的入境人数却基本能够代表东盟国家。因此，这 5 个国家对中国入境人数的变化是可以反映出东盟整体对中国入境人数的变化情况。如表 4－8 所示。

表 4-8　　　　　　　东盟（五国）入境（中国）人数　　　　单位：万人

年份	2002	2003	2004	2005	2006
人数	225.9	177.3	274.2	327.3	346.8
年份	2007	2008	2009	2010	2011
人数	390.6	369.2	370.8	428.6	441.9

　　资料来源：由中国国家旅游局相关数据计算得到。

　　相对量上，我们选取区内直接投资比重以及东盟五国入境中国的人数比重[①]。区内直接投资比重指区域内各个国家的来自区域内的外商直接投资之和与区域内各国的外商直接投资之和的比重，反映了区域国家依赖区域内外商直接投资的程度。该指标越高，说明中国—东盟的空间一体化程度越高。如表 4-9 所示。

表 4-9　　　　　　中国—东盟区域区内直接投资比重　　　　　单位：%

年份	2002	2003	2004	2005	2006
区内直接投资比重	5.20	4.63	3.50	2.35	2.05
年份	2007	2008	2009	2010	2011
区内直接投资比重	2.31	3.71	4.25	3.23	3.40

　　资料来源：东盟统计年鉴、东盟秘书处网站、Wind 数据库相关数据整理得出。

　　东盟五国入境中国的人数比重，如表 4-10 所示。

表 4-10　　　　　　东盟（五国）入境（中国）人数比重　　　　单位：%

年份	2002	2003	2004	2005	2006
比重	5.20	4.63	3.50	2.35	2.05
年份	2007	2008	2009	2010	2011
比重	2.31	3.71	4.25	3.23	3.40

　　资料来源：中国国家旅游局相关数据整理而得。

4. 产业一体化指标

　　产业发展一体化可以通过产业结构差异度来衡量。对于区域内产业而言，其

_____

　　① 东盟五国入境中国的人数比重等于东盟五国（马来西亚、印度尼西亚、泰国、新加坡、菲律宾）对中国的入境人数除以外国人对中国的入境总人数。

一体化程度越高，则产业专业化分工程度也就越高，其产业的差异度就越大。因此，如两国或地区之间的产业结构差异度越高，则表明了这些地区或国家之间的区域经济一体化程度越高。我们将东盟各国的产业结构按照三产业法进行分类，分为第一、第二、第三产业。首先分别计算东盟十国各类产业的差异化程度指标，然后再将各产业的差异化程度指标相加获得总的差异化程度指标。其中东盟十国各类产业的差异化程度指标的计算方式：

$$c_i = \frac{\sqrt{(x_{ji} - \bar{x}_i)^2}}{\bar{x}_i}, \quad i = 1, 2, 3; \quad j = 1, 2, \cdots, n$$

其中，c_i 为第 i 产业的差异化程度指标，x_{ji} 为第 j 个国家第 i 产业份额，$\bar{x}_i$ 为第 i 产业所占份额在所有国家中的平均数。最后利用 $c = \sum_{i=1}^{3} c_i$ 求得总的产业结构差异化程度指标。经计算，东盟十国的产业结构差异化程度如表 4 – 11 所示。

表 4 – 11　　　　　中国—东盟产业结构差异化程度

年份	2002	2003	2004	2005	2006
差异化程度	1. 343	1. 356	1. 346	1. 390	1. 393
年份	2007	2008	2009	2010	2011
差异化程度	1. 395	1. 446	1. 380	1. 361	1. 397

资料来源：联合国数据库相关数据计算得出。

（二）中国—东盟区域经济一体化程度测量

为了简化测度过程，我们用变量 $x_i (i = 1, 2, \cdots, 8)$ 分别表示上述选取的 8 个指标。具体如表 4 – 12 所示。

表 4 – 12　　　　　中国—东盟区域经济一体化测度变量说明

变量	指标名称
$x1$	中国与东盟绝对贸易依存度
$x2$	中国与东盟贸易总额
$x3$	中国—东盟区内直接投资比重
$x4$	中国—东盟区内直接投资总额
$x5$	东盟（五国）入境比重
$x6$	东盟（五国）入境人数

续表

变量	指标名称
x7	中国与东盟各国人均 GDP 差异度
x8	产业结构差异度

在计算中国—东盟区域经济一体化综合指数前，需要对数据进行标准化处理，包括指标的趋同化处理和无量纲化处理。

首先，本书的区域经济一体化综合指数是一个正向指标，这就要求所有参与构建该指数的指标都是正向的，即值越大越好。在我们之前选取的 8 个指标中，除 $x7$，其他是指标都能够满足正向要求。为了使得 $x7$ 也能满足正向要求，现对其进行正向化处理。在此，对 $x7$ 取倒数即可。

其次，本部分所选取的指标的量纲是不同的，为了消除原始变量量纲的影响，消除量纲不同所带来的不可比性。对指标进行标准化处理，我们选择的处理方式是：对 $x_i(i = 1, 2, \cdots, 8)$ 在 2002 ~ 2011 年分别取其标准差，然后除以其平均值。标准化后的结果如表 4 – 13 所示。

表 4 – 13   **标准化结果**

年份	x1	x2	x3	x4	x5	x6	x7	x8
2002	– 1.994	– 1.335	– 0.798	1.230	– 1.273	– 1.003	– 1.210	– 0.798
2003	– 0.887	– 1.091	– 0.856	– 0.684	– 1.839	– 1.047	– 0.798	– 0.856
2004	0.293	– 0.799	– 0.803	0.295	– 0.710	– 0.968	– 1.137	– 0.803
2005	0.866	– 0.541	– 0.795	0.244	– 0.092	– 0.895	0.294	– 0.795
2006	1.100	– 0.223	– 0.674	– 0.588	0.1339	– 0.434	0.412	– 0.674
2007	1.104	0.216	– 0.203	– 1.582	0.643	0.069	0.455	– 0.203
2008	0.260	0.508	0.525	– 1.248	0.395	0.716	2.112	0.525
2009	– 0.935	0.305	0.365	1.373	0.413	1.064	– 0.003	0.365
2010	0.030	1.123	1.313	0.615	1.086	0.940	– 0.631	1.313
2011	0.161	1.838	1.928	0.455	1.241	1.559	0.527	1.928

利用 Stata 软件，我们对标准化后的数据进行了主成分分析。Kaiser – Meyer – Olkin 检验的结果为 0.53，大于 0.5，意味着可以进行主成分分析。计算的结果如图 4 – 10 所示。

Principal components/correlation

Number of obs = 10
Number of comp. = 8
Trace = 8
Rotation: (unrotated=principal)   Rho = 1.0000

Component	Eigenvalue	Difference	Proportion	Cumulative
Comp1	4.39474	1.98974	0.5493	0.5493
Comp2	2.405	1.59416	0.3006	0.8500
Comp3	.810841	.524242	0.1014	0.9513
Comp4	.286599	.224414	0.0358	0.9871
Comp5	.0621851	.0361554	0.0078	0.9949
Comp6	.0260297	.0119958	0.0033	0.9982
Comp7	.0140339	.0134581	0.0018	0.9999
Comp8	.000575812	.	0.0001	1.0000

Principal components (eigenvectors)

Variable	Comp1	Comp2	Comp3	Comp4	Comp5	Comp6	Comp7	Comp8	Unexplained
$x1$	0.2829	−0.4847	−0.2846	−0.0617	0.3377	0.4706	0.5113	−0.0572	0
$x2$	0.4486	0.1969	−0.0326	−0.2356	0.2576	0.0572	−0.2463	0.7570	0
$x3$	−0.2671	0.4541	0.4722	−0.0984	0.0639	0.1832	0.6411	0.2028	0
$x4$	0.3849	0.3542	0.0445	−0.3170	0.4707	−0.3348	0.0466	−0.5367	0
$x5$	−0.1177	0.4981	−0.5373	0.6005	0.2713	0.1208	0.0214	0.0095	0
$x6$	0.4558	0.0715	−0.2309	0.1358	−0.5393	−0.4344	0.4721	0.1136	0
$x7$	0.4059	0.3160	0.1275	0.0049	−0.4242	0.6463	−0.2001	−0.2853	0
$x8$	0.3360	−0.2038	0.5786	0.6718	0.2225	−0.0927	−0.0367	0.0073	0

图 4 - 10　主成分分析结果

在本例抽取前 2 个公因子使累积的特征值贡献率达到了 85%（一般要求所选取的公共因子的累积贡献率大于 80%），即这两个公因子可以解释 85% 的总方差。

最后，计算出 2002 ~ 2011 年，中国—东盟区域经济一体化指数的综合得分，如表 4 - 14 所示。

表 4 - 14　　　　　主成分得分情况

年份	F1（第一主成分得分）	F2（第二主成分得分）	总得分
2002	− 7.248	0.174	− 4.622
2003	− 5.918	− 1.924	− 4.506
2004	− 3.622	− 0.895	− 2.657
2005	− 0.738	− 0.848	− 0.777
2006	0.852	− 1.091	0.165
2007	2.700	− 1.356	1.265
2008	3.704	− 1.159	1.984
2009	0.563	2.093	1.104
2010	3.504	2.456	3.134
2011	6.190	2.628	4.931

143

表4-14最后一行得到的总得分即是我们所要测度的中国—东盟区域经济一体化综合指数。中国—东盟区域经济一体化综合指数可以刻画出中国—东盟区域经济一体化程度的发展态势。需要说明的是，中国—东盟区域经济一体化综合指数出现了一些负数，这仅是主成分分析法的计算要求所导致的，并不影响我们的分析过程，我们所要关注的是该指数在2002~2011年的相对变动情况。为了更直观地看出中国—东盟区域经济一体化程度的变动情况，利用本例所测度出的中国—东盟区域经济一体化综合指数作图，得到图4-11。

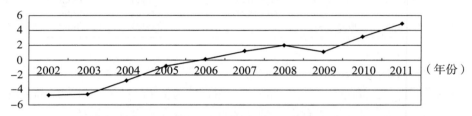

图4-11　中国—东盟区域经济一体化综合指数

如图4-11所示，中国—东盟区域经济一体化综合指数的变动情况表明：中国—东盟区域经济一体化程度在2002~2011年的10年时间内是明显提升的，除了在2008年有所下降外，其余的年份基本都处于不断提高的态势。在此，我们将这十年的中国—东盟区域经济一体化程度的变动大致划分为4个阶段：

第一阶段：2003年以前。此时中国—东盟区域经济一体化程度增速较为缓慢。从图4-11可以看出，2003年以前中国—东盟区域经济一体化综合指数并没有非常明显的上升过程。由于数据方面的限制，我们无法获得2002年以前更早的数据，但是通过目前的指数，至少在2002~2003年这个阶段，中国—东盟区域经济一体化程度并没有很大程度的提升。

第二阶段：2003~2008年，此时中国—东盟区域经济一体化程度快速提升。在这5年的时间内，中国—东盟区域经济一体化综合指数快速增长，意味着中国—东盟区域经济一体化程度进入了一个快速上升的时期，其中尤以前两年的提升速度最快。

第三阶段：2008~2009年，此时中国—东盟区域经济一体化程度经历了小幅的下降。2008年美国次贷危机爆发，受此影响，全球经济处于低迷状态。在这样的背景下，中国—东盟的经济交流互动难免受到一些影响，导致中国—东盟区域经济一体化程度有所下降。一直到2009年，下降趋势才停止。从中国—东盟区域经济一体化综合指数可以看到，到2009年时，中国—东盟区域经济一体化综合指数大致等于2007年时的水平。从这里也可以看出，实际上美国次贷危机对中国—东盟区域经济一体化程度的影响并没有很大。

第四阶段：2009~2011年，中国—东盟区域经济一体化程度进入了第二次迅速提升的时期。从中国—东盟区域经济一体化综合指数的斜率来看，这段时期的斜率甚至陡于第二阶段的斜率，这也意味着在这段时期中国—东盟区域经济一体化程度的提升速度相比第二阶段更高。同时，我们也注意到，到2010年，中国—东盟区域经济一体化综合指数已经高于2008年的指数，这意味着受美国次贷危机影响所下降的中国—东盟区域经济一体化程度在2010年前就已经恢复到危机发生之前的水平。这也从另一个角度证明了美国次贷危机对中国—东盟区域经济一体化程度的影响并没有很大。

第二节　中国—东盟协调发展的未来发展态势预测

徐现祥、舒元（2005）从经济增长分布演进的视角构造协调发展的动态均衡模型，为区域协调发展问题的研究提供了一个新的研究思路和分析框架。[①] 本书借鉴该模型的思想刻画了中国与东盟的经济增长分布演进，并据此测度中国—东盟双边经济是否存在均衡发展，以及中国—东盟是否能最终实现协调发展的必要条件，并据此推测出未来中国—东盟区域经济一体化的发展态势。

一、测度中国—东盟双边经济均衡发展情况

本书使用的数据来源于新浪财经的全球宏观经济数据库中的中国与东盟国家的人均GDP数据，样本区间是1994~2011年。本书对中国与东盟双边经济的均衡发展分析采用经济增长文献中最常用的非参数估计方法——核密度分布来分析。核密度函数如下：

$$f(x) = \frac{1}{nh} \sum_{i=1}^{n} K\left(\frac{x - x_i}{h}\right) \qquad (4-1)$$

其中，$h = \dfrac{0.9m}{h^{1/5}}$，$n$ 代表观测值个数，m 为标准差，K 代表核函数，x 是中国与东盟各国产出水平的范围。式（4-1）表示中国与东盟在给定的产出水平区间上出现的可能性。

通过使用Stata软件的核密度估计本书刻画出了1994~2011年中国与东盟国

---

① 徐现祥、舒元：《协调发展：一个新的分析框架》，《管理世界》，2005年第2期，第27~34页。

家①的人均产出分布演进图（见图 4 - 12、图 4 - 13 和图 4 - 14）。图 4 - 12 刻画了 1994 ~ 2001 年的中国与东盟国家的人均产出分布演进，图 4 - 13 则刻画了 2002 ~ 2011 年的中国与东盟国家的人均产出分布演进。这样划分的原因是将中国与东盟国家的人均产出分布演进分为两个阶段，前一阶段描述中国与东盟未展开实质合作之前的人均产出分布，后一阶段描述中国与东盟开展实质合作之后的人均产出分布，有利于本书分析中国与东盟展开合作前后经济协调发展的情况。图 4 - 14 是一些具代表性的年份的核密度分布叠加图，叠加图更为直观地显示出中国与东盟人均产出分布演进的情况。其中，1998 年是亚洲金融危机发生的年份；2002 年是中国与东盟国家领导人签署《中国与东盟全面经济合作框架协议》的年份，这一年成为中国与东盟自由贸易区建设进入实质实行阶段的标志；2006 年，中国与东盟国家约 600 项农产品的关税降低为零，至此，自 2004 年开始的早期收获计划，到 2006 年已实现中国和东盟老成员国②的降税进程；2010 年，中国—东盟自由贸易区正式建成，成为全球第三大自由贸易区，步入"零关税"时代。

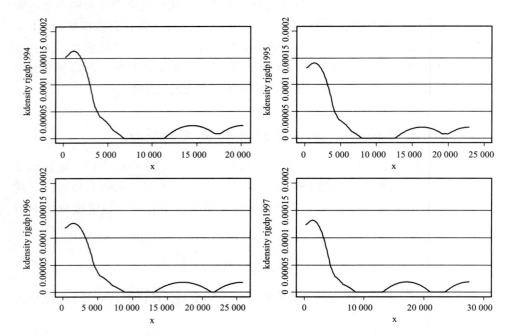

----

① 由于缺乏缅甸各年的人均 GDP 的数据，因此，本书用于分析的东盟国家为除去缅甸之后的东盟其他 9 国。

② 东盟老成员国包括新加坡、文莱、菲律宾、印度尼西亚、马来西亚及泰国 6 国，其中，新加坡、文莱、印度尼西亚、马来西亚及泰国 5 国按照相同的降税模式实行降税计划，菲律宾则由于到 2005 年才参与该计划，因此其单独采用一种降税模式。

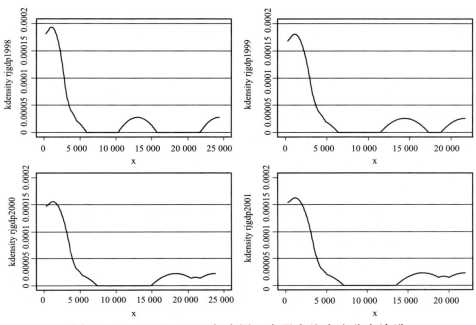

图 4 – 12　1994～2001 年中国—东盟人均产出分布演进

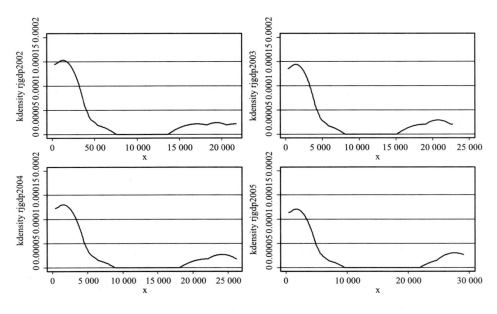

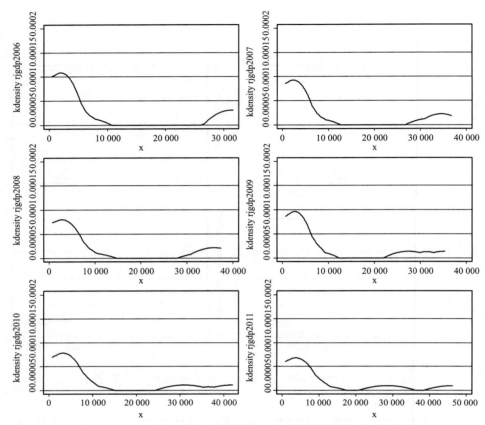

图 4 – 13　2002 ~ 2011 年中国—东盟经济增长分布演进

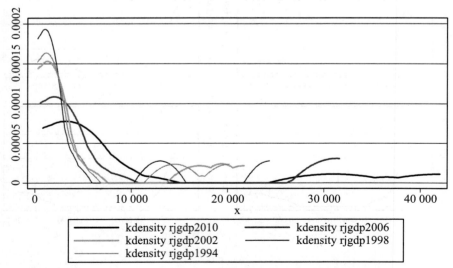

图 4 – 14　中国—东盟人均产出分布演进

下面我们就两个阶段的中国与东盟经济增长分布演进进行详细的分析：

第一阶段：1994～2001 年的中国与东盟人均产出分布。这一阶段以亚洲金融危机的发生作为分界点又可以分为两个时间段。第一个时间段为 1994～1997 年，从图 4-12 的人均产出分布演进图可知，这一时间段中国与东盟的人均产出分布呈现多峰的状态（具体形态为 1 个主峰加 2 个小峰），主峰位于低产出水平区间，在高产出水平区间则形成了 2 个较小的波峰。分析这一期间的分布演进可知，位于低产出水平区间的主峰的高度不断下降并向右移动，主峰的高度不断下降说明位于低产出水平的国家的数量在不断减少，整体向右移动说明各国经济都在不断增长。第二个时间段为 1998～2001 年，这一期间由于 1998 年亚洲金融危机的发生使得东盟国家的经济发展遭受重创，各国经济下滑，产出下降，这从 1998 年之后的人均产出分布图可以明显看出。1998 年金融危机发生后，人均产出分布不仅没有往右移动，反而发生倒退，表现为主峰往左移动，这说明中国与东盟国家的人均产出向更低水平区间衰落。此外，位于更低水平区间的主峰的高度上升，且上升幅度较大，说明聚集在低产出水平区间的国家的数量增加了，这一情况到 2001 年虽然有所缓解，但比起亚洲金融危机发生之前的 1997 年而言，仍未恢复到当时的人均产出水平。从图 4-13 的人均产出分布图可知，直到 2004 年左右各国经济才逐渐恢复。

总体而言，这一阶段的人均产出分布图的形态变化较小，说明在这一时期中国与东盟各国的经济发展较为均衡。

第二阶段：2002～2011 年的中国与东盟人均产出分布。这一阶段的人均产出分布的形态总体而言仍呈现出主峰加小波峰的形态，主峰仍位于低产出水平区间。这一阶段的人均产出分布呈现出四大特点：一是自 2002 年以来，中国与东盟人均产出分布整体上不断向右移动，说明中国与东盟开展实质合作以来，各国的人均产出不断向高水平方向移动，经济逐年增长。二是位于低产出水平区间的主峰的高度逐年下降，变得更为平缓，特别是越往后，波峰逐渐垮塌，波谷也较为模糊，这说明中国与东盟展开实质合作以来，位于低产出水平国家的数量在不断地减少，并往中间水平移动。三是随着中国与东盟合作的进一步加深，人均产出分布也变得更为分散，这说明中国与东盟各国的产出水平差距进一步扩大。四是位于中间产出水平区间的国家从无到有，这从图 4-13 可以看出，此前的人均产出分布图在低产出水平的主峰之后往右就在 0 值的位置呈现出平行于 X 轴的水平状，一直到高水平产出区间才有小波峰，这说明在 2010 年以前处于中间产出水平的密度分布没有，一直到 2011 年的人均产出分布图我们可以发现，位于中间产出分布的密度从无到有，这说明中国—东盟自由贸易区的建立在一定程度上可以促进低产出水平的国家往高产出水平方向移动。

从图 4 – 14 可以看出，自 1994 年以来的中国与东盟人均产出分布的变化特点，人均产出分布整体逐渐往右移动，位于低产出水平区间的主峰不断下降，人均产出分布更为分散。这一方面说明了中国与东盟合作的开展促进了各国经济的增长，另一方面也说明了各国经济发展差距逐渐拉大，经济均衡发展受到挑战。为了方便对比，图 4 – 15 给出了 1994 年以来中国与东盟国家的 GDP 增长率。从 GDP 增长率的角度来看，1998 年亚洲金融危机的发生导致各国 GDP 增长率急速下降，而且清晰地显示出 2002 年之后各国的 GDP 增长率逐渐从较为集中到比较发散的状态。从 GDP 增长率的角度来看也说明了各国的经济增长差距在不断扩大。

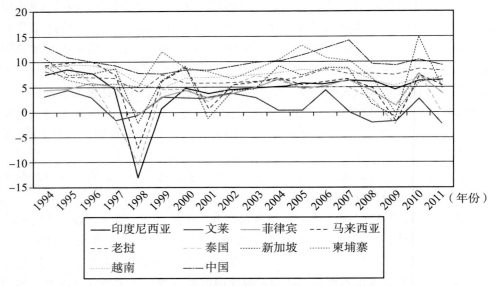

图 4 – 15　1994 ~ 2011 年中国—东盟 GDP 增长率

从中国与东盟的人均产出分布来看，各国的经济增长差距有逐渐扩大的趋势，为了进一步分析这种差距扩大的趋势是只存在于中国与东盟之间，还是东盟内部的经济增长也逐渐出现分化，本书还刻画了东盟人均产出分布演进的情况。我们考虑将中国剔除，只看东盟内部人均产出的分布演进。本书对东盟产出分布的分析又分为两个部分，一是对东盟九国的人均产出分布进行考察；二是考虑到东盟新成员国和老成员国①经济发展水平差距较大，我们将新成员国剔除，只看东盟老成员国的经济发展趋势，从而挖掘看经济增长差距拉大是只存在于东盟老成员国和新成员国之间，还是老成员国之间的经济增长差距也在逐渐扩大。

———————————

①　东盟老成员国包括新加坡、马来西亚、印度尼西亚、菲律宾、文莱和泰国 6 国。

　　从东盟9国的人均产出分布演进（见图4-16）可以看出，自1994年以来，东盟内部的人均产出分布整体逐渐往右移动，位于低产出水平区间的主峰不断下降，人均产出分布更为分散，这些特点和中国与东盟的人均产出分布演进特点相似，说明从东盟内部来看，其经济发展差距也是在逐渐扩大。这从东盟的GDP增长率（见图4-17）可以看出，2002年之后各国的GDP增长率逐渐从较为集中到比较发散的状态。

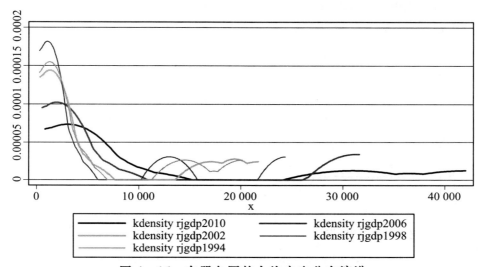

图4-16　东盟九国的人均产出分布演进

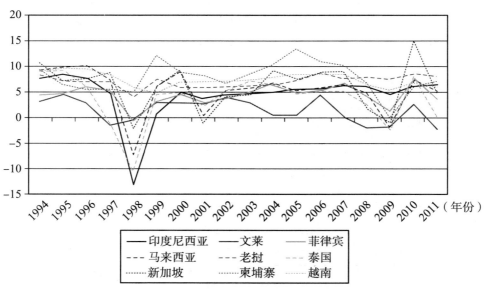

图4-17　1994~2011年东盟九国的GDP增长率

　　从东盟老成员国的人均产出分布演进（见图4-18）可以看出，东盟老成员国的人均产出分布自1994年以来变化较大，与中国与东盟人均产出分布特点、东盟人均产出分布特点所不同的是东盟老成员国的人均产出分布一开始就表现出比较宽峰的形态，随着时间的推进，分布更为广泛和发散，这所明了东盟老成员国之间的经济增长差距扩大明显。这从东盟老成员国的GDP增长率（见图4-19）可以看出，新加坡一直保持较为领先的GDP增长率，而文莱的GDP增长率一直较为靠后，其他4国的GDP增长率在2007年以前还较为集中，2008年之后呈现扩散的状态。在这种情况下，随着时间的推进，各国的经济增长差距就越来越明显。

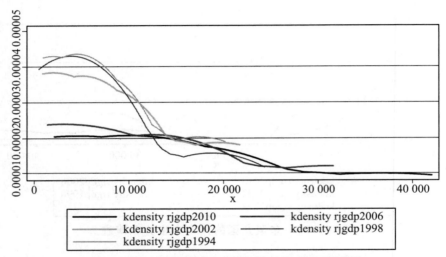

图4-18　东盟老成员国的人均产出分布演进

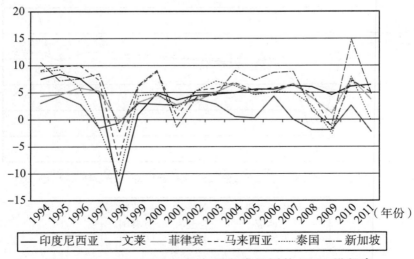

图4-19　1994~2011年东盟老成员国的GDP增长率

综上所述，自 1994 年以来，中国与东盟、东盟内部的人均产出分布均呈现出从尖峰到宽峰、峰值不断下降的分化模式，这至少说明了从经济增长这一角度来看，中国与东盟以及东盟内部的经济增长发展不协调。这一结论可能与现阶段很多学者对中国与东盟或者说东盟内部的一体化程度在逐渐加深的观点相违背。可以说明的是，其他学者可能更多的是从政治、文化及经济交往合作加深等角度分析出一体化程度在逐渐加深的观点，与本书从人均产出分布演进的视角分析得出各国经济增长存在不协调的状态的结论并不矛盾。

二、测度中国—东盟区域经济一体化发展态势

根据前文的分析结果，中国与东盟的人均产出在逐年增长的同时也存在着差距不断扩大的趋势，特别是从 2002~2011 年中国与东盟的人均产出分布演进图可以明显看到这一结论。这一结论可能会使得对进一步加深中国与东盟的双边合作产生质疑，但我们在前文已经强调过这一结论仅是从人均产出这一角度分析而言，并未考虑政治以及文化等其他因素。为了进一步分析中国与东盟经济增长未来的发展态势，考察各国经济增长仍是趋异状态或是协调发展，本书根据马尔科夫链，估计了中国与东盟经济增长分布演进的转移矩阵，并据此测度了中国与东盟未来经济增长分布的演进趋势。

（一）马尔科夫分析方法

假设中国与东盟的经济增长呈现 n 种可能的状态，记为 Z_1，Z_2，Z_3，…，Z_n，将成员国经济增长从状态 Z_i 转变为 Z_j 的状态，转移概率记为 P_{ij}，则中国与东盟经济增长分布的转换概率矩阵为：

$$P = P_{ij} = \begin{pmatrix} P_{11} & P_{12} & \cdots & P_{1n} \\ P_{21} & P_{22} & \cdots & P_{2n} \\ \vdots & \vdots & \vdots & \vdots \\ P_{n1} & P_{n2} & \cdots & P_{nn} \end{pmatrix}$$

本书将中国与东盟在某一个时期各状态空间分布的概率记为 K，K_0 代表初始时期中国与东盟的状态空间分布概率，则 K_j 为初始状态 K_0 经过 j 次状态转移之后中国与东盟经济状态空间分布的概率。

我们可以将 K_0 经过 j 次状态转移之后到达 K_j 这一状态的转移过程分为两个部分：首先是 K_0 经过 $(j-1)$ 次状态转移之后到达 K_{j-1} $(j=1，2，…，n)$ 的状态，其次再由 K_i 经过一次的状态转移达到 K_j。在这种情况下，可根据马尔科

夫过程的无后效性以及贝叶斯的条件概率公式得出以下公式：

$$K_j = \sum_{j=2}^{n} K_{j-1} \times P_{j-1} \quad (j=1, 2, \cdots, n) \quad\quad (4-2)$$

假设中国与东盟在 j 时期的状态空间分布概率我们用 $[K_j(Z_1):K_j(Z_2):\cdots:K_j(Z_n)]$ 来表示，那么根据概率的性质，我们知道：

$$\sum_{i=1}^{n} K_j(Z_1) = 1(j=1, 2, \cdots, n)$$

因此，K_j 就可表示为行向量 $[K_j(Z_1):K_j(Z_2):\cdots K_j(Z_n)]$，则有初始状态 $K_0 = [K_0(Z_1):K_0(Z_2):\cdots:K_0(Z_n)]$。

根据式（4-2），我们可以得到逐次计算中国与东盟状态空间分布概率的递推公式为：

$$\begin{cases} K_1 = K_0 P \\ K_2 = K_1 P = K_0 P^2 \\ K_3 = K_{j-1} P = \cdots = K_0 P^j \end{cases} \quad\quad (4-3)$$

本书将用式（4-3）来逐年预测中国与东盟未来经济发展在各状态空间的比重，并据此分析未来中国与东盟的经济增长是趋于协调发展的机制还是呈现趋异的状态。

（二）中国与东盟经济增长分布演进的转换概率矩阵

测算中国与东盟经济增长分布演进的转换概率矩阵，首先要对经济体的类型进行划分，现有文献中对经济体的划分标准大致有两种，一是将经济体分为发达国家（或地区）和不发达国家（或地区）两种；二是将经济体分为经济发达国家（或地区）、经济较发达国家（或地区）、经济欠发达国家（或地区）以及经济不发达国家（或地区）四种。由于第二种划分方法更能反映整个经济的全貌，因此，本书将采用此种划分方法将中国与东盟经济发展的空间分为四种状态，分别记为 Z_1（代表经济不发达国家）、Z_2（代表经济欠发达国家）、Z_3（代表经济较发达国家）、Z_4（代表经济发达国家）。在前文刻画中国与东盟经济增长分布时本书使用的是人均 GDP 的数据，但是这一指标往往表现出向右移动的趋势，不利于在估算转移矩阵时进行明确的分组。因此，本书将使用相对人均 GDP[①] 这一指标来作为经济增长四个状态空间分组的标准。根据相对人均 GDP 的计算方法可知：当一国相对人均 GDP 的数值大于 1 时，说明该国当年的经济发展水平高于中国与东盟的平均水平；当一国相对人均 GDP 的数值等于 1 时，说

[①] 相对人均 GDP，即用各国当年的人均 GDP 除以中国与东盟各国人均 GDP 的平均值即得到各国的相对人均 GDP 数据。

明该国当年的经济发展水平与中国与东盟的平均水平持平；当一国相对人均GDP 的数值小于 1 时，说明该国当年的经济发展水平低于中国与东盟的平均水平。

本书借鉴董亚娟、孙敬水（2009）[①] 使用分位数划分状态空间的方法，将 Z_1、Z_2、Z_3、Z_4 分别代表的状态空间区间计算出来。其中，Z_1 代表相对人均GDP 位于样本 1/4 以下的值；Z_2 代表相对人均 GDP 位于样本 1/4 ~ 1/2 分位数区间的值；Z_3 代表相对人均 GDP 位于样本 1/2 ~ 3/4 区间的值；Z_4 代表相对人均GDP 位于样本 3/4 以上的值。[②] 根据中国与东盟各年人均 GDP 数值的大小，将其对应到相应的状态空间。需要说明的是，本书仍然按照前文分阶段来考察中国与东盟经济增长的情况，因此，本书以两个时间段的期初（1994 年[③]、2002 年[④]）分别计算了每个状态空间所代表的区域。以 1994 年为期初的状态空间为：Z_1(0，0.07095]、Z_2(0.07095，0.21005]、Z_3(0.21005，1.4535]、Z_4(1.4535，$+\infty$)；以2002 年为期初的状态空间为：Z_1(0，0.08445]、Z_2(0.08445，0.2188]、Z_3(0.2188，1.50185]、Z_4(1.50185，$+\infty$)。

转换概率矩阵表中的元素代表的是从状态空间 Z：转移至 Z_i 的概率 P_{1i}。本书首先以 1994 ~ 2011 年间的样本估算了整个期间中国与东盟经济增长的一步转换概率矩阵 P，见表 4 – 15。

表 4 – 15　　　　1994 ~ 2011 年中国与东盟经济增长分布的转换
概率矩阵（1994 年为期初）

	Z_1	Z_2	Z_3	Z_4
Z_1	0.8889	0.1111	0	0
Z_2	0.0175	0.9123	0.0702	0

---

① 董亚娟、孙敬水：《区域经济收入分布的动态演进分析——以浙江省为例》，《当代财经》，2009年第 3 期，第 25 ~ 29 页。

② 按照这种划分方法，可保证期初每一个状态区间的初始概率都相同，为 1/4。

③ 在以 1994 年为期初所划分的状态空间时，1994 年属于经济不发达的国家有越南和柬埔寨，属于经济欠发达的国家有中国、老挝和印度尼西亚，属于经济较发达的国家有泰国、菲律宾和马来西亚，属于经济发达的国家有文莱和新加坡。至 2011 年已经没有属于经济不发达的国家，属于经济欠发达的国家有柬埔寨、老挝和越南，属于经济较发达的国家有印度尼西亚、菲律宾、中国和泰国，属于经济发达的国家有文莱、马来西亚和新加坡。

④ 以 2002 年为期初所划分的状态空间内，2002 年属于经济不发达的国家有老挝、越南和柬埔寨，属于经济欠发达的国家有印度尼西亚和菲律宾，属于经济较发达的国家有中国和泰国，属于经济发达的国家有文莱、马来西亚和新加坡。2011 年属于经济不发达的国家有柬埔寨，属于经济欠发达的国家有老挝和越南，属于经济较发达的国家有印度尼西亚、菲律宾、中国和泰国，属于经济发达的国家有文莱、马来西亚和新加坡。

续表

	Z_1	Z_2	Z_3	Z_4
Z_3	0	0.0333	0.9667	0
Z_4	0	0	0	1

从表 4-15 可以看出，第一，各国经济状况趋向于维持现状，表现为转换概率矩阵中的对角线上的概率值较大（均在 90% 左右），意味着各国在下一期维持上一期状态的概率较大。第二，下一期各国经济转向更高水平的概率高于转向更低水平的概率，表现为对角线右边的数值大于左边的数值，如从 Z_2（经济欠发达）转向 Z_3（经济较发达）的概率是 7.02%，而转向 Z_1（经济不发达）的概率仅为 1.75%。第三，经济较发达国家和经济欠国家的地位可能发生逆转，这从 Z_2 和 Z_3 对角线左边的数值大于 0 可以看出，意味着这些国家存在向更低水平转移的概率，说明这些国家的地位并不是"牢不可破"的，但经济发达国家的地位却是"牢不可破"的，这从 Z_4 维持现状的概率为 1 可以看出。第四，所有的国家都不能实现跨越式发展，这体现为在下一期跳跃一个状态空间转向更高两期状态空间的概率为 0，以处于 Z_1 状态空间的国家为例，其维持现状（Z_1）的概率是 88.89%，转向更高一期（Z_2）水平的概率为 11.11%，而转向更高二期（Z_3）、更高三期（Z_4）的概率都为 0。

为了考察中国与东盟开展实质合作前后经济增长的态势，本书分阶段考察了 1994~2001 年（第一阶段）、2002~2011 年（第二阶段）两个阶段中国与东盟经济增长分布的转换概率矩阵 P（见表 4-16、表 4-17）。

表 4-16　　　　　**1994~2001 年中国与东盟经济增长分布的**
转换概率矩阵（1994 年为期初）

	Z_1	Z_2	Z_3	Z_4
Z_1	0.9444	0.0556	0	0
Z_2	0.0417	0.875	0.0833	0
Z_3	0	0.0909	0.9091	0
Z_4	0	0	0	1

表 4 - 17　　　　　2002 ～ 2011 年中国与东盟经济增长分布的
转换概率矩阵 （2002 年为期初）

	Z_1	Z_2	Z_3	Z_4
Z_1	0.7857	0.2143	0	0
Z_2	0.0323	0.9032	0.0645	0
Z_3	0	0	1	0
Z_4	0	0	0	1

通过对比表 4 - 16 和表 4 - 17 可以看出：第一，中国与东盟开展实质合作前后，各国经济状况趋于维持现状的概率均比较大，而且仍不能实现跨越式发展。第二，中国与东盟开展实质合作之后，经济不发达国家 （Z_1） 在下一期转向更高水平的概率增加，以 Z_1（经济不发达）为例，其在 1994 ～ 2001 年转向 Z_2（经济欠发达）的概率仅为 5.56%，而在 2002 ～ 2011 年，这一概率上升至 21.34%。第三，在 2002 ～ 2011 年，所有国家在 Z_3 和 Z_4 状态下只存在维持现状的概率，而转向更低水平的概率为 0，而在 1994 ～ 2001 年，这些国家在 Z_3 状态下在下一期还存在着转向更低水平的概率。由此可见，中国与东盟展开合作对各国的经济增长是有利的，应进一步加深合作的广度和深度。

（三）中国与东盟未来经济发展趋势预测

为了进一步考察中国与东盟未来经济发展的趋势，本书以 2002 ～ 2011 年的转换概率矩阵作为基础，以 2011 年中国与东盟经济发展的状态空间分布概率 $[K_0(Z_1):K_0(Z_2):K_0(Z_3):K_0(Z_4)]=[0:0.3:0.5:0.2]$ 作为初始状态概率向量，预测了 2012 ～ 2168 年 （到 2168 年即达到稳态） 中国与东盟经济发展在各状态空间的比重 （见表 4 - 18）。从表 4 - 18 可知，随着时间的演进，中国与东盟的经济发展逐年增长，并且表现为不断向更高水平演进的趋势。具体而言，就是处于 Z_1 和 Z_2 状态空间的国家所占的比重逐渐下降，到 2136 年，处于 Z_1 状态空间的国家的比重降为 0，再到 2165 年，处于 Z_2 状态空间的国家的比重也降为 0，而处于 Z_3 和 Z_4 状态空间的国家所占的比重则逐年提高，这说明了经济不发达国家和经济欠发达国家随着时间的推进也逐渐转为经济较发达国家和经济发达国家之列，从而实现中国与东盟经济增长的协调发展。由此可见，中国与东盟各国的经济增长存在协调发展的机制。

表 4 – 18　　2012～2168 年中国与东盟经济发展在各状态空间的比重预测

年份	2012	2013	2014	2015	2016	2017	2018	2019	2020	2030	2040	2050	2060	2070	2080	2090	2100	2110	2120	2130	2140	2150	2160	2162	2164	2166	2168
z_1	0.0097	0.0164	0.0208	0.0237	0.0254	0.0262	0.0264	0.0262	0.0257	0.0165	0.0096	0.0055	0.0032	0.0018	0.0011	0.0006	0.0003	0.0002	0.0001	0.0001	0.0000	0.0000	0.0000	0.0000	0.0000	0.0000	0.0000
z_2	0.2710	0.2468	0.2264	0.2090	0.1938	0.1805	0.1686	0.1580	0.1483	0.0831	0.0477	0.0275	0.0158	0.0091	0.0052	0.0030	0.0017	0.0010	0.0006	0.0003	0.0002	0.0001	0.0001	0.0001	0.0001	0.0000	0.0000
z_3	0.5193	0.5368	0.5527	0.5674	0.5808	0.5933	0.6050	0.6158	0.6260	0.7004	0.7427	0.7670	0.7810	0.7891	0.7937	0.7964	0.7979	0.7988	0.7993	0.7996	0.7998	0.7999	0.7999	0.7999	0.7999	0.7999	0.8000
z_4	0.2000	0.2000	0.2000	0.2000	0.2000	0.2000	0.2000	0.2000	0.2000	0.2000	0.2000	0.2000	0.2000	0.2000	0.2000	0.2000	0.2000	0.2000	0.2000	0.2000	0.2000	0.2000	0.2000	0.2000	0.2000	0.2000	0.2000

第三节 中国—东盟区域经济一体化影响因素考察

一、借鉴典型

借鉴典型的南南型、南北型、北北型区域经济发展成果，考察其影响因素，得出影响区域经济一体化发展的因素有经济发展水平、人口数量、居民人均可支配收入、基础设施完善情况、各国的政治关系、政治制度等，总结起来，有以下四大类：

（一）地理因素

地理因素是影响区域经济合作的基础因素，如欧盟、北美自由贸易区均为地理邻近的地区，地理位置的接近使得区域内贸易的运输成本较小，从而减少贸易双方的沟通和交流成本，目前，中国—东盟区域的交通基础设施还比较滞后，交通运输条件落后，这成为制约中国—东盟区域经济合作的一个主要瓶颈。

（二）经济因素

区域内各国经济发展水平差距较大，如新加坡为新兴工业化国家，经济发展水平高，2012年，新加坡GDP是柬埔寨的29倍，人均GDP是柬埔寨的99倍，区域经济合作的必备条件之一是要求人均国民生产总值水平相近，但中国—东盟的经济水平的差距不利于建立良好的多边合作关系，这为探索经济一体化的途径增加了难度。

（三）政治因素

中国—东盟之间的政治问题成为区域合作的最大障碍，菲律宾与中国的对峙，菲律宾部分民众的反华示威活动，中国与越南的领土争端，貌合神离的外交政治关系，成为制约中国—东盟经济合作的主要政治障碍。

（四）文化因素

中国—东盟区域内各成员国的社会制度不同，每个国家的民族发展史、宗教

159

背景的不一致，每个国家都具有本身独特的文化，文化的差异会加大区域合作的成本，各国经济的互补性与该地区社会制度和意识形态的非一致性相矛盾，限制了各国经济合作的紧密度。

二、中国—东盟区域经济一体化影响因素实证研究

我们运用引力模型对影响区域经济一体化的相关要素进行定量分析，各变量对中国—东盟区域经济合作的影响都是显著的。

（一）模型说明

引力模型最早来自物理学中牛顿的万有引力定律，贸易引力模型在20世纪60年代后越来越多地被广泛用于双边贸易研究，得出的结论是：两国双边贸易规模与经济总量成正比，与两国的距离成反比。贸易引力模型的基本形式为：

$$T_{ij} = A \cdot (Y_i Y_j / D_{ij}) \tag{4-4}$$

式中，T_{ij} 表示国家 i 和国家 j 之间的双边贸易流量（出口量加进口量），Y_i 表示国家 i 的 GDP，D_{ij} 表示国家 i 和国家 j 之间的距离，通常用两国首都或经济重心的距离来表示，A 是比例常数，因为模型是非线性的，在式（4-4）的两边取自然对数成线性形式：

$$LnT_{ij} = \alpha + \beta_1 Ln[Y_i \cdot Y_j] + \beta_2 LnD_{ij} + \varepsilon_{ij} \tag{4-5}$$

式中，α，β_1，β_2 为回归系数，ε_{ij} 为标准随机误差，其他变量与式（4-4）相同。

（二）模型构建

（1）在贸易引力模型中会引入更多的解释变量以提高模型的解释力，但会跟原来的引力模型有所差别，Mdtyds（1997，1998）、Chen & Wall（1999）、Breuss 和 Egger（1999）、Eg-ger（2000）等完善了引力模型的经济计量学规范；Berstrand（1985）、Helpman（1987）、Wei（1996）、Soloaga 和 Win-ters（1999）、Lumao 和 Venables（1999）、Bougheas 等（1999）对原有解释变量进行了精炼并提出了一些新的变量。本书根据南南型、南北型、北北型区域经济合作的相关经验，结合中国—东盟经济区域合作的特点，加上前文的分析可以得出，区域内两国的经济发展水平，各国的需求水平、市场一体化水平、政治因素、文化因素都对中国—东盟区域经济合作具有十分重要的影响。本书建立一个包含上述所有影响的计量经济学模型，定性的分析所有影响因素对中国—东盟区域经济合作的影

响，构建面板数据模型：

$$LnTRADE_{ijt} = \alpha_0 + \alpha_1 LnY_{it} + \alpha_2 LnY_{jt} + \alpha_3 LnGni_{it} + \alpha_4 LnGni_{jt}$$
$$+ \alpha_5 LnD_{ijt} + \alpha_6 Border_{ijt} + \alpha_7 System_{ijt} + \alpha_8 Relation_{ijt} + \varepsilon_{ijt}$$

其中，$TRADE_{ijt}$ 表示出口国 i 与进口国 j 在 t 年的进出口贸易总和，$TRADE_{ijt}$ 越大，表示两国的经贸联系越紧密，区域经济合作越密切。Y_{it} 表示国家 i 在 t 年的国内生产总值，Y_{jt} 表示国家 j 在 t 年的国内生产总值；D_{ijt} 表示出口国与进口国首都之间的距离，虚拟变量 $Border_{ijt}$ 表示出口国与进口国是否相邻，相邻则取 1，否则取 0，虚拟变量 $System_{ijt}$ 表示两国是否是同一种政治制度，是取 1，否则取 0，$Relation_{ijt}$ 表示双边政治的好坏，用贸易双方 1998 年以来高层互相采访的次数来表示，Gni_{it} 表示 i 国在 t 年的人均国民总收入，Gni_{jt} 表示 j 国在 t 年的人均国民总收入。

（2）数据说明。本书选取的国家是中国和东盟十国，数据计算了中国与东盟各个国家的双边贸易总额，数据的时间跨度为 1998 ~ 2012 年，即中国—东盟领导人首次会议举行之后，样本容量为 140，各变量的数据来源见表 4 - 19。

表 4 - 19　　　　　　　　　　数据来源

数据	来源
中国与东盟十国的双边进出口贸易总额	联合国 UNCOMTRADE 数据库
各国历年名义 GDP	世界银行 WDI 数据库
各国历年的人均国民总收入	世界银行 WDI 数据库
中国与东盟十国的相邻情况	世界地图分析
中国与东盟十国首都的距离	采用 Geobytes 的 City Distance Tool 计算得出
外交情况（1998 年以来高层互访次数）	中国外交部网站统计
各国的政治制度情况	根据各国的实际政治制度分析

注：缅甸的 GDP 和人均国民总收入数据存在缺失。

（3）计量检验。在以上分析的基础上，采用 Eviews6.0 软件对 pool 数据进行计量分析，计量的结果如表 4 - 20 所示。在表 4 - 20 中，列出了 4 个方程，在 4 个方程中，方程 1 考察各国的 GDP 对双方贸易的影响，在此基础上，逐步引入虚拟变量 border 和 system。

表 4 – 20　　　　　　　　　　　模型结果

	因变量 Ln（TRADE）			
	方程 1	方程 2	方程 3	方程 4
截距（C）	– 13. 23 （0. 0）	14. 23 （0. 12）	13. 81193 （0. 12）	10. 98 （0. 22）
LnY_{it}	0. 59 （0. 0）	– 3. 018 （0. 04）	– 3. 067 （0. 03）	– 3. 04 （0. 03）
LnY_{jt}	1. 19 （0. 0）	1. 26 （0. 00）	1. 275 （0. 00）	1. 28 （0. 00）
LnD_{ijt}		– 0. 28 （0. 61）	– 0. 27 （0. 23）	0. 01 （0. 9）
$Relation_{ijt}$		0. 027 （0. 12）	0. 03 （0. 11）	0. 03 （0. 07）
$LnGni_{it}$		3. 736 （0. 02）	3. 71 （0. 02）	3. 64 （0. 018）
$LnGni_{jt}$		– 0. 12 （0. 37）	0. 03 （0. 9）	0. 04 （0. 17）
Border			0. 56 （0. 00）	0. 6 （0. 0）
System				0. 35 （0. 0）
调整 R^2	0. 87	0. 89	0. 92	0. 94

方程采用可行的广义最小二乘法（GLS）估计（Cross – Section Weights），括号内表示显著水平。从以上三个方程的运行结果可知，在 1% 的置信水平下，距离、政治体制和是否相邻是显著的，在 5% 的置信水平下，除了各国首都的距离之外，各变量均是显著的，方程的调整 R^2 也比较高，方程 3 达到 0. 92，各国距离不显著的原因，可以从原数据看到，虽然中国与新加坡相距较远，但双方贸易额比较高，而中国与老挝距离比较近，但是相对于新加坡的贸易额，中国与老挝的贸易额是比较低的，因此，距离因素不显著可以解释为贸易额的主要影响因素不是距离，虽然距离会影响成本，但存在其他更影响贸易额的因素，所以可以得出，距离会影响贸易往来，但不是制约中国—东盟自由贸易区发展的主要因素，因此，我们剔除距离的方程 4 作为最终的拟合方程，结合方程 1 到方程 4，可以

得出以下几点：

第一，双方国的经济发展水平对中国—东盟双边贸易额具有明显的促进作用，中国于 2010 年加入已经成立多年的贸易区，其本身的经济发展水平决定了中国能否与东盟良好合作，中国的 GDP 每增加 1%，中国与东盟其他国家的双方贸易量增加 0.59%，东盟其他国家的 GDP 每增加 1%，双边贸易量增加 1.19%，说明经济发展水平是制约中国—东盟发展的最基本最主要的因素。

第二，外交关系同样影响双方国家贸易总量，一般来说，外交关系比较好的两个国家，双方的贸易额也会相对比较高，从一定的程度上可以促进双边贸易额，中国—东盟自由贸易区存在的领土争端比较多，部分国家关系比较紧张，只有贸易区内各国的关系友好，才能实现多方共赢，在以后的发展过程中，应该要警惕外交对贸易的影响。

第三，人均国民总收入是指国民总收入除以年均人口，与人均国民生产总值（GNP）相等，与人均 GDP 接近，这个指标包含了人口因素的影响，反映了人民富裕的程度，而人民富裕与否，也同时反映了该国市场容量的大小，可以看到，中国的人均国民收入增加 1%，双边的贸易总额增加 3.64%，东盟国家的人均国民收入增加 1%，双边的贸易总额增加 0.03%，因此，在保证 GDP 总量的同时，也要提高人均水平。

第四，两国是否邻近对双边的贸易往来有重要的影响，邻近的国家，贸易往来比较频繁，像中国与越南、缅甸，双方的文化差异也相对较小，因此，友好的睦邻关系，有利于两国的发展，更深程度促进贸易区合作。

第五，政治制度对中国—东盟双边贸易具有非常强烈的促进作用，相同的政治体制会减少贸易双方的政治协商成本和交流成本，可以大幅度促进双边贸易额。

（4）在此基础上，对以上的影响因素进行因子分析，以得出影响中国—东盟区域经济合作的主要影响因素。对以上各影响因素进行因子分析，得到的 KMO 测度为 0.617，Sig < 0.01，适合做因子分析（见表 4-21）。

表 4-21 　　　　　　　　　KMO 和 Bartlett 的检验

取样足够度的 Kaiser - Meyer - Olkin 度量		0.617
Bartlett 的球形度检验	近似卡方	1 202.719
	df	28
	Sig	0.000

第一，采用主成分分析法进行因子分析，方差解释表显示前两个个公因子解

释的累计方差已经达到70.5%，故这2个公因子已经能够很好地解释原有变量包含的信息，分别记为 F_1 和 F_2，F_1 代表两国的距离，是否相邻，是否同属于一种政治体制，命名为非经济因素，F_2 代表其他国家的GDP、其他国家的人均国民总收入，中国的GDP，中国的人均国民收入总水平、两国的关系，命名为经济因素。综合得分 $=0.4F_1+0.3F_2$。见表4－22。

表4－22 解释的总方差

成分	初始特征值			提取平方和载入			旋转平方和载入		
	合计	方差（%）	累积（%）	合计	方差（%）	累积（%）	合计	方差（%）	累积（%）
1	3.220	40.251	40.251	3.220	40.251	40.251	2.862	35.781	35.781
2	2.424	30.297	70.548	2.424	30.297	70.548	2.781	34.767	70.548
3	0.938	11.730	82.278						
4	0.522	6.529	88.807						
5	0.459	5.742	94.549						
6	0.312	3.902	98.451						
7	0.123	1.534	99.985						
8	0.001	0.015	100.000						

注：提取方法为主成分分析。

第二，计算因子得分和综合得分排名，最后的因子得分和综合得分情况如表4－23所示（以2009年的截面数据为例，缅甸的数据缺失）。

表4－23 计算因子得分和综合得分情况

国家	F1	排名	F2	排名	F	排名
文莱	0.68096	3	0.39868	7	0.391988	4
柬埔寨	-0.71918	7	0.24357	9	-0.2146	7
印度尼西亚	1.19235	1	1.22545	1	0.844575	1
老挝	-1.60265	8	1.071	3	-0.31976	8
马来西亚	0.65594	4	1.11704	2	0.597488	2
缅甸						
菲律宾	0.00273	6	0.98382	4	0.296238	6
新加坡	1.11568	2	0.39372	8	0.564388	3
泰国	0.26598	5	0.73784	6	0.327744	5
越南	-1.66198	9	0.77581	5	-0.43205	9

从表 4 - 23 可以得出以下结论：在第一个因子 F1 中，印度尼西亚、新加坡、文莱排名前三，说明这三个国家/地区与中国的双边贸易更多依赖于非经济因素，在第二个因子 F2 中，印度尼西亚，马来西亚，老挝排名前三，说明与中国的双边贸易额归功于经济因素。印度尼西亚的综合得分最高，数据显示，中国与印度尼西亚的贸易往来比较大，因此，要扩大两国或多边贸易额，要在经济与非经济因素多方合作，以加速中国—东盟区域经济一体化进程。

第四节 中国—东盟区域经济一体化的约束条件分析

自中国—东盟自由贸易区（CAFTA）成立以来，双方积极合作，经贸合作也进入到全面推进的实质性阶段，但在区域经济一体化的进程中，中国与东盟客观或主观上仍存在一些约束条件，必须加以重视和研究。为此，本节将从国家层面对中国—东盟区域经济一体化的约束条件进行分析。

一、经济发展下的约束条件

中国—东盟的合作是一个国家与一个区域性经济组织的合作，以经济组织形态存在的东盟，其内部结构的稳定与否直接影响了中国—东盟区域经济一体化的成败。东盟本身尚在成形阶段，还存在各种困难和矛盾，这首先对区域经济一体化形成了约束。

（一）中国—东盟自由贸易区内各国贫富差异悬殊

以人均国民生产总值为标准进行划分，东盟十国可划分为四个层次。新加坡和文莱两个小国处于最高层次。2014 年，新加坡、文莱人均国民生产总值分别为 56 286 美元和 36 606 美元。位于第二层次的是马来西亚和泰国，2014 年两国的人均国民生产总值分别为 10 829 美元和 5 560 美元。印度尼西亚和菲律宾属于第三层次，2014 年两国人均国民生产总值分别为 3 514 美元和 2 843 美元。缅甸、老挝、越南和柬埔寨是现今东南亚地区最落后的国家，四国的经济发展水平基本处于同一层次，位于第四层次。2014 年缅甸的人均国民生产总值为 1 121 美元，老挝为 1 692 美元，越南为 2 052 美元，柬埔寨为 1 135 美元。中国 2014 年的人均 GDP 为 7 590 美元，属于东盟国家的第二层次，略高于泰国水平。东盟十国中人均国民生产总值最高的新加坡是最低的缅甸的 46 倍。差距虽相较之前有所缩小，但是仍然悬殊。

首先，东盟十国中落后国家的比例较大，单单依靠新加坡和文莱两个富裕小国拉动东盟经济发展，未免动力不足。我国在与东盟各国交流时，不仅要顾及整个东盟的利益，同时针对不同国家的国情调整与其相处的最佳状态，这样一来，运作成本必然会提高，在一定程度上制约了区域经济一体化的进程。

其次，由于经济水平的差异，各国的合作目标和承受能力有所不同。这将难以协调成员国间的经济政策。经济水平比较低的国家在自由竞争中往往处于不利地位，失去了民族利益保护政策，其只能充当原料供应地和产品经销地，如果其一旦制定相应的保护政策，较发达国家也不会轻易让它们无条件享受贸易上的优惠政策。同时，经济水平较低的国家的廉价劳动力资源会给经济发展水平较高的国家带来就业上的冲击。一旦经济一体化的进程被人为加快，会导致增长极更快的出现，进一步拉大成员国之间的差距。此外，发展水平较高的国家，贸易自由化的进程自然较快，经济发展水平较低的国家对过快的自由化带来的影响又难以承受，特别是实行进口代替战略的中等收入国家，如马来西亚。

最后，区域经济水平存在的差异客观上加剧了区域的经济竞争，进而一定程度上误导区域经济主体的行为。区域经济一体化中，短期行为和地方保护主义现象增加，是因为区域的经济主体把竞争和利己视为经济行为的准则。区域内经济发展不协调，会引起经济发展的波动，不利于经济的持续发展。

（二）区域内市场容量小且对外部市场依赖性大

区域经济一体化以消除地区间贸易壁垒，加强贸易往来，便于要素流动为目的。成员可通过市场规模的扩大达到规模经济，以实现生产水平的提高。这便要求区域内的市场容量达到一定程度。区域的经济规模和国民收入决定了其的市场容量，经济规模越大国民收入越高，市场容量就越大。可目前来看，中国和东盟大多数国家的市场容量有限，中国国民收入虽高，但人均国民收入低，新加坡虽然经济发达但是人口少，经济规模有限，越南等国家国民收入低。市场容量的不足使得进口产品会对进口国国内的产业造成冲击，中国—东盟区内的国家更愿意分享产品，并不乐意与其他成员国一起分享自己的国内市场，这样的想法易导致贸易保护主义的出现。因为受到市场容量小的限制，中国的主要贸易伙伴并非东盟各国，而是日本、美国和欧盟，与各国的经济联系并不密切。

我国对中国—东盟区域外市场有着比较强的依赖性。对外部市场过于依赖会削弱区域合作的凝聚力和向心力，不利于实现合作高度战略的地位。东盟可利用与中国经济一体化的合作作为与日本、韩国、美国等大国在进行贸易时的筹码，抬高其身价。我国可把经济一体化的合作作为增强与周边国家关系和提升区域影响力的策略。这都会影响中国—东盟经济一体化的进程。

（三）中国—东盟各国经济结构上存在竞争

中国和东盟各国同为发展中国家，都拥有廉价的自然资源和劳动力资源，在竞争格局上有较大的共同性。由于区域特点和经济发展模式，双方的出口均以劳动密型产品为主，技术含量不高，产业阶层和总体发展水平相似，处于同一国际分工阶层中。20世纪60～90年代初，发达国家的制造业逐渐成熟，开始向外转移，东亚的不发达国家成为了制造业外移的目的地。作为中间环节的"亚洲四小龙"，承接工业发达国家向外转移的产业并将自身竞争力不强的产业转移给中国大陆或是东盟国家。之后中国和东盟国家的制造业不断进步，成为了全球低档制成品的重要生产基地。90年代后，中国和东盟的电子、家电、机电产品的出口逐渐增加，制造业的结构不断调整和升级，但是在短期内双方的增长模式不可能进行太大改变。

中国与东盟都注重发展外向型经济，出口的主要市场以及资本和技术的供应者均以西方工业国家和日本为主。双方近年来贸易额增长迅速，但与对美、日的贸易相比总规模仍偏小，且并非彼此市场主要的投资者。国际市场和区域分工中的竞争性大于互补性，成为制约中国—东盟自由贸易区一体化深化的重要问题。

（四）中国经济发展战略转型下与东盟合作重心的转移

过去10年，中国经济发展的主要动力是通过廉价劳动力、资源与能源的高消耗带动进出口，从而推动经济增长，因此中国与东盟的合作重心在于货物贸易，即中国从东盟大量进口资源、能源、零部件及半成品，利用中国廉价劳动力进行加工再出口。然而随着中国劳动力成本的快速上升，中国人口红利的消失，中国经济发展战略从外需拉动转向内需驱动，从投资依赖转向消费带动，中国与东盟的合作重心必然从货物贸易转移为服务贸易与相互投资。这对中国是一个不小的挑战，因为目前中国—东盟的合作仍然主要集中在货物贸易上，要改变这种现状，转而发展服务贸易以及对东盟进行大规模的直接投资，对中国而言仍然有较长的路要走。

二、政治文化下的约束条件

（一）中国与东盟地区异质文化的影响

不同渊源的文化也称为异质文化，包括了不同的信仰、价值观和习俗等。当

167

今世界上存在多种文化，不同文化在相互交流时，由于差异性必然产生摩擦，甚至是文化冲突。在中国—东盟经济一体化进程中，异质文化带来的制约值得重视。

东南亚地区被认为是当今世界上民族、文化和宗教最复杂的地区之一。在古代，东南亚地区是中国和印度两大古老文明的交汇处，近代其又成为东西方文明的结合之地，多种文化在此交汇，伊斯兰教、天主教、佛教等多种宗教也得到了表现。与此同时，多样化的民族和多元化的宗教存在不少矛盾和冲突，意识形态的差异也会给经济一体化的合作造成不便与阻碍。

中国—东盟是多元文化和多种民族共存的区域。儒家传统文化起源于中国，对中国的影响十分深远。而东盟地区的文化是中国传统儒家文化、印度文明、伊斯兰文明、西方文明和本土文化相互交流融合的结果。几大文明对不同地区的影响力也不同，如在印度支那半岛上，印度文明佛教的影响最大；伊斯兰文化却对海洋岛国的影响更大；中华文化虽然对东南亚地区有着十分深远的影响，但是影响也是因地而异的。多种多样的东南亚文化，却也有着许多相似之处，如重视教育，尊重权威，社会和谐，由大家族而生的集团主义。文化在对民众的心理和行为产生影响的同时，也促生了具有东南亚特色的政治文化。同时，东盟各国的民族呈现多样性，每一个国家都是由多个民族组成的，这种多样性即使是人口只有40万的小国文莱也是一样。中国是一个拥有 56 个民族的多民族国家。各民族在宗教、语言、历史传统和生活习惯等方面存在着差异，文化在交汇时也会产生各种摩擦，第二次世界大战结束后，民族文化的冲突一直是中国和东南亚地区一个敏感而又棘手的问题，处理时稍有不慎就极易造成政局动荡甚至影响到国与国之间的关系。宗教问题和民族问题是相互联系不可分割的，宗教对于民族国家产生的影响是巨大的。一个国家出现民族冲突时，宗教因素往往掺杂其中。宗教差异对于中国—东盟区域经济一体化的影响主要在于对东盟区内国家的影响，宗教对东南亚国家之间关系的影响越来越重要，甚至会成为局势紧张和发生冲突的重要根源（见表 4 - 24）。

表 4 - 24　　　　　中国—东盟各国的语言民族与宗教信仰情况

国家	语言	主要民族构成	宗教信仰构成
中国	现代汉语的共同语言为普通话。汉族和回族使用汉语，其他 54 个民族均有本民族语言	共有 56 个民族，除汉族之外，其他 55 个民族为少数民族	宪法规定公民享有宗教信仰自由，国民信仰的宗教有佛教、道教、伊斯兰教、基督教、天主教

国家	语言	主要民族构成	宗教信仰构成
文莱	国语马来语，广泛使用英语，华人使用华语	主要民族20个；马来人口占64.6%；华人人口约占总人口10.7%	伊斯兰教为国教，大部分国民信奉伊斯兰教，少数信奉佛教、基督教等
柬埔寨	通用语高棉语	20多个民族。高棉族占总人口85%。人口较多的还有华人、占族、卜农族、老族、泰族、马来族、斯丁族、越族	小乘佛教为国教，高棉族人大多数信奉小乘佛教，占族大多数信奉伊斯兰教
印度尼西亚	官方语言是印度尼西亚语，通用英语。各族语言有200多种	100多个民族，爪哇族占总人口47%，巽他族占总人口14%，马都拉族和马来族占7%	87%信奉伊斯兰教；6.1%信奉基督教新教；3.6%信奉天主教；2%信奉印度教；1%信奉佛教
老挝	官方语言是老挝语，部分国民使用泰语和华语	大民族老挝民族，包括49个民族	国教为佛教，佛教徒约占70%
马来西亚	国语为马来语，通用英语，华语也广泛使用	有30多个民族。马来人、华人、印度人分别占总人口的68.3%、23.8%、7.1%	伊斯兰教为国教，信奉的宗教主要还有佛教、印度教和基督教
缅甸	国语为缅甸语，城市常用英语	有135个民族。缅族约占全国人口69%，掸族8.5%、若开族4.5%	90%的国民信奉小乘佛教，3.7%的国民信奉伊斯兰教，5%信奉基督教，泛灵论1.21%，印度教0.5%
菲律宾	75种语言。通用语是以他加禄语为基础的菲律宾语，官方语言是英语	80多个民族，马来族约占全国人口85%，还有华人、印度尼西亚人、阿拉伯人和少数原住民	84%的人信奉天主教；4.9%信奉伊斯兰教，少数人信奉独立教和基督教新教
新加坡	国语是马来语。官方语言是英语、华语、马来语和泰米尔语	国民中75.2%为华人，13.6%是马来人，8.8%是印度人	佛教徒、道教徒53.8%、穆斯林14.9%、无信仰者14.5%、基督徒12.9%、印度教徒3.3%

国家	语言	主要民族构成	宗教信仰构成
泰国	国语为泰语	30多个民族。泰族52%、老龙族、马来族和高棉族分别占总人口35%、3.5%和2%	佛教为国教,信奉佛教的国民有90%以上,少数信奉伊斯兰教、基督教新教、天主教和印度教
越南	通用语越南语	54个民族。京族占总人口87%,还有岱依族、傣族、华族、高棉族、芒族和侬族	部分人信奉佛教、天主教、和好教、高台教等

资料来源:2015年中国—东盟统计年鉴整理而得。

　　东南亚国家的宗教界长期以来基本相安无事,但近年东南亚地区伊斯兰教势力日益壮大,引起其他宗教的警惕和不安。另外,受到1997年亚洲金融危机影响,东南亚各国经济衰退,社会动荡不安,一些极端主义思想抬头,东南亚穆斯林社会逐渐发生变化,出现大量的激进甚至是恐怖组织,阴谋策划民族宗教冲突,蓄意破坏东南亚国家之间的关系。一旦发生宗教冲突,必将波及中国、东盟国家的关系,进而影响区域经济一体化的进程。宗教的多样性,直接或间接也会影响到区域之间的认同。例如,在反恐问题上,态度最积极的是非伊斯兰教的国家新加坡和菲律宾。在东南亚伊斯兰国家中,政府反恐的态度需要考虑到民众的情绪。无论是中国还是东盟各国,只有谨慎地处理敏感的宗教问题,才能促成各国的认同,才能保证中国—东盟区域经济一体化的顺利进行。

(二) 中国与东盟地区政治因素的影响

　　东盟由不同社会制度的国家组成,中国作为社会主义国家与大多数东盟国家的社会制度不同,在实现经济一体化的过程当中,必然会遭遇不少摩擦。社会制度相同的国家,政体却不一定相同。马来西亚与泰国为君主立宪制,印度尼西亚、新加坡和菲律宾则实行的是共和制,而文莱则采用君主制。一方面东盟内有的国家还存在军人干政的危险,如泰国;另一方面,权力结构由集权强权型向民主分散型过渡时,之前的分歧和矛盾显现出来,这都是影响中国—东盟发展的不稳定的政治因素。

　　边界争端、领土纠纷等可以引起政治冲突的隐患几乎存在于所有中国—东盟的成员国之间。东盟国家内部就存在不少的政治争议,如印度尼西亚与马来西亚之间关于巴旦岛、利吉丹岛主权的争议,新加坡与印度尼西亚之间的边界争执,菲律宾与印度尼西亚在苏拉威西岛和棉兰老岛之间的领海划定问题，马来西亚与新加坡、泰国之间的边界划分以及文莱和马来西亚的主权纠葛等，上述的问题经过调解多数进行了"冷处理"，但是并未真正解决。[①] 这些问题随时有可能被挑起，引发国家间的冲突，导致国家关系恶化，对中国—东盟经济一体化进程产生消极影响。

中国与东盟国家的合作不可避免的是南海问题，在南海问题上中国与东盟国家都存在不小的争议。南海主权归属于中国，但一些东南亚国家声称对南海拥有部分主权，并在南海进行油气的勘探活动。中国虽然与东盟签署了《南海各方行为宣言》，采取"主权归我，搁置争议，共同开发"的原则，但中国与东盟国家关于南海的纷争阻碍了中国东盟经济一体化的发展是确实存在的。例如，中国—东盟互联互通是推进中国和东盟加强区域合作的重要举措，促进中国和东盟经济相互依赖和区域经济一体化的重要条件，为中国的和平发展提供稳定的周边环境，而海上互联互通又是其中一项非常重要的内容，中国与东盟国家的"海上合作"是未来双方合作的一篇大文章。但由于与个别东盟国家之间的"南海争端"，使得这一切变得前途未卜，一方面是在南海中国与越南的岛屿争端冲突会波及已划界中国东盟海上合作项目，另一方面是未来中国南海防空识别区的划定，所引发的与越南、菲律宾的冲突也会危及中国东盟海上合作项目。

另外，在中国、美国与日本三方所进行的大国博弈的背景下，东盟国家普遍采取了"大国间平衡"的务实外交策略，通过"三方骑墙"，以收获最大化的"渔翁之利"。东盟国家的"策略骑墙"，将直接提高中国未来对东盟作为的门槛成本。

此外，台湾是我国不可分割的一部分，一些东盟国家受到经济利益的驱使，在对台政策上摇摆不定，上升与台湾的交往层次，与台湾发展"有限度"的实质关系，这必然不利于中国与各国友善合作的态度发展关系。南海问题与台湾问题若处理不当，对中国—东盟经济一体化将会产生致命的影响。

三、外部制约因素

在经济一体化的进程中，中国—东盟还受到欧美和东亚的经济组织或大国的制约。美、日等国家出于自身利益的考虑，不会让中国—东盟的政治影响和经济实力过快增强。而中国—东盟各国还是发展中国家，在发展期也需要西方国家的先进技术和资金，还需要借助大国的军事力量平衡地区实力，在短期内也无法摆

[①] 方柏华：《析东盟一体化的制约因素》，《中共浙江省委党校学报》，1994 年第 2 期，第 39 页。

脱西方大国的制约。

首先，为减少中国—东盟经济一体化在世界贸易领域中对西方经济大国可能产生的影响，欧共体和北美自由贸易区采取贸易保护政策，排斥中国与东盟产品的流入，削减对中国—东盟先进设备及技术的输出。

其次，美国将维持对东盟的长期影响视为其亚太战略的基本点，一是可以确保对太平洋和印度洋海上通道的控制；二是支持东盟的资本主义国家，巩固资本主义体系发展；三是便于获得东南亚地区和中国的丰富资源；四是在经济上控制日本和东盟国家。中国和东盟各国都以美国为主要出口国，美国出于经济和安全的考虑，不愿意在东亚地区出现一个政治、经济和安全等方面一体化程度较高的地区性集团。美国希望借助 TPP 重返亚洲舞台，制约中国，插手亚洲一体化进程，扩大亚太市场，分享亚太地区经济成果，间接分化中国—东盟区域经济一体化。TPP 的推进将会影响中国—东盟区域经济一体化。首先，TPP 会冲击中国与东盟国家的自由贸易协定。美国为了扩大以自身为中心的亚太贸易体系，必定会努力吸引东南亚国家加入。现在已有新加坡等 4 个东盟成员参与了"TPP 轨道"合作，东盟国家加入到 TPP 的谈判中，必然会减少与中国的经济联系，资金与贸易流也会发生改变，因为 TPP 实施的是全部商品零关税，是比现有 CAFTA 及未来 CAFTA 升级版更高水平的开放，将会导致参与 TTP 的东盟国家对美国贸易的大幅增加，从而减少对中国的贸易额。另外，贸易区内的谈判标准也会提高，不利于在中国与东盟各国间的自由贸易协定。其次，降低了东盟国家参与中国—东盟经济一体化的动力。东盟国家加入 TPP 后，生产基地将会进行整合，TPP 中的东盟谈判成员国新加坡、马来西亚、文莱、越南将会成为核心，其他尚未加入的东盟国家和中国，参与经济一体化的动力就会大大减弱。

最后，日本从自身利益的角度，十分不愿意看到中国—东盟成为一个经济高度一体化的集团。日本作为资源小国，大多数资源依靠进口，中国和东盟国家拥有大量日本需要的资源。一旦中国—东盟实现经济一体化，成员国之间的经济合作加强，区内采取联合行动，会最大限度地使用区内的自然资源，出口量减少，日本相当于被掐住了进口的咽喉。东盟各国是日本工业品的重要市场，一体化后成员国实施一系列的"整体联营"的工业合作计划，互通有无调剂余缺，生产出原先由单个国家无法生产的产品，对于日本工业产品的需求量自然减少。日本作为中国和东盟各国的主要贸易伙伴，每年进出口中国和东盟的贸易额十分可观，一旦实现中国—东盟经济一体化，贸易额必然受到影响。同时，随着日本与中国在围绕钓鱼岛等领土上的争端日益升级以及日本右翼政治势力的崛起，日本试图通过转移在中国本土的产业，以摆脱或减轻其经济发展对中国的战略依赖意图日趋明显与坚定，由于历史传统等原因，日本产业或产品在东南亚国家具有较为夯

172

实的基础，加上东盟国家中的菲律宾、越南等国也与中国存在领土争端，因此，日本加快了将其在中国本土的产业转移到东南亚国家的步伐，不仅希望中国东盟无法成为一个高度一体化的经济体，而且希望通过对东盟进行产业转移来联合东盟以形成孤立中国的"产业围堵链"。结果，一方面将造成我国企业与日本企业在东盟市场的竞争争夺加剧，另一方面日本政府对东盟国家的援助会稀释我国为改善中国—东盟关系所作努力的效果。而这些都将会是推进中国—东盟更富有成效的合作过程中不得不面对和考量的问题。

四、利益协调

区域经济集团各成员国的经济结构和经贸关系的互补性和竞争性，很大程度上决定了区域经济集团的福利效应。竞争性越大，区内的经济福利水平越低；反之，互补性越高，福利水平也越高。中国与东盟国家作为发展中国家，经济结构相似程度大，在经济发展优势互补上并不明显，中国—东盟成员经济结构较高的相似性和竞争性导致福利水平下降。

中国与东盟国家在出口产品种类和市场结构上相似性很高，并且相似性还在不断快速提高。随着双方结构趋同态势越来越显著，在未来相当长的时间内中国和东盟将会遭遇彼此越来越激烈的竞争。在要素禀赋、产业结构和层次、出口市场、生产传统、市场辐射范围上，双方都有较多相似。中国和东盟各国是世界上重要的中低端制成品生产基地，出口都是以资源密集型和劳动密集型产品为主要方向，造成出口结构相似。在国际竞争和分工中，双方肯定会因为互补性差造成激烈竞争的局面。

相似的出口结构使得中国和东盟的出口贸易几乎是一种面对面的直接竞争。首先受到影响的是中国与东盟国家的双边贸易。例如，中国在东盟市场上比较具有优势的产品是机电、电器、音像设备、核反应堆、锅炉、机械器具，其份额占了印度尼西亚、马来西亚、新加坡和泰国5国从中国进口总额的50%以上，这些产品进入东盟国家必然会对相同产业形成冲击。中国与东盟国家在贸易出口产品和市场上有着明显的重合性，双方在国家市场必然会有不可避免的竞争，使得集团的福利水平和发展空间受到了限制，不利于中国—东盟经济一体化的实现。其次，中国—东盟更大的竞争是在国际市场上。美国、日本、欧盟分别是中国和东盟国家的主要对外贸易市场，中国和东盟在纺织品和服装、皮革制品、机电设备等产业上存在明显的竞争关系，特别是纺织品和服装方面。在美国市场上，双方的纺织品、服装竞争较大。从20世纪70年代开始，双方在对美国出口服装的相似性系数不断提高，竞争越来越激烈，同样的情况也发生在日本和欧盟市场上。

173

出口日本的产品主要是机电设备。国际市场上的激烈竞争，不利于中国—东盟进一步分工，也减少了区域集团的福利效应，从而影响经济一体化的发展。

五、核心领导选择

在中国—东盟发展进程出现问题时，需要一个有力的核心领导进行决策协调。无论是选择中国承担这个领导核心的重任，还是东盟组织或是东盟区内的核心国家成为带领中国—东盟区域一体化的主导，都必然会对一体化的进程产生影响。

中国作为世界上最大的发展中国家，积极参与国际事务，国际影响力日益增强。但中国是否能成为区域一体化中的主导？首先，中国外交奉行"绝不当头，有所作为"的战略，中国自身也不愿意成为中国—东盟区域一体化进程中的核心领导力。其次，受到"中国威胁论"的影响，中国也不适宜成为核心领导。"中国威胁论"始于欧洲，近年来随着我国综合国力不断增强，引发"中国威胁论"的高潮。随着中国经济规模不断扩大，外资的有效注入和大量轻工业及农产品进入东盟市场，对东盟市场形成一定的竞争压力，加上美国、日本等国际外来势力的煽动，更加重了东盟国家对"中国威胁论"的认可。东盟作为区域性经济组织，是整个中国—东盟区内经济、政治稳定的关键。可是由于国家利益、民族特点和历史等原因，东盟到目前为止都没有形成一个超国家的决策机构。在现行的组织架构中，只有政府首脑会议、外长会议、经济部长会议和其他部长会议起着决策性作用。一旦中国—东盟经济一体化出现问题，东盟内部缺乏核心领导机制的联动，应急效率低下，内部矛盾和争议源源不断，将进一步扩大一体化进程中的问题和矛盾。且部分东盟成员国擅自与其他国家签订双边贸易协议，都会损害东盟整体的经济利益，从而影响中国—东盟的经济发展。

第五章

世界主要区域经济一体化考察及经验借鉴

在区域经济合作组织如雨后春笋般涌现的时候，中国与东盟也积极参与到区域合作组织当中。中国方面，除东盟之外与中国已签订自贸协议的国家（或区域组织）有巴基斯坦、智利、新西兰、新加坡、秘鲁、哥斯达黎加、冰岛、瑞士、澳大利亚、韩国以及亚太贸易协定，还有正在谈判的中国—海合会、中日韩、中国—斯里兰卡、中国—挪威以及RCEP；除此之外，还有一些是正在研究的自贸区，如中国—印度、中国—哥伦比亚。东盟方面，除中国之外东盟已签订的自贸协议有东盟—日本、东盟—韩国、东盟—印度、东盟—澳大利亚—新西兰以及正在谈判的RCEP。由此可见，区域经济一体化已成为世界发展的主流趋势。

第一节 南南型区域经济一体化考察

南南合作，即发展中国家之间经济技术的相互合作（因为多数的发展中国家集中分布于南半球以及北半球的南部）。南南合作对于发展国际多边合作的促进作用是不容忽视的，是发展中国家进入世界经济发展这个大体系的一种重要手段，同时也是发展中国家促进本国经济发展的有效途径。南南合作的最终目的在于提高发展中国家相互传播和分享知识经验的能力，关键内容为促进发展中国家之间的经济和技术合作，同时重视多领域之间的相互交流、共同合作，例如，企业的发展和教育事业的发展之间的联系，环境资源和社会公共基础设施建设之间的关系等。

一、西非经济共同体

西非国家经济共同体简称西共体，是非洲最大的区域性经济合作组织。1975年5月28日，《西非国家经济共同体条约》的签订标志着西非经济共同体正式成立。西共体有15个成员国，分别是利比里亚、科特迪瓦（2010年12月中止其成员国资格）、多哥、尼日利亚、几内亚（2009年1月暂停其成员资格）、佛得角、塞内加尔几内亚比绍、加纳、布基纳法索、马里、尼日尔、贝宁、塞拉利昂和冈比亚。西非国家经济共同体的宗旨是促进其成员国社会、经济和文化等方面的发展与合作，实现西非地区经济一体化是它的最终目标。从成员国个体情况来看，其大部分成员国的自然条件都不是很好。有的国土面积狭小，例如，佛得角（4 000平方公里）和冈比亚（11 300平方公里）；有的处于内陆地区，如马里，难以与外界联系。

（一）发展历程

1. 第一阶段：20世纪60年代初至1975年，西非国家经济共同体艰难的创建历程

20世纪60年代初，西非大多数国家不断获得独立。独立后，各国面临的任务主要有：迅速发展本国经济、尽快提高人民的生活水平。单个西非国家力量的薄弱，以及各国对失去自主发展的担心，使得区域性合作组织和一体化组织成为西非各国发展政治经济的必然选择。在20世纪60年代，限制西非各国合作的主要障碍是当时的殖民传统难以被打破，相应地，西非各国也难以建立跨越法语与英语的有效经济合作组织。到了20世纪70年代初，西非各国的合作形势开始出现转机，同时西非各国合作热情再次高涨，这就为西非国家经济共同体的建立奠定了良好的基础。

2. 第二阶段：1975年至21世纪初，西非国家经济共同体快速发展

西非国家经济共同体自1975年成立以来，坚持贯彻促进其成员国社会、经济和文化等方面的发展与合作的宗旨。在基础设施建设、市场和生产一体化、文化和社会事物、区域和平与安全、环境保护和自然资源开发等方面，制定了一系列的政策和措施，确立了各阶段和各领域的发展目标，为整合该区域的经济发展、提高人民的生活水平不懈努力，一体化进程取得了快速发展。

（二）一体化程度

1. 关税同盟

西共体在 2003 年 12 月首脑会议上号召成员国加快自身发展，2008 年建立西共体关税同盟，并宣布将启动冈比亚等 5 个国家组成的第二货币区。2009 年 6 月，西共体修订了西非单一货币实施路线图，并计划于 2020 年开始实行单一货币。

2. 自由贸易区

1981 年，西共体开始启动自由贸易区计划，决定免除区域内传统手工艺品和原产地非加工产品关税。1981 年 5 月 28 日，各成员国开始取消区域贸易非关税壁垒。但自由贸易区的进程并未与其那样迅速，直到 2000 年 3 月西共体才审议并通过了自由贸易区提案。2000 年 4 月 15 日开始，决定彻底的废除经审批合格的区域内农产品、原产地工业产品和工艺品的关税。

3. 补偿机制

取消关税一方面增加了各成员国之间的贸易量，但另一方面也使各成员国遭受了财政上的损失。所以，海关税收损失补偿机制便应运而生。当时规定，补偿期限从 2004～2007 年一共是 4 年，2004～2007 年分别补偿 100%、80%、60%、30% 的海关税收损失；从 2008 年起不再获得任何海关税收损失的补偿。

4. 统一护照和旅游证制度

西共体从 2004 年 1 月起开始实行统一护照，各成员国之间人员的自由流动得以完全实现，西非地区由此成为非洲大陆公民可自由流动的唯一地区。

在保留西共体护照的同时，西共体还决定采用旅游证制度。目前，在塞拉里昂、尼日利亚、布基纳法索、几内亚、冈比亚、加纳和尼日尔实行经验的基础上，其他成员国也开始使用旅游证。

5. 交通工具投保制度

西共体中已实施交通工具投保制度的国家有贝宁、科特迪瓦、加纳、尼日利亚、几内亚比绍、马里、尼日尔、多哥、塞内加尔、塞拉利昂、几内亚和布基纳法索。但西共体需要协调该地区内现有两种投保体系，即西共体保险通行证制度和 Cima 法（即非洲间保险市场会议法）。

6. 西共体交易会

为鼓励和支持更多的私营企业参与到一体化进程当中来，并充分吸引外资，1992 年 12 月 5 日，西共体秘书处决定每隔 4 年选择一个成员国作为西共体交易会举办国。2003 年秘书处决定，将交易会改成每 2 年举办一次。

7. 区域贫困

西非地区是贫困人口持续增加的地区，并依然是全球最贫困的地区之一。在国际货币组织和世界银行的共同推动下，非洲"减贫计划"设立。非洲"减贫计划"虽然能够带动经济一定程度的增长，但却不能从根本上解决该地区的贫困问题。

（三）一体化特点

1. 货币一体化特点

（1）多层次、多结构的货币统一过程。在法语区国家中成员国是没有各自的中央银行的，西非国家中央银行是西共体共同的中央银行。早在 1962 年，西共体各成员国就建立了共同的货币联盟，1994 年更新为经济和货币联盟。西共体的共同货币是西非法郎，因为西共体实行的是弹性汇率制度，所以西非法郎是相对稳定的货币。欧盟货币统一后，西非法郎由钉住法国法郎开始转为钉住欧元。与法语区国家相比，非法语区国家银行法律和货币体系相对较为完整，各国设有其独立的货币和中央银行。

（2）第二货币区统一货币存在的问题及其前景。第一货币区和第二货币区在银行系统、历史基础和现实基础上存在很大的差别。西非货币一体化进程中存在的主要问题便是如何保证西非国家经济独立性，这是因为，西非货币区借鉴的是欧盟货币统一的经验，并仿效了欧洲中央银行体系来设计。这便要求第二货币区各成员国对其银行法和立法机构进行修改，甚至有些条款还会涉及对国家宪法的修改。各国议会必将对其采取阻挠措施，将有可能触发不可预测的变动。

2. 战乱频繁，社会不安定，区域凝聚力不强

成员国内的冲突对区域内部贸易的健康发展产生了严重的影响。利比里亚（1989~1997 年、2003 年）、塞拉利昂（1991~2000 年）、几内亚比绍（1998~1999 年）等国家先后发生了冲突甚至战争。2008 年、2009 年，几内亚和尼日尔相继发生政变。2010 年，科特迪瓦因选举造成局势动荡，危机至今仍未解除。2011 年的尼日利亚大选也蕴涵极大变数。尼日利亚作为区域的领头羊，如果尼日利亚发生严重问题，不但会直接影响区域内部贸易，同时也有可能对整个区域的一体化进程产生一定程度的冲击。[①]

3. 政治意志不统一，存在狭隘的国家思维

西非非法语区和法语区国家长期受到不同语言殖民者的统治，这便造成了现实上发展的不平衡，人为阻碍的因素的存在也将严重影响一体化的进程。法语区

---

① 刘玲玉：《西非国家经济共同体一体化研究》，上海师范大学硕士学位论文，2010 年。

国家对一体化的愿望强烈，且在认识上也比较统一。而非法语区各国认为，一体化要求的本国市场的全面开放，会对本国工业造成严重的冲击。狭隘国家思维的存在，严重地阻碍了西共体一体化的进程。

4. 成员与其他西非区域组织重叠

在西非，区域性合作组织数量众多且各组织间成员重叠的现象非常严重，这对西共体的效率产生了严重的影响，妨碍了贸易的顺利开展。据共同体统计，至1997 年，西非有多达 40 个区域的政府间组织。西共体与西非经济货币联盟是西非地区两个最大的区域性合作组织，但是两者的发展方案和实施办法却不相同，矛盾与冲突在推行过程中不断发生。例如，不同的原产地规则给区域内产品关税削减政策的实施造成了严重的障碍。

（四）评价

（1）历史原因和经济发展水平，决定了西非国家的西非区域经济合作的发展进程必然是充满艰辛与坎坷的，同时其发展速度也必然是在缓慢中渐进发展。

（2）相对于缺乏市场容量来说，西非国家更缺乏的是良好的生产能力，以及缺乏流通中所需的、具有竞争力的商品。因此，积极创造经济发展必要的条件，发展生产力必是深化一体化的关键所在。因此，西非区域的一体化应从本区域的实际出发，走具有西非特色一体化道路。

二、南方共同市场

传统的区域经济理论中，按照区域经济一体化的发展层次，可以将其划分为：特惠贸易协定、自由贸易区、关税同盟、共同市场和经济联盟。[①] 南方共同市场属于关税同盟（Customs Union，CU）类型，同时也是南南型区域经济一体化组织。

（一）发展历程

南方共同市场，简称"南共市"，又被称为南锥体共同市场，是世界上第一个组成该共同市场的所有的成员国都是发展中国家的组织，也是南美地区区域经济一体化的最大的组织。1991 年 3 月 26 日由巴拉圭、巴西等 4 国于亚松森签订的《亚松森条约》（1991 年 11 月 29 日正式生效）标志着南方共同市场的建立。

---

① ［美］萨瓦尔多：《国际经济学》（第八版），清华大学出版社 2004 年版，第 273 页。

南方共同市场在试运转 3 年后，于 1995 年 1 月 1 日正式运行，关税联盟由此开始生效。

南共市的成立不仅极大地推动了南美区域经济一体化的发展，也成为拉美地区甚至世界范围内政治、经济舞台上举足轻重的力量。南共市是拉美覆盖面最大、活力最强的次地区经济一体化集团，并号称是仅次于东盟、欧盟和北美自由贸易区的世界第四大区域性经济集团，同时也是世界第五大经济体[1]。在世界经济一体化的趋势下，欧洲地区、北美地区、东亚地区的经济发展逐渐一体化，这样一种现象对巴西和阿根廷产生了巨大的影响。为了增强在经济发展中的力量，阿根廷与巴西之间需要达成共识，建立相互合作的机制，以免被强势的大国集团打败，由此产生了南共市。在整个南共市的内部贸易中，巴西和阿根廷是最重要的部分，两国之间的贸易额占比甚至在有的年份达到了 90% 以上。

为了谋求更好的发展，南共市成员国需要对自身经济结构和政策进行适当的调整以适应共同市场。从各国的经济发展来看，优势各异，例如，阿根廷的农牧业发达，乌拉圭以畜牧业为主，巴西的纺织业很发达等。这样，四国就可以形成一种优势互补的局面，实现南共市的最终目标——政治和经济的一体化发展。

南共市的成员国主要是南美的发展中国家：成员国之间互相接壤；经济发展水平相当；语言除巴西为葡萄牙语外，其他国家都是西班牙语；发展历史也有相似之处。这些优势，为建立南共市提供了优越的条件。

南方共同市场签订的《亚松森条约》中所设想的经济一体化，即从自由贸易区到关税同盟再到共同市场，目前南方共同市场正处于关税同盟阶段。从表5-1 南方共同市场的贸易流量（1990~2009 年）分析将南方共同市场的发展分为以下三个阶段：

表 5 - 1　　　南方共同市场的贸易流量（1990~2009 年）　　单位：百万美元

目的地/产地	市场内出口额	市场外出口额	出口额合计	市场内进口额	从市场外进口额	进口额合计	市场外贸易净额
1990 年	4. 228	42. 191	46. 419	3. 606	23. 642	27. 248	18. 548
1991 年	5. 243	40. 669	45. 912	4. 789	27. 357	32. 146	13. 312
1992 年	7. 369	42. 872	50. 241	7. 108	31. 564	38. 673	11. 308
1993 年	10. 057	44. 018	54. 075	9. 024	36. 846	45. 869	7. 172
1994 年	12. 049	50. 066	62. 115	11. 622	46. 459	58. 082	3. 607
1995 年	14. 444	56. 066	70. 51	13. 928	61. 829	75. 758	- 5. 763

①　Brazilian Foreign Affairs website.

续表

目的地/产地	市场内出口额	市场外出口额	出口额合计	市场内进口额	从市场外进口额	进口额合计	市场外贸易净额
1996 年	17.037	57.963	75	17.112	66.169	83.281	-8.206
1997 年	20.758	62.796	83.554	20.483	77.021	97.504	-14.225
1998 年	20.508	61.1	81.608	20.935	75.848	96.783	-14.748
1999 年	15.401	59.175	74.576	15.846	64.925	80.771	-5.75
2000 年	17.706	66.892	84.598	17.431	69.191	86.622	-2.299
2001 年	15.151	72.734	87.885	15.331	65.613	80.945	7.12
2002 年	10.214	78.669	88.883	10.38	49.322	59.703	29.347
2003 年	12.724	93.375	106.099	13.059	53.083	66.142	40.292
2004 年	17.313	118.275	135.588	17.6	73.387	90.988	44.888
2005 年	21.108	142.697	163.805	21.327	88.014	109.341	54.683
2006 年	25.75	164.499	190.249	25.564	109.992	135.556	54.508
2007 年	32.429	191.531	223.96	32.73	143.764	176.494	47.766
2008 年	41.565	236.809	278.374	42.429	205.765	248.194	31.044
2009 年	32.713	184.526	217.24	31.955	147.923	179.878	36.603
2009 年比 2008 年增减率（%）	-21.30	-22.10	-22.00	-24.70	-28.10	-27.50	17.90

资料来源：国际货币基金组织（IMF）网站。

第一阶段：自由贸易区——已经实现，商品的自由流动和消除内部成员之间的关税，目前已经实现。

第二阶段：关税联盟——它提供了一个共同的对外关税，允许进行贸易的各成员国之间没有关税或其他壁垒，目前仍在进行中。自 1994 年以来，南方共同市场已建立共同对外关税。然而，由于成员国之间激烈的竞争，通过了大量的例外情况，导致其被许多经济学家认为是不完美的关税同盟。

第三阶段：共同市场——尚未完成。预计共同市场通过增加资本和劳动力的自由流动将比关税同盟更进一步。

总之，南方共同市场的发展历程可以概括如下：

1991～1998 年：此阶段的特点是区域内以及与世界其他地区的贸易和外国直接投资大量增加。区域内贸易增加近 3 倍，而从世界其他地区进口将近翻了 3 倍。

1998~2002 年：此阶段为在深化改革过程中的停滞阶段。因全球经济放缓，区域内贸易大幅下跌，大宗商品价格下降和经济危机影响了巴西、俄罗斯和阿根廷等成员国的经济。区域内出口在该分区域的总出口中所占份额从 1998 年的 25% 下降至 2002 年的 11.5%，区域内进口在该分区域的总进口中所占份额从 21% 下降至 17% 的份额。

2003 年至今：振兴集团内一体化进程的阶段。引入新的工具来重建关税同盟和制定战略。区域内的贸易在 2003 年开始复苏，不过在南共市贸易总额中的百分比仍是低于 1998 年的。主要商品成交群体仍然是低于在集团以外交易的农业和原料。因此，南方共同市场目前正试图完成关税同盟，并完成共同市场。

（二）一体化程度

1. 区域经济一体化贸易效应

在南方共同市场中，巴西的地理面积、人口规模和 GDP 都是南美第一，GDP 占南共市近 70%。张彬（2010）参考 Magee（2004）的模型以巴西为研究核心进行回归分析和反事实估计，考察南方共同市场的建立对巴西所产生的贸易效应。[①] 研究结果表明：南方共同市场的建立一方面促进了区内贸易的增长，另一方面则减弱了对区外贸易伙伴国的经济交流。巴拉圭和乌拉圭两国对巴西出口的增加更多的来源于贸易转移，而阿根廷对巴西出口的增长则表现为贸易创造，彼此间贸易障碍的消除进一步加速了两国各个方面的合作和交流，从而导致了贸易的增长。但是综合考虑贸易创造和贸易转移两种效应，南方共同市场对巴西并没有带来明显的福利改进。在"南南型"一体化中，能够获得正贸易效应的往往是那些经济发展水平相对较高的国家，如中国、巴西等。分析原因在于：首先，大部分的发展中国家不具备吸纳其他成员国产品的能力，其经济发展水平低、市场需求小；其次，由于发展中国家没有形成清晰的产业分工，形成的经济结构非常的简单相似，生产线也相对比较短；最后，财政还没有能力建立起开放市场带来冲击所需要的补贴机制。

2. 区域经济一体化增长效应

张彬（2010）在借鉴经济一体化新度量方法的基础上对巴西经济一体化程度的动态福利效应进行了深入考察，重点研究了经济全球化和区域经济一体化对巴西经济的影响。发现在巴西参与经济一体化过程中，同时存在明显的短期水平效应和长期增长效应；如果自从 1985 年后巴西没有任何经济一体化的进程，那么现在巴西实际人均 GDP 就会降低近 1/3；并且这时经济一体化长期增长效应的影

---

① 张彬：《国际区域经济一体化比较研究》，人民出版社 2010 年版，第 196~207 页。

响程度接近于其短期水平效应。同时，经济一体化和增长之间的关系是通过资本积累和效率提高联系起来的。由于国家经济规模不同导致区域经济一体化对各国的经济增长效应存在差异。巴西作为最大的成员国，在参与区域经济一体化过程中所获得的增长效应也最为明显，而其他三国几乎没有获得任何的促进经济发展的好处。

3. 区域经济一体化静态效应

贸易创造效应是用来衡量区域经济一体化实绩最基本的标志，它表现在区域经济内部贸易额扣除贸易转移效应后的增加值上。南共市内部贸易额占区域贸易总额的比重一般都小于 25%，尚未达到历史最高水平，而欧共体国家的这一指标，1990 年就已经超过 60%。即使不扣除贸易转移效应，其内部贸易增加值也是微不足道的，步入 21 世纪甚至还有一定程度的下降。这说明南共市区域经济一体化的贸易创造效应极小，远没有达到预期的目的（见表 5-2）。

表 5-2 　　　　**南方共同市场的区内出口占该区总出口的比重** 单位：百万美元

指标	区内出口额	总出口额	区内出口占总出口的比重（%）
1970 年	—	—	9.4
1980 年	—	—	11.6
1985 年	—	—	5.5
1990 年	4.228	46.419	9.1
1991 年	5.243	45.912	11.4
1992 年	7.369	50.241	14.7
1993 年	10.057	54.075	18.6
1994 年	12.049	62.115	19.4
1995 年	14.444	70.51	20.5
1996 年	17.037	75	22.7
1997 年	20.758	83.554	24.8
1998 年	20.508	81.608	25.1
1999 年	15.401	74.576	20.7
2000 年	17.706	84.598	20.9
2001 年	15.151	87.885	17.2
2002 年	10.214	88.883	11.5
2003 年	12.724	106.099	12

续表

指标	区内出口额	总出口额	区内出口占总出口的比重（%）
2004 年	17. 313	135. 588	12. 8
2005 年	21. 108	163. 805	12. 9
2006 年	25. 75	190. 249	13. 5
2007 年	32. 429	223. 96	14. 5
2008 年	41. 565	278. 374	14. 9
2009 年	32. 713	217. 24	15. 1

4. 区域经济一体化动态效应

南共市建立 20 多年间，区内贸易比重由 11.4% 增加到 15.1%，增加幅度在 5% 以下。根据前文介绍南方共同市场区域经济一体化的初衷主要是追求一体化的动态效应，希望通过经济一体化使成员国能分享规模经济效应，并保护成员国的国内产业，以实现工业化的目标。但是，与静态效应一样，南共市的动态效应仍然不理想。

不仅规模经济效应没有实现，南共市希望借其"贸易壁垒"效应来促进工业化的目的也没有达到，阿根廷、巴西、乌拉圭和巴拉圭四国的国内工业并没有发展起来，并未如预期的那样具备国际竞争力，反而未老先衰，与发达国家的差距越拉越大。实际上，南共市几乎已经消除了大部分区域内贸易的关税和非关税贸易壁垒。

南方共同市场在商业问题上取得了长足进步。表面看来，其已经对区域发展的指导原则达成共识，然而，却还没有转为具体的政策和措施。因此，今后在巩固关税同盟和共同市场章程方面还有许多工作要做。

如表 5－2 所示，南方共同市场的贸易流量（1970～2009 年）说明南共市在成立初期是成功的，实现了其促进区域内贸易的目标。但迄今为止，关税同盟不断产生争议和利益冲突，因此，真正形成共同市场仍需要相当大的努力和投入，特别是对于服务和劳动力的流动方面。

（三）一体化特点

在过去 10 年，南共市已经有些停滞不前（见一体化进程第三阶段：共同市场），这主要表现在成员对本组织未来的分歧。有些国家，如巴西，想要集团重点关注区域贸易。其他国家，像委内瑞拉，提议将组织的职责扩大到政治事务。

Gardini (2009)[①] 认为目前南共市所面临的难题有行政矛盾、结构上的不对称、国家利益的分歧，而最重要的是理论与实践之间的巨大差距。

1. 低制度化

Valle (2008)[②] 认为体制化本身并没有任何区别，但它是实现区域组织更好的危机管理的充分条件，并且能够改善组织成员间关系及跨区域关系。如果在南共市的一体化进程中有更高层次的制度化，许多冲突可能已经解决，例如，2005~2007年阿根廷和乌拉圭之间的纸浆厂危机。但不幸的是，南共市并不具备完善的立法环境。

Malamud (2010)[③] 认为由于制度化既不是社区法律也不是直接的影响，所有重大决策必须转换成每个成员国的国内立法才能生效。此外，因为没有区域性的官僚机构，政策只能由国家官员在国家层面实施。

Paiva 和 Gazel (2004)[④] 认为，汇率政策，特别是巴西和阿根廷的汇率政策，一直是成员之间贸易不平衡和政治局势紧张的不变源头。南共市较小的成员，巴拉圭和乌拉圭经常抱怨称，阿根廷和巴西市场存在对他们的限制。

2. 委内瑞拉作为南方共同市场成员国的地位

杨建民 (2012)[⑤] 指出，委内瑞拉成为南共市的一员这个问题需要引起高度关注。主要问题集中在以下几个方面：第一，委内瑞拉加入南共市是否合法。第二，其加入以后对于南共市的意识形态的影响。委内瑞拉的加入可能会与政治问题相联系，使南共市变成反美联盟。第三，委内瑞拉的加入对于南共市内部成员国之间合作的影响。新成员国的加入造成现有格局的变化，可能导致各成员国在很多问题上无法达成一致意见，对于南共市的经济发展造成不利影响。最后，对于委内瑞拉加入以后会不会遵循规定持怀疑态度。

3. 内部管理矛盾

巴西还没有成为南方共同市场的领导者。[⑥] 这与早前南美地区紧张的政治格局有关，在冷战后，南美大部分国家仍处于剑拔弩张的状态，巴西和阿根廷之间的敌对情绪最为浓厚。两国之间的敌意在于边界问题、地区势力平衡、战争的可

---

① Gardini, G. L. *Unity and diversity in Latin American visions of regional integration: a comparative analysis of Mercosur and Alba*, 2009, September, P. 26.

② Valle. *Inter-regionalism: A Case Study of the European Union and Mercosur*, GARNET Working Paper, 2008, July, P. 18.

③ Malamud A. *Theories of Regional Integration and the Origins of MERCOSUR*, 2010, August, P. 18.

④ Paiva. P&Gazel. R. *MERCOSUR Economic Issues: Successes, Failure and Unfinished Business*, 2004, January, P. 26.

⑤ 杨建民：《拉美国家的一体化与民主化——从巴拉圭政局突变和委内瑞拉加入南共市谈起》，《拉丁美洲研究》，2012年第6期，第34页。

⑥ East Asian Integration Studies. *Comparative Regional Integration: Europe and Beyond*, 2010.

能性、军备竞争和一些误解等。在 20 世纪 80 年代中期，区域的经济形势惨淡，暴露出政治不信任、不稳定的弊端，这才使得两国当时的领导人通过一系列行为如放弃核武器来互示友好，走向现在的利益共同体。在这么短的时间内，巴西不可能扮演区域合作中的"领导者"角色，因为这样可能会打乱现存的、稳定的区域政治形势，而其他国家的各方面实力又不足以担此重任，所以南方共同市场至今缺乏一个有力的管理者。

4. 国家利益的三岔口

区域一体化的形成是一项高难度的工程，因为每个国家希望其利益得到保障。这在某种程度上也正是南共市一直挣扎于成员之间纠纷的原因。成员国之间的分歧很常见，每个国家为了本国的商业利益倾向于采取保护主义措施。阿根廷近来一直因其日益增长的保护主义做法而遭受谴责，例如，将西班牙石油公司雷普索尔－YPF26 国有化。一般来说，一体化进程中战略方向的共识似乎比较脆弱。[1]

5. 理论和实践存在差距

Hijazi（2012）[2] 认为协调宏观经济和汇率政策，是共同市场取得成功的必备条件之一，但南共市目前仍处于初始阶段。无法制定区域竞争政策是一体化进程中的一个尤其严重的障碍。缺乏对宏观经济政策的协调机制，会对较小经济体产生非常消极的影响。

Paiva 和 Gazel（2004）[3] 认为南共市对拥有所有权的低水平项目的整体观察以及对会员国政治优先权的改变，反过来又导致他们寻求其他方式来增加贸易，以替代南方共同市场的区域一体化。

6. 全球经济低迷

Carranza（2010）[4] 全球经济危机已经以多种方式削弱了南方共同市场，包括：激化巴西独立出去的倾向使得集团分裂，激起集团内更深的贸易纠纷；尤其是阿根廷和巴西之间，在区域内已经产生了贸易保护主义浪潮。例如，在阿根廷和巴西，贸易保护主义浪潮的产生一方面是因为集团内公司间的不对称和保护国内产业不受集团内公司间竞争的伤害的需要，另一方面是惧怕亚洲国家可能因北方国家（西欧和美国）的需求下降而为其产品寻找新的市场。

---

[1] European Comission. *The Negotiations Between Mercosur and The EU：The Last Opportunit*，2012，June.

[2] Hijazi，H. *Asymmetries Among The Members Of Mercosur*，Retrieved from www. utp. edu. co，2012，May.

[3] Paiva. P. &Gazel. R. *MERCOSUR Economic Issues：Successes，Failures and Unfinished Business*，2004，January，P. 28.

[4] Carranza，M. E，*Mercosur. The Global Economic Crisis and The New Architecture Of Regionalism In The Americas*，2012，June.

7. 会员国之间的结构不对称

南方共同市场国家在经济规模、领土面积、发展水平、人口、市场规模甚至是社会指标方面都有很大的不同。见表 5 - 3。

表 5 - 3 　　　　　　　　　　　成员国宏观经济展望

指标	国土面积 （平方公里）	人口密度 （人/平方公里）	GDP （亿美元）	人均 GDP （美元）	人类发展指数
阿根廷	2 780 400	15. 17	4 352. 00	10 640	0. 797
巴西	8 514 877	22. 00	24 930 000. 00	12 788	0. 718
乌拉圭	176 215	18. 65	468. 72	14 415	—
巴拉圭	406 752	14. 20	212. 36	3 252	—
委内瑞拉	916 445	30. 20	3 158. 41	10 610	—

注：GDP 和人均 GDP 为 2011 年按国际汇率的折算值。

与此同时，南共市成员国之间还存在政治和监管上的差异，如缺乏协调一致的宏观经济政策和激励政策。每个成员都有自己的投资促进政策，以及支持生产部门和产品出口的政策，这些改变了竞争的条件。巴西和阿根廷的经济与乌拉圭和巴拉圭相比，占南方共同市场经济总额的比例非常大。一个极端情况是，巴西占南方共同市场领土面积的 70% 以上，家庭人口的近 80%，和该地区国内生产总值的近 73%。相比之下，乌拉圭和巴拉圭几乎不超过南方共同市场 4% 的领土、5% 的地区人口以及 3.5% 的 GDP。这些差异在人均国内生产总值上也变得非常明显。阿根廷是人均 GDP 较高的国家，其次是乌拉圭，巴西和巴拉圭。此种结构和政策的不对称组合被认为是深入整合集团的一个重大障碍。[①]

（四）评价

南方共同市场成立后，在发展贸易和协调政策方面取得了一定的发展，但随着经济一体化的深化，各成员国的矛盾逐渐暴露出来。近年来，经济发展较为落后的乌拉圭和巴拉圭与经济水平较高的巴西和阿根廷之间经常发生矛盾和摩擦，集团在开放内部市场和协调对外关税方面存在许多难以逾越的困难和障碍。

1. 贸易转移成本在区域一体化协定成员之间呈不均等分布

尤其是在发展中国家、最贫穷的国家（或称为资本不充足的国家）之间的协议（南南合作协议）就是承担贸易转移成本。Marcel Vaillant（2008）认为南方

---

① Hijazi，H. *Asymmetries Among The Members of Mercosur*，Retrieved from www. utp. edu. co，2012，5.

共同市场是南南协定中贸易转移成本分配不均的例子之一。① Marcel Vaillant 根据克鲁格曼的国际贸易理论——垄断竞争模型推导出衡量南方共同市场区域内贸易障碍减少如何影响其成员进口模式的公式。研究结果表明，关税优惠显著影响阿根廷和乌拉圭的进口模式，但对巴西影响程度较小。对阿根廷和乌拉圭的研究结果支持南方共同市场已经产生贸易转移的假说，而对巴西和巴拉圭的研究并没有出现这样的结果。

2. 南共市从自由贸易区到努力建立关税同盟，并逐步走向共同市场

尽管取得了这些进展，一体化进程中也出现了很多奇怪的经济现象，如亚洲的金融危机、巴西的货币贬值和阿根廷经济的不明朗性。南共市在经历 22 年的发展后，其成功之处是多于失败之处的。然而，由内部和外部冲击所造成的频繁挫折损害了一体化进程的声誉。声誉的降低可能危及对其在过去取得的成果的巩固，并阻止南共市成员国之间取得更高水平的经济一体化。

第二节　南北型区域经济一体化考察

发展中国家与发达国家在经济、政治、文化等领域的合作即南北合作。南北合作是强者和弱者之间的博弈，既有对立和斗争，又存在着依存与合作。由于殖民侵略、贫富差距悬殊的历史背景，国际经济旧秩序主要表现为发达国家对发展中国家的剥削和掠夺；而在新的国际经济秩序中，更多地体现出了平等互利原则，发展中国家在南北合作中得到了经济、科技、管理技术等全方位的提升，但发达国家所分得的"蛋糕"显然要大得多。南北合作的焦点已经由从前的经济发展、贸易水平转向了技术引进、产业升级、政治协调等更为深刻的层面。而如何缩小南北差距，如何让发达国家以更加平等的姿态与发展中国家对话合作，是南北合作未来需要继续解决的两个问题。

一、亚太经合组织

20 世纪后半叶，世界经济一体化逐步扩展，亚洲—太平洋地区各国经济的相互依赖程度也日益增强，亚太经济合作组织应运而生。1989 年，APEC 成立，成为全球第三个区域性经济组织。成立之初，亚太经济合作组织只是一个区域性

---

① Marcel Vaillan. *Who Wins in South – South Trade agreements? New Evidence For MERCOSUR*, 2010.

经济论坛和磋商机构，至今，作为亚太地区第一个政府间合作论坛，它已经发展成为亚太地区重要的经济合作论坛性质的国际组织，旨在推动区域贸易投资自由化，加强成员间经济技术合作，其成员的分量举世瞩目：1989 年成立时其成员只有 12 个，现在已经发展到 21 个，这 21 个成员国家与经济体的经济规模占世界总量的 57%，贸易额约占世界贸易量的近一半，人口大约占世界总量的 40%。尽管 APEC 开始时是作为经济论坛，但其起步就是"双部长会议"，即成员方的经济部长和外交部长与会，这在经济合作论坛中是极为少见的，也预示着其未来作用的巨大。

（一）发展历程

1. APEC 成立的背景

APEC 的成立，是亚太国家地区经济在较长期实现有活力增长的基础上相互需要进一步扩大合作关系的产物。20 世纪 60 年代开始至 80 年代末期，在亚太地区，关于区域经济合作出现了各种各样的建议，提出的构想也各有特点。如果从参与者的角度看，APEC 成立之前的各种合作组织或机构，大致可分为三种类型：其一，由单一学者们或者单一企业家们组成的论坛，他们的主要目的在于提设想，以舆论宣传推动区域经济合作，如 60 年代初期学者们的论坛，以及 1967 年成立的"太平洋盆地经济理事会"等属于这一类。其二，只涉及某地区部分国家而非整个亚太地区的合作机构，目的在于维护地区内的国家利益，如 1967 年成立的"东南亚国家联盟"以及 1988 年成立的"澳新自由贸易区"属于这一类。其三，在有企业界人士和学者们参加的情况下，又吸收官员以个人身份参加，成立半官方的合作论坛机构，即 1980 年组织的"太平洋经济合作会议"（PECC），其影响波及整个亚太地区，是讨论整个亚太地区经济合作问题重要的协商机构。但是，PECC 历次会议提出的各种设想和意见只是对各国政府制定政策提供某种参考，而不能直接影响政府的政策，也就是说 PECC 这个协商机构已无力把亚太区域经济合作推向更深层次——即能够取得具体成果方向发展。

所以，由能够代表政府的高级官方人士参加并组成政府间的协商机构，就成了亚太区域经济合作发展的需要。1989 年 1 月，澳大利亚总理霍克提出建议，召开有关国家外长和经贸部长会议，讨论亚太地区区域经济合作问题。建议很快得到许多国家的赞同，并于 1989 年 11 月在澳大利亚堪培拉举行了第一次部长级会议。与会者有澳大利亚、日本、美国、韩国、新西兰、加拿大、菲律宾、泰国、印度尼西亚、马来西亚、新加坡和文莱 12 国的外交部长和经贸部长，当时称为"亚太经济合作部长级会议"。APEC 从此成立。

2. APEC 的发展历程

第一阶段从 1989 年成立起到 1992 年，这是初创阶段。经多方努力，终于形成了地区经济合作的论坛性质的框架。当时的创始成员有澳大利亚、美国、加拿大、新西兰、日本、韩国、菲律宾、马来西亚、新加坡、文莱、泰国、印度尼西亚。1989 年 11 月，首届亚太地区 12 个国家的外交和经贸部长参加了会议。亚太经合组织从此诞生。1991 年，中国作为主权国家，香港和台湾作为地区经济体同时加入亚太经合组织。1993 年，墨西哥、智利和巴布亚新几内亚加入后成员达到 18 个。1998 年，俄罗斯、越南和秘鲁参加，成员增加到 21 个。在这个阶段，APEC 只是在每年年底召开外交、贸易部长会议，很少开展其他活动。

第二阶段从 1993 年开始至 1997 年温哥华会议为止。这一阶段是 APEC 加速发展的时期，许多重要成果都是在这一阶段取得的。1993 年，首次亚太经合组织成员领导人非正式会议在美国西雅图布莱克岛召开。美国作为东道主，凭借其政治影响力，使会议通过了《亚太经合组织领导人经济展望声明》。在这之前，部长级年会已经通过了《贸易和投资宣言》，决定成立"贸易投资委员会"，负责讨论如何促进亚太地区及全球的贸易和投资。布莱克岛领导人会议是亚太经合组织发展进程中的一个里程碑。此后领导人非正式会议作为亚太经济合作的重要形式被固定下来。这种一年一度的领导人会议和部长级会议专门讨论本地区的投资和贸易问题，成为举世瞩目的事件。贸易投资自由化是亚太经合组织的一项主要目标，并逐渐成为亚太经合组织工作的核心，这是在西雅图布莱克岛会议勾画出的蓝图。此后几年，会议每年在经济合作方面都有新的进步，一连出台了几项重大措施。

第三阶段从 1998 年马来西亚吉隆坡会议至今，亚太经合组织进入停滞阶段，成果不多，面临转折时期。发生停滞的原因主要有两个。一是部门提前自由化的措施"超越"了世贸组织的步伐，难以形成集体行动。二是经济技术合作没有真正落到实处。致使亚太经合组织的凝聚力下降。

纵观 APEC 的发展历程，1997 年是一个明显的分水岭。之前的 8 年，它一直保持着富有活力的发展势头，但自 1997 年起，便迅速跌入低谷。APEC 衰落的外部原因，主要是 1997 年的亚洲金融危机对其许多成员造成了较大冲击，包括倡导茂物目标的印度尼西亚，都自顾不暇，使得地区贸易自由化失去了动力，而 APEC 对金融危机又难有作为；更令人失望的是，其发达成员同意国际货币基金组织（IMF）对受危机影响的成员实行苛刻的限制措施，从而迫使东盟寻求东亚合作，催生出 10 + 3 合作机制；而 APEC 衰落的内部原因，主要是由于 1997 年过早、过急地推出"部门提前自由化"（EVSL）并遭失败。EVSL 不仅生不逢时，而且违背 APEC 协商和非约束行事原则，必然失败。[①]

1997～2008 年，有人将其细分为两段：1997～2000 年的"理想破灭期"与 2001～2008 年的"寻求新使命期"。这期间出现过三个里程碑的成果，其一，中国作为 APEC 年会东道国时，精心推出了《上海共识》，但《上海共识》也生不逢时。2001 年上海峰会前夕，刚好发生了震惊世界的"9·11"事件，这就促使美国将 APEC 变成了反恐的工具，一直持续到 2005 年，严重弱化了贸易自由化进程。其二，《釜山路线图》（2005 年），是在 APEC 将主要精力回到茂物目标时制定的框架性的实施措施。其三，《河内行动计划》（2006 年）则是为《釜山路线图》的各项行动制定了比较清晰的方向和明确的时间。同时，这一期间还推出了如"中期评审"，"探路者倡议"，"最佳范例"，"示范条款"等有利于实现茂物目标的方法。可见，2005～2006 年是 APEC 推动茂物目标上的小高潮。

（二）一体化程度

APEC 的成立和存在是一个了不起的成就。其幅员辽阔，包括了 21 个政治经济制度、意识形态不同的成员。虽然它经历了停滞、低潮和失败，但依然在向前迈步。

创立之初，APEC 就将经济合作作为主要任务之一，旨在谋求本地区的可持续发展和均衡发展，缩小成员间的经济差距，改善人民福利，增强 APEC 大家庭精神。《大阪行动议程》列出了 13 个合作领域，并创造了"共同投入资源"的新合作模式。"能力建设"自 1993 年起推动经济技术合作，至今，已提出 1 200 多个能力建设项目倡议，但其经济技术合作的成果十分有限。相对而言，其经济贸易关系进展顺利，据不完全统计，APEC 内部商品贸易额已从 1989 年的 1.7 万亿美元增加到 2007 年的 8.44 万亿美元，年均增长 8.5%。而且到 2007 年，APEC 内部的商品贸易额已占 APEC 成员商品贸易额总和的 67%；同时，APEC 成员与世界其他经济体的贸易也从 1989 年的 3 万亿美元增加到 2007 年的 15 万亿美元，年均增长 8.3%，而世界其他地区的贸易额在这期间年均只增长了 7.6%。

相伴而生的是 APEC 成员之间签订的双边或多边自由贸易协定越来越多，迄今已超过 30 个。同时，APEC 目前已推出 15 项与 APEC 和 WTO 原则相一致的"示范条款"，用以指导 APEC 成员签署"高质量"的贸易协定。另外，成立"亚太自由贸易区" FTAAP 的建议已载入领导人声明，并将进行可行性研究。这表明，APEC 自身的一体化已提上议事日程。

---

① 陆建人：《APEC20 年：回顾与展望》，《国际贸易问题》，2010 年第 1 期，第 3～9 页。

（三）一体化特点

亚太经济合作组织不同于传统的地区经济合作模式，具有以下一些特征：

1. 开放的地区化

开放的地区化就其性质而言，即不排他的非歧视性经济合作[①]。不仅对成员间相互开放，也对非成员开放，这一点与欧盟、北美自由贸易区等对外实行差别待遇有所不同。这是由亚太经济贸易和投资方面之间的高度依赖性所决定的，且需要在更大范围内对此进行协调。APEC 结合自身实际决定的主张即"开放的地区化"，它在 1992 年的旧金山太平洋经合理事会第九次会议上得到首次肯定，并在同年的汉城（现首尔）第三次 APEC 部长级会议被接受。亚太地区的突出特点是，国别之间经济发展差别较大，明显存在层次性。这就决定了欧美模式并不适合该地区，所以 APEC 是开放性而非排他性、不带有任何歧视性的。

2. 协调的单边主义

根据 APEC 的实际情况，其基本逻辑是必须实行单边与双边、多边相结合的运行机制，即协调的单边主义。由于纯粹的单边、双边、多边主义都不适合该地区的复杂多样性，而 APEC 成员又希望与 GATT、WTO 保持开放的一致性，使得必须选择协调单边主义的运行方式，以弥补单边主义的不足，吸收双边主义、多边主义的若干优点。它主要包括以下内容：以单边行动计划为主，集体行动为必要补充；成员的单边计划要受到约束，必须符合集体的要求；遵循成员一致同意的一般性原则等。目前 APEC 实施的协调的单边主义，已成为其贸易投资自由化的保障，并将稳步推进其贸易投资的多边开放进程。

3. 自愿的经济合作

自愿的经济合作，是 APEC 并非正式的区域性国际经济一体化组织的根本原因。这符合了其成员国的政治制度、意识形态的多样性和层次性不一的实际情况。这就导致其不能推行"制度主导型"经济一体化乃至政治一体化内容，它只能限定在自愿的经济合作的范围内，以公开对话为基础，秉持共同目标，即促进本地区经济持续发展、共同繁荣，尊重各方的观点，进行平等协调、利益均衡。

4. 内部各成员经济发展水平的巨大差异

国别差异，包括宗教信仰、社会经济结构等，决定了 APEC 的一体化进程时间跨度较大，这也满足了各成员尤其是自由化程度较低的发展中国家实现既定目标的需求。不划定统一的时间表而采取渐进方式，赋予各成员国在发展过程中先

---

① 王广宇：《论亚太经合组织与中国经济的发展》，《现代国际关系》，1986 年第 6 期，第 28～30 页。

后和快慢的自主安排权，保持了 APEC 特有的灵活性，也有利于推动一体化进程①。

5. 区域与次区域经济合作并存

在 APEC 内部形成了众多的次区域经济合作组织，即大集团内套小集团，甚至不同的区域经济合作组织之间交叉。如北美自贸区的三个成员同时又是 APEC 成员、APEC 内部的东盟国家在多年成功运作经验上形成东盟自由贸易区等。这种频繁出现的"集团声音"对 APEC 的一体化进程具有两面性：一方面，各成员国具有共同的利益点，又同处亚太，对 APEC 具有一定的促进作用；另一方面，次区域经济组织对外封闭，其成员可能会过于重视自身的次区域进程，而忽视了 APEC，这是在 APEC 一体化进程中必须防止和避免的。

（四） 评价

APEC 的创立及发展，与亚太地区的经济发展密不可分。而随着 APEC 的组织目标的明确，运行机制的完善，其对亚太地区的经济发展乃至整个世界的经济发展将发挥更加重要的作用。主要表现在以下几个方面：

1. 推动亚太地区乃至全球经济自由化

APEC 成立以来，一个基本原则即开放的区域集团化，一个发展宗旨即推动全球贸易自由化（汉城第三次阁僚会议确定），一个实现亚太地区投资和贸易自由化的时间表即"茂物宣言"（1994 年在印度尼西亚发表），一个反对即反对成立一个同全球贸易自由化目标相偏离的、具有对外保护作用的内向型集团，一个致力即致力于单方的实施贸易和投资自由化的进程。

因此，从 APEC 的宗旨可以看出，与具有排他性的 EEC 和 NAFTA 相比，APEC 作为开放组织在促进全球贸易和投资一体化方面将不断显示领导作用。②

2. 维持亚太地区经济繁荣

在 APEC 成立以前，亚太地区各国的经济增长，主要是由于其经济产业结构互补、贸易投资紧密，这是由市场自发产生的，已经产生了类似于制度化的结果。但随着亚太地区的进一步发展，确定的制度化合作显得日益重要，这就促成了 APEC 的产生。其目的就是要加强区域内经济合作，强调开放的多边贸易体制，采取渐进的方式，通过具体的政策协调，进一步促进投资和贸易自由化的实现，降低该地区成员在交易上的成本，提高经济、技术资源的利用率。也即，APEC 的成立和发展，将为亚太地区间经济交流与合作不断创造条件，这对于整

---

① 吴杰华：《APEC 模式的特点及对中国的影响》，《商场现代化》，2006 年第 18 期，第 3 页。
② 程伟：《简论 APEC 的发展过程及其作用》，《现代日本经济》，1996 年第 4 期，第 42 ~ 45 页。

个亚太地区经济的繁荣发展具有重大意义。

3. 为各成员提供一个协商和交流的场所

鉴于 APEC 各成员国社会结构、经济状况的不同，在具体化的进程中，必然会有很多矛盾和政策上的不一致，也必须为此进行磋商。而 APEC 正是为其成员提供了固定的交流机会和场所，其每年一次的阁僚会议，通过对话的方式使各成员增进相互了解。此外，在 WTO 的压力下，APEC 也将逐步实行机制化，改变其交流场所。这一"升格"对其对话作用意义重大，其对于成员国的协调也将逐步体现在亚太地区的次区域合作和国家宏观经济政策的沟通中。

4. 协助发达与发展中国家解决经济合作的问题

在经济合作方面，发达国家和发展中国家具有一定的差异性，这就导致其合作具备一定的垂直性，显而易见的是，发展中国家的经济高速增长离不开与发达国家的经济合作，即必须处理好垂直关系，避免支配和被支配关系。从已有的理论和实践可知，若承认发达和发展中国家的差距，必然带来垂直性，最好的解决方案即发展中国家可采取灵活政策，利用单边、双边和多边协议限制垂直关系的发展，甚至将垂直关系发展为水平关系，而 APEC 这一区域性经济合作组织是解决这一问题的最理想形式。

5. 内部次区域经济组织的发展过度

进入 21 世纪，APEC 成员开始热衷于双边和多边自由贸易区的建立中来，尤其是 2003 年前后的东南亚区域，各东亚主要经济体首个自由贸易区协定纷至沓来：首当其冲的是中国和东盟，其次是日本、新加坡，紧接着韩国、智利，最后是中国与中国香港的紧密经贸关系协定。除此之外，其他的区域经济合作协议还在商榷中。至今，仅仅是 APEC 成员之间就已经存在 50 多项 FTA，可见规模之大，然而这些 FTA 协定规则不一、标准各异，既有交叉，也有重叠，具体对成员国的经济发展作用还有待观察。

6. 成员间经济技术合作发展缓慢

2002 年，《大阪行动议程》中列出了 13 个经济技术合作领域，并在马尼拉会议上确定了 6 个优先领域，包括人力资源开发，资本市场，经济基础设施等，但在实践领域依然处于"空白期"。从目前来看，经济技术合作还只限于信息收集、研究讨论等准备性工作，暂时不能产生大额实际经济效益，APEC 主持的合作项目也很难找出实施成功的案例，这主要是由于 APEC 成员国筹集资金较少，出资有限。这种在缺乏资金与技术的发展中成员国家和看不上经济技术合作的发达成员国家之间的靠成员国自愿进行经济技术合作的模式，实现的可能性非常渺茫。

7. 非经济活动内容扩大

随着 APEC 的持续发展，其涉及内容不只限于经济活动，非经济活动也逐步出现在其谈判领域。除《大阪行动议程》中涉及的内容外，又开始涉及网络安全、生命科学创新、入侵外来物种、人的安全、反恐等问题，更有成员计划将一些敏感话题，如政治安全、大规模杀伤性武器等列入进程，但相当多的成员对以上问题保持谨慎态度。非经济活动内容能否继续深入及其深入程度目前还不得而知。

8. 发达成员与发展中成员在 APEC 经济技术合作的定位问题上存在着重大分歧①

在《大阪行动议程》中，APEC 的活动分为两大部分，一是贸易、投资自由化和便利化，二是经济技术合作。发达国家和发展中国家的主要分歧点在经济技术合作上：发达成员认为，APEC 的经济技术合作是服务于贸易、投资自由化，最终目的是实现自由化、创造物质基础。而发展中成员认为，其目的在于促进发展中成员的经济发展，逐步缩小 APEC 成员之间的经济差距，进而实现贸易、投资自由化，故经济技术合作与贸易、投资自由化同等重要。而在经济技术合作方面，发达成员国与发展中成员国也各有侧重，发达成员方重视与贸易、投资自由化相关的技术合作，如海关、检测、数据库和保持"可持续发展"所需的技术如环境保护、监测、资源利用等；而发展中成员方重视有利于优化本国产业结构，提高经济发展水平的技术。如需解决这些分歧对于 APEC 来说难以利用欧盟的现成道路，还需摸索并创新真正适合自己的道路。

9. 亚太经济技术合作机制不利于 APEC 经济技术合作的发展②

"APEC 方式"长期指导着 APEC 的贸易、投资和经济技术合作，其特点在于"承认多样性；强调灵活性、渐进性和开放性；遵循相互尊重、平等互利、协商一致、自主自愿的原则；单边行动与集体行动相结合"，这也是其突出优点。但这一优点在促进成员国经济技术合作的问题上却是一大障碍，普遍的现象是发达国家都不愿主动与发展中国家进行经济技术合作，这是由两者本身的利益分歧所决定的，暂时无法解决，还需要积极探索新的合作模式。

二、北美自由贸易区

北美自由贸易区的建立使美、加、墨三国区域内分工协作空前加强，因而要求进一步相互开放市场，实现商品、人员、资金、技术的自由流动，增强北美地

---

①② 张龙：《APEC 经济技术合作的障碍及对策建议》，《亚太经济》，2001 年第 5 期，第 13 ~ 15 页。

区在国际经济中的总体竞争实力。① 不仅如此,美国作为推动北美自由贸易区形成的核心国,有其自身的几大诉求:一是在区域一体化组织如雨后春笋般形成的背景下需要快速适应国际新经济环境;二是欧盟和东亚新兴经济体给美国带来了新的挑战,使其必须采取对策稳固其在世界经济格局中的龙头地位;三是加拿大和墨西哥的文化历史、地理位置和互补性等优势与美国结合能够帮助美国很好地达成目标。

(一) 发展历程

20 世纪 70 ~ 80 年代是美国经济较低迷的时期,外贸逆差连年扩大,至 80 年代后期则扩至超过千亿美元,在这期间也是经济增长十分缓慢的十年。而就在 80 年代末,欧盟和日本的优异表现俨然是世界经济格局中冉冉升起的“两极”,这让一向称霸全球经济的美国坐立难安。要调整经济结构、加快经济发展、扩大产品出口和资本输出市场,巩固在世界经济中的地位,美国必须创建以自身为核心的、能与其他经济集团和经济强国相抗衡的区域经济集团。② 发展北美自由贸易区就成为美国的下一步极其高明的棋。

北美自由贸易区的建立也符合加拿大和墨西哥的利益。③ 通过与美国建立密切的合作关系,不仅可以轻松绕过以往美国较为强硬的贸易保护并获得一个更广阔的市场,还可以获得美国在技术、信息等领域提供的帮助,与墨西哥合作也有助于市场的扩大,这是加拿大的利益诉求点。而墨西哥的利益诉求除了同样的引进信息和技术外,还有同较为发达的美国和加拿大进行优势互补,借力发展本国的经济,增强国力,并解决政府债务堆积的难题。

1. 北美自由贸易区的国际经济背景

从 1980 年至今,世界经济发展的关键词中不能缺少它:区域一体化。20 世纪 80 年代,由欧共体委员会发布并由欧共体理事会通过了的《关于完善内部市场的白皮书》,使建设欧洲共同市场一事迈入正轨。随后制定的《欧洲一体化文件》从法律层面指明了共同市场要在 90 年代实现资金、货物、服务和人员全方位自由流动的目标。在当时,欧洲共同体取得了包括单一货币、统一税收政策、关于建立欧洲联盟的谈判有了大的突破等一系列重大进展,亚太地区也有发展得不错的区域一体化组织,特别是发展得最好、范围最广的亚太经合组织,并且亚洲唯一的发达国家日本早就胸怀着建立一个以自己为首的经济组织的愿望。因

---

① 周文贵:《北美自由贸易区:特点、运行机制、借鉴与启示》,《国际经贸探索》,2004 年第 1 期,第 16 ~ 22 页。

②③ 纪小围:《北美自由贸易区服务贸易自由化的贸易效应研究》,厦门大学硕士学位论文,2009 年。

此，欧洲联盟对北美构成了挑战，使美国面临一系列的难题；而 20 世纪 80 年代以来，美国已经遇到了来自日本和东亚新兴工业化经济的压力；美国清楚地认识到，单靠自己的力量，不足以应付来自欧共体和日本的挑战。建立以自己为首的区域经济一体化组织，以整体力量与其他一体化组织对抗，才可以保持在世界经济中的主导地位。[①]

2. 美加自由贸易区的建立

北美自由贸易协定是在美加自由贸易协定的基础上发展而来的，由于美国和加拿大在历史上就一直存在较密切的经济贸易关系，所以两国经济一体化发展是顺理成章的。19 世纪中期，由美国牵头，美、加两国签署了《1854 年互惠贸易协定》，协定放开农业以及其他自然资源产品及染料、服装等制成品领域的贸易管制，实行自由贸易。南北战争之后，该协定处于终止状态，直到 1935 年，两国才恢复了相互减让关税，到了"二战"期间，两国又签署《国防生产分享协定》。20 世纪 60 年代以后，随着美国和加拿大在汽车的生产、贸易和投资领域中的合理分工，加拿大在对外政策上把美、加自由贸易协定的谈判提到了重要议事日程，想利用双边自由贸易谈判使美、加经济关系得到进一步发展，虽然美国国会的保护主义情绪始终十分强烈，但通常是针对较远的贸易伙伴如日本、韩国和中国台湾地区，所以美、加自由贸易协定在美国国会顺利得到批准。[②] 在《1965 年美加自由贸易协定》中，美、加两国约定减免绝大部分汽车及零部件的贸易关税。《美加自由贸易协定》生效于 20 世纪 80 年代末，这是一个综合性一揽子协议，在十年内分阶段实施，目的是扩大美加之间的贸易关系。

3. 北美自由贸易区的形成

1991 年 2 月，美、加、墨三国政府正式宣布将就三边自由贸易协定展开谈判。历经 14 个月的艰苦谈判，美国、加拿大和墨西哥三国于 1992 年 8 月 12 日签订北美自由贸易协定。协定于 1994 年正式生效，全球第一个南北型区域经济一体化组织——北美自由贸易区由此诞生。协定决定自生效之日起用 15 年的时间分阶段实现消除贸易壁垒、商品和劳务的自由流通的目标，以形成一个北美范围内覆盖 4.2 多亿人口、2 130 多万平方公里的国土面积和拥有 11.4 万亿美元年国内生产总值的世界最大的自由贸易集团。美、加、墨的组合有着南北合作和垂直分工两大特点，是发达国家和发展中国家之间经济合作的一个先例。从理论上看，南北区域经济集团组织的形成，首先要具有两个战略性前提：第一，殖民地和落后地区政治和经济独立，至少名义上摆脱了发达国家的经济控制，有了通过相互合作共同发展的强烈愿望；第二，同一地域范畴内的发达国家基于共同的利

---

①② 兰天：《北美自由贸易区经济效应研究》，吉林大学博士学位论文，2011 年。

益考虑，需要通过合作，共同对付外部经济力量的竞争。① 北美自由贸易区是由美国这个世界经济的霸主牵头组成的，美国在北美自由贸易区有着举足轻重的地位。美、加、墨三国按工业化程度和发展水平分属三个不同的层次：美国属于第一个层次，加拿大属于第二个层次，两者均是发达的工业化国家；墨西哥则是第三个层次，为新兴的工业化国家。②

（二）一体化程度

北美自由贸易区成立以来一体化程度不断加强，促进了地区的发展。第一，促进地区贸易增长和增加直接投资。IMF 数据显示，NAFTA 成员国之间的货物贸易额在这十几年里飞速增长，三边贸易额从 1993 年的 3 060 亿美元增长到 2012 年的 12 210 亿美元。由于 NAFTA 提供了一个强大、确定且透明的投资框架，确保了长期投资所需要的信心与稳定性，因而吸引了创纪录的直接投资。③ 美、加、墨三国间的 FDI 在 2000 年达到了 2 992 亿美元，比 1993 年的 1 369 亿美元增长了一倍以上，与此同时，区域外国家对北美自由贸易区内的 FDI 也在增长。第二，发展中国家受益匪浅。墨西哥作为北美自由贸易区中经济实力最弱的国家却是公认的最大受益者，自从加入自由贸易区，墨西哥与伙伴国的贸易迅猛增长，墨西哥向美国和加拿大的出口在 1993～2012 年均翻了两番，由于墨西哥大幅削减进口关税并对金融领域实行全面开放，又由于其劳动力的优势，大量外国资本涌入墨西哥，FDI 占其国内总投资的比重逐年上升。第三，组织的合作范围不断扩大。过去十年间，有关成员国完成了美洲自由贸易区（FTAA）的谈判，NAFTA 向南发展的趋势明朗。主导国美国除了把 NAFTA 看做是增加成员国贸易的手段外，还把 NAFTA 看做是其外交政策的一部分，以及向美洲和全球贸易自由化扩展的重要工具。④

（三）一体化特点

北美自由贸易区的特点鲜明，主要可归纳为以下两个方面。

1. 一国主导性特点

与北美自由贸易区南、北共存性特点相适，美加墨之间总体发展水平和经济

---

① 古惠冬：《北美自由贸易区的解析及其对区域经济合作的启示》，《改革与战略》，2001 年第 6 期，第 53～56 页。

② 周燕、张国梅：《南北区域经济集团化的典型——北美自由贸易区》，《决策咨询通讯》，2006 年第 3 期，第 83～86 页。

③ 涂志玲：《NAFTA 十年回顾与展望》，《求索》，2005 年第 4 期，第 12～15 页。

④ 涂志玲：《从 NAFTA 十年成效看南北型区域经济合作》，《世界经济与政治论坛》，2005 年第 4 期，第 7～12 页。

实力对比的特定条件，决定了北美自由贸易区还明显地体现出一国主导性的特点。[①] 在北美自由贸易区中，美国的角色定位是贸易区建立的领头羊和日常经济事务谈判、运行的重要保障，又因为美国是成员国中经济发展水平最高、综合国力最强的国家，其在直接投资、双边贸易、技术转让及金融保险诸多领域有着卓群的实力，其主导地位是毋庸置疑的。加拿大虽是发达国家和七国集团的成员，但与美国相比它只能望尘莫及。墨西哥是处于艰难发展的发展中国家。发展水平和综合国力的悬殊，客观上形成了与美、加、墨之间不对称的相互依赖。不过这恰恰是美国在北美自由贸易区中的主导地位赖以存在和维持的根基，所以北美自由贸易区在运行方向和进程等方面在很大程度上反映出美国的利益与意愿。问题在于对这种一国主导性程度的把握，既要体现主导国的利益又不能完全置其他成员国的利益于不顾，要保证其他成员国能实现足够大的利益，以至于"甘于"被领导被支配。[②]

2. 经济互补性特点

无论经济实力差距几何，也无论存在多少不协调甚至冲突与矛盾，成员国在经济上的互补性以及由此产生的互利互惠性始终都是地区性贸易安排得以建立的现实基础。[③] 在自然资源方面美加墨三国的互补性显现：作为能源消耗大国的美国需要大量的石油进口，而墨西哥和加拿大正好有充裕的资源。在制造业方面同样如此：美国领先世界的信息、技术设备和充裕的资本与墨西哥大量而廉价的劳动力完美的结合，能够提升整个区域内制造业在国际市场上的竞争力并在区域范围内实现资源优化配置。在利益分配方面：发展中国家可以从发达国家处获得资金、技术，在经济增长的同时逐步转变产业结构，提升本国在国际经济合作中的地位，而发达国家可以获得更广阔的市场，更可以转移无优势产业，专注发展产业核心环节。在农业方面，美、墨之间和加、墨之间均存在一定程度的互补性。

（四）评价

北美自由贸易区建立 20 年来硕果累累，成员国的经济均实现了不同程度的发展；经济合作促进了区域内政治、安全的和谐稳定；尤其是对于墨西哥来说是"改头换面的 20 年"。许多学者认为其意义在于：实力悬殊的发达国家和发展中国家首次结成利益共同体，并且促进了北美地区进而影响了半球甚至全球的经济、政治、文化格局的深层变革。

---

①③　周文贵：《北美自由贸易区：特点、运行机制、借鉴与启示》，《国际经贸探索》，2004 年第 1 期，第 16～22 页。

②　吴双：《北美自由贸易协定若干法律问题研究》，暨南大学硕士学位论文，2007 年。

北美自由贸易区在扩大双边贸易、提升国家竞争力、改善区域内投资环境等方面有着引人瞩目的成效，但在这 20 年从幼稚到逐渐成熟的发展过程中，也暴露了很多不足和缺憾，主要有以下几点：

1. 导致美国的失业人数增加

在北美自由贸易区运行过程中，美国主要是抱怨北美自由贸易区的建立使美国的企业处在同拉美廉价劳动力成本的不公平竞争之中，导致美国的失业增加，加剧了美国就业压力。[①] 就业是美国民众最关心、最在意的问题之一，也是美国政府时刻关注、努力解决的问题，在建立北美自贸区伊始，美国政府和人民都对其能够大幅度促进国内就业充满了希望，事与愿违，由于美国的劳动力成本与墨西哥相比实在无优势可言，许多制造业大企业纷纷在墨西哥设厂，使得美国的失业人数不降反升。

2. 三国之间的贫富差距逐渐拉大

美、加、墨三国的市场环境和经济实力相差悬殊，而《北美自由贸易协定》中约定在贸易投资方面的开放程度是一视同仁、无国别之差的，这显然是不公平的。相对落后、缺乏竞争力的墨西哥经济立即向世界上最发达国家敞开大门、实行自由贸易并在条件极不对等的情况下开展竞争，势将付出相当大的代价。[②] 代价最直观的表现是人民生活水平的降低和贫困人口的增加，1984 年墨西哥的贫困率是 53%，而到了 1998 年上升为 63.70%，2006 年一度降至 42.7%，2014 年又回升至 53.2%；在某些商品领域，美国和加拿大的大企业有比较成熟的品牌和规模效益优势，这些商品强势席卷了墨西哥本土市场，将竞争力较弱的本土企业挤出了市场。

3. 还存在贸易保护主义的现象

在《北美自由贸易协定》签订后，其协定中的贸易保护主义因素违背贸易自由化原则。[③]《协定》中默认或明确承认原先美、加、墨之间签订的某些双边贸易保护条款以及各国自订的保护性条款，即在自由贸易区中还是存在着贸易保护的行为。这样做尽管有利于推动区域经济一体化的顺利进行，但是贸易保护这颗"地雷"的存在会时不时引起贸易争端，从长远来看，贸易保护主义会阻碍一体化进程。

4. 存在争端解决机制的不足

其具体表现为：（1）缺乏统一的争端解决机构。NAFTA 争端解决机制无法

---

① 周文贵：《北美自由贸易区：特点、运行机制、借鉴与启示》，《国际经贸探索》，2004 年第 1 期，第 16～22 页。

② 郜火星：《关于世界经济区域集团化发展的思考》，《经济经纬》，2006 年第 3 期，第 57～60 页。

③ 周忠菲：《〈北美自由贸易协定〉的实施及其影响》，《世界经济研究》，1995 年第 6 期，第 14～17 页。

统一司法解释和有效管理争端解决。（2）程序难以保证。在 NAFTA 第 20 章中，所有由专家组裁决的案件在专家组建立上都拖延了时间，特别是跨境汽车运输案。（3）仲裁专家组的裁决与原 GATT 专家组裁决一样不具有法律效力。它不影响国内法，也不能由国内法院强制执行。（4）没有规定各机制之间的协调条款。当一个争端涉及多个领域时，就会出现选择争端解决机制的冲突。（5）透明度问题。对 NAFTA 和 WTO 的争端解决的一个重要批评是争端解决程序对公众保密。①

5. NAFTA 成员国经济结构的差异，可能会导致加、墨经济失调

《北美自由贸易协定》的实施给大企业和小企业带来的命运大相径庭。就加拿大而言，大企业能够很好地存活下来，尤其是与美国有着密切往来的那些企业，反观在经济中占据重要地位的小企业的命运则是悲惨。所以 NAFTA 所推行的以资本和技术密集为特征的产业优化，只会使加拿大中小企业受到打击，引起更多的失业，从而带来严重的社会经济问题。② 就墨西哥而言，其不成熟的国内市场环境使得未对外开放前尚能受到保护的民族资本在对外开放后面临了严重冲击，面对美国、加拿大两个发达国家的成熟资本简直手无缚鸡之力，此外，由于区域内的产业功能转移，高污染、高能耗、劳动密集的产业环节纷纷转往墨西哥，造成其资源流失和污染问题。

第三节　欧盟北北型区域经济一体化考察

发达国家之间的合作即北北合作，是典型的强强联手。北北合作主要以产业内部分工为动因，欧盟是北北合作最具说服力的例子。北北合作有着经济发展水平高、制度框架相对完善、执行力度较强、政治协同效应突出、一体化程度高等特点，成员国一般能从合作中获取丰厚利益。但北北合作也存在着许多矛盾，强者之间博弈需要的是不断的磨合，在贸易政策、货币政策甚至政治行动上的一致将以失去"个性"为代价，所以求同存异将一直是北北合作的重心。北北合作的宗旨主要有：加强国际合作，追求公民富裕生活，增强国力，国际利益制衡等。

---

① 罗上烧：《北美自由贸易区统一市场建设的经验与教训》，《经营管理者》，2010 年第 17 期，第 104～105 页。

② 王峻峰：《南北区域经济集团化的典型——北美自由贸易区》，《黑龙江对外经贸》，2006 年第 8 期，第 18～20 页。

一、发展历程

欧洲一盘散沙的状态给其带来巨大的痛苦和深重的灾难，若不走向一体化，就无法走出战争的轮回。因此在"二战"以后，欧洲各国都支持欧洲统一的思想。为了对恢复政治地位的联邦德国的重工业实行管制，避免再出现一个国家对另一个国家构成军事威胁的现象，1950 年 5 月 9 日，法国提出了"舒曼计划"，希望建立一个能统一管理煤矿、铁矿、矿渣和钢等冶金资源的欧洲跨国机构。1952 年，欧洲煤钢共同体正式成立，它通过创建一个超国家的机构来共同管理各国煤钢的生产和销售。

与此同时，欧洲开始认识到能源供应与建立全面的共同市场的重要性。1957 年 3 月 25 日，法国、西德、意大利、荷兰、比利时和卢森堡六国的政府首脑和外长在罗马签署《欧洲经济共同体条约》和《欧洲原子能共同体条约》，统称《罗马条约》。[①]《条约》的主要内容包括：规定成员国共同的农业政策，筹组农业共同市场；建立工业品关税同盟；实现共同体内部工业品、劳动力和资本的自由流通；制订共同竞争规则，消除各种限制和歧视竞争的协定和制度，设置一整套具有一定权限的共同体机构等。《条约》不仅建立了共同市场，也协调了各成员国之间的贸易政策。由此可以看出，欧洲建立成员国的动机在于实现经济繁荣。

关税同盟和共同的农业政策是《欧洲经济共同体条约》的两大基石，也是一体化的起点。根据条约规定，关税同盟从 1958 年 1 月 1 日开始，分三个阶段，到 1970 年 1 月 1 日建成。在 1961 年底贸易限额就全部取消，关税同盟也比预期提前了 18 个月，在 1968 年 7 月 1 日建成。在关税同盟内，货物自由流动不仅有利于各国的专业化分工、推动经济增长，也为经济一体化开辟了道路。同时，由于各国的工业基础和实力仍有一定的差别，就产生了比较利益不同的问题，引发了农业一体化的要求，希望通过更广泛的合作实现成员国之间的利益平衡。农业一体化也是各成员国发展农业、保证农产品供给、稳定农产品价格、实行农业结构调整的需要。

共同农业政策的基础和主要原则是统一农产品价格和农产品自由流通。[②] 在 20 世纪 60 年代初，由于生产成本和销售渠道的原因，法国、荷兰和意大利的谷物、畜产品、蔬菜和水果生产出现大量过剩。所以这 3 国也是呼声最高的国家。

---

① 于纯海、代明智：《超越主权：欧洲一体化进程的法哲学追问——写在〈罗马条约〉50 年》，《黑龙江省政法管理干部学院学报》，2007 年第 9 期，第 1～5 页。

② 朱晓军：《欧盟商品市场一体化的实证研究》，复旦大学博士学位论文，2008 年。

但是《罗马条约》只规定了一些目标，相关条款也过于模糊。共同农业政策完成之时，几乎涵盖了全部农业生产部门，但是对各部门的干预形式存在一定差别。

广阔的市场使得农业生产率迅速提高，农村人口外流速度加快，生产者的收入也大幅度提高。然而由于各国都力图保护本国农民，共同农业政策并没有促进专业化分工。随着共同农业政策的实施，也带来了一系列由于生产过剩所造成的弊端：农业补贴导致预算负担较重；内部利益分配不公；欧盟扩大的压力；世界农产品贸易自由化的挑战等。受到了来自内外部要求改革的极大压力。

《罗马条约》的执行情况并不均衡，在其他领域的成果有限。人员、服务和资本的自由流动仍受限制；资本的自由流动也只是部分地实现了；运输领域还未被纳入。在社会政策、经济政策、货币政策、地区政策方面，因涉及国家主权，共同体的行动是非常受限制的；而且货物的完全自由流通在共同体内部也没有真正地实现，非关税壁垒仍然存在。

1970 年 4 月 22 日，6 国部长在卢森堡签订了《关于修改欧洲共同体条约、建立单一的欧洲共同体理事会和委员会条约的某些预算规定的条约》。这标志着共同体发展进入了一个新的阶段，共同体实现了财政独立，而不再像以前一样依赖于各成员国的摊款。1971 年 2 月，共同体六国宣布建立欧洲经济与货币联盟的时机已经成熟。

20 世纪 70 年代，欧共体不断扩大。1973 年，丹麦、爱尔兰和英国布鲁塞尔签字加入欧共体，1981 年，希腊成为欧共体第十个成员国。1986 年，西班牙和葡萄牙加入欧共体。1985 年 3 月欧共体主席正式提出了有关 1992 年以前实现单一市场的设想。欧委会为实现这一目标制定了详细的计划。6 月 14 日，欧委会正式发布《白皮书》，1986 年 2 月，欧共体 12 国就签署《单一欧洲法令》达成一致。《白皮书》和《单一欧洲法令》的目的都是要在欧洲实现一个统一大市场，在 1992 年 12 月 31 日之前逐步建立内部市场，包括实现在此区域内的货物、人员、服务和资本的自由流动。

1993 年 10 月 29 日，欧共体布鲁塞尔特别首脑会议计划于 1994 年 3 月 1 日前结束谈判，以使 4 国得以于 1995 年 1 月 1 日加入欧共体。2004 年 5 月 1 日，欧盟实现了它的第五次也是迄今为止规模最大的一次东扩，成员国达到 25 个，隆重吸收了波兰、捷克斯洛伐克、匈牙利、斯洛文尼亚、立陶宛、拉脱维亚、爱沙尼亚、塞浦路斯、马耳他十国入盟。[①] 2007 年 1 月 1 日，罗马尼亚和保加利亚的加入，成为欧盟的第六次东扩。2013 年 7 月 1 日，克罗地亚成为欧盟第 28 个

① 于纯海、代明智：《超越主权：欧洲一体化进程的法哲学追问——写在〈罗马条约〉50 年》，《黑龙江省政法管理干部学院学报》，2007 年第 9 期，第 1~5 页。

成员国。

如今，欧盟已由最初的 6 国发展成为拥有 28 个成员国、人口总数达 5 亿，经济总量超过美国的大型区域一体化组织。欧盟这个如此庞大的系统，经济、政治和文化上的小摩擦都可能带来沙文主义的抬头，从而引起世界格局的动荡。

二、一体化程度

（一）文化一体化

几十年间，欧盟从单一的经济合作组织发展成为具备许多政治文化功能的超国家组织。2007 年，欧盟发布"全球化世界中的欧洲文化议程"，提出要将文化作为重要的组成因素纳入欧盟的对外政策之中。在欧盟范围内，文化事业在很大程度上仍属于各国司法与内部事务，属于协调、协作范围，而不具有强制性。在目前的条件下，欧盟不可能卷入各国的具体文化政策制定当中。这是因为文化隶属于国家主权。是综合国力的重要组成部分，各成员国会不断强调和凸显其文化主权，作为其道统和法统的依据之一。[①]

通过研究欧盟文化一体化的过程，可以总结出它所显现的一些特征。一是欧盟正大力举办各种各样的官方文化活动，试图通过立法和加大财政投入的手段来形成一个具有欧洲特色的文化区域，在此基础上不断强调欧洲的共性。二是为了构建一种泛欧洲的认同，欧盟努力加强对欧洲共同文化遗产的强调，力图形成一种欧洲文化的堡垒。三是欧盟试图打破内部的文化疆界，例如，开展大规模的文化交流活动，大力促进国与国之间旅游事业的发展。四是欧盟文化一体化的目的是增加其存在的合法性，这种文化根基是欧盟一体化的重要根源。

但是各个国家经过这么长时间的发展，在语言文字、宗教信仰，政治法律制度等方面都有着自己的特色，要想形成一种稳定的欧洲意识和对欧盟的归属感在短期内是无法实现的。

（二）移民一体化

欧盟是区域一体化最成功的地区，也是移民最密集的地区之一。当前，欧盟地区人口老龄化与低出生率并存，越来越多的国家人口总数在不断减少。欧盟绝大多数国家迁入移民多于迁出移民，所以欧盟人口增长很大一部分开始依靠移民

[①] 王昱：《论当代欧洲一体化进程中的文化认同问题——兼评欧盟的文化政策及其意向》，《国际政治研究》，2000 年第 11 期，第 11~15 页。

来支撑。

移民政策一体化是欧洲一体化的重要组成部分，随着欧洲一体化的不断深入，移民政策也应朝着更加一体化的方向发展，作为社会事务的重要方面，其角色越来越明显和突出，从欧盟的第三支柱上升到了第一支柱。当然欧盟各成员国不断地促进欧盟移民政策的一体化，主要原因还在于各成员国对高技术移民有着共同的需求。

（三）国防科技一体化

从欧洲煤钢联盟到现在的欧盟，成员国的国防工业一直是一体化进程中的"另类"，独立于欧洲统一大市场之外。① 冷战后，欧盟非常迫切地想摆脱对美国军事的依赖，渐渐意识到没有强大的国防科技的支撑，欧盟的发展也会受到严重阻碍。所以欧盟开始建立强大统一的军事力量，决心打造"欧洲堡垒"。

经过几十年的发展，欧洲国家的军用卫星发展策略已有重大调整，军用领域开始多方位合作，欧盟国防科技一体化取得重大进展，安全与防务战略得到了进一步明晰化和系统化，联合防务行动渐渐频繁起来，局部防务联合也大放异彩。

（四）贸易一体化

贸易一体化是区域一体化的最重要组成部分之一。据统计，欧盟内部进出口贸易分别占其进出口贸易总额的比例都在 63% 以上，说明欧盟市场的贸易一体化水平相当高。欧盟贸易一体化的发展，使得各国对欧洲统一大市场的依赖程度不断加强。但是如果遭遇全球性的经济衰退，各个国家的不景气又会相互影响，并导致整个区域的萧条。总体来讲，欧盟各个国家的发展水平相近，地理优势和历史、文化上的渊源共同促进着彼此的经贸合作的顺利进行。但是中东欧 10 国加入欧盟的时间不长，加上它们与欧盟 15 国经济上存在较大的发展差距，所以它们还不能很好地利用欧洲统一大市场所提供的资源。

欧盟一体化的发展依然存在着一定的问题。欧盟实施关税联盟政策，不允许成员国之间设置各种关税壁垒，但是关税同盟的建立也会导致新的垄断，如果关税同盟的排他性很大，各成员国就会运用技术性贸易壁垒来改善本国的经济利益，这又会成为技术进步的严重阻碍。

---

① 何奇松、李明波：《欧盟国防工业的一体化发展及面临的问题》，《军事经济研究》，2004 年第 8 期，第 71～74 页。

（五）货币一体化

根据欧盟货币一体化进行的时间表，1991 年 1 月 1 日起已进入货币一体化的第三阶段，由欧洲中央银行发行单一货币欧元；从 2002 年 1 月起，把欧元纸币投入流通，逐步收回各成员国流通纸币；至 2002 年 3 月 1 日，成员国本国货币完全退出流通领域，意味着欧盟货币一体化计划完成，欧元启动国际化。但自从欧元进入流通以来，欧元区的表现却差强人意，这不能不让欧元区成员感到深深的不安与失落。主要原因在于：

1. 统一货币政策与分散的财政政策协调变得困难

统一货币的实施，使得欧元区的各个成员国丧失了货币政策的自主权，各国调节经济冲击的政策重任就必然会落到财政政策上。[1] 欧元启动后，欧元各国的货币政策必须由欧中央银行统一制定，所以如果本国经济发展中出现失业率过高等情况，就只能运用独立的财政政策来解决，相对而言就没有了那么大的自主性。

2. 成员国经济两极分化严重，导致欧元区可能面临解体危险

目前欧元区各成员国经济发展水平存在较大的差异，两极分化严重，各国的经济表现也参差不齐，欧洲央行制定的一些政策不适用于所有国家的发展，例如，单一利率水平对德国过高，但对西班牙却过低。如果不改善这种情况，可能会严重阻碍欧盟一体化的进程，甚至导致欧元区的解体。

（六）金融一体化

1. 国债市场的一体化

欧元的出现，意味着欧元区的国债要以欧元标价，这对国债市场产生了重大的影响。消除了汇率风险，增强了不同国债的同质性和可替代性。虽然债券的收益率是衡量国债市场一体化程度的价格指标。但最佳的分析方法是比较当地和国债市场完全一体化地区的国债收益率的差异。许多研究表明，各国国家债券市场在向一体化方向发展，各国之间的国债收益率的差异不断变小。

国债市场逐步实现一体化的潜在原因是：首先，实现了单一货币欧元的流通，消除了汇率风险；其次，各国货币政策的趋同，使得对各国的通货膨胀预期大幅度趋同；最后，《稳定与成长公约》中对各国政府预算的约束，使得各国的信用风险被视为相对很小。金融一体化在国债市场取得了很大发展。

---

[1] 华民、于换军、孙伊然：《从欧元看货币一体化的发展前景》，《世界经济》，2005 年第 5 期，第 3～11 页。

但是必须注意的是，虽然各个国家的国债收益率已经非常的相近，但 10 ~ 30 个基点的差异依然存在，这意味着国债市场金融一体化还不完全。

2. 公司债券市场的一体化

欧元也使得公司债券也有了单一的计价单位，消除了汇率风险，一方面使得公司在欧元区融资变得更加容易；另一方面，也使得投资者对信用风险具有更大的承受力，信用等级较低的公司债券有了市场。

通过对债券市场一体化的分析，可以得出：引入欧元以来，债券市场一体化进展很大，速度也非常快，但市场分割依然存在，债券市场的一体化还不完全，其一体化程度还有待进一步提高。

3. 股票市场的一体化

在一体化的股票市场里，投资者对自己国家的股票没有特殊的偏好，可以在整个区域范围内实现最优的投资组合。股票市场也不仅仅会受本国宏观经济的影响，更会受到整个区域形势的左右。

经济学家们通过对价格和数量指标的分析，来衡量股票市场的一体化程度。相关研究表明，欧元区的股票价格和收益越具有相关性，股票的收益就越大程度的受区域内公共事件的影响，而本国的事件影响则会变小。

通过研究分析可以得出结论：欧盟股票市场的一体化有了一定的发展，但股票市场总的一体化水平仍然很低。不同水平的进入成本、不同的结算系统、高额的跨国交易费用，都阻碍了欧元区股票市场一体化的发展。[1] 要想实现股票市场完全一体化，还需要有效政策的实施。

4. 银行业一体化

由于欧元区银行业经营着多种业务，所以其一体化进程是很复杂的。理论上来讲，如果没有各种准入壁垒，那么银行业的完全一体化就可以实现。但实际上，市场中的一些内在壁垒，如文化差异、距离等无法消除，所以银行业完全一体化在现实中可能永远只是空中楼阁。

在欧盟公共当局的推动下，欧盟银行业的一体化进程经历了实施国民待遇原则、实施互相承认原则及监管规则和谐化三个阶段，一体化程度逐步提高。其中批发银行活动基本实现了一体化，而零售银行业的一体化则仍然面临诸多经济与法律方面的障碍。[2] 银行业一体化的发展仍然受到监管和税收的限制，还需要对相关政策进行调整。

---

① 王璐：《欧盟股票市场一体化研究》，厦门大学硕士学位论文，2009 年。
② 王志军、康卫华：《欧盟银行业一体化发展分析》，《南开经济研究》，2005 年第 2 期，第 89 ~ 94 页。

三、一体化特点

与其他区域经济贸易集团相比，无论是深度还是广度，欧盟的一体化进程都处于领先地位。欧盟一体化进程主要表现为以下几个特点：

（一）区域内部开放程度非常高，但仍存在一些阻碍因素

欧盟的开放程度非常高，已经实现了商品、资金和人员的自由流动。加上单一货币欧元的使用，使得欧盟内部的消费市场已经完全实现统一。由于各国社会保障和福利制度、专业和任职资格制度各不相同，虽然欧盟已从法律上取消了劳动力自由流动的限制，劳动力这一生产要素在欧盟内部却始终未实现真正的自由流动。

（二）区域内政策协调力度日趋增强

由于欧盟各国国情不同，在一体化的过程中难免会产生分歧和矛盾，甚至是激烈的争执乃至对抗，但各国最终都能认识到一体化集团是他们获得发展的最快、最好的经济组织形式。成员国为了实现共同利益通过互相协商和互相配合，通过实施一系列卓有成效的原则来消除矛盾。[1]

目前，欧盟在一些经济政策上已经实现统一，如反倾销政策、反垄断政策和补贴政策。同时，对许多法规与标准也进行了统一。特别是关系到健康、安全和环保等公共领域的法规与标准，都统一由欧盟制定和实施。其他的法规和标准虽然没有完全统一，但在成员国之间建立了相互认可制度。欧盟内部还实施了关税联盟政策，使得商品在欧盟内部能够更加的自由流动。

（三）完善的机构设置，成为区域一体化快速发展的重要保障

欧盟是一个"特殊政体"，一种远远超过国际组织，但又不符合联合国国家思想的政治体制。欧盟在协调跨界行政主体方面的能力，是由一系列行之有效的政策目标和工具以及执行政策目标和运用政策工具的组织形式所构成。[2] 欧盟共有 5 个主要机构，欧洲理事会、欧盟理事会、欧盟委员会、欧洲议会、欧洲法

---

[1] 高小升：《欧洲经济一体化发展模式评估》，《国际经贸》，2008 年第 2 期，第 9 页。

[2] 王小进、何奇频：《欧盟区域经济合作机制的经验与教训》，《商情》，2008 年第 7 期，第 166～175 页。

院。另外，还有 5 个其他的重要机构：欧洲经济社会委员会、地区委员会、欧洲中央银行、欧盟调查员、欧洲投资银行。这些机构共同作用，保证欧盟一体化的良好运行，帮助实现欧盟的目标。

（四） 成熟发展的共同对外经济政策

20 世纪末，欧盟将对外经济政策纳入统一框架中，可见经济政策在欧盟政治外交中成为了重要的支撑。目前，欧盟已经实现了人员、资本、劳务和商品的自由流动，建立了关税同盟，实施了共同农业政策，启动了单一货币欧元，从而成为世界经济强权之一，使得欧盟能够在全球的经济交往活动中更好地维护经济利益。欧盟的对外经济关系也可能存在诸多的问题，但这已经是目前来说发展得最完备、最成熟的一个经济系统。这也为欧盟的对外政策一体化打下了坚实的经济基础。

（五） 共同前行的共同外交与安全政策

共同外交与安全政策是欧洲政治联盟计划的主要内容，也是加强欧盟政治经济合作的必要保障。欧盟对外政策一体化过程中，《马斯特里赫特条约》起着一个里程碑的作用，为共同外交与安全政策注入了新的血液，但欧盟仍面临挑战，无论是海湾战争还是科索沃战争，欧盟成员国都没有能够成功的推行共同的外交与安全政策。1999 年的科隆会议及其声明宣布了防务欧洲正式诞生。目前发展欧洲共同防务政策已经从个别国家的主张逐步扩展为成员国之间的共识和实际行动，但其操作的困难程度也比其他政策更大。

四、评价

在区域经济合作的过程中，由于各国经济发展水平存在着一定的差异，欧盟制定了相应的政策，有效地消除了地区差异和贫困，促使各个国家进行优势互补，推进共同发展，较大程度地提升了整个区域的综合竞争实力，但与此同时也存在着一些问题。经验教训总结如下：

（一） 经济一体化组织应有明确的区域政策框架

区域政策是一体化组织干预经济发展与协调区域经济关系的主要工具。实施区域政策必须要有完善的制度基础和法律基础。而欧盟充分吸收各个国家的经验，严格制定、实施和监督区域政策，保证了政策的规范性和可实施性。

要有效实现扶持和协调的目标，就必须明确各项区域政策的适用范围和适用条件。欧共体地区委员会成立后即对"有问题地区"的定义作出了明确的界定，对重点扶持地区也进行了详细分析与规定。各项政策条理清晰、规定严格，避免了实施的盲目性和随意性，从而保证了资金的使用效益，能够有力的促进一体化的进程。

（二） 重视集体认同的建构

作为正在全力推进区域一体化的欧盟，集体认同的建构是非常有必要的。集体认同有助于加强欧盟成员国之间的合作，在经济发展过程中，各个国家首先考虑的是本国的经济发展与利益，这有可能导致成员国之间合作的不顺畅，而集体认同的建构能够在成员国之间产生认同感，相互包容，把自我利益和共同体利益放在等高的位置。还有利于培养人民对欧盟的归属感，提高欧盟的政治合法性。

（三） 注重一体化建设的循序渐进

欧盟由欧洲经济共同体、煤钢共同体和原子能共同体发展而来。目前欧盟主要着力于加快经济一体化的建设，与此同时也注重政治、司法、安全一体化的发展，最终实现全面一体化，此过程中采取的是由易到难、循序渐进的方法。并且其在一体化过程中也根据发展的具体情况进行相应的调整。欧盟经过半个世纪的内外不断整合，已经形成一套非常完整的发展理念，在国际事务中发挥着越来越重要和独特的作用。

（四） 增进成员国和人民的切身利益

欧盟的发展不仅促进了各成员国的经济发展，增强了其在国际上的影响力，而且也使欧盟民众受益颇多。在农业领域，共同农业政策的实施极大地促进了农业与农村的发展，增加了各国农业生产者的收入，保障了各国人民的利益。在经济领域，欧元的启动使得各国商品，人员、劳务和资本能够自由流动，很大程度上提高了经济发展水平。

欧盟还特别强调关心公民的切身利益和基本权利，使"欧盟公民"的观念得到广泛的推广与认同。尽管经济政治上的目标对于欧盟的发展非常的重要，但是只有考虑到各成员国的切身利益，才能让人民更加支持欧盟的发展，从而推动一体化往更深的方向前进。

第四节　区域经济一体化的经验借鉴

利益的追求来源于人的本性，是人的一切活动的内在动力，进而推动了社会的发展。不论是各个国家还是普通民众，归根结底都是遵循务实原则，这是区域经济一体化的本原。因此在一体化发展的过程中，必须要探求适宜的共同利益，适时抓准利益切合点，协商制定阶段性目标，实事求是地提出具体任务。[①]总结来看，协调、平衡成员国之间的利益会是区域经济合作的常态，需要通过制定和实施具体差别化政策、经济发展水平较高的国家施以援手并作出一些让步、更公平的区域合作利益分配等途径进行落实，预防各成员国利益冲突的产生或激化。由此，区域经济一体化的经验总结主要体现在以下几个方面。

一、寻求贸易创造效应，促进区域内分工和规模经济的进一步形成，实现产业升级

（一）发现、培育比较优势产业

南南型区域经济一体化组织能够产生的贸易创造效应有限，相反能够创造更大程度的贸易转移效应。这是因为随着一体化的发展市场规模会相应的扩大，随之而来的便很有可能是规模经济和资本集聚等正向的动态经济效应。大卫·李嘉图提出的"比较优势"理论认为，如果一个国家在产品的生产中不存在绝对优势，但只要有比较优势，同样也可以与其他国家进行贸易往来。所以在推进过程中，成员国要发现、培育比较优势产业，发展较好的成员国要在基础设施建设、人才培育、技术等方面为较落后成员国提供帮助，以促进其经济发展，因为从长远来看，差距过大不利于一体化福利最大化。

（二）经济落后国家应将大力发展国内经济摆在首位

而对于经济发展落后的发展中成员国来说，分工和规模经济难以成型，更谈不上产业升级，这些国家商品种类贫乏、生产能力低下、购买力有限，仅靠

---

① 康珂：《欧洲一体化对东亚一体化的启示研究》，华中师范大学硕士论文，2011年。

互助很难有所突破或从大规模贸易增长中获取收益，如西非国家经济共同体。同样，中国—东盟自由贸易区也面临着区域内部贸易水平低下的问题。因此，在未来相当长一段时间内，实现高水平的内部贸易必将是中国—东盟区域经济体的目标。

（三）运用产业链思维，在国际分工中实现地位提升

在全球价值链中，发展中国家通常处于底端，出口产品集中于低附加值的劳动密集型产品，发达国家处于顶端，出口产品技术含量高。所以发达国家和发展中国家的经济合作表现出垂直性。在北美自由贸易区中，墨西哥与美国间的合作就是典型的丰富廉价劳动力资源与资本的合作。垂直性合作使发达国家竞争力增强，使发展中国家实现规模经济和技术引进，但长此以往会拉大国家间的差距。APEC 通过其灵活的对话磋商机制，成员国间达成了许多多边、双边协议，有效改善了传统的合作模式。

发展中国家应尽快吸收国外先进的技术和管理经验，以增加出口产品的附加值和技术含量。由于制造业是在自由贸易中收益最大的产业，而亚太地区发展中国家产业又呈现出趋同化，所以各国必须加快中低端制造业的转型升级，必须以科技为动力，加快产业升级的步伐。为了实现水平性的合作应注重在国际分工中地位的提升，不断培育产业竞争新优势，从"制造国"逐步变为集制造、物流、销售、结算、研发、维修于一体的贸易国，实现产业链的延伸。充分利用国际、国内两种资源，大力改善创新环境，不仅能在传统产业实现大幅提升，而且可能在新技术和新产业的国际竞争中争得一席之地。

二、大力发展区域互联互通，做好基础设施、金融、人才流动和培养等领域的配套

改善投资环境使投资便利化、贸易自由化是"南南"、"南北"一体化永恒的主题，造成这种现象的主要原因是成员国发展程度不高。随着区域一体化进程的不断加深，发展中成员国各方面的配套也需要不断完善，不仅可以吸引外资、拓宽国际市场，同时也对本国国内的产业发展起到了助推作用。

（一）基础设施建设是优化国内投资环境、吸引国际合作的基础

主要是针对发展相对落后的发展中国家，因为对于发达国家和中国这类发展中国家来说，基础设施建设并不是一个突出存在的矛盾。而西共体和东盟这样的南南型组织，多数成员国经济并没有实现飞速发展，原因有很多，但运输、交通

基础设施的滞后所带来不便，使得经济合作成本较高，不利于贸易的开展。

运输、交通基础设施是基础设施中最为重要和基础的，不单是区域内部之间要素进行有效配置的前提，而且还是成员国之间沟通的重要桥梁。为此，这些国家应当扩大交通、运输基础设施规模；加大对基础设施的投资力度；采取有效方法进行基础设施建设融资，开放基础设施建设市场，吸引外国投资建设；等等。

（二）减少人员流动障碍，培养区域合作人才

西共体通过统一护照和旅游证制度，欧盟通过申根协定、欧洲健康卡等制度，均实现了较完全的人员自由流动。减少人员流动限制将节约区域合作的成本，使劳动力资源得到优化配置，并且有助于增进由区域内人才的流动带来的知识交换流动，增进各国的福利。

区域经济合作依赖于创造性的人才，如欧盟，高素质的区域合作人才是其可持续发展的必备条件。所以，成员国应当重视人才的引进和培育。在区域规划中，发展程度较低的国家应该积极借力于发展较好的国家，推动高素质人才的培育和引进；这些国家还可以建设创新型试点，并给予适当的税制上的优惠，由此可以吸引区域内企业和人才的聚集。若能给予人才优越的薪酬条件和发展平台，不但可以引进外来人才，更有助于本地人才的发展，培育本国内人才的优点在于避免了外国人才的高流动性的缺点。

（三）技术引进和技术研发双管齐下

在技术合作方面，大致呈现出"南南型原地踏步，南北型难有共识，北北型合作愉快"的态势。南南型合作中，技术合作无非是落后国家从发展较好的国家引进一些早已成熟运用的技术，谈不上发展和创新，如东盟；南北技术合作的分歧点在于发达国家认为自己是"无私奉献"所以不愿意奉献、发展中国家认为合作是双赢，前文对 APEC 的技术合作有详细的介绍；而欧盟内部的技术合作十分密切。一般地，跨国公司更加看重发展中国家巨大的本土市场和人力资源、基础设施、配套产业等新优势，加速将先进制造等较高技术含量、较高附加价值的产业活动转移过来，高端人才等生产要素也会流入，有利于这些国家通过"引进来"提升技术水平和国际分工地位。但核心的技术、产业链条中高附加值的部分仍然紧握在发达国家手中。所以，发展中成员国一方面要在与发达国家谈判中争取更多的利益，另一方面也要注重技术的自主研发。

（四） 金融发展应紧跟区域经济合作发展

在金融方面，欧盟在一定程度上实现了债券、股票、银行业一体化，减少了跨国公司的融资成本，为跨国公司的资金运作提供了便利。同时，更广阔的市场、更多的竞争对手，会促使金融业不断创新，为一体化市场提供更好的服务。

1. 提供支付结算的便利

尽管大多数组织无法达到欧盟的高度，但在提供区域金融服务上欧盟有很多值得借鉴的地方。这些组织的金融配套服务可以从三个思路切入：一是通过双方银行开设本币账户，提供双边结算；二是通过境内商业银行代理结算业务，实现跨境支付清算；三是将银行支付系统带入各成员国，提供支付清算服务。[①] 结算的便利将大大减少区域内部经济往来的成本。

2. 密切结合实体经济，兼顾大中小企业

金融服务不能仅仅面向大企业，也应当支持中小外贸企业，有针对性地服务各类企业。当前情况来看，在资金总额上各国的贸易还是以大企业为主，但是在数量上中小企业占据大部分，并且中小企业提供的国内就业岗位多，关乎民生问题，所以必须给予支持。区域金融服务必须摆正服务态度，将中小企业纳入服务对象，提供专业化、优质性的金融服务。如加大中小企业信贷投放工作力度，制定相应的监管政策，对中小企业进行金融指导和培训等。

三、成员国地位对其在一体化组织中的福利分配影响显著

各种类型的一体化组织中，主导国往往是收益最多的国家。如南方共同市场中的巴西、北美自由贸易区中的美国。首先，主导国是一体化组织中发展最好的国家，发展的经验、经济实力、处理国际事务的能力都较强；其次，区域合作体现主导国的意志，以满足主导国的经济利益。然而这种主导性并不意味着完全的"自私"，要使合作继续便要"让利"和"双赢"，主导国必须把握这个度。

（一） 大国主导的一体化组织有着明显的优势

首先在一体化进程的推进上，主导国起到了很大的作用，如在欧盟形成的过程中法德两个核心大国的角色，如果没有实力雄厚的主导国，多方意见难以达到统一，一体化的进程会十分缓慢。其次从 APEC、东盟这些成员国地位相对平等

---

① 黄丽君：《CAFTA 框架下南宁区域性金融中心建设研究》，中央民族大学硕士学位论文，2013 年。

的组织可以看出，平等大于效率，多数分歧往往需要不断的协商。但大国主导也有其弊端，即饱受小国诟病的一体化成本和福利的不均等配置，这就要求大国在区域合作中有担当、负起国际责任，这也是中国—东盟区域合作今后的方向。

（二）单纯的南南型合作不利于增进实力较差的成员国的福利

南南型组织中落后的发展中成员国因基础差、规模经济和稳定分工难以形成等原因遭受损失的可能性较大，甚至福利也可能会有一定程度的下降，这主要表现在成员国收入减少、难以实现其工业化目标、贸易中处于弱势地位等。相对较发达的成员国获利的可能则更大，表现在产业结构不断优化升级、贸易中处于强势地位等。而在南北型组织中，以北美自由贸易区为例，墨西哥作为组织中经济实力最弱的国家收益却是巨大的，这主要是由于墨西哥与美国各自的比较优势突出，经济结构互补性强，可以形成稳定的分工。

四、削减关税，适当降低并合理运用非关税壁垒

关税是国际贸易中最直接的成本，也是一国用于保护本国产品、减少外国商品竞争力的最简单的手段，削减、取消关税会使成员国之间的贸易量增加，可能会带来规模经济和贸易创造效应，但也会使成员国在税收上遭受损失或伤害本国的弱势产业。非关税壁垒是一种隐性的保护措施，其作用与关税基本相同。

（一）关税的减免促进区域内外贸易的发展

许多一体化组织内部都削减、取消了关税和非关税壁垒：西共体取消了组织内部的非关税壁垒、免除了农产品、原产地工业产品和工艺品的关税；北美自由贸易区不存在商品和服务贸易领域的关税；欧盟作为关税同盟不存在关税壁垒；等等。很多研究都显示，自由贸易区比关税同盟所获得的经济福利要大，原因在于自由贸易区并不像关税同盟一样有着"排外"的性质，不仅自由贸易区内部贸易自由化，而且对区域内外贸易保持开放态度。

（二）非关税壁垒是一把"双刃剑"

非关税壁垒在实际运用中比较常见。现存的非关税壁垒中，通关环节壁垒、进口税费、进口禁令、进口许可等直接性壁垒比重在下降，技术性贸易壁垒、卫生标准、知识产权等隐蔽性强的贸易壁垒大量被用于贸易保护。欧盟善于运用技术性壁垒进行限制，这对于南共市成员国有一定程度上的贸易保护。对大多数国

家来说，完全消除非关税壁垒是不现实的，因为本国的产业将暴露在国际竞争中，会招致致命的打击。适当在某些产业设置非关税壁垒，有助于保护国内产业的发展。但若使用过当，会导致区域内贸易保护主义的抬头，不利于一体化的进程，也使国内产业失去了在国际竞争中锻炼的机会。然而，并不是所有关于技术性、卫生标准等的要求都是在设置贸易壁垒，各项规定合理与否，还需要制度框架给出一个判断途径。

五、建立制度框架要与实际情况相匹配

每个一体化进程都是一个制度框架不断变化的过程。制度框架属于区域经济一体化的上层建筑，在政治经济学中有"经济基础决定上层建筑，上层建筑又反作用于经济基础"和"适合的上层建筑促进经济基础发展，落后或者超前的上层建筑阻碍经济基础发展"两条原理，所以建立合适的制度框架十分有必要。

（一）反面例子

制度框架不贴合区域经济形势的例子很多：西非的货币一体化仿照欧盟模式，但其现实环境与当时的欧盟相差较大，所面临的法律修改和成员国阻挠会增添一体化进程的难度；南共市的制度框架已经不适应现在的发展，冲突的调节、区域政策的制定和实施都需要一个更高的框架来实现；APEC 的框架不利于南北产业技术合作的开展；欧盟货币政策的一致行动使得各国只剩下财政政策工具，政策有效性大打折扣，并且有些硬性规定并不是每个成员国都能达标的，并且监管和辅导标准仍不明朗；等等。

（二）正面例子

南北型组织中的北美自由贸易区和 APEC 可以说是制度框架建立的正面教材。北美自由贸易区的建立带来了直接目标成果和示范效应成果，前者是指在三个国家之间最初合作的愿景得到了实现并获得了经济上的"三赢"，后者是指北美自由贸易区的建立开创了南北型区域经济合作的先河、谱写了南北关系的新篇章，从而给世人以巨大的启示。APEC 独创的"协调的单边主义"充分考虑了成员国的多样性、复杂性；其组织风格使得政治和经济得以分离，组织得以专注于经济合作；APEC 的非排他性使其有别于其他一体化组织，因为排他性很可能会导致区域内交流密切、区域外交流减少，这不利于亚太地区的发展，所以 APEC

这种不抗拒一切合作的可能性的组织框架，是真正为发展中国家谋福利的。

六、区域经济一体化的外溢效应不容忽视

区域经济一体化有时伴随着文化、政治、军事一体化等外溢效应。在现代的区域合作中，单纯的经济合作已经很少见了，区域合作以经济合作为中心、涉及方方面面。以前 APEC 只专注于经济领域的合作，对其他领域的话题都秉持双边解决的原则，但近年来 APEC 探讨了反恐、应对"非典"和人类安全等非经济问题，还有成员提议将政治、军事问题纳入 APEC 讨论的范围，体现出部分成员试图进行政治协调的倾向。欧盟的发展是以经济一体化为中心，辐射出了文化、移民和国防科技等功能，是外溢效应最显著的组织。当然，外溢并不是自发的过程，一体化要顺利进行，有赖于权势人物和政治领袖的责任分担，达成共同的政治承诺，采用有力手段促进一体化进程。在欧洲一体化的过程中，各成员国的强力推进就是有力的明证。

国际区域合作一旦展开，就会在初始的"通过经济合作获取更大的经济优势"的目标基础上，逐渐开始跨越政治障碍、建立政治互信、在外交和安全领域开展对话合作等一系列的功能外溢，直到形成利益共同体，有着一种自发向前的趋势。

七、充分考虑政治因素的影响，建立成员国归属感

成员国内部及之间的政治因素是影响一体化进程的重要原因，但又有着不可控的特点。由于历史、文化、民族和宗教等深层次的原因，世界上一些地区仍处于动荡，如中东地区、西非和东南亚的柬埔寨等。政局的不稳定会使其他国家担忧与该国之前达成的协议是否继续有效，国与国之间的矛盾激化会给国际合作增加障碍：西共体中的成员国接连政局动荡、政权更替，各国都疲于应付国门内的事情，将区域合作放在一边；委内瑞拉与美国间的政治冲突，使得南共市在国际上的位置变得微妙，可能会造成与其他地区和国家进行合作的困难。

（一）从相互依存理论出发，构建集体认同

相互依存理论主要研究国际政治经济交往中相互制约的关系。相互依存理论认为，为了实现经济稳定而安全地增长，各国的经济政策必须相互协调。美国学者罗伯特·基欧汉、约瑟夫·奈则认为，现在的相互依存内容更多样化，包括在经济、军事、环境以及社会文化各个方面的相互依存。相互依存理论从国家政治

经济学的角度为中国和东盟国家关系的发展提供了依据，双方在各方面的往来是相互联系和制约的。因此，中国和东盟应该加强双方战略合作伙伴关系的发展，构建集体认同。首先，集体认同可以促成集体身份和利益的形成，这是区域一体化生存与发展的先决条件；其次，集体认同有利于增强成员国的归属感，进而提高一体化的合法性；再次，集体认同可以加强共同体在国际上的地位和影响力。

（二）妥善处理非经济争端，减少政治因素对一体化组织的负面影响

领土争端是近年来影响中国周边政治形势的发生频率较高的问题，中日钓鱼岛事件、中菲黄岩岛事件等，严重影响了国与国民众之间的感情，尤其是中日钓鱼岛的争端，直接使得两国间的贸易大幅缩水。还有一些国际安全问题，如马航事件、中越边境流血冲突事件等，虽不至于造成明显的贸易波动，但至少会对两国间的旅游业造成一定的损害。非经济争端如果得不到良好的解决，对区域一体化造成的阻碍可能是巨大的。

所以，成员国应当理性对待国际争端和纠纷，以政府高层互访为契机、以防务交流为突破口，全面改善国际政治关系。成员国间妥善处理矛盾和纠纷是推进区域经济一体化的基础条件之一。如果成员国间持续存在矛盾和纠纷，一体化将会处于一种不稳定状态。成员国应当努力达到"政经分离"，理性对待各自的民族主义，先加强政府之间的政治与经济合作，再寻求合适的方法来解决彼此之间的矛盾与纠纷。

八、完善经济争端解决机制

在国际贸易领域，各国在运输、仓储、商品质量要求、环保等方面的法律规定或司法解释不尽相同，在区域一体化的初期，区域的制度框架和法规与标准的统一都很不成熟甚至是缺位，这就会导致贸易争端无法有效解决。缺乏解决争端的标准不仅不利于国际贸易的扩大，而且会浪费很多时间在调查、协商、仲裁这些程序上，不能实现高效率的贸易。

（一）NAFTA 争端解决机制的亮点

北美自由贸易区的争端解决机制较为完善，司法性质较强，其特征十分显著。第一，NAFTA 在机制设计上针对不同类型的争端设计了对应的解决机制；第二，NAFTA 在解决 ADR 和投资领域的争端方面设置有特殊机制。各成员国之间的 ADR 不可越过前置程序直接进入仲裁，一般应当按照磋商—调解—仲裁的顺序进行。投资人—东道国模式是 NAFTA 设置的一种直接、简便的模式，专门

用于解决投资争端领域问题，该模式规定了范围较大的投资者认定解释，并且投资者个人有权提起仲裁。

（二）欧盟争端解决机制的亮点

欧盟采用了高度一体化的硬法模式，即完全司法化的争端解决机制。欧盟模式对于各成员国经济发展水平的要求相对较高，虽不具有普适性，但还是十分值得借鉴的。欧洲法院是保障欧盟法制一体化的强有力的超国家司法机构。在众多的区域一体化组织中，欧盟的争端机制堪称司法机构性质最完善的模式。首先，欧洲法院负责欧盟相关法规条约的解释，根据合同条款审理仲裁案件，解决欧盟各主体间的争端，为欧盟理事会提供咨询意见。其次，欧洲法院行使《欧共体条约》规定的管辖权，除此以外的事项仍由各国国内法院管辖。最后，欧洲法院还有司法审查与审判并作出最初裁决的权利。欧洲争端解决机制不但能够有效解决欧盟国家在经济一体化中的争端，而且维护和促进了欧共体经济的健康发展。[①]

第五节　基于区域经济一体化的中国—东盟自由贸易区

自由贸易区的建设已经成为当前区域经济合作的主流形式，在南南型、南北型和北北型自由贸易区发展的历程中，各个自贸区发展既有相同的特点，又有不同的优势。它们为现在正在进行和后面逐渐开展起来的自由贸易区建设奠定了理论基础，也给出了经验借鉴。具体到中国—东盟自由贸易区而言，应如何选择其学习的对象？应重点借鉴哪些经验？这将是这一节讨论的重点。

一、各类自由贸易区发展对照

从表5-4可以看出，南南合作与中国—东盟自由贸易区建设之间的相似点有：①同属南南合作，即发展中国家之间的经济技术合作；②最终目的在于提高发展中国家相互传播和分享知识经验的能力；③关键内容为促进发展中国家之间的经济和技术合作，重视多领域之间的相互交流、共同合作。

---

① 徐莉：《中国—东盟自由贸易区争端解决机制研究》，华东政法大学专业学位硕士学位论文，2013年。

表5-4　　　南南、南北、北北、中国—东盟自由贸易区对比

合作类型	南南型自由贸易区		南北型自由贸易区		北北型自由贸易区	中国—东盟自由贸易区
区域范围	非洲地区、南美地区		亚太、北美			
组织	西非经济共同体	南方共同市场	亚太经合组织（APEC）	北美自由贸易区	欧盟	中国—东盟自由贸易区
成立时间及标志	1975年5月28日《西非国家经济共同体条约》	1991年3月26日《亚松森条约》	1989年，亚太经济合作部长级会议	1994年、1992年8月美国、加拿大和墨西哥签订北美自由贸易协定	1957年3月25日《罗马条约》（包括《欧洲经济共同体条约》和《欧洲原子能共同体条约》）	2002年11月，《中国—东盟全面经济合作框架协议》
成立宗旨	促进成员国社会、经济和文化等方面的发展与合作，实现西非地区经济一体化	为了给各国经济发展增加机遇，也是为各国走向开展全球活动所需的转变机制和竞争开辟道路，最终实现政治和经济的一体化发展	推动全球贸易自由化			
包含组织						

续表

合作类型	南南型自由贸易区		南北型自由贸易区		北北型自由贸易区	中国—东盟自由贸易区
区域范围	非洲地区	南美地区	亚太	北美		
经历历程	自20世纪60年代初开始	1990年至今，属于关税同盟	1997年前发展富有活力，1997年后跌入低谷	用15年时间分阶段实现消除贸易壁垒、商品和劳务的自由流通目标	自1950年开始	2002年至今
发展现状	在基础设施建设，生产一体化，市场一体化，文化和社会事务，区域和平与安全，环境保护和自然资源开发等方面，制定了一系列的政策和措施	各国有自己的优势发展产业，自由贸易区已经实现，关税同盟还不完善，共同市场尚未完成，贸易创造效应极小	经济合作为主要任务，成员之间的双边或多边自由贸易协定超过30个		一体化程度较高：在文化、移民、贸易、国防科技、金融等方面基本实现了一体化	已全面建成自贸区，实现了更为深入的开放服务贸易市场和投资市场，进入自贸区巩固完善阶段
成果 包含组织	关税同盟、自由贸易区、补偿机制、统一护照和旅游证制度、交通工具技保制度、西共体交易所、统一西非法郎货币，统一西非货币，存在第二货币区				统一区域内货币，政策协调力度日趋增强，机构设置政策完善，对外经济政策成熟	关税同盟，自由贸易区

续表

合作类型	南南型自由贸易区	南北型自由贸易区		北北型自由贸易区	中国—东盟自由贸易区
区域范围	非洲地区、南美地区	亚太、北美			
存在问题	区域贫困、战乱频繁，社会不安定，区域凝聚力不强，政治意志不统一，存在狭隘的国家思维，生产能力缺乏，产品竞争力低	内部成员经济发展水平差异较大，成员间经济技术合作发展缓慢，成员在合作定位上存在矛盾（经济发展较为落后的国家与经济水平较高的国家之间）	美国失业人数增加，贸富差距增大，贸易保护主义现象严重，争端解决机制不足	劳动力未实现自由流动，经济萧条	东盟部分国家内部存在政治不稳定，经济结构有一定的相似性，劳动力未能实现区内自由流动，产品国际竞争力弱

222

二、南南型自由贸易区的成功条件和决定成败的因素

（一）西非经济共同体

西共体取得成功的条件：①早期的共同目标：由于西非国家大都受到殖民统治，其共同的诉求之一即为摆脱殖民统治，这是国家间共同发展经济、制度的主要力量；②制度完善，西共体对于关税同盟和自由贸易区方面都作出了重要的突破，并率先在非洲地区内实行了统一护照制度和交通工具投保制度，在有限的范围内保障了区域内人员流动的交通安全和交通便利。

失败的因素：①自然条件：非洲国家本身的自然禀赋方面并不优越，再加上有些国家的地理位置偏于内陆，难以与外界取得联系；②区域贫困：西非地区是世界上较为贫困的地区之一，虽然西非经济共同体对于区域内发展经济方面作出了较大努力，但由于民族原因，西非还处于人口多，医疗条件差，经济发展速度慢，途径少的状况；③战争和社会动乱：西共体内的战争不断，这样的环境使得区域内的社会稳定受到威胁，各个国家之间相互猜疑，在后期的一体化进程中产生阻力；④生产力弱：贫瘠的自然生产环境，使得西非地区的生产产品少，工业品、消费品缺乏，企业生产能力弱，技术不足，产品的竞争力差。

（二）南方共同市场

南方共同市场取得成功的条件：①国家之间的相互协调，作为南美最大的次区域合作组织，南共市已经努力建立了关税同盟，并逐步走向共同市场；②关税同盟，基本提供了一个共同的对外关税，对于外部国家而言已经形成关税同盟，方便了区域内国家之间贸易。

失败的因素：①内部成员之间的矛盾：巴西和阿根廷之间关于领土，边境，贸易竞争之间的矛盾是阻碍南共市进一步发展的主要阻力；②内部成员之间结构不对称：包括人口、经济规模、发展水平、市场规模等多个方面。一方面，不对称更有利于成员国之间发展差异化产业，在区域内部形成产业链分工；另一方面，国家之间的矛盾和区域内缺乏统一的领导者使得国家发展存在一定的盲目性和营利性，只考虑各个国家内部的发展现状，基本不会考虑互利共赢的局面；③受全球经济环境影响程度大，由于区域内国家与全球经济联系紧密，在全球经济不景气的情况下，南方共同市场也难逃厄运，对区域经济发展产生较大危害；④内部成员国规模较小，国内市场狭隘，对于区域内商品的吸收能力有限，区域

223

内贸易对于区域经济发展的带动力量较小。

三、CAFTA 向南南合作学习和借鉴的经验和教训

（一）南南合作的经验

南南合作给中国—东盟自由贸易区建设所能提供的经验主要表现在目标、制度、协调和关税同盟几个方面。

共同目标：中国与东盟之间合作的初衷是减少区域内受全球金融危机的影响，加强区域内的经济技术合作，共同为区域内的各项发展努力。中国与东盟之间的合作应秉承这一宗旨，始终以区域发展为重，以不危害各国核心利益为前提。

完善的制度：中国—东盟自贸区目前的制度主要以领导人会议和领导人非正式会议两种形式，在《中国—东盟全面经济合作框架协议》的前提下补充《服务贸易协议》、《投资协议》等各种形式的协议，没有相应的法律制度予以保障协议的执行程度与情况，政体制度还不够完善。有效的制度管理有赖于成员国良好的政治经济环境，故在现阶段完善制度有一定困难，但在某种程度上可以从区域合作制度角度制定大框架，争取做到满足中国—东盟区域发展的需求。

国家之间的相互协调：区域发展本身就是成员国之间相互协调、相互让步，来达到共同发展目标的过程。因此，必须在经济、政治、社会等多个方面达到和谐统一。经济上，为区域发展需要，结合产业链发展特征和国家经济实力，应该使产业分工合理化，区域内贸易经常化、关税零化，以达到区域内产业优势明显化，产品竞争力常态化，使中国—东盟自由贸易区在对内对外两个方面成为优质主体；政治上，构建中国—东盟命运共同体，在经济利益休戚相关的基础上，积极开展成员国之间的相互合作；社会上，中国与东盟国家文化背景相似，东盟国家华人较多，在中国的东盟国家朋友也很多，可借助这一优势，在社会上宣扬中国—东盟一家亲思想文化，打造中国与东盟国家相互融合的环境。

关税同盟：关税同盟是区域合作的一个阶段，目前，中国—东盟自由贸易区还没有完全实现关税同盟，这在目前的经贸往来中影响不是很大，但随着自贸区程度的加深，关税同盟在某些敏感品上的矛盾将愈加激烈。这对于区域内成员国之间的不平等论调高扬和区域内矛盾激发有着重要的推动力。

（二）南南合作的教训

南南合作给中国—东盟自由贸易区建设所提供的经验教训主要体现在其成员

国之间的矛盾和成员国直接经济结构过度对称上。

矛盾：成员国间的各种矛盾是造成南南合作难以进一步的重要原因。同样的问题也在中国—东盟自贸区内存在，中国与菲律宾、越南之间的南海问题一直是区外势力挑起中国—东盟内部矛盾的导火索。中国—东盟区域经济一体化的发展深受其害。对此历史问题，各国应怀着重发展的胸怀，淡化民族矛盾和历史矛盾，避免引起区内战争，给区内经济发展和人民生命带来重大威胁，给区外势力带来机会。此外，缺乏领导力量是引起区内矛盾的主要原因。由于中国暂时难以在区内形成主要领导力量，这就给区外势力带来时机，不断挑起中国与东盟国家之间的事端，破坏中国—东盟自贸区发展的稳定环境和美好前景。最后，中国与东盟国家之间着重发展的互联互通等项目由于受到部分东盟国家的误解，金融方面合作由于受到制度等方面的限制，进展缓慢，需要区内成员国的全力支撑，扫除各种障碍，为中国—东盟自贸区全面发展提供良好条件。

结构过度对称：中国—东盟自贸区内经济发展水平基本一致，国家之间结构对称情况严重，产业发展类似，区内贸易差异性较小，这就使得成员国经济发展之间存在激烈竞争。

四、CAFTA 与南南型自由贸易区的对比优势和现有缺陷

（一）对比优势

相较于南南合作的成功因素和失败条件，整体来说，中国—东盟自贸区占有更多的优势，如自然条件、生产力、成员国规模等方面来说，都是中国—东盟自由贸易区的优势。

自然条件：中国—东盟自贸区占据了较好的自然条件，北有中国这样的温带国家，南有马来西亚这样风景优美的热带国家，环境适于人类生存和作物生长，矿产资源相对丰富，煤、铁、森林资源等都很丰富。

生产力：中国—东盟自贸区成员国大都是发展中国家，其经济发展形势在近年来一直呈现良好态势，中国—东盟自贸区已经成为世界工厂，自贸区与区外的贸易量呈逐年递升态势，与此同时，中国与东盟已经分别成为对方最大的贸易伙伴。如此巨大的生产力给世界提供了大量的工业制成品，包括生活用品、医疗用品等生活资料和与之相关的生产资料。

成员国规模[①]：中国—东盟自贸区的经济总量规模较大，2015 年，以购买力

---

① 通过 Wind 金融资讯终端数据和各大网站公开数据处理所得。

平价计算的中国—东盟自由贸易区 GDP 为 12 982.744 十亿美元（中国和东盟国家 GDP 分别为 10 385.66 十亿美元、2 597.084 十亿美元），人口为 1 997.462 百万；同时期的美国 GDP 为 17 947 十亿美元，人口为 321.704 百万；欧盟 28 国为 11 540 十亿美元，人口为 338.34 百万。即中国—东盟自由贸易区的经济总量已经赶上了欧盟 28 国的经济总量，人口是欧盟的近 6 倍。且中国—东盟自由贸易区的经济水平和美国还有一定差距，这一差距呈现出动态变化特征，如 2013 年中国—东盟自由贸易区和美国的 GDP 曾非常接近，但从人均 GDP 上看中国—东盟自由贸易区并不占优势。

（二）中国—东盟自由贸易区的现有缺陷和未来发展规划

中国—东盟自贸区内的优越自然条件、生产力和成员国规模作为其相较于南南合作中的优势，也是其缺陷，原因在于中国—东盟自贸区成员国并没有利用好其优势，反而使其成为阻碍其发展的绊脚石。

首先，在中国—东盟自贸区范围内，各个国家过度注重经济发展，忽视环境保护，使得区域内的生态环境遭到不同程度的破坏，目前表现明显的是中国。且随着自贸区内国家层面的相互投资与贸易的不断深入和拓展，国家间的环境破坏问题日益凸显，国家间的问题和矛盾也将因此发生，当前还没有一套完整的环境保护法律体系在区域内投资和贸易中实现。

其次，作为全球的制造工厂，中国—东盟自贸区范围内的人口和劳动力优势显著，但随着各国经济的发展，尤其是中国和部分东盟国家的经济发展较为迅速，这些国家已经不再满足于加工贸易，逐步倾向于发展创新科技和高级加工行列，但这与当前的国际市场需求有所背离，这就使得在区域内形成全球性的产业分工、产业链存在一定难度，也阻碍了区域内国家经济的发展。

最后，中国—东盟自贸区可以称为世界上人口较多的区域之一，这就出现了尽管国家在经济总量和总收入等方面数值较高，但人均量较低的情况，也即在对外合作中数字美观，但就人均生活水平和人均发展需要还差强人意。再加上现代工业对环境的破坏，这种现象有可能滋长部分民众对于国家投资和发展现代工业的不满情绪，对国家稳定和社会稳定造成干扰。

当前，中国提出了"一带一路"建设倡议，这一倡议受到了沿线国家的支持和合作。部分东盟国家已经接受了"一带一路"理念，中国的各方学者也同样认为东盟地区将是建设"一带一路"的先行区。在中国—东盟自贸区开始巩固建设的阶段内，其未来发展应做好以下几点：

第一，把握合作与发展目标。在加强经济合作、扩大服务贸易和投资贸易，在实现经济技术交流的基础上，充分考虑中国和东盟国家的经济基础和环境条件，给双方营造良好的经商环境，包括相关投资贸易政策的出台和法律条例的实施，坚持"亲、诚、惠、容"的合作理念，在照顾东盟国家舒适度的基础上开展项目与合作。

第二，充分重视合作。中国—东盟自由贸易区内应以经济利益为前提，政治互信为基础开展合作，使区域内成员国间的经济与政治互动形成良性循环。考虑合作过程中可能遇到的机遇与挑战，提前形成区域内成员国之间针对不同问题的争端解决机制，尽量不将区域内问题外扩。有政治互信为保障，中国—东盟自贸区的贸易投资合作就有了有力支撑，将极大地减少国家间、民众间、企业间和项目间的误会和争端，有效提高合作效率、提升人员心理预期，在区域内有望实现人民为了同一个项目或同一个发展目标而共同努力的状态，即增加了区域内人民的凝聚力，增强了区域内人民的共同体意识。

第三，合理利用资源。在中国—东盟自贸区发展项目实施过程中，应重视资源有效配置，这包括资金的有效配置和自然资源的有效配置。第一，充分利用可利用的和区域内的现有投融资平台，如亚洲基础设施投资银行、海丝基金、亚洲开发银行等区域内的金融平台，综合开发性、商业性、政策性金融形式，为当前急需动工的项目提供融资，同时相关金融部门应做好收益分配和资金退出机制安排，为提供资金部门设立保障；第二，创新技术，开发清洁能源，将对资源和环境的破坏降到最低，对自然资源的使用效率提到最高。

第四，规划区域发展路径。经济全球化的发展趋势也使得中国—东盟自贸区的发展逐步向区域化发展，这一区域化意味着产业分工区域化、产能合作区域化、劳动力分配区域化，甚至生产产出区域化。产业分工区域化，即在中国—东盟自贸区范围内形成自己的产业链条，从原材料、初步加工、中间产品销售与加工、再到最终产品的销售，都在自贸区内完成，而最后产品的销售市场将遍布世界，包含自贸区内部。产能合作区域化，即在自贸区内实现产能过剩和经济转型升级，解决区域内经济发展差距大的问题，同时完善区域内的产业链条。劳动力分配区域化，即实现劳动力在区域内的自由流动，随着产业发展的区域化，必然伴随着劳动力的区域化，这将有效配合区域内的产业分工和产能合作的区域化。生产产出区域化，在中国—东盟命运共同体理念下，中国和几个东盟国家经济的发展并不足以满足其发展需求，这里更强调的是整个中国—东盟自贸区成员国的共同发展和经济的共同提升，这也是中国—东盟自贸区未来发展的更高目标。

第六章

互联互通与中国—东盟区域经济一体化

中国与东盟各国多为发展中国家，中国与东盟多个国家领土接壤或者隔海相望。如前所述，双方文化相通、产业互补，中国—东盟区域经济一体化的建立存在着坚实的基础。但是，中国与东盟之间还存在着一些制约区域经济一体化发展的因素，在"中国威胁论"等负面因素的影响下，双方政治互信仍滞后于经贸发展。但我们高兴地看到，2010年10月东盟通过了《东盟互联互通总体规划》为加速构建东盟共同体夯实基础。中国与东盟之间应当借助东盟互联互通的建设的难得机遇，积极推动中国—东盟互联互通的发展，提升中国—东盟区域经济一体化水平。本章结合中国—东盟区域经济一体化程度的考察、中国—东盟互联互通建设取得的成就和存在的问题，分析了中国—东盟互联互通对中国—东盟区域经济一体化的推动作用，以及针对已经取得的成就以及存在的问题提出了一些具有针对性的建议。

第一节　中国—东盟互联互通助推区域经济一体化

目前，对中国—东盟区域经济一体化的研究较多，对中国—东盟互联互通的系统研究极为缺乏，现有的多为对物理互联互通的介绍，着重于交通基础设施的建设，对于制度与文化互联互通的研究更是少见。李晨阳（2012）重点阐述了广西和云南在中国与东盟互联互通中的战略地位及其主要项目，总结了未来互联互通面临的主要挑战与前景①。马缨（2011）阐述了中国—东盟基础设施互联互通的意义，对已经取得的成就进行了介绍，同时探讨了今后的发展前景。② 李红（2013）对中国—东盟区域经济一体化中的中国与东盟文化合作的发展、特点与前瞻进行了探讨。③ 陈秀莲（2012）通过对运输服务贸易一体化的描述，分析了中国—东盟互联互通中交通基础设施建设与交通运输便利化的现状，并测度了运输服务贸易一体化水平。④ 李文韬，樊莹，冯兴艳（2014）从 APEC 的角度来研究互联互通问题，在总结目前 APEC 互联互通取得的成就之后分析了面临的挑战与制约的因素。⑤ 王勤、李南（2014）通过结合《东盟互联互通总体规划》，对东盟互联互通目前取得的成就进行了总结，从基础设施互联互通、机制互联互通以及民间互联互通的角度分析了《东盟互联互通总体规划》的实施效果，为本章内容提供了一定的借鉴意义。⑥

一、中国—东盟互联互通的发展与愿景

中国—东盟互联互通是推动中国和东盟加强区域合作的重要举措，是促进中国和东盟经济相互依赖和区域经济一体化的重要条件，为中国的和平发展提供了稳定的周边环境。中国国务院总理温家宝在 2010 年 10 月第 13 届中国与东盟领导人会议上提出建立建成中国—东盟互联互通，以此推进中国和东盟经济、政治和文化领域的合作。同年举行的第十七届东盟领导人会议上提出的《东盟互联互通总体规划》，这是为实现东盟共同体而实施的重大举措。《东盟互联互通总体规划》确定了互联互通的目的、内容、工作重点以及实现互联互通所面临的挑战和需要推进策略等。中国—东盟互联互通建立在东盟互联互通之上，应当与东盟互联互通相互契合、衔接。中国—东盟互联互通与东盟互联互通均是全方位、多层次、宽领域的，其具有三个层面：首先，物理互联互通，指的是交通运输、信息与通信技术（ICT）以及能源合作方面的联通。当前交通运输方面面临着公路道

---

① 李晨阳：《中国发展与东盟互联互通面临的挑战与前景》，《思想战线》，2012 年第 1 期，第 87～90 页。

② 马缨：《中国和东盟互联互通的意义、成就及前景——纪念中国—东盟建立对话关系 20 周年》，《国际展望》，2011 年第 2 期，第 16～28 页。

③ 李红、彭慧丽：《区域经济一体化进程中的中国与东盟文化合作：发展、特点及前瞻》，《东南亚研究》，2013 年第 1 期，第 101～110 页，该研究成果为本课题阶段性成果。

④ 陈秀莲：《中国—东盟运输贸易一体化的现状——水平与发展前景》，《国际贸易问题》，2012 年第 8 期，第 66～79 页。

⑤ 李文韬、樊莹、冯兴艳：《APEC 互联互通问题研究》，《亚太经济》，2014 年第 2 期，第 60～66 页。

⑥ 王勤、李南：《东盟互联互通战略及其实施成效》，《亚太经济》，2014 年第 2 期，第 115～120 页。

路质量差、网络不完善，铁路路线缺乏，海运和港口不足的挑战；信息与通信技术（ICT）方面面临着各国数字鸿沟扩大的挑战；能源方面面临着电力需求日益增加的挑战。其次，机制互联互通，指的是通过制度建立、协议签订以及交流合作平台的建立，实现运输便利化、贸易便利化、投资便利化。当前机制互联互通面临着车辆、货物、服务、技术和劳动力跨国家流动障碍的挑战。最后，人文互联互通，指的是教育、文化以及旅游业方面的互联互通。

中国—东盟互联互通符合东盟共同体建设规划，有利于东盟实现一致和谐的共同体，同时帮助中国实现周边环境的繁荣稳定。发展和增强中国—东盟互联互通需要中国和东盟拥有一个共同的愿景来长期地、持续地推动互联互通，此外还应当考虑促进当地的经济和社会发展，削弱外部环境的影响，推动促进区域内和各国内部的同步互联互通。通过共同的互联互通愿景可以促进东盟"一个愿景、一个身份、一个共同体"的目标，促进中国—东盟区域经济一体化。中国—东盟互联互通愿景还将考虑中国和东盟内部各国经济发展水平差异等情况。

二、中国—东盟互联互通的目的

中国和东盟互联互通需要从三个方面来提升，分别是通过基础设施的发展提升物理互联互通、有效的制度安排提升机制互联互通和增加人文交流提升人文互联互通。中国—东盟区域经济一体化要求建立高度的互联互通，建立全方位、深层次的互联互通。

着力推进中国—东盟互联互通的目的有以下几个方面：

第一，推动中国—东盟区域经济一体化。中国—东盟区域经济一体化有其政治动因、安全动因、经济动因以及文化动因。这四个方面动因促进了一体化的发展。在这四个动因促进中国—东盟区域经济一体化的同时，必须通过具体的、物质的因素来助推一体化的发展，而中国—东盟互联互通正是这个具体的、物质的因素。因此，中国—东盟互联互通的发展能够从物质层面推动政治动因、安全动因、经济动因以及文化动因的前进，必然也能够推动中国—东盟区域经济一体化发展。

第二，通过建立合理、强有力的产品网络加强中国—东盟在全球的竞争力。中国—东盟互联互通，从交通运输的物理互联互通、促进贸易投资便利化的机制互联互通、促进人员自由流动的人文互联互通，可以促进中国—东盟资本要素、劳动力要素等自由流动，更合理按照各国的资源禀赋协调中国—东盟的产业结构、贸易结构，形成一个合理的产品网络，加强中国—东盟区域在全球中的整体竞争力。

第三，加强东盟管理和协调能力。东盟是由十个不同国家组成的，其中各个国家之间存在着各种不同的差异。首先，东盟国家是由不同的宗教信仰构成，包括佛教、伊斯兰教和天主教等，这些不同的宗教、信仰、价值观导致了东盟内部异质性文化；其次，东盟国家处于不同的经济发展水平，存在着一定的产业相似度，导致了出口产品的重叠，形成不同程度的竞争；最后，越、缅、老、柬等国家都属于资本需求型国家，因此在外资争夺方面也形成了一定竞争。这些都导致了东盟国家的向心力不足，缺乏整体管理和协调能力。因此，通过中国—东盟互联互通的提升、中国—东盟区域经济一体化的建设，可以建立一个超国家组织协调机制，确保其对东盟内部管理与协调能力。

第四，加强中国—东盟经济联系，促进中国和东盟经济发展，缩小东盟内部各国经济发展水平差距。当前东盟内部各国处于不同的发展阶段，新加坡、文莱已经属于发达国家行列，泰国、马来西亚、印度尼西亚、菲律宾这 4 个国家也处于较高发展阶段，而越南、老挝、柬埔寨、缅甸这 4 个新东盟国家经济水平仍处于落后阶段。通过提升中国—东盟互联互通，加强与东盟各国的经济往来，通过帮助落后国家加强其基础设施建设，缩小基础设施的差距，在经济贸易方面给予落后国家一定的优惠政策，从而一定程度上缩小东盟各国的经济差距。

第五，提高中国和东盟各国人民的生活水平。通过提升中国—东盟互联互通，促进资源要素在中国与东盟各国内部自由流动，促进中国与东盟经济贸易发展，实现资源优化配置。

三、互联互通对中国—东盟区域经济一体化的推动作用

中国与东盟经济合作日益紧密，因此区域经济一体化应运而生。双方经济利益、政治利益与人文等方面利益推动着中国—东盟区域经济一体化的发展。[①] 同时，利益追求、政府之间推动、构建强有力的制度是中国—东盟区域经济一体化发展的重要保障。中国—东盟互联互通通过经济、政治以及人文三方面为中国—东盟区域经济一体化提供发展动力。物理互联互通的交通基础设施建设降低区域之间经济贸易成本，信息和能源基础设施建设提高经贸效率，扩大市场规模，消除"边界效应[②]"，促进中国—东盟区域经济一体化发展；机制互联互通，通过交通、货物贸易、服务贸易以及投资便利化，将中国—东盟之间的市场打造成一个交通物流、经济贸易、投资活动等无障碍的统一市场，极大地推动了中国—东盟区域经济一体化发展；人文互联互通通过中国和东盟文化、教育、旅游三个方

---

① 陈廷根：《区域经济一体化发展的动因探究》，《经济师》，2006 年第 6 期，第 65～66 页。
② "边界效应"反映了区域内部的贸易量与区域之间贸易量的一个倍数关系，边界效应数值越大，说明区域之间的贸易量越小，这就意味着区域一体化程度越低。

面的交流合作，为中国和东盟民众相互理解、相互认同提供条件，为中国—东盟
区域经济一体化提供了一个人文基础和保障。

  本书对于中国—东盟区域经济一体化的测度，主要采取了贸易一体化指标、
金融一体化指标、空间一体化指标、产业一体化指标这 4 个指标。本节则阐述中
国—东盟互联互通对这四个指标的推动作用，此外还应该考虑从中国—东盟互联
互通推动双方文化认同感的角度来说明互联互通在很大的程度上推动了中国—东
盟区域经济一体化的发展（见图 6 - 1）。

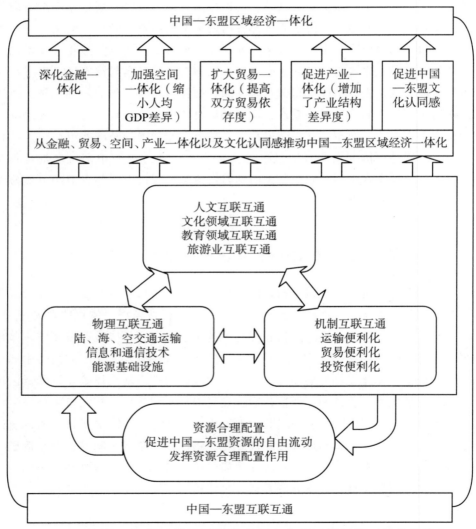

图 6 - 1 中国—东盟互联互通推进中国—东盟区域经济一体化的路径

中国—东盟贸易一体化指标采用中国—东盟的绝对贸易依存度、中国—东盟贸易总额来进行衡量，绝对贸易依存度是改进的贸易依存度，消除了贸易依存度不能全面说明双方之间的贸易依赖关系的缺点。中国—东盟互联互通对金融一体化、空间一体化、贸易一体化、产业一体化具有推动作用。但是中国—东盟金融一体化程度滞后于其他领域，对中国—东盟区域经济一体化的发展发挥的作用比较弱，因此本书暂不考虑。空间一体化指标中主要采用了人均 GDP 差异度、中国—东盟区域区内直接投资额、东盟入境人数比重这几个具体指标来度量空间一体化指标。产业一体化指标采用产业结构差异度来度量。通过总体的 4 个指标进行主成分分析，得出了中国—东盟区域经济一体化指数的综合得分见表 6 - 1。

表 6 - 1   2002 ~ 2011 年中国—东盟区域经济一体化指数综合得分

年份	F1（第一主成分得分）	F2（第二主成分得分）	总得分
2002	- 7. 248	0. 174	- 4. 622
2003	- 5. 918	- 1. 924	- 4. 506
2004	- 3. 622	- 0. 895	- 2. 657
2005	- 0. 738	- 0. 848	- 0. 777
2006	0. 852	- 1. 091	0. 165
2007	2. 700	- 1. 356	1. 265
2008	3. 704	- 1. 159	1. 984
2009	0. 563	2. 093	1. 104
2010	3. 504	2. 456	3. 134
2011	6. 190	2. 628	4. 931

资料来源：第四章分析结果。

通过表 6 - 1 可以看出，中国—东盟区域经济一体化综合得分从 2002 ~ 2011 年逐年增加，以此可知中国—东盟区域经济一体化程度不断加深。这 4 个指标与中国—东盟互联互通是密不可分的。互联互通中的物理、机制以及文化，这三方面的发展都从各方面促进了中国—东盟区域经济一体化。

（1）从贸易一体化指标来看，物理互联互通的发展为双方的贸易往来提供了交通运输以及信息沟通的便利，为贸易的发展提供了基础；机制互联互通中双方签订贸易协定，以及中国—东盟自由贸易区的建设推动了中国与东盟之间零关税的进程，这都为加强双方之间的贸易联系，推动双方的贸易发展提供了制度保障；人文互联互通则通过提升双方之间的文化认同感，促进双方的人员往来，通过增加人文交流等方式促进双方的贸易往来与联系。

（2）从金融一体化指标来看，其中重要的是机制互联互通，双方通过签订投资协议，在一定程度上减小了对资本流动的限制，为双方相互的直接投资提供了自由宽松的环境以及法律保护。同时人文互联互通的发展，促进双方之间的人员往来增加，深化相互之间的了解，从而扩大相互之间的直接投资。

（3）从空间一体化指标来看，主要是考察了人均 GDP 的差异度、区域内直接投资额以及东盟入境（中国）这 3 个具体指标。中国—东盟互联互通可以提高以上 3 个指标，第一，通过物理互联互通，缩小了双方之间的基础设施的差距，也同时促使了双方人均 GDP 的发展，减小了人均 GDP 的差异度；第二，通过机制互联互通的发展，签订《投资协议》，扩大了中国—东盟区域内的投资额；第三，人文互联互通的发展，则通过双方的旅游业的发展，更多的东盟国家的人员来华旅游或者是进行商事活动，这也很大程度地推动了东盟入境（中国）的人数。

（4）从产业一体化指标来看，产业一体化主要体现在中国—东盟之间的产业差异度。当区域经济一体化程度越高，双方之间的经济相互补充则越充分，专业化分工程度也越高，因此产业差异度也越高。中国—东盟互联互通通过扩大中国与东盟的经济贸易合作，实现双方产业互补的进一步深化，提高了产业一体化差异度的指标。

（5）从促进中国—东盟文化认同感来看，中国—东盟互联互通通过对交通运输基础设施的完善、信息及通信基础设施的完善、加强双方经贸往来以及促进旅游业的互联互通等多方面为中国与东盟各国人民的交流提供了更多的机会，通过中国睦邻友好、共同发展的理念推动中国与东盟的文化认同感。这是一种从民间到政府，即是一种从下而上的方式推动中国—东盟区域经济一体化。

第二节　中国—东盟互联互通的成就与问题

中国—东盟互联互通是长期、全方位、深层次的战略规划，包括物理、机制以及人文三个领域的互联互通。通过实现双方经贸、文化、教育、旅游等领域的无障碍联通，除了为中国与东盟各国创造巨大的经济利益，也会极大地增加双方的政治互信，为中国与东盟地区以及亚太地区营造了一个和平友好的地区氛围。2011 年，中国—东盟互联互通合作委员会于第十四次中国—东盟领导人会议提议建成，该委员会旨在给中国—东盟互联互通提供一个交流与合作的机会，同时也提供一个相互协调的平台。① 2012 年 11 月中国—东盟互联互通合作委员会第

---

① 《温家宝在第十四次中国—东盟领导人会议上的讲话全文》，新华网，2011 年 11 月 18 日，http：//news. xinhuanet. com/world/2011 - 11/18/c_111177534. htm。

一次会议成功举行，双方一致认为互联互通将会提高双方经济领域合作、缩小中国与东盟、东盟内部各国发展鸿沟，为各国经济发展创造新的增长点，并实现亚太地区的稳定与发展。目前，互联互通项目的实施已经形成了中国中央政府与地方互动和发展齐头并进的局面，作为与东盟临近的省区广西、云南积极发展与东盟国家在互联互通基础设施建设等方面的一系列战略和项目，互联互通也成为中国与东盟合作的优先领域和重点方向。

一、物理互联互通

（一）物理互联互通取得的成就

根据《东盟互联互通总体规划》以及中国对互联互通的理解，中国—东盟物理互联互通定位于基础设施建设，其中包括了交通运输中的硬件设施、信息与通信技术和能源基础设施三个方面，交通、信息、能源三个层次互为基础、相互推动构成中国—东盟互联互通的基础条件与支柱，同时也是推动中国—东盟区域经济一体化的支撑条件（见图6-2）。

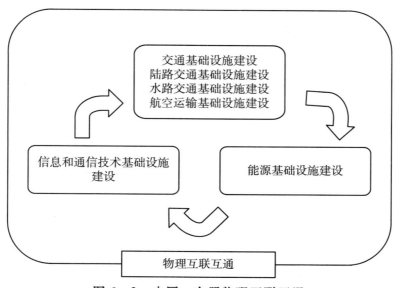

图6-2　中国—东盟物理互联互通

1. 陆海空交通运输基础设施发展

交通运输的基础设施建设是互联互通建设一个重要的方面，包括了陆路交通基础设施、水路交通基础设施以及航空基础设施建设。中国与东盟之间已经建立了陆、海、空三位一体的交通网络。通过陆海空立体交通网络的发展实现中国—东盟互联互通中的物理互联互通，推动中国—东盟区域经济一体化发展。

（1）陆路交通基础设施建设成就。中国—东盟互联互通中很重要的一个内容为泛亚铁路的建设。1996 年 3 月在亚欧会议上，泛亚铁路的建设这项计划首先由马来西亚总理马哈蒂尔提出。这项计划拟定从新加坡出发，经马来西亚的吉隆坡，泰国的曼谷、清迈，缅甸的仰光，柬埔寨的波贝、诗梳风、金边，越南的胡志明市、河内，进入中国云南的昆明市。[①] 其中中国和东盟各国将建成 4 条总长度为 8.1 万公里的泛亚铁路动脉，将中国与东盟多数国家连接起来。[②] 从中国的视角来看，泛亚铁路可以分为境内和境外两个部分。泛亚铁路除了中国与东盟各国外还包括与印度、伊朗、巴基斯坦等国家相连。本书重点描述中国与东盟之间的铁路路线段，其中，该段铁路按照分布来分，可分为东、中、西三个路线方案。

泛亚铁路的东、中、西线三个方案在中国境内的铁路均已经列入到中国的《中长期铁路网规划》和《铁路"十一五"规划》。位于我国境内的东线的一部分玉溪到蒙自段于 2012 年 8 月完成。该铁路段总长为 141 公里，按照国铁 I 级电气化标准建设，速度目标值为每小时 120 公里。[③] 此外，东线组成部分蒙自到河口段总长为 140 公里，在 2008 年已经启动。泛亚铁路中线的玉溪到磨憨段长 700 公里，将适时进行前期研究工作；昆明至玉溪铁路扩能工程目标是建立 90 公里，并在 2009 年已经开始动工。近年，中国不仅对本国境内的泛亚铁路段积极建设，还密切关注泛亚铁路境外段的实施情况，并进行力所能及的帮助。2009 年，中国斥资 2 000 万元资助东线巴登到禄宁缺失段，以确保该路段的可行性研究工作顺利进行。

中越两国货运直通车于 2014 年 6 月 9 日正式开通，这实现了中越两国运输车辆可以直接通过中国广西友谊关以及越南谅山友谊口岸跨境通行，标志了中越两国陆路运输取得新的成就。[④] 2013 年 7 月中国与越南继续加开了中国百色到越南高平的直通车，目前广西到越南已经开设了 15 条国际运输线路。两国货运直通车的开设，将以往接驳式的运输方式转变为门到门的直达运输，这在很大程度上提升了中国—东盟物理互联互通水平。

昆曼公路是除泛亚铁路之外连接中国和东盟的大动脉，是中国—东盟互联互

---

① 马燮：《中国和东盟互联互通的意义、成就及前景——纪念中国—东盟建立对话关系 20 周年》，《国际展望》，2011 年第 2 期，第 16～28 页。

② 刘稚：《大湄公河次区域合作发展报告（2011～2012）》，社会科学文献出版社 2012 年版，第 19～22 页。

③ 《云南国际大通道泛亚铁路东线建设传捷》，云南网，2012 年 8 月 5 日，http：//yuxi.yunnan.cn/html/2012 -08/15/content_2355561.htm。

④ 《中国—越南友谊关·友谊口岸中越公务车辆及货运直达车辆开通仪式举行》，中国日报网，2013 年 6 月 10 日，http：//www.chinadaily.com.cn/hqgj/jryw/2013 -06 -10/content_9282357.html。

通交通基础设施建设的重要内容。2008 年 12 月昆曼公路正式通车，标志着中国—东盟互联互通进入新阶段。昆曼公路设计路线 1 800 多公里，从昆明出发，穿过老挝，并跨越老挝和泰国边境的湄公河，进入泰国，最后到达整个路线的终点曼谷。中国境内段为昆明—玉溪—普洱—景洪—磨憨，线路长为 827 公里，进入老挝；老挝段为磨丁—会晒，总长为 247 公里的线路进入泰国；泰国段由清孔起到达昆明公路终点曼谷，总长 813 公里。

2012 年 12 月 12 日，横跨湄公河的会晒—清孔大桥正式完工，标志着导致昆明公路畅而不通的最大瓶颈被得到突破，车辆将无障碍地通过湄公河，国际大通道将减少更多运输成本，推动中国和东盟各国经贸更大程度发展。

（2）水路运输基础设施建设成就。中国—东盟海洋运输基础设施建设主要体现在两个方面，分别为航道的基础设施建设和港口基础设施建设。

航道基础设施建设主要分布于大湄公河此区域中，主要是对中国—东盟区域经济一体化发展具有战略意义的澜沧江——湄公河国际航道建设项目。澜沧江—湄公河经过大部分东盟国家，中国境内段称为澜沧江，东盟国家境内段称为湄公河，连接了中、缅、老、泰、柬、越这 6 个国家，因此也被世人称为"东方的多瑙河"。澜沧江—湄公河国际航道充分利用途径多个亚洲国家的优势，连接中国和东盟，推动大湄公河次区域的经济合作、加强中老缅泰柬越经贸文化交流的作用，推动中国—东盟互联互通。《中老缅泰澜沧江—湄公河商船通商协定》的正式签署，为中国—东盟物理互联互通水路运输开启了新阶段。2001 年 6 月，澜沧江—湄公河国家航道正式通航。澜沧江—湄公河国际航道的开通以及各项基础设施的完善，该航道将会得到更大的发展。2014 年 12 月 22 日，澜沧江—湄公河国际航运发展规划（2015～2025 年）磋商会在昆明召开，中、老、缅、泰四国代表团对《澜沧江—湄公河国际航运发展规划》进行了讨论和审议。会议明确了发展目标：到 2025 年将建成从中国云南思茅港南得坝至老挝琅勃拉邦 890 公里、通航 500 吨级船舶的国际航道，并在沿岸布设一批客运港口和货运港口。①

港口基础设施建设，是中国—东盟物理互联互通交通基础设施的一项重要内容。2007 年 10 月成立的中国—东盟港口发展与合作论坛作为中国与东盟进行港口合作的交流平台积极推动双方的基础设施建设。该论坛《中国—东盟港口发展与合作联合声明》为双方港口合作发挥了指导作用。《声明》通过了下面几点共识：一是决定将在第六次中国—东盟交通部长会议上签订《中国东盟海运协定》，并将确定双方在港口领域的具体合作计划；二是通过构建中国—东盟港口协调机制，促进

---

① 《澜沧江—湄公河国际航运发展规划磋商会在昆召开 2025 年将建成思茅港至老挝通航 500 吨级船舶国际航道》，中华人民共和国商务部网站 http：//www. mofcom. gov. cn/article/resume/n/201412/201412008
41509. shtml。

港口发展；三是加强各次区域港口合作，并在《中国—东盟交通合作战略规划》中进行；四是提供良好的投资环境与便利政策，积极推进各方在港口建设领域的合作；五是创新融资方式，通过多个融资渠道，进行港口基础设施建设。

中国—东盟港口合作重点集中在广西泛北部湾经济区。2010 年 8 月 12 日中国与东盟临海的广西、广东等省份的众多港口物流企业通过与新加坡、泰国的港口物流公司一同签订合作协议，形成了中国—东盟合力铸造跨国港口航运的重大事件。同时，中国—东盟之间已经形成了多条航线。越南与钦州港之间直达航线开通，这条直达航线的开通可以节约 40% 的运输成本。2008 年 10 月，泰国 RCL 宏海箱运公司打造了一条由防城港到泰国的定期班轮航线。[①] 2013 年 9 月 29 日，中国—东盟首条海上高速客运航线开航，从防城港起航，至越南下龙湾。

2011 年国务院总理温家宝提出加快推进中国与东盟海上互联互通。同时指出，双方应当在冷冻船、滚装船和班轮直线等方面加大合作，一同努力构建海上互联互通网络。中国积极为中国—东盟海上互联互通提供资金支持，提供 100 亿美元信贷，其中包括 40 亿美元优惠贷款。[②] 2013 年 10 月，习近平总书记访问东盟国家时提出建设 21 世纪海上丝绸之路，是面向中国与东盟合作长远发展提出的战略构想。中国—东盟海上互联互通是 21 世纪海上丝绸之路的重要组成部分，具有重要的战略意义。

（3）航空运输基础设施建设成就。航空运输作为中国—东盟空间立体运输网络的重要部分，取得了较好成就。中国与东盟十国都已经实现了直接通航。空中交通网络已经建成，并且在《中国—东盟交通合作谅解备忘录》的指导下将会有更大的成就。中国与东盟十国的通航公司分布如表 6 - 2 所示。

表 6 - 2 　　　　　　　中国与东盟十国通航航空公司统计

国别	通航航空公司数	国别	通航航空公司数
新加坡	11	马来西亚	8
印度尼西亚	6	泰国	9
越南	5	柬埔寨	5
菲律宾	4	老挝	2
缅甸	3	文莱	1

资料来源：中国民航局网站。

---

① 《航运巨头看好中国东盟物流市场加快布局北部湾》新华网，2010 年 10 月，http：//www. xinhua-net. com/chinanews/2010 - 10/13/content_21113674. htm。

② 《温家宝在中国—东盟（10 + 1）领导人会议上的讲话》，中央政府门户网站，2011 年 11 月 18 日，http：//www. gov. cn/ldhd/2011 - 11/18/content_1997289. htm。

作为中国与东盟国家最接近的四个省区云南、广西、广东、海南，这4个省区的在中国与东盟的直航中占了绝大部分。通过对滇桂粤琼四省区民航客货运流量的分析可以看出，广东依据其发达的经济成为民航客运量以及货运量的领头羊，且具有较高的客运量与货运量，其次则是海南省。

经过中国与东盟各国的长期努力，目前中国—东盟互联互通中物理互联互通已经形成一定的成就。初步形成了海、陆、空三位一体的交通网络。

2. 信息和通信技术基础设施发展

信息与通信技术（ICT）实现双方信息传递、信息交流与共享，将成为中国—东盟互联互通建设的重点内容。通信技术基础设施建设将通过其强大的信息交流功能发挥支持贸易、促进投资和扩大市场的作用，此外还能够促进中国和东盟内部各国人员交流、支持信息传递服务、降低商业和贸易相关业务的成本。

在中国的倡议下，大湄公河次区域六国政府一同签订了《关于加宽信息高速公路建设和次区域应用的合作谅解备忘录》，为普及次区域信息和通信技术（ICT）应用提供了方向和标准。ICT的应用将为中国与东盟在电子商务领域提供服务，解决次区域内部数字鸿沟问题，极大提高次区域的合作与发展。中国电信加大在东盟国家的业务推进，已经开始了国际通信光缆建设、互联网业务等跨国业务的合作，并向GMS国家全面铺开。目前连接各成员国电信系统的电信骨干网络已基本完成。首届GMS信息通信部长级会议成功举办，为双方今后的信息、通信合作打下了坚实的基础，形成了指导双方信息、通信合作的纲领性文件《大湄公河次区域信息通信发展战略》及《大湄公河次区域信息通信部长联合声明》。双方于2013年11月15日签署的《信息通信合作谅解备忘录》，为双方在电信网、互联网和电视网三网融合方面奠定了坚实的基础。

3. 能源基础设施发展

中国与东盟之间能源合作正处在日益密切的阶段。双方能源合作基础主要有以下几个方面：

（1）资源禀赋的差异，东盟各国为世界油气资源密集区，尤其印度尼西亚、马来西亚以及文莱等均为重要的油气输出国。相反，中国人均油气储备低，但在资金、技术方面具有比较优势。

（2）中国经济持续快速发展，对能源的需求也将不断扩大，面对国内能源的缺乏，中国将积极地向外需求能源合作，而东盟国家将是中国的首要选择。

（3）中国与东盟之间贸易、投资便利化的推进，为双方能源合作提供了便利。中国—东盟互联互通中能源基础设施主要指中国与东盟之间油气管道的建设方面，目前已经取得了重大突破——中缅原油和天然气管道。

中缅油气管道（缅甸段）于2010年6月3日正式开工，对应的中国段稍晚，并于同年的 9 月 10 日启动。原油管道由缅甸的马德岛开启，天然气管道由皎漂港起始，途径缅甸若开邦、首都曼德勒，通过云南瑞丽进入中国，境内段经过昆明到达贵州安顺。在贵州安顺油气管道实现油气分离，天然气管道终点到达广西贵港，原油管道终点达到重庆。2013 年 6 月 4 日，中缅油气管道（缅甸段）已全部建设完成，2013 年 7 月 28 日来自孟加拉湾的天然气注入天然气管道，实现正式通气。中缅油气管道将实现每年向国内输送 120 亿立方米天然气，原油管道每年输送能力为 2 200 万吨。

（二）物理互联互通发展存在的问题

1. 基础设施建设资金匮乏

实现中国—东盟区域经济一体化首先要实现双方的互联互通，以此达到高层次的区域经济一体化。而物理互联互通是互联互通中的基础，首先基础设施是支撑经济发展的首要条件，基础设施一体化是区域经济一体化的基础，因此必须实施基础设施先行，通过基础设施一体化推动区域经济一体化发展。然而，基础设施建设具有资金需求大、收益小、回收期长的特点，属于公共产品范畴，民间资本往往不愿进入基础设施建设投资领域，只能通过政府财政等渠道筹集资金。因此，资金匮乏成为中国—东盟基础设施建设继续向前推进的"瓶颈"。

根据物理互联互通中泛亚铁路的建设情况来看，资金的匮乏已经严重地影响了泛亚铁路的建设。目前，泛亚铁路建设呈现出两种鲜明的对比，由于中国经济实力雄厚，铁道部利用国家信用发行铁路建设基金筹集了大量资金，中国境内的建设已经取得了很大的成就，东线已经基本完成，中、西线也已经有了很大的突破。但是，大湄公河次区域柬、老、缅这 3 个国家经济落后，经济水平难以支撑泛亚铁路建设所需的大量资金，泛亚铁路缺失段主要集中在柬、老、缅三国境内，其境内泛亚铁路处于严重滞后阶段。目前世界上采用的均为标准轨距的铁路，而柬埔寨等国由于国内经济落后，国内铁路大多依然使用米轨①，属于窄轨，且以单线轨道为主，由于资金问题只希望将国内的铁路与中国境内段联通，对新建标准轨距的轨道缺乏积极性，这也极大地阻碍了泛亚铁路发展。因此，必须通过完善和创新投融资平台，积极采取多种融资方式，构建新的融资渠道为泛亚铁路的建设筹集资金，突破资金"瓶颈"，推动泛亚铁路的发展。

除泛亚铁路外，昆曼公路、港口航道建设、信息通信基础设施建设、能源基础设施建设均有巨大的资金需求，传统的融资方式一般采用政府投资为主，对于

---

① 轨距是铁路轨道两条钢轨之间的距离（以钢轨的内距为准）。国际铁路协会规定 1 435mm 轨距为标准轨。大于标准轨矩称为宽轨，小于标准轨距为窄轨。米轨指轨距为 1 000 毫米左右的轨道，属于窄轨。

中国境内的基础设施项目中国通过成立中国—东盟合作投资基金等形式进行资助，但是要填补巨大的资金空缺，必须有新的投融资方式解决基础设施资金匮乏的局面，否则中国—东盟区域经济一体化将会受制于基础设施一体化的建设。

2. 中国—东盟海上互联互通发展滞后

2013 年 10 月 3 日，国家主席习近平提出要加强中国—东盟海洋合作，通过积极构建中国—东盟海上互联互通，共同打造新"海上丝绸之路"。海上互联互通对于中国成为"海洋强国"具有重大战略意义，同时也符合东盟国家的经济利益需求，目前已经成为中国和东盟优先发展领域，但是发展较为滞后。当前的海上互联互通成就很少，仅限于中国和东盟之间的港口与航道方面的合作，2011 年广西提出的建设中国—东盟港口城市合作网络也没有取得突破性的进展，依然处于讨论阶段，双方在海上科研与环保、海洋开发、航行安全与搜救等领域合作仍然处于较低水平。在当前菲律宾等国家觊觎我国南海主权、美国重返亚洲的形势下，中国—东盟互联互通的推进也必然困难重重。

（三）物理互联互通推动中国—东盟区域经济一体化发展分析

实现中国—东盟区域经济一体化首先需要完成基础设施建设，构筑中国—东盟物理互联互通。物理互联互通，为区域经济创造了一体化环境，完善的基础设施建设为经济活动提供了合理的交通运输网络、信息交流平台、能源供应体系等。[①] 物理互联互通促进了工业集群和规模生产，实现了区域内的专业化分工，推动中国和东盟区域内各主体通过结合本国之间资源优势发展各自优势产业，形成产业互补，推动中国—东盟区域经济一体化发展。物理互联互通主要内容为交通、信息和能源基础设施建设。

中国—东盟交通基础设施建设，可以减少中国与东盟各国物流成本，同时提高经济贸易效率，促进专业化分工，并通过构筑中国—东盟区域内的统一的市场，促进中国与东盟各国之间资源实现优化配置。刘生龙、胡鞍钢（2011）利用引力模型，实证分析了交通基础设施建设的完善可以明显减少边界效应，促进区域贸易总量的同时也推动了区域经济一体化程度。[②]

区域经济一体化必须以信息一体化作为前提保障，中国—东盟信息基础设施建设可以为区域经济的各部门提供优质的通信手段，建立一个信息交流平台，构筑中国与东盟各国之间信息无障碍沟通、传递、共享。中国—东盟交通运输一体化是区域经济

---

① 罗明义：《论区域经济一体化与基础设施建设》，《思想战线》，1995 年第 6 期，第 19 ~ 23 页。
② 刘生龙、胡鞍钢：《交通基础设施与中国区域经济一体化》，《经济研究》，2011 年第 3 期，第 72 ~ 82 页。

一体化的前提和基础，信息一体化则是中国—东盟区域经济一体化的重要保障。

能源基础设施建设指构筑中国—东盟各国之间的油气输送管，中国—东盟石油天然气资源分布差异大，东盟多个国家为油气资源丰富的产油国，中国人均油气储量极低。能源基础设施连接了中国与东盟各国的油气市场，极大地节约了中国与东盟之间油气的运输成本，推动了中国与东盟各国经济往来，同时也对中国—东盟区域经济一体化发展产生积极作用。

二、机制互联互通

机制互联互通为中国—东盟建立一个自由、便捷、无障碍的经贸环境，为中国—东盟区域经济一体化建立建成提供了制度保障和法律保障。其中，机制互联互通主要有三个方面：运输便利化、贸易便利化以及投资便利化，这三个方面的自由便利化相互推动、相互支撑共同推动了互联互通的深化发展，推动中国—东盟区域经济一体化深层次、全方位的发展（见图6－3）。

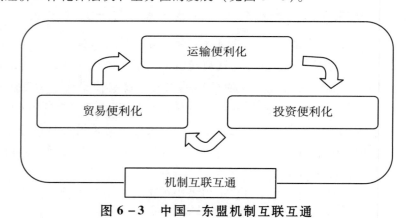

图6－3　中国—东盟机制互联互通

（一）机制互联互通取得的成就

中国—东盟互联互通应与东盟互联互通相互衔接，根据《东盟互联互通总体规划》，机制互联互通指的是各种为了促进双方货物贸易和服务贸易、增加对外直接投资以及保证各国之间人员自由流动而签订的一系列国际性的或者区域性的协定或议定书。[①]《东盟互联互通总体规划》将机制互联互通分为了运输便利化、货物贸易自由流通、服务贸易自由流通、投资自由流通以及技术劳动力和人员的

———————————
① 《东盟互联互通总体规划》。

自由流通几个方面。从 1991 年中国与东盟建立对话关系以来，中国—东盟互联互通中机制互联互通也取得了很大的成绩，尤其是在 2000 年 11 月，朱镕基总理首次提出建立中国—东盟自由贸易区以来，中国和东盟签订了大量促进双边贸易与投资的协议与合作备忘录，并建立了多个对话机制，为中国和东盟的经贸合作、文化交流提供了良好的平台，极大地提升了中国—东盟区域经济一体化水平。

1. 运输便利化

运输便利化指在交通运输基础设施建设的基础上，通过双方举办交通合作交流平台（如中国—东盟交通部长会议）、签订交通合作等协议，为双方交通便利化提供制度和法律保障。

运输便利化为中国—东盟机制互联互通中的一项重要内容，指的是为确保中国和东盟之间交通运输基础设施的建设有序进行，支撑中国与东盟之间的经贸往来而签订的一系列合作协议和建立的合作对话机制。

中国—东盟交通部长会议，作为中国与东盟之间关于交通运输方面的交流对话的机制，在交通运输便利化方面发挥了巨大的推动作用。在第九届会议上最终达成了《中国—东盟互联互通交通部长特别会议联合声明》，指出应当从下面几个方面推动互联互通的发展：第一，积极建立健全工作机制，使互联互通的各个项目、工作能够协调一致；第二，创新融资平台，构建服务于中国与东盟地区互联互通基础设施建设的投融资平台；第三，通过双方的沟通协调，将中国的互联互通规划与《东盟互联互通总体规划》相对接；第四，大力推进中国—东盟海上互联互通，积极利用各方面资金力量，解决资金需求问题；第五，推进航空互联互通，全面加强民航合作。①

《中国—东盟交通合作谅解备忘录》规划了中国与东盟之间的交通基础设施建设，是双方之间交通便利化的纲领性协议。其指出了中国与东盟交通基础设施建设、交通运输便利化、海上安全与保安、航空运输和人力资源开发等方面的合作。② 中国—东盟之间分别确定了陆、海、空三个方面的协议与协定。

（1）陆路运输便利化方面，通过《中国—东盟交通合作谅解备忘录》的指导，进行中国与东盟的交通运输网络的构建，推动泛亚铁路以及亚洲公路网的发展。

（2）水路运输方面，通过签订海运磋商机制与港口合作机制，推动海路运输便利化。

（3）航空运输方面，通过了《中国与东盟航空合作框架》协议、《东盟—中国航空运输协议》，这 2 个协议加强了中国东盟空中运输的便利性。

---

① 《中国—东盟互联互通交通部长特别会议联合声明》在中方倡议下出炉中国与东盟将加快交通联通中新网，2013 年 9 月 2 日，http://www.chinanews.com/gn/2013/09－02/5233400.shtml。

② 《中华人民共和国政府与东南亚联盟国家成员国政府交通合作谅解备忘录》。

2. 贸易便利化

贸易便利化指通过双方建立共同合作机制、签订贸易协议，将横亘在中国与东盟国家之间的贸易障碍、阻滞货物跨境流动的因素消除，简化通关手续与降低通关成本，制定符合双方的标准与协议，促使双方货物与服务快捷、便利的进行跨境贸易。中国与东盟之间目前已经建立了一系列对话机制与签订了大量协议，比如中国—东盟自贸区、中国东盟货物贸易协议等，为促进中国与东盟贸易便利化提供了制度与法律保障。

中国—东盟自贸区于 2000 年由朱镕基总理提出建立以来，中国与东盟各国专家与学者积极对此进行论证，并组建中国—东盟经济合作专家组进行研究，指出了同时对中国与东盟均有利的建设方案，并预计在十年左右时间完成。《中国—东盟全面经济合作框架协议》于 2002 年 11 月 4 日正式签订，该协议构建了自贸区的基本建设框架，并以制度形式确定了在十年后完成自贸区的建设。协议对中国与东盟之间如何实现贸易与投资便利化、自由化进行了具体的设计，通过缔约经济、贸易与投资相关的协议来推动双方的经贸发展。随着《货物贸易协议》、《服务贸易协议》、《争端解决机制协议》、《投资协议》等文件的签署，中国与东盟的主要谈判圆满完成。2010 年 1 月 1 日，中国—东盟自由贸易区正式成立，标志着中国与东盟贸易便利化进入了崭新的阶段。

通过世界银行编制的物流绩效指数可以看出，中国与东盟十国（文莱的数据缺失）总体上清关效率、贸易和运输相关基础设施的质量都有明显的上升。具体见表 6 - 3 和表 6 - 4。此外，目前涵括中国与几个重要东盟国家的 APEC 组织，在 2009 年召开的"APEC 供应链链接研讨会"上表示，鼓励各个成员充分采纳世界银行的物流绩效指数，并制定了"供应链联结计划倡议"，通过这些措施提升了各国的通关、运输、贸易效率。[①] 这都从各方面推进了中国—东盟互联互通的进程，推动贸易便利化向前发展。

表 6 - 3 中国与东盟各国物流绩效指数（清关效率）

国家 \ 年份	2007	2010	2012	2014
新加坡	3.9	4.02	4.1	4.01
马来西亚	3.36	3.11	3.28	3.37
中国	2.99	3.16	3.25	3.21

---

① 李文韬、樊莹、冯兴艳：《APEC 互联互通问题研究》，《亚太经济》，2014 年第 2 期，第 62 ~ 63 页。

年份 国家	2007	2010	2012	2014
泰国	3.03	3.02	2.96	3.21
越南	2.89	2.68	2.65	2.81
菲律宾	2.64	2.67	2.62	3.00
印度尼西亚	2.73	2.43	2.53	2.87
老挝	2.08	2.17	2.38	2.45
柬埔寨	2.19	2.28	2.30	2.67
缅甸	2.07	1.94	2.24	1.97
文莱	—	—	—	—

注：分值为1说明物流绩效指数（清关程序的效率）很低，分值为5说明物流绩效指数（清关程序的效率）很高。

资料来源：世界银行网站，http：//data.worldbank.org.cn/indicator/LP.LPI.CUST.XQ。

表6-4　　中国与东盟十国物流绩效指数（贸易与运输基础设施质量）

年份 国家	2007	2010	2012	2014
新加坡	4.27	4.22	4.15	4.28
马来西亚	3.33	3.50	3.43	3.56
中国	3.20	3.54	3.61	3.67
泰国	3.16	3.16	3.08	3.40
越南	2.50	2.56	2.68	3.11
菲律宾	2.26	2.57	2.80	2.60
印度尼西亚	2.83	2.54	2.54	2.92
老挝	2.00	1.95	2.40	2.21
柬埔寨	2.30	2.12	2.20	2.58
缅甸	1.69	1.92	2.10	2.14
文莱	—	—	—	—

注：分值为1说明物流绩效指数（贸易与基础设施质量）很低，分值为5说明物流绩效指数（贸易与基础设施质量）很高。

资料来源：世界银行网站，http：//data.worldbank.org.cn/indicator/LP.LPI.INFR.XQ。

（1）货物贸易便利化。货物贸易指贸易双方提供实物性商品的经济交换活动。货物贸易便利化主要有两方面：首先，贸易双方降税。中国—东盟自由贸易区正式建立后，中国与东盟之间开启零关税时代，双方积极降低税率，中国将平均关税由自贸区建成以前的 9.8% 降低至 0.1%，东盟国家中由于各国之间发展水平差距大，东盟老成员国与新成员国采取了不同降税步骤，老成员国平均关税从 12.8% 降至 0.6%，四个新成员国则要求较晚实现零关税，规定到 2015 达到 90% 货物零关税要求。其次，实现贸易双方海关程序的简化、技术和检验检疫标准的一致性。

《中国—东盟货物贸易协议》作为中国与东盟之间货物贸易便利化的指导性文件，于 2004 年 11 月 29 日签署。《货物贸易协议》通过制定中国与东盟的降税安排与非关税壁垒消除措施，为双方经贸合作提供一个自由化、透明化的环境，推进双方货物贸易的大幅度跨越。[①]《货物贸易协议》将自贸区的产品分为正常品和敏感产品，各种产品的减税安排如表 6 - 5 ~ 表 6 - 7 所示。

表 6 - 5　　　中国—东盟自由贸易区正常类税目关税削减时间安排

截止时间	关税税率	覆盖关税条目	参与国家
2005 年 7 月 1 日	削减到 0 ~ 5%	40% 正常品税目	中国与原东盟 6 国
2007 年 1 月 1 日	削减到 0 ~ 5%	60% 正常品税目	中国与原东盟 6 国
2010 年 1 月 1 日	取消关税削减到零	全部正常品（不超过 150 个六位税目享有不迟于 2012 年 1 月 1 日取消关税的灵活性）	中国与原东盟 6 国
2012 年 1 月 1 日	取消关税削减到零	全部正常品	中国与原东盟 6 国
2009 年 1 月 1 日	削减到 0 ~ 5%	50% 正常品税目	东盟新成员国越南
2010 年 1 月 1 日			东盟新成员国老挝、缅甸
2012 年 1 月 1 日			东盟新成员国柬埔寨
2013 年 1 月 1 日	取消关税削减到零	40% 正常品税目（比例应不迟于 2004 年 12 月 31 日确定）	东盟新成员国柬埔寨、老挝、缅甸、越南
2015 年 1 月 1 日	取消关税削减到零	全部正常品（不超过 250 个六位税目享有不迟于 2018 年 1 月 1 日取消关税的灵活性）	东盟新成员国
2018 年 1 月 1 日	取消关税削减到零	全部正常品	东盟新成员国

资料来源：根据《中国—东盟全面经济合作框架协议货物贸易协议》整理。

---

① 《中国—东盟全面经济合作框架协议货物贸易协议》。

表 6 - 6　　　　　　　　　　每一缔约方敏感类税目限定

项目	限定	参与国家
敏感清单	400 个六位税目，进口总额的 10%（2001 年贸易统计数据）	中国与原东盟 6 国
敏感清单	500 个六位税目	柬埔寨、老挝和缅甸
敏感清单	500 个六位税目（进口金额上限应不迟于 2004 年 12 月 31 日决定）	越南
高度敏感清单	不应超过敏感类税目总数的 40% 或 100 个税目，以低者为限	中国与原东盟 6 国
高度敏感清单	不应超过敏感类税目总数的 40% 或 150 个税目，以低者为限（越南应不迟于 2004 年 12 月 31 日决定）	东盟新成员国

资料来源：根据《中国—东盟全面经济合作框架协议货物贸易协议》整理。

表 6 - 7　　　中国—东盟自由贸易区敏感类税目关税削减时间安排

截止时间	关税税率	覆盖关税条目	参与国家
2012 年 1 月 1 日	削减到 20%	各自敏感清单税目	中国与原东盟 6 国
2018 年 1 月 1 日	削减到 0~5%	各自敏感清单税目	中国与原东盟 6 国
2015 年 1 月 1 日	削减到 20%（越南税率不迟于 2004 年 12 月 31 日决定）	各自敏感清单税目	东盟新成员国
2020 年 1 月 1 日	削减到 0~5%	各自敏感清单税目	东盟新成员国
2015 年 1 月 1 日	削减到至少 50%	各自高度敏感清单中税目	中国与原东盟 6 国
2018 年 1 月 1 日	削减到至少 50%	各自高度敏感清单中税目	东盟新成员国

资料来源：根据《中国—东盟全面经济合作框架协议货物贸易协议》整理。

　　2009 年 10 月 25 日，温家宝总理出席第四届东亚峰会，并与东盟各国领导人签订了《关于加强卫生与植物卫生合作的谅解备忘录（SPS 备忘录）》、《关于技术法规、标准和合格评定程序谅解备忘录（TBT 备忘录）》。这两份备忘录通过加强海关制度、检验检疫标准以及技术领域标准一致性建设，实现货物进出口所涉及的海关程序、通关手续简化，货物进出口检验检疫无缝对接，加强了中国—东盟贸易便利化。

　　（2）服务贸易便利化。服务贸易便利化指通过机制的设立与贸易协议的签订消除限制双方服务方面贸易的因素，主要包括关税壁垒与非关税壁垒。2007 年签订的《服务贸易协议》是中国—东盟之间实现服务贸易便利化的主要文件。

《服务贸易》规定了各缔约国在中国—东盟自由贸易区框架下进行服务贸易应当遵循的义务和享有的权利。根据《服务贸易协议》规定，我国在 WTO 承诺的基础上，在建筑、环保、运输、体育和商务 5 个服务部门的 26 个分部门，向东盟国家作出市场开放承诺，东盟十国也分别在金融、电信、教育、旅游、建筑、医疗等行业向我国作出市场开放承诺。①

（3）投资自由流动。中国—东盟之间投资便利化指通过不断改进双方资金跨境流动管理方式，简化外汇业务办理手续和流程，并逐步放开双方一些重点部门，为外资进入本国提供良好的投资环境，通过协议等方式将促进双方投资便利化的措施和方案确定下来，赋予法律效应，或构建投资洽谈平台。

为了促进中国与东盟双边的直接投资，完善双方的投资便利化，《投资协议》于 2009 年 8 月 15 日签订。该协议的签订为中国与东盟之间建立自由、便利的投资环境提供了制度基础，并通过对缔约国成员的投资者赋予国民待遇以及最惠国待遇，创造一个投资自由化环境，此外，通过完善相关的法律，通过法律保护成员国的投资权利与利益，最后实现高层次的投资便利化。②《投资协议》规定了成员国之间投资者享受国民待遇，即各成员国投资者在某一国内投资，应当在管理、投资等方面享受同等或不低于本国国民的待遇。③ 最惠国待遇，即缔约国给予成员国在投资者以及投资准入、设立、管理、运行、出售等对其投资处置时，应不低于同等条件其他成员国的待遇。此类规定改善了双方的投资环境，提高了双方对待外资的透明度，确立了争端解决机制，以此促进中国与东盟之间的投资便利化。

（二）机制互联互通发展存在的问题

1. 非关税壁垒在贸易、投资领域依然存在

在 2010 年自贸区正式建成以来，中国与东盟开启了零关税时代，随着 2010 年中国—东盟自由贸易区正式成立，中国与东盟正式开启零关税时代，中国与东盟之间的"关税壁垒"已经被消除，理应实现一个贸易自由化、投资自由化的环境，各国之间的贸易与投资也应当是无障碍的自由流动，跨境成本也应极大的缩小。但是，从实现情况考察来看，中国与东盟之间尚未真正的建立起高层次的经贸领域自由便利化，双方之间存在着一系列的非关税壁垒和障碍。非关税壁垒指排除了双方之间的关税限制，一国政府采用关税以外的其他措施限制他国产品进入本国市场，或者由于两国之间的在产品标准、技术规定、检疫检验标准等方面

---

① 中国—东盟自由贸易区《服务贸易协议》简介，《当代广西》，2009 年第 21 期，第 19~20 页。
② 中国—东盟自由贸易区《投资协议》简介，《当代广西》，2009 年第 21 期，第 23 页。
③ 《中国—东盟全面经济合作框架协议投资协议》。

未能实现完全对接，通关和检验检疫环节复杂，导致贸易便利化程度低，进出口受阻等，形成双方之间的非关税壁垒。WTO 前总干事素帕猜·巴尼巴滴指出"中国—东盟自贸区非关税壁垒造成贸易成本甚至达到关税壁垒的三倍"。① 据此可知非关税壁垒将是中国—东盟区域经济一体化的严重阻碍，需要通过政府进行沟通协商，共同致力于贸易便利化的推进。

2. 中国—东盟相互间 FDI 发展滞后

中国—东盟之间投资领域近年来取得了很大的进展，随着中国与东盟经济往来日益紧密，双方之间的直接投资也有了很大的增长，在 2009 年签订《中国—东盟投资协议》后中国—东盟之间的投资额快速增长。但是中国—东盟之间还存在很多障碍，如中国资本项目还未实现自由化、中国的投资领域向外开放范围小等。从图 6-4 可以看出，虽然中国—东盟之间对外直接投资额有了很大的增加，但是相对于各自的对外投资总额来看，中国对东盟投资额占总对外投资额比例还处于较低水平，2014 年才达到 5.04%，东盟对中国投资额占对外投资总额比例甚至出现下降趋势。说明中国—东盟目前投资便利化程度不高，还需中国与东盟双方加大改善本国投资环境，扩大 FDI 投资领域，同时积极推进人民币东盟化。

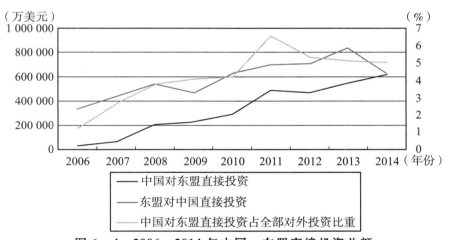

图 6-4　2006~2014 年中国—东盟直接投资总额

（三）机制互联互通推动中国—东盟区域经济一体化发展分析

机制互联互通主体内容有交通运输便利化、货物贸易便利化、服务贸易便利

---

① 《中国—东盟自贸区未来十年建设的五大关注点》，新华网，2012 年 9 月 22 日，http://news. xinhuanet. com/fortune/2012 - 09/22/c_113171993. htm。

化、投资便利化等。通过定期举办中国与东盟政府领导人会议、各个领域部长会议，构建中国—东盟对话交流机制；通过交通运输合作协议、备忘录等构建中国—东盟交通运输一体化；通过经济贸易协议、经济合作备忘录等，消除双方经贸合作壁垒，打造中国—东盟经贸一体化；通过投资协议等，促使资本在双方的自由流动，创建中国—东盟投资一体化。机制互联互通，促进了中国—东盟统一市场的发展，加强了双方经济联系，以经济利益推动政治互信与安全一体化的前进。通过增强经济利益需求、提升政治利益需求以及扩大安全需求，从这三个方面增强中国—东盟区域经济一体化动因，推动中国—东盟区域经济一体化发展，为中国—东盟区域经济一体化提供制度与法律保障。

三、人文互联互通

人文交流是国与国之间最根本的交流活动，通过人文互联互通，从根本上提升双方的经济、贸易、人员往来，是推动中国—东盟区域经济一体化极其重要的方面。人文互联互通包括了文化互联互通、教育互联互通以及能源领域互联互通三个方面，这三个方面相互促进、相互支撑。教育推动了文化的交流，同时文化的认同也促进了双方教育合作的发展；文化的交流与能源领域也是相互促进的关系；文化、教育与能源三个方面互联互通共同实现了人文互联互通，一同推动中国—东盟区域经济一体化发展（见图 6-5）。

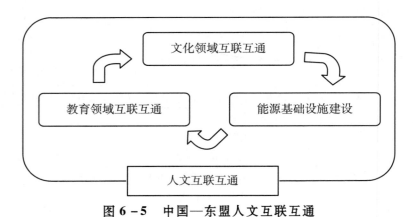

图 6-5　中国—东盟人文互联互通

（一）人文互联互通取得的成就

1. 文化领域互联互通

（1）中国—东盟整体文化合作推进进程。中国与东盟整体签订的一系列文件

协议为中国—东盟文化互联互通提供了制度框架与保障。《中国—东盟文化合作
谅解备忘录》是中国与东盟文化互联互通的纲领性文件。该《备忘录》通过构
建中国—东盟文化交流合作的整体方向与目标，为双方的文化交流合作提供了制
度保障和法律保障。其宗旨即以艺术交流与合作、人员的交流来促进双方的文化
交流合作，推动文化互联互通的进程。同时也将通过建立双方的知识产权和文化
遗产的保护方面来推广有形和无形的文化遗产。[①]

《中国—东盟文化产业论坛南宁宣言》作为中国与东盟文化互联互通中的重
要文件，指出了文化交流合作在双方增加政治互信、增加民众相互理解中发挥的
重要作用，同时指出中国与东盟之间的文化产业是未来双方经贸合作发展的重
点，并将推动双方的经济发展。2008 年第三届中国—东盟文化产业论坛双方签
署了《中国—东盟文化产业互动计划》该计划是中国—东盟文化产业合作方面的
一个具有纲领性的指南，为双方的文化交流与合作提供了一个指导原则与实施
方案。

文化论坛为中国—东盟文化互联互通提供了一个交流合作平台，并为促进双
方对各自文化的理解与认同提供了一个重要途径。截至 2013 年，中国—东盟文
化产业论坛（中国—东盟文化论坛[②]）已经成功举办了七届，该论坛是在《文化
合作谅解备忘录》的指导下举办的，旨在为中国与东盟之间的文化交流搭建一个
平台，为双方的文化合作提供一座桥梁，为双方探讨文化产业发展方向提供机制
条件。

（2）中国与东盟各国文化合作与交流推进进程。中国不仅与东盟签订了一系
列文件协议，同时也为了更好地促进中国与东盟的文化互联互通，中国还分别与
东盟各国签订了合作协议。从 1955 年与越南签订文化协议以来，中国与东盟十
国分别于不同时间签订了文化协议（见表 6-8）。通过文化协议的签订为双方的
文化合作与交流提供了制度框架和保障。

表 6-8　　　　　　　　　中国—东盟文化领域协议签署

东盟国家	文化协议签署
柬埔寨	1999 年 8 月 23 日文化合作备忘录
老挝	1989 年 10 月 8 日
马来西亚	1999 年 11 月 23 日
缅甸	1996 年 1 月 8 日文化合作议定书

---

① Rasmy Khamphay 在"中国—东盟人文学术研讨会"上的讲话，2010 年 8 月 3 日。
② 第六届中国—东盟文化产业论坛于 2012 年 9 月 11 日改名为中国—东盟文化论坛。

续表

东盟国家	文化协议签署
菲律宾	1979 年 7 月 8 日
泰国	1996 年 8 月 8 日文化合作谅解备忘录；2001 年 8 月 28 日文化合作协定
越南	1955 年 7 月 7 日签订文化合作议定书，1992 年 12 月 2 日重签
新加坡	1996 年 10 月 15 日文化合作谅解备忘录；2006 年 8 月 25 日文化合作协定
文莱	1999 年 8 月 23 日文化合作备忘录
印度尼西亚	1961 年 4 月 1 日；2001 年 11 月 7 日重签

资料来源：李红、彭慧丽：《区域经济一体化进程中的中国与东盟文化合作：发展、特点及前瞻》，《东南亚研究》，2013 年第 1 期，第 101～110 页。

2. 教育领域互联互通

教育领域是中国—东盟互联互通建设、合作的新领域。世界上成功的经济一体化联盟中的欧洲联盟（EU）、北美自由贸易区（NAFTA）等都具有较为相似或者相同的文化背景，因此，推动中国—东盟区域经济一体化发展，必须加强中国和东盟的跨文化认同。跨文化认同将会成为双方经贸合作的基础，在区域经济一体化中具有重要作用，而教育领域实现互联互通则是推行跨文化认同的必要途径。

"东盟大学联盟"与中国的合作推动中国—东盟教育领域互联互通发展。1995 年 11 月，东盟 6 个老成员国组建了东盟大学联盟（AUN），此后东盟 4 个新成员国也相继加入，成为东盟教育合作的重要机构。AUN 旨在加强东盟各国确定的优先发展领域交流合作，促进东盟高等教育的交流合作，实现东盟内部教育一体化发展。[①] 2010 年第三届中国—东盟大学校长论坛于马来西亚举行，会上 22 所东盟国家高校和 15 所中国高校校长进行了讨论，一致认为中国和东盟国家应积极、广泛的进行双方高等教育交流合作。同时提出了以下三个方面的工作：首先，推动双方高校留学生交流项目，促进青年学生对中国与东盟的了解；其次，推动双方高校学术交流合作，共同促进双方高等教育发展；最后，积极进行联合培养研究生。

中国—东盟教育交流周，加强双方教育领域交流合作，推动教育领域互联互通。双方积极推行 2020 年中国与东盟留学生"双十万计划"，开展双方高校的学

---

① 许世铨：《东亚区域经济合作及对两岸关系的影响》，《台湾研究》，2002 年第 2 期，第 1～6 页。

分转移和互认，实行双方高等学校学历互认，并积极推进双方大学建立务实的合作关系。[①]

中国和东盟互派留学生，促进双方教育领域交流合作。为促进双方教育交流，中国向东盟国家提供政府奖学金名额，并逐年增加。2010 年第三届中国—东盟教育交流周指出，中国将在 10 年内每一年提供给东盟国家 1 万个奖学金名额，同时制定了在 2020 年东盟来华留学人数与中国赴东盟留学人数各 10 万的目标。到 2012 年，东盟在中国的留学生人数为 54 790 人，中国赴东盟留学人数则已经超过 10 万，达到 101 039 人。

3. 旅游业互联互通

中国与东盟山水相依、情谊相连，有着相近的文化和习俗，中国与东盟国家之间保持的良好关系，两国之间的旅游业近年来取得了迅速发展。根据国家旅游局公布的数据，2012 年中国主要客源国入境旅游前 15 个国家中东盟国家占了 5 个，中国公民首站前往主要目的地国家前 15 个国家中东盟国家占了 7 个。[②] 中国赴东盟旅游人数日益增多，已经成为东盟旅游人数的主力军，2013 年中国赴东盟旅游的人次突破千万，达到 1 023.5 万，相对 2011 年增长了 54.49%。通过表 6 – 9 可以看出，中国首站前往东盟旅游人数一直保持快速增长，2001 ~ 2013 年，赴东盟旅游的中国游客由 138.13 万人次增长为 1 023.5 万人次。通过图 6 – 6 可以看出，赴东盟旅游的游客人数快速增长。

表 6 – 9　　　　　　　中国赴部分东盟国家旅游人数　　　　　　单位：万人

年份	越南	马来西亚	泰国	新加坡	印度尼西亚	柬埔寨	缅甸	菲律宾	总计
2001	21.89	12.39	65.22	28.13		2.16	3.20	5.14	138.13
2002	26.79	23.10	68.87	28.92		2.51	4.08	6.82	161.09
2003	60.66	24.41	52.78	26.21		2.65	7.45	7.29	181.45
2004	78.57	33.72	68.25	42.93		3.28	24.99	10.22	261.96
2005	84.50	35.47	59.55	47.72		4.48	26.36	11.91	269.99
2006	50.66	43.52	76.69	55.72		8.23	10.16	13.83	258.81
2007	92.03	57.35	71.69	64.76		14.05	16.38	16.00	332.26
2008	145.90	62.26	62.39	71.26	29.04	22.09	33.48	16.27	442.69
2009	134.33	60.90	62.19	66.81	32.87	22.23	34.63	16.98	430.94

[①]　第五届"中国—东盟教育交流周"致力推进双方务实合作，新华网，9 月 17 日。http://news.xinhuanet.com/edu/2012 – 09/17/c_113109169.htm。

[②]　中国旅游局统计数据《2012 年中国旅游业统计公报》。

续表

年份	越南	马来西亚	泰国	新加坡	印度尼西亚	柬埔寨	缅甸	菲律宾	总计
2010	121.10	103.37	101.46	82.57	46.88	36.72	26.27	21.52	539.89
2011	114.15	173.78	152.26	100.42	57.86	121.55	31.87	27.11	779.00
2012	133.99	137.22	224.48	116.67	71.36	184.54	54.57	27.22	950.05
2013	177.27	135.16	401.03	132.28	87.92	169.06	56.13	44.65	1 203.50

资料来源：中国旅游局统计数据《2012 年中国旅游业统计公报》。

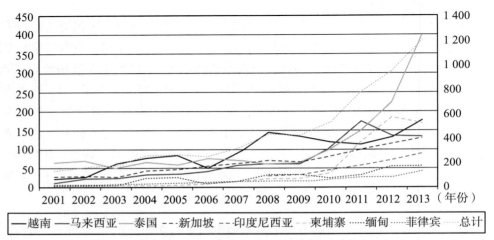

图 6 - 6 　2001 ~ 2003 年中国赴部分东盟国家旅游人数统计

同时，由于中国—东盟之间认识日益加深，东盟来华旅游人数快速增长。通过表 6 - 10 可以看出，在 2010 年由于上海世博会举行等原因，部分东盟国家来华旅游人数总计由 2009 年 370.82 万人次增长到 2010 年的 428.6 万人次，但此后东盟国家赴中国旅游人数增长较缓慢，需要中国与东盟双方加深了解，共同努力。通过图 6 - 7 也可以看出，从 1995 年以来，东盟来华旅游人次逐年上涨，2012 年后东盟赴中国旅游人数略微下降。

表 6 - 10　　　　1995 ~ 2014 年东盟部分国家来华旅游人数　　　单位：万人

年份＼国家	印度尼西亚	马来西亚	菲律宾	新加坡	泰国	总计
1995	13.28	25.18	21.97	26.15	17.33	103.91
2000	22.06	44.10	36.39	39.94	24.11	166.60
2005	37.76	89.96	65.40	75.59	58.63	327.34

续表

年份 \ 国家	印度尼西亚	马来西亚	菲律宾	新加坡	泰国	总计
2008	42.63	104.05	79.53	87.58	55.43	369.22
2009	46.90	105.90	74.89	88.95	54.18	370.82
2010	57.3409	124.516	82.8284	100.365	63.5539	428.605
2011	60.87	124.51	89.43	106.30	60.80	441.91
2012	62.20	123.55	96.20	102.70	64.76	449.50
2013	60.53	120.65	99.67	96.66	65.17	442.68
2014	56.69	112.96	96.79	97.14	61.31	424.89

资料来源：根据中国统计年鉴整理。

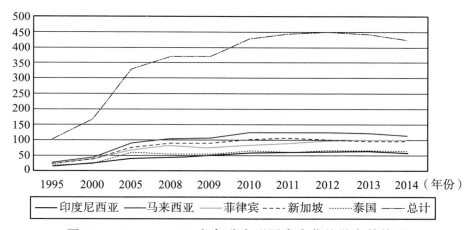

图 6 - 7　1995 ~ 2014 年部分东盟国家来华旅游人数统计

4. 中国—东盟旅游领域互联互通发展

《关于实施中国—东盟自贸区 < 服务贸易协议 > 第二批具体承诺的议定书》于 2011 年 11 月 18 日签署，并在 2012 年正式启用。2002 年《东盟旅游协议》签署，同时提出了构建中国—东盟无国界旅游圈的设想。此外，2003 年 8 月举行的"10 + 3"会议上，为了消除"非典"对中国—东盟旅游业的影响，旅游业重振计划启动，中国与东盟各国签署了《"10 + 3"振兴旅游业北京宣言》，鼓励各国依据《东盟旅游协议》简化签证手续，实现旅游便利化。①

同时，中国积极与东盟各国举行双边合作，与各国签订旅游合作议定（见表 6 - 11），以此加快中国—东盟旅游领域互联互通。

---

① 《旅游业重振计划启动　通过"10 + 3"北京宣言》，新华网，2003 年 8 月 11 日，http：//news. xinhuanet. com/fortune/2003 – 08/11/content_1020284. htm。

表 6 – 11　　　　　　　　中国与东盟国家签订旅游领域协议

国家	旅游合作文件签署
柬埔寨	1999 年 2 月 9 日旅游合作协定；2004 年 4 月关于旅游规划合作的谅解备忘录
印度尼西亚	1994 年 7 月 1 日旅游合作协定签署，2000 年 7 月 10 日旅游谅解备忘录
老挝	1996 年 10 月旅游合作协定签署
马来西亚	2003 年 9 月 15 日旅游合作协定签署
缅甸	2000 年 7 月 16 日旅游合作协定签署
泰国	1973 年 8 月 26 日旅游合作协定签署
文莱	2006 年 9 月 5 日旅游合作谅解备忘录签署
菲律宾	2009 年 9 月 17 日天津市与菲律宾签订旅游合作备忘协议
越南	2010 年 8 月 9 日旅游合作协议于越南河内签署
新加坡	2011 年 10 月 28 日中国云南省与新加坡签订旅游合作协议

（二）人文互联互通存在的问题

1. 受"中国威胁论"影响，部分东盟国家对中国认同不足

随着中国的崛起，西方国家不断鼓吹"中国威胁论"，认为中国的发展会打破现有的经济、政治格局。虽然中国—东盟关系朝着以合作求发展的方向前进，但是不可否认东盟国家对中国硬实力的发展保持了一种较强的戒备心理。在"中国威胁论"的影响下，中国与东盟的相互认同必然会受到一定程度的影响。当前，"中国威胁论"在东盟国家中主要有以下几个方面：首先，东盟国家担心随着中国的崛起，中国将会同美、日争夺在本地区的主导权，导致本地区的局势紧张；其次，中国积极参与东亚合作，在东亚合作中发挥的作用日益重要，东盟国家担心中国将会取代东盟在此合作中的主导权；再次，东盟国家担心随着中国军事实力的增强，会采取武力的形式解决南海问题。

"中国威胁论"导致了东盟国家对中国的认同感不够，影响了中国—东盟人文互联互通的发展。同时东盟国家为了应对所谓的"中国威胁"还积极引入其他大国进入本地区，积极采取"大国平衡战略"，这些都将会严重影响中国—东盟区域经济一体化的发展。因此我国必须采取有力的措施应对"中国威胁论"带来的负面影响，推动中国—东盟互联互通的发展，构建中国—东盟区域经济一体化。

2. 中国—东盟高等教育滞后于经贸合作进展

在中国—东盟区域经济一体化进程加快的背景下以及中国—东盟教育部长会议等教育合作机制的推动下，双方的教育合作水平取得了很大成就。但是，当今世界经济全球化以及中国—东盟经贸往来日益密切，中国—东盟的经贸成就取得重大突破的背景下，双方的高等教育合作水平与经贸水平相比存在着很大的差

距，发展滞后于双方的经贸水平。主要表现在以下三个方面：第一，中国—东盟教育合作尚未形成完善的、有约束力的、规范的教育合作制度；第二，中国—东盟教育服务贸易准入制度发展滞后，未构建合理的教育服务贸易争端解决机制，抑制双方教育合作的发展；第三，中国与东盟之间高等教育未能形成良好的跨国质量评估以及资格认证机制，导致双方之间的课程、学位等不能相互认同。目前中国—东盟之间教育合作仅为学生互换、教师交流等层次，离国际合作办学相距甚远。

（三）人文互联互通推动区域经济一体化发展分析

中国—东盟区域经济一体化的发展，脱离不了中国与东盟各国人民之间的情感联系、文化认同，通过人文互联互通提升中国—东盟之间人民的文化认同感，加强双方情感融合，增加双方政治互信，强化双方的价值认同感，这将会以一种柔性的沟通方式，为双方产生潜在的经济利益；同时通过教育互联互通，将形成双方源源不断的人力资源，增强文化要素在中国与东盟各国之间的流动与集聚；人文互联互通通过服务于经济贸易、产业合作等，均会创造出直接或间接的经济效应，这都将为中国—东盟区域经济一体化提供服务于经济贸易的公共产品，产生无形的福利效应和坚实的人文保障。人文互联互通将以一种"润物细无声"的、无形的方式增强中国与东盟各国之间的政治效应、经济效应，为中国—东盟区域经济一体化提供坚实的人文保障，推动中国—东盟区域经济一体化发展。

第三节　基于区域经济一体化的互联互通推进策略

中国—东盟互联互通尽管在物理、机制以及人文三个方面都取得了巨大的成就，但依然存在着诸多亟待解决的问题，例如，物理互联互通基础设施建设资金紧张、双方协议执行程度不高、中国与东盟计划与《东盟互联互通总体规划》衔接不紧密等，这些问题不解决将会严重影响互联互通合作的进展。因此必须做好以下几个方面的措施，推进中国—东盟互联互通的发展。

一、中国—东盟互联互通总体推进策略

（一）加强沟通交流协调互联互通内涵及重点

2010年温家宝提出建设中国—东盟互联互通，双方也进行了多次讨论，但迄今为止仍未对互联互通作出比较准确和一致的定义，因此导致了双方互联互通

257

项目重点不明确，同时在中国内部官方与学术界都没有统一的定义，这种状况将会对互联互通建设产生不利的影响。

必须将中国—东盟互联互通的建设内涵和内容与《东盟互联互通总体规划》相协调起来。根据《东盟互联互通总体规划》，互联互通的三个层次分别为：物理互联互通（Physical Connectivity）、机制互联互通（Institutional Connectivity）以及人文互联互通（People-to-people Connectivity）。目前，中国有些学者和官员将中国—东盟产业对接作为中国—东盟互联互通的内容之一。2011 年 7 月 3 日举行了中国—东盟行业合作会议，会议上提出了建立产业互联互通是中国—东盟互联互通的重要内容。[1] 2011 年 8 月 23 日中国—东盟互联互通战略研讨会在北京召开，会议上把产业对接作为议题之一。这些都与东盟内部对互联互通的内涵与重点不一致。但同时外交部副部长刘振民在会上表示，中国—东盟互联互通是全方位、深层次、战略性的，要在"硬件"和"软件"两方面上推进。[2] "硬件"包括基础设施以及交通方面的互联互通，"软件"方面包括制度互联互通，即提高贸易便利化等，感情互联互通，即加强人文交流合作等。这个定义与《东盟互联互通总体规划》的定义相符合，但是没有得到普遍认识。

在当前形势下，中国—东盟互联互通正在大力推进，互联互通要取得更大发展，统一互联互通的内涵及重点则亟待解决。因此，中国应当与东盟统一互联互通的内涵及工作重点，并集合各部委、各学界通过新闻发布会，宣布中国—东盟互联互通的真正内涵，同时明确推进互联互通是中国将着力推进的重点领域和项目。

（二）加强与《总体规划》相互衔接，制订中国—东盟互联互通总体规划

《东盟互联互通总体规划》是东盟实现共同体的基础条件，是东盟国家协调统一的规划，因此中国—东盟互联互通需要与《东盟互联互通总体规划》紧密衔接。目前中国着力建设的互联互通项目与东盟之间的互联互通总体规划之间存在着一些偏差，未能实现完全的衔接。在《东盟互联互通总体规划》中，东盟只把泛亚铁路确定为优先项目，其他的优先项目却与中国相关度不大。在关于泛亚铁路的规划上，中国与东盟之间也存在着很大的偏离。东盟对泛亚铁路规划为东线和西线，而中国规划为东线、中线和西线，尤其在西线上偏离较大。此外，对于

---

[1] 李怀岩、李萌：《中国—东盟行业合作会议力推产业间互联互通》，新华社，2011 年 7 月 4 日，http：//www. gov. cn/jrzg/2011 - 07/04/content_1898638. htm。

[2] 《中国—东盟互联互通战略研讨会在京召开》，中国新闻网，2011 年 8 月 23 日，http：//www. chinanews. com/gn/2011/08 - 23/3278802. shtml。

我国着力推动的中国—东盟海上互联互通项目上，《东盟互联互通总体规划》中并没有与我国港口建设相对接，此举将对海上互联互通发展极为不利。此外，湄公河—印度经济走廊已经被列入《东盟互联互通总体规划》中，而我国大力推动的南宁—新加坡经济走廊却没有被列入，说明我国与东盟国家内部的互联互通未能进行有效的沟通协调。目前我国已经向东盟提供了 250 亿美元的信贷来推进互联互通，因此我国必须确定互联互通的战略目标，对整个互联互通进行总体的规划。同时为了消除东盟国家对我国的疑虑，以及不授美国、印度等国家以柄，必须积极开展与东盟国家一同商定中国—东盟互联互通的总体战略规划和目标，并及时向世界公开互联互通的重点领域以及双方的合作方向。

（三）完善制度建设提升互联互通水平

目前中国—东盟合作已经取得了很大成就，已经形成了以中国—东盟领导人会议为主导，在各个部长级会议进行推进，同时构建中国—东盟（10 + 1）合作框架、东盟—中日韩（10 + 3）合作机制等对话机制，中国—东盟博览会、中国—东盟教育交流周、中国—东盟产业合作论坛等交流合作平台。在此基础上，中国—东盟互联互通通过构建中国—东盟互联互通合作委员会为互联互通的推进打造一个独立的对话平台。但是互联互通合作委员会成立于 2012 年 11 月，成立的时间短，还未形成完善的制度与规范，应当继续提升合作委员会的层次，并在委员会的架设下举行一系列的研讨会、论坛等就制定中国—东盟互联互通总体规划，与《东盟互联互通总体规划》相衔接等亟待解决的问题进行详细磋商，寻求解决方案。

二、中国—东盟物理互联互通推进策略

（一）大力推进海上互联互通

2013 年 9 月中国—东盟交通部长会议上，中国外交部副部长刘振民表示，中国已经提出了建设中国—东盟海洋合作伙伴关系倡议，并投入 30 亿元成立中国—东盟海上合作基金，海上互联互通将成为双边合作的新亮点。[①] 同时，交通部长杨传堂表示，中国将结合《东盟互联互通总体规划》，推动海上互联互通，打造新海上丝绸之路。[②] 应当从以下几个方面推进海上互联互通：

（1）加强双方港口、物流合作。通过双方码头建设、仓储物流、港口信息化等方面的合作，着力打造中国—东盟海上互联互通网络。

[①②] 新华网：《海上互联互通有望在中国东盟合作中扮演重要角色》，2013 年 9 月 3 日，http：// news. xinhuanet. com/fortune/2013 – 09/03/c_117212129. htm。

（2）建设中国—东盟港口城市合作网络。将中国与东盟各国沿海的港口城市统一纳入港口城市合作中，以此推动中国—东盟海上互联互通。

（3）充分利用中国—东盟海上合作基金。为了推动双方海上合作，中国投入30 亿元设立了中国—东盟海上合作基金。因此双方应当通过对话，在协调各方利益、突出合作重点的基础上，充分利用合作基金，实现重点项目的突破。

（4）加强中国与东盟之间在搜救、航行安全等领域的交流合作。

（二）打造 21 世纪新海上丝绸之路

海上丝绸之路是中国自古以来逐渐形成的与外国进行经济、文化交流的海上通道，其与陆上的丝绸之路相对应。通过海上丝绸之路，中国古代人民经过东南亚穿过马六甲海峡后到达欧洲，将中国的商品运往中亚、欧洲、东南亚等地。初期运送的大宗商品是丝绸，之后到了宋元时期则主要是陶瓷等商品。而从外国运回来的则是一些香料、宝石等。海上丝绸之路促使古代中国与外国经济、文化交流不断加深，并逐步形成了古代世界上的海上交通大动脉。

2013 年 10 月 3 日习近平主席在印度尼西亚国会发表演讲时提出：打造新"海上丝绸之路"，为建设中国—东盟钻石十年夯实基础。打造新"海上丝绸之路"符合中国和东盟的共同利益，且通过此契机加强中国—东盟港口、航海合作，促进中国—东盟互联互通，推动中国—东盟区域经济一体化发展。

（三）积极发挥亚洲基础设施投资银行的作用，拓展"项目 + X"融资模式突破基础设施建设融资瓶颈

中国—东盟互联互通基础设施建设属于公共产品，具有投资回报率低、期限长等特点，因此存在投入产出的结构性不平衡问题，这导致难以引入民间资本。虽然已经由中国开发银行发起设立了"中国—东盟银行联合体"、由中国进出口银行发起设立了"中国—东盟投资合作基金"，这些都极大地支撑了中国—东盟基础设施建设的资金需求，但是由于泛亚铁路等大型基础建设项目目前遭遇"资金瓶颈"，尤其是在 CLMV 这 4 个东盟新成员国境内的基础设施建设项目资金缺乏尤为严重。因此必须积极发挥亚洲基础设施投资银行的作用，为中国—东盟互联互通基础设施建设提供资金保障。

对互联互通项目的投资存在一个严重问题即资金回报没有足够的保障，而拓展"项目 + X"融资模式能够很好地解决这个问题。[1] 因为"项目 + X"融

---

[1] 王乃学、黄焕升、熊家军：《通过"项目 + X"模式破解中国—东盟互联互通投资回报困境研究》，广西商务厅内部报告，2013 年 8 月。

资模式不是只关注"资金回报"而是积极探索"非资金回报"。其中的 X 可以包括东盟国家的资源、土地使用权和项目特许经营权等，这就能够很好地结合东盟国家具有的资源、能源等优势，实现中国—东盟互联互通项目（尤其是项目处于越、老、柬、缅等落后国家）得到必要的资金支持。因此必须在积极推动亚洲基础设施建设投资银行设立的基础上，大力推广"项目＋X"融资模式。

（四）以广西为战略支点，打造"X"字形综合交通运输体系

广西是中国与东盟海陆相连的唯一省份，在中国—东盟区域经济一体化中发挥着无可替代的作用，未来中国与东盟的发展应当将广西打造成为中国与东盟合作且连接西南、中南辐射全国的新的战略支点。通过强化以广西为支点，建设"X"字形的综合交通运输体系，建立连接西南与东南的重要交通枢纽、中国与东盟区域性的国际航运中心（见图 6-8）。

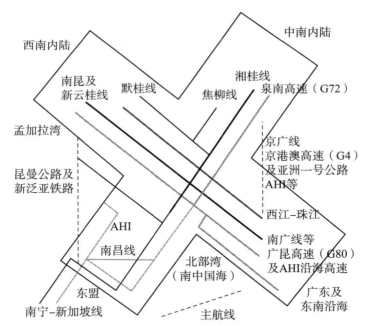

图 6-8　以广西为支点和十字路口的"X"字形运输通道及若干主干道

注：为使图形清晰，本图只列出若干主干道，未包括诸如贵广线、包茂高速（G65）、兰海高速（G75）等干道以及区域性的航空与海运线等。

资料来源：李红、方冬莉、覃巧玲：《中国—东盟互联互通战略中广西的作为研究》，广西大学中国—东盟研究报告，2013 年 12 月。

三、中国—东盟机制互联互通推进策略

（一）改善通关口岸便利化状况

随着 2010 年中国—东盟自由贸易区正式建成以来，双方的经贸、人员往来日益紧密，通关口岸便利化程度的提高将会为双方带来巨大的经济利益与政治利益，对中国—东盟区域经济一体化产生重大影响。目前，中国与东盟的通关口岸主要集中于广西云南两省，分别有公路口岸：凭祥友谊关口岸、靖西龙邦口岸、瑞丽木姐口岸和腾冲猴桥甘拜地口岸等；海路口岸：防城港口岸、钦州港口岸等；航空口岸：昆明航空口岸、南宁航空口岸等。但是，目前的通关效率不高，不能满足日益增长的经贸合作与人员往来的要求。必须通过以下几个方面的改进来提高中国—东盟通关口岸的便利化。

第一，积极打造中国—东盟通关口岸通关一体化。通关一体化旨在建立一个虚拟通关数据服务平台，将各个口岸信息联网，实施"选择申报，多点放行"的新模式，转变现有的"两次申报、两次放行"转变为"一次申报、一次放行"。

第二，合理规划通关口岸。目前通关口岸主要设置于广西和云南两省，两省的通关口岸总体规划性不强，存在着口岸距离过短，功能相近，争夺服务市场的现象。必须通过两省区的相互协调，合理规划通商口岸，实现资源利用最大化。

第三，推动中国—东盟"单一窗口"项目。所谓"单一窗口"，就是允许贸易经营企业一次性提交相关信息和单证，通过一个平台、网页或地点（机构）申报，并对企业提交的信息数据进行一次性处理。[①]"单一窗口"项目的建设可以极大地简化贸易通关流程，提高清关效率，极大地推动中国—东盟贸易水平。目前东盟内部已经开始了建立和实施"单一窗口"项目。从 2005 年的倡议开始，到 2008 年东盟 6 个老成员国已经投入使用，东盟四个成员国则要求于 2012 年开始实施。中国应当推动与东盟"单一窗口"项目的对接，推动中国—东盟区域经济一体化。

（二）加强沟通合作，突破中国—东盟贸易投资便利化隐性壁垒

虽然中国—东盟之间《货物贸易协议》、《服务贸易协议》以及《投资协议》均已经正式生效，但是这些协议中旨在消除隐性壁垒的条款在东盟各国中执行程

---

① 顾阳：《"单一窗口"路线明确》，《经济日报》，2014 年 4 月 3 日，http：//paper. ce. cn/jjrb/html/2014 - 04/03/content_195382. htm。

度不高。因此必须通过加强中国与东盟各国之间的沟通协调，加快双方技术标准、卫生与检疫标准等一体化建设。同时，推动中国—东盟自由贸易区"升级版"建设。中国—东盟自由贸易区升级版，首要重点为进一步提升双方贸易自由便利化，把双方之间整体环境透明化，减少隐性壁垒；其次，推动双方投资便利化，中国—东盟之间投资水平还处于较低水平，同时双方存在着大规模互补的投资需求，通过减少资本流动限制，提高自贸区的金融服务水平，推动双方相互投资水平。

四、中国—东盟人文互联互通推进策略

（一）大力提升中国—东盟留学生交流活动

教育将影响人的一生，通过培养留学生，使其通过学习中国的传统文化，认同中国文化，构建共有的文化价值观，以此来推动其对中国文化的传播。通过一个留学生，影响一个家庭；通过一个家庭，影响一个民族。首先，中国—东盟之间可以通过互派留学生，尤其是中国方面需要通过对东盟国家的经济影响，同时加强对东盟国家留学生的援助，设立中国—东盟留学基金，吸引东盟学生来到中国留学；其次，中国—东盟之间应当举办青少年交流活动、大学生交流活动等，通过青少年与学生之间的交流互动，推动其对中国传统文化的认识，加大中国传统文化对其的影响。

（二）加大中国—东盟文化产业合作

中国具有丰富的文化资源，与东盟之间在文化资源方面具有很强的互补性，这构成了中国—东盟文化产业合作的基础。文化产业的合作不仅可以为双方提供巨大的经济利益，同时通过文化产业的合作可以为东盟国家输送大量的文化产品，加强东盟各国人民对中国文化的认识，从而加强中国在东盟软实力的建设。文化产业通过将各国优秀的文化资源进行整合，将文化资源产业化，以此加强中国文化吸引力。文化产业具有文化商品化、商品文化化的特点，通过文化产品在东盟国家的传播，使中国文化在潜移默化中得到东盟各国人民的接受和认同。

（三）继续推行"政府主导、民间推动"

加强中国—东盟文化交流，推动中国—东盟人文互联互通，既要充分发挥政府主导作用，通过政府之间构建文化交流合作平台、签订文化合作协议，也

要充分发挥民间的推动作用，通过人民团体和社会组织等主体展开民间文化交流。同时要充分发挥华侨同胞的纽带作用。东盟各国居住着大量的华人同胞，同时这些华人同胞已经在东盟各国扎根并取得了一定的社会地位，因此要积极加强与华侨的联系，使华侨能够成为中国与东盟文化交流的纽带，推进文化领域互联互通。

第七章

中国—东盟区域经济一体化与产业合作研究

加强产业合作是实现区域经济一体化非常重要的一步。从整个亚太经济区域来看，中国与东盟产业合作既是实现区域共同发展和互利共赢的必然选择，同时也是提高亚太区域生产力、影响力及其在国际市场竞争力的必然选择。中国与东盟的产业合作也有着非常有利的条件，产业园区建设是中国与东盟各国推进产业合作的重要平台，它是双方政府在相互信任的基础上大力合作的结果。同时为了推进产业合作的这项系统工程，企业协会、博览会和行业协会等等也开展了积极的交流，取得了实质性的进展，充分利用了中国—东盟自由贸易区建设的优惠条件，在更广阔的空间进行产业结构调整，打造优势互补的产业链，提升中国与东盟产业合作水平。本章从中国与东盟的产业政策入手，通过分析双方产业合作现状，进而对中国—东盟区域经济一体化建设提出战略性措施。

第一节　中国—东盟区域产业发展的现实考察

产业合作已经成为促进中国—东盟区域经济一体化建设非常重要一步。产业转移是双方贸易和投资发展到一定层次必然发生的结果，随着全球范围内商品和要素的快速流动，产业通过进出口贸易路径在不同发展层次国家之间进行着转移，中国与东盟各国的发展阶段存在很大差异，为区域内产业转移提供了条件。

李欣广（2004）① 研究了中国与东盟产业转移的"后发性效应"，认为在双方市场进一步开通的基础上这种转移将会进一步增强双方的经济互补性。在贸易联系日益密切的情况下，学者们开始注重中国与东盟的产业合作，吕洪良（2005）②从整体上将中国和东盟国家产业合作的基本模式概括为：以政府为主导，以农业和一般加工业为基础，多层次多角度、全方位的开放型合作模式。杨永红（2005）③ 认为中国—东盟自由贸易区的建成和发展，将会使得中国与东盟新的产业分工格局得以发展和深化，将会促进双方产业分工协调发展。在产业合作的具体进程方面，苏颖宏、王勤（2007）④ 认为中国与东盟国家产业结构的差异性，导致产业合作是分层次进行的，应充分注重产业的协调分工和产业布局的调整。张娜、李立民（2008）⑤ 分析了产业结构对产业内分工的影响，认为落后的产业结构导致中国和东盟制成品以低质量垂直型产业内贸易为主，处于产业阶梯的较低层次，影响了产业的内分工。而郑一省，陈思慧（2008）⑥ 认为中国长期处于高新技术产品进出口的逆差状态，加强与东盟国家在高新技术方面的合作，是产业合作一个新亮点。陈文慧（2009）⑦ 应用产业结构相似度、变动速度，出口产品结构等指标研究表明中国与东盟在产业结构、资源禀赋的相似性、趋同性和竞争性方面削弱了双方产业合作的可能性，提出在产业一体化背景下，中国与东盟应该按产品内分工调整产业结构，建立良好的协作分工体系，才能实现中国和整个东盟地区的产业结构升级。而王海全（2010）⑧ 从产业竞争力的角度分析认为自由贸易区的建成一方面使一国竞争力较强的产业比较优势更加明显，另一方面也使竞争力较弱的产业陷入困境，CAFTA 建成使得中国的资本和技术密集型产业的竞争优势得以发挥，也使得东盟国家在农业和劳动密集型产品方面的比较优势更为明显。为了进一步推动中国—东盟区域经济一体化的建设，许宁宁（2012）⑨ 认为中国与东盟发展的当务之急就是促进行业对接和产业合作。中国与

---

① 李欣广：《中国—东盟区域经济一体化的产业转移效应》，《国际经贸探索》，2004 年第 6 期，第78～82 页。

② 吕洪良：《中国与东盟国家间的产业合作研究》，华中科技大学博士学位论文，2005 年。

③ 杨永红：《中国与东盟国家间产业内分工基础及体系构建探讨》，《改革与战略》，2005 年第 12期，第 63～67 页。

④ 苏颖宏、王勤：《我国与东盟国家的产业分工与协作》，《特区经济》，2007 年第 11 期，第 21～22 页。

⑤ 张娜、李立民：《基于产业内贸易视角的中国与东盟产业结构调整探讨》，《东南亚纵横》，2008年第 4 期，第 22～27 页。

⑥ 郑一省、陈思慧：《中国与东盟国家"新经济"产业合作展望》，《广西民族大学学报》（哲学社会科学版），2008 年第 3 期，第 90～94 页。

⑦ 陈文慧：《中国与东盟国家产业结构现状分析》，《东南亚纵横》，2009 年第 11 期，第 93～97 页。

⑧ 王海全：《浅谈 CAFTA 框架下金融支撑——中国东盟区域产业分工与合作策略》，《广西经济》，2010 年第 3 期，第 29～30 页。

⑨ 许宁宁：《中国—东盟产业合作现状、趋势及建》，《东南亚纵横》，2012 年第 6 期，第 3～6 页。

东盟不断扩大的市场促进了产业合作的发展，产业结构调整和产业升级俨然已经成为双方发展本国经济重大举措，提出了加强产业政策的相互协调，结合互联互通，充分发挥投融资平台的作用等等 10 项措施来加强产业合作。范珍（2012）[1] 认为自由贸易区的建立促进了东盟和中国产业的双向转移，加快了产业一体化进程，从而使得双方的合作空间越来越大。在产业合作的影响因素方面，大多数学者的研究都认为中国与东盟双方低级的不合理的产业结构是影响产业合作主要因素。谢泽宇、郭健全（2013）[2] 的研究表明中国在东盟国家的投资已经渗入到制造业、能源业、金融业等各个领域，中国与东盟间产业转移进程方兴未艾，这将有利于发展水平相对较低的国家，使其顺利实现产业升级，为相互的产业合作奠定了基础。

一、中国—东盟区域产业政策考察

中国—东盟自由贸易区的建立是我国积极开展多边贸易，促进区域经济一体化发展的重大战略举措。东盟各国在实现工业化和现代化发展的进程中，都认识到产业政策在推动经济发展、整合国内资源、优化产业结构中的重要作用，作为调节经济的重要手段，产业政策越来越被东盟各国应用于促进本国经济的发展。了解和熟知东盟的产业政策布局，对于开拓东盟市场，深化经济合作具有重要意义。本节从产业结构政策、产业组织政策、产业布局政策三个方面来研究东盟国家的产业政策（见图 7 - 1）。

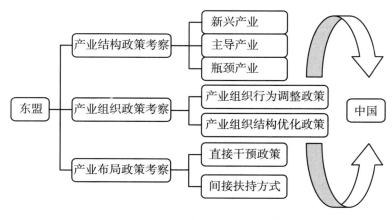

图 7 - 1　东盟产业政策考察

---

① 范珍：《中国—东盟承接产业转移与区域物流一体化问题探析》，《研究与探讨》，2012 年第 8 期，第 62 ~ 64 页。

② 谢泽宇、郭健全：《基于直接投资中国与东盟产业双向转移现状研究》，《商业经济》，2013 年第 1 期，第 54 ~ 56 页。

（一）东盟国家产业结构政策考察

产业结构政策是指政府为促进本国产业结构的调整优化升级，根据三次产业在不同阶段的发展状况，制定和实施一系列的产业政策，最终达到各个产业协调发展、经济稳定增长的目标。产业政策最核心的问题是如何在产业结构理论的指导下，依据各产业的变化规律，选择较为合理的产业发展顺序。各国政府运用关税和非关税壁垒、倾斜性的税收优惠政策和信贷政策、直接参与某些产业的投资等方式，通过扶持特定产业，促进其不断调整产业规模和结构，保障整个国民经济的持续发展。

1. 对新兴产业的扶持

近年来，越南信息产业得到较快发展，2001～2010年，全行业营业额年均增长20%～25%，2011年营业额达到85亿美元。中小信息企业是越南信息产业的支柱，他们以简单的组装为主，尚未建立国际、国家级品牌，还未能吸引国际一流企业在越投资生产。为推动本国信息产业的发展，越南政府从六个方面提出发展战略：一是规划指导；二是财政支持；三是税收优惠；四是园区建设；五是人才培养；六是发展软件工业。此外，越南政府还将提供约合1.2亿美元的资金支持信息产业发展，同时建立并应用ISO 27001、ISO 20000和CMMI等标准，为信息技术企业提供设备和技术支持。对于重点产品生产和服务企业，政府提供建设用地和经费，银行提供相当于总投资85%的信贷支持。2013年越南政府批准了到2020年高科技发展国家目标计划的高科技研发、培训与建设计划。

新加坡一直以来以制造业和服务业作为其支柱产业，在此基础上，新加坡大力开发新兴产业，特别是推动高新技术产业的发展，兴建科技园区，吸引外资从事技术开发，以期通过科技发展保障经济的可持续增长。2011～2015年，用于科研和创新方面的投资达到国内生产总值的1%。2015年科研总值达到国内生产总值的3.5%以上，促使新加坡成为国际科研中心和亚洲创新中心。[①]

泰国的连锁店贸易发展最为迅速，已经逐步扩张至海外，创造的流动资金高达上千亿铢。同时，国外的连锁店也开始入驻泰国，提高了国内的就业率。为促进连锁店贸易的发展，政府将在投资、纳税等方面给予支持，以降低就业者的负担。此外为鼓励投资连锁业，还设立了专门的基金，初期已纳入其财政预算的基金金额为10亿铢，以后逐年增加基金金额。政府鼓励毕业生以及普通民众向教育部和财政部管理的基金申请贷款，但是申请者必须有明确的投资计划。[②]

---

① 《新加坡政府多重角色引导企业创新》，2012年10月2日，http：//xmwb.news365.com.cn/xmhq/201209/t20120928_700684.html。

② 《泰国商业部拟设基金鼓励投资连锁业》，2012年10月2日，http：//www.cafta.org.cn/show.php? contentid=50913。

2. 对主导产业的扶持

柬埔寨橡胶种植始于 1910 年，截至 2014 年初，柬埔寨橡胶种植面积达到 30 万公顷。橡胶业作为柬埔寨的传统产业具有悠久的发展历史，其产品主要出口越南、马来西亚、印度尼西亚、新加坡和中国等。当前柬埔寨橡胶业发展存在一系列问题，严重阻碍了柬埔寨橡胶业的进一步发展。例如，橡胶质量不符合国际标准、相关技术和设备比较落后、橡胶行业的专业人才缺乏、出口市场范围狭窄、国家对于小型橡胶种植户的资金扶持力度不够等等。为了增强柬埔寨的橡胶产业在国际上的竞争力和市场占有率，柬政府制定了一系列新的发展政策和积极有效的措施，吸引外商投资，帮助解决柬埔寨橡胶业存在的问题，提高柬埔寨橡胶质量和推动橡胶业发展。[1]

国际市场上对纸浆、纸张、家具等的需求在增加，印度尼西亚木材产业近年一直保持着高速的增长态势。据统计，印度尼西亚纸浆与造纸工业将投资 200 亿美元，使每年纸浆与造纸产量增加到 1 200 万吨，2015 年，印度尼西亚纸浆与造纸工业增长率将达到 12%，比工业部预测的 6% ~ 7% 更高。此外，为促进国内木材产业的可持续发展，印度尼西亚在提高木材产品产量、增加出口的同时，力求维护产业链的平衡，保护生态环境。2014 年印度尼西亚重新开放原木出口，印度尼西亚从 1985 年禁止原木出口，出口原木计划有可能将会开放给拥有森林许可证企业。目前印度尼西亚国内天然原木每立方米价格为 120 万盾，在本区域的国际市场价格每立方米能达到 300 万盾。印度尼西亚部分公司希望政府有选择性地开放出口原木，包括出口木材产品，如锯材等。[2]

文莱致力于提高油气产业本地化，加大政府对其的扶持力度，以期到 2017 年油气产业中本地的份额从目前的 15% 提高到 25%，最终实现在 2035 年达到 60% 的目标。[3]

3. 对瓶颈产业的扶持

通信业作为缅甸的基础产业，在发展的过程中，由于各方面的原因，规划安排不合理，效率低下，已严重制约了其他产业和国民经济的发展，使产业结构体系的综合产出能力受到较大的限制。为此，缅甸政府顺应时代要求，制定通信业发展短期规划。制定并实施了一系列邮政、电信、通讯等相关法律法规，鼓励私人企业在通讯建设和服务领域进行投资，扩大电话在农村地区的使用范围。缅甸

---

① 《柬埔寨政府大力发展橡胶业》，2012 年 10 月 2 日，http：//cb. mofcom. gov. cn/aarticle/sqfb/ziranziyuan/201111/20111107851846. html。

② 《2013 年世界各国木材政策小览》，2013 年 3 月 4 日，http：//www. chinatimber. org/news/53354. html。

③ 《文莱政府致力于提高油气产业本地化》，2012 年 10 月 5 日，http：//bn. mofcom. gov. cn/aarticle/jmxw/201206/20120608196880. html。

政府计划在 2012/2013 财年采用 PPP（Public Private Partnership）投资模式，鼓励更多私人投资。在通信建设、生产、服务领域里，逐步融入一定比例本国公民和外国的资金。此外，为确保仰光—内比都—曼德勒高速公路沿途 GMS 电话全线畅通，保障网民上网速度，再次扩建 ISP 服务。[①]

印度尼西亚一直是东南亚最大的白糖消费国，为支持本国糖业的发展，结合当地情况，印度尼西亚政府采取了一系列措施：首先，保证甘蔗种植面积。近几年由于交通道路、居民住房建设面积，以及水稻、玉米和大豆等农作物种植面积的扩大，印度尼西亚甘蔗种植面积大幅度减少。为此，印度尼西亚政府运用行政手段、提供有利的条件和优惠的政策保障甘蔗种植面积，引导、鼓励农民恢复或增加甘蔗种植面积。其次，加强外岛基础设施的建设，为大力发展甘蔗种植业和加工业提供基本条件。以前印度尼西亚甘蔗种植业和加工业发展受阻的主要原因是，以道路交通为主的基础设施建设比较落后，加强外岛基础设施建设有利于印度尼西亚糖业的长远发展。第三，大力吸引国内外投资，推广优良品种和白糖加工的科技水平。在招商引资、投资审批等方面采取了有效的措施，同时在配套政策、基础设施、减免税收、移民优惠、出口退税等方面也作出了相关规定。此外，印度尼西亚政府还为参与糖业建设工作的企业和蔗农制定了多项优惠政策。最后，加大重要产业的整合力度，提升竞争力。印度尼西亚政府积极推动纺织和鞋业两大产业的整合，为保持其在全球市场中的竞争力。印度尼西亚政府已制定了纺织业机械更新的具体计划并承诺筹集所需资金，逐步淘汰落后的生产设备和技术，以提高技术管理和劳动生产率。

（二）东盟国家产业组织政策考察

产业组织政策是以法律法规的形式，防止企业通过合谋垄断和价格竞争等手段获得超额利润和垄断地位的行为，最后实现市场资源的有效配置。单纯地依靠市场并不能避免恶性竞争、垄断和价格歧视等不正当手段来获取高额的利润，政府有必要对企业的市场行为进行规范，制定相应的产业组织政策。产业组织政策由产业组织行为调整政策和产业组织结构优化政策组成。各国在不同的经济发展阶段会根据其产业结构的特点采取不同的产业组织政策。

1. 产业组织行为调整政策

这一政策通常包括反垄断政策和反不正当竞争政策，对产业或企业的行为进行控制、监督和协调，使产业或企业按照特定的准则去进行产品的研发、定价以

---

① 《缅甸将允许国内外私人投资通讯领域》，2012 年 10 月 5 日，http：//mm. mofcom. gov. cn/aarticle/ddfg/tzzhch/201202/20120207972906. html。

及组织的调整。

越南黄金市场由于长年缺乏有效的监管，黄金及其饰品销售没有规范的章程，投机和囤积现象较普遍，市场价格波动较大。为加强黄金生产和经营管理，政府出台相关政策对黄金市场进行整管，政策主要包括生产和销售两个方面：第一，黄金饰品加工企业须满足两个条件，一是企业须有黄金饰品生产、加工许可证及必要的生产设施；二是企业须按规定在黄金饰品上标注商标及含金量，公布相关生产标准。第二，黄金销售企业须满足五个条件，一是企业须有合法经营资格；二是注册资金在 1 000 亿越盾（约合 500 万美元）以上；三是有两年以上经营黄金的经验；四是最近两年年均纳税 5 亿盾（约合 2.5 万美元）以上；五是在 3 个以上省份或直辖市设有销售网点。①

为保护本国矿产资源，规范矿产企业的组织行为，越南加强对本国矿产资源开发和利用的管理，要求矿产资源开发要与加工相结合，允许达到质量标准的深加工矿产品出口，禁止出口初级矿产品。鼓励矿产加工采用先进、环保的技术，提高资源的利用率，对加工技术不达标、严重污染环境的加工项目将撤销其开发许可。

2. 产业组织结构优化政策

这一政策主要包括并购政策和中小企业政策，对各个产业市场结构的变动实施控制、监督和协调，适当的调整市场集中度、降低进入壁垒、放松退出壁垒，形成合理的市场结构。

马来西亚出台 2012～2020 年中小企业发展规划，促进马来西亚中小企业发展，通过实施六项高效计划，以期达到中小企业产出占国内生产总值的比重从 2010 年的 32% 提高到 2020 年的 41% 这一目标。六项高效计划包括：第一，建立亲商的投资经营环境，对商业机构的注册和执照管理进行整合；第二，设立全国范围内的中小企业技术商业化平台；第三，对中小企业采取针对性的投资计划，鼓励建立非金融领域的融资体系，解决中小企业的融资难题；第四，推动中小企业的出口计划，加强中小企业的国际竞争力；第五，设立初期催化剂计划，辅助中小企业成长；第六，推动兼容性的革新措施，提升低收入者地位。②

泰国也出台提升中小型企业竞争力措施的政策方案，力求通过金融政策和税收政策，双管齐下扶持中小企业发展。其中金融相关政策包括：一是改善生产效率贷款计划，由中小企业发展银行负责拨出 200 亿铢的资金用于贷款；二是实施第四期的贷款担保计划，由小型工业贷款担保公司负责，总额为 240 亿铢；三是新成立企业的贷款

---

① 《越南出台黄金管理新措施》，2012 年 10 月 5 日，http：//invest. 10m8. com/show-htm-itemid - 5594. html.

② 《马来西亚 6 项计划助推中小企业发展》，2012 年 10 月 5 日，http：//my. mofcom. gov. cn/aarticle/sqfb/201207/20120708232802. html.

担保计划，同样由小型工业贷款担保公司负责，总额为 100 亿铢，最长担保期为 7 年；四是成立劳工技能开发基金，向有需要的中小企业提供用以支付劳工技能培训开支的贷款，年息仅 0.1%，偿还期限最长为 4 年；五是促进雇员贷款计划，利用社会保险基金的资金，透过金融机构向受到加薪影响的经营者提供特惠贷款，用作经营流动资金或提高生产效率，保持聘用员工。此外，援助中小企业的税收政策有三项：一是对更换生产机械的企业出售其旧生产机械的所得免征法人税，以改善机械生产效能；二是对购买新生产机械的企业给予首年 100% 折旧费用的优惠措施；三是为避免加薪措施给中小企业造成冲击，允许薪金上调的部分抵扣其应纳税额。

（三）东盟国家产业区域布局政策考察

产业布局政策是政府根据经济发展的不同阶段确定不同的发展目标，实现国家整体经济的健康、稳定发展。产业布局政策的实施途径主要是两个：

1. 政府通过直接干预政策促进重点地区优先发展

如国家直接在重点地区投资兴建基础设施、开办国有企业，或者在重点地区直接设置政府相关管理部门，以促进当地经济的发展。

缅甸政府 2014 年 1 月 23 日颁布缅甸经济特区法，规定投资建设者在经济特区开始商业运营之日起第 1 个 8 年免除所得税，在第 2 个 5 年期间减免 50% 所得税；土地使用年限为 50 年，期满后可准许延期 25 年等；马来西亚政府鼓励外资政策力度也逐步加大，为平衡区域发展，陆续推出五大经济发展走廊，基本涵盖了西马半岛大部分区域以及东马的两个洲。

印度尼西亚为了调节各产业部门的协调发展，对凡是投资于受鼓励的纺织、化工、钢铁、机床、汽车零件等 22 项行业的外资，均给予较优惠的待遇。

2. 国家采取间接扶持方式，推动重点地区建设

包括制定和实施税收优惠政策，吸引各方面的投资；采用差别化的贷款利率、政府提供贷款担保等信贷优惠政策，为重点地区提供金融支持。

文莱政府为鼓励当地中小企业雇佣本地员工，提高本地人就业率，提出为雇用本地人的私营企业减免税收的政策。自 2012 年 1 月 1 日起，企业在雇用本地员工之后的 3 年内，在本地员工工资不超过 3 000 文元（约合 2 240 美元）/月前提下，可享受相当于本地员工工资 50% 的税收减免，前提是本地员工工资不超过 3 000 文元（约合 2 240 美元）每月。①

印度尼西亚 2013 年出台《中小微企业征税条例》，该条例得到了印度尼西亚

---

① 《文莱为雇用本地人企业减免税款》，2012 年 10 月 8 日，http：//www.cafta.org.cn/show.php? contentid＝63097。

中小微企业的坚决拥护，该条例规定：流动摊位的小商贩完全免缴税；运营时间不足 1 年的中小微企业，可暂时不必缴纳所得税；营业额超过 48 亿盾的只需要交纳 1% 的所得税。这些规定客观上节约了他们的额外开支，降低了生产成本，提高了企业增收和发展能力。[①]

二、中国—东盟产业结构考察

产业结构是指一个国家的三次产业在整个国民经济中所占比重以及各产业之间的相互关系。随着经济发展阶段、科技水平以及社会环境的变化，产业结构也会相应作出调整，当前全球产业结构发展的规律表现为"三二一"型，产业布局进一步加强，三次产业间的比例结构趋于合理，产业内部结构逐渐优化，产业结构的调整程度能够有效说明一国的经济发展水平。因此，对中国—东盟产业结构现状进行考察，能够更好地了解中国与东盟国家的经济发展情况及经济关系现状。依托于中国—东盟区域经济一体化的发展背景，中国与东盟各国在发展优势产业的同时，需要进一步加强合作与交流，形成互补的优势产业组合，共同实现产业结构的优化和升级。一方面调整本国的产业布局，增强优势产业的国际竞争力；另一方面，拓宽国际市场，扩大对外贸易，推动中国—东盟区域经济一体化的发展。

(一) 东盟国家产业结构现状考察以及演变动图分析

在东盟十国中，经济发展水平较高的新加坡和泰国主要以第三产业为主；菲律宾的国民经济支柱产业是农业和以中小企业为主的制造业；印度尼西亚的产业主要是石油和天然气的开采、纺织和木材加工等传统工业，近几年装配性质的电子、汽车等新兴工业也逐渐发展起来；马来西亚的制造业规模都比较小，整个制造业出口总额中电子产品的出口额占到 60% 以上；文莱也是以石油以及天然气的开采和提炼作为主导产业；1980 年以后，泰国、菲律宾、马来西亚和印度尼西亚就开始进行产业结构的调整，但是目前仍以轻工业、装配工业和电子工业等劳动密集型产业为主，资本和技术密集型产业所占比重较低。东盟新四国（缅、老、越、柬）的工业发展相对落后。如表 7 - 1 所示，新加坡和文莱的产业结构主要由第二产业和第三产业构成，农业在生产总值中所占比重很低。具体来看，2003～2011 年，新加坡的第三产业产值均高于 50%，其余部分基本来自第二产业，第一产业产值可以忽略不计。文莱的第二产业所占比重仍然较高，高于第三产业达到 60% 以上，第一产业产值比重也较低，并且呈逐年下降趋势（见图 7 - 2）。

---

① 《中国—东盟自由贸易区》，2013 年 7 月 17 日，http：//www. cafta. org. cn/list. php？catid = 36。

表 7－1　2006～2014 年东盟各国三次产业占 GDP 的比重

国家	2006 年			2007 年			2008 年			2009 年			2010 年			2011 年			2012 年			2013 年			2014 年		
	农业	工业	服务业	农业	工业	服务业	农业	工业	服务业	农业	工业	服务业	农业	工业	服务业	农业	工业	服务业	农业	工业	服务业	农业	工业	服务业	农业	工业	服务业
文莱	1.1	60.6	38.3	1.1	56.8	42.1	0.7	31.7	67.7	1.2	53.0	45.8	1.1	52.5	46.3	1.1	51.9	47.0	0.7	71.1	28.2	0.7	68.3	31.0	—	—	—
柬埔寨	29.5	30.1	40.4	28.7	30.2	41.1	28.3	30.1	41.6	29.5	28.1	42.4	29.4	28.6	42.0	28.0	30.7	41.4	27.2	31.2	41.6	26.3	31.6	42.1	25.3	32.4	42.3
印度尼西亚	14.2	43.7	42.1	13.8	43.0	43.2	13.7	42.1	44.3	13.6	41.7	44.7	13.2	41.1	45.7	12.7	40.7	46.6	14.3	44.5	41.2	14.3	43.5	42.2	14.3	42.8	42.9
老挝	42.7	32.0	25.3	36.2	22.7	41.2	34.8	23.2	41.9	32.5	26.2	41.3	31.6	27.7	40.7	30.0	29.3	40.7	28.1	36.0	35.9	26.4	33.2	40.4	27.7	31.4	40.9
马来西亚	7.7	41.7	50.6	7.3	40.3	52.3	7.3	38.8	53.9	7.5	36.3	56.2	7.7	38.5	53.8	7.8	37.4	54.8	9.8	40.1	50.1	9.1	39.9	51.0	8.9	40.0	51.1
缅甸	—	—	—	—	—	—	0.8	34.9	64.3	41.8	21.2	37.0	39.9	22.6	37.5	37.8	24.3	37.9	—	—	—	—	—	—	—	—	—
菲律宾	18.8	32.5	48.7	18.4	32.4	49.2	12.8	32.4	54.8	12.5	31.5	56.0	11.6	32.6	55.8	11.5	32.1	56.4	11.8	31.3	56.9	11.2	31.2	57.6	11.3	31.4	57.3
新加坡	0.1	33.3	66.6	0.1	33.0	66.9	0.0	31.5	68.5	0.0	31.2	68.7	0.0	33.7	66.2	0.0	34.2	65.7	0.0	26.7	73.3	0.0	25.1	74.9	0.0	25.0	75.0
泰国	9.0	47.1	43.8	8.7	47.6	43.7	8.8	48.0	43.2	8.9	47.0	43.2	8.3	48.7	43.0	8.6	46.8	44.5	11.6	37.4	51.0	11.3	37.0	51.7	10.5	36.8	52.7
越南	18.7	41.0	40.3	17.9	41.8	40.4	17.5	41.8	40.7	17.0	41.7	40.7	16.4	41.9	41.6	16.1	41.8	42.1	19.7	38.6	41.7	18.4	38.3	43.3	18.1	38.5	43.4

资料来源：东盟统计年鉴和 Wind 数据库整理。

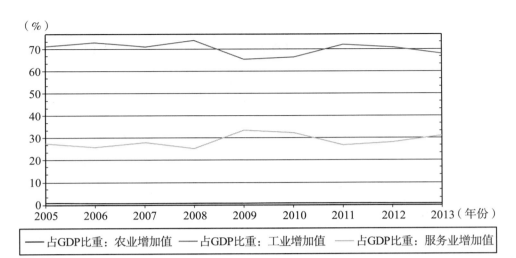

图 7-2　2005~2013 年文莱三次产业结构比重

资料来源：2015 年东盟统计年鉴。

与中国经济发展水平相当的东盟国家有马来西亚、菲律宾、泰国和印度尼西亚，这些国家正处于工业化中期阶段，工业和服务业在国内生产总值中占主要组成部分（如图 7-3 所示）。菲律宾的经济作物主要以甘蔗、椰子、烟草和马尼拉麻为主，其中椰子的产量以及出口量占到世界总量的 60% 以上。菲律宾的工业主要以农、林产品加工业为主，另外还有纺织、水泥、汽车装配等工业。服务业在菲律宾国民经济中占主要地位，并且产值呈现逐年增长的趋势，其中旅游业是其外汇收入的主要来源之一。泰国的农业是其传统的经济部门，占国民生产总值12% 左右，主要种植玉米、稻谷和木薯等农作物，出口稻米等农作物也是其外汇收入的重要来源。此外，还种植橡胶、甘蔗以及热带水果等经济作物。泰国的工业起步较晚，近几年工业门类增多，结构也更加合理和多样化，汽车摩托车装配业、纺织服装业、水泥业、珠宝业和皮革业是发展较为迅速，其中汽车呈跳跃式发展，已成为第三大出口商品，在亚洲也是重要的汽车生产国。泰国服务业在国内生产总值中占有极其重要的地位，同时也是提供就业机会最多的行业，服务业中所占比值最大的四个服务行业分别是旅游业、建筑业、物流业、科技媒体与通讯业，这四大服务行业占到了总服务业生产总值的七成以上。印度尼西亚近几年农业发展迅速，主要以种植业和养殖业为主，出口蔬菜和水果等热带经济作物产品。工业主要有制造业和采矿业，其中，纺织业、装配业和轻工业在制造业中所占比重较高，煤炭产量和出口量位居世界前列，仅次于澳大利亚和南非。印度尼西亚有着独特的自然风景，旅游业也是其重要的经济增长来源，近几年与此相关的服务业发展较为迅速。

275

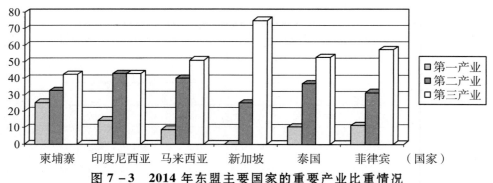

图 7 - 3   2014 年东盟主要国家的重要产业比重情况

资料来源：联合国数据库。

东盟新成员国越南、柬埔寨、缅甸和老挝，这四个国家经济发展水平较低，农业占国内生产总值较高，且农户经营规模小，农业现代化进程还处于较低层次。工业基础薄弱，制造业的生产能力低下，劳动生产率不高。交通运输业发展滞后严重阻碍了旅游业的发展，金融业也还处于发展的初级阶段。

东盟各国产业结构的演进一般遵循着"配第一克拉克"阐述的发展规律，最初各国以农业作为国民经济的主导部门，农业生产总值在国内生产总值中的比重也最大，随着工业化进程的不断推进，农业产值逐年降低。20 世纪 60 年代以后，东盟国家的工业化步伐普遍加快，工业部门产值也是逐年提高。城市化的推进使得东盟国家的服务业发展较快，由于新加坡一直以来以转口贸易作为经济支柱，服务业一直比较发达，其他各国的服务业部门地位也是逐年上升，尤其是现代服务业比重日益提高。例如，金融业管制的逐步放宽以及金融业改革力度的不断加大使得金融业的发展取得显著的进步，此外还有政府对旅游业的支持，改善了国际收支的状况，成为外汇的主要来源。

（二）中国产业结构现状考察及其评价分析

中国的产业结构经过不断地调整和发展发生了显著的变化，第一产业对国民经济贡献率逐年下降，第二产业贡献率基本保持稳定，第三产业已成为国民经济迅速发展的主要推动力。目前已经逐渐形成了以第一产业为基础，第二产业为主导，第三产业为动力的"二三一"型产业结构（见图 7 - 4）。我国第一产业在国民经济中起到基础性的作用，在增加产量的同时，我国的农业现代化程度不断提高，更加注重科学技术在农业生产中的作用，发展绿色农业，保障农业的可持续发展。第二产业近几年所占比重保持稳定，内部结构逐渐得到优化，正处在由劳动资源密集型向资金技术密集型产业转变过渡时期。虽然与发达国家相比，我国的第三产业发展滞后，但我国第三产业已展现巨大的发展活力，越来越成为经济增长的主要动力。

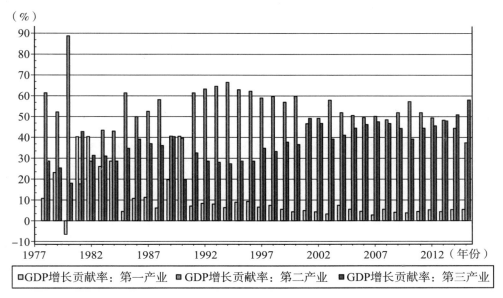

图 7－4　1977～2012 年中国三次产业比重

资料来源：中国国家统计局。

综合来看，一方面近几年中国与东盟国家的区域经济合作取得了显著的进步，另一方面在国际市场的竞争当中，由于中国的产业结构与东盟国家存在诸多相似性，双方贸易的进一步发展受到严重的阻碍。具体分析，新加坡以资金和知识密集型产业为主导，在高新科技领域具有比较优势，而我国主要是劳动密集型产业以及加工装配产业，可见，我国与新加坡之间存在互补性，可以加强贸易上的合作关系。我国同马来西亚、菲律宾、泰国、印度尼西亚四国的经济发展水平以及产业结构调整阶段类似，都是以劳动和资源密集型产业为主导产业，服务业发展水平也较低，因此存在较强的竞争关系。而同东盟新成员国越南、柬埔寨、缅甸和老挝相比，我国的产业发展相对发达，能够为这些国家在技术和资金上提供支持，同时这些国家丰富的自然资源也能够促进我国产业的可持续发展，双方具有比较大的合作空间。

三、中国—东盟产业分工合作现状考察

在对中国与东盟各国的产业布局、产业结构演变以及产业政策进行分析后，接下来我们主要从中国与东盟各国的产业现状入手分析中国与东盟区域内产业的

277

分工与合作情况。中国与东盟之间的贸易包括产业内贸易和产业间贸易。产业内贸易是同一产业或者产品既有进口又有出口，最终形成了产业的水平分工。产业间贸易是指同一产业部门产品只有进口或者只有出口的现象，出口的一方具有该类产业的比较优势，进口的一方具有该类产业的比较劣势，最终形成了产业的垂直分工。由表 7 – 2 可以看出，1997 ~ 2011 年，中国与东盟整体的产业结构相似度在下降，这就证明了中国与东盟国家的产业结构之间不仅存在着相互转移的特征，而且相互之间的产业分工也愈加明显。

表 7 – 2　1997 ~ 2011 年中国与东盟各国产业结构相似度变化情况

年份	越南	印度尼西亚	文莱	新加坡	柬埔寨	泰国	老挝	菲律宾	马来西亚	相似化程度
1997	0.1912	0.1534	0.0952	0.0785	0.2517	0.1256	0.2749	0.1591	0.1338	0.1626
1998	0.1885	0.1593	0.1007	0.0822	0.2444	0.1313	0.2672	0.1426	0.1426	0.1621
1999	0.1821	0.1617	0.1007	0.0826	0.2251	0.1264	0.2523	0.1402	0.1323	0.1559
2000	0.1711	0.1434	0.0925	0.0884	0.1992	0.1247	0.2080	0.1339	0.1239	0.1428
2001	0.1640	0.1408	0.0992	0.0847	0.1885	0.1249	0.1980	0.1302	0.1229	0.1393
2002	0.1600	0.1405	0.0994	0.0859	0.1764	0.1254	0.1919	0.1289	0.1250	0.1370
2003	0.1533	0.1370	0.0950	0.0854	0.1705	0.1267	0.1801	0.1253	0.1244	0.1331
2004	0.1545	0.1364	0.0870	0.0877	0.1705	0.1270	0.1803	0.1269	0.1241	0.1327
2005	0.1459	0.1299	0.0799	0.0868	0.1614	0.1251	0.1672	0.1222	0.1213	0.1266
2006	0.1400	0.1272	0.0770	0.0873	0.1528	0.1245	0.1594	0.1188	0.1211	0.1231
2007	0.1387	0.1278	0.0821	0.0827	0.1496	0.1243	0.1568	0.1181	0.1233	0.1226
2008	0.1414	0.1276	0.0753	0.0772	0.1502	0.1251	0.1562	0.1193	0.1232	0.1218
2009	0.1381	0.1281	0.0955	0.0802	0.1470	0.1251	0.1512	0.1165	0.1206	0.1225
2010	0.1363	0.1279	0.0931	0.0805	0.1456	0.1258	0.1499	0.1159	0.1222	0.1219
2011	0.1378	0.1271	0.0823	0.0786	0.1465	0.1252	0.1479	0.1147	0.1240	0.1204

注：产业结构相似度 $= \sum n Xin \cdot Xjn / [\sum n(Xin)^2 \cdot \sum (Xin)^2]^{\frac{1}{2}}$，$i$ 和 j 分别代表 i 国和 j 国，$n = 3$，Xin 和 Xjn 分别代表 i 国和 j 国三个产业与 GDP 的比重。

资料来源：联合国数据库。

（一）中国与东盟国家产业分工分析

图 7 – 5 至图 7 – 9 表示从 1990 年以来中国与东盟各国的产业内贸易指数变

化情况，表 7 – 3 是 2012 年的中国与东盟主要国家的产业内贸易指数①，产业内贸易指数越大说明该产业的产业内贸易水平越高，产业间的相似度越高，产业内分工水平就越高；产业内贸易指数越小，产业间的相似度越低，说明产业间分工越明确。结合图 7 – 5 ~ 图 7 – 9 和表 7 – 3 来综合分析中国与东盟各国的产业分工情况。

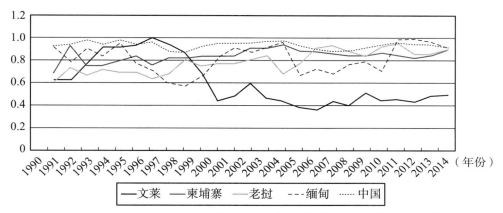

图 7 – 5　1990 ~ 2014 年中国与东盟各国的货物贸易产业内贸易指数

资料来源：Wind 数据库。

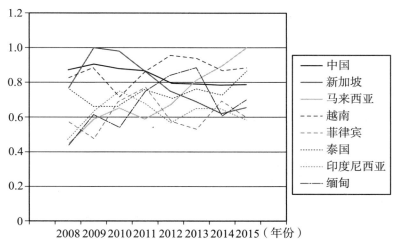

图 7 – 6　2008 ~ 2015 年中国与东盟各国的食品产业内贸易指数

资料来源：Wind 数据库。

---

① 产业内指数 = 1 − | X − M | / (X + M)，X、M 分别表示某一产业的进口和出口数量。

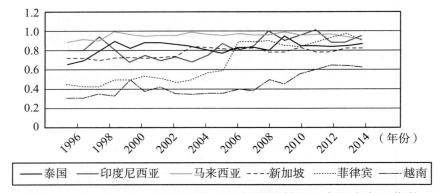

图 7 - 7　1995~2014 年中国与东盟各国的制成品产业内贸易指数

资料来源：联合国数据库。

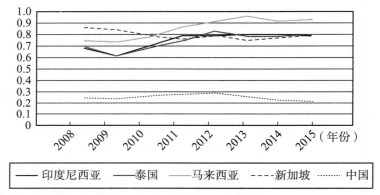

图 7 - 8　2008~2015 年中国与东盟各国的纺织品产业内贸易指数

资料来源：Wind 数据库。

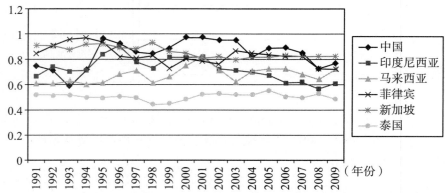

图 7 - 9　1991~2009 年中国与东盟各国的农产品产业内贸易指数

资料来源：联合国数据库。

表 7 - 3   **2012 年中国与东盟主要国家的产业内贸易指数**

SITC Rev. 4　　国家	文莱	柬埔寨	印度尼西亚	马来西亚	新加坡	泰国
0 食品和活畜	0.0334	0.2108	0.4469	0.4956	0.8146	0.6424
1 饮料和烟草	0.0012	0.0177	0.0675	0.5810	0.6703	0.7413
2 粗材料, 不能食用, 但燃料	0.2212	0.2851	0.1767	0.2993	0.6348	0.1425
3 矿物燃料, 润滑剂和相关材料	0.0026	—	0.1057	0.152	0.5430	0.0925
4 动物和植物油, 油脂和蜡	—	—	0.0044	0.0080	0.4266	0.7202
5 化学品及有关产品, 不另说明	0.9340	0.0771	0.6661	0.8959	0.3454	0.7444
6 主要以材料分类的制成品	0.0057	0.0156	0.3683	0.7813	0.4078	0.5448
7 机械和运输设备	0.0054	0.0548	0.0816	0.8615	0.9478	0.5497
8 杂项制品	0.0057	0.7720	0.2829	0.5460	0.9106	0.3535
9 分类商品, 而不是其他地方的贸易标准分类交易	0.2121	0.2082	0.0468	0.7006	0.5208	0.0036

注：—表示没有数据。

资料来源：un comtrade 数据库，http：//comtrade. un. org/data/。

    总体来看，1996 年以后，文莱在货物贸易方面的产业内指数从之前的上升状态转变为下降状态。印度尼西亚在 2009～2012 年期间纺织品产业内贸易指数有过大幅攀升，之后保持平稳增长。其制成品 1997～1999 年出现大幅下降后保持缓慢增长的状态。马来西亚制成品贸易指数变化不大，纺织品和食品大体呈上升趋势。新加坡食品产业内贸易指数在 2000 年出现大幅下降，其余各指标变化不大。菲律宾的产业内贸易指数起伏明显，制成品业内贸易指数在上升。泰国食品产业内贸易指数在 2009～2014 年起伏，2014 年后呈明显的上升状态，纺织品 2009～2012 年逐年上升，制成品贸易指数变化不大。中国在纺织品贸易指数明显低于东盟各国，但货物贸易指数则高于东盟各国。

    由表 7 - 3 可以看出，中国与文莱、柬埔寨和印度尼西亚都以产业间贸易为主，产业内贸易水平低。例如，中国与文莱产业内贸易水平最高的是第五类化学品及有关产品，指数达到 0.934。2012 年文莱出口第五类产品到我国的金额是 15 589 412 美元，进口 13 658 883 美元，进出口的数额相当。而最低的是第一类

281

饮料和烟草，2012 年从我国进口 18 161 美元，出口 11 美元，基本只有进口。中国与柬埔寨的产业内贸易指数最高的是第八类杂项制品 0.772；最低是第六类主要以材料分类的制成品 0.0156。2012 年柬埔寨从中国进口第八类产品 139 241 890 美元，出口 87 527 859 美元。进口第六类主要以材料分类的制成品 1 575 660 213 美元，出口 12 425 799 美元。其他类型的产业内贸易指数都很低，进口的金额远远大于出口额，所以产业的垂直分工比较明显，我国仍然具有大多数产品的比较优势，继续扩大出口。

中国与新加坡、马来西亚和泰国以产业内贸易为主，产业内贸易水平高。如中国与新加坡的产业内贸易指数大多都在 0.5 以上，最高达到 0.95，最低是 0.35，这证明中国与新加坡的产业水平分工很明显。中国与新加坡之间的产业相似度指数从 1997～2006 年基本都处于增大的趋势，2006 年以后出现了下降的趋势，但是相对于 1997 年的 0.0784，2011 年是 0.0786，这说明中国与新加坡的产业结构相似度指数没有发生明显的增长，而且一度出现了降低的趋势，所以中国与新加坡的产业的整体分工趋于明显，产业互补大于产业之间的竞争。中国与新加坡的人均 GDP 相差悬殊，新加坡第三产业比重高，而且一直处于上升的趋势，工业和农业占比低且处于下降。据统计，中国与新加坡的工业制品产业内贸易指数在 2003 年已经超过了 0.5，而初级产品存在较高的产业间贸易水平，而且产业内贸易的贡献度高于产业间贸易，新加坡技术密集型产业占主导，而我国以制造业为主，所以双向垂直产业内贸易是中国与新加坡制造业产业内贸易最显著的特征。

中国与越南在 1997 年的产业结构相似度指数是 0.1912，2011 年这一指数已经下降至 0.1378，从 2000～2011 年我国的工业和农业的比重在下降，服务业的比重在上升，工业的比重仍然最高。而越南的农业和服务业比重在下降，工业的比重在上升，并且也占最高。据统计，中国与越南在初级产品方面主要以产业内贸易为主，尤其是植物动物油脂、矿产、塑料机制品、木制品、鞋帽等产业内贸易指数比较高，而化工及相关工业的产品产业内贸易指数却很低。这说明中国与越南在初级产品方面存在着产品差异，而在工业产品方面我国具有优势。根据国际分工理论，由于两国不同的偏好会导致国际贸易的可能性增加，中国与越南人均收入相当，需求结构相似，所以导致两国出现产业水平分工的原因就是同一类产品在质量、型号、性能等方面的差异性。同时，利用我国工业上的优势，两国可以加大在工业方面的合作，利用我国先进的科学技术和管理经验，以及比较先进的开采和探测技术帮助越南进行自然资源的开发，建立起坚实的工业基础。其次，加强产品的差异性，提升产业内贸易水平，促进产业水平分工，实现人力资源和自然资源的合理配合。

中国与老挝的产业相似度从 1997 年的 0.274 下降到 2011 年的 0.147，一直以来都处于下降的趋势。说明中国与老挝的产业结构相似度在下降，产业分工越来越明显。从 1997 年至今，老挝的工业和服务业的比重一直在增加，农业的比重在下降，但是农业依然是老挝最主要的产业。耕作的粗放性和农业产量低是老挝农业发展中存在的主要问题，特别需要引进技术和成熟的管理经验。电力和林矿业是老挝工业中最具发展潜力的产业，但缺乏规模性。服务业起步晚，发展潜力小，出口到我国的产品主要以自然资源和农产品等为主的原材料，从我国进口的主要是工业制成品，与我国的产业结构存在非常强的互补性，有利于促进产业合作。老挝需要我国提供高科技支撑其农业和工业的发展，我国经济的长期发展也需要老挝提供的自然资源、木材和矿产等初级产品。其次，老挝服务业的发展需要我国的支撑。2012 年中国成都林海电子有限责任公司在万象同老挝邮政、电信和信息部正式签署在老挝境内成立合资经营公司协议，共同开发老挝的卫星通信产业。这将有利于加强老挝同该地区其他国家的交流与合作，为老挝奠定了坚实的工业基础，有助于提升老挝在经济、技术、科学、社会及教育等各方面发展，增强老挝国家的综合实力。同时我们也应该看到研究产业合作的急迫性，从前面章节对贸易和投资研究我们得知，无论是贸易还是投资从总量上从 2010 年开始就出现了不同程度的下滑。2010 年以前中国与东盟的产业合作确实取得了一定的成就，伴随着贸易和投资，产业结构也得到相应的调整。但是，据图 7 - 10 所示，近年来，中国与东盟双边贸易额增长率逐年下降，2012 年中国与东盟的双边贸易增长率仅为 10.3%，相对于 2011 年的 23.94%，下降了将近 14 个百分点。贸易水平的下降势必会影响产业结构的调整，因为贸易是国内产业结构的外在表现，所以当前阶段必须通过调整产业内贸易和产业间贸易水平来实现产业结构的调整。双方投资水平也从 2010 年出现下滑的趋势，2012 年 6 月，中国对东盟的 FDI 从 25.4 亿美元降到了 14.88 亿美元，东盟对中国的 FDI 也从 70 亿美元降到了 45.5 亿美元，这些都体现出了当前研究中国与东盟产业合作的重要性。

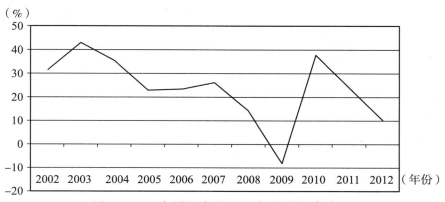

图 7 - 10　中国与东盟双边贸易增长率变化

资料来源：联合国数据库。

（二）中国与东盟产业合作现状分析

中国与东盟国家的产业合作经历了一个从被动到主动、从间接到直接的发展过程。20 世纪 90 年代以后，中国和东盟各国的经济都取得了突飞猛进的发展，东南亚地位成为了世界经济发展最活跃和最富活力的地区。随着国际经济贸易往来越来越频繁，建立区域经济合作机制，提升区域影响力，日益变成了各国的共识，所以就有了建立中国—东盟自由贸易区的共同愿望。在双方政府的大力推动下，区域贸易合作、投资合作、金融合作、技术合作等等涉及三个产业领域的合作越来越多。纵观整个合作的过程，双方以贸易合作为主，投资和金融合作为辅。如今，中国与东盟国家的产业合作大体上可以分为两个层次：一是农业和服务业的合作，主要通过技术交流和经验传授，以及签署相关协议和文件。二是工业方面的合作，中国与东盟国家合作建成的产业园区是促进产业合作最重要的平台。即为中国与东盟双方产业合作提供了有利条件，又为本国发展和产业升级，以及与国际产业承接与转移提供了渠道。两种不同的路径都需要政府的大力支持。所以也可以说中国与东盟的产业合作是以"政府为主导"的。

1. 产业合作领域分析

中国与东盟国家产业合作领域越来越深入，行业对接越来越频繁，这对于促进产业的合作有着非常重要的意义。中国与东盟最新展开的最具合作潜力的行业：第一，鞋业合作。2013 年第四届中国—东盟行业合作会议上，双方成立了中国—东盟鞋业行业合作委员会。这是中国与东盟鞋业行业首次签署专门的合作文件，对于加强鞋业行业对接、产业合作具有重要的意义，鞋业的行业对接有助于东盟顺利承接产业转移。第二，矿业合作。矿业合作论坛已成为中国矿业界最重要的两大矿业盛会之一、全球十大国际矿业活动之一。据统计，中国—东盟矿业合作论坛暨展示会共签约 63 个项目，签约金额约 420 亿元人民币。为中国与东盟的矿业合作提供了共同交流的平台，有利于促进矿业的互利合作。东盟国家自然资源丰富，近几年中国对东盟的矿业投资增加，深化企业深度务实合作，对于扩大矿业合作，进一步打造矿业产业链有非常重要的意义。第三，食品行业合作。2013 年，得益于中国—东盟自由贸易区的优惠条件，中国与东盟食品贸易和投资快速增长，东盟已成为中国第二大食品贸易伙伴，双方合作需求日增。2013 年 6 月 8 日，双方签署《关于加强中国—东盟食品行业合作的备忘录》，在中国—东盟商务理事会框架内成立食品行业合作委员会，该委员会的成立不仅满足了中国与东盟食品行业日益增长的合作需求，而且将进一步促进中国与东盟食品行业的互利合作。第四，纺织行业合作。中国传统的纺织企业如今面临着国内的人民币升值，出口退税下调，货币政策从紧和劳动力成本提升的挑战，为了迎接这个挑战，我们需要实施"走出去"战略，开辟新的市场，找到新的空间，降低产业成本。而东盟国家对纺织品有着巨大的需求，尤其是对技术含量高的纺织品、布料、辅料和服装的需求更大，中国拥有纺织行业比较先进的技术设备和竞争力，因此，加强中国与东盟纺织行业的合作，通过技术输出，实现纺织产业的顺利转移。

2. 产业园区建设情况

产业园区建设是中国与东盟产业合作的一大特色。产业园区为双方企业提供了互相投资的平台，奠定了产业合作的基础，是中国与东盟产业合作的有利条件。注重产业园区的合理布局，发挥重要地区或者城市的桥梁作用，如广西、广东、云南以及南宁、湛江、昆明等。目前中国境内投资建设的产业园区数量继续在增加，产业园区覆盖的产业领域逐渐增多（见表7-4）。

表7-4 中国与东盟产业园区建设基本情况

园区名称	建设时间	建设单位	地理位置	发展现状	优势产业
泰中罗勇工业园	2006年3月	中国华立集团与泰国安美德集团	泰国东部海岸	截至2012年已经吸引了41家中国企业成功入驻。未来将引进中国企业近百家，年产值200亿~300亿元	汽配、机械、家电等
越南龙江工业园	2007年	浙江省前江投资管理有限责任公司	越南前江省新福县	享受越南4免9减15优的优惠政策	纺织轻工、机械电子、建材化工
中国·印度尼西亚经贸合作区	2009年	广西农垦集团和印度尼西亚布米巴拉巴汽车装配总公司	印度尼西亚	目前，入园企业已达20家，投资总额2.1亿美元，其中中资或中资控股企业有中国西电集团、江苏南通康桥油脂公司等7家	汽车摩托车配件、机械制造、精细化工、仓储物流及新材料等
苏州工业园	1994年2月	中国与新加坡政府间第一次进行的产业合作的示范园区	中国苏州	20年来以年均30%左右的速度快速增长，GDP增长近100倍，地方财政总收入增长500多倍，综合发展指数位居国家级开发区第二位，2012年，园区实现地区生产总值1 738亿元，比上年增长10.7%，在国家级高新区排名居全省第一位	新兴产业迅速壮大，实施生物医药、纳米技术应用、云计算等战略性新兴产业发展计划

续表

园区名称	建设时间	建设单位	地理位置	发展现状	优势产业
柬埔寨西哈努克港经济特区	2006 年	江苏太湖柬埔寨国际经济合作区投资有限公司与柬埔寨国际投资开发集团有限公司	柬埔寨西哈努克市	可容纳企业 300 家，就业人口达 8 万～10 万。至 2013 年底，西港特区 3 平方公里区域内已完成通路、通电、通水、通信、排污（五通）和平地（一平），成为柬埔寨当地生产、生活配套环境最完善的工业园区之一，并引入了来自中国、欧美及日本等国家和地区 54 家企业入驻	轻纺服装、机械电子和高新技术

资料来源：李雨昕：《中柬合作的结晶——访西哈努克港经济特区》，中国新闻网，2014.3。

如图 7-11 所示，龙江工业园 2010～2013 年每个月的工业产业变化，可以看出，2013 年的工业产业总体高于过去几年，但从 7 月开始有所下降，截至 2013 年 12 月工业产业比上年同期下降 29.8%。

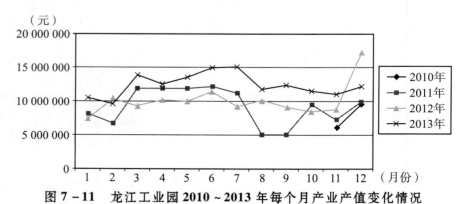

图 7-11　龙江工业园 2010～2013 年每个月产业产值变化情况

资料来源：龙江产业园区网站。

中国与马来西亚的钦州产业园区、关丹产业园区正在加快推进，中马钦州产业园截至 2013 年 6 月，累计完成基建投资 6.95 亿元，累计完成丈量土地 7 020 亩，征用土地 4 220 亩，移坟地 293 丘，完成土地平整 2 840 亩。在配套设施方面，园区办公区、生活区已实现通水、通电、通信，园区公共服务中心、进驻园区的公司办公和生活板房于 2013 年 1 月全部投入使用。完成了启动区接外供水管线方案，供水、污水网管，标准厂房、公租房等配套设施正在加快推进，园区累计走访回访的企业共 26 家，接待海内外客商 3 600 余人，到开展园区考察的企业 300 余家。先后完成了清真食品产业园项目、北部湾亚太重工项目、惠宝源（钦州）生物医药产业园项目、辣木小分子肽原蛋白生物加工项目、钦州中马粮油加工项目 5 个项目的协商洽谈，正式签约入园，总投资额 44 亿元，投产后年产值达 191.5 亿元。其中，惠宝源项目正式开工建设。已经明确入园意向的项目 16 个，总投资 91.6 亿元，预计产值 439 亿元。在谈项目 14 个，总投资 162.5 亿元。中马产业园建成后将是自由贸易区最具影响力、最具吸引力、最具招商能力的产业园区。2013 年是产业园区基础设施的建设年，以"三纵三横"为主框架的园区基础设施大会战已全面展开。在第十届中国—东盟博览会和中国—东盟商务与投资峰会上，该园区的项目总投资达 79 亿元，包括智能电子产品、国际物流中心、LED 芯片制造与新型衬底材料的研发等项目。而且中马钦州产业园区在金融体制创新方面也取得了重大突破，为产业园区的基础建设奠定金融支撑。

3. 跨（边）境经济合作区建设情况

中国—东盟跨（边）境经济合作区主要包括中国—越南、中国—老挝、中国—缅甸的跨（边）境经济合作区，目前发展的相对较好有凭祥—同登、东兴—芒街、河口—老街、瑞丽—木姐、磨憨—磨丁等几个合作区，其他合作区尚处于发展的初级阶段。

凭祥—同登跨（边）境经济合作区。2013 年 6 月，自治区党委书记彭清华在中国—东盟全面深化经贸合作论坛上提出将凭祥—同登边境经济合作区建设成集商贸区、物流区、工业区、金融区、新城区于一体的边境自由贸易合作试验区。凭祥—同登跨境经济合作区的主要合作领域是商贸物流、红木展销和文化旅游三大产业，商贸物流方面，凭祥边境贸易首次突破 50 亿美元关口。2014 年，崇左市外贸进出口总额达 146.94 亿美元，比 2010 年增加 109.61 亿美元，增长 3.9 倍，平均每年增加 27.4 亿美元，比 2013 年增长 43%，增幅分别高于全国、自治区平均水平 39.6 个百分点和 19.5 个百分点；进出口总额占广西 1/3，连续 6 年排名广西第一；出口总额占广西 1/2，连续 8 年排名广西第一；边境小额贸易进出口总额跃居全国首位，成为中国边境贸易第一大市。红木产品展销业跨越发展，以凭祥边境经济合作区、南山红木文化城和友谊关工业园区为依托，重点布局红木生产、销售、展示一体化等优势产业，布局糖业循环经济、农林产品加工产业，引进科技含量高、带动力强、辐射面广、规模产值上档次的产业或企业，形成集特色与高端新兴产业为一体的集聚区。

中国东兴—越南芒街跨境经济合作区（东兴区域）是广西东兴重点开发开放

试验区发展的重点区域，是中越两国进行经贸合作的重要平台和中越商贸、物流、加工基地，计划先向国家申报设立综合保税区，建成后向跨境经济合作区和特定开放区过渡。目前，由于合作区的中方区域的很多功能区项目尚处在建设的前期阶段，只有口岸综合服务区建设发展得比较好，互市交易市场也初具规模，因此，中越双方在跨境经济合作区的合作领域主要集中在商贸物流和旅游方面。商贸物流方面，商业主要集中在口岸服务区的万众批发市场及周边，贸易主要通过互市贸易方式展开，物流主要由商贸业带动。边民互市贸易在整个边境贸易中所占比重较大，近年来虽然有所下降，但仍占主导地位，所占比例保持在60%左右。根据东兴统计局2015年1~9月统计数据，东兴市实现外贸进出口总额5.73亿美元，外贸进出口走势扭负为正，增长4.8%，同比增长7.9个百分点。其中，进口总额0.62亿美元，大幅增长68.7%；出口总额5.11亿美元，增长0.2%。1~9月，东兴市边贸成交额190.66亿元，同比增长13.12%，进口92.46亿元，同比增长21.61%，出口98.2亿元，同比增长6.15%。其中，边民互市成交额143.17亿元，同比增长17.01%，进口90.41亿元，同比增长19.42%，出口52.76亿元，同比增长13.1%；边境小额贸易成交额47.49亿元，同比增长2.81%，进口2.04亿元，同比增长532.82%，出口45.45亿元，同比下降0.93%。旅游方面，2013年7月11日起，东兴市全面恢复边境旅游异地办证业务，一般3个工作日内审批制作完毕，办证与通关效率大大提高，对游客极具吸引力。据统计，2013年上半年，出入境人数195.55万人次，同比增长18.69%。旅游业蓬勃发展，对东兴经济发展起着积极的促进作用。

龙邦—茶岭边境经济合作区。2007年11月，百色市与越南高平省签署了《中国龙邦—越南茶岭口岸中越边境经济合作区合作协议书》，双方同意在中国龙邦—越南茶岭口岸边境地区共同规划面积约16平方公里建设跨境经济合作区主要是贸易物流、旅游的合作。贸易物流方面，百色向高平主要出口纺织原料及纺织制品、化肥和五金产品等，从高平进口商品鲜水果、铁矿砂、锌矿砂、铅、锌、家具、原木、冻鱼、塑料及其制品、橡胶及其制品等；边民互市贸易主要是农机等小型机械设备、建筑材料、农用物资、黄牛、饲料、布匹、食品和日用五金等。进口主要商品有农副土特产品、坚果、中草药材、牛皮、冻鱼、牲畜等。2012年前三季度，从龙邦口岸进行的边小贸易中，过货量3万吨左右，货值仅有约5 000万美元，品种也以坚果、布匹、尿素、扬声器配件、水龙头配件等为主；旅游方面，中国百色至越南高平国际客货运输线路暨中国百色靖西至越南高平边境旅游线路于2013年7月18日正式开通，标志着百色边境贸易、商贸物流、旅游等第三产业的发展进入了一个新的阶段。

中国瑞丽—缅甸木姐跨境经济合作区。瑞丽市位于云南省的西部，1992 年 6 月经国务院批准设立国家级边境经济合作区，2011 年 5 月，瑞丽重点开发开放试验区正式启动。合作区中方范围瑞丽市全境（含畹町）1 020 平方千米，缅方范围总面积约 1 320 平方千米，涵盖约 30 万人口（中方 15 万、缅方 13 万）。其中，以实施"特殊海关监管模式"的姐告和木姐市区为合作区的核心区，以瑞丽约 300 平方公里的坝区和木姐 300 平方公里共计 600 平方公里的范围共同构成合作区的主体功能区。目前，瑞丽、木姐地区水、电、路、通讯等基础设施和口岸条件已初具规模，首先是贸易规模不断扩大。其次是进出口商品种类繁多。常年经瑞丽—木姐合作区进出口的商品达 2 000 多种，瑞丽进口货物的 80% 销往云南省外、出口商品的 80% 来自云南省外，约 50% 的出口商品通过缅甸转销印度、孟加拉和泰国，是我国进出口商品种类最多的边境地区。最后，是经济技术合作发展迅速，成功探索出"政府引导、企业合作、双边支持、手续合法、市场运作、互利多赢"的边境经济技术合作模式。比较突出的是，合作区的翡翠贸易与加工业发展的较好，在全国有较大的影响力。

中国与东盟产业合作的其他支撑平台也正在增加。2004 年 9 月，第一个得到东盟各国政府部门认可的青年产业园—广西—中国东盟青年团在桂西南扶绥县境内成立，它以地理位置优越而出名，是中国与东盟国家陆地上贸易的主要中转站，同时也是环北部湾经济区"一轴两翼"的轴点，集合了华南经济圈、西南经济圈与东盟经济圈的三大优势，对于连接中国与东盟具有非常重要的作用。总体上，中国与东盟产业合作的有利条件突出，双方产业互补性强，双方合作愿望强烈，合作现状发展良好。中国与东盟的农业合作进展突出，服务业合作已经初现成就，产业合作基础坚固夯实。所以，中国与东盟在产业合作方面有着优于其他国家的条件，也比大多数国家更愿意帮助东盟，支持东盟的发展。中国与东盟发展水平相当，产业合作本着互利共赢、共同发展，共同成长的态度，产业合作有张有弛，既没有完全依赖于东盟，也没有使得东盟成为我国的依赖者。注重产业的长期性和持续性以及夯实性的建设。多年来的产业合作实践已经完全证明了这一点。因此，从长期来看，中国与东盟的产业合作将会愈加稳固和长久。

（三）中国与东盟产业分工与合作的障碍分析

从全球的视角来看，随着 TPP 协议、RCEP 的签订、日美介入，将会影响中国与东盟国家在产业内分工上的利益分配。日美处在产业链的最高端，拥有核心的技术，对东盟国家更具吸引力，从中国目前在东亚区域国际分工的地位出发，我国还处在产业链分工的中下端，辩证地看待和利用日本、欧美等发达国家的跨国公司在东亚地区主导的国际分工。在国际分工和交换的利益分配取决于参与国际分工的国家或企业的竞争力。所以提升产业竞争力，是与东盟产业合作的重中之重。从东盟内部来看，由于产业合作过程中出现的生态环境方面的问题，某些东盟国家的保护主义政策以及对华的抵触情绪越来越严重。例如，目前菲律宾正酝酿扩大禁止开采范围，将现在的矿区转变为矿产保护区，将采矿业的特许权税从目前的 2% 提高到 7%，并自 2016 年开始全面禁止未加工矿产品出口。2012年，越南政府进一步限制了矿产开发和矿产品出口，规定煤炭仅允许按规划签发勘探、开采许可证；对于铝土矿，不再批准在北部各省勘探铝土矿；停止所有铁矿石出口。因此，在对境外的法律制度不充分了解的前提下，没有相关的境外开矿的成套设计，缺乏统一的引导和信息互通，我国企业"走出去"的矿产收益格局还很狭隘，而且在矿产业合作的过程中缺乏正规的管理和一套标准的环境监控指标，也给当地的生态环境造成了不良的影响，这些都给进行境外矿业合作造成了许多亟须解决的瓶颈。所以扩展投资产业链条，提升产业合作的水平和层次，是实现可持续发展的客观要求。最后，从相互协调性来看，中国与东盟的有些国家之间还存在争端和分歧，以及产业之间的竞争也在不断加强，如何正确地处理争议和利用竞争关系，对于双方的产业合作有重要的影响。目前，中国与东盟国家的产业合作也存在分布不合理的情况，由于发展水平差异大，很难中和双方产业发展的特点，这对于促进区域经济一体化建设具有不利的影响，最终将不利于提升亚太区域的影响力。

四、中国—东盟产业承接与转移考察

（一）中国—东盟产业承接与转移理论支撑

产业的承接与转移是区域产业结构调整的一种手段，是实现跨国产业转移的必经之路，也是国际贸易发展和跨国投资的必然结果。由于经济发展水平、资源要素禀赋和产业链的不断细化，国家之间产业转移不仅局限于整体产业，还包括产业链的转移。中国与东盟国家正处于这种承接和转移的巅峰时期。日本经济学家赤松要的产业转移雁行模式为中国与东盟国家之间的产业转移提供了强有力的支持。赤松要认为产业的国际转移需要经过三个阶段（见图 7-12），进口阶段、生产阶段和出口阶段。这三个阶段进行周期性的循环，一般开始于初级产品，再生产资料，最后产业出现雁行变化的格局。

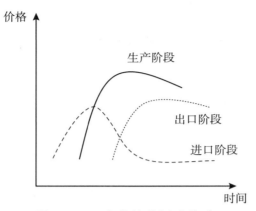

图7-12 产业转移雁形模式

主要的过程表现为：发展程度低的国家承接发展程度高的国家的产业转移，逐步实现工业化，然后再根据产业发展的不同程度，再承接给其他不发达的国家，这样的梯度转移就实现了不同国家的工业化，将本地区没有比较优势的产业转移出去，保留具有比较优势的产业，使得本地区的产业结构得到升级。如中国人力资源成本的上升导致附加值比较低的产业开始转移到东盟劳动力比较便宜和充足的国家，实现了制造业的有效转移。这个过程也需要政府部门的支持，在两国政府的积极推动下，会加快产业合作的步伐，也会促进产业的有效承接和转移。

产品周期理论认为，一种新开发的产品都要经过三个大的阶段：第一阶段是新产品阶段，这一阶段产品属于研发阶段，为了最大限度地满足消费者的需求，不断进行改善，对劳动者的技术水平要求高，所以属于技术密集型产品。第二阶段是产品成熟阶段，就是说产品的生产趋于标准化，国内市场已经基本饱和，开始向国外市场出口，并伴随着生产技术的输出，这一阶段产品进入到大规模生产阶段，属于资本密集型产品。第三阶段是标准化阶段，该产品的技术已经成熟，大多数国家都可以自己生产。因此该产品的研发国已经失去了比较优势，该产业开始转移到劳动力密集的国家和地区，原来的出口国变成了进口国。所以，产品以及生产技术的周期性变动导致的比较优势转移而使得产品的生产区位发生转移（见图7-13）。

在威尔斯和赫希哲等对产品周期理论进行验证的基础上。梯度转移理论主张：发达地区的加快发展，通过产业和要素向较发达地区和欠发达地区转移，以带动整个经济的发展。[1] 梯度转移理论认为，每一个国家的经济发展水平和技术更

---

① 李欣广：《产业对接理论与产业结构优化》，人民出版社2011年版，第20~30页。

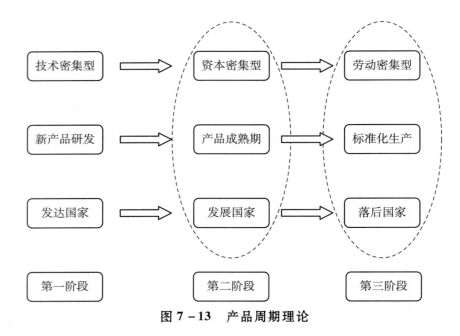

图 7 – 13　产品周期理论

新速度使得每一个国家都处在不同的经济梯度，每一种新产品、新技术、新行业都会随着时间的推移从高梯度国家转移到低梯度国家。根据梯度转移理论，区域间的梯度差异是产业转移的基础，在中国—东盟自由贸易区的建设进程中，中国与东盟各国的发展速度不一，产业结构差异大，各国或地区会按照互补性原则，处于高梯度国家的产业自发向处于较低梯度的国家发展，这样的过程既可以摆脱没有比较优势的产业，又可以集中力量发展具有比较优势的产业。因此不仅实现了产业的有效转移还有利于促进产业结构的优化升级。

（二）中国与东盟产业承接与转移现状分析

1. 中国与东盟国家的产业差异性分析

从中国与东盟国家贸易和投资的情况分析可以看出：中国与新加坡的贸易将以垂直型产业间贸易和高技术产业内贸易为主。中国利用新加坡的人力资源和资本存量，与新加坡联合建立新兴工业园，积极开展学习型投资。中国与马来西亚、泰国将继续以产业内贸易和产业内投资为主，产业转移主要体现在细分的行业。中国与老挝、缅甸将以推进这些国家的工业化发展为特色，扩大对这些国家的投资，同时伴随着资本和技术的输出，使得其从进口制造品最终产品转变为进口中间产品。中国与越南、菲律宾、印度尼西亚的贸易和投资兼有其他国家的特点。中国与东盟国家的产业按照生产要素密集程度来划分，中国的产业正在从劳动密集型转向资本密集型，新加坡技术密集型产业占主导，属于工业化后期发展阶段。马来西亚、泰国、菲律宾资本密集型占主导，属于工业化中期。文莱、缅甸、老挝、印度尼西亚属于资源密集型，柬埔寨、菲律宾属于劳动密集型产业，都处在工业化初期阶段。根据产业演进的一般规律：资源密集型—劳动密集型—资本密集型—技术密集型。劳动密集型产业转移论认为，一个国家由于人口增长率的下降导致劳动力供给下降，人工成本上升，劳动密集型产业失去了比较优势，开始转移到比较优势的国家，从而开始进口劳动密集型产品，同时加快产业结构调整，实现国内产业升级。根据产业转移理论，针对中国与东盟国家之间存在的产业梯度，根据各自的比较优势，这样最终每个国家都经过不同密集度产业的承接和转移，实现产业结构的升级。

2. 中国向东盟国家产业转移的重要领域

首先制造业转移，中国的服装业已成功转移至东盟。2013 年上半年，我国自全球进口服装 18 亿美元，比上年同期增加增长了 15.32%，其中，自东盟进口服装 3.14 亿美元，大幅增长 34%，是全球服装进口平均增速的两倍多。自由贸易区的建成，关税水平和非关税壁垒大幅度下降，再加之我国劳动力资源供给下降，环境压力大，资源储备量少，人民币持续升值，这些不仅迫使中国的服装业企业陆续走出去在东南亚建厂，也使得国际服装品牌产业链向东南亚转移。此外，我国的大部分制造业也开始了"东南飞"的趋势，中国与东盟的制造业产业内贸易空间还很大，尤其是同一产业链上的产品具有很强的互补性，而且东盟国家具有推进初级工业化的强烈要求，需要大力发展制造业，新成员国家大多数处于工业的初级阶段，劳动密集型产品尚不能满足国内的需求，而中国在这方面具有过剩的生产能力，到这些国家建厂投资，不仅可以使得这些国家实现自给自足，解决就业问题，就中国而言，可以转移出去低附加值的产品，实现制造业结构上的升级。其次是矿产业转移，矿产业是双方合作的重要领域，中国自然资源匮乏，但是自然资源开采和加工技术成熟，中国在东盟投资建厂的企业越来越多。据统计，中国有色集团已经与缅甸、泰国、越南、老挝等 8 个东盟国家建立了良好的经贸往来，在泰国投资建设了泰国最大的铅生产企业——泰中铅锑合金厂，其产品占泰国市场份额的 30% 以上；在缅甸投资 8.22 亿美元建设达贡山镍矿项目，是中缅矿业领域最大的合作项目；在越南承建生权铜矿及大龙冶炼厂，结束了越南不产铜的历史。最后，信息技术转移，2013 年 9 月 3 日，第十届中国—东盟博览会重要活动之一的首届中国—东盟技术转移与创新合作大会在广西南宁举行[①]，大会的召开旨在推动中国—东盟技术转移中心建设，为中国及东盟企业机构搭建沟通交流的平台，促进中国与东盟各国之间先进适用技术的转移，推

---

① 《中国科技网》，http://www.stdaily.com/kjrb/content/2013-08/29/content_638823.htm。

动中国与东盟各国创新区域一体化加快发展。

（三）产业承接与转移存在的问题分析

1. 中国中小企业的竞争压力增大，国内制造业受到冲击

中国是制造业大国，有大量的中小企业从事制造业，制造业的大量转移，必然会导致许多中小企业利润下降，甚至是破产倒闭。大量的东盟国家在对外出口方面也将是我国中小企业的重要竞争者，会排挤我国企业的海外市场。在产业逐步转移的过程中，要提前做好准备防止制造业的大量撤离带来冲击。而且东盟国家在制造业方面的优势越来越明显，人力成本低，人员流动快，全球的制造业开始向东盟国家移动。据统计，2012 年日本在东盟的汽车销量已经超过了中国，东盟吸引 FDI 的能力越来越强。2012 年东盟在全球的制造业 FDI 快速增长，与中国 FDI 及制造业 FDI 下滑形成鲜明对比，东盟与日本，美国等的产业链联系也更加紧密，这些都将威胁中国在全球制造业中的地位。从 2010 年开始，中国与东盟的双边投资也出现了下滑，2012 年 6 月，中国对东盟的 FDI 从 25.4 亿美元降到了 14.88 亿美元，东盟对中国的 FDI 也从 70 亿美元降到了 45.5 美元，中国吸引 FDI 的能力大幅度降低，从 1 176.98 亿美元下降到了 591 亿美元，而东盟吸引 FDI 的数量在 2011 年就达到了 1 170 亿美元，几乎和我国一样多，这表明中国吸引外部资金的能力在减弱，制造业从 2011 年已经开始向东盟国家转移了。所以转变与东盟的合作方式和内容，加强国内产业升级已经刻不容缓。

2. 低文化人员就业压力增加

我国的沿海中小企业解决了许多农村和低文化人员的就业问题。制造业的撤离将会使这一类劳动力失去就业的机会，政府应该做好对这些劳动力的处理和安排。一方面加大惠农政策的实施，让农民重返家园，成为建设农村的后备军。另一方面加强对低文化劳动力的培训和教育，提高技能，另择就业。最重要的是，加强与东盟国家的互联互通，加快人才流动速度，为人才的有效转移提供便利和条件。中国的劳动力进入到东盟市场，既可以缓解我们的就业压力，也可以缓解当地的人才压力，缓解产业转移过渡期的压力。这是短期内解决就业问题的最有力的方法，长期内产业的转型升级，离不开人才素质和技能的提高，需要加强对人才培养和教育的力度。

3. 缺乏专业协调机制

在制造业的大量转移过程中，中国—东盟还缺乏一个强有力的、专门的协调机制，促进产业的有效承接和转移。虽然产业园区的建设为中国的企业走出去和国外企业的走进来提供了平台，但是中国和东盟双方没有具体的机制来合理规划产业承接与转移的路径。有一些国家因为工业基础薄弱在产业承接方面效果低，

或者产业的大量转移会给转出国带来巨大的冲击，这些由于产业转移带来的问题还没有一个合理的解决措施，这些都会严重影响到一些产业的顺利转移。中国与东盟国家应该积极达成共识，提出有效的解决措施，给中国与东盟的产业转移搭建良好的通道，只有解决了双边转移的问题，才能促使产业的有效转移。目前，产业的转移和合作还是分散的，没有形成一个完整的系统，这对于区域产业的整体升级具有不利的影响，我们既要加强行业的对接和产业的合作，又要从全局出发，合理规划全区域内的产业布局情况，只有各国政府从大局出发制定有利于区域产业发展的产业政策，才能真正地促进产业的合作，实现整个区域内的产业升级。

第二节　中国—东盟区域产业发展的实证分析

中国—东盟自由贸易区的建立及越来越频繁的双边贸易带动了产业的转移和合作，中国与东盟各国发展水平差异大，熟知各国不同的产业结构和产业政策，才能实施有效的产业合作，才能真正推动中国—东盟区域经济一体化的建设。通过分析中国与东盟产业合作的现状，我们发现中国与东盟的产业合作正在迅速崛起，但是合作的程度和水平还比较低下，没有充分发挥出各国的产业优势。接下来我们通过测度中国与东盟各国的重要产业和具有竞争力的产业，分解出各国最具竞争力的产业和弱势产业，从而为产业合作提供方向。结合各国的优势和劣势才能最大程度的促进有意义的产业合作。

一、中国—东盟各国产业重要性测度

（一）投入产出模型分析

经济系统是一个复杂的整体，经济系统中的各个产业部门之间有着既广泛又密切的联系。其中某一个产业部门的生产过程如果发生了变化，将会通过产业关联对其他产业部门产生一定的影响。那么，一个产业部门的重要性就可以由该产业部门对其他产业影响部门的波及程度来衡量。本书采用基于投入产出模型的假设抽取法（HEM）来计量中国和东盟各国的各产业部门的相对重要性。目的是确定各国的主导产业或重要产业，从而为制定促进区域经济一体化的中国—东盟产业合作策略提供帮助和依据。假设抽取法由 Schultz（1977）提出，其采用的

295

方法是将若干产业部门从一个经济系统中抽取并剔除，再测算抽取前后各产业部门产出的变化，并比较对经济总产出的影响，从而确定被抽取并剔除产业部门的相对重要性。由于以往以影响力系数和感应度系数来衡量产业重要性时，只能分别考察产业的前向和后向关联效应，二者不能直接相加。基于投入产出模型的假设抽取法的优点就在于可以一起考察各产业的前向和后向关联效应，从而能够较全面地衡量各产业部门的相对重要性。

一般编制投入产出表可以分为竞争型投入产出表和非竞争型投入产出表两种。竞争型投入产出表对用于中间投入和最终消费的产品是来自于国内生产还是进口并不做区分。这种投入产出表一般用于分析产品的供给和需求。而非竞争型的投入产出表对国内生产的产品和进口产品进行明确的区分。对于以投入产出表数据为基础的产业关联分析研究，使用非竞争型的投入产出表会更加合适。特别是分析对进口高度依赖的经济体，非竞争型投入产出表可以测量经济活动为了维持最终需求的稳定而对进口的需求量。因而，我们选用非竞争型投入产出表进行产业重要性的计算和分析。非竞争型投入产出表的结构如表 7 - 5 所示。

表 7 - 5   **非竞争型投入产出表结构**

			中间使用	最终使用				总产出或进口
		部门	$1\cdots n$	消费	资本形成	出口	合计	
中间投入	国内产品	$1\cdots n$	X_d	C_d	I_d	E_d	Y_d	X
	进口产品	$1\cdots n$	X_m	C_m	I_m		Y_m	M
初始投入	增加值		V					
总投入			X^T	X^T				

其中，X_d 为国内产品的中间使用，$n \times n$ 为矩阵；

X_m 为进口产品的中间使用，$n \times n$ 为矩阵；

C_d 为国内产品的最终消费，列向量；

C_m 为进口产品的最终消费，列向量；

I_d 为国内产品的资本形成总额，列向量；

I_m 为进口产品的资本形成总额，列向量；

E_d 为国内产品的出口，列向量；

Y_d 为国内产品的最终使用，列向量；

Y_m 为进口产品的最终使用，列向量；

V 为增加值，$m \times n$ 为矩阵；

X 为国内产品的总产出，列向量；

M 为进口产品的总需求，列向量；

X^T 为总投入，行向量。

在没有非竞争型投入产出表的情况下，我们假设某一产业部门的产品在提供其他部门使用、消费或资本形成时，可按照相同的比例拆分成国内产品和进口产品，就可以由竞争型投入产出表得出非竞争型投入产出表[①]。

若国内产品的直接消耗系数矩阵（$n \times n$ 矩阵）用 A_d 表示，进口产品的直接消耗系数矩阵（$n \times n$ 矩阵）用 A_m 表示，则非竞争型投入产出模型可以表示为：

$$A_d X_d + C_d + I_d + E_d = X \tag{7-1}$$

$$A_m X_m + C_m = M \tag{7-2}$$

由式（7-1）可得：

$$X = (I - A_d)^{-1}(C_d + I_d + E_d) = B_d(C_d + I_d + E_d) \tag{7-3}$$

其中，B_d 为国内产品的完全消耗系数矩阵，即列昂惕夫逆阵。

将式（7-3）带入式（7-2）得：

$$X = A_m B_d(C_d + I_d + E_d) + C_m + I_m = B_m(C_d + I_d + E_d) + C_m + I_m \tag{7-4}$$

其中，$B_m = A_m B_d$ 为进口产品的完全消耗系数矩阵。

接下来，我们采用假设抽取法分析将某一产业部门从经济系统中抽取并剔除后产生的影响。将一个产业部门抽取并剔除后，该产业部门与其他产业部门不会有相互的中间投入，即 A_d 相应行和列的元素均为 0，设抽取并剔除该产业部门后的直接消耗系数矩阵变为 A'_d；该产业部门对最终消费、资本形成和出口都不会有贡献，故 C_d、I_d、E_d、对应行元素也应为 0，分别设为 C'_d、I'_d、E'_d。但是抽取并剔除该产业部门后，其他产业部门对该产业部门产品的需求仍然存在，只能增加进口产品来满足这些需求，故 A_m 中被抽取并剔除产业部门对应行的元素需加上 A_d 中对应元素；而被抽取并剔除的产业部门对进口产品也不再有需求，故 A_m 中被抽取并剔除产业部门对应的列元素应为 0，我们用 A'_m 来表示将某产业部门抽取并剔除后的进口产品直接消耗系数矩阵。另外，国内消费和资本形成对该产业部门产品的需求同样由进口产品来满足，故 C_m、I_m 对应行元素应分别加上 C_d、I_d 对应元素，设改变后的进口产品的最终消费和资本形成总额分别为 C'_m、I'_m。那么，从经济系统中抽取并剔除一个产业部门后，新的非竞争型投入产出模型为：

$$A'_d X_d + C'_d + I'_d + E'_d = X \tag{7-5}$$

$$A'_m X_m + C'_m + I'_m = M' \tag{7-6}$$

[①] 黄素心、王春雷：《产业部门重要性测算：基于假设抽取法的实证》，《统计与决策》，2009 年第 9 期，第 4~6 页。

同理，可以推导出国内产品的总产出和进口产品的总需求分别为：

$$X' = (I - A'_d)^{-1}(C'_d + I'_d + E'_d) = B'_d(C'_d + I'_d + E'_d) \qquad (7-7)$$

$$M' = A'_m B'_d(C'_d + I'_d + E'_d) + C'_m + I'_m = B'_m(C'_d + I'_d + E'_d) + C'_m + I'_m \qquad (7-8)$$

其中，B'_d 和 B'_m 分别为抽取并剔除某产业部门后的国内产品与进口产品的完全消耗系数矩阵。

那么，将一个产业部门从经济系统中抽取并剔除后，所有产业部门总产出的改变量为：

$$\Delta X = X - X' = B_d(C_d + I_d + E_d) - B'_d(C'_d + I'_d + E'_d) \qquad (7-9)$$

一般的，我们用变化量比原变量来衡量相对重要性，因此我们可以用 $\Delta X / X$ 来度量总产出角度的产业重要性。由于 ΔX、X 均为列向量，数值上应为向量的模作比值，但向量的每一个元素都代表一个产业的产出或产出的变化量，元素和元素可以直接相加，一个向量的所有元素相加后即代表总产出或总产出的变化量。因此，我们定义总产出角度的产业重要性指数为：

$$\text{总产出角度产业重要性指标} = \sum_{i=1}^{n} \Delta X_i / \sum_{i=1}^{n} X_i \qquad (7-10)$$

我们也可以从国内生产总值（GDP）角度来衡量产业重要性。首先需要计算将一个产业部门从经济系统中抽取并剔除后国内生产总值的变动幅度。

根据国民经济核算恒等式有：

$$\text{GDP} = e^T(C_d + C_m + I_d + I_m + E_d - M) = e^T(I - B_m)(C_d + I_d + E_d) \qquad (7-11)$$

其中，e 为单位列向量，即各元素均为 1 的列向量。

同理可得将某一产业部门抽取并剔除后的国内生产总值为：

$$\text{GDP}' = e^T(I - B'_m)(C'_d + I'_d + E'_d) \qquad (7-12)$$

则国内生产总值的变化量为：

$$\begin{aligned}
\Delta\text{GDP} &= \text{GDP} - \text{GDP}' \\
&= e^T(I - B_m)(C_d + I_d + E_d) - e^T(I - B'_m)(C'_d + I'_d + E'_d) \\
&= e^T(I - A_d - A_m)X - e^T(I - A'_d - A'_m)X' \\
&= e^T(I - A_d - A_m)(X - X') - e^T(A_d + A_m - A'_d - A'_m)X' \qquad (7-13)
\end{aligned}$$

$A_d + A_m$ 等于所有产品的直接消耗系数矩阵 $A'_d + A'_m$ 即为将矩阵 A 中被抽取并剔除产业部门对应的列向量变为 0。那么 $A_d + A_m - A'_d - A'_m$ 则为直接消耗系数矩阵 A 仅保留被抽取并剔除产业部门对应列的元素，其他元素数值均为 0。又由于 X' 中被抽取并剔除产业部门的总产出为 0，则有：

$$e^T(A_d + A_m - A'_d - A'_m)X' = 0 \qquad (7-14)$$

所以：

$$\Delta\text{GDP} = e^T(I - A)\Delta X = R\Delta X \qquad (7-15)$$

其中，R 为各产业部门增加值率构成的行向量，某个产业部门的增加值率

$$ri = \frac{i \text{产业部门增加值}}{i \text{产业部门总产出}}。$$

由此，我们定义国内生产总值角度的产业重要性指数为：

$$\text{国内生产总值角度产业重要性指数} = R\Delta X / RX \qquad (7-16)$$

同理，如果某个产业部门的劳动者报酬系数 $l_i = \dfrac{i \text{产业部门劳动者报酬}}{i \text{产业部门总产出}}$，令 L

为各产业部门劳动者报酬系数构成的行向量，那么劳动者收入即为 LX，将一个产业部门从经济系统抽取并剔除后，劳动者收入的变化量为 $L\Delta X$。假设劳动者平均工资保持不变，劳动力数量的变动表现为劳动者收入的变动，我们可以定义就业角度的产业重要性指数为：

$$\text{就业角度产业重要指数} = L\Delta X / LX \qquad (7-17)$$

式（7-10）、式（7-16）和式（7-17）即为本书定义的分别从总产出、国内生产总值和就业三个角度衡量的产业重要性指数。

（二）实证结果分析

根据上文所述方法计算式（7-10）、式（7-16）和式（7-17）定义的三个产业重要性指数，并进行排序，即可得出三个角度的产业重要性排名。结果如表7-6所示。由于各个国家投入产出表中产业部门的分类不尽相同，为了便于比较，我们根据各国投入产出表的情况和联合国投入产出表编制和分析手册中的分类标准，将各国的产业基本上分为农林牧渔业、采矿业、制造业、建筑业、公用事业和服务业六个产业部门。

表 7-6　　　　　　　　　中国产业重要性测度（42 部门）

重要性排名	总产出角度	国内生产总值角度	就业角度
1	建筑业	建筑业	农林牧渔业
2	金属冶炼及压延加工业	农林牧渔业	建筑业
3	化学工业	金属冶炼及压延加工业	食品制造及烟草加工业
4	通用、专用设备制造业	化学工业	化学工业
5	食品制造及烟草加工业	食品制造及烟草加工业	公共管理和社会组织
6	电气机械及器材制造业	批发和零售业	金属冶炼及压延加工业
7	通信设备、计算机及其他电子设备制造业	交通运输及仓储业	通用、专用设备制造业
8	农林牧渔业	通用、专用设备制造业	教育

续表

重要性排名	总产出角度	国内生产总值角度	就业角度
9	交通运输设备制造业	电力、热力的生产和供应业	交通运输及仓储业
10	交通运输及仓储业	金融业	批发和零售业
11	电力、热力的生产和供应业	电气机械及器材制造业	纺织业
12	非金属矿物制品业	交通运输设备制造业	纺织服装鞋帽皮革羽绒及其制品业
13	批发和零售业	通信设备、计算机及其他电子设备制造业	交通运输设备制造业
14	纺织业	非金属矿物制品业	住宿和餐饮业
15	金属制品业	公共管理和社会组织	非金属矿物制品业
16	石油加工、炼焦及核燃料加工业	房地产业	通信设备、计算机及其他电子设备制造业
17	纺织服装鞋帽皮革羽绒及其制品业	纺织业	电气机械及器材制造业
18	住宿和餐饮业	石油加工、炼焦及核燃料加工业	电力、热力的生产和供应业
19	公共管理和社会组织	住宿和餐饮业	金融业
20	造纸印刷及文教体育用品制造业	纺织服装鞋帽皮革羽绒及其制品业	卫生、社会保障和社会福利业
21	卫生、社会保障和社会福利业	金属制品业	石油加工、炼焦及核燃料加工业
22	金融业	教育	金属制品业
23	租赁和商务服务业	卫生、社会保障和社会福利业	煤炭开采和洗选业
24	教育	租赁和商务服务业	造纸印刷及文教体育用品制造业
25	木材加工及家具制造业	造纸印刷及文教体育用品制造业	租赁和商务服务业

重要性排名	总产出角度	国内生产总值角度	就业角度
26	煤炭开采和洗选业	信息传输、计算机服务和软件业	木材加工及家具制造业
27	房地产业	石油和天然气开采业	居民服务和其他服务业
28	石油和天然气开采业	煤炭开采和洗选业	石油和天然气开采业
29	居民服务和其他服务业	居民服务和其他服务业	工艺品及其他制造业
30	信息传输、计算机服务和软件业	木材加工及家具制造业	房地产业
31	工艺品及其他制造业	工艺品及其他制造业	信息传输、计算机服务和软件业
32	金属矿采选业	金属矿采选业	综合技术服务业
33	仪器仪表及文化办公用机械制造业	废品废料	金属矿采选业
34	非金属矿及其他矿采选业	综合技术服务业	文化、体育和娱乐业
35	综合技术服务业	非金属矿及其他矿采选业	非金属矿及其他矿采选业
36	文化、体育和娱乐业	文化、体育和娱乐业	仪器仪表及文化办公用机械制造业
37	废品废料	仪器仪表及文化办公用机械制造业	水利、环境和公共设施管理业
38	水利、环境和公共设施管理业	水利、环境和公共设施管理业	研究与试验发展业
39	研究与试验发展业	研究与试验发展业	水的生产和供应业
40	水的生产和供应业	水的生产和供应业	邮政业
41	燃气生产和供应业	燃气生产和供应业	燃气生产和供应业
42	邮政业	邮政业	废品废料

表7-7　　　　　　　　中国产业重要性测度（6 部门）

重要性排名	总产出角度	国内生产总值角度	就业角度
1	制造业	制造业	制造业
2	服务业	服务业	服务业
3	建筑业	建筑业	农林牧渔业
4	农林牧渔业	农林牧渔业	建筑业
5	公用事业	采矿业	采矿业
6	采矿业	公用事业	公用事业

1. 中国产业重要性测度

2012 年中国统计年鉴中公布的是 2007 年中国投入产出表，其中划分了 42 个产业部门。按照上文所述方法，计算出 42 个产业部门的产业重要性指数，得出重要性排名，如表 7-6 所示。同时，为了便于和其他国家比较，我们将 42 个产业部门合并成 6 个产业部门，并测度各产业重要性，结果如表 7-7 所示。

根据计算结果，无论从总产出角度还是国内生产总值角度还是就业角度，中国最重要的产业部门为制造业，包括食品制造及烟草加工业，纺织业，纺织服装鞋帽皮革羽绒及其制品业，木材加工及家具制造业，造纸印刷及文教体育用品制造业，石油加工、炼焦及核燃料加工业，化学工业，非金属矿物制品业，金属冶炼及压延加工业，金属制品业，通用、专用设备制造业，交通运输设备制造业，电气机械及器材制造业，通信设备、计算机及其他电子设备制造业，仪器仪表及文化办公用品机械制造业，工艺品及其他制造业，废品废料等。总产出角度、国内生产总值角度和就业角度的制造业重要性指数分别为 0.72、0.61 和 0.59，可见制造业对我国经济的影响是非常重大的。这与我国长期依靠加工制造的进出口贸易拉动经济增长的事实相符。

其次是服务业，包括交通运输及仓储业，邮政业，信息传输、计算机服务和软件业，批发和零售业，住宿和餐饮业，金融业，房地产业，租赁和商务服务业，研究与试验发展业，综合技术服务业，水利、环境和公共设施管理业，居民服务和其他服务业，教育，卫生、社会保障和社会福利业，文化、体育和娱乐业，公共管理和社会组织等。总产出角度、国内生产总值角度和就业角度的服务业重要性指数分别为 0.36、0.49 和 0.44。随着我国经济的发展，经济体系的不断完善，第三产业在经济系统中所占的比重应当逐渐上升。

重要性排在最后两位的分别为公用事业和采矿业。其中，公用事业包括电力、热力、燃气、水的生产和供应业等；采矿业包括煤炭开采和洗选业，石油和天然气开采业，金属矿采选业，非金属矿及其他矿采选业等。这可以从侧面说明我国经济发展对自然资源的依靠程度相对较小。

2. 新加坡产业重要性测度

新加坡统计局公布的最新的投入产出表数据同样为 2007 年的数据。由于新加坡没有采矿业，故对上述除采矿业外 5 个产业部门进行产业重要性测度，结果如表 7－8 所示。

表 7－8 新加坡产业重要性测度

重要性排名	总产出角度	国内生产总值角度	就业角度
1	服务业	服务业	建筑业
2	制造业	制造业	服务业
3	建筑业	建筑业	制造业
4	公用事业	公用事业	公用事业
5	农林牧渔业	农林牧渔业	农林牧渔业

新加坡总产出角度和国内生产总值角度的产业重要性排名是相同的，重要性排在前三位的分别为服务业、制造业和建筑业。如果从就业角度来衡量，排在前三位的同样为这三个产业，但是排名有所差别。新加坡经济比较发达，金融体系相对完善，因此第三产业最为繁荣，总产出角度和国内生产总值角度的服务业重要性指数均为 0.58，而就业角度的服务业重要性指数也达到了 0.23，可见第三产业对新加坡经济的影响之大。其次，不论是从总产出角度还是从国内生产总值的角度衡量，制造业的重要性也比较显著。特别地，如果从就业角度来衡量，对新加坡经济系统影响最大的是建筑业，其重要性指数达到了 0.85，由此推断建筑业对解决新加坡就业问题起着至关重要的作用。重要性排名最后的是农林牧渔业，说明第一产业对新加坡经济系统的影响相对较小。

3. 马来西亚产业重要性测度

马来西亚统计局编制的 2005 年投入产出表系列分别编制了产品对产业活动、产品对产品、产业活动对产业活动的投入产出表，每种投入产出表都将所有的产业分成了 120 个部门，我们选取产业活动对产业活动的投入产出表并将 120 个产业部门合并成 6 个产业部门进行分析，结果如表 7－9 所示。

表 7－9 马来西亚产业重要性测度

重要性排名	总产出角度	国内生产总值角度	就业角度
1	制造业	制造业	服务业
2	服务业	服务业	制造业
3	采矿业	采矿业	农林牧渔业

续表

重要性排名	总产出角度	国内生产总值角度	就业角度
4	建筑业	农林牧渔业	建筑业
5	农林牧渔业	建筑业	采矿业
6	公用事业	公用事业	公用事业

在马来西亚，重要性排名前两位的产业是制造业和服务业。总产出角度、国内生产总值角度和就业角度的制造业重要性指数分别为 0.69、0.52 和 0.46，总产出角度、国内生产总值角度和就业角度的服务业重要性指数分别为 0.35、0.48 和 0.63。由此可见，制造业对马来西亚经济的影响非常显著，在以出口导向经济为主的马来西亚，制造业的发展面临全球经济环境的严重挑战。同时服务业仍然为拉动马来西亚经济发展的龙头产业，旅游业在马来西亚经济体系中占有很大比重，带动了整个第三产业的发展。从就业角度衡量产业重要性时，服务业超过了制造业排在第一，说明服务业还解决了马来西亚很大一部分就业问题。棕油、橡胶等热带经济作物是马来西亚农业的支柱，其农林牧渔业的重要性排名也高于其他国家。

4. 印度尼西亚产业重要性测度

印度尼西亚投入产出表来自经济合作与发展组织网站，采用的是印度尼西亚 2005 年的投入产出数据。投入产出表分为国内产出和进口的投入产出总表、国内产出的投入产出表和进口的投入产出表，我们选择国内产出的投入产出表来分析国内各产业部门的相对重要性，结果如表 7-10 所示。

表 7-10　　　　　　　　印度尼西亚产业重要性测度

重要性排名	总产出角度	国内生产总值角度	就业角度
1	制造业	服务业	服务业
2	服务业	制造业	制造业
3	建筑业	建筑业	建筑业
4	农林牧渔业	农林牧渔业	农林牧渔业
5	采矿业	采矿业	采矿业
6	公用事业	公用事业	公用事业

印度尼西亚的产业重要性排名和马来西亚相类似。重要性排在前两位的产业同样为制造业和服务业，重要性指数相差不大。考虑到印度尼西亚居高不下的失业率，应当进一步发展服务业和制造业。印度尼西亚自然环境良好，景色迷人，旅游业的发展和完善必将在很大程度上带动其经济增长。虽然印度尼西亚也具有一定的自然资源，但农林牧渔业和采矿业对经济的贡献和影响并不是很大。

5. 文莱产业重要性测度

文莱首相办公室经济发展与规划部编制的 2005 年文莱投入产出表系列分为三种投入产出表，分别是国内产出和进口的投入产出表、国内产出的投入产出表和进口的投入产出表，我们在分析各国国内产业的相对重要性时，选取国内产出的投入产出表进行计算。由于文莱投入产出表总结中，将所有的产业部门归纳为 5 个部门，我们也以此标准进行分析。和前几个国家 6 部门的分类的区别在于文莱产业部门分类的服务业中包含了公用事业，这里的农业即为前文的农林牧渔业。产业重要性测度结果如表 7 - 11 所示。

表 7 - 11　　　　　　　文莱产业重要性测度

重要性排名	总产出角度	GDP 角度	就业角度
1	采矿业	采矿业	服务业
2	服务业	服务业	采矿业
3	制造业	制造业	制造业
4	建筑业	建筑业	建筑业
5	农业	农业	农业

由表 7 - 11 所示，采矿业在文莱的经济系统中占有重要地位，总产出角度、国内生产总值角度和就业角度的采矿业重要性指数分别为 0.55、0.58 和 0.11，这是与之前各个国家的各产业重要性有所区别的地方，这与文莱经济持续增长依靠油气作为经济支柱的格局一致。也从侧面说明文莱实现经济多元化的目标还没有取得明显进展，国内市场有限，还要依靠油气出口来维持经济增长。另外，服务业对经济系统的影响也相对较大，近年来，文莱经济发展的最大亮点即为旅游业，而农业对文莱经济系统的影响最小。

（三）各国产业重要性指数数据

按照本书所述方法计算出的各国总产出角度、国内生产总值角度和就业角度的产业重要性指数如表 7 - 12 至表 7 - 17 所示。

表 7 - 12　　　　　　　中国产业重要性指数（42 部门）

产业部门	总产出角度	国内生产总值角度	就业角度
农林牧渔业	0.084694	0.136106	0.267651
煤炭开采和洗选业	0.024846	0.028607	0.028809
石油和天然气开采业	0.022636	0.030931	0.019398

305

续表

产业部门	总产出角度	国内生产总值角度	就业角度
金属矿采选业	0.017715	0.017548	0.014715
非金属矿及其他矿采选业	0.010684	0.011436	0.010111
食品制造及烟草加工业	0.094557	0.105755	0.139907
纺织业	0.059677	0.050940	0.058371
纺织服装鞋帽皮革羽绒及其制品业	0.053805	0.046802	0.052593
木材加工及家具制造业	0.028470	0.025840	0.027930
造纸印刷及文教体育用品制造业	0.037181	0.033110	0.028399
石油加工、炼焦及核燃料加工业	0.055036	0.049927	0.035053
化学工业	0.133985	0.110435	0.091323
非金属矿物制品业	0.064094	0.059761	0.048652
金属冶炼及压延加工业	0.141179	0.113739	0.078271
金属制品业	0.057764	0.045329	0.034558
通用、专用设备制造业	0.109638	0.088901	0.070703
交通运输设备制造业	0.079139	0.061051	0.051780
电气机械及器材制造业	0.085198	0.063035	0.046441
通信设备、计算机及其他电子设备制造业	0.084989	0.060173	0.047850
仪器仪表及文化办公用机械制造业	0.014230	0.010960	0.009285
工艺品及其他制造业	0.019116	0.017639	0.018821
废品废料	0.006125	0.014058	0.001100
电力、热力的生产和供应业	0.069991	0.064282	0.045654
燃气生产和供应业	0.002805	0.002687	0.002180
水的生产和供应业	0.003263	0.003873	0.003658
建筑业	0.216024	0.186672	0.170966
交通运输及仓储业	0.076312	0.093025	0.065345
邮政业	0.001788	0.002325	0.003245
信息传输、计算机服务和软件业	0.020597	0.031376	0.017044
批发和零售业	0.062515	0.097002	0.062945
住宿和餐饮业	0.041509	0.049766	0.051083

续表

产业部门	总产出角度	国内生产总值角度	就业角度
金融业	0.034563	0.063668	0.042244
房地产业	0.023933	0.052709	0.017489
租赁和商务服务业	0.033877	0.033871	0.028204
研究与试验发展业	0.003690	0.004192	0.005104
综合技术服务业	0.009636	0.013318	0.014797
水利、环境和公共设施管理业	0.005222	0.006953	0.007706
居民服务和其他服务业	0.021427	0.026283	0.019990
教育	0.030391	0.043134	0.065426
卫生、社会保障和社会福利业	0.035787	0.034401	0.040202
文化、体育和娱乐业	0.009523	0.011220	0.011366
公共管理和社会组织	0.038896	0.053935	0.087795

表 7 - 13　　　　　中国产业重要性指数（6 部门）

产业部门	总产出角度	国内生产总值角度	就业角度
农林牧渔业	0.089717	0.138145	0.271649
采矿业	0.071561	0.085364	0.074840
制造业	0.720108	0.611682	0.586320
公用事业	0.073519	0.068190	0.052036
建筑业	0.208946	0.180207	0.186218
服务业	0.359982	0.488834	0.441472

表 7 - 14　　　　　　新加坡产业重要性指数

产业部门	总产出角度	国内生产总值角度	就业角度
农林牧渔业	0.000504	0.000504	0.000152
制造业	0.435289	0.435289	0.064246
公用事业	0.019862	0.019862	0.003082
建筑业	0.068268	0.068268	0.848744
服务业	0.584186	0.584186	0.232451

表 7 – 15　　　　　　　　马来西亚产业重要性指数

产业部门	总产出角度	国内生产总值角度	就业角度
农林牧渔业	0.050531	0.083091	0.093135
采矿业	0.078559	0.162192	0.032919
制造业	0.692048	0.522579	0.463561
公用事业	0.035100	0.039325	0.021214
建筑业	0.056047	0.054429	0.086997
服务业	0.348711	0.478828	0.627437

表 7 – 16　　　　　　　　印度尼西亚产业重要性指数

产业部门	总产出角度	国内生产总值角度	就业角度
农林牧渔业	0.108823	0.156049	0.116110
采矿业	0.070005	0.112144	0.045130
制造业	0.513342	0.459055	0.416489
公用事业	0.028764	0.025065	0.019639
建筑业	0.193533	0.161087	0.173364
服务业	0.435531	0.467700	0.569225

表 7 – 17　　　　　　　　文莱产业重要性指数

产业部门	总产出角度	国内生产总值角度	就业角度
农林牧渔业	0.012016	0.010829	0.025758
采矿业	0.546101	0.577822	0.108055
制造业	0.076214	0.058525	0.057558
建筑业	0.039233	0.022150	0.041971
服务业	0.412601	0.412030	0.856734

二、中国—东盟区域产业竞争力测度

通过投入产出模型，根据数据的可得性，我们测度了东盟主要国家的产业重要性，基于国内的角度，分别从总产出的角度、国内生产总值的角度和就业的角度进行了分析。本书产业竞争力的分析是基于黄立群（2013）实证的结果，她将产业按照资源密集程度的不同分为资本密集型、劳动密集型、资源密集型和技术密集型，通过应用因子分析法，选取了劳动力参与率、人均实际国内生产总值增长率、国内资本形成占 GDP 比重、货币供应占 GDP 比重、行业出口额、行业出口额占全国出口额比例和行业出口产值占 GDP 的比例七个指标全面分析了东盟国家产业出口竞争力。[①]

（一）中国产业竞争力评价

如表 7 – 18 所示，从总体上看，中国在区域内的产业竞争力水平是最高的，其中资本密集型产业的竞争力在上升。从国内来看，劳动密集型产业的竞争力最强，资源密集型和技术密集型的竞争力其次，资本密集型产业的竞争力较弱。我国是制造业大国，制造业大多以低附加值为主，需要大量的劳动力投入，对技术和设备的依赖程度低。劳动密集型产业既解决了我国大部分的就业，也是我国出口外汇创造的主要产业。根据中国产业重要性指数，从三个角度来看，制造业的重要性指数最高，其次是服务业和农林牧渔业，这些产业普遍的特点是劳动力投入大。所以无论对内还是对外，劳动力密集型产业依然是我们最具竞争潜力的产业。

表 7 – 18   **2002 ~ 2008 年中国产业竞争力排名**

产业分类	排名	2008年	2007年	2006年	2005年	2004年	2003年	2002年	2001年	2000年
资本密集型	综合得分	1.07	1.05	1.22	1.00	1.31	1.01	1.01	1.05	1.06
	区域内排名	1	1	1	1	2	2	2	2	2
	国内排名	3	3	3	3	3	3	3	3	2
劳动密集型	综合得分	1.49	1.35	1.79	1.38	1.42	1.56	1.45	2.49	0.85
	区域内排名	1	1	1	1	1	1	1	1	1
	国内排名	1	2	1	2	2	2	2	1	3
资源密集型	综合得分	1.47	1.43	1.74	1.55	1.81	1.77	1.67	2.19	1.35
	区域内排名	1	1	1	1	1	1	1	1	1
	国内排名	2	1	2	1	1	1	1	2	1
技术密集型	综合得分	1.47	1.43	1.74	1.55	1.81	1.77	1.67	2.19	1.35
	区域内排名	1	1	1	1	1	1	1	1	1
	国内排名	2	1	2	1	1	1	1	2	1

[①] 本书中的综合得分和区域内综合排名来自于黄立群（2013）《出口产业竞争力的主成分分析》实证的结果。

（二）新加坡产业竞争力评价

如表 7 - 19 所示，新加坡产业竞争力的排名情况，从总体趋势上看，新加坡的对外产业竞争力都在下降，资本密集型产业是对外竞争力最强的，在区域排名中位于第二名。资本密集型产业主要包括钢铁业、一般电子与通信设备制造业、运输设备制造业、石油化工、重型机械工业、电力工业等。资源密集型和技术密集型在对外贸易产业竞争力中排名第五。从国内来看，资本密集型产业也是国内出口产业中竞争力最强的。而劳动密集型产业对于新加坡而言，无论是对内还是对外都是竞争力最弱的。劳动密集型产业主要包括农业、林业及纺织、服装、玩具、皮革、家具等制造业，涉及第一产业、第二产业、第三产业和多种所有制，覆盖城乡两大地域。根据新加坡产业的重要性指数，从总产出和国内生产总值的角度来看，最高的是服务业 0.58，其次是制造业 0.44。从就业的角度来看，最高的是建筑业 0.85。农林牧渔业的重要性指数最低，所以产业的重要性测度和产业的竞争力测度结果是一致的，对于新加坡，资本密集型产业是最重要的，也是竞争力最强的。

表 7 - 19 　　　　　　　　2000 ~ 2008 年新加坡产业竞争力排名

产业分类	排名	2008年	2007年	2006年	2005年	2004年	2003年	2002年	2001年	2000年
资本密集型	综合得分	1.03	0.89	1.22	0.85	1.34	1.16	1.09	1.64	1.22
	区域内排名	2	2	2	2	1	1	1	1	1
	国内排名	1	1	1	1	1	1	1	1	1
劳动密集型	综合得分	-0.61	-0.45	-0.17	-0.28	-0.13	-0.24	-0.15	-0.39	0.11
	区域内排名	6	5	4	4	5	5	4	6	3
	国内排名	3	3	3	2	3	2	2	2	3
资源密集型	综合得分	-0.34	-0.22	0.03	-0.30	0.08	-0.34	-0.16	-0.57	0.24
	区域内排名	5	4	4	4	5	5	5	7	3
	国内排名	2	2	2	3	2	3	3	3	2
技术密集型	综合得分	-0.34	-0.22	0.03	-0.30	0.08	-0.34	-0.16	-0.57	0.24
	区域内排名	5	4	4	4	3	4	3	4	3
	国内排名	2	2	2	3	2	3	3	3	2

（三）马来西亚产业竞争力评价

如表 7 - 20 所示，资本密集型产业和技术密集型产业是马来西亚对外竞争力最强的，排名位于第四位，劳动密集型产业的竞争力有上升的趋势，从 2002 年第七位上升至 2008 年的第五位。从国内来看，资本密集型产业竞争力最强，资源密集型和技术密集型产业其次，劳动密集型产业的竞争力最弱。马来西亚的三次产业结构中第三产业比重最大，服务业是马来西亚的主导产业，根据产业重要性测度的结果，从总产出的角度、国内生产总值的角度和就业的角度看，排名位于前三名分别是制造业、服务业和采矿业。服务业和采矿业都需要大量的资本作为支撑，起初技术设备投入大，资金运作周期长，投资效果慢，属于典型的资本密集型产业，所以资本密集型产业即是马来西亚的重点产业又是最具竞争力产业。

表 7 - 20　　　　　　　2000 ~ 2008 年马来西亚产业竞争力排名

产业分类	排名	2008年	2007年	2006年	2005年	2004年	2003年	2002年	2001年	2000年
资本密集型	综合得分	- 0.11	- 0.02	0.14	0.09	0.37	0.24	0.29	0.58	0.40
	区域内排名	4	4	4	4	4	4	3	3	4
	国内排名	1	1	1	1	1	1	1	1	1
劳动密集型	综合得分	- 0.47	- 0.38	- 0.24	- 0.46	- 0.31	- 0.27	- 0.18	- 0.42	- 0.16
	区域内排名	5	4	5	6	6	6	5	7	5
	国内排名	3	3	3	3	3	3	3	3	3
资源密集型	综合得分	- 0.34	- 0.26	- 0.13	- 0.35	0.10	0.03	0.03	- 0.26	0.17
	区域内排名	6	5	5	5	4	4	4	6	4
	国内排名	2	2	2	2	2	2	2	2	2
技术密集型	综合得分	- 0.34	- 0.26	- 0.13	- 0.35	0.10	0.03	0.03	- 0.26	0.17
	区域内排名	4	3	3	4	3	4	3	4	3
	国内排名	2	2	2	2	2	2	2	2	2

（四）印度尼西亚的产业竞争力评价

如表 7 - 21 所示，印度尼西亚对外最具竞争力的是资源密集型产业，排名位于第二位。资源密集型产业主要包括种植业、林牧渔业、采掘业等，这类产业需要投入大量的自然资源才能进行生产，包括土地、森林、江河湖海

311

和各种矿产资源等。劳动密集型产业和资本密集型产业的竞争力都有上升的趋势，技术密集型的竞争力在下降。印度尼西亚农林牧渔业以种植业和养殖业为主，工业以制造业和采矿业为主，出口的产品以蔬菜和水果为主。结合印度尼西亚的产业重要性测度结果，除了制造业、采矿业和农林牧渔业占据主要位置，服务业也发展迅速，从就业角度来看，已经成为印度尼西亚最重要的产业。到目前为止，资源密集型产业依然是印度尼西亚对内对外最具竞争力的产业。

表7-21　　　　　2000~2008年印度尼西亚产业竞争力排名

产业分类	排名	2008年	2007年	2006年	2005年	2004年	2003年	2002年	2001年	2000年
资本密集型	综合得分	-0.87	-0.79	-0.77	-0.79	-0.73	-0.75	-0.73	-0.65	-0.60
	区域内排名	6	6	6	6	7	7	7	6	6
	国内排名	3	3	3	3	3	3	3	3	3
劳动密集型	综合得分	-0.37	-0.54	-0.32	-0.42	-0.47	-0.20	-0.24	-0.23	-0.33
	区域内排名	4	6	6	5	7	4	6	5	7
	国内排名	2	2	2	2	2	2	2	2	2
资源密集型	综合得分	0.36	0.18	0.43	0.24	0.38	0.39	0.32	0.58	0.32
	区域内排名	2	2	2	2	2	2	2	2	2
	国内排名	1	1	1	1	1	1	1	1	1
技术密集型	综合得分	0.36	0.18	0.43	0.24	0.38	0.39	0.32	0.58	0.32
	区域内排名	6	6	6	5	5	5	6	6	5
	国内排名	1	1	1	1	1	1	1	1	1

（五）菲律宾产业竞争力评价

如表7-22所示，菲律宾资本密集型产业的竞争力最强，在整个区域内排名第五位，劳动密集型产业的排名最低，位于第七位。菲律宾是世界上领先的服务外包目的地之一，2011年菲律宾服务流程外包业务收入为109亿美元，占全球市场份额的15%，但出口最多、对GDP贡献最多的是电子工业，2011年电子产品出口额约237亿美元，占出口总额的49%以上。电子工业属于知识、技术、资本密集型产业，所以资本密集型产业和技术密集型产业是其对外最具竞争力的产业。

表 7 - 22   2000 ~ 2008 年菲律宾产业竞争力排名

产业分类	排名	2008年	2007年	2006年	2005年	2004年	2003年	2002年	2001年	2000年
资本密集型	综合得分	- 0.35	- 0.31	- 0.06	- 0.18	0.20	0.07	0.19	0.34	0.25
	区域内排名	5	5	5	5	5	5	5	5	5
	国内排名	1	1	1	1	1	1	1	1	1
劳动密集型	综合得分	- 1.15	- 1.07	- 0.98	- 1.12	- 1.01	- 0.94	- 0.89	- 1.05	- 0.91
	区域内排名	7	7	7	7	8	7	7	8	8
	国内排名	3	3	3	3	3	3	3	3	3
资源密集型	综合得分	- 0.94	- 0.82	- 0.81	- 0.87	- 0.65	- 0.69	- 0.65	- 0.76	- 0.65
	区域内排名	7	7	7	7	8	7	7	8	6
	国内排名	2	2	2	2	2	2	2	2	2
技术密集型	综合得分	- 0.94	- 0.82	- 0.81	- 0.87	- 0.65	- 0.69	- 0.65	- 0.76	- 0.65
	区域内排名	7	7	7	7	7	7	7	8	6
	国内排名	2	2	2	2	2	2	2	2	2

（六）越南产业竞争力评价

如表 7 - 23 所示，2000 ~ 2008 年越南的产业竞争力整体都在上升，资本密集型从第八位上升到第七位，劳动密集型从第四位上升到第二位，资源密集型产业从第八位上升到第四位，技术密集型产业从第八位上升到第三位，排名最具竞争力的是劳动密集型产业，劳动密集型产业是越南对外出口的主要产业，随着中国—东盟自由贸易区的建立，越南的劳动密集型产业的出口能力再度加强，与我国的劳动密集型产业的出口相比具有比较优势，是我国主要的出口竞争对手。

表 7 - 23   2000 ~ 2008 年越南产业竞争力排名

产业分类	排名	2008年	2007年	2006年	2005年	2004年	2003年	2002年	2001年	2000年
资本密集型	综合得分	- 0.98	- 1.07	- 1.21	- 1.26	- 1.28	- 1.40	- 1.45	- 1.49	- 1.42
	区域内排名	7	7	8	7	9	8	8	9	8
	国内排名	3	3	3	3	3	3	3	3	3
劳动密集型	综合得分	1.23	1.28	1.26	0.84	0.69	1.03	0.87	0.48	0.03
	区域内排名	2	2	2	3	2	2	2	2	4
	国内排名	1	1	1	1	1	1	1	1	1

续表

产业分类	排名	2008年	2007年	2006年	2005年	2004年	2003年	2002年	2001年	2000年
资源密集型	综合得分	-0.22	-0.35	-0.27	-0.45	-0.34	-0.37	-0.43	-0.14	-0.82
	区域内排名	4	6	6	6	6	6	6	5	8
	国内排名	2	2	2	2	2	2	2	2	2
技术密集型	综合得分	-0.22	-0.35	-0.27	-0.45	-0.34	-0.37	-0.43	-0.14	-0.82
	区域内排名	3	5	5	6	8	8	8	7	8
	国内排名	2	2	2	2	2	2	2	2	2

（七）泰国产业竞争力评价

如表 7-24 所示，泰国的产业竞争力强，在区域里均排名位于前三名。泰国农业较发达，农产品出口是外汇收入的重要来源。制造业在国民经济中的比重最大，2011 年制造业产值 1 148.9 亿美元，占 GDP 的 33.2%。其他主要行业有采矿、纺织、电子、塑料、食品加工、玩具、汽车装配、建材、石油化工等。而且旅游业发展较快，设施完善，服务质量较高。从国内来看，资本密集型相对于其他产业更具优势，综合得分 0.21，大于其他产业的得分。根据中国和泰国在化学制品、机械及运输设备等方面的贸易互补指数，泰国在化学制品、机械及运输设备上的出口与中国进口的互补程度要高于中国出口泰国进口，这也说明泰国的资本、技术密集型商品在中国具有出口优势。

表 7-24　　　　　　2000~2008 年泰国产业竞争力排名

产业分类	排名	2008年	2007年	2006年	2005年	2004年	2003年	2002年	2001年	2000年
资本密集型	综合得分	0.21	0.24	0.33	0.28	0.49	0.33	0.26	0.47	0.43
	区域内排名	3	3	3	3	3	3	4	4	3
	国内排名	1	1	1	1	1	1	1	1	1
劳动密集型	综合得分	-0.12	-0.18	0.14	0.07	-0.02	0.20	0.09	-0.08	-0.25
	区域内排名	3	3	3	3	4	3	3	4	6
	国内排名	3	3	3	3	3	3	3	3	3
资源密集型	综合得分	0.02	0.04	0.30	0.20	0.34	0.33	0.21	0.22	0.08
	区域内排名	3	3	3	3	3	3	3	3	5
	国内排名	2	2	2	2	2	2	2	2	2

续表

产业分类	排名	2008年	2007年	2006年	2005年	2004年	2003年	2002年	2001年	2000年
技术密集型	综合得分	0.02	0.04	0.30	0.20	0.34	0.33	0.21	0.22	0.08
	区域内排名	2	2	2	2	2	2	2	2	4
	国内排名	2	2	2	2	2	2	2	2	2

（八）文莱、柬埔寨、老挝、缅甸产业竞争力评价

如表7-25所示，由于文莱、柬埔寨、缅甸和老挝的数据可得性非常差，所以测度的内容不齐全，难以准确的分析其产业的对外竞争力大小，根据现有的数据，文莱和柬埔寨的产业竞争力在整个区域内是最弱的，根据黄立群（2013）实证的结果，文莱对外竞争力最强的是资本密集型，2006排名第七位。柬埔寨对外竞争力最强的是劳动密集型产业，2004年排名第二位。根据文莱的产业重要性的测度结果，从总产出和国内生产总值的角度看，采矿业的重要性指数最高，从就业的角度看，服务业指数较高，所以从国内实际情况来看，资源密集型和资本密集型产业应该是其支柱产业。柬埔寨、老挝和缅甸以农林牧渔业为主，所以以资源密集型和劳动密集型产业为主导，各个产业的对外竞争力较弱。

表7-25　　　　　　　2000～2008年文莱产业竞争力排名

产业分类	排名	2008年	2007年	2006年	2005年	2004年	2003年	2002年	2001年	2000年
资本密集型	综合得分	—	—	-0.87	—	-0.63	-0.66	-0.66	-0.67	—
	区域内排名	—	—	7	—	6	6	6	7	—
	国内排名	—	—	1	—	1	1	1	1	—
劳动密集型	综合得分	—	—	-1.50	—	-1.39	-1.14	-0.96	-1.20	—
	区域内排名	—	—	8	—	9	8	8	9	—
	国内排名	—	—	2	—	3	3	2	2	—
资源密集型	综合得分	—	—	-1.28	—	-1.37	-1.11	-0.98	-1.26	—
	区域内排名	—	—	8	—	9	8	8	9	—
	国内排名	—	—	3	—	2	2	3	3	—
技术密集型	综合得分	—	—	-1.28	—	-1.37	-1.11	-0.98	-1.26	—
	区域内排名	—	—	8	—	9	6	5	9	—
	国内排名	—	—	3	—	2	2	3	3	—

第三节 基于区域经济一体化的中国—东盟产业合作策略

分析了中国与东盟产业政策、产业结构、产业分工与合作以及产业的承接与转移现状，应用投入产出模型分析了东盟主要国家的产业重要性，以及竞争力的大小，最后基于中国—东盟区域经济一体化的发展要求，我们从战略的选择上提出了促进中国与东盟国家产业合作的策略。

一、基于区域经济一体化的中国—东盟产业合作战略原则

（一）可持续发展原则

促进中国与东盟产业合作要坚持可持续发展的原则，可持续发展意味着既要合理有效的转移和承接产业，又要维护、合理使用并注重对生态环境的保护，注重自然资源的合理开发和再生性问题。可持续发展还意味着在产业合作发展计划和政策中要纳入对环境的关注与考量，而不是一种新形式的附加条件，其次，还要注重中国与东盟产业合作的可持续性，要把产业合作当作一个长期的项目进行下去，而不是短暂的合作，现在所进行一切的基础工作都是在为长期合作做准备，所以在产业合作的过程中，采取的各项措施和政策都要用发展的眼光来看待。

（二）前瞻性与高端性原则

中国与东盟国家的产业合作要注重前瞻性和高端性的原则，既要注重当下的产业合作又要发掘有可能合作的领域，具有发展的眼光，布局长远。既要充分利用产业合作带来的好处，又要意识到产业合作可能带来的负面影响，提前做好防备措施。同时注重新兴领域的产业合作，不断开创产业合作的可能性。高端性要求提升产业合作的水平和层次，注重技术层面合作，实现技术的转移和对接，根据产业竞争力和重要性的不同，合理布局产业差异性，在扩大贸易和投资规模的同时，最重要的是调整结构。

（三）基础夯实性原则

中国与东盟国家的产业合作要坚持基础夯实原则，为促进产业合作的顺利进

行，为产业的积极合作创造平台，双方政府有必要有责任采取一些措施和行动，例如，加强民间交流、加大投资规模，加深经贸关系，建立利益协调机制，扩大平等对话的平台，实施有利于产业合作的政策，同时，一方面注重国内的产业结构调整，完善基础设施建设；另一方面注重与东盟国家的长期对话，积极处理存在的争议分歧。目的是为产业合作打下坚实的基础。基础夯实原则也要求了产业合作的质量，中国与东盟已经建成了自由贸易区，为了延续这种相互共赢的局面，就必须从基础上夯实。在区域经济一体化的进程中，贸易和投资是基础，而贸易和投资会随着国内外环境、经济、发展水平等的变化而改变，为了向着对相互更有利的方面改变，就需要建立起相互之间的桥梁和联系。从夯实基础做起，是为了以后更加长期、稳固、和平地发展。

（四）以东盟为主导原则

在与东盟的产业合作过程中我们始终坚持以东盟为主导的原则，始终为建立一个具有强大影响力的区域组织而努力，尊重东盟内部每一个国家的建议和意见，以东盟为出发点，愿意以平等的态度处理一切争议。在产业合作的过程中，注重东盟国家的利益诉求，在不损害本国原则的基础上愿意作出最大的让步。积极参与东盟国家组织的一系列有关产业合作的会议，听取东盟国家的意见，争取早日实现中国与东盟的区域一体化。中国是一个负责任的大国，在与东盟国家的交流中，始终强调我们与东盟之间共存亡的命运，我们不会称霸，也绝不会损害东盟的利益，我们的目的只有一个，就是共同提升亚太地区的影响力，我们重视东盟的伙伴关系，在合作的过程中愿与东盟国家加强磋商和交流，坚持以东盟为主导的原则，是解决一切问题的基础，也表明了我国在促进区域经济一体化进程中的态度。

二、基于区域经济一体化的中国—东盟产业合作战略措施

（一）推动中国—东盟区域经济一体化的中国产业政策策略

中国—东盟自贸区作为发展中国家之间的最大自贸区，对自贸区内国家以及世界经济的发展具有重要的影响。东盟国家制定产业政策的依据是其经济发展状况和对外贸易结构，随着中国与东盟关系的日益紧密，东盟的产业政策在很大程度上会对中国的经济发展和产业结构造成影响。因此，我们必须采取相应的贸易战略对策，在贸易竞争中增加自己的优势，实现对外贸易的优化升级，需要更加

317

注重区内投资政策、对外贸易政策和产业政策三方面的相互协调。

1. 调整进出口商品的结构和市场结构

为外商投资企业创造良好的投资环境，扩大对东盟的出口。加大劳动密集型产业的科技投入，提高其出口产品的技术含量，以适应东盟国家经济迅速发展的需要。形成对外贸易区域结构的多元化调整，避免由于单一国家产业政策变动对我国进出口造成严重影响，掌握中国—东盟贸易交往中的积极主动权。对于新加坡、泰国、菲律宾、越南、印度尼西亚、马来西亚这些传统的贸易往来市场，要对其进一步深化，寻找新的合作领域，提高合作层次。并且加强与老挝、缅甸、柬埔寨和文莱这些新兴市场的贸易往来。

2. 实现自身产业结构的优化升级

区域经济一体化和经济全球化已经成为当今世界经济发展的大趋势，伴随着近几年东盟新兴国家的崛起，我国在加强同东盟各国合作的同时也要不断提高竞争意识，合理的竞争不仅能推动自身产业的升级和优化，还可以最终促进高级化的合作。为此，我国应该加大主导产业或者支柱产业在国际市场上的开发力度，在国际上树立品牌战略，培育国际市场需求增长快、科技含量高、产业间关联效应强的高新技术出口产业，提高出口产品的竞争优势和企业的核心竞争力。

3. 创造公平合理的贸易环境

我国制定产业政策应该以现实经济条件和当前国际环境为基础，旨在促进我国与东盟双方经济的进一步发展，优化贸易结构。坚持打击非关税贸易壁垒，加强知识产权保护，开放服务贸易，加强与东盟各国的对话，及时准确地了解东盟各国产业政策，力争获取更多政策、技术和资金等领域的合作机会。

（二）推动中国—东盟区域经济一体化产业结构策略

在中国—东盟区域经济一体化进程不断推进的背景下，应该结合我国和东盟各自的优势和特点，从整体利益和共同目标出发，对产业结构进行调整和优化。

1. 发挥中国与东盟国家各自的优势，构建合理的分工格局

协调中国与东盟国家的产业结构，合理利用资源，根据比较优势理论进行专业化分工，协调产业政策、投资政策以及税收政策，结合东盟各国不同的资源结构、经济结构以及技术水平开展多层次的合作领域，加强经贸合作，扩大双方的贸易规模。举例说明，新加坡在高新技术产业与金融领域具有明显的比较优势，中国可以引进新加坡先进的生产技术和管理经验，结合本国特点不断完善产业结构。此外，新加坡拥有世界一流水平的港口设施、航运中心以及健全的物流服务，中国应该充分利用这一优势，借助新加坡已经拓展的渠道，进入东盟市场甚至是国际市场。相比于国内，越南、老挝以及柬埔寨等东盟国家具有更加廉价的劳动力，因此可以采取境外加工贸易的投资模式，把部分劳动密集型企业的生产基地设立在这些国家，最后将加工组装的成品出口海外市场或者销往国内市场，这样一方面可以降低生产成本，集中资本和精力发展技术密集型产业，另一方面也能够为当地国家提供就业机会，促进当地产业的发展，从而优化双方的产业结构。

2. 鼓励发展高新科技产业以及引进创新技术改良传统产业

首先，发展资本技术密集型产业，提升产业结构水平。积极引导国际资本的投资，优化产业投资结构，不仅要吸收发达国家垂直一体化的跨国投资，获得资本和技术促进产业升级，还要吸引水平一体化的跨国公司的投资，提高技术密集型产品的生产能力和出口能力。并借此机会加入到全球的生产链当中，使得产业结构向高附加值的领域转移。在中国与东盟的产业合作过程中，生产和出口具有比较优势的产品，进口没有比较优势的产品，集中力量发展技术密集型产业。其次，提高中国与东盟国家的产业内贸易水平，尤其是要扩展服务业的产业内贸易，为双方的产业结构调整提供新的活力和支撑。中国与东盟的服务业发展差距大，有必要在区域内实行分工化合作，利用各自的发展优势，提供专业化的服务，从而有利于提高各国的产业集中度。最后，改造传统技术，加强人才的培养，提高劳动密集型产业的生产技术和设备。利用高新技术，改进生产工艺，增大产品的差异性优势，避免与东盟国家出口产品的竞争。

3. 促进中国与东盟国家产业集聚的形成，推动合作产业园区建设

产业集聚是实现产业现代化发展的有效路径，现代产业要求企业之间相互提供配套的硬件和软件，由此形成产业的集群。近年来，双方产业园区的建设，不仅为产业转移提供了平台，还促进了本地产业结构的优化。合作建设产业园区是促进先进制造业合作发展的重要途径，为先进制造业合作发展提供了更好的载体和平台。

（三）推动中国—东盟区域经济一体化产业组织策略

产业转移中华商的作用不容忽视。首先，要充分重视海外华商在产业转移中的桥梁与向导作用。华商一般实力雄厚、影响力大，世界华商产业资产超过 3.9 万亿元，其中 80% 集中在亚洲，在产业转移中可以起到桥梁作用。其次，扩大双方企业交流的平台，定期组织东盟企业到沿海和广西进行实地考察和交流，分行业组织项目对接，积极推动地方和东盟的对接。鼓励中小企业走出去，双方政府应该积极磋商，为中小企业的顺利走出去创造良好的投资环境，实现相应产业的对接。最后，重点培育一批具有国际竞争力的中国跨国公司，推动本国的跨国公司参与中国与东盟国家间的产业内国际分工。注重企业的跨国并购和重组，并购是一种发展海外市场的高效率方法，企业通过并购的方式进入到其他国家市场。第一，可以有效地降低进入新行业的壁垒，由于并购没有给行业增添新生产能力，短期内能够保持行业内部的竞争结构不变，所以起初的竞争压力小。第二，能够有效降低企业发展的风险和成本，企业无须花费大量的时间和财力获取稳定的原料来源、寻找合适的销售渠道、开拓和争夺市场。第三，充分利用了经验曲线效应，企业在生产过程中积累的经验越多，长期内有些成本会呈现下降的趋势，这种成本随经验的积累而下降的现象尤其对一些劳动力素质要求较高的企业最有好处。所以通过这种方式不仅可以增大海外市场的份额，还可以促进两国产业的整合。

（四）推动中国—东盟区域经济一体化的产业布局策略

根据中国与东盟国家产业竞争力的评价分析，我们可以看出中国在各个产业上都具有比较优势，新加坡、马来西亚、菲律宾、泰国在资本密集型产业上具有比较优势，印度尼西亚在资源密集型产业上具有比较优势，越南和柬埔寨在劳动密集型产业上具有比较优势，老挝和缅甸在资源密集型产业和劳动密集型产业上具有各自的比较优势。根据产业的重要性测度，排名前三名的中国是制造业、服务业和农林牧渔业，新加坡是制造业、服务业和建筑业，马来西亚和印度尼西亚是制造业、服务业和采矿业，文莱是采矿业、服务业和制造业。由此，我们可以看出，制造业、服务业和采矿业是东盟国家的重要产业，制造业和服务业同时也是中国的重要产业，我国与东盟国家的产业发展水平相当。我国要更加注重加强制造业和服务业的产业内分工，加强农林牧渔业和采矿业的产业间分工，配套相应的制度和完善的平台建设，这样才能实现整个产业的合理分工，促进合作。

中国与东盟要实现"产业的差异性布局"，具体而言，中国要避免继续将制造业锁定在中低端产业，而是通过向东盟国家转移一些低端产业，要在劳动密集型产业内部提高某些加工贸易产品的附加值，不断提高双方产业内的贸易发展水平，加大研发投入，从产业链的低端逐渐走向高端，借此实现产业的优化升级。继续加强产业园区的建设，产业园区是产业转移的重要载体，是促进双方企业交流和合作的重要平台，不但能够为中国的企业提供好的投资目的地，而且还会改善当地的就业情况，促进当地经济增长，为产业合作打下坚实的基础。同时，加强基础设施建设，建设便利的交通设施和网络信息平台，实现产业在空间上的有效转移。例如，从珠三角经广西往越南的陆上大道将成为承接世界产业转移重要的经济走廊，连接起中国珠三角和越南两个不同时代的世界工厂，通道价值不容小觑。

（五） 推动中国—东盟区域经济一体化产业技术策略

我国应该把高新技术及产业作为实现国家战略的手段，重视科技园的建设数量和质量，加强与新加坡、马来西亚等国际金融中心的高科技合作。注重高新技术产品的时效性和创造性。注重高新技术产业人才的培养和引进，以高端人才与智力的引进为重点，不拘一格降人才，抢占人才高地，增强承接技术密集型产业的能力。中国对东盟国家的投资在增加，而东盟国家技术性人才少，我国每年的外派人才也呈现上升趋势，加强人才互动，有利于增加东盟国家承接我国产业转移出去的能力。东盟国家的第三产业也正在崛起，尤其是旅游业和金融服务业，需要大量的专业服务机构和中介组织支持发展，中国的服务机构可以在东盟设立办事处，利用此次机会增强中国与国际市场的接轨。最重要的是，注重高新技术转让和商业化的重要性，建立中国与东盟先进制造业科技合作的协调机制，促进产业的有效转移，加强科技合作分委员会、经贸合作分委员会以及银行合作分委员会的横向联系和相互配合，从而加速中国科技成果在东盟的推广，助力中国先进技术研发。通过举办国际科技会展、技术供需洽谈、技术项目推介、科技交流研讨、国际技术培训等活动，推动我国与东盟国家在特色农业方面开展科技合作与技术转移工作。

（六） 推进中国—东盟区域经济一体化跨境经济合作区建设策略

1. 改善跨境经济合作区发展面临的双边严重失衡问题

虽然中国与东盟各国已经建立不同程度的经济合作区，但是发展程度参差不齐，尤其是跨境中、越、缅、老经济发展水平差距在短期内难以消除的客观情况，中越、中缅、中老跨境经济合作区各自区域发展的非均衡将会在较长时期内存在，管理合作的推进也会较为缓慢。

我国作为积极主动经济合作区建设的一方，可采取以下一些措施：①针对越方合作态度较为消极、被动的情形，可以采取主动加强中越双方国家层面和省级政府层面之间的高层对话、磋商的措施，消除或弱化越方的一些顾虑，提高越方建设、发展合作区的积极性。②针对越方、缅方、老方建设合作区资金不足的困境，可以采取优惠国际信贷的方式给越方、缅方、老方提供融资。另一种思路是借鉴上莱茵跨境合作区的经验，设立由中国为主要出资国、周边国家参与的边境开发基金，支持边境地区的跨境合作基础设施项目。③高度重视人文交流，通过政府机构和非政府组织，以项目的形式，推进跨境文化、教育、研究、职业培训、环保等各领域的交流，形成多层次、多样化的人文交流氛围，带动跨境经济的发展。

2. 加快推动跨境经济合作区内的产业合作发展

首先建设、完善合作区的基础设施。立足做好自身、发展好自身，在越方、缅方、老方区域发展迟缓的情况下，中方区域不要受其影响，应该继续按照制定通过的规划推进各项基础设施建设，为己方区域的业态发展奠定好坚实的基础。建设的重点在于路网、交易场所、加工业集聚的园区和配套设施。其次继续推进商贸物流业的发展。商贸物流业的发展已经有了较好的基础，商贸业的发展可以从增加交易市场、扩大交易品种、探索新的交易形式等方面努力，物流业的发展重点则在于物流网络建设、物流效率提升。最后重点发展基于中国、东盟优势互补的加工制造业园区，促进合作区的业态从商贸物流业向加工制造业和现代服务业的拓展，形成以商贸物流业为基础、加工制造业为重点、现代服务业为重要补充的多业态良性互动的发展格局。

3. 消除合作区发展障碍，加强交流和协作

进一步加强双方高层的磋商，尽快形成推进互联互通的共识。关键是推进越方、缅方、老方的重要通道的建设。首先需要建设好从友谊关连接河内的铁路和高速公路；其次是要建设东兴二桥和芒街通往海防的高速公路。为了推进这些关键通道的建设，我国可以对越方、缅方、老方提供优惠的国际信贷。改善我国境内通道状况的重点在于推进中国境内的关键基础设施建设，包括南宁至凭祥的铁路扩能改造、防城港至东兴的铁路建设和高速公路建设、靖西至龙邦高速公路、靖西至百色高速公路等。优化中越、中缅、中老口岸通关的流程，提升互通的效率。

第八章

中国—东盟区域经济一体化与贸易投资合作研究

本章首先对中国—东盟自由贸易区贸易发展进行考察，主要从贸易性质测度、贸易效应等方面进行，其次对中国—东盟区域内投资发展进行考察，主要从中国—东盟投资基本情况、国际直接投资效应等方面进行，最后提出基于中国—东盟区域经济一体化的中国—东盟贸易与投资策略以及相关的推进措施。

第一节　中国—东盟区域贸易发展的现状分析

中国与东盟国家都是发展中国家，发展对外贸易是双方一直坚持的长期战略。自20世纪90年代以来，随着中国与东盟诸国政治互信水平的不断改善，经济合作也在广度和深度上不断扩展，中国与东盟之间的贸易关系呈现出良好的发展态势。前面已经对中国东盟贸易合作的整体情况进行了大量的论述，下面将会对其进行更为深入的分析，这对于下一步制定我国对东盟国家之间的贸易和投资的推进策略大有裨益。

一、中国—东盟区域贸易性质测度

作为世界经济贸易发展中重要的新兴力量，中国和东盟经济贸易关系发展

323

逐渐成为政治学、经济学、国际关系学等领域的重要研究方向。国内外学术界对中国和东盟经济贸易关系研究形成了较为丰富的理论成果，主要涉及贸易、投资、金融、产业、服务、人员流动、区域合作等许多领域，有理论上的探讨，也有实证方面的研究。中国东盟区域贸易性质的测度是在中国与东盟区域经济一体化研究中形成具有一定特色和学术水平的研究成果基础上追踪世界经济一体化与加强国际经济协调的新动态，研究中国—东盟自由贸易区建立过程中的区域贸易的变化，探讨区域经济集团化当中的各种经济关系问题，推进中国—东盟双边经贸发展。从区域贸易性质的角度研究中国—东盟跨国区域市场构建、中国—东盟产业开放与发展互动关系的理论与策略。从区域经贸发展的角度探讨推进中国—东盟自由贸易区进程、提高其建设效率和实际效果的相关理论与对策；而且为国际区域要素整合和中国—东盟跨国区域市场构建、推动有关各方的各类经济主体参与区域性经济合作提供理论成果与实践指导，也能为我国面向东盟的前沿开放地带更有效地参与和推进中国—东盟自由贸易区的建设，将国内区域协同发展与中国—东盟国际（跨国）区域协同发展相互推动、提升双边经贸关系、次区域经济合作与跨国区域市场构建等，提供决策支持。

（一）中国东盟产业内贸易指数（IIT）分析

很多学者依据产业内贸易理论进行了更为进一步的商品贸易研究，最终得出不同种的指数，例如布吕哈特边际产业内贸易指数、汤姆麦克维尔对产业内贸易理论中异质产品的水平和垂直产业内贸易进行进一步的研究得出的水平和垂直产业内贸易指数。产业内贸易指数在国际贸易问题中是使用最为广泛的分析国际贸易问题的指数之一。

1. 中国东盟区域内贸易情况分析

在中国东盟区域贸易发展的大环境下，东盟区域内部的产业贸易不断加深，根据东盟五国的 2011 年、2012 年进出口比价指数（出口商品与进口商品的交换比率）可以看出东盟五国出口商品价格相对于进口商品价格降低了，东盟五国作为一个区域表现出贸易条件的恶化。在 2008 年以前进出口价格指数都显示出东盟五国区域内贸易条件的改善，表明东盟五国进口原来相同的商品只需要出口较少的商品就能换回，通常进出口价格指数也表明一个国家的国际购买力，通常用指数来作为发达国家与发展中国家之间不等价交换的一种指标。如表 8 - 1 所示，货物和服务进出口量从 2010 ~ 2012 年不断加大，在 2005 ~ 2009 年东盟五国货物和服务进出口量整体出现了下滑。

表 8 - 1   东盟五国货物和服务进口比价指数

指标（百分比变化率）	2005年	2006年	2007年	2008年	2009年	2010年	2011年	2012年
货物和服务进口量	10.54	4.24	6.43	6.14	-16.99	20.75	7.03	5.93
货物和服务的出口量	7.11	6.83	4.03	-1.70	-6.45	11.76	5.44	3.47
货物和服务进口比价指数	-0.23	1.46	2.50	4.09	-5.07	4.35	-0.75	-0.73

根据 2015 年 12 月中国按照国民经济行业分类的全国出口商品贸易同比价格指数和数量指数以及价值指数，中国分行业的进出口价格指数、数量指数和价值指数如表 8-2 所示。由表 8-2 可以看出，在出口方面，2015 年中国的农林牧渔业、有色金属矿采选业行业产品在价格上占据一定优势，其他行业产品出口价格有所滑落；农林牧渔业、煤炭开采和洗选业、黑色金属矿采选业、制造业、农副食品加工业、食品制造业等行业产品出口量较上年有所增长，其中黑色金属矿采选业产品出口量增长最快，其他行业产品出口量有所下降。在此基础上，2015 年中国的农林牧渔业、制造业、农副食品加工业、食品制造业等行业产品出口额有所增长，其他行业产品出口额出现一定程度的下滑。在进口方面，2015 年中国所有行业的产品进口价格面临不同程度的下降；在进口数量方面，除了农林牧渔业和煤炭开采和洗选业的进口量有所下滑，其他行业产品进口量均不同程度增加。在此基础上，除非金属矿采选业制造业、农副食品加工业以及食品制造业的进口额增加之外，2015 年中国各行业产品进口额均有所减少。

表 8 - 2   2015 年中国分行业的进出口价格指数、
数量指数和价值指数

行业	出口			进口		
	价格指数	数量指数	价值指数	价格指数	数量指数	价值指数
农林牧渔业	107.9	110.3	119	87.2	95.4	83.2
采矿业	88.1	84.3	74.3	68.6	107.6	73.8
煤炭开采和洗选业	79.4	106.9	84.9	82.7	58.8	48.6
石油和天然气开采业	86.9	74.1	64.4	64.9	102.1	66.3
黑色金属矿采选业	58.1	166.2	96.7	71	110.7	78.6

续表

行业	出口			进口		
	价格指数	数量指数	价值指数	价格指数	数量指数	价值指数
有色金属矿采选业	100.4	83.4	83.7	70.9	129.7	91.9
非金属矿采选业	88.1	88.9	78.4	79.6	164.8	131.1
制造业	97.3	106.6	103.8	93	120.1	111.7
农副食品加工业	98.4	107.7	106	91.9	146	134.2
食品制造业	97.3	107.4	104.4	86.9	151.4	131.5

资料来源：中国海关统计资讯网。

2. 产业内贸易指数的选择

从产业内贸易指数的理论出发，对中国东盟区域贸易的分析是在一些假设前提下进行的，例如，在分析过程中是以分析不以完全竞争市场为前提的。对于测度中国在和东盟国家中外贸竞争力的指标，产业内贸易指数并不能反应任何一种类型产业的外贸竞争力。产业内贸易指数理论是从同质产品和差异产品的产业内贸易来把整个贸易的产业进行划分的，从同质产品的主要是说明产品的需求交叉弹性很高，在贸易的过程中是可以完全替代的，产业内贸易指数理论中把同质产品认定为产业间贸易，产业内贸易的情况较少发生，产业内贸易理论也把例如于中国东盟区域中新加坡这种转口贸易成为统计上的产业内贸易。对于差异产品的产业贸易有三种分类。

在计算产业内贸易指数时需要考虑到不同国家对产业生产投入要素的相近性以及商品的可替代性，生产要素的投入中包括了自然资源、劳动力要素等相似性不高的因素，例如，中国和东盟国家都在种植业、林牧渔业、采掘业等的农业与矿业中有较快的发展，在对这些产业的产业内贸易指数的计算得出的结果并不能完全反映出这些产业内贸易，因为这些产品在产品间存在同质产品。在种植业、林牧渔业、采掘业等的农业与矿业等的生产要素的投入中需要投入数量较多的类似土地等自然资源才能进行生产的产品，中国和东盟国家在自然资源的投入上也存在差异；深加工行业中是指包括冶金工业、石油工业、机械制造业等重工业在内的产业内贸易相对其他行业较低；服装、轻纺工业、手工业等轻工业的产品等产业属于差异产品的产业内贸易。

产业内贸易指数是用来测度一个产业的产业内贸易程度的指数，是指同产业中双方国家互有不同质的贸易往来，在统计数据上显示同一类同时存在进口和出口的商品数额，表明在该产业有着互补性的贸易需求，并且越是高位的分类显示出的产业内贸易指数越有说服力。

巴拉萨（B. Balassa）曾经对产业内贸易现象作过统计研究，并提出测量产业内贸易重要性程度的指标——产业内贸易指数（Index of Intra-industry Trade，IIT），其计算公式为：

$$IIT_i = 1 - \frac{|X_i - M_i|}{|X_i + M_i|}$$

式中，X_i 和 M_i 分别表示某一特定产业或某一类商品 i 的出口额和进口额。

IIT 的取值范围为［0，1］，IIT = 0 时，表示没有发生产业内贸易；IIT = 1 时，表明产业内进口额与出口额相等；T 值越大说明产业内贸易程度越高。

选择对中国和东盟的产业内贸易水平进行分析是在促进中国东盟发展的前提下为中国东盟一体化的进程更进一步发展，利用产业内贸易来分析中国东盟这个区域中不同国家的不同产业的发展程度以及这个国家的这个产业的国际产业链中的地位，也同时能够反映这个国家的产业的国际产业链中的变动和优势，产业内贸易指数可以从贸易的角度分析出两个国家之间的贸易紧密程度，对多种产业进行产业内贸易指数进行分析能够从一个角度去得出在整个贸易中各个国家的商品贸易特征和结构，两个国家之间比较可以得出在某些产业中两国是互补或竞争关系。

用产业内贸易指数来分析中国和东盟十国在工业制成品、农产品、服装、贸易等领域的竞争力，针对中国东盟经贸的分析已经很多，有从资本密集型、资源密集型、技术密集型、劳动密集型这样对产业分类的研究，同时也有专门针对某一产业的研究，例如，专门针对柬埔寨农业发展、泰国旅游业发展的研究等。

3. 分行业中国东盟产业内指数分析

本章节所用数据都来源于联合国数据库中 IMF 数据库中原始数据整理所得，在进出口数据的整理中，根据联合国国际贸易标准分类（SITC）中，将产品分为类、章、组、分组和基本项目五个层次，由于海关统计在对中国东盟产业内贸易指数的计算中没有分行业进行的统计，所涉及的相同产品，指的是至少前三个层次分类编码相同的产品，以及联合国数据库里面统计的商品有些是没有进口或者出口数据的，在进行产业分类的时候把没有数据的默认为0，进出口贸易额是对每种贸易的产品的贸易额的统计，所以在本书进行产业分析的时候根据国际贸易分类的标准进行了产业的分类，本书利用产业的出口额和进口额来计算出产业内贸易指数（T），T 的取值范围为［0，1］，T = 0 时，表示没有发生产业内贸易，T = 1 时，表明产业内进口额与出口额相等；T 值越大说明产业内贸易程度越高，表 8 - 3 是中国和东盟部分国家的货物贸易产业内贸易指数，在货物贸易方面中国的贸易指数均值为 0.934，这表明中国和东盟在货物贸易方面贸易程度。在东盟国家中除了缅甸和文莱在货物贸易方面贸易程度较低其他东盟国家的贸易程度都较高，同时老挝货物产业内贸易指数不断增加，说明产业内贸易程度不断深化，产业结构在不断地完善。文莱从 1991 ~ 2009 年货物产业内贸易指数不断下降，根据产业内贸易指数理论中排除其他影响因素的情况下，文莱的货物产业内贸易是不断下滑的，但是由于货物贸易中运输成本较高这种特性，也不能完全用统计数据来说明文莱货物贸易低。在货物产业内贸易指数的数据显示在东盟国家中只有文莱和缅甸的货物贸易指数低于 0.5，其余国家在整个时间段的平均贸易指数都高于 0.7，其中老挝、越南、菲律宾的货物贸易指数不断增加。

表 8 – 3　　　1991 ~ 2014 年中国—东盟货物贸易的产业内贸易指数

国家\年份	文莱	柬埔寨	中国	印度尼西亚	老挝	马来西亚	缅甸	菲律宾	新加坡	泰国	越南
1991	0.770	0.930	0.957	0.983	0.727	0.990	0.723	0.806	0.986	0.869	0.623
1992	0.945	0.749	0.999	0.927	0.660	0.964	0.775	0.778	0.987	0.890	0.674
1993	0.904	0.752	0.904	0.914	0.716	0.948	0.837	0.763	0.975	0.889	0.596
1994	0.899	0.794	0.991	0.930	0.696	0.963	0.948	0.751	0.981	0.908	0.516
1995	0.931	0.837	0.962	0.987	0.691	0.979	0.779	0.776	0.982	0.886	0.501
1996	0.997	0.751	0.969	0.967	0.638	0.960	0.709	0.795	0.971	0.883	0.494
1997	0.913	0.818	0.891	0.981	0.674	0.957	0.597	0.844	0.976	0.969	0.853
1998	0.999	0.814	0.889	0.871	0.802	0.855	0.571	0.971	0.917	0.860	0.866
1999	0.685	0.830	0.945	0.783	0.744	0.831	0.657	0.882	0.939	0.909	0.970
2000	0.442	0.900	0.971	0.773	0.763	0.869	0.991	0.918	0.950	0.941	0.938
2001	0.474	0.915	0.971	0.777	0.770	0.872	0.906	0.985	0.948	0.975	0.933
2002	0.595	0.972	0.962	0.759	0.804	0.885	0.770	0.960	0.937	0.972	0.892
2003	0.468	0.994	0.970	0.779	0.841	0.867	0.794	0.963	0.902	0.963	0.860
2004	0.322	0.968	0.959	0.859	0.675	0.886	0.854	0.960	0.914	0.980	0.888
2005	0.170	0.963	0.915	0.910	0.771	0.881	0.635	0.943	0.916	0.986	0.918
2006	0.364	0.994	0.887	0.865	0.909	0.879	0.680	0.958	0.916	0.971	0.930
2007	0.171	0.998	0.862	0.891	0.929	0.891	0.658	0.963	0.921	0.940	0.848
2008	0.154	0.931	0.861	0.996	0.872	0.866	0.368	0.939	0.958	0.979	0.857
2009	0.220	0.954	0.887	0.925	0.855	0.860	0.375	0.958	0.937	0.925	0.866
2010	—	0.939	0.934	0.925	—	0.906	—	0.937	0.938	0.966	0.920
2011	—	0.957	0.956	0.932	—	0.905	—	0.860	0.944	0.999	0.952
2012	0.431	0.94	0.948	0.996	—	0.926	—	0.886	0.964	0.962	0.997
2013	0.480	0.938	0.999	0.989	—	0.948	—	0.926	0.952	0.954	1.000
2014	0.510	0.911	0.720	0.994	—	0.943	—	0.954	0.944	0.999	0.922

出口产业竞争力强弱的最直接表现就是出口额的大小，该指标反映了别国对一国出口产业的需求状况，由于中国与东盟国家的出口产品类别较多，有必要按照一定的方法将出口产品归类。经过分析并参照传统分类方法，将食品贸易额归为一类，由于联合国数据库中并没有老挝和缅甸的食品贸易额数据，以及越南1996年以前的数据和柬埔寨2000年以前的数据，再次剔除了老挝和缅甸的食品贸易额产业内贸易指数的计算，通过表8－4中的中国—东盟食品产业内贸易指数显示，中国在食品贸易中产业内贸易指数较大，从1995年之后中国食品产业内贸易比重不断增加，中国食品行业在对外贸易中占比较低，在国际食品贸易分工中地位较低。在对中国东盟区域内食品贸易产业内贸易指数的比较中，泰国的食品产业内贸易指数比较低，这一方面也说明泰国的食品行业在国际食品贸易中地位较为突出，同时也表明泰国食品行业出口比例较大，食品行业较为发达。柬埔寨在中国和东盟国家的食品贸易产业内贸易指数中是最低的，但是这只能表明柬埔寨食品行业产业内贸易低，以及食品行业进出口都较低，不能说明柬埔寨在食品行业在国际食品行业中的分工地位，因为产业内贸易理论中对于对比产业内贸易指数中有两个假设，其中一个假设是经济中具有规模收益，同时产业内贸易理论主要针对的国际贸易大多发生在发达国家，对于柬埔寨这种发展中国家，特别是经济发展较为落后的国家来说，产业内贸易指数只能跟本国其他行业产业内贸易指数对比，和其他国家产业内贸易指数可比性不大。

表8－4　　　　　1991～2015年中国—东盟食品产业内贸易指数

国家 年份	中国	印度尼西亚	马来西亚	菲律宾	新加坡	泰国	越南	柬埔寨
1991	—	0.618	0.831	0.863	0.790	0.381	—	0.356
1992	0.549	0.687	0.816	0.992	0.764	0.379	—	0.419
1993	0.416	0.672	0.812	0.976	0.733	0.378	—	0.303
1994	0.477	0.748	0.804	0.939	0.809	0.357	—	0.256
1995	0.762	0.925	0.729	0.777	0.816	0.347	—	0.500
1996	0.713	0.976	0.684	0.709	0.764	0.375		0.322
1997	0.560	0.910	0.688	0.684	0.763	0.381	0.342	0.176
1998	0.526	0.841	0.742	0.676	0.801	0.348	0.342	0.199
1999	0.514	0.936	0.728	0.686	0.749	0.344	0.348	0.139
2000	0.558	0.880	0.725	0.727	0.743	0.355	0.363	0.268
2001	0.561	0.876	0.699	0.721	0.692	0.406	0.403	0.477

续表

国家 年份	中国	印度尼 西亚	马来 西亚	菲律宾	新加坡	泰国	越南	柬埔寨
2002	0.528	0.888	0.754	0.720	0.708	0.422	0.446	0.739
2003	0.507	0.927	0.798	0.792	0.705	0.421	0.508	0.712
2004	0.653	0.977	0.756	0.745	0.734	0.431	0.511	0.965
2005	0.589	0.939	0.754	0.710	0.733	0.469	0.521	0.568
2006	0.560	0.965	0.730	0.722	0.742	0.453	0.519	0.356
2007	0.544	0.927	0.743	0.705	0.722	0.449	0.586	0.419
2008	0.600	0.999	0.779	0.570	0.725	0.473	0.607	0.303
2009	0.625	0.984	0.742	0.604	0.737	0.434	0.872	0.256
2010	0.688	0.938	0.750	0.533	0.740	0.457		0.500
2011	0.726	0.820	0.747	0.703	0.791	0.455		0.322
2012	0.807	0.894	0.729	0.686	0.773	0.528		0.176
2013	0.856	0.886	0.725	0.816	0.807	0.570		0.199
2014	0.885	0.791	0.751	0.745	0.846	0.535		0.139
2015	0.929	—	0.751	0.580	0.849	0.569	—	—

表 8－5 为中国—东盟工业制成品产业内贸易指数，由于数据统计中柬埔寨、老挝、缅甸和文莱四国在工业制成品进出口中没有数据，所以在工业制成品进出口产业内贸易中剔除这四个国家进行分析，数据显示在工业制成品贸易中，中国和表中所示的部分东盟国家都是以产业内贸易为主，根据产业内贸易理论工业制成品是属于垂直型国际分工，其中中国的工业制成品产业内贸易指数是不断波动的，从 1991 年的 0.765 到 1993 年的 0.905 再从 1993 年之后工业制成品的产业内贸易指数呈增加趋势。

表 8－5　　1991～2015 年中国—东盟工业制成品产业内贸易指数

国家 年份	印度尼 西亚	马来西亚	菲律宾	新加坡	泰国	越南	中国
1991	0.779	0.632	0.475	0.656	0.812	0.343	0.765
1992	0.713	0.704	0.453	0.642	0.724	0.321	0.730
1993	0.667	0.792	0.443	0.653	0.674	0.481	0.905
1994	0.711	0.784	0.435	0.698	0.615	0.374	0.943

续表

国家 年份	印度尼 西亚	马来西亚	菲律宾	新加坡	泰国	越南	中国
1995	0.780	0.756	0.440	0.712	0.704	0.403	0.952
1996	0.761	0.819	0.418	0.711	0.755	0.344	0.967
1997	0.802	0.817	0.422	0.692	0.784	0.336	0.978
1998	0.682	0.976	0.480	0.711	0.653	0.351	0.984
1999	0.477	0.915	0.480	0.721	0.697	0.351	0.991
2000	0.580	0.884	0.526	0.711	0.745	0.389	0.978
2001	0.550	0.900	0.502	0.712	0.929	0.377	0.956
2002	0.559	0.902	0.464	0.728	0.904	0.481	0.962
2003	0.542	0.959	0.489	0.832	0.846	0.451	0.847
2004	0.651	0.922	0.560	0.817	0.903	0.545	0.772
2005	0.703	0.898	0.582	0.822	0.920	0.593	0.664
2006	0.619	0.925	0.881	0.795	0.948	0.634	0.637
2007	0.674	0.907	0.884	0.830	0.871	0.630	0.580
2008	0.993	0.924	0.894	0.779	0.858	0.644	0.737
2009	0.906	0.965	0.848	0.781	0.942	0.343	0.690
2010	0.965	0.924	0.835	0.828	0.850	0.321	0.640
2011	0.993	0.930	0.880	0.784	0.738	0.481	0.609
2012	0.863	0.917	0.929	0.782	0.964	0.374	0.582
2013	0.870	0.884	0.998	0.812	0.930	0.403	0.602
2014	0.913	0.874	0.901	0.808	0.849	0.344	0.511
2015	—	0.911	0.797	0.819	—	—	0.911

表8-6所示的服装行业产业内贸易指数和表8-7所示的农产品产业内贸易指数显示我国这些资源密集型产业在东盟市场具有较大的贸易竞争力，在我国的资本密集型和技术密集型出口产品还未完全"站稳脚跟"之前，我们不能放弃资源密集型产业的发展，特别是对于其中比较优势很强的出口产品，我国应重点扶持。而对于资源密集型中的比较劣势产品则应减少投产，避免过多的重复生产。在支持资源密集型中重点产品的发展的同时，我国要将重点向资本密集型和技术密集型出口产业中的比较优势产品转移。对于资本密集型出口产品来说，我国要重点扶持在东盟市场中极具竞争力的产品。对于技术密集型出口产品来说，相对

东盟我国虽然具有稍强的比较优势，但我国在技术密集型的出口产品上，出口的产品品种很少。我国应大力扶持和培育新的技术密集型产品的出口，优化我国的出口商品结构，促进比较优势从资源密集型出口产品向资本以及技术密集型出口产品转换。在转换的同时，我国可以将不再具有优势而东盟具有优势的产业向东盟国家转移，深化与东盟国家的产业合作交流。[1]

表 8 - 6　　1991～2015 年中国—东盟服装行业产业内贸易指数

国家\年份	马来西亚	菲律宾	新加坡	泰国	越南	文莱	柬埔寨	中国	印度尼西亚
1991	0.118	0.056	0.754	0.020	—	—	—	—	0.021
1992	0.129	0.056	0.794	0.024	—	0.993	—	0.051	0.018
1993	0.123	0.074	0.930	0.022	—	0.571	—	0.058	0.013
1994	0.142	0.073	0.985	0.028	—	0.786	—	0.051	0.013
1995	0.127	0.116	0.942	0.033	—	—	—	0.077	0.016
1996	0.128	0.076	0.894	0.054	—	—	—	0.080	0.015
1997	0.124	0.072	0.905	0.071	0.614	0.717	—	0.068	0.04
1998	0.090	0.060	0.994	0.050	0.691	0.383	—	0.069	0.017
1999	0.104	0.059	0.986	0.054	0.442	—	—	0.071	0.014
2000	0.123	0.058	0.985	0.067	0.397	—	0.057	0.064	0.016
2001	0.148	0.059	0.981	0.077	0.411	0.289	0.077	0.067	0.014
2002	0.155	0.057	0.955	0.079	0.223	0.255	0.075	0.064	0.021
2003	0.154	0.071	0.959	0.083	0.192	0.244	0.067	0.053	0.013
2004	0.194	0.075	0.937	0.094	0.182	0.246	0.060	0.049	0.024
2005	0.205	0.082	0.886	0.099	0.132	—	0.048	0.043	0.027
2006	0.225	0.076	0.886	0.122	0.093	0.405	0.053	0.036	0.032
2007	0.230	0.086	0.846	0.150	0.070	0	0.064	0.034	0.045
2008	0.239	0.103	0.824	0.169	0.078	0	0.041	0.037	0.091
2009	0.202	0.124	0.762	0.182	0.075	0	0.062	0.034	0.087
2010	0.190	0.215	0.706	0.202	0.083	0	0.061	0.038	0.102
2011	0.263	0.265	0.675	0.237	0.077	0	0.042	0.051	0.098

---

[1] 黄立群、唐文琳、于丰滔、张涵：《出口产业竞争力的主成分分析——基于中国—东盟国家的实证研究》，《广西大学学报》，2013 年第 1 期，第 15 - 21 页。

续表

国家 年份	马来 西亚	菲律宾	新加坡	泰国	越南	文莱	柬埔寨	中国	印度尼 西亚
2012	0.316	0.262	0.717	0.290	0.082	0.273	0.049	0.055	0.120
2013	0.361	0.313	0.607	0.323	0.080	0.121	0.049	0.058	0.138
2014	0.366	0.312	0.685	0.349	0.076	0.239	0.102	0.064	0.132
2015	0.581	0.447	0.712	0.406	—	—	—	0.072	—

表 8 - 7 　　　　1991 ~ 2009 年中国—东盟农产品产业内贸易指数

国家 年份	中国	印度尼 西亚	马来西亚	菲律宾	新加坡	泰国	越南	柬埔寨
1991	0.746	0.670	0.619	0.845	0.913	0.527	0.000	0.000
1992	0.715	0.741	0.612	0.916	0.901	0.520	0.000	0.000
1993	0.594	0.703	0.629	0.954	0.874	0.522	0.000	0.000
1994	0.722	0.716	0.606	0.968	0.915	0.498	0.000	0.000
1995	0.963	0.841	0.618	0.934	0.918	0.499	0.000	0.000
1996	0.924	0.905	0.687	0.814	0.893	0.511	0.000	0.000
1997	0.862	0.779	0.714	0.807	0.883	0.503	0.392	0.000
1998	0.843	0.729	0.612	0.830	0.930	0.446	0.399	0.000
1999	0.885	0.822	0.667	0.727	0.858	0.458	0.407	0.000
2000	0.977	0.811	0.754	0.805	0.849	0.489	0.429	0.337
2001	0.978	0.823	0.820	0.789	0.811	0.525	0.472	0.349
2002	0.952	0.723	0.720	0.764	0.824	0.536	0.512	0.344
2003	0.953	0.718	0.626	0.870	0.797	0.526	0.578	0.337
2004	0.830	0.700	0.712	0.847	0.822	0.528	0.598	0.457
2005	0.889	0.674	0.723	0.836	0.818	0.557	0.594	0.400
2006	0.895	0.612	0.729	0.825	0.832	0.507	0.590	0.414
2007	0.848	0.623	0.686	0.822	0.825	0.503	0.640	0.406
2008	0.729	0.570	0.647	0.722	0.826	0.537	0.662	0.308
2009	0.769	0.613	0.732	0.719	0.825	0.494	0.902	0.372

（二）中国收入条件贸易指数分析

中国—东盟区域经济的发展是中国提高产业竞争力、促进经济发展、建立与东盟国家政治互信的动力，中国和东盟国家在对外贸易中都是依靠欧美和日本作为出口国，这让中国东盟在经贸发展中存在一定的竞争关系，但是全球经济萎靡的情况下，欧美和日本都出台了一系列的贸易保护政策，导致中国和东盟对外贸易受到制约，这种情况下寻求中国东盟内部经济的发展至关重要，扩大中国东盟贸易和投资渠道，在对中国和东盟国家优势互补的产业中利用区域内资源，人力资本等实现区域内规模经济是中国东盟发展的必由之路。

1. 中国—东盟收入贸易条件指数测度

收入贸易条件指数是贸易条件指数和出口量指数的乘积，贸易条件指数也称为进出口价格指数，是出口价格指数和进口价格指数之比。国际货币基金组织专门对进出口价格指数的意义和计算方法进行了分析，出口和进口价格指数（XM-PIs）假设在一定的参考期内价值统一，衡量居民之间的经济领土和世界其他地区的居民在货物和服务的交易价格的整体变化，不同商品和服务的价格都以同样的速度不改变，价格指数的数值显示价格参考期内的平均比例或百分比变化。ITT 收入贸易条件指数的判断标准为 1，大于 1 者说明贸易条件指数改善，否则反之。总体上看，收入贸易条件指数所衡量的是一国进口支付能力的变化，测度的是一国从国际交换中获得的贸易利益总量的变动趋势，亦即一国所能获得的进口商品数量在总量上的变化。这一指标的变动对于一国合理地参与国际分工，改进国民福利和加快经济发展都有着重要的战略意义。

（ITT）被认为最适合于发展中国家，计算公式如下：

$$ITT = \frac{P_x}{P_m} \times Q_x \times 100$$

其中，ITT 代表收入贸易条件指数，P_x 指一国出口价格水平，P_m 代表一国进口价格水平，Q_x 代表出口量指数。由于一个国家对外出口的产品很多，不同产品的计量方法不一样，所以无法直接用计量单位来表示一国的出口量。在国际上，为了反映出口贸易的实际规模，各国都采用出口量指数来表示。其计算方法是，以基期的价格为基数计算出报告期的价格指数，然后用报告期的价格指数除报告期的出口额，从而计算出以基期的不变价格为基础的报告期出口量，最后把报告期的出口量与基期的出口量比较，得出出口量指数，从而真实地反映报告期贸易规模的变化。因此 Q_x 计算公式如下：

$$报告期价格指数 = \frac{\sum P_1 Q_1}{\sum P_0 Q_1} \times 100\%$$

$$报告期出口量 = 报告期出口额/报告期价格指数$$

$$报告期出口量指数 \ Q_x = \frac{P_1}{\sum P_0 Q_0} \times 100\%$$

上述公式中，P_1 表示报告期出口商品价格，Q_1 表示报告期出口商品数量，P_0 表示基期出口商品价格，Q_0 表示基期出口商品数量。

表 8 - 8 是中国和部分东盟国家的收入条件贸易指数，以 2001 年为基期测算所得。数据来源于联合国数据库和亚太经合组织（OECD）数据库，其中缅甸和老挝进出口数据缺失，在此剔除这两个国家的测算，文莱由于数据不完整，部分年份的测算也存在缺失。该指数大于 1，说明贸易条件指数改善，反之恶化。总体上看，收入贸易条件指数所衡量的是一国进口支付能力的变化，是一国从国际交换中获得的贸易利益总量的变动趋势，亦即一国所能获得的进口商品数量在总量上的变化。这一指标的变动对于一国合理地参与国际分工，改进国民福利和加快经济发展都有着重要的战略意义。

表 8 - 8 　　　　2000 ~ 2014 年中国—东盟收入条件贸易指数

年份	中国	泰国	马来西亚	新加坡	菲律宾	越南	印度尼西亚	文莱	柬埔寨
2000	1.00	1.00	1.00	1.00	1.00	1.00	1.00	1.00	1.00
2001	1.08	0.96	0.93	0.96	0.89	1.11	2.25	0.84	1.09
2002	1.38	1.00	1.00	1.09	0.99	1.12	0.98	0.73	1.62
2003	1.75	1.12	1.12	1.58	0.96	1.16	0.95	1.02	1.76
2004	2.17	1.22	1.27	1.91	1.12	1.42	0.77	1.04	2.42
2005	2.96	1.20	1.38	2.17	0.98	1.63	0.72	1.05	2.39
2006	3.83	1.45	1.51	2.50	1.17	1.87	0.83	1.12	2.77
2007	4.78	1.75	1.52	2.85	1.21	1.86	0.84	0.84	2.94
2008	5.14	1.66	1.54	2.96	1.13	1.92	0.69	0.85	3.11
2009	4.35	1.63	1.33	2.67	0.95	2.09	0.81	0.66	2.74
2010	5.27	1.76	1.39	3.55	1.29	2.49	1.70	0.86	3.36
2011	5.53	1.77	1.47	3.99	0.98	2.98	0.88	0.89	3.81
2012	6.07	1.71	1.35	3.86	1.11	3.92	0.74	0.91	4.22
2013	6.58	1.70	1.31	4.08	1.36	4.60	0.76	0.74	5.46
2014	7.41	1.87	1.40	4.24	1.48	5.36	0.75	0.67	7.25

如表 8 - 8 所示，柬埔寨收入贸易条件指数从 2002 ~ 2014 年都大于 1，说明

柬埔寨贸易条件指数改善，从总体上看柬埔寨进口支付能力在增强，柬埔寨在参与国际分工中获得的贸易利益总量在增加。中国从 2002～2014 年 ITT 一直大于 1，说明中国贸易条件在不断改善，而且 ITT 指数是不断增加的，说明中国在国际贸易中占据更大份额，在参与国际分工中发挥着重要作用，也体现出中国在国际贸易中贸易利益量的增大。图中印度尼西亚和马来西亚的收入贸易条件指数也一直大于 1，说明这两个国家贸易条件指数改善，同时 ITT 指数都变化不大，说明这两个国家在国际交换中获得的贸易利益总量变化不大和能获得的进口商品数量在总量上变化不大。菲律宾是表中唯一一个国家收入贸易条件指数小于 1，说明菲律宾进口支付能力的降低和菲律宾在国际贸易中贸易利益总量的降低，说明菲律宾贸易条件指数降低，这一指标对于菲律宾合理参与国际分工具有参考意义。新加坡、泰国、越南收入贸易条件指数大于 1，说明这三个国家贸易条件指数改善。新加坡从 2006～2014 年进口支付能力不断增大，在国际贸易中新加坡获得的贸易利益总量增强，说明新加坡参与国际分工竞争力不断增强，泰国从 2002 年开始进口支付能力在增强，泰国在国际贸易中获得的贸易利益总量也在不断提高。

2. 中国东盟 GL 指数分析

中国与东盟国家形成合理的产业分工是产业合作的基础，而产业分工的形成离不开对各国出口产业的分析，从出口产业竞争力情况可以知道一国产业发展总体情况。要深化中国与东盟国家的产业合作，各国必须针对自身的优势出口产业加以大力扶持。

在测度中国—东盟区域双边贸易条件之后，根据新贸易理论，应对区域贸易性质作进一步地分区，考察中国—东盟区域内部贸易究竟是产业间贸易为主，还是产业内贸易为主，在此通过对中国东盟的 16 个产业的进出口数据的收集，来计算出 GL 指数，来考虑中国和东盟国家的产业内贸易的比重，来衡量中国东盟区域贸易的产业内贸易情况，本书采用的计算公式如下：

$$GL = \frac{\sum_{i=1}^{n}(X_i + M_i) - \sum_{i=1}^{n}|X_i - M_i|}{\sum_{i=1}^{n}(X_i + M_i)}$$

取值范围为：$0 \leqslant GL \leqslant 1$。若 $GL = 1$，表明该产业的所有贸易均为产业内贸易；若 $GL = 0$，表示所有贸易均为产业间贸易。GL 数值越接近 1，产业内贸易水平就越高；反之，产业内贸易水平就越低。该方法不仅可以测度行业总贸易中产业内贸易的比例，也可以根据该指数通过加权平均测量整个经济的产业内贸易水平。$G-L$ 指标不仅量化了产业内贸易的大小，也可反映商品多样性需求和规模经济发展状况、一个国家参与国际化生产过程中的垂直分工向水平分工转化程度以及产品比较优势等。

其中，GL 表示一国的产业内贸易指数，n 为该国的产业数，在这里我们通过对联合国数据库的收集，统计出 16 个产业的数据，因此，$n=16$；Xi 为 i 产业的出口贸易额，Mi 为 i 产业的进口贸易额，在数据的收集中，每个产业的进出口原始数据来源于亚洲开发银行发布的"亚洲及太平洋主要指标"报告以及联合国统计数据库的贸易数据，由于联合国统计数据库的贸易数据没有老挝和缅甸两国出口商品分类金额的数值，所以在计算中剔除老挝和缅甸两个国家，文莱由于数据提供的年份不全，未能满足数据计算的连贯性，即使计算得出的数据也不具有参考意义，所以文莱的数据也被剔除。此外，还有柬埔寨的农产品贸易没有 2000 年以前的数据。因此，东盟出口产业竞争力分析的数据是由印度尼西亚、文莱、柬埔寨、马来西亚、菲律宾、新加坡、越南、泰国的实际数据组成，如表 8 - 9 所示。

表 8 - 9   1991 ~ 2009 年中国—东盟产业内贸易水平测度 GL 指数

国家 年份	柬埔寨	中国	印度尼西亚	马来西亚	菲律宾	新加坡	泰国	越南
1991	0.93	0.90	0.72	0.91	0.74	0.96	0.78	0.49
1992	0.70	0.91	0.73	0.91	0.72	0.94	0.80	0.53
1993	0.65	0.82	0.74	0.91	0.74	0.95	0.81	0.49
1994	0.68	0.91	0.76	0.93	0.73	0.94	0.82	0.44
1995	0.77	0.92	0.79	0.94	0.76	0.95	0.81	0.44
1996	0.74	0.93	0.80	0.93	0.80	0.94	0.82	0.42
1997	0.81	0.87	0.79	0.93	0.85	0.94	0.90	0.69
1998	0.79	0.88	0.78	0.85	0.89	0.90	0.82	0.71
1999	0.81	0.91	0.73	0.81	0.80	0.92	0.86	0.78
2000	0.74	0.92	0.71	0.85	0.84	0.90	0.90	0.76
2001	0.74	0.93	0.72	0.85	0.90	0.91	0.91	0.76
2002	0.76	0.93	0.70	0.87	0.94	0.91	0.91	0.74
2003	0.77	0.93	0.72	0.86	0.93	0.88	0.90	0.73
2004	0.75	0.90	0.82	0.87	0.93	0.90	0.90	0.76
2005	0.72	0.86	0.86	0.87	0.92	0.90	0.90	0.78
2006	0.75	0.83	0.83	0.87	0.92	0.90	0.87	0.81

续表

国家\年份	東埔寨	中国	印度尼西亚	马来西亚	菲律宾	新加坡	泰国	越南
2007	0.75	0.81	0.85	0.88	0.91	0.90	0.85	0.76
2008	0.71	0.79	0.84	0.86	0.88	0.91	0.86	0.78
2009	0.73	0.81	0.81	0.85	0.88	0.90	0.84	0.80

3. 区域贸易指数分析结论

虽然中国与东盟国家经济发展水平参差不齐，但同属于发展中国家，产业结构类似，双方产业合作主要集中于制造业。要进一步深化双边产业合作，必须调整优化各国产业结构，以增强经济互补性。中国在推动与东盟国家产业整合和产业升级的过程中，应发挥先导作用，主动调整本国产业结构，以在更大程度上适应东盟国家，增强与东盟国家经济互补性。调整产业结构的一个重要手段就是加大产业转移的力度，而对于东盟国家具有比较优势的出口产品，我国应尽量减少该种产品的出口，而将国内相应的资本转移到东盟国家，这不仅有利于提高东盟国家对中国的信任度，而且在很大程度上可以利用东盟国家该种产品的出口优势培育我国企业的国际竞争力。

4. 区域贸易指数分析不足

由于指数分析一部分是建立在假设条件的基础上来分析贸易问题，这些指数的分析对中国与东盟出口产业竞争力有一定的参考意义，根据这些指数计算表明中国在某些产业是具有比较优势的，中国在对当前存在比较优势的产业的基础上，加快产业升级和产业结构化调整，培育处于产业链前端的产业，发展特色传统产业，淘汰落后产业，对于高能耗产业给予一定程度的限制，提高我国出口产业的国际竞争力，同时在很大程度上能强化我国与东盟国家的产业分工，形成合理的产业合作基础。但是贸易问题还受到宏观环境、中观产业以及微观企业相结合等多方面的影响，如何培育中国出口产业的动态比较优势，加快中国东盟之间的出口产业分工，加强中国东盟区域贸易的发展还需要更为全面的考虑。

二、 国际贸易效应

对中国—东盟国际贸易效应的考察，事实上就是分析 CAFTA 的贸易效应。合理的制度能促使经济增长，而有效的经济合作组织能够积极地创造这样的一种制度安排，尽管经过几年的建设 CAFTA 已经建成并正式启动，但是中国与东盟地区的国际贸易是否因为 CAFTA 的设立而得到促进？中国—东盟的经贸合作是否卓有成效？产生的贸易效应是正还是负？本节从 CAFTA 建立后的中国—东盟国际贸易效应入手，来深入探讨 CAFTA 建立后对双边贸易产生的影响。

（一）中国—东盟国际贸易的静态效应分析

贸易创造效应和贸易转移效应共同决定了区域经济一体化的整体福利水平，其大小取决于这两种效应的强弱。一般而言，当贸易转移效应大于创造效应时，世界福利会蒙受损失，但是，当原进口国（非同盟成员国）与当前进口国（同盟成员国）之间的价格差能够被同盟内部成员国之间的关税下降补偿的话，则贸易转移效应亦会提高同盟内部乃至世界的福利水平。当关税的形成不仅能扩大同盟内部成员国之间的贸易往来，同时也将提高成员国对非成员国的进口需求，最终都会扩大贸易规模。

与中国较为相似的是，东盟国家也属于新兴工业化国家，他们与中国的产业结构十分类似，而对于中国而言，随着中国—东盟区域经济一体化的逐步发展，双方关税逐步降低，贸易壁垒不断减少，标准和认证差别逐步消除，通关成本大大降低，双方贸易额不断攀升，获得的贸易创造效应越来越明显。

1. 贸易创造效应

（1）共同市场得到扩容。CAFTA 的顺利启动，对于中国—东盟双边经济贸易发展都具有较为突出的意义，在排斥第三国产品的同时，所有的成员国的国内市场将共同构建成为一个统一的区域性市场。中国不仅能够利用到原有的 13 亿人口的市场，还将增加东南亚十国的近 6 亿人口的市场，从而可以充分利用一个近 19 亿人口，包含了十个亚洲国家的区域市场，这无疑给双边的经济发展和对外贸易产生积极的推动作用。同时，我们可以借助东盟地区使贸易市场更为广阔，东盟是我国通往大洋洲、水路通往非洲的必经之路，其中包括马六甲海峡等重要的水路运输渠道，国际港口众多，CAFTA 可以帮助我国将贸易市场开拓至大洋洲、非洲等，同时东盟也可借助我国力量开拓对外贸易市场。

（2）关税壁垒的消减。前文我们介绍过，双边的产业结构与产品竞争力相当接近时，为了保护本国企业的利益，各国不得不抬高类似产品的国际关税壁垒。自由贸易区的建立会降低或取消成员国之间部分贸易壁垒，关税贸易壁垒就是其中的重要部分，这不仅有利于中国与东盟互补性商品的贸易往来，而且也有利于竞争性产品的互通，如刺激产品出口，提高就业率等，在一定程度上带动了产业发展。

根据《中国—东盟全面经济合作框架协议》的规定，当 CAFTA 正式启动后，中国与老东盟五国的多数产品实行零关税，至 2015 年 CAFTA 完全建成，除少数敏感商品的关税降至 5% 以下，中国与东盟成员国的绝大多数产品将实行零关税

（见表 8 - 10）。

表 8 - 10   CAFTA 关税消减情况

年份	关税税率	关税覆盖范围	参与国家
2000 年之前	3.87% 的平均关税	全部商品	东盟十国
2000	东盟成员国之间关税 0~5%	约 85% 以上的商品	老东盟六国
2001	约 14%	全部商品	中国与东盟之间
2002	东盟成员国之间关税 0~5%	全部商品	老东盟六国
2005	约 11%	全部商品	中国与东盟之间
2011	5% 以下的关税税率	全部商品	CAFTA 所有成员国
2015	东盟成员国之间关税降为零	全部商品	老东盟六国
2018	东盟成员国之间关税降为零	全部商品	东盟十国

资料来源：由 CAFTA 官方网站 www. cafta. org. cn 整理得出。

由表 8 - 11 可以看出，CAFTA 由最初的建立到 2005 年进入到实质性阶段，中国与东盟双边降税 3 个百分点，而 2005 年 7 月 20 日降税进程全面启动后，中国对老东盟六国的平均关税降至 8.1%，而 2010 年 CAFTA 全面建成后，大部分商品降至零关税，从而形成一个统一的市场。

表 8 - 11   1993~2015 年我国与东盟进出口情况   单位：亿美元

年份	中国对东盟进口总额	中国进口总额	所占比例（%）	中国对东盟出口总额	中国出口总额	所占比例（%）	中国对东盟进出口总额	中国进出口总额	所占比例（%）
1993	62.88	1 039.6	6.05	53.41	917.4	5.82	116.29	1 957	5.94
1994	71.80	1 156.1	6.21	71.61	1 210.1	5.92	143.40	2 366.2	6.06
1995	99.01	1 320.8	7.50	104.74	1 487.8	7.04	203.75	2 808.6	7.25
1996	108.50	1 388.3	7.82	103.08	1 510.5	6.82	211.58	2 898.8	7.30
1997	124.55	1 423.7	8.75	127.09	1 827.9	6.95	251.64	3 251.6	7.74
1998	126.34	1 402.4	9.01	111.64	1 837.1	6.08	237.98	3 239.5	7.35
1999	149.27	1 657	9.01	121.75	1 949.3	6.25	271.01	3 606.3	7.52
2000	221.81	2 250.9	9.85	173.41	2 492	6.96	395.22	4 742.9	8.33
2001	232.15	2 435.5	9.53	183.76	2 661	6.91	415.91	5 096.5	8.16
2002	311.97	2 951.7	10.57	235.84	3 256	7.24	547.81	6 207.7	8.82
2003	473.28	4 127.6	11.47	309.27	4 382.3	7.06	782.55	8 509.9	9.20

续表

年份	中国对东盟进口总额	中国进口总额	所占比例（%）	中国对东盟出口总额	中国出口总额	所占比例（%）	中国对东盟进出口总额	中国进出口总额	所占比例（%）
2004	629.67	5 612.3	11.22	428.99	5 933.3	7.23	1 058.67	11 545.5	9.17
2005	749.94	6 599.5	11.36	553.67	7 619.5	7.27	1 303.61	14 219.1	9.17
2006	895.27	7 914.6	11.31	713.11	9 689.8	7.36	1 608.38	17 604.4	9.14
2007	1 083.86	9 561.2	11.34	941.47	12 204.6	7.71	2 025.33	21 765.7	9.31
2008	1 170.03	11 325.7	10.33	1 143.17	14 306.9	7.99	2 313.20	25 632.6	9.02
2009	1 067.49	10 059.2	10.61	1 062.57	12 016.1	8.84	2 130.06	22 075.3	9.65
2010	1 547.01	13 962.4	11.08	1 381.60	15 777.5	8.76	2 928.61	29 739.98	9.85
2011	1 930.18	17 434.8	11.07	1 700.71	18 983.82	8.96	3 630.89	36 418.6	9.97
2012	1 958.21	18 184.05	10.77	2 042.72	20 487.14	9.97	4 000.93	38 671.19	10.35
2013	1 995.40	19 499.89	10.23	2 440.70	22 090.04	11.05	4 436.11	41 589.93	10.67
2014	2 083.22	19 592.35	10.63	2 720.71	23 422.93	11.62	4 803.93	43 015.27	11.17
2015	1 946.75	16 820.70	11.57	2 774.87	22 765.74	12.19	4 721.62	39 586.44	11.93

资料来源：中经网统计数据库。

在传统商品上，中国与东盟的贸易结构较为类似。根据前文的分析，中国与东盟的经济竞争性大于互补性，但随着 CAFTA 的正式建成启动，中国与东盟之间的贸易总量迅猛增长，双边贸易结构正由竞争性向互补性过渡。

我们用 1993～2015 年以来我国进出口贸易总额的数据来分析区域经济一体化对中国及东盟双方贸易的重大影响，如图 8-1 所示，中国对东盟的进出口总额由 1993 年的 116.29 亿美元猛增至 2015 年底的 4 721.62 亿美元，随着我国进出口贸易规模的扩大，东盟与中国的双边贸易总额也逐年增长，其占我国进出口规模的比重也在逐年递增。2002 年起，中国对东盟的进出口总额增幅较为明显，表明 CAFTA 建设的启动对于双边经贸有着推波助澜的功效。

2002～2005 年，CAFTA 成员国之间税率的不断下跌为双边进出口总额作出了较大贡献。在 2009 年出现明显下滑后，随着自贸区的正式启动，2010 年中国—东盟双边贸易往来继续扩大并保持着较高的增幅，CAFTA 的启动为中国和东盟双边贸易增长均带来了实惠。

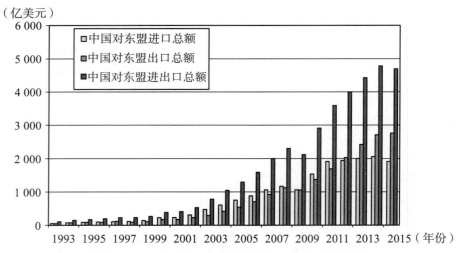

（亿美元）

图 8-1　1993~2015 年我国与东盟进出口情况

由此看出，2010 年 CAFTA 正式启动所带来的关税壁垒的削减无论是对于东盟成员国还是对我国的贸易扩大都起到了推动的作用，同时伴随着区域经济一体化进程的不断加速以及共同市场的扩容，以及自贸区建设过程中区域内不同国家产业专业化分工格局的初成，都利于中国与东盟作为一个整体的贸易规模的扩大。值得肯定的是，中国—东盟区域经济一体化的全面升级将有利于我国贸易多元化战略的实施以及我国外汇市场波动的平抑，东盟已经成为我国最为重要的贸易伙伴，不断促进中的中国—东盟区域经济一体化能够在很大程度上减少欧美贸易保护主义的抬头和其市场波动对于我国出口贸易带来的风险。

（3）非关税壁垒的减少。减少非关税贸易壁垒政策较关税壁垒来说能减少许多贸易程序，加强了各国之间经济活动往来，使得商品交易过程变得更为简洁、方便，与此同时减少对外贸活动的控制能降低贸易国之间的商品交易成本。设定资源贸易区之前往往进出口贸易在通关这部分的成本占据了贸易额的 7%~10%，如果在区域内部能达到协调一致的话，该部分成本将减少 25%，贸易额也会提高原来的 2% 以上。以 2003 年中国与东盟贸易总值计算，自由贸易区成立之前中国对东盟的经济收益约为 782.86 亿美元，自由贸易区成立后通关程序的简化至少能使我国的贸易收入增加 13.7 亿美元。这足以说明自由贸易区的内在潜力是非常大的，减少非关税壁垒政策而带来了巨大的贸易创造效应。

2. 贸易转移效应

贸易转移效应是建立自由贸易区后，由于成员国之间关税同盟取消或降低关税，但对非成员国仍保留关税，导致了非同盟国的高效率生产被取代，这不仅不利于生产资源配置，同时也降低了世界福利。虽然东盟成员国有着新加坡、文莱等发达国家，同时也拥有缅甸、老挝等不发达国家，但从整体上看，东盟与中国均属于典型的发展中国家，无论是在产业结构还是在经济发展水平上，都处于同一档次序列，因此从其贸易国别的分布和进出口产品的结构上来看，均具有较大的相似性，目前中国、欧盟和日本是东盟的三大贸易伙伴国，其他诸如韩国、中国台湾等新兴工业化国家或地区在东盟的贸易对话中，均占有重要地位。而这些国家和地区，包括东盟在内，也同时是我国最大的贸易伙伴国。从进出口产品结构上来看，东盟与中国均向欧美、日本等发达国家或地区出口的均是以初级产品和低附加值的劳动密集型产品为主，或是生产性原材料，同时从这些国家进口高附加值的资本密集型和技术密集型制成品。因此，无论是从贸易伙伴国的分布上还是进出口商品结构上看，CAFTA 启动后所带来的区内贸易在短时间内很难代替中国与东盟与区外国家或地区的贸易伙伴国单边的贸易往来。所以 CAFTA 建立之后，中国与东盟国家仍会在相当长的一段时期内保持着对于发达国家的进口需求刚性，特别是在一些中国与东盟均不具有显著比较优势的知识密集型产品上，自贸区启动之后双方仍然会选择从在这些产品上具有显著性比较优势的发达国家进口。综上所述，CAFTA 启动后必然会带来区内贸易的显著提升，但所造成的贸易转移效应有限。

（二） 中国—东盟国际贸易的动态效应分析

1. 规模经济效应

倘若东盟国家处于封闭状态，其细化的市场缺乏弹性，同时商品在各国市场间的低流动性将使得该区域市场过于狭窄，且国家之间的关税壁垒不利于比较优势的发挥，难以实现规模经济效应。自由贸易区建立之后，把将中国与东盟原有的自贸区 AFTA 整合，组成一个更大的共同市场，并在区域内部实现自由贸易以及对外统一贸易壁垒。受到比较优势的影响，区域内采取专业化分工后，其结果就是相对生产成本较低的企业将会成为自贸区内该产品的主要供应商，并且随着关税壁垒的取消，原先所需要考虑的关税成本变得不复存在，因此该厂商的贸易得以扩大，在得益于成员国之间的合理分工之后，从而实现产品规模经济效应。目前 CAFTA 内绝大部分产品已经实现了零关税，因此大部分商品是存在着规模经济效益的，该产品在区域内生产成本的下降带动着产品价格的下降，进一步推动了该产品在区内共同市场中的竞争力，带来的好处就是扩大了生产，增加了出口，创造了更多的价值，这样的良性循环，拉动了该地区的经济发展。

随着 CAFTA 进程的加速，自贸区内产品关税壁垒正在逐步瓦解并伴随着规模经济的产生，中国和东盟都会因为产品的价格下降而导致对于该产品需求的增加。从另一方面来看，规模经济的福利效果体现在规模扩张之后产出水平的增加，随着区内贸易分工的展开以及产品种类的丰富，产业规模扩大必将导致平均成本的下滑，产品的生产规模增加，整个区域内福利效应得到扩大。与此同时，CFATA 启动后，企业直接面对区内其他国家同类企业的竞争，那么企业为了提升自身竞争力，将更多的投资运用于产品的研究和开发以促进竞争力，从而带来了企业的竞争效应。但是，这种规模经济效应的显现需要较长的一个时期，随着一体化的不断深入而显著起来。CAFTA 自启动以来，双方的贸易规模和投资规模都有所扩大，中国经济保持高速增长，经济结构趋于合理，在全球的竞争力显著提升，正是得益于规模经济效应（见图 8 – 2）。

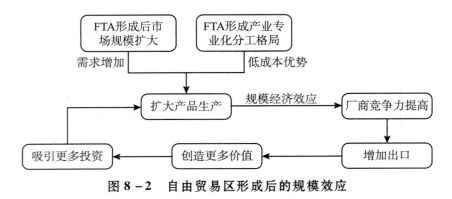

图 8 – 2 自由贸易区形成后的规模效应

2. 出口扩张效应

随着区域经济一体化的深入以及 CAFTA 所带来的产品市场规模扩大，受比较优势原则的影响，成员国之间将在产品专业化分工的基础上，通过区域内市场的竞争机制，将会使得具有更低成本优势的厂商来大规模生产并实现产品专业化生产的规模经济，并获得更多的消费需求，同时该产品也会通过扩大出口向区域内其他国家，甚至向区域外国家输送，提升了该厂商所在国的出口实力以及整个自由贸易区的出口能力，同时也提高了整个区域内的福利效应。我们利用自由贸易区的规模经济效应分析框架来剖析 CAFTA 成立前后，中国和东盟的经济效应变化，将东盟视为一个整体，对于某种商品来说，假设东盟和中国具有相同的生产函数以及相同的平均成本曲线，产品在本国内部实现自主生产和销售，并认为东盟国对于该产品的生产成本高于中国，那么东盟内部市场对于该产品的需求价格弹性较小，而中国内部市场对于该产品的需求价格弹性较大。

用图 8 – 3 表示，Q_{ASE} 表示某产品在东盟国家市场需求，因此较之于中国市场的需求曲线 Q_{CHN} 来看较为陡峭，这两条曲线分别与各自的平均成本曲线 AC^A 和 AC^C 相交后，得到该产品在各自区内的产量 OQ_A 和 OQ_C，假设该产品在国际市场上的价格为 P_w，那么 $P_A P_W$ 代表了东盟国家关于该产品的关税壁垒，而 $P_C P_W$ 则代表了中国关于该产品的关税壁垒，由图可知：$P_A P_W > P_C P_W$，即对于该产品东盟国家设有较高的关税壁垒。

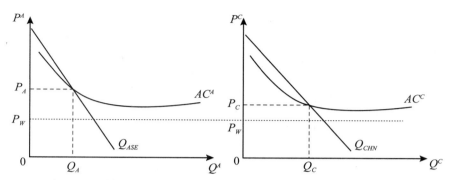

图 8 - 3　关于某商品中国和东盟的需求曲线和平均成本曲线

当 CAFTA 正式启动且中国与东盟之间关于该产品的关税壁垒完全消除后，中国与东盟共同享有该产品的市场空间，则对于该产品在公共市场上的需求由原来的各自市场需求加总得出，其曲线表示为图 8 - 3 中的 Q_{C-A} 曲线，由于该产品的生产函数和平均成本曲线相同，但是中国对于该产品有着更低的生产成本，那么在自贸区内中国对于该产品所具有的比较优势将会使得中国和东盟就该产品出现专业化分工，由中国主要生产该产品，且价格降至 P_{CA}，均低于原先各自的市场价格，由于自贸区形成的共同市场需求函数弹性更大，因此该产品在自贸区内的产量为 OQ_{CA}，均高于原产量 OQ_A 和 OQ_C，即中国和东盟关于该产品的消费各增长了 $Q_A Q_{CA}$ 以及 $Q_C Q_{CA}$。

在这个例子中，一种产品在东盟以较高成本代价生产被从中国进口较低成本的该产品所替代，东盟会产生典型的贸易创造效应，主要是在关税壁垒消除之后，通过进口中国更低价格的产品代替高成本的区内生产，而创造出的福利，除去进口成本 P_C 之后，该部分福利为矩形 M 的面积。与此同时，由于该产品价格降低则会引起本地区的需求增加，从而创造出消费效应，即消费者剩余，用三角形 N 的面积来表示，因此对于东盟国家来看，CAFTA 启动之后某产品带来的福利增加为 $M + N$。再来看中国，产品在自贸区启动后将完全由中国生产，同时生产价格由之前的 P_C 降至 P_{CA}，产品价格下降带来的是消费的增加，因此国内的消费者剩余就是小三角形 Δabc 表示的那部分边际。与此同时，东盟以高于世界市场价格 P_w 的价格 P_{CA} 从中国进口该产品，那么由于自贸区带来的新的市场将会使中国出口该产品而获得额外的福利，用图中的矩形 P 来表示（见图 8 - 4）。

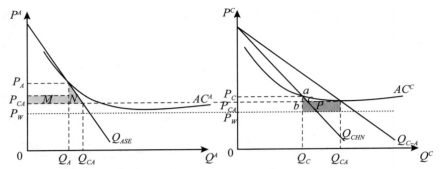

图 8－4　CAFTA 成立后某产品在自贸区内市场形成的规模经济效应

第二节　中国—东盟区域投资发展的现状分析

　　2010 年，中国—东盟自由贸易区全面建成。经过十几年的发展，中国与东盟已经形成了一个紧密联系的有机体，中国—东盟双方在各个领域都有较为深入的交流与合作。过去的十年，可以说是中国—东盟发展的黄金十年，取得举世瞩目的优良成绩，为亚洲乃至全世界经济发展贡献出很大的力量。中国与东盟之间的双边投资自 1991 年建立对话关系以来，就一直保持高速发展。1991 年，中国对东盟各国的非金融类投资累计为 1.5 亿美元，规模较小，经过 20 年的发展，到 2011 年，中国与东盟的双向投资累计超过了 835.4 亿美元，2012 年更是突破了 1 000 亿美元大关。中国—东盟双边投资主要集中在道路、桥梁、电力、港口、通讯、矿产资源开发等领域，对推动双方的经济发展起到了重要作用。

一、中国—东盟投资基本情况

（一）中国—东盟双向投资的规模

　　中国对东盟各国的投资始于 20 世纪 80 年代的中期，随着 90 年代中国与东盟建立对话和开展合作等一系列外交关系的增进，中国与东盟双边投资就开始迅速扩大。2000 年以后，中国与东盟各国开始中国—东盟自由贸易区进程，2003 ~ 2013 年这十年，被认为是中国—东盟合作与发展的"黄金十年"。如表 8－12 和图 8－5 所示，中国东盟双边投资总额不断扩大，特别是在 2007 年和 2008 年，投资增长率均超过了 45%，增长速度惊人，2009 年由于美国爆发债务危机，受

表 8 - 12

2003～2014 年中国—东盟双边投资总量

单位：万美元

项目＼年份	2003	2004	2005	2006	2007	2008	2009	2010	2011	2012	2013	2014
投资总额	305 298	323 966	327 589	369 642	536 700	796 106	739 478	1 073 482	1 291 002	1 317 143	1 561 452	1 410 903
增长量	—	18 668	3 623	42 053	167 058	259 406	-56 628	334 004	217 520	26 141	244 309	-150 549
增长率（%）	—	6.1	1.1	12.8	45.2	48.3	-7.1	45.2	20.3	2.0	18.5	-9.6
中国对东盟	11 932	19 556	15 771	33 575	96 808	248 435	269 810	440 464	590 524	610 044	726 718	780 927
增长量	—	7 624	-3 785	17 804	63 233	151 627	21 375	170 654	150 060	19 520	116 674	54 209
增长率（%）	—	63.9	-19.4	112.9	188.3	156.6	8.6	63.2	34.1	3.3	19.1	7.5
东盟对中国	293 366	304 410	311 818	336 067	439 892	547 671	469 668	633 018	700 478	707 099	834 734	629 976
增长量	—	11 044	7 408	24 249	103 825	107 779	-78 003	163 350	67 460	6 621	127 635	-204 758
增长率（%）	—	3.8	2.4	7.8	30.9	24.5	-14.2	34.8	10.7	0.9	18.1	-24.5

注：1. 2003～2006 年为中国对东盟非金融类对外直接投资流量。
2. 中国对东盟的投资＝中国对东盟的直接投资；
东盟对中国的投资＝东盟对中国的直接投资＋东盟对中国的其他投资。

资料来源：根据历年《中国统计年鉴》（2003～2015）以及中国对外直接投资统计公报（2003～2014）整理。

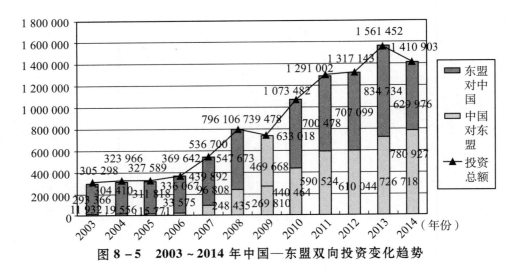

图 8 - 5　2003 ~ 2014 年中国—东盟双向投资变化趋势

此影响，中国—东盟双边投资有所下降，但是到 2010 年，中国—东盟的双边投资
又恢复到较高水平的增长，2012 年底，双边投资总额更是突破 1 000 亿美元大关。

（二）中国对东盟直接投资的国别分布

东盟十国由于各种的经济发展水平、投资环境的不同，中国对它们的投资也
是有差异的，因此中国对东盟直接投资的国别分布就值得考究。由图 8 - 6 可以
看出，在东盟十国中，中国累计投资最大的是新加坡，2014 年末达到 206.40 亿
美元，占对东盟累计投资总额的近 50% 。排在后面的分别是印度尼西亚、老挝、
缅甸、柬埔寨、泰国、越南和马来西亚，中国对这 6 个国家的投资累计都超过 10
亿美元，排在最后面的是菲律宾和文莱，中国对这 2 个国家的投资累计在 10 亿
美元以下，文莱最少，只有 6 955 万美元。

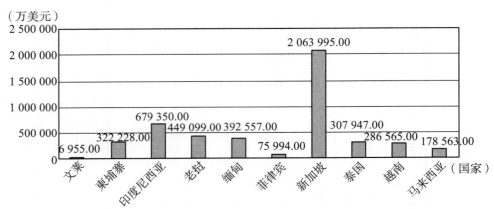

图 8 - 6　2011 年末中国对东盟十国直接投资存量情况

从投资增速变化情况看，如图 8 - 7 所示，2007 年以前，中国对马来西亚投资增速最快，几乎是对东盟其他国家投资增速的几倍甚至是十几倍，可以说是中国对东盟各国的投资是极不均衡的。而在 2007 年以后，中国对东盟国家的投资发生了一些变化，对马来西亚的投资开始放缓，而对缅甸、老挝、泰国等国家的投资增速明显加大，对东盟国家的投资趋向均衡协调，不存在对个别国家投资非常大而对一部分国家很少的情况。

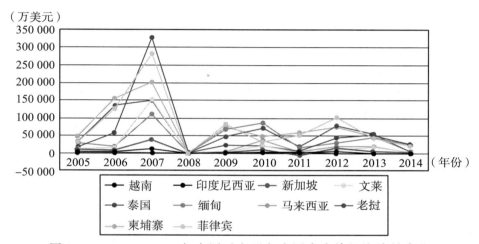

图 8 - 7　2005～2014 年中国对东盟各个国家直接投资流量变化

（三）中国对东盟直接投资的行业分布

中国对东盟国家直接投资的领域基本上涉及了中国对外直接投资的所有行业。2014 年，中国对东盟十国的投资流量 78.09 亿美元，同比增长 7.5%，占对亚洲投资流量 9.2%；存量为 476.33 亿美元，占亚洲地区投资存量的 7.9%。2014 年末，中国共在东盟设立直接投资企业 3 300 多家，雇用当地雇员 15.95 万人。在 2014 年中国对东盟国家直接投资的主要行业中投资流量金额排名前三位的行业分别是制造业、租赁和商务服务业、批发和零售业，投资金额分别为 15.2213 亿美元、12.3908 亿美元、11.1776 亿美元，占 2014 年中国对东盟直接投资流量总额的比例分别为 19.5%、15.9%、14.3%。2014 年，中国对东盟投资主要流向：制造业 15.22 亿美元，同比增长 28%，占 19.5%，主要分布在印度尼西亚、新加坡、泰国、越南、柬埔寨等；租赁和商务服务业，占 15.9%，主要分布在新加坡、老挝等；批发和零售业 11.18 亿美元，占 14.3%，主要分布在新加坡、菲律宾、印度尼西亚、泰国等；建筑业 7.97 亿美元，占 10%，主要分布在印度尼西亚、老挝、柬埔寨等；采矿业 6.74 亿美元，占 8.6%，主要分布在缅甸、印度尼西亚等；金融业 6.73 亿美元，占 8.6%，主要分布在泰国、马来西亚、菲律宾、柬埔寨等；电力、热力、煤气燃气及水的生产和供应业 6.46 亿美元，占 8.3%。

从存量角度来分析中国对东盟直接投资的行业分布，从图 8 – 10 可以看出，截至 2014 年年末，电力、煤气及水的生产供应业 72.26 亿美元，占 15.2%，主要分布在新加坡、缅甸、柬埔寨、老挝、印度尼西亚等；租赁和商务服务业 68.43 亿美元，占 14.4%，主要分布在新加坡、老挝、马来西亚、越南、泰国等；制造业 61.33 亿美元，占 12.9%，是中国对东盟投资涉及国家最广泛的行业，其中投资额上亿美元的国家有：越南（14.03 亿美元）、泰国（10.35 亿美元）、印度尼西亚（9.85 亿美元）、新加坡（7.41 亿美元）、柬埔寨（7.01 亿美元）、马来西亚（5.42 亿美元）、老挝（4.42 亿美元）、菲律宾（1.47 亿美元）、缅甸（1.29 亿美元）；采矿业 60.53 亿美元，占 12.7%，主要分布在缅甸、印度尼西亚、老挝、新加坡、泰国、柬埔寨、菲律宾等；批发和零售业 59 亿美元，占 12.4%，主要分布在新加坡、印度尼西亚、泰国、越南、菲律宾、马来西亚等；金融业 58.79 亿美元，占 12.3%，主要分布在新加坡、泰国、印度尼西亚、马来西亚、菲律宾等；建筑业 33.62 亿美元，占 7.0%，主要分布在老挝、柬埔寨、新加坡、马来西亚、越南、印度尼西亚、泰国等；农、林、牧、渔业 24.44 亿美元，占 5.1%，主要分布在老挝、印度尼西亚、柬埔寨、新加坡、泰国、越南、缅甸等国家；交通运输、仓储业 14.68 亿美元，占 3.1%，主要分布在新加坡、泰国等；房地产业占 2.4%，主要在新加坡；科学研究和技术服务业占 1.4%；信息传输、软件和信息服务业占 0.3%；居民服务、修理和其他服务业占 0.3%；住宿和餐饮业占 0.2%[1]（见表 8 – 13）。

表 8 – 13　　2014 年年末中国对东盟直接投资流量与存量的行业分布

单位：万美元

行业	流量	比重（%）	存量	比重（%）
电力、热力、燃气及水的生产和供应	64 604	8.3	722 591	15.2
采矿业	67 424	8.6	605 297	12.7
租赁和商务服务业	123 908	15.9	684 283	14.4

[1]　商务部：《中国对外直接投资统计公报》，2010～2014。

续表

行业	流量	比重（%）	存量	比重（%）
制造业	152 213	19.5	613 266	12.9
批发和零售业	111 776	14.3	589 980	12.4
金融业	67 254	8.6	587 937	12.3
建筑业	79 726	10.2	336 213	7.0
农、林、牧、渔业	78 346	10.0	244 419	5.1
交通运输、仓储和邮政业	11 127	1.4	146 834	3.1
房地产业	24 152	3.1	116 812	2.4
科学研究和技术服务业	2 297	0.3	66 225	1.4
信息传输、软件和信息服务业	-8 481	-1.0	17 015	0.3
居民服务、修理和其他服务业	5 234	0.7	13 349	0.3
住宿和餐饮业	367	—	8 633	0.2
文化、体育和娱乐业	980	0.1	3 571	0.1
水利、环境和公共设施管理业	—		3 297	0.1
教育	—		3 523	0.1
其他行业	—		8	
合计	780 927	100	4 763 253	100

资料来源：中国对外直接投资统计公报。

二、中国—东盟国际直接投资效应

区域经济一体化投资效应的研究始于 20 世纪六七十年代学者们关于欧洲经济一体化对跨国公司 FDI 影响的研究。通过对已有文献的研究表明，现有多数研究一方面集中于中国—东盟区域现状，如区域内部贸易状况，双边对外投资情况，再通过各种分析方法对区域贸易、投资方面发展潜力作出预测；另一方面则集中研究中国—东盟建立 CAFTA 后的将给区域内部带来多少贸易效应和投资效应，其中也不乏实证分析。总的而言，目前关于中国—东盟区域经济一体化与

CAFTA 关系，如何有效以自由贸易区为动力推进区域经济一体化的研究比较少。因此本书始终立足于区域经济一体化视角，从自由贸易和投资与区域经济一体化关系出发，分析测度 CAFTA 下区域贸易和投资状况，以此为依据提出相应的基于区域经济一体化的中国—东盟贸易投资策略，全面推进中国—东盟区域经济一体化路径。

CAFTA 的启动使得原本桎梏中国—东盟双边投资的障碍被逐渐取消，双边投资也在 CAFTA 的建设进程中逐步实现便利化，双边政府也于同期推出众多优惠的投资政策，改善了双方的投资环境。在避免了区域内资金外流区外的同时，作为世界上吸引 FDI 最多的国家和地区之一，中国与东盟形成的庞大市场以及诸多积极的因素也吸引了全球范围内的投资者将本国资本投放于这一新兴的区域合作组织中来。

（一） 区域内投资扩大效应

自贸区建成后区内贸易总量剧增、贸易壁垒削减后生产要素和商品完全流通，以及生产效应所带来的区域内生产的规模效应，这些都需要大量的投资以获取资金的支撑。如新加坡、马来西亚、泰国和菲律宾等东盟成员国一直是重要的对华投资来源国。CAFTA 全面启动所带来的投资刺激效应会进一步促进东盟各国对华投资的增加。

如表 8 - 14 所示，东盟国家对华投资总额从 2000 年的 28.45 亿美元增长到 2011 年末的 70.05 亿美元，除了 2009 年受国际金融危机的影响出现了大幅波动以外，其余年份均保持着较高的增长幅度。从国别分布结构上来看，马来西亚、文莱、印度尼西亚、菲律宾、新加坡、泰国这老东盟六国对华投资密度较高，而对于其余四个东盟国家来说，我国吸引其投资较少，而新加坡对我国直接投资总额所占东盟对华投资总额均保持着五成以上（见表 8 - 15）。

如表 8 - 16 所示，至 2005 年中国与东盟之间关税大幅削减以来，中国对东盟的直接投资规模也迅速扩大并以对新加坡的直接投资额最多，涨幅均高于其他国家。与此同时，中国—东盟区域经济一体化促进了双方的资本要素流动，这不仅体现在双方的直接投资额的增长上，还体现在中国与东盟的经济合作上，包括承包工程、劳务合作和设计咨询等多种形式，如表 8 - 17 所示。

表 8－14　　　　1998～2015 年东盟对中国直接投资额

单位：万美元

年份	马来西亚	菲律宾	泰国	新加坡	文莱	柬埔寨	老挝	缅甸	越南	印度尼西亚	FDI总额
1998	34 049	17 927	20 538	340 397	183	290	112	512	1 414	6 897	422 308
1999	23 771	11 728	14 832	264 249	18	248	0	1 101	13	12 917	328 877
2000	20 288	11 117	20 357	217 220	0	194	307	233	56	14 694	284 458
2001	26 298	20 942	19 421	214 355	10	930	104	228	148	15 964	298 395
2002	36 786	18 600	18 772	233 720	1 736	1 374	515	1 676	251	12 164	325 594
2003	25 103	22 001	17 352	205 840	5 260	1 252	40	351	331	15 013	292 543
2004	38 504	23 324	17 868	200 814	9 605	2 069	425	878	114	10 452	304 053
2005	36 139	18 890	9 590	220 432	16 039	276	0	374	127	8 676	310 543
2006	39 348	13 434	14 482	226 046	29 421	212	0	736	1 366	10 068	335 113
2007	39 725	19 532	8 948	318 457	37 688	634	300	326	73	13 441	439 124
2008	24 696	12 687	12 921	443 529	34 042	292	670	330	207	16 725	546 099
2009	42 874	11 101	4 866	360 484	34 812	1 337	243	339	592	11 172	467 820
2010	29 433	13 806	5 134	542 820	30 956	1 035	945	352	203	7 684	632 368
2011	35 828	11 185	10 120	609 681	25 582	1 737	588	1 021	129	4 607	700 478
2012	31 751	13 221	7 772	630 508	15 109	1 660	200	384	316	6 378	707 299
2013	28 053	6 726	48 305	722 872	13 319	2 251	—	585	—	12 623	—
2014	15 749	9 707	6 052	582 668	7 094	312	—	585	7	7 802	—
2015	—	—	—	697 000	—	—	—	—	—	—	—

资料来源：wind 数据库以及历年《中国统计年鉴》。

表 8 - 15　　2005～2014 年中国对东盟部分国家直接投资额

单位：万美元

年份	泰国	新加坡	越南	印度尼西亚
2005	477	2 033	2 077	1 184
2006	1 584	13 215	4 352	5 694
2007	7 641	39 773	11 088	9 909
2008	4 547	155 095	11 984	17 398
2009	4 977	141 425	11 239	22 609
2010	69 987	111 850	30 513	20 131
2011	23 011	326 896	18 919	59 219
2012	47 860	151 875	34 943	136 129
2013	75 519	203 267	48 050	156 338
2014	83 946	281 363	33 289	127 198

资料来源：国家统计局和 Wind 数据库整理（由于国家统计局从 2005 年开始公布对外直接投资数据（按国别），因此现有数据仅能追溯到 2005 年。）

表 8 - 16　　　1998～2014 年中国对东盟国家经济合作完成营业额

单位：万美元

年份	马来西亚	菲律宾	泰国	新加坡	文莱	柬埔寨	老挝	缅甸	越南	印度尼西亚	总额
1998	17 788	5 363	27 804	92 446	3 925	4 446	15 051	52 332	7 467	4 414	231 036
1999	10 760	5 876	12 520	101 864	1 720	4 107	8 510	19 783	8 317	5 490	178 947
2000	11 073	4 369	9 501	120 818	996	4 982	9 371	18 672	8 749	3 966	192 497
2001	9 353	7 053	12 816	117 984	235	7 016	10 221	25 651	14 644	4 562	209 535
2002	15 225	7 537	19 819	108 637	49	7 981	13 951	30 020	17 636	9 742	230 597
2003	24 918	10 254	12 423	92 796	87	5 266	10 331	37 878	19 492	16 361	229 806
2004	22 806	12 826	20 309	108 536	314	7 659	14 336	33 557	30 365	28 781	279 489
2005	25 343	18 358	30 879	116 590	982	13 401	17 013	28 976	29 923	53 458	334 923
2006	44 108	19 128	63 475	125 041	951	11 381	15 207	28 158	59 275	73 529	440253
2007	66 381	42 909	52 719	132 831	561	17 611	15 804	46 185	124 530	123 165	622 696
2008	77 853	39 777	48 767	186 243	72	37 979	23 500	70 224	198 214	227 828	910 457
2009	116 748	56 549	53 292	251 954	1 954	40 938	41 675	83 070	239 885	264 849	1 150 914
2010	132 238	177 323	46 720	283 156	3 843	65 330	57 464	133 357	313 147	351 826	1 564 404
2011	214 546	128 502	66 845	252 784	4 377	82 530	98 918	144 684	319 342	345 935	1 658 463
2012	237 311	116 112	107 853	288 006	6 257	117 150	190 523	219 811	299 763	346 415	1 929 201
2013	253 013	124 668	131 931	280 991	8 766	143 077	196 887	126 126	359 283	471 874	2 096 616
2014	310 112	134 928	183 624	337 607	3 822	96 533	232 773	81 856	398 439	458 443	2 238 137

资料来源：历年《中国统计年鉴》。

资本要素的流动不是单独进行的，同时还伴随着劳动力、生产技术等其他生产要素的流动。另外，双方的经济合作，有利于一体化进程的深化，也推动了双方在经济、文化和制度等方面的交流。

表 8 - 17　　　　　　　　　中国与东盟吸引 FDI 情况　　　　　　　单位：亿美元

年份	中国吸引 FDI	增幅 （％）	东盟吸引 FDI	增幅 （％）	世界总 FDI	中国占比 （％）	东盟占比 （％）
2001	468.78	12.51	2 541.35	-4.57	8 360.12	5.61	3.40
2002	527.43	1.44	2 734.99	7.62	6 260.81	8.42	3.65
2003	535.05	13.32	3 129.80	14.44	6 012.46	8.90	3.33
2004	606.30	-0.50	3 558.16	13.69	7 341.48	8.26	3.21
2005	603.25	4.47	4 096.06	15.12	9 896.18	6.10	3.54
2006	630.21	18.64	5 044.63	23.16	14 805.87	4.26	3.53
2007	747.68	23.58	6 700.76	32.83	20 026.95	3.73	3.74
2008	923.95	-2.56	6 870.70	2.54	18 188.34	5.08	4.45
2009	900.33	17.44	7 931.48	15.44	12 218.40	7.37	4.40
2010	1 057.35	9.72	9 734.89	22.74	13 281.02	7.96	4.89
2011	1 160.11	-3.70	10 772.84	10.66	15 637.49	7.42	5.27
2012	1 117.16	5.25			14 028.87	7.96	
2013	1 175.86	1.68	1 248.65		14 672.33	8.01	
2014	1 195.62	5.61			12 282.63	9.73	
2015	1 262.70	12.51			8 360.12	15.10	

资料来源：中国国家统计局以及联合国贸易发展组织数据库。

（二）区外对区内的投资扩大效应

从当前的世界经济格局来看，东盟地区和中国一直以来处于高速的发展状态，因此也是世界范围内吸引外资和利用外资较高的国家或地区之一，CAFTA的启动不但给双边经济主体带来了规模经济效益，同时促进了双边投资环境的向好，扩大了共同市场规模，区域内投资环境的不断改善也让外界普遍看好这一新兴区域合作组织。从另一个角度分析，CAFTA的建立并逐步取消区域内贸易壁垒，而对外采取一致的贸易壁垒，以及东亚新兴国家为了保持经济增长速度而一直以加工贸易为主的产业结构，都使得区外企业选择直接在区域内投资建厂实行生产和销售，由此一来不但绕开了关税壁垒，同时还会享受区域内投资优惠待遇，保持企业在区域内的竞争力。因此 CAFTA 的建立必将吸引更多的跨国公司和国际投资者进入区内投资增加投资额。

如表 8 - 14 所示，2000 年 CAFTA 宣布建设以来，中国与东盟在吸引外商直接投资的情况上均保持着上涨的趋势，特别是 2002 年《中国与东盟全面经济合作框架协议》通过以来，中国与东盟吸引外资额度都有了大幅的提高，而随着 CAFTA 进程的加快，这一趋势得到了加速。可以说，CAFTA 的建设和启动均在一定程度上增强了东盟国家和中国吸引 FDI 的能力。

（三）中国—东盟区域经济一体化后的其他效应

中国—东盟区域经济一体化形成之后，除了产生以上所述的国际贸易效应和投资效应之外，还会产生相关的效应，比如竞争效应、体制效应、货币一体化效应等。

1. 竞争效应

关税同盟的建立，将更加促进同盟成员国之间的企业竞争，在关税同盟缔结之前，各国的产品主要生产厂商将会由于较小的国内竞争压力而不存在较大的竞争，而获取超额垄断利润，从区域发展的角度来看，这将不利于整个区域集团资源、生产要素的配置，更不利于厂商投入生产技术而提高其生产效率，整个区域的福利受到损失。当关税同盟缔结之后，由于各国厂商均将获得一个统一的区域性市场且本国市场的开放，将会使该国垄断企业直接暴露在其他成员国的同类企业竞争中，竞争又会使得垄断企业的垄断利益下降，迫使其通过技术创新、管理创新以及产品创新等形式来保持原有的收益水平，这促进了技术进步、管理水平的提高和产品的丰富，形成优胜劣汰良好的市场竞争环境。

2. 体制效应

自由贸易区的建立有助于成员国内部的体制革新，体制的革新又推动成员经济的发展。中国和东盟国家在区域经济一体化的过程中，不仅加强了经济交流，也促进了文化交流、体制交流，有助于成员国之间学习经验，推动体制创新。但另一方面，自由贸易区的发展在一定程度上形成了对非自由贸易区成员的歧视。自由贸易区可以实现区内的零关税、投资和人员的自由流动，消除贸易和投资壁垒。而对于自由贸易区外部成员来说，这些贸易壁垒反而得到加重，因为关税同盟或自由贸易区的实现会减少与区域外部国家的贸易，同时也会对区外国家的投资造成实质上的歧视。而公平和非歧视原则是世界贸易组织最重要的原则。

3. 货币一体化效应

在人民币国际化战略进程中，人民币已经实现了作为周边国家特别是东盟国的贸易结算智能，并逐步向区域化货币努力。同时，随着 CAFTA 的顺利启动，中国—东盟区域范围内生产要素流动性将得到扩大，同时原本处于不同层次下的东盟各国的发展水平将会得到缩小，且资本也将与商品和其他生产要素一致，进而得到更为自由的流动性。成员国之间的利差的细微变动，都会使得资本向高利率国家流动。因此，当东盟对我国贸易依存度非常高时，东盟国家对于人民币需求、持有和储备意愿将日趋强烈，中国—东盟也更有动力和信心来迎接中国—东盟货币一体化，从而实现人民币成为东南亚主要货币。

第三节　基于区域经济—体化的中国—东盟贸易投资策略

本节内容主要分为中国—东盟贸易与投资策略总策略、中国—东盟贸易策略和中国—东盟投资策略三部分，以中国—东盟总策略为战略指引，从贸易和投资两方面进行战略推进，形成指导未来中国—东盟贸易与投资合作的策略体系。

一、中国—东盟贸易与投资策略总策略

区域经济一体化是未来中国与东盟经济合作的大致趋势，为推进中国与东盟之间的贸易与投资合作，总策略应该从贸易与投资的国别选择、投资方式选择、投资产业选择、企业发展阶段选择等方面进行规划。

（一）国别选择

东盟 10 国经济发展水平参差不齐，可分为四个层次：一是发达国家，有新加坡、文莱，二是正在向新兴工业化国家迈进的国家，有马来西亚、泰国、菲律宾、印度尼西亚，三是正在改革中的国家，有越南，四是按部就班发展的国家，有柬埔寨、老挝、缅甸，这三个国家仍属于世界上最不发达国家行列。各国有关投资环境、市场结构、贸易法规、文化习俗等也都不尽相同。在农业方面，泰国、缅甸、越南是世界三大谷仓。马来西亚是世界最大的棕榈油生产国，泰国是世界最大的橡胶生产国。在工业方面，近年来新加坡、马来西亚等国的电子、办公设备产业发展较快，泰国、马来西亚等国的彩电、冰箱、空调等家电产业因接受了日本、韩国等国的产业转移而有较大发展。在旅游业方面，东盟十国均拥有众多的风景名胜，如泰国的芭堤雅海滩、柬埔寨的吴哥古迹、越南的下龙湾等，泰国、马来西亚、新加坡的旅游业在国际上颇负盛名。根据这样的差异，企业可以选择兼并收购、战略联盟、"绿地投资"（新建）方式进入东盟市场。例如，

新加坡、马来西亚两国工业化程度高，目前两国都非常重视发展本国的新兴产业和高技术产业，因此，可采用技术合作投资方式进入两国市场。对马来西亚、泰国、菲律宾、印度尼西亚四国而言，其工业发展水平与中国相似，可采取合作经营方式进入四国市场。根据国际资本流动理论，目前中国的经济实力优于东盟第三层次的国家如越南、老挝、柬埔寨等，企业有实力开拓这些国家的市场，可采用直接投资和出口贸易方式进入以上国家市场。

（二）投资方式选择

企业可以选择股权模式和管理模式进入东盟市场。生产型企业应采取国际上通用的股份公司形式。根据股权的特点，可以采取中方独资型、控股合资型及非控股合资型，以发展境外加工装配，健全经营网络，带动国内原材料、元器件、机电产品和工业消费品等商品出口和劳务输出。在走出去初期可以采取非控股合资企业，随着对境外投资环境的适应和熟悉，可以过渡到控股型合资企业或独资型企业。在管理模式上可以采取生产车间型、自主决策型和本土化型三种，其选择可以从无经营决策权的生产车间型入手，以后逐步过渡到自主决策型，最后向具有产供销、人才物管理、有研发中心和融资渠道的本土化型发展。目前中国对东盟投资中，采用合资方式企业约占 80% 左右，独资的中国企业较少，主要原因是东盟国家对外资控股额有一定限制。从中国企业整体情况看，选择合资经营方式对东盟直接投资是有利的，其原因是通过合资经营有利于企业吸收和利用当地合作伙伴的优势和长处，弥补我国企业跨国投资的不足，有效地防范企业经营风险，提高经营效益。当然，对于拥有独特技术优势、经营规模较大、在国际市场上有一定竞争力的大型企业集团来说采用独资经营更为有利，因为独资经营可以保护企业的独特优势垄断地位，确保国外子公司按照母公司统一的经营战略行动，从而提高管理效率，促进公司最大利益的实现。

（三）投资产业选择

从性质上可将对外直接投资分为两类：一类是利用现有优势的对外直接投资，即以发挥局部相对优势对更低阶梯的国家进行的对外直接投资；另一类是通过跨国经营获取优势的对外直接投资，即以吸取国外先进的产业技术和经营经验，创造新的比较优势为目的而向更高阶梯国家进行的对外直接投资。目前中国企业对东盟的直接投资是属于第一类。对中国现阶段的优势型对外直接投资而言，笔者认为投资重点应放在生产能力过剩、拥有成熟的运用技术或小规模生产技术的制造业上，比如纺织、冶炼、化工、医药等产业都已形成了一定的比较优势。此外，中国拥有大量成熟的运用技术，如家电、电子、轻型交通设备的制造技术、小规模生产技术以及劳动密集型的生产技术，这些技术和相应的产品已经趋于标准化，并且与东盟国家的技术阶梯度较小，易于为东盟国家接受。企业对东盟制造业的投资，应以具有传统优势的劳动密集型行业为起点，在经济发展水平较低的国家如老挝、柬埔寨重点投资劳动密集型行业，在经济发展水平较高的国家如新加坡、文莱、马来西亚则重点投资劳动、资本、技术密集型相结合的高科技行业，在制造业内部形成梯度结构，利用这些国家的市场促进技术和产品创新，反过来推动我国国内市场的扩张。根据工业化国家跨国公司从事资源—劳动密集型向资本—技术密集型发展的扩张战略，企业应重视对东盟国家技术密集型产业的投资。以高技术产业为主的优势产业对东盟直接投资中具有一定的前瞻性，它将决定中国未来在东盟国家投资领域的竞争力。高、精、尖技术是中国经济发展过程中最为稀缺的资源，因此，企业海外资源性投资的一个重点，应是寻求高技术资源。通过对东盟国家的技术密集型产业投资，以获得先进技术和管理经验。

（四）企业发展阶段选择

根据日本学者小泽辉智的动态比较优势理论，不同发展阶段的发展中国家应采取不同的对外投资模式，将此理论扩展而产生了不同发展阶段的企业采取不同的对外投资模式，以此理论为分析基础，可以得到以下结论：第一，中国中小企业可以根据自身的实力和相应国家的特点，选择以出口贸易为主的进入方式去东盟国家开办三资企业，这样可以为剩余的生产能力找到出路，还可以使自身得到锻炼，积累资本和经验，为投资发达国家、拓展市场和参与全球性竞争打好基础。第二，对于实力雄厚的大企业来说，通过直接投资方式进入，能较大程度地控制其风险，并能在较大程度上掌握项目策划各个方面的主动性。而通过合资经营有利于企业的跨国投资，有利于企业吸收和利用当地合作伙伴的优势和长处，弥补我国企业跨国投资的不足，有效地防范企业经营风险，提高经营效益。第三，对于国际型的企业来说，进入东盟市场的战略在选择方式上并不是单一的，也可能会同时采用几种方式进入，这取决于企业对客观情况和自身条件的判断。笔者认为，现阶段有实力的中国企业可以优先考虑收购这一方式进入东盟市场，这样可以相对低成本地满足企业发展战略的需要，同时通过收购当地企业解决了当地的部分就业，更容易获得当地政府的政策扶植，为企业在当地的发展创造有利条件。其他一般的中小企业应该充分运用贸易、投资等各种经济技术合作方式，在自由贸易区内构筑自己的国际化经营战略框架，甚至在参与或启动某一个大型项目的合作当中，也要考虑采用多种形式相结合的进入方式。只有这样，中国企业在跨国经营中才能够实现利用两个市场、两种资源的良性发展道路。

总而言之，不论哪种规模的企业要在相互冲突的因素以及可供选择的模式中作出决策绝非易事，而是一个复杂和困难的过程。因此，中国企业必须对东盟市场环境以及企业的候选产品或投资项目作出审慎的调研、评估和筛选，并对可行的进入模式进行利润收益、风险和非利润目标等方面的对比分析，最后选择有利于企业发展的可行的进入模式。[①]

二、中国—东盟贸易策略

（一）出口政策调整——出口补贴及退税等

目前中国—东盟《货物贸易协议》关于我国产品出口东盟的优惠政策如下所示：

按照中国—东盟《货物贸易协议》规定，除了已经有降税安排的早期收获产品（主要是农产品）外，剩下的产品分为正常产品和敏感产品两大类。其中正常产品又分为一轨产品和二轨产品两类。不管是一轨产品还是二轨产品，最终关税税率将均为零，但区别是二轨产品比一轨产品在取消关税的时间上会有一定的灵活性。另外，对于敏感产品，按照敏感程度的不同，又细分为一般敏感产品和高度敏感产品两类。一般敏感产品和高度敏感产品的共同点是最终关税税率可以不为零，两者的区别是一般敏感产品在一段时间后可以把关税税率降到相对较低的水平，但高度敏感产品可以最终保留比较高的税率水平，具体情况如表 8 - 18 所示。

表 8 - 18　　　　　中国—东盟《货物贸易协议》关税税率

关税税率划分		降税期限长短		
		短期	中期	长期
最终税率	为 0	早期收获产品	一轨正常产品	二轨正常产品
	不为 0		一般敏感产品	高度敏感产品

对于正常产品来说，文莱、印度尼西亚、马来西亚、菲律宾、新加坡和泰国，这东盟六国的一轨正常产品在 2010 年 1 月 1 日取消相关关税，二轨正常产品在 2012 年 1 月 1 日取消最终相关关税。东盟新成员，即越南、柬埔寨、老挝、缅甸的一轨正常产品的关税将于 2015 年 1 月 1 日取消，二轨正常产品的关税则

---

① 李建伟：《中国企业投资东盟策略分析》，《社会科学家》，2010 年第 2 期，第 111～113 页。

规定将于 2018 年 1 月 1 日前最终取消。

对于敏感产品来说，中国和东盟六国的一般敏感产品关税税率在 2012 年 1 月 1 日削减至 20%，2018 年 1 月 1 日将进一步削减至 5% 以下。柬埔寨、老挝、缅甸、越南的一般敏感产品将在 2015 年 1 月 1 日削减至 20%，2020 年 1 月 1 日进一步削减至 5% 以下。另外，中国与东盟六国的高度敏感产品相关关税税率将在 2015 年 1 月 1 日削减至 50% 以下，但高度敏感产品的数量不应超过 100 个 6 位税目。柬埔寨、老挝、缅甸、越南高度敏感产品的关税税率将于 2018 年 1 月 1 日削减至 50% 以下，其中越南高度敏感产品的数量不应超过 150 个 6 位税目，柬埔寨、老挝和缅甸不应超过 150 个 6 位税目。

以上是中国和东盟十国双方来往贸易的主要优惠政策，但鼓励出口的相关政策还应包括政府直接补贴、间接补贴政策、出口信贷政策、出口信贷国家担保制、资本输出政策等。其中政府直接补贴主要是指政府为了降低本国产品的成本和价格，增加产品国际竞争力，在企业出口产品时，政府直接对出口产品进行现金补贴的方式；间接补贴政策包括出口退税、出口减税以及出口奖励政策，出口退税是指退还出口产品在生产过程所负担的税收，包括增值税、消费税等，出口减税也是减免出口产品的各种税负，但与出口退税不同，出口退税退的是生产经营过程中发生的税负，而出口减税则发生在出口过程中或出口后，出口奖励是政府根据企业出口的业绩给予的奖励，有现金奖励，也有外汇分红等；出口信贷包括买方信贷和卖方信贷，即本国银行为出口厂家、进口厂家、进口方银行提供优惠贷款；出口信贷国家担保制是指国家为了鼓励厂家出口，对于本国的出口厂家等提供贷款，并且设立专门机构进行担保，当国外债务人拒不付款时，该专门机构将按照一定的数额对厂家进行补偿；资本输出政策是指出口国政府为了促进本国产品出口，带动出口贸易发展，进行对外直接投资、对外间接投资等。

但是目前来看中国—东盟《货物贸易协议》对于出口政策基本只涉及出口减税政策，其他鼓励政策较少，为促进中国—东盟自由贸易区的发展，促进中国对东盟国家的出口，促进双方互惠互利的投资，我国作为发展中大国，除了给予出口商品一定的减税外，还应增加一些其他鼓励出口和投资政策，如出口退税政策、政府直接补贴政策、出口信贷政策、资本输出政策等。

（二）创办各种区域内交流平台－博览会、交流会等

1. 政治领域的交流合作平台

中国和东盟之间在政治上存在着多方面因素的不确定性，首先由于中国和东盟之间的政治制度存在着巨大的差异；其次，由于历史遗留问题产生的南海问题，目前愈演愈烈，这将严重阻碍中国—东盟经济一体化；再次，由于西方国家

对中国崛起的恐惧，而提出的中国威胁论在东盟国家中也有广泛市场。因此必须建立多边政治对话机制，增进政治互信。具体有：第一，中国—东盟领导人会议，中国—东盟领导人会议是指东盟十国（文莱、印度尼西亚、马来西亚、菲律宾、新加坡、泰国、越南、老挝、缅甸、柬埔寨）与中国领导人间举行的会议。第二，部长级会议机制，部长级会议负责政策规划和协调，大多一年一次。迄今已建立外交、经济、交通、海关署长、总检察长、青年事务、卫生、电信、新闻、质检和打击跨国犯罪 11 个部长级会议机制。第三，工作层会议机制，中国—东盟合作框架下共有 5 个工作层会议机制，分别是外交高官磋商、联合合作委员会及工作组会议、经贸联委会、科技联委会和商务理事会。第四，"10 + 3"合作机制。第五，"10 + 1"合作机制。

2. 经济领域的交流合作

中国—东盟经济一体化主要目的是推动双方经济发展，提高各国人民的生活水平。为了推动中国和东盟的经济合作，创建经济领域的交流合作平台是必不可少的。中国—东盟商务与投资峰会以推动中国与东盟国家全面经济合作与自由贸易区建设为目标，为我国和东盟十国的政府官员、企业界和学术界人士建立起宣传经贸政策与推介合作项目、开展多向互动与信息交流的合作平台，为各国采购商、生产商和投资商提供更多商业机会，向各国政府表达商界意愿，促进政策制定与经贸合作，推动中国与东盟经济合作的全面发展。

3. 中国—东盟博览会

中国—东盟博览会也称"南博会"是由中国国务院总理温家宝倡议，由中国和东盟 10 国经贸主管部门及东盟秘书处共同主办，广西壮族自治区人民政府承办的国家级、国际性经贸交流盛会，每年在广西南宁举办。博览会以"促进中国—东盟自由贸易区建设、共享合作与发展机遇"为宗旨，涵盖商品贸易、投资合作和服务贸易三大内容，是中国与东盟扩大商贸合作的新平台。2013 年 9 月 3 日，第十届中国—东盟博览会在南宁举行。

4. 民间交流合作平台

中国与东盟之间目前必须在国家政治互信的基础上，设立民间交流合作平台，创造各类机会，推动双方人文交流，增进民间互信。首先，推进和完善中国与东盟的教育合作交流。2008 年以来贵州举办了五届的"中国—东盟教育交流周"，2010 年举行了首届的"中国—东盟教育部长圆桌会议"。其次，增进中国与东盟的青少年交流。2010 年 7 月，"2010 年中国—东盟青少年舞蹈交流展演"在新加坡南洋女子中学礼堂拉开帷幕。2011 年 6 月，中国—东盟青年领袖交流会在柬埔寨金边举行，来自中国和东盟国家的约 60 名青年代表参加。

5. 卫生领域的交流合作

中国和东盟处于亚热带和热带地区，均为中草药发达地区，并且双方均为多民族地区具有丰富的传统医药资源。在卫生领域的交流合作则主要体现的传统医药的交流合作之上。中国—东盟传统医药交流合作中心以中医药科技开发、成果转移、成果推广为主要业务，为促进中国和东盟的传统医药交流，汇集中国传统医药产业的科技成果、东盟国家的传统医药成果，形成集医疗保健、科技研发、健康养生、人才培养、文化旅游、产业开发、信息物流等内容为一体的中国—东盟传统医药交流合作中心。

三、中国—东盟投资策略

（一）有序、深入地开放金融服务、投资部门

2010 年，中国—东盟自由贸易区如期建成，自由贸易区金融服务贸易合作的层次和领域不断提升。金融服务贸易市场更加开放，贸易需求不断增加，中国—东盟之间的金融服务合作空间巨大。但同时，也存在金融服务贸易发展不平衡、市场规模有限、政治文化差异以及信息共享机制不完善等问题。针对这些有利条件和制约因素，需要深入开放金融服务和投资部门。金融服务贸易和投资的完全开放不可能在比较短的时间内在一国得到完全的实现。如果某一国自行实施门户完全开放，必然会严重损害其经济利益和社会福利。因此，属于发展中国家的中国和整体经济水平不高的东盟国家，在开放金融服务、投资时要遵循有序原则，不可操之过急。

1. 宏观经济环境稳定是开放金融服务、投资的前提

稳定的宏观经济环境是深入开放金融服务、投资的前提条件。要保持中国—东盟自由贸易区宏观环境的稳定，首先要保证各国市场微观主体的经营稳健。一国企业经营不善不仅不利于国家经济发展，也会造成国家宏观经济环境的波动。中国—东盟各国的企业经济效益普遍不高，要提高企业经济收益和企业竞争力，尽快适应金融服务、投资的深入开放。其次，各国要做好财政税收协调，开展财政体制改革，完善现行税制，保证财政收入。最后，自由贸易区内的国家应保持较低通货膨胀率，严格控制货币供应量，保证物价稳定和本国币值稳定。

2. 中国—东盟各国要采取适合本国国情的开放顺序

首先，各国在开放金融服务和投资部门的政策上，要遵循循序渐进的原则，逐步推进。要根据本国国内金融服务、投资部门的发展状况，选择合适的开放时点与开放程度。自由贸易区内的各国开放顺序和程度要与本国的基本国情、中国—东盟自由贸易区的情况以及国际环境相结合，也就是要因地制宜、应时制宜。中国—东盟自由贸易区内各国家的经济发展速度和经济发展程度差异明显，开放

的程度和速度也是可以有所差异的。经济水平较低或金融服务、投资不发达的国家，开放程度和速度可以相较经济水平高的国家较低和较慢。

其次，要合理安排金融服务、投资部门的开放顺序。对于金融和投资的稳定而言，金融服务和投资部门的开放顺序的重要性并不亚于开放进程，各国要把开放带来的风险控制在最低，减少对金融和投资稳定性的冲击。因此，在开放顺序上应当先开放对金融服务、投资部门安全威胁最小的领域和环节，逐渐开放威胁较大的环节和领域，冲击越大威胁越大的领域放到最后，待其他领域完成开放后再进行难度高的开放。这样的开放顺序有利于缓解内外冲击，尽可能减少对金融投资体系的冲击，维护金融投资的稳定。中国—东盟各国应当先实行对内开放再实现对外开放。如果先对外开放，很可能会造成原有潜在风险与新风险的快速叠加，风险总量快速大量增加。因此，金融服务与投资部门对对外开放风险的抵御能力要从对内开放开始培育，为深入对外开放准备，打下良好基础。

3. 完善金融投资监管和预警机制

中国—东盟自由贸易区各国的金融投资监管机构能力有限，在金融服务、投资部门开放的过程中，就需要进一步完善金融投资监管和预警机制。第一，要尽快完善各国金融投资机构的管理法规，加强监督管理，防止开放过程中对本国金融服务、投资市场造成的过度冲击和干扰。第二，要加快金融投资风险预警系统的建设。中国—东盟一体化进程中金融投资的开放，必然会给各国带来市场风险，面对这种市场风险的不确定性，各国要建立一套金融投资预警机制，设立预警指标，动态监测风险。第三，自由贸易区内要加强国际监管合作。加强与其他国家监管当局的信息交流，共同防范金融投资风险。

（二）设立共同基金——补偿因市场开放而遭受损失的部门

2010年，随着中国—东盟自由贸易区的建成，区域内各成员国间的关税壁垒及非关税壁垒得到逐渐消除，市场开放程度越来越高。然而，市场的高度开放在增加国家间贸易与投资的同时，也给各成员国的弱势行业造成了较大的冲击。面对这些冲击，各国纷纷采取一些非关税措施，如对进口产品实行反倾销、反补贴，以此来保护本国相关行业，这无疑会阻碍中国—东盟区域内部贸易往来及区域经济一体化的进程。为了降低中国—东盟自由贸易区建成给区域内各国某些弱势行业或部门带来的损失，提高各国参与到区域经济一体化进程的积极性，一个行之有效的方法就是在区域内部建立一个中国—东盟自由贸易区共同基金，旨在对自贸区各成员国因市场开放而遭受损失的部门或行业进行补偿。中国—东盟自由贸易区共同基金由共同基金管理委员会统一管理，共同基金管理委员会将按一定比例从自贸区内十一个成员国筹集资金，交由国际基金管理公司进行专业管理，所筹资金分散投资于各类金融市场工具，以此来获取基金的增值，基金管理委员会根据一定时期内区域内各国行业或部门受到冲击所造成损失的大小给予相应补偿。中国—东盟自由贸易区共同基金的运作机制具体包括筹资机制、运营机制、给付机制及监管机制四个方面：

1. 筹资机制

中国—东盟自由贸易区共同基金的筹资主体包括区域内十一个成员国，筹集到的资金由中国—东盟自由贸易区共同基金管理委员会统一管理。共同基金设立之初，由基金管理委员会根据区域内各国受冲击行业或部门的补偿资金需求及各投资成员国的实际认购能力确定一个基金总额，由成员国按照一定比例认购，认购份额按照该国在中国—东盟自由贸易区内贸易总额占中国—东盟自由贸易区贸易总额的比重来确定。

2. 运营机制

共同基金管理委员会将从各成员国募集到的资金交由国际基金管理公司进行统一管理，国际基金管理公司可以将资金存放在商业银行或投资于各类有价证券，包括各类股票、债券、短期票据、金融期货、期权、黄金、不动产等，以此获得基金的增值。值得注意的是，基金投资的收益性和安全性呈反比，基金管理委员会须首先设立共同基金风险承担的最低限，基金管理公司根据基金管理委员会设立的最低限，合理选择投资工具的组合，确保基金在满足安全性的条件下获得资本的增值。

3. 给付机制

将中国—东盟自由贸易区建成的前一年即 2009 年设定为基年，按照 WTO 数据库货物贸易商品分类标准，计算出该年度各成员国对自贸区各成员国的各类贸易商品出口量占该国当年自贸区贸易总量的比重作为比对指标。中国—东盟自由贸易区共同基金设立之后，补偿金额按照该国当年各类贸易商品的区域出口量占该国当年区域内贸易总量的比重与该国基年各类贸易商品的区域出口量占该国当年区域内贸易总量的比重的差额来确定。为了方便共同基金管理委员会对各成员国遭受冲击的行业或部门进行补偿，各成员国均需要在基金托管银行开立账户。每年年初各成员国需要将上一年度各类贸易商品的进出口及相关汇总数据报送中国—东盟共同基金管理委员会，基金管理委员会在对数据进行真伪核定之后，对满足补偿条件的国家提供补偿资金，补偿资金由基金管理委员会委托基金托管银行划拨到该成员国账户。

4. 监管机制

中国—东盟自由贸易区共同基金从基金的发起、资金的筹集、资金的使用到补偿基金的发放，涉及区域广泛、数据信息庞大、经手人员众多，容易产生错误、引发风险，因此对共同基金运作的监管显得尤为必要。为了对中国—东盟自由贸易区共同基金的运营实行有效的监督，需要从以下三个方面努力：首先，需要设立一个独立于共同基金管理委员会的监督机构，即共同基金监督委员会，专门负责对基金运作进行监督；其次，需要制定相关法律法规或管理条例来确保基金的运营有法可依；另外，国际基金管理公司应该定期向共同基金管理委员会、各成员国及共同基金监管部门公布基金资产净值及投资收益报告。

第九章

中国—东盟区域经济
一体化的财政策略[①]

正如国际著名财政学家马斯格雷夫所说，开放条件下的国家财政，实质问题是国际财政问题，是通过国际间资本和贸易流动而相互联系在一起的不同财政制度的并存所造成的相互影响。1950 年维纳尔建立了关税同盟理论之后，西方经济学家 Shoup（1953）、Meade（1955）、Tinbergen（1965）等围绕区域财政一体化建立了自由贸易理论、关税同盟理论、共同市场理论等经济学理论，为区域财政一体化打下理论基础。罗布森对自由贸易区进一步研究认为自由贸易区会改善效率高的国家的福利水平，但对效率低的国家的福利水平的影响具有不确定性。凯恩斯、萨缪尔森和托宾主张积极运用财政政策干预经济，充分肯定了财政介入区域经济一体化的有效性。Harvey Armstrong、Jim Taylor 对欧盟经济一体化中的地区差异进行研究，有力地说明了财政一体化在区域一体化中的必要性。董勤发则对国际财政的研究对象、研究范围、研究方法和理论体系进行了详尽的概括，为国际财政的研究建立了框架。范祚军、黄绥彪等具体研究了中国—东盟合作框架下的财政协调问题，将国际财政问题和我国主动利用财政工具推动中国—东盟经济贸易合作的现实情况相结合并具体化。本部分的研究，试图创新财政一体化理论，就财政工具推动中国—东盟区域经济一体化进行阐述。

---

① 秦欣然：《中国—东盟区域经济一体化趋势下的财政政策协调研究》，广西大学硕士论文，2013 年。

第一节　财政一体化的理论框架

在区域经济一体化中，区域财政一体化是区域财政合作的最高层次，同时也是区域经济一体化中很难达到的层面，比如欧盟至今仍是统一的货币政策和分散的财政政策并行的局面。所以，在实现区域财政一体化之前，区域经济一体化中的各成员国必将经历财政政策协调这一阶段。中国—东盟区域经济一体化的财政策略，重点在于当前的国家间财政合作、区域财政政策协调这一阶段。

一、财政溢出效应

财政政策溢出效应是指一国实行扩张性的财政政策，通过改变政府支出、税收、公债等对他国经济造成负面影响。财政政策的溢出效应主要体现在两个方面：第一，影响区域内成员国经济的稳定。第二，影响要素的跨国配置。财政政策作为一国经济重要的作用手段，往往通过扩大财政支出来扩大国内市场需求，促进就业的增加。在短期内，一国是可以享受其扩张性财政政策带来的收益，若是该国利用中央银行提高利率，配合扩张性财政政策，就可以将扩张性财政政策的成本和收益内部化。但是在一个货币区（在本书中，这一假设可以扩大到两个或多个有紧密经济贸易联系的国家）内，成员国实行扩张性的财政政策，若缺乏有效的财政政策协调，就将会影响到整个经济区域的宏观经济运作，一国债务比例的提高将影响其金融市场的利率变化。首先，本国的利率提高将导致其他国家利率相对降低，这有利于本国吸引外资，但是其他国家的资本将大量流出。其次，本国利率的提高将加重其他债务国的债务负担，而货币区的中央银行是不会因为一国扩张性财政政策的影响而提高整个货币区的利率。所以，若债务国要想控制债务负担，就必须采取紧缩的财政政策，这将可能给这些国家带来经济增长下降，失业率上升的困境。

二、区域财政政策协调的博弈论分析

财政政策的协调具有不同的层次和形式，不论采取何种形式，财政政策的协调都是通过一定的机制进行的，而中国—东盟区域经济一体化中财政政策协调的目的是寻求各国在财政政策方面的均衡，减少负面溢出效应，这就是各参与主体的一种博弈行为。

我们从博弈论的角度来阐释区域经济一体化框架下国家间财政政策协调的原理。首先我们根据财政政策协调的意义和作用将其视作一种区域性公共品，假定区域经济一体化中 A 国和 B 国要参与财政政策协调，且他们各自独立决策，相关情况如表 9 - 1 所示，A 和 B 都面临着协调和不协调两种选择，若双方共同协调，则双方共同分担成本，即为 $c/2$，而任何一方单独选择时的协调成本为 c。假定双方都有提供这种区域性：

表 9 - 1 　　　　　　　　**A 国与 B 国参与博弈情况**

国家	初始禀赋	协调中可获益	单独决策时协调成本
A	a	$m(m>0)$	c
B	b	$n(n>0)$	c

公共品的能力，即双方都有能力进行财政政策的协调，即 $a-c\geq0$、$b-c\geq0$、$m-c\geq0$、$n-c\geq0$。A 与 B 面临的支付矩阵如表 9 - 2 所示。

表 9 - 2 　　　　　**区域经济一体化财政政策协调的博弈分析**

		B	
		不协调	协调
A	不协调	a, b	$a+m, b+n-c$
	协调	$a+m-c, b+n$	$a+m-c/2, b+n-c/2$

从表 9 - 2 可知，A 与 B 的最优选择有如下四种情况，如表 9 - 3 所示。A 与 B 博弈的结果便是 A 或 B 的最优选择都是和对方决策相反的选择。若 A 与 B 都同时采取不协调的策略，此时两国的收益明显小于四种情况中的任何一种，这个选择结果是次优的。A 和 B 是中国与东盟区域经济一体化中的两个伙伴国，实现区域经济一体化的目的是实现同盟国共同的发展和国际地位的提升，所以 A 和 B 在面临选择时不会一开始就选择不协调不合作的态度，因此这种囚徒困境一般不会出现。

表 9 - 3 　　　　　　　　　　**最优选择情况**

最优选择 1	$b+n>b+n-c/2$	A 选择协调	B 选择不协调
最优选择 2	$b+n-c\geq b$	A 选择不协调	B 选择协调
最优选择 3	$a+m>a+m-c/2$	B 选择协调	A 选择不协调
最优选择 4	$a+m-c\geq a$	B 选择不协调	A 选择协调

对于 A 和 B 而言，无论对方的选择怎样，另一方总会有与之对应的最优选择，虽然没有形成唯一稳定的均衡，但是也避免了囚徒困境的出现。在现实情况中，A 与 B 在博弈时，二者的实力、信息的质量以及对方的妥协程度都将影响最优选择的结果。A 和 B 都有可能成为协调的主体，这个协调主体为了整个区域组织的利益愿意对财政政策进行协调，在这种情况下，无论另一方选不选择协调，单方面的协调行为也可以形成一个均衡，即可以实现区域经济一体化中财政政策的协调。在这种情况下，协调的局面出现，即使选择不协调的一方也能免费搭乘，从而获得财政政策协调所带来的收益。所以，在中国与东盟区域经济一体化中，只要有一方愿意对财政政策进行协调，那么最终协调的局面将会不同程度的存在，这与现实情况也相符合，例如中国在处理与东南亚某些国家的关系中，总是以一个负责任的大国的形象出现，并通过积极对话和协商在政治、经济等方面作出合理的让步和妥协。

而若 A 和 B 都选择协调，这是一种更为积极和现实的情形，它们的收益分别为 $a + m - c/2$，$b + n - c/2$。这虽然不是最优选择，但是我们可以发现，不管是 A、B 都选择协调，还是仅有一方选择协调，对中国与东盟这个整体而言，它们造成的总收益是一样的，即 $(a + m - c/2) + (b + n - c/2) = (a + m - c) + (b + n) = (a + m) + (b + n - c) = a + m + b + n - c$。所以，最优选择可能成为一种短期的协调均衡结果，国家间的共同协作才是中国与东盟区域经济一体化的长期必然均衡。

第二节 区域经济一体化财政协调范围

从国际财政收入和国际财政支出的角度来看，财政政策主要包括国际税收，国际债务，国际援助，国际投资协定，财政补贴等方面的内容。一方面，国际税收是区域经济一体化进程中最重要的部分，在实现经济一体化之前，国际税收政策协调将逐渐深入，贯穿始终。另一方面，东盟绝大多数国家属于发展中国家，柬埔寨、越南等国经济发展落后，国际债务问题不可忽视。再加上，东南亚国家一直是国际援助和政治利益争夺的焦点，国际援助政策协调对于维护东盟国家利益、切实推动经济社会的稳定和发展有着重要的意义。因此，本书主要从中国与东盟的现实情况出发，从国际税收，国际债务与国际援助三方面来探究中国与东盟区域经济一体化中的财政政策协调问题。

国际税收协调是主要内容，是财政系统中相对独立的体系和重要支撑，自由贸易区的国际税收政策，本质上是各成员国之间税收关系和税收利益的调整。国际债务协调是安全保障，国家内部通过政府公债进行投融资和基础设施建设，国际债务在全球经济发展中起着十分重要的作用。现实中，国际债务具有双面性，它在推动经济发展的同时又可能形成债务风险，引起债务危机，不仅对债务国的政治、经济和社会带来严重的负面影响，而且还对整个国际社会的经济和政治安全造成重大威胁。国际债务协调是现实要求，也是国际经济合作的主要方式。国际援助是一个政策工具，是一国或者国际组织公共资源的自愿转移，是一种国与国之间具有战略意义的政策性、经济性的政府行为。

第三节 中国—东盟财政协调现状

在一体化进程中，财政的职能和政府在区域经济一体化中的地位决定了财政一体化在区域经济一体化中的基础性和广泛性的作用特点。本部分我们将从国际税收协调、国际债务协调以及国际援助协调三方面来深入了解中国—东盟区域经济一体化中财政协调的现状，在此基础上，对财政协调所存在的问题进行剖析。

一、国际税收政策协调

目前，CAFTA 是中国—东盟区域经济一体化的具体表现形式，CAFTA 处于建设初期，CAFTA 成员国情况复杂，财政政策协调困难重重，其中国际税收的协调已经启动，国际债务与国际援助的协调基本尚未开始。区域税收政策协调主要包括税收制度、税收政策、税收管辖权等内容，有效的税收协调与合作能为区域经济一体化提供有益的发展环境。

（一）关税协调

关税在国际贸易和国际税收协调中的地位特殊，中国与东盟各成员国关税差异较大，主要呈现两种情况：第一种情况是零关税，文莱和柬埔寨都不征关税。第二种情况是关税税率较低，老挝仅仅只征收 1% 的优惠税率，新加坡的大部分产品的关税税率为 5%，泰国海关对原材料进口关税税率为 10% ~ 15%，半成品关税税率为 15% ~ 40%，制成品关税税率为 30% ~ 60%，具有商业价值的广告关税税率为 40%。第三种情况是一些成员国具有明显的关税保护主义倾向，越南一般商品的进口关税税率是 0 ~ 50%，对汽车、烟、酒和成衣等产品，税率则高达 50% ~ 200%，菲律宾关税税率范围为 10% ~ 100%，马来西亚关税的税率为 2% ~ 300% 。[①]

在中国—东盟区域经济一体化的初期，在关税方面的协调主要体现在成员国之间的相互关税减让。《全面经济合作框架协议》、《货物贸易协议》、《服务贸易协议》都围绕着关税协调作出了明晰的规定和具体的实施计划。2002 年，在《全面经济合作框架协议》中，中国与东盟除了菲律宾之外的其他九个成员国分别达成"早期收获"计划协议。2004 年签署的《货物贸易协议》中规定，下降中国与东盟双方约 7 000 个税目的产品关税。2005 年 7 月 1 日，CAFTA 开始实施关税降税计划，文莱、印度尼西亚、新加坡、马来西亚、泰国、菲律宾六个原东盟成员国于 2010 年实现进口零关税，于 2015 年实现越南、老挝、柬埔寨和缅甸四个新成员国的零税率（见表 9 - 4）。

表 9 - 4　　　　　　中国与原东盟六国的正常产品降税模式　　　　单位：%

X = 中国—东盟自贸区优惠税率	中国—东盟自贸区优惠税率（不迟于 1 月 1 日）			
	2005* 年	2007 年	2009 年	2010 年
X≥20%	20	12	5	0
15%≤X<20%	15	8	5	0
10%≤X<15%	10	8	5	0
5%≤X<10%	5	5	0	0
X≤5%	保持不动		0	0

注：* 执行的开始时间为 2005 年 7 月 1 日。

资料来源：《中华人民共和国政府与东南亚国家联盟成员国政府全面经济合作框架协议货物贸易协议》。

从总体来看，中国与东盟采取的是封闭式的区域协调模式，中国与东盟将产品分为快速降税产品、一般产品和敏感产品三类，快速降税产品的减税速度快于 WTO 承诺水平，一般产品的减税速度根据现行的税率决定，敏感性产品在过渡期内执行的是最惠国税率。对于正常产品的降税具体情况见表 9 - 5、表 9 - 6。对于敏感产品，中国与东盟老成员国达成协议，于 2012 年 1 月 1 日削减敏感产品关税至 20% ，2018 年 1 月 1 日削减至 5% 以下。与东盟新成员国达成协议，于 2015 年 1 月 1 日削减敏感产品关税至 20% ，于 2020 年 1 月 1 日削减至 5% 以下。

[①] 黄绥彪：《中国—东盟自由贸易区构建的税收协调》，《广西大学学报》（哲学社会科学版），2004 年第 5 期。

表 9 – 5　　　　　　　　　越南正常产品的降税模式　　　　　　　单位：%

X = 中国—东盟自贸区优惠税率	中国—东盟自贸区优惠税率（不迟于 1 月 1 日）							
	2005*年	2006 年	2007 年	2008 年	2009 年	2011 年	2013 年	2015 年
X > 60%	60	50	40	30	25	15	10	0
45% < X < 60%	40	35	35	30	25	15	10	0
35% < X < 45%	35	30	30	25	20	15	5	0
30% < X < 35%	30	25	25	20	17	10	5	0
25% < X < 30%	25	20	20	15	15	10	5	0
20% < X < 25%	20	20	15	15	15	10	0 ~ 5	0
15% < X < 20%	15	15	10	10	10	5	0 ~ 5	0
10% < X < 15%	10	10	10	10	8	5	0 ~ 5	0
7% < X < 10%	7	7	7	7	7	5	0 ~ 5	0
5% < X < 7%	5	5	5	5	5	5	0 ~ 5	0
X < 5%	保持不动							0

注：* 执行的开始时间为 2005 年 7 月 1 日。

资料来源：《中华人民共和国政府与东南亚国家联盟成员国政府全面经济合作框架协议货物贸易协议》。

表 9 – 6　　　　　老挝、柬埔寨、缅甸正常产品的降税模式　　　　　单位：%

X = 中国—东盟自贸区优惠税率	中国—东盟自贸区优惠税率（不迟于 1 月 1 日）							
	2005 年	2006 年	2007 年	2008 年	2009 年	2011 年	2013 年	2015 年
X > 60%	60	50	40	30	25	15	10	0
45% < X < 60%	40	35	35	30	25	15	10	0
35% < X < 45%	35	35	30	30	20	15	5	0
30% < X < 35%	30	25	25	20	20	10	5	0
25% < X < 30%	25	25	25	20	20	10	5	0
20% < X < 25%	20	20	15	15	15	10	0 ~ 5	0
15% < X < 20%	15	15	15	15	15	5	0 ~ 5	0
10% < X < 15%	10	10	10	10	8	5	0 ~ 5	0
7% < X < 10%	7**	7**	7**	7**	7**	5	0 ~ 5	0
5% < X < 7%	5	5	5	5	5	5	0 ~ 5	0
X < 5%	保持不动							0

注：* 执行的开始时间为 2005 年 7 月 1 日；** 缅甸可保持不超过 7.5% 的税率直至 2010 年。

资料来源：《中华人民共和国政府与东南亚国家联盟成员国政府全面经济合作框架协议货物贸易协议》。

从目前的执行情况来看，中国与东盟各成员国的关税削减按部就班，有些削减项目还有所提前。相对于关税而言，双边对非关税壁垒的削减并没有足够重视，非关税壁垒的削减没有具体的步骤和计划安排，所以关税协调现状还处于开端，要更加重视非关税壁垒的削减，全面推进国际税收的协调。

（二）税收管理协调

目前，国际税收协调主要以关税协调为主，中国与东盟成员国主要以签订税收协定的方式来进行协调。中国与东盟国家签署的税收协定主要包括双边国际税收协定和少量多边税收协定。

为了消除税收障碍，促进经贸合作。至 2015 年，除了柬埔寨，中国、马来西亚、泰国、新加坡等东盟成员国签署了大量的税收协定、协议内容主要以避免双重征税和防止偷漏税为主。这是中国—东盟区域经济一体化财政政策协调的重要表现。具体签署时间、生效日期和执行日期具体情况如表 9－7 所示，从表 9－8 也可以了解到，并不是所有成员国都相互签订了税收协定，例如，柬埔寨没有与中国和东盟其他成员国签署任何税收协定，中国、马来西亚、印度尼西亚和新加坡签署的税收协定较多，老挝和缅甸签署的税收协议很少，税收协议的覆盖面有限。

表 9－7 中国与东盟 8 国签署避免双重征税协定情况

国家	签署日期	生效日期	执行日期
马来西亚	1985.11.23	1986.9.14	1987.1.1
泰国	1986.10.27	1986.12.29	1987.1.1
越南	1995.5.17	1996.10.18	1997.1.1
老挝	1999.1.25	1999.6.22	2000.1.1
菲律宾	1999.11.18	2001.3.23	2002.1.1
印度尼西亚	2001.11.7	2003.8.25	2004.1.1
文莱	2004.9.21	2006.12.29	2007.1.1
新加坡*	2007.7.11	2007.9.18	2008.1.1

注：＊中国与新加坡税收协定最早于 1986 年 4 月 18 日签署。

资料来源：《我国对外签订避免双重征税协定一览表》，国家税务总局 http：//www.chinatax.gov.cn/n810341/n810770/。

表 9 - 8　　　　　　　　　与东盟成员国税收协定签署情况

国家	税收协定数	与东盟成员国税收协定签署情况
中国	89	新、泰、马来、菲、印度尼西亚、越、老、文莱
新加坡	42	中、泰、马来、菲、印度尼西亚、越、缅
马来西亚	62	中、新、泰、菲、印度尼西亚、越、缅、文莱
泰国	37	中、新、马来、菲、印度尼西亚、越、老
菲律宾	32	中、新、泰、马来、印度尼西亚
印度尼西亚	51	中、新、泰、马来、菲、越、文莱
越南	28	中、新、泰、马来、文莱
缅甸	7	新、马来、泰、越南、印度尼西亚
文莱	4	中、新、印度尼西亚
柬埔寨	0	无

资料来源：各大税务网站。

CAFTA 的《全面经济合作框架协议》、《货物贸易协议》以及东盟各国签署的《共同有效优惠关税协定》都对关税的减让和取消作出了具体安排，这些都涉及了关税协定的内容，从形式上来看，这些协定已经具有了一些多边税收协定的性质，但实质上还达不到多边税收协定的要求。

（三）国际税收协调存在的问题

中国与东盟的国际税收协调已经从关税协调和国际税收协定这两个层面展开，受多方面因素影响，国际税收协调主要存在以下问题。

1. 税制与宏观税负水平差异较大

CAFTA 成员国在税制、税种、税率等方面的差异十分明显。在税制结构方面，泰国、马来西亚主要实行的是以货物与劳务税、所得税为主体税种的双主体税制结构模式，新加坡、菲律宾、文莱主要实行的是以所得税为主体的税制结构模式，越南、柬埔寨实行的是以货物与劳务税为主体的税制结构模式，中国实行的是以商品税和所得税为主体，其他税种为补充的税制结构。在主要税种方面，中国与东盟各国在增值税、所得税就存在着很大的差异，中国与东盟各国在增值税征税范围和税率上有很大差别，东盟原六个成员国的增值税税率都很低，新加坡增值税税率低至 5%，菲律宾和印度尼西亚却高达 12%。相比较而言，中国的增值税税率高于东盟大多数国家。中国与东盟各国的企业所得税都较为接近，中国等国家个人所得税的边际税率较高，柬埔寨和老挝意图通过税收竞争来弥补经济资源的匮乏，故个人所得税税率较低。

宏观税负水平是否合理，影响着税收作用的发挥，2015年，中国税收收入达 110 604 亿元，同比增长 6.6%。① 在 2000~2011 年，东盟其他成员国的税收收入总体也呈现出平稳增长的态势。相比较而言，文莱、越南、泰国的宏观税负水平较高，缅甸、柬埔寨、印度尼西亚的宏观税负水平较低，除了文莱以外，其他成员国的宏观税负水平都在 3%~30%（见图 9-1）。

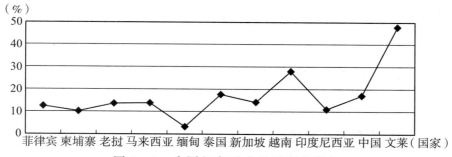

图 9-1 中国与东盟成员国宏观税负

资料来源：世界银行数据库，其中印度尼西亚、马来西亚采用 2010 年数据，越南、缅甸采用 2008 年数据，其余国家均为 2011 年数据。

2. 税收协调的形式单一且范围小

我们从现状可以了解到，目前中国与东盟国际税收协调仅仅涉及了关税协调、避免双重征税和防止偷税漏税的问题，而税收管辖权、税收制度等方面的协调并未涉及。目前采取的税收协调形式也十分单一，主要以双边税收协定为主，税制改革、税收宣言、区域组织税收协调等多种协调形式不仅没有采用，而且协调的内容也几乎没有涉及那些影响力较大的税种。这种形式单一，内容缺乏重点的协调不能适应 CAFTA 内生产要素、资本、商品自由流动的需要。这种国际税收协调也只能在短期内取得些许成效，并不能从根源上解决税收竞争、重复征税、税收管辖权等棘手的问题。

从税收协定签署的成员国数量和税收协定覆盖率②来看，存在两个问题。第一，中国与东盟国家相互签订的税收协定数量少，税收协定覆盖率低，据统计，CAFTA 的税收协定覆盖率约为 50.9%，而欧盟的税收覆盖率高达 96.6%。③ 第二，CAFTA 内的税收协定主要以双边协定为主，缺乏多边税收协定。在内容上对社会保障税，财产税等税种并未涉及，而欧盟国家已经签署了大量的社会保障协议。

---

① 国家税务总局。

② 税收协定覆盖率：区域成员之间实际生效的双边税收协定数占全面签订双边税收协定数的比例。

③ 中国—东盟税收问题研究课题组《中国东盟的税收协调问题研究》，《涉外税务》，2008 年第 4 期，第 17~18 页。

3. 缺乏专门的组织管理机构进行协调和研究

CAFTA 还未建立专业的组织机构对国际税收问题进行协调和研究，这造成了两个方面的问题。第一，中国与东盟成员国的政策协调一般主要依赖于国家政府间领导人的谈判和协商，并没有一个超国家机构站在整体的高度，对这 11 个国家进行研究和协调，成员国对彼此的税收政策缺乏了解，双边税收协定的实际生效率较低。第二，税收协定争端缺乏专业协调机构提出具体细化的解决措施，仅仅靠国家单方面的协商无法有效解决问题。

二、国际债务政策协调

（一）中国与东盟国际债务状况

CAFTA 中各成员国国际债务的实践情况各异，这不仅反映了 CAFTA 财政政策协调的基础和要求，而且还影响和制约着国际债务政策的协调。

1. 中国国际债务情况

中国的外债余额从 2005 年的 2 965.40 亿美元，增长至 2015 年的 16 732 亿美元，外债余额的规模逐年扩大，具体情况如图 9-2 所示。

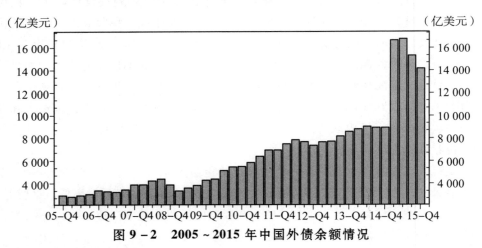

图 9-2　2005~2015 年中国外债余额情况

资料来源：国家外汇管理局 http：//www.safe.gov.cn/。

从债务风险指标来看，2015 年，中国的外债偿债率为 5%，较 2014 年的 1.91% 同比增加 161.78%。偿债率是衡量外债风险最重要的指标，偿债率越高，还本付息的负担就越重，该指标的警戒线在 20%~30%。2015 年，中国的负债率为 13.00%，2005~2007 年，负债率年均为 12.00%，2008~2015 年，偿债率

年均为 9.5% 。负债率比值越高，反映了一国 GDP（或 GNP）对外债负担的能力
越强，该指标的警戒线为 20% ~50% 。债务率越高，国家的债务清偿能力就越
小，该指标一般不应该超过 100% 。2015 年，中国的债务率为 58.00% ，2005 ~
2011 年，债务率发展的趋势较平缓。外汇储备与外债余额的比率反映的是当其
他支付手段不能负担外债偿还时，国际储备资产偿还外债的能力。该指标大于
1，表示偿债能力较强。2014 年，外汇储备与外债余额的比率为 562.42% ，2011 ~
2014 年，该指标逐年上涨，2014 年外汇储备与外债余额的比率与 2011 年的
457.72% 同比增加 22.88% ，表明中国偿债能力较强。

中国 2000 ~2011 年各债务风险指标的具体情况如图 9 - 3 所示，总体来看，
中国的偿债率、负债率、债务率、外汇储备与外债余额的比率都在国际安全标准
线以内。

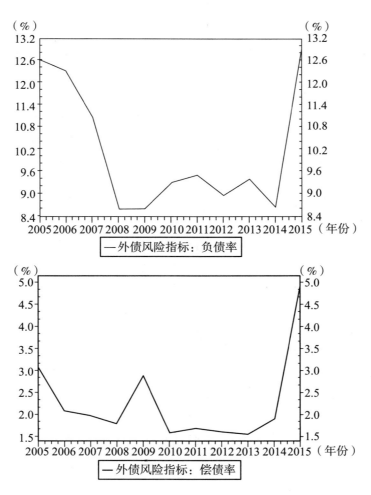

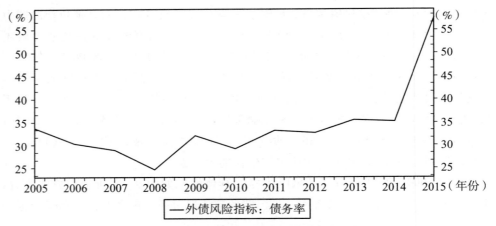

图 9-3　中国国际债务风险指标走势

资料来源：国家外汇管理局。

从债务类型来看，2010 年中国外债累计余额中，外国政府贷款为 333 亿美元，占比 4.79%。国际金融组织贷款 350 亿美元，占比 5.04%。企业间贸易信贷为 0.25 亿美元，占比 5.86%。

从债务期限结构看，2014 年，中长期外债余额为 1 865.42 亿美元，短期外债规模较前年有较快增长，短期外债余额为 6 766.25 亿美元，短期外债占比一直处于上升状态，2014 年已经超过 70%。[①] 短期外债在金融形势发生变化时可能会被要求集中清偿，所以这给中国带来了偿付风险。

2. 东盟国家外债风险指标

经历了东南亚金融危机，东盟国家对外债更加重视，并提高了风险防范意识，大量增加了以美元为主的外汇储备。美国次贷危机后，东盟国家的外汇储备大大缩水，这也大大削弱了东盟成员国的外债偿还能力。如表 9-9 所示，2009～2011 年，CAFTA 成员国的平均负债率为 38.1%，平均债务率为 86.64%，平均偿债率为 7.88%，负债率超过国际警戒水平 20%，债务率和偿债率都在国际安全线内，中国与东盟成员国总体国际债务状况良好，但成员国债务负担情况差异较大。新加坡、文莱没有债务负担，中国的负债率也较低，2011 年老挝的负债率高达 80.29%，2010 年债务率高达 245.04%，严重超过了国际安全标准，偿债负担过重，面临巨大的债务风险。从短期外债规模来看，近年来，中国、马来西亚与泰国的短期偿债负担较重，并且短期外债规模不断增大，短期偿债压力较大。从偿债率来看，印度尼西亚与菲律宾的偿债率较高，2009～2011 年，他们的

---

① 国家外汇管理局。

表 9－9　　2009～2011 年 CAFTA 主要国家外债风险指标

单位：%

指标 国家	负债率			债务率			短期外债比重			偿债率		
	2009	2010	2011	2009	2010	2011	2009	2010	2011	2009	2010	2011
中国	8.87	9.46	9.38	32.38	31.19	32.00	54.27	62.24	69.58	2.91	3.55	3.64
柬埔寨	35.53	35.95	35.26	59.96	55.21	57.87	7.51	6.83	9.04	0.85	0.90	1.03
印度尼西亚	34.45	28.36	25.96	139.70	115.70	99.12	13.41	16.93	17.88	19.39	17.39	14.50
老挝	101.21	84.23	80.29	384.57	245.04	—	3.47	0.32	1.01	14.75	13.24	—
马来西亚	36.97	37.08	34.80	35.32	34.93	33.80	33.95	41.20	46.26	6.14	5.48	3.88
缅甸	—	—	—	113.74	98.45	—	13.10	14.45	14.58	0.17	7.14	—
菲律宾	38.31	36.88	33.64	136.13	124.73	122.52	6.21	8.54	9.22	20.89	21.78	17.58
泰国	24.17	26.39	24.02	32.91	34.36	29.05	48.50	58.21	56.21	6.50	4.68	3.80
越南	35.72	48.37	49.12	52.01	61.56	54.47	15.67	14.08	17.23	2.34	3.49	3.20
平均	39.40	38.34	36.56	109.64	89.02	61.26	21.79	24.76	26.78	8.21	8.63	6.81

资料来源：世界银行数据库，亚洲开发银行数据库。

偿债率有逐渐走低的趋势，但还是超过了 10% ，说明它的外债还本付息负担依
然过重。

虽然数据指标显示出东盟国家整体负债情况良好，但是东盟各成员国的负债
负担差异较大，2009～2011 年，老挝、柬埔寨等国家的债务风险有增加的趋势，
印度尼西亚、马来西亚等国虽然债务水平较平稳，但其债务负担也十分沉重，潜
在的外债风险也不可低估。CAFTA 内成员国的债务水平差异较大，极少数国家
债负较轻，大多数国家债负较重，老挝、印度尼西亚等国的债负过重。少数国家
的外债风险可能引发整个中国与东盟区域的债务危机。因此，应该协调各成员国
的债务状况，防范债务风险，趋利避害，为区域经济一体化的发展创造稳定的国
际债务环境。

（二）国际债务政策协调缺失

国际债务，对于发展中国家来说，如果合理的运用，并使其处于合理的规模
和结构中，既有助于国民经济的发展，又能帮助经济调整。当债务国超规模借
债，外债结构不合理，外债使用不当，缺乏统一管理和控制往往导致国际债务危
机的爆发，整个区域都将陷入财政风险。1982 年，墨西哥国际债务危机引发了
发展中国家的债务危机，危机中，发展中国家的失业率快速上升，大量的银行受
到重创，引发了严重的社会问题，也强烈冲击了国家的金融系统。国际债务危机
不容忽视，局部危机也可能演变成影响全球经济的债务危机。

目前，中国—东盟区域经济一体化的国际债务协调处于缺失状态。CAFTA
内部国际债务状况的巨大差异导致国际债务风险的失衡。并且，柬埔寨、缅甸等
国家经济基础较差，经济产业发展依赖性强，受国际经济形势影响较大，国民经
济的发展状况还不足以抵御潜在的国际债务风险。成员国之间缺乏良好的沟通机
制，使得成员国并没有充分利用 CAFTA 来建立起彼此间的信任，一国在面临国
际债务危机时，各成员国之间就很难建立相互帮助和相互合作的国际债务协调
机制。

三、国际援助协调

目前中国与东盟所涉及的国际援助主要以双边援助和官方援助为主。国际援
助对于发展中国家来说是一种特别重要的国际经济关系，中国与东盟大部分成员
国作为受援国都有得益于国际援助的帮助。

（一）中国与东盟国际援助状况

1. 中国对东盟的援助情况

中国对东盟的援助方式主要有：技术合作、成套项目、人力资源开发合作、紧急人道主义援助、援外志愿者、援外医疗队和债务减免。中国对外援助资金从2006～2014年以平均增长率40.5%的速度快速增长。[①] 2011年，温家宝总理表示，互联互通建设将成为CAFTA今后的合作重点，并多次强调中国支持东盟改善基础设施，实施互联互通。中国对东盟的资金援助主要有无偿援助、无息贷款和优惠贷款三种方式。截至2012年底，中国累计对外提供援助金额达3 811.4亿元，其中2009年投向亚洲国家资金占32.8%。2009年，中国对东盟国家提供了150亿美元信贷，其中包括67亿美元的优惠贷款，重点支持中国与东盟成员国在能源管道、电网、信息通信、交通等领域的基础设施建设。2011年，中国对东盟追加100亿美元信贷，其中优惠贷款40亿美元。为了加强区域合作，考虑到老挝、柬埔寨、缅甸经济落后的现实状况，中国对其提供了2.7亿美元的优惠贷款，以帮助他们解决燃眉之急。2012年，中国决定对柬埔寨提供1.5亿元人民币的资助。

2. 东盟的国际援助状况

东盟十国中，除新加坡和文莱外，越南、柬埔寨、老挝等国经济发展较落后，在国际援助体系中，主要属于受援国。

1993年国际社会恢复对越援助以来，日本、澳大利亚、亚洲发展银行对越南进行了多方面的援助，越南是东盟十国接受援助最多的国家。越南计划投资部报告显示，2010～2015年越南根据各相关国际条约与外国签署的官方发展援助（ODA）和优惠贷款总金额约达306.16亿美元。[②] 报道称，分阶段来看，2010～2014年，ODA和优惠贷款总额达到271.16亿美元，其中优惠贷款达257.46亿美元，约占94.95%；ODA达13.7亿美元，约占5.05%。2015年，ODA和优惠贷款总额约达35亿美元，其中前九个月，ODA金额达3.19亿美元，优惠贷款达27亿美元。在ODA和优惠贷款放款方面，报告显示，2010～2015年，越南共放款271.6亿美元，达这一时期ODA和优惠贷款总金额的88.7%，其中ODA放款188.9亿美元，优惠贷款放款252.76亿美元。总体来说，放款情况得到好转，从2010年的35.41亿美元增至2014年的56.55亿美元。报道称，目前，越南发展银行已对460个项目使用了1 400 000亿越南盾（约合62.2亿美元）援助资金，其中，2011～2015年，新增项目100个，注册资金达400 000亿越南盾（约合

---

①②　中华人民共和国商务部。

17.8 亿美元），实际到位资金共 910 000 亿越南盾（约合 40.4 亿美元）。援助领域主要集中于基础设施建设、改善社会民生、发展科技与教育、人力资源培训和实现联合国千年发展目标等。

日本、法国、美国、中国等国是柬埔寨的主要援助国，日本自 1992 年起，平均每年给柬埔寨提供 1 亿美元的援助，占柬埔寨受援总额的 20%，亚洲开发银行对其提供的优惠贷款最多，国际援助占柬埔寨政府每年预算的 50% 左右。

与东盟国家相比，缅甸是得到国际援助最少的国家。2006 年，英国政府提出为缅甸的三防基金会（防艾滋病、结核病和疟疾 Three Diseases Fund）提供 1 亿美元的援助。2010 年，印度进出口银行向缅甸铁道部提供 6 000 万美元贷款，还向缅甸农业部提供 1 000 万美元援助资金。2012 年，世界银行为缅甸的学校、道路等基础设施建设提供 8 500 万美元援助资金。2011 年，英国对缅甸提供了 3 200 万英镑，并承诺到 2015 年援助总额将增加到 2.24 亿英镑。《缅甸新光报》3 月 14 日刊，根据缅甸有关部门数据，缅甸 2011～2012 财年至 2015～2016 财年接受外国、国际组织等援助情况是：澳大利亚 2.1 亿美元、中国 5.2 亿元人民币及 100 万美元、丹麦 7 200 万美元、英国 1.86 亿英镑、欧盟 3.7 亿欧元、日本 510 亿日元、瑞典 8 200 万美元、瑞士 5 000 万美元、美国 2.75 亿美元、亚行 9 000 万美元、世界银行 8 100 万美元、联合国儿童基金会 6 800 万美元等。其他提供援助的有：加拿大、法国、芬兰、德国、印度、意大利、韩国、科威特、卢森堡、荷兰、新西兰、挪威及国际农业基金会、联合国开发计划署、联合国人口基金、联合国难民署、世界卫生组织等。合计接受外援金额为：11.25 亿美元，4.38 亿欧元，510 亿日元，新西兰币 1 000 万元，1.86 亿英镑及 5.2 亿元人民币。

老挝官方统计 2014 年度前三个季度，老挝已接受的官方发展援助总计超过 6.13 亿美元，已超出政府年初制定的 6 亿美元目标。该财年对老挝援助位居前 5 位国家分别为中国（1.87 亿美元）、日本（9 779 万美元）、澳大利亚（4 752 万美元）、泰国（3 985 万美元）和越南（2 829 万美元）。由于老挝近年来经济增长前景乐观，老挝国内政治经济革新成效巨大，因此也吸引了越来越多的国际支持和援助，之前一直是日本稳居老挝官方援助的首位，但从 2013 年开始，中国连续第 2 年成为对老挝最大援助国。

日本、美国、韩国、世界银行、亚洲银行、国际货币基金组织等发达国家与国际组织对菲律宾、印度尼西亚等国进行援助。截至 2008 年 2 月，世界银行已向菲律宾无偿援助 1.134 亿美元，联合国向菲律宾提供了 1.26 亿美元农业生产援助。金融危机后，国际货币基金组织牵头亚洲银行、世界银行、日本、美国等国对印度尼西亚提供 400 亿美元的贷款援助资金。

（二） 国际援助政策协调初创

中国与东盟成员国在参与国际援助中存在着许多问题，这同中国与东盟区域经济一体化的发展是不相适应的。

1. 中国与东盟国家在国际援助中缺少发言权

在双边或多边援助中，发达国家作为援助国，在国际关系体系和国际政治格局中都具有绝对的主导性优势。因此，发达国家对发展中国家的国际援助与合作大多带有明显的政治外交目的和经济战略意图。目前，CAFTA 成员国的政治经济关系敏感复杂，区域整体凝聚力较差，各国在获取国际援助中明显存在着竞争和博弈。这种结构分散、各取所需的求援状态，以及部分国家对国际援助的过度依赖，导致东盟各国在国际援助体系中缺乏地位，没有发言权，发达国家将毫无顾忌地对东盟各国提出更多援助附加条件。从长远角度看，外国势力的不断注入也将威胁到东盟各国的团结稳定和 CAFTA 的长远利益。

2. 中国与东盟缺少区域内国际援助

中国与东盟国家多属于发展中国家，相互给予援助的能力有限，成员国内部的相互援助未纳入法制化轨道，多边援助渠道未得到充分开展，非政府组织的援助作用未能有效发挥，并且成员国内部援助较少，各国对其不够重视。

《中国与东盟全面经济合作框架协议》涉及给予新成员国特殊照顾等相关内容，初步具有区域经济一体化国际援助协调的意识。经济发达的新加坡、文莱以及日益强大的中国出于政治、经济、国际关系等因素，并没有挑起国际援助协调的重任，相反，让西方国家以各种援助为载体，输入了具有控制性的资本、产业、产品、技术等，这不利于中国与东盟区域内国际援助的协调。CAFTA 内国际援助的缺乏，更加剧了成员国之间的竞争。

第四节　中国—东盟财政协调推动策略

目前，各为其利的财政政策已经阻碍了 CAFTA 资源配置的效率，影响了区域经济一体化的发展。区域成员国之间加强多方位合作，共同谋求更大的经济、政治利益，这是财政合作的核心，我们认为实现财政政策协调是区域经济一体化的首要任务。财政政策既系统又复杂，这就需要在区域范围内建立一个细致、灵活、复杂的协调制度，在协调制度框架下再对财政政策协调进行具体分工。

一、财政协调总体推动策略

财政政策是一种政府主导的维护国家利益的行为。因此,进行财政协调要比实行统一的货币政策更为艰难。为此,根据中国与东盟的具体情况,并借鉴欧盟一体化的经验,我们提出财政协调要注重以下四点因素:财政纪律、自主权、协调和协商机制。其中,最强调的是财政纪律。

中国与东盟区域经济一体化还处于初级阶段,财政协调更是刚刚起步,统一的财政纪律是中国与东盟区域经济一体化现实情况的需要,也是在没有法律保障之前进行财政协调的基础。同时,共同的财政目标不能以年而是应以经济周期为时间限度,成员国的财政政策努力结果也不能以单一变量和单一数字来评价。在经济衰退时,实行扩张的财政政策而出现财政赤字是很正常的,经济繁荣时则会出现财政盈余。所以,在周期内保证财政平衡是一种更为合理的评价标准。另外,从欧盟的经验来看,对公约的遵守更多是依靠协商和来自成员国的压力,而不是规则。[1] 比如:德国和法国于 2004 年违背《稳定与增长公约》,并最终迫使欧委会修改公约。

二、完善财政政策协调的制度框架

完善的财政政策协调制度框架是财政政策协调的基础,借鉴欧盟的成功经验,站在区域整体利益的高度,构建合理的财政政策协调制度框架是 CAFTA 的首要任务。

(一) 设立专门的财政协调机构

中国与东盟目前的组织机构主要有:首脑会议、部长会议、高官会议、联委会及专家组。各组织机构各有分工,但随着中国—东盟区域经济一体化的进一步深化,这种非常设组织机构已经不能满足区域经济政策协调的需求。从现阶段各国的合作进程来看,采取政府间共同治理的模式较切实可行,政府通过定期召开政府间会议,相互协商,确立共同目标,制定区域财政政策协调机制,对区域事物进行共同管理和协调。财政协调机构也应该以固定的形式和程序确立下来,将现有组织机构的日常活动制度化和定期化,例如政府间会议的议题、会议时间、

---

[1] 邓宗豪:《欧洲一体化进程:历史、现状与启示》,四川大学出版社 2011 年版,第 201 页。

程序、讨论结果、执行方案、执行效果反馈等，都要形成制度。此外，还要建立常设机构，尤其是建立与区域经济一体化经济问题密切相关的机构，具体到财政政策协调，可以设立财政政策委员会，财政政策委员会根据需要下设政策实施机构，常设机构的设置有利于全面掌握区域经济一体化各成员国出现的问题与矛盾，对具体问题的解决和区域整体目标的实现提供了有效保障。

（二）　财政政策协调应兼具原则性与灵活性

区域组织与各成员国主权的有效协调，是区域财政政策协调的基础。因此，中国—东盟区域经济一体化的财政政策协调应兼顾与协调区域经济一体化组织与各成员国主权。在承认各成员国主权的基础上，赋予区域经济组织适当的权力。例如，可借鉴欧盟在直接税协调中的"补充原则"，让各成员国既希望维护自己的税收主权，又对税收协调表示出极大的支持。

在构建财政政策协调机制时，应该始终保持灵活性。中国与东盟各成员国的国情差异较大，在制定共同标准和准则时，应该留有较大的调节空间，切勿盲目地"一刀切"，这样区域组织可以根据各成员国的实际情况，在财政政策协调中灵活处理相关问题。

（三）　财政政策协调应把握层次和顺序

中国—东盟区域经济一体化中财政政策协调应把握以下几个层次：第一，信息交换。一方面，中国与东盟各成员国应就本国的财政政策内容、重点、目标等信息积极交流，以促进彼此之间的了解，在此基础上各国独立地进行本国决策。另一方面，各成员国与区域组织机构的信息交流，在内容和时间上应固定化，以保证区域组织机构决策的科学性和及时性。第二，确定合作的中介目标。通过各成员国的商议和讨论，确定一个中介变量作为各国政府协调的共同目标，变量变动会引起财政政策的溢出效应，因此，各成员国有必要针对中介目标积极协调与合作。第三，从部分协调到全面协调。根据合作的中介目标，各成员国针对本国财政情况开始部分协调。待部分协调完成后，将区域整体的财政政策目标、工具、运行机制等都纳入协调范围，与部分协调成果融合，最大限度地从财政政策协调中获得收益，达到协调目的。

财政政策协调的顺序与区域组织的现实情况息息相关，就中国与东盟而言，绝大多数成员国是发展中国家，这与欧盟的情况是截然不同的。因此，财政政策协调的基础不同，财政政策协调的重点与顺序也有所差别。财政政策协调应该先易后难，循序渐进，采取切实可行、符合实际情况的协调方式。更应该立足于长远，将财政政策协调分步骤，分阶段进行。具体而言，国际税收政策协调是实现经济一体化之前各个阶段的首要问题，可采取先协调关税，再协调间接税，最后协调直接税的路径进行，在自由贸易区阶段，重点在于协调区域内部关税，在关税同盟、共同市场阶段，对外关税，间接税和直接税的协调应该逐步进行。目前，CAFTA 整体债务情况较稳定，而国际债务协调需要财政政策和货币政策的相互配合，CAFTA 还不具有协调基础。因此，国际债务政策协调应主要在关税同盟、共同市场以及经济同盟阶段进行。CAFTA 大多数国家都是受援国，国际援助问题的解决刻不容缓，笔者认为应该从自由贸易区这个阶段就树立国际援助政策协调的意识，在国际税收政策协调的同时，兼顾国际援助政策协调。

三、促进财政政策协调的具体路径选择

区域经济一体化的财政政策协调在不同阶段有不同的特点，国际税收、国际债务与国际援助协调应有重点，有序、交叉地进行，我们将从国际税收、国际债务、国际援助协调三个方面来提出具体的政策建议。

（一）构建税收协调框架

国际税收协调是 CAFTA 建设中的重中之重，在借鉴欧盟税收协调经验的同时，中国与东盟要结合实际，本着求同存异的原则，对 CAFTA 的税收协调提出有效建议。

1. 构建中国—东盟税收协调的法律框架

中国与东盟的税收协调目前还处于起步阶段，前期的工作重点是制定关税的法律框架，其他税收协调的法律框架还尚未开始构建，一个系统的税收协调法律框架是双方有序、有效开展税收协调工作的保障，为此，构建税收协调的法律框架是税收协调的首要任务。

制定税收协调的法律法规，建立税收协调的组织机构。《罗马条约》为欧盟关税和间接税的顺利协调提供了法律保障，因此在 CAFTA 的建设初期，我们应该将税收协调的目标、范围、内容等以共同条约的形式确定下来，从而为税收协调的实施奠定法律基础。中国与东盟应该建立专门的税收协调组织机构，其中包括研究机构、执行机构和仲裁机构，研究机构对税收协调的具体政策进行拟定，执行机构执行下达的命令，仲裁机构制定仲裁程序，建立协商解决机制，为税收协调过程中出现的分歧和矛盾提供协调和解决的途径，仲裁机构将出现的相关问题反馈给研究机构，研究机构针对问题及时调整税收协调措施，如此形成良性循环，保障协调的顺利进行。

建立补偿机制。CAFTA 的建设过程中，生产要素的自由流动和税收政策的

协调，难免会使得国家利益得失不对等。在税收协调的过程中，有的国家也许会获得巨大的利益，有的国家也许会遭受重大损失，遭受损失的国家将会产生敌对情绪，所以税收协调也需要补偿机制的配合。首先，建立税收方面的评估机构，以评估成员国在税收协调中遭受的损失，其次，建立税收补偿基金用于补偿税收协调带来的损失。补偿机制的建立将在一定程度上化解税收协调带来的不利影响，为税收协调的进一步开展提供保障。

2. 分层次进行税收协调

欧盟的税收协调经历了三个阶段，与欧盟成员国发达的经济发展水平相比，CAFTA 的成员国经济发展水平参差不齐，税收来源和税收制度差异巨大，这决定了 CAFTA 的税收协调将是一个长期的过程。受欧盟分阶段进行税收协调的启发，可以分层次的对中国与东盟成员国进行税收协调，以所得税为主体的新加坡、文莱、马来西亚、泰国、菲律宾等国处于税收协调的第一层次，以流转税为主体的越南、柬埔寨等国处于税收协调的第二层次，每个层次的成员国经济水平和税制差异较小，有利于税收协调的进行，其中第一层次的成员国经济发展水平相对发达一些，税制环境相对成熟稳定，首先，直接税和间接税的协调可以先在第一层次进行，以积累经验，等时机成熟后再推广至整个贸易区。其次，在区域内开展征管合作，根据现实情况协调税基和税率。

3. 建立税收协调研究机构

税收协调是一个庞大复杂的工程，需要专门的研究机构为其服务，目前，亚洲税收管理与研究组织和东盟秘书处等机构发挥着部分税收协调的功能，但它们非专业研究机构，难以有效提供服务，因此，CAFTA 需要专门的税收政策研究机构。建议 CAFTA 成立中国—东盟税收委员会，对成员国的税收政策问题进行经济计量分析和大量的、超前的理论研究，各成员国应积极配合提交相关研究数据，委员会应对资料进行严格保密，并制定完善严密的指导程序，将研究成果提供给各成员国作为税收协调的参考与建议。

4. 加强国际税收征管合作

CAFTA 建立后，中国与东盟的经贸往来更加紧密，区域内一些国家在税收管理方面存在着漏洞，导致逃税、避税的问题增多。目前，除了资本弱化、转让定价等传统避税手段，利用个人居住地变化避税、利用任何资产的非流动避税等新避税方式不断出现，逃税避税的手段更为隐蔽和灵活，因此，加强税收征管的国际合作，建立税收征管合作机制，才能有效防范和减少逃税避税问题，维护各国的税收利益。

首先，区域成员国之间应该充分利用税收协定建立情报交换制度，各成员国应积极配合税收情报的交换，让税务稽查人员能够及时发现税收征管出现的漏洞。其次，各成员国应该通力合作打击国际逃税、避税，通过谈判等对话机制协调区域内税收利益争端。最后，通过同期税务检查、税务高级人员交流和授权代表访问等方式，对国际逃税避税行为进行调查取证。

（二）扩宽税收协调范围，积极构建合作环境

从税收的视点看，关税是影响商品贸易的主要因素，是税收协调的首要对象，根据欧盟的成功经验，目前中国—东盟区域经济一体化在自由贸易区这个阶段应该首先完成关税的协调，CAFTA 建立后，资本、生产资料、劳动力、知识产权等开始更为广泛的流动，这就会涉及个人所得税、营业税、企业所得税等税收问题，所得税的双重征税问题、税收竞争问题会影响生产要素在区域内的合理流动，所以，中国和东盟不仅要达成一致的税收原则，在充分尊重各国意见的基础上，保留一定的税收制度差异，有步骤的在关税同盟和共同市场阶段继续进行税收协调。

1. 间接税的协调

在对内关税协调方面，从中国与东盟国家间的关税协调已经初现成效，中国与东盟国家间的贸易关税得到大幅削减，大多数产品亦实现了零关税，双方在货物市场、服务市场和投资市场的合作更加深入。在自由贸易区这个阶段，关税大幅度下降后，一些成员国往往采取非关税壁垒的措施来保护本国市场，也会引发其他成员国采取同样的措施来避免损失贸易利益，这严重限制了贸易的自由流通，中国与东盟应该更加关注非关税壁垒的消除。CAFTA 可以禁止通过许可证、限额、贸易救济等措施来限制他国贸易的行为，同时建立非关税壁垒管理体系，对各成员国与贸易相关的法律、法规和行业标准进行搜集和调查，对非关税壁垒问题进行分类，统一纳入关税管理。在对外关税协调方面，由于各成员国独立对外实行关税政策，各国在对外关税方面存在巨大差异，对外关税协调面临巨大阻碍。我们可以借鉴欧盟分阶段、分层次进行关税协调的成功经验，将 CAFTA 成员国分为低关税国家、中等关税国家和高关税国家三组，对每组的国家制定一个标准关税，以实现组内国家对外关税的趋同，然后，再制定组与组之间的标准关税，促进组与组之间对外关税的趋同，最终可以实现对外关税的统一。

目前，CAFTA 的税收协调主要以消除贸易障碍为中心，而间接税协调重点在增值税。首先，促进增值税税率的协调。中国与东盟成员国增值税税率差异较大，例如：中国的增值税税率高达 17%，而泰国、新加坡的增值税税率却为 7%，这严重阻碍了商品的流动，由于成员国税制各有区别，实现增值税税率的统一是不现实的，但促进税率的协调是必要的。在实际操作中，我们可以借鉴欧盟的经验，结合中国与东盟成员国的税收实际情况，在充分协商的基础上，制定

增值税的最低税率标准和最高税率标准，允许增值税税率在这个范围内存在差异，通过这种方式来进一步缩小国家间增值税税率的差异。其次，促进增值税税基的协调。目前，中国与东盟成员国间增值税税基存在着较大差异，因此，引进增值税的成员国应该进一步扩宽增值税税基，将更多的货物和劳务纳入征税范围，对增值税扣除标准进行合理的沟通和协调，从而避免商品和服务在区域内的价格相差过大，减少税收的扭曲作用。最后，促进征税原则的协调。增值税征税原则的协调是消除重复征税的关键。在 CAFTA 这个阶段，成员国尚保持着财政的独立性，为了消除经济边界，建议成员国采用目的地原则进行课税，若经济边界消除后，想进一步消除财政边界，则需要采用原产地原则。

2. 直接税的协调

直接税的协调直接影响着资本、劳务、知识产权等要素在区域内的自由流动和有效配置，协调的目的在于减少税收竞争带来的负面影响。

在公司所得税方面，首先，协调征税对象的判定标准，区域内成员国对居民公司的判定标准不同，存在以管理中心所在地和居留时间两种标准，这需要成员国之间的主动协商，统一判定标准，防止企业在区域内被双重征税。其次，协调公司所得税税率，区域内成员国公司所得税税率差异较大，应该借鉴间接税协调的方法，对成员国进行分组进行协调，在税率的设计上应征求各成员国的意见，力求给企业创造一个良好的成长环境。最后，加强国家间税收优惠政策的协调。协调和规范优惠政策的使用，减少国际税收竞争。减少直接税收优惠方式，通过固定资产加速折旧、投资抵免、科技开发费用扣除、对高新技术行业低税率等间接税收优惠方式，加大对高科技产业的扶持，这样增加了税收优惠的有效性。

在个人所得税方面，区域国家间居民与非居民的税收政策应该逐渐统一，个人所得税税制应该向综合个人所得税税制方面统一。人才流动受最高边际税率的影响，目前区域成员国的最高边际税率存在较大差异，因此在税率上，通过国家间的共同协商，可以设定一定的浮动空间，往最高边际税率的方向协调。

在税收协定方面，目前世界各国签订税收协定的速度更快，内容更丰富，协调的层次也更高，参与缔约的国家通过税收协定及时有效地缓解或解除了诸多矛盾冲突。我国与东盟应该重视税收协定网络的建设，提高税收协定对税收的协调作用。税收协定的内容不应该仅涉及关税，还应该涉及所得税、社会保障税、财产税等其他税种。税收协定要解决的税收问题应该更加全面，应该涉及税收征管合作、税收优惠待遇、防止国际避税和逃税等问题。而税收协定的形式不应再拘泥于传统的双边协定，根据税收协调的需要，应该考虑向多边税收协定发展。税收协定只有在范围、内容和形式上进行改革，才能提高它的税收协定覆盖率。

（三）加强审慎监管，推进国际债务协调

中国—东盟区域国际债务的协调，重点在于构建一个与其相适应的国际债务机制和债务风险防范体系。目的在于抑制少数东盟成员国过高的国际债务指标，促进各成员国外债规模、风险、效益、债务重组等方面的协调。

第一，根据中国与东盟自身特点构建国际债务运行机制，区域内国际债务机制要与区域外债务机制相协调。区域内大多数东盟成员国都属于债务国，债务国对外资存在着竞争，还要防范因盲目借贷陷入债务危机。所以，加强成员国在国际债务领域的合作，建立区域内国际债务新秩序，防止恶意竞争，提高对国际债务的利用效率才是协调国际债务的关键。除此之外，区域内国际债务机制与区域外债务机制相协调，也有助于东盟与国际接轨，提高区域整体在国际环境中的竞争力，从而能够更加有效避免债务危机，提高债务利用率。

第二，加强审慎监管对国际债务的协调。政府过度举债，往往会引起恶性通货膨胀，系统性风险上升，甚至导致金融体系崩溃。一旦发生金融危机，政府往往通过注资的方式来挽救金融机构，最后承担损失的还是政府财政，因此，审慎监管在国际债务协调中是十分必要的。首先，借鉴欧盟《马约》和《公约》中严格控制债务指标的经验，中国与东盟成员国也应该通过协商制定出较科学的财政赤字与债务标准，通过签订多边协定确定各成员国应履行的义务以及违反标准后应受到的惩罚。针对一些债务情况比较特殊的落后国家，以帮扶为原则，可以放宽政策，增加帮扶力度。其次，加大对各种隐性债务的重视，掌握区域债务总体情况和变化趋势。最后，对各成员国的债务水平进行更为准确的区分，例如目前老挝和印度尼西亚属于债务风险较高的国家，而新加坡和文莱基本上没有债务风险，更有针对性的对不同债务水平的国家制定监管计划，实施审慎监管。

第三，构建中国—东盟区域国家债务风险防范体系。由于中国与东盟处在区域经济一体化的初级阶段，再加上各成员国经济水平参差不同，不能照搬欧盟严格的债务控制模式，在短期内也不可能达成共同债务协调的目标。所以，CAFTA内应该建立国际债务协调的专门机构，各成员国如实上报债务信息，机构对各国的债务情况进行监督和控制，并提出有利于优化债务的建设性意见，树立成员国进行国际债务协调的意识。从长期来看，可以借鉴欧盟债务指标控制体系，根据中国与东盟成员国的具体国情，在尊重各国主权和利益的基础上，建立合适的债务指标体系，形成有效的债务风险防范和预警机制。

第四，运用多种措施进行国际债务协调。只有成员国之间、成员国与国际金融机构之间通力合作，对国际债务的偿还负担进行合理的协调优化，才能维护中国东盟区域政治、经济的稳定。针对老挝、柬埔寨等经济较落后的成员国，可以

采取免债、重新安排债务、扶持等措施来减轻他们巨大的偿债压力。区域国际债务协调机构应积极与债务国进行沟通，为东盟经济落后国家争取减免债务的机会。由国际债务协调机构牵头，带动多边机构为债务国进行担保，帮助国际商业银行为成员国重新安排国际债务。区域内经济发达国家应该具有团队意识，对经济落后、面临债务危机的成员国进行直接"输血"或贷款优惠，以缓解它们的燃眉之急。CAFTA 还应该联合国际商业银行建立重债国债务援助基金，根据重债国的实际情况，以低利率或零利率对重债国进行及时性的援助贷款，同时基金应该安排多样化的优惠性贷款政策，鼓励重债国进行投资建设，自力更生。

（四）构建援助协调体系，推动内部互助

目前，中国与东盟在国际援助方面存在的问题严重影响了国际援助积极意义的发挥，它们在国际援助过程中的自身利益也因此遭受损失。当前国际援助体系在进一步改革当中，CAFTA 国际援助协调应该适应国际援助的发展趋势，通过建立完善的援助协调体系，为各成员国提供制度保障。

1. 减少对外依赖，协调内部竞争

东盟国家在国际援助体系里大多数是受援国，从对东盟的国际援助现状可以看出，越南、老挝、菲律宾等国家一直是美国、日本、韩国以及欧盟等国的援助对象。援助国往往通过援助的附加条款以及一些援助的合作项目进入受援国的重要领域，对其进行操控以攫取更多的利益，受援国对外援的依赖将导致经济的畸形发展。目前，受援国应该提高对外援资金的利用率，通过项目合作提高自主研发水平，严格控制外资对重要领域或产业的入侵。CAFTA 应该建立技术协作与交流委员会，为成员国进行医疗、计算机、机械等领域的学术交流和技术合作提供平台，鼓励中国、新加坡等技术密集型国家对越南、老挝等落后国家进行"一对一"帮扶，通过区域内成员国的互相帮助，提高成员国自力更生的能力，改变过度依赖外援的状态。

2. 加强成员国的内部互助

目前，CAFTA 内成员国的相互援助十分有限，比起美国、日本、欧盟等发达国家，中国、新加坡、文莱等经济较发达国家对东盟成员国的援助还远远不够，以中国、新加坡、文莱等国的经济总量而言，应该适度扩大对其他成员国的援助。内部援助具有多方面的优点，不仅直接有助于区域整体的收入再分配，促进区域内部经济的均衡发展，更有助于加强区域内部的凝聚力，因此中国与东盟成员国应该强化整体意识，通过建立双边或多边援助体系来加强区域内成员国之间的相互援助，这样也有利于避免外部敌对势力借助对外援助制约受援国的政治立场，造成区域内政治、经济关系分裂。

3. 构建国际援助协调体系

首先，应该建立专门的国际援助协调机构，除了对援助工作进行大量的理论研究之外，还要对成员国的援助需求进行了解和整理，根据具体情况，考虑内部援助和外部援助两种方式。当选择内部援助时，国际援助协调机构应该根据受援国的具体需求，积极与其他成员国进行协商，以争取其他成员国的帮助。当选择外部援助时，若援助国所提出的附加条件不利于受援国，甚至有损于整个区域经济的发展与稳定，国际援助协调机构应该以 CAFTA 超国家机构的身份出面与援助国进行谈判和协商，争取利益最大化。

其次，建立中国—东盟区域国际援助基金，稳定的财源是欧盟进行国际援助的有力保障，中国与东盟应该通过亚洲开发银行、各成员国政府国库、区域内各大商业银行和区域内各投资发展基金等组织机构筹集区域国际援助资金，建立国际援助基金使用机制，对援助资金的使用进行严格监控，受援国要严格遵守国际援助基金的使用规定、履行按期归还的义务，否则取消它的受援资格，还应承担相应的法律责任。

最后，建立 CAFTA 国际援助协调的法律框架。在各国协商一致的基础上，由国际援助协调机构制定关于国际援助的法律、法规，约束援助国对受援国的援助行为，以保证援助资金的切实到位，援助项目的合理合法以及援助国义务的履行。从法律的角度，切实提高受援国的国际地位，将援助行为纳入法制化轨道，保护援助国的切身利益。

第十章

中国—东盟区域经济一体化
进程中的金融支撑

在区域经济发展中，区域的开放和经济增长离不开金融体系的构建和融资机制的完善，离不开金融支撑巨大的推动作用，一体化过程同样如此。国外区域金融协调发展始于 20 世纪 60 年代，其中，蒙代尔教授提出的最优货币区理论最有影响力。最优货币区理论的体系逐渐完善，早期，蒙代尔、英格拉姆、麦金农和凯南等经济学家分别从生产要素流动性、国际金融一体化标准、经济开放度标准和产品多样化标准等方面对最优货币区理论进行了扩展。随后，蒙代尔、石山、维莱特等人对最优货币区的判断标准进行了设定，并最终形成了成本和收益的判断体系。在国内，张凤超详细地论述了金融一体化的理论建构。目前，很多学者也对中国东盟金融一体化做了研究。黄忠东、徐中亚、董倩倩、王丽娅等对中国与东盟的金融合作现状、前景和制约因素进行详尽的阐述。本书通过分析中国—东盟金融合作和金融支撑体系构建的现状及特点，结合金融支撑体系构建发展进程对中国—东盟区域经济一体化的金融支撑能力进行竞争力分析，研究如何加快中国与东盟金融合作发展的步伐，以及金融在此过程中如何发挥促进区域经济一体化的积极作用是我们亟待解决的现实问题，并针对中国—东盟区域经济一体化发展过程中金融支撑能力的不足，提出了相应的金融支撑策略。

第一节 中国—东盟金融合作现状

　　经济发展决定金融运行，金融发展促进经济增长。从微观经济动力理论来看，金融市场的基本功能就是满足金融工具供求双方的需求。由金融产品的种类和期限所影响的金融产品的风险和收益的不同是决定市场主体进行选择的重要因素，因此，市场的扩大导致产品和期限的选择范围扩大，进而导致风险—收益的组合选择范围扩大，最终使金融市场的效率提高，这就是区域金融市场一体化的魅力；金融业的规模效应能有效的分散风险降低交易成本并提高资金的利用效率，这就要求一个一体化的金融市场为金融机构提供跨境运作的平台。我们知道，市场规律是一个优胜劣汰的选择过程，通过一体化市场的自由流动性，使资本从效率低和边际效率低的国家流动到市场资本效率高和边际效率高的国家，从而提高了资本的配置效率。同时，市场范围的扩大使一个国家的系统风险转化为一体化市场中的非系统风险，投资者可以利用跨国投资组合将原来的系统风险作为非系统风险分散掉。

　　从宏观经济动力理论来看，一体化的市场使资金在更大范围内达到平衡，平滑跨期消费和投资，降低消费的波动和投资的风险，给区域内的消费者和投资者带来福利。此外，一体化市场资本自由流动的属性，会对每一个成员国的宏观政策形成一种优胜劣汰的约束机制。这种市场约束政府的力量使得各个政府必须实行更为合理的宏观经济政策，从而为市场主体创造一个更稳定更合理的经济环境。基于上述宏观和微观动力的分析，我们明确了区域金融一体化对于金融发展和区域经济发展的推动作用，金融发展通过一体化的过程获得实现，这是金融结构优化的内在需求。但同时我们也应该明白，一个先进的金融支撑体系对于区域经济一体化的发展尤为重要。金融可以在区域一体化过程中发挥主动作用以助推区域经济一体化预期。对中国—东盟区域经济一体化金融支撑体系的研究必须建立在金融支撑发展现状的详细分析基础之上，因为只有通过考察金融支撑发展现状才能知道金融支撑体系构建进程中所存在的问题及今后努力的方向。本部分将从中国—东盟金融合作的整体层面来分析金融支撑能力的现状。

一、中国—东盟金融合作不断深化

　　自2002年双方签订《全面经济合作框架协议》以来，中国与东盟的经贸交流与合作就进入了新的发展阶段。至 2014 年，中国与东盟的贸易总额达到 4 803.94 亿美元，中国已连续四年成为东盟的最大贸易伙伴，东盟已成为中国第三大贸易伙伴，贸易的迅速发展凸显了双方金融合作的必要性。

纵向来看，2000 年，东盟十国和中日韩签订了《清迈协议》，该协议扩大了东盟成员国间互换协议的金额和数量并建立了东盟和中日韩国家间的互换协议，它有利于防范金融危机稳定亚洲金融秩序，到 2008 年底，中国与菲律宾、泰国、马来西亚、印度尼西亚等国签署了总额达 230 多亿美元的互换协议。2009 年，中国和东盟共同参与设立了总规模为 1 200 亿美元的亚洲区域外汇储备库，并成立了货币金融稳定委员会，表明中国—东盟金融合作进一步深化。2010 年，跨境人民币结算试点由上海、广州等城市扩围到广西等省市，15 个工作日内广西中、农、工、建、交等 5 家银行与新加坡、越南、菲律宾等国家的 11 家银行共办理了跨境贸易人民币结算业务 836 笔，金额约 9 亿元。同年，中国—东盟投资合作基金正式启动，用于支持双方基础设施、能源资源、信息通信等领域的重大投资合作项目。到 2012 年，中资银行在东盟国家共设有 8 家分行；东盟国家在华设立 7 家外资法人银行、6 家外国银行分行；东盟在中国的银行机构资产总额近 2 000 亿元人民币，自 2003 年以来年均增速达 38%。

横向来看，首先，中国—东盟互设金融机构步伐加快，互设金融机构的增多是服务海外客户的需要，取决于双边经贸关系的发展。目前，东盟国家在华设立了 30 多家银行机构，包括 7 家外资法人银行、6 家外国银行分行。其中，数量最多的是新加坡和泰国，共占在华外资银行总数的 10% 左右。中资银行在东盟国家设立的分支机构以新加坡为中心，进而向周围国家扩散。中资银行机构与东盟各国银行建立的代理行、境外账户行超过 150 家，中国国家开发银行还与东盟国家银行发起设立了"中国—东盟银行联合体"，双方银行机构的战略合作呈现信贷类、代理类和股权投资类等多元化发展的良好态势。中国银行还计划收购东盟国家的银行，以提高中国金融机构在东盟国家的影响力。其次，金融监管合作加强。1998 年，东盟各国财长签订了《理解条约》，其宗旨是监督成员国的金融部门，并及时发现成员国金融体系的弱点，这为以后中国与东盟的金融监管合作打下基础。在银行业，中国银监会按照巴塞尔委员会确定的跨境银行监管规则，先后与新加坡、菲律宾、泰国、越南、马来西亚等 6 个东盟国家金融监管当局签署了双边谅解备忘录，分别就市场准入、日常监管、现场检查、双边互访、信息交换与共享以及人员培训等方面达成共识[①]，谅解备忘录的达成使双方金融管理当局能有效地沟通信息，提高银行业监管水平。在证券业，中国与印度尼西亚、新

---

① 第三届中国—东盟金融合作与发展论坛。

加坡、马来西亚、越南等东盟国家的证券（期货）监管机构签署监管合作协议，促进双方在证券期货领域的跨境监管合作与信息互换。在保险业，自1978年起，中国与东盟的保险业的联系与合作日益紧密。2005年，中国与越南、马来西亚等14个国家和地区共同建立了亚洲区域保险监管合作机制。自由贸易区建立以后，新加坡、菲律宾等国开始在北京、上海等地设立本国保险公司代表处，这是东盟各国开拓中国保险市场的重要一步。2013年中国—东盟金融合作与发展领袖论坛提出，中国—东盟保险业合作要坚持"服务发展、重点突破、制度保障、互利共赢"基本原则，推动人财保险更好地为中国东盟的经贸发展服务。

二、中国—东盟金融合作愿望持续增强

重大的金融危机，导致各个国家经济衰退，同时也增强了国家间的金融合作意识。1997年亚洲金融海啸使东盟各国的经济受到沉重打击，东盟各国的股市下滑二～五成，印度尼西亚货币贬值达340%，马来西亚负增长6%～8%，菲律宾等地失业率急升10%，严重的经济衰退使东盟各国认识到建立金融合作机制监控国际游资的必要性。同时，中国在此次危机中承诺人民币不贬值避免东盟各国经济进一步衰退，中国由此树立的负责任大国的形象为东盟与中国进行金融合作打下信任基础。2008年金融风暴导致中国和东南亚各国经济衰退，其中中国的经济增长率由2007年的11.9%一路降到2014年的7.3%。尽管中国和东盟各国的金融并未受到重创，但是各国在美国的金融资产却遭受巨大损失。这次金融危机再次证明了地区金融合作的重要性。这次全球金融危机还直接影响到中国和东盟国家严重依赖出口的实体上市公司及在海外有大量投资的金融机构，并且直接冲击到银行业的发展。在此背景下，中国与东盟各国积极探讨区域金融合作的模式，并提出推进金融合作的诸多方案，为金融合作的推进奠定了良好的思想基础。[①]

2008年金融危机以后，中国与东盟各国开始召开中国—东盟金融合作与发展领袖论坛。2009年，首届论坛就提出双方要务实创新，积极构建中国与东盟金融合作一体化平台。第二届论坛双方提出，要构建中国—东盟自由贸易区金融互利共赢发展的新格局，并认为银行业要实现"走出去"和跨境发展之道。第三届论坛认为，中国—东盟的金融合作还处于初级阶段，要从金融稳定合作、金融

---

① 徐中亚、董倩倩：《中国—东盟金融合作：现状、问题与对策》，《经济研究导刊》，2010年第26期，第164～166页。

市场深化合作以及货币合作等多个领域着手才能改变当前的现状。第四届论坛认为，在新的世界经济形势和金融形势下，要把中国与东盟的金融合作推向一个新的层面，就必须扩大双边贸易本币结算、建立跨境资金流动监测体系、加快互设金融机构。2013 年，最新一届论坛提出，要在经济转型的前提下注重深化双方的金融合作，中国与东盟进一步深化金融合作的着力点是保险业、互联互通、产业与投融资合作等方面。所以，金融危机过后的新时期，中国与东盟金融合作的范围不断深化扩展，新的国际形势下存在的潜在经济风险推动中国与东盟金融合作的意愿不断增强。

三、中国—东盟区域金融稳定机制初步建立

中国—东盟金融稳定机制的建立主要是围绕《清迈协议》（CMI）来展开。《清迈协议》是东亚各国建立的一种相互融通外汇储备以防止货币危机发生的合作协定[①]。2000 年，东盟与中日韩三国签订《清迈协议》，决定建立双边货币互换网络（BSA），提供国际收支的短期流动性支持，并扩大了东盟互换协议（ASA）的数量与金额。到 2012 年，中日韩与东盟为加强区域金融安全体，免受欧债危机波及，同意把货币互换规模扩大至 2 400 亿美元，其中中国出资 768 亿美元，东盟十国出资 480 亿美元。但是，清迈倡议签订的货币互换都只是双边货币互换协议，每个需要资金支持的国家面临着许多轮的双边谈判，同时还蕴藏着个别国家拒绝履行双边互换协议的危险，存在巨额谈判成本和违约风险。贷款存在条件性，每个需要援助的国家能够得到的援助资金相对有限[②]。

所以，2010 年，东盟和中日韩及中国香港金融管理局总裁宣布清迈协议多边化正式生效。该协议规定，如果 "10 + 3" 成员中任何一个经济体出现危机，都可以在其出资份额和事先设定的借款乘数相乘所得的额度内，用其本币与美元实施互换，以补充流动性。也就是说，一旦陷入经济危机，成员国能够更快地从外汇储备库中获得融资。清迈协议的多边化能有效地阻止成员国内部金融市场波动对其他成员国的影响，并能有效防御外部金融危机对区域金融安全的冲击（见表 10 – 1）。

---

① 范莉：《从〈清迈协议〉看东亚货币合金融合作》，《世界经济》，2006 年第 6 期，第 2 ~ 4 页。
② 陈剑波、胡列曲：《中国—东盟区域金融合作进程及展望》，《合作经济与科技》，2012 年第 4 期，第 50 ~ 51 页。

表 10 - 1 　　　　　　　中国与东盟国家签署的货币互换协议

经济体	签署时间	规模	有效期
泰国	2001 年 12 月	20 亿美元	3 年
马来西亚	2002 年 10 月	15 亿美元	—
菲律宾	2003 年 8 月	10 亿美元	3 年
印度尼西亚	2003 年 12 月	10 亿美元	2 年
印度尼西亚	2005 年 10 月	20 亿美元	—
菲律宾	2007 年 5 月	20 亿美元	—
马来西亚	2008 年 5 月	30 亿美元	3 年
泰国	2008 年 5 月	40 亿美元	3 年
马来西亚	2009 年 2 月	800 亿元人民币/400 亿林吉特	3 年
印度尼西亚	2009 年 3 月	1 000 亿元人民币/175 万亿印度尼西亚卢比	3 年
新加坡	2010 年 7 月	1 500 亿元人民币/300 亿新加坡元	3 年
泰国	2011 年 12 月	700 亿元人民币/3 200 亿泰铢	3 年
马来西亚	2012 年 2 月	100 亿元人民币/1 400 亿卢比	3 年

资料来源：十国人民银行南宁中心支行课题组著：《新形势下的中国—东盟区域金融合作：背景、现状及展望（上）》以及王丹、鲁凤玲著：《人民银行货币互换实践》。

第二节　中国—东盟金融合作限制性分析

近年来，中国与东盟已围绕金融支撑、金融创新服务、投融资合作等方面初步建立起中国—东盟金融合作体系。但是，由于双方历史、政治、经济、文化的差异和分歧以及国际关系的复杂性，导致中国与东盟的金融合作进程受到很多制约，这也决定了中国与东盟区域金融一体化是一条漫长而曲折的路。

一、中国与东盟金融合作的政治文化障碍

首先，中国与东盟国家政治制度和体制差异大。中国、越南和老挝是人民代表制国家；新加坡是议会共和制国家；印度尼西亚、菲律宾是总统制国家；泰国、柬埔寨、马来西亚和文莱则是君主制国家；文莱是绝对君主制国家；缅甸是

军政府国家。政治制度和体制的多样性导致各国决策存在较大差异①。在历史上，中国与东盟各国都受到帝国主义侵略，所以各个国家的主权意识都非常强烈。同时，宗教信仰、历史文化和对外关系的分歧、差异导致国家间的合作缺乏信任基础。

其次，中国与东盟一些国家还存在着领土争端，特别是近来菲律宾、越南等国在南海问题上挑衅日甚，矛盾大有激化之势。围绕南沙群岛领土主权之争，这一问题如果不能得到妥善处理，将会导致中国与东盟某些国家缺乏互信基础，还会进一步影响区域经济金融合作。

最后，金融在现代经济中处于核心地位，金融合作就意味着合作双方必须在一定程度上相互让渡一部分经济政策和货币政策的制定权，这对双方政府和民众的心理都是一种考验甚至是挑战。特别是经济和国际地位相对弱小的国家，在合作中的防备心理较重、信任感较低，这会加大双方之间谈判的难度。

二、中国与东盟金融合作的经济发展差异障碍

首先，中国与东盟各国的经济发展差异大，东盟各国之间的经济实力也参差不齐。自改革开放以来，中国经济高速发展领跑世界，至 2012 年中国 GDP 总量超过 10 万亿美元。东盟国家在 20 世纪 70 年代和 80 年代的发展速度很快，经济也很有活力，但是由于自身金融体系的脆弱和合作不足，1997 年的金融危机给东盟各国的经济以沉重的打击。到 2014 年底，东盟国家 GDP 最高为印度尼西亚 1.2 万亿美元，这说明中国与东盟双方的经济发展差距很大。从东盟内部来看，十个国家的发展差距也很大。其中，印度尼西亚和马来西亚的经济总量较高而新加坡的经济体系较强经济制度完善。相比之下，老挝、柬埔寨和缅甸的经济实力较弱，经济制度也较为脆弱。其次，经济结构和经济政策差异也很大。"最优货币理论"要求国家间的经济结构、经济发展水平以及经济周期等要相近，有一个统一的生产要素市场使生产要素能够自由流动。但是，中国与东盟、东盟国家之间的经济发展水平差距使国家间的经济政策出现很多冲突，这就阻碍了生产要素的自由流通以及经济合作的发展。

区域内各国经济发展水平差异大、产业结构相似、生产要素流动性低。中国与东盟十国经济发展水平存在巨大差异。从 2014 年中国与东盟十国人均 GDP 来看，新加坡走出 2008～2009 年金融危机的阴影后强劲反弹，经济发展水平最高，

---

① 余文建、郭勇、陆峰：《中国—东盟区域金融机构合作的思考》，《东南亚纵横》，2010 年第 7 期，第 11～15 页。

人均 GDP 为 5.28 万美元。其次是文莱，人均 GDP 达 4.17 万美元。而柬埔寨、缅甸这些欠发达国家的人均 GDP 仍然在 1 000 美元左右徘徊，十一国中人均 GDP 领先的新加坡是最低者缅甸的将近 60 倍（见表 10 - 2）。

表 10 - 2　　　　　　2014 年中国与东盟十国人均 GDP 对比　　　　　　单位：美元

国家	中国	印度尼西亚	泰国	马来西亚	新加坡	菲律宾	越南	缅甸	文莱	柬埔寨	老挝
人均 GDP	7 485	4 697.91	6 508.09	12 179.93	52 849.36	2 780.93	1 783.41	1 189.59	41 719.51	1 193.31	1 640.7

三、中国与东盟金融合作的区外势力干扰障碍

美国是全球政治实力、经济实力和军事实力最强大的国家，同时也是中国和东盟主要的出口市场。2014 年，美国是中国的第二大贸易伙伴、第一大出口市场，中美双边贸易总额为 5 906.8 亿美元，占我国外贸总值的 12.9%，我国对美出口额达 4 666.6 亿美元，增长 6.0%。东盟的出口贸易对美国也有很强的依赖性，到 2014 年美国成为东盟的第四大出口市场，美国的进出口商将利用《跨太平洋战略经济伙伴协定》最后谈判所带来的关税优惠，使越南成为美国主要的进出口商品基地；新加坡和美国长期保持紧密的贸易关系，到 2014 年双方的自由贸易协定已达 10 年之久。美元仍然是中国与东盟贸易结算的主要货币，是各国主要的外汇储备，近十年来，美元在我国外汇储备中的比重都保持在 50% 以上。同时，美国为了维护美元在国际货币体系中的主导地位，一定会采取某些措施干扰中国与东盟金融合作的顺利进行。近年来，美国一直在积极寻找机会重返亚太地区，特别是 2012 年，美国推行"亚太再平衡战略"，这使得中国与东盟合作必须考虑美国等西方国家在本地区的影响问题（见图 10 - 1）。

在东亚内部，日本和韩国也同样是经济大国，中日韩三国在联系日益紧密的同时也存在相互制衡状况。2014 年，中日韩三国 GDP 总量排名分别为第二、第三、第十三，GDP 总量分别为 10.38 万亿美元、4.82 万亿美元、1.42 万亿美元。在贸易上，2014 年中日贸易总量为 1.92 万亿元人民币、中韩贸易总量为 3 000 亿美元，相互之间的经济联系非常紧密，中日韩三国都分别于东盟建立起"10 + 1"的合作机制。作为经济贸易大国，中日韩都希望能主导东亚经济发展，同时也都希望与东盟实现区域一体化以增强自身在国际社会的影响力和话语权。因此，

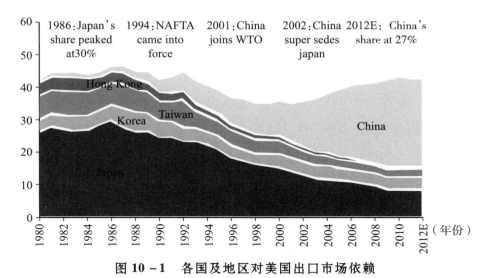

图 10 - 1　各国及地区对美国出口市场依赖

资料来源：华尔街见闻网站，http://wallstreetcn.com/node/19330.

中日韩三国在经济联系日益紧密的同时，也在政治经济上存在相互制衡的动因。此外，日本对待历史认识问题也是影响东亚一体化发展的重要制约因素。日本对历史认识的消极态度直接影响着其外交政策方针，间接影响着其对外经济关系。所以，中日两国的认识分歧更加增强了日本制衡中国的政策动因，进而影响到中国与东盟实现区域经济一体化的战略发展（见图 10 - 2）。

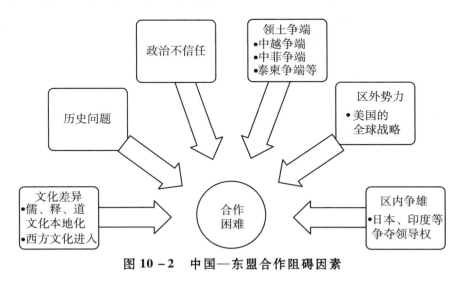

图 10 - 2　中国—东盟合作阻碍因素

第三节 中国—东盟区域经济一体化的金融推动策略

中国与东盟之间已开始一些金融合作，双方的金融机构已进入对方境内开设金融分支结构开拓金融业务，但是，从总体来看，中国与东盟的金融合作还是处于初级阶段，并没有达到双方经贸合作快速发展的要求。金融一体化是中国与东盟区域经济一体化的要求，所以加强金融合作是推动区域经济一体化的必然要求。

一、深化中国—东盟金融合作的推动策略

中国与东盟的金融合作要遵循互惠互利、循序渐进、协调发展的原则[①]。自双方签订《中国与东盟全面经济合作框架协议》以来，中国东盟的经济合作历程已在风风雨雨中走过了十余年。金融合作内涵丰富、内容复杂，我们认为，双方前期要为以后的深入合作建立框架并明确合作方向，前期重在制定战略，后期重在战术执行。从金融市场一体化来看，中国—东盟自由贸易区的落成为双方货币市场合作、债券市场合作、股票市场合作打下基础；从金融监管来看，以清迈协议多边化为代表的双方金融稳定共识为金融监管体系的建立打下基础；从货币一体化来看，人民币在事实上已经开始国际化，人民币在中国与东盟的双边贸易中已开始扮演一定的角色，同时部分东盟国家也认同人民币在双边贸易中充当结算货币。所以，我们认为，通过十余年的努力，中国与东盟金融合作的框架已建立起来。

（一）构建中国与东盟金融交流合作平台

建立中国—东盟金融交流合作交流平台我们也一样需要一个顶层设计。首先，中国与东盟双方要建立一定的金融交流会晤机制，加强各个国家的金融发展及其他金融信息的沟通，定期协商推动金融合作进程。其次，建立金融合作技术性问题解决机制，不能因为技术性问题而影响双方金融合作的大局。最后，事前建立危机解决机制。经济发展有相应的周期，在经济发展的低谷金融危机出现的概率将加大。此外，国际游资为赚取最大利润而采取的投机行为可能会对东盟各国相对脆弱的金

[①] 祝小兵：《东亚金融合作—可行性、路径与中国的战略研究》，上海财经大学出版社 2006 年版，第 206～208 页。

融机制带来较大的冲击。所以，双方要在事前建立相应的金融危机预警机制，以防范经济周期自发带来的金融危机和投机者人为带来的金融冲击。同时，要推动"电子东盟"的建设，提高经济运行的效率，加快经济信息的流通速度，增强中国与东盟各国的沟通能力，使各个国家应对金融危机的能力得到提升。

（二）　推动中国与东盟金融市场基础设施建设

金融市场基础设施建设的内涵非常广泛，主要包括证券清算与结算系统、大额支付系统以及零售支付系统三大块，此外，还包括信用评级和担保以及税收与会计制度和技术支持等。金融体系是一个整体，各个金融模块要健全，任何一个模块的缺失或者落后都会影响整个金融合作体系的运行效率。我国金融体系基础设施的建设有了一定的发展，东盟国家金融基础设施整体比较落后，这就给双方的金融合作带来了困难。在双方金融基础设施都不是很发达的情况下，双方的自我发展可能比较重要，中国也只能尽力对东盟国家加以援助。但是，双方在当前可以考虑使金融制度和技术比较先进的香港和新加坡成为金融合作的"技术输出"点，加快金融合作的步伐。同时，广西是中国面向东盟的桥头堡，应该把南宁定位为一个面向东盟的国际化功能性金融中心，使南宁成为面向东盟的金融合作项目储备与交易中心。证券结算体系是资本市场的基础设施也是支撑证券体系的重要基础，其安全和效率是影响证券市场稳定运行的重要保证。因此，完善低成本、低风险的结算体系对于推动中国—东盟股票市场和债券市场的建设非常重要。现阶段，中国证券结算体系虽有所进步但仍然不完善，东盟国家除新加坡外也都亟待提高。所以，中国与东盟应该首先完善自身的证券结算体系，缩短结算时间降低结算成本以提高结算效率，同时完善必要条件，积极发展衍生金融工具业务，以此促进各国结算体系的相互配套与协调合作。

（三）　完善中国与东盟的金融协调合作机制

国际经济政策协调有相机性协调和规则性协调两种方式。简而言之，前者是通过某种方式进行协商最终使各方达成约束力不强的共识的协调方式；后者是制定明确的规则并对各方有很强约束力的协商方式。中国与东盟的协调方式大多是相机性的。相机性协调方式能对具体事件作出快速反应并提出解决问题的方案，它的协商过程是分析原因、提出建议、达成共识，弱化制度性的限制，这满足了对主权极其敏感、正处于主权扩张时期的东盟国家的内在利益。但同时，这种松散的、约束力不强的方式成本高并且执行效果差，这就削弱了中国与东盟国家间协调一致的能力，影响了双方金融合作的进程。

所以，双方在以后的金融协调机制中应重视规则性协调方式的采用，应建立规则性协调机制和相机性协调机制相互补充的合作机制。一方面，相机性协调对规则性协调起着铺垫和完善的作用。对于突发事件，各国要立即磋商迅速制定解决方案，以减轻负面影响；对于特定问题，各国要经常反复协商以致达成共识为以后形成制度化打下基础。同时，虽然规则性协调能保持长期的稳定，但是其灵活性差，不宜处理突发情况和制度外的情况。所以，手段灵活的相机性协调方式与持续稳定的规则协调方式能够很好地相互补充。另一方面，规则性协调能巩固和强化相机性协调的效果。相机性协调重于自愿轻于约束，在缺乏明确规则的前提下，临时性措施的不确定性很大。这容易产生违约和搭便车的情况，所以持续性不强。而规则性协调则规则明确、约束力强，能够给公众合理的心理预期，有利于各国政府有效的理解与执行。

（四）促进中国与东盟信用体系的建设

随着金融的发展，货币交易的时间和空间距离不断被拉大，整个经济系统的风险也不断被放大。信用体系的建立有助于对金融主体的风险进行评估，降低企业和个人投资的风险，提升经济主体运行的质量，增强整个社会的诚信度。2014 年 5 月，中国已开始构建国家信用体系。政务、商务、社会、司法四大领域为主体的信用体系建设方案实现了社会信用的全面覆盖；2017 年，将建成集合金融、工商登记、税收缴纳、社保缴费、交通违章等信用信息的统一平台，实现资源共享。①

中国与东盟也应构建如此的信用体系平台，使中国与东盟的政府、经济主体以及个人能够更好地约束自身的行为，降低双方经贸交流的风险，提高合作与交流的效率，增强区域经济一体化的质量。在当前，中国与东盟的信用体系建设应该从双方政府信用体系的构建着手。因为，中国与东盟经济发展和经济结构差距较大，社会交流机制并不是十分完善。从政府信用体系着手，可以为双方经贸合作等其他方面的合作起到示范作用。此外，政府信用体系的建设能够加快双方合作交流谈判的进程，也是在经济、社会和政府三个主体中成本最小、可行性最高的一个（见图 10 - 3）。

图 10 - 3　中国—东盟金融合作推动策略

---

① 《社会信用体系建设规划纲要（2014～2020）》。

二、助推中国—东盟区域经济一体化的金融方法

（一）充分利用亚洲基础设施投资银行的资源

考虑到各国间金融的发展差异、金融资源短缺及内外潜在金融风险的威胁，中国与东盟可以考虑充分利用亚洲基础设施投资银行在区域发展中的支撑功能，以此来增强区域经济增长的金融动力并维护金融稳定。亚洲基础设施投资银行可以发挥政策性银行和商业性银行双重作用，不仅给资金不充足的东盟国家投资注入经济发展所需资金，而且能给中国与东盟国家有成长潜力的中小型企业提供低息贷款，推动中国与东盟贸易的发展。亚洲基础设施投资银行的建立，能有力的推动中国与东盟的金融合作的参与度，促进双方中小企业的发展和基础设施的建设（见图 10 – 4）。

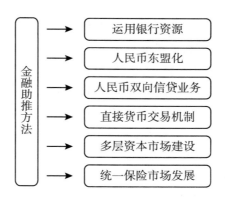

金融助推方法
- 运用银行资源
- 人民币东盟化
- 人民币双向信贷业务
- 直接货币交易机制
- 多层资本市场建设
- 统一保险市场发展

图 10 – 4　中国—东盟金融合作具体方法

（二）以人民币东盟化推动中国—东盟金融合作

随着中国经济实力的持续增强，人民币已逐渐成为部分国家和地区的货币互换和边境贸易核算过程中追捧的对象，人民币国际化的环境日趋优化，条件逐步成熟①，人民币东盟化的区域性优势更是日益明显，国家应该趁此机遇，调整人民币国际化战略，首先布局人民币东盟化，既可以为人民币国际化夯实基础，又

---

① 经测算，如果人民币从 2001 年起在东盟区域担任区域性主导货币职能，则截至 2009 年 12 月 31 日共可获得 1 414.31 亿美元的国际铸币税收益，中国运用境外储备资产投资所获取的额外金融净收益为 189.12 亿美元，人民币东盟化就可为中国带来 1 603.43 亿美元的可测量经济收益。

可以通过人民币东盟化，在泛北部湾经济圈的区域经济金融合作中，掌握经济金融主导权，重塑中国在该地区经济金融的核心影响力。

1. 完善人民币在东盟地区的投放与回流机制

一般来说，货币投放与回流主要有两种渠道，一是金融渠道投放，贸易渠道回流；二是贸易渠道投放，金融渠道回流。具体在东盟区域，人民币投放机制的主要通道有进口贸易渠道、旅游渠道、对外直接投资渠道、人民币贷款渠道、境内居民境外赌博、走私与购买毒品渠道，而人民币回流机制主要通过贸易出口渠道、旅游渠道、境外发行人民币产品渠道、人民币 FDI 渠道、人民币 QFII 渠道、货币走私渠道等。[①] 由于中国对东盟经济格局表现为国际收支平衡表上的经常项目逆差、资本与金融项目逆差，因此，人民币东盟化应该首先通过贸易和金融双重渠道对人民币进行输出，然后再通过贸易渠道实现人民币回流的基础上，逐步扩大金融渠道回流规模。

2. 扩大人民币在东盟地区的支付结算范围

人民币东盟化主要是在对外贸易、旅游、投资中有秩序地推进以人民币计价和结算，增加其在周边地区和国家的流通和使用，为人民币在亚洲范围内的国际化[②]奠定基础。商品贸易方面，建议对中国具有优势的出口产品，强制采用人民币结算，对于其他出口产品或服务，以价格折扣方式鼓励采用人民币结算，采取相关优惠政策吸引东盟境外人民币以贸易或投资方式回流中国境内，相关企业由此产生的损失由国家补贴。服务贸易方面，解除东盟国家劳动力在中国境内就业限制，鼓励境内中国企业吸收东盟国家劳动力就业，并以人民币作为薪水支付货币。给予相关补贴鼓励东盟国家中资企业以人民币作为劳务薪水支付货币。扩大东盟国家来华留学生中国政府奖学金名额和地方政府提供的奖学金名额，鼓励自费留学生以人民币支付学费。

3. 推进人民币在东盟地区实现国际化

人民币东盟化是整个人民币国际化过程的核心阶段，其主要目标是通过积极推动亚洲区域货币合作，使人民币通过国际贸易途径和国际金融途径逐步成为区域性主导货币。建议将东盟作为人民币国际化的突破口，在中国—东盟的经济一体化框架内逐步谋求货币合作，内部固定各自的汇率，对外联合浮动。我们应以政府为主导力量继续推动人民币在贸易中充当结算货币，并将这种推广由一般贸

---

① 范祚军、何安妮、阮氏秋河、周南成：《人民币国际化战略调整：区域布局与整体推进》，《经济研究参考》，2012 年第 4 期，第 50 页。

② 目前人民币作为支付货币和结算货币的国家和地区有 19 个，其中包括了中国台湾、越南、缅甸、老挝、朝鲜、韩国、俄罗斯、哈萨克斯坦、吉尔吉斯斯坦、塔吉克斯坦、印度、尼泊尔、阿富汗地区、泰国、孟加拉国、马来西亚、印度尼西亚、菲律宾、新加坡。

易向人民币借贷业务上延伸，鼓励人民币的境外直接投资，扩大人民币的投资职能，使更多的东盟国家投资者有意愿持有人民币，同时应开放境外机构在境内发行人民币债券和股票，并允许其参与到境内人民币货币市场和资本市场，使人民币成为周边国家的主要储备资产之一。在短期内我国的资本项目无法完全开放的前提下，应利用香港国际金融中心的优势，设立人民币离岸中心，使之成为人民币通向东盟各国乃至世界的枢纽和中心，提高人民币在亚洲货币单位中的权重，并使之成为东盟范围内的主导货币。①

4. 建立人民币东盟化的风险控制机制

在人民币境外流量较小的时期，应当建立海外人民币业务库，对人民币的境外投放、跨境调拨、清算等业务进行处理；当人民币境外流通量逐渐增大时，设立海外人民币发行代理库，并且通过设立统一的人民币全球流通管理中心，管理境外人民币投放和回流，并进行人民币跨境流量的监测与统计，有效地防控人民币大量流入流出可能造成的风险。必须要开始为人民币的境外流通提供正规金融服务，不能让人民币的境外流通只停留在边境地区的"地摊银行"和"兑换所"等非正规金融体系里。②

5. 开放人民币与东盟国家货币自由兑换试点

随着中国与东盟之间的双边贸易的不断扩大、金融合作的不断深化，货币不能自由兑换已经成为制约中国—东盟金融合作的根本问题。人民币不能自由兑换也是人民币区域化、国际化的最大障碍。人民币在中国周边国家和地区的认可度较高，可率先在亚洲实现人民币自由兑换，为推进人民币在该地区乃至整个亚洲的自由兑换迈出关键性步伐。为了满足中国与东盟国家巨大的跨境人民币结算的需要，推动人民币区域化、国际化进程，可以在中国广西和云南设立人民币与东盟国家货币自由兑换试点，实现经常性项目和资本项目的自由兑换，人民币可自由兑换成东盟十个国家的货币。

（三）推进中国—东盟人民币双向信贷业务

目前，东盟巨大的人民币存量，国家开放深港跨境人民币贷款的先行先例以及东盟国家和中国金融机构相互在对方设立金融分支机构等因素都成为加快推进中国—东盟人民币双向信贷业务政策的客观基础。人民币东盟化将形成东盟国家巨大的人民币存量。中国—东盟自由贸易区的建成及其升级版的推进，为人民币在中国—东盟之间双向互动提供了极佳时机。

---

①② 范祚军、何安妮、阮氏秋河、周南成：《人民币国际化战略调整：区域布局与整体推进》，《经济研究参考》2012 年第 4 期，第 50 页。

1. 与东盟银行制度对接，开放东盟银行在中国开设分支机构，承办人民币业务

东盟十国央行确立了"东盟银行"制度，统一将财务内容及贷款余额等达到一定基准，且总行位于东盟区内的金融机构指定为"东盟银行"。今后此类机构只需得到东盟银行认可，即可获得能在十国开设分行和支行的商业许可。只要企业本身得到东盟银行认可，即自动授予经营证，可在东盟十国内任意设立子公司。东盟将指定金融市场较为发达的新加坡、马来西亚、泰国、菲律宾及印度尼西亚五国的银行为首批"东盟银行"。"东盟银行"制度将服务于中国与东盟的金融发展，促进相互贸易与投资，增强区域经济金融的一体化程度。建议在中国相关地区（如广西、云南）与东盟银行制度对接。放宽市场准入，开放东盟银行在中国开设分支机构，承办人民币业务，开展人民币信贷、结算、存款和代理业务。允许此类分支机构从事一定额度的人民币投资业务，为境外人民币投资国内产品项目提供便利，增加境外人民币的回流渠道。

2. 组建项目库，推介项目，吸引境外人民币投资

通过开放东盟国家银行在中国设立分支机构开展人民币投融资业务、增加RQFII的额度，放宽金融市场交易限制，吸引境外人民币直接投资中国的产业项目，并鼓励中国企业对外部投资，推进中国—东盟的人民币双向信贷业务。目前，在资本项目尚未完全开放的条件下，可以通过香港人民币离岸中心，吸引境外人民币直接投资于中国部分地区（如广西、云南）的产业项目。目前，中国与东盟成员国在泛北部湾地区开展了广泛的能源、基础设施、农业、旅游和中小企业等领域的融资合作。建议中国以石化、电子、机械、钢铁等重点产业项目为依托，突出重点产业特色，组建招商项目库，吸引境外人民币投资，实现项目与资本的有效对接。

（四）探索人民币与东盟国家直接货币交易机制

2008 年以来，美国持续实施量化宽松政策，在促使国际资本流进东亚经济体的同时也带来了货币升值和资产价格泡沫等负面影响。在第一轮量化宽松政策期间，印度尼西亚盾对美元升值超过 20%，马来西亚林吉特对美元升值 10%；国际资本流入可能导致资产价格泡沫，从股票市场来看，在第一轮 QE 中印度尼西亚、泰国和新加坡股指分别上涨 140%、90%、72%，这在很大程度上是由于国际资本流入的推动[①]。2013 年美国宣布将逐步退出 QE 开始，美元成为全球主要的套利交易货币，资金开始流出新兴经济体，大宗商品价格和新兴市场的资产价格出现回落。至 2013 年 8 月，新兴市场股市 ETF 流出 84 亿美元，2013 年 7 月

---

① 熊爱宗：《美国量化宽松政策对东亚资本流动的影响》，《亚太经济》，2013 年第 2 期，第 31~33 页。

流入美股 ETF 的金额就达 320 亿美元，印度尼西亚和泰国等经济较为脆弱的东南亚国家已经出现经济增速降低甚至衰退的局面。所以，美国利己性的经济政策给以美元为媒介的间接货币交易机制和汇率形成机制的东南亚国家带来了很大的经济增长压力和金融稳定压力。

东盟各国经济总量小且对外依存度大，与中国的金融和贸易联系日益紧密。中国与东盟各国探索直接货币交易机制和直接汇率形成机制有利于完善各国外汇市场维持区域性金融市场和经济稳定；降低企业汇兑成本，促进双边贸易和投资的便利化；有利于人民币和东南亚各国货币汇率形成机制更透明、价格更真实，推动人民币的"周边化"发展。2012 年中国与日本实现两国货币直接交易，这直接为两国每年省下 30 亿美元的手续费。中国应与经济稳定、与中国贸易联系最密切、国内政治环境稳定而且与中国关系融洽的东南亚国家首先建立直接货币交易机制，然后再逐渐向其他国家扩散。

（五）培育发展中国—东盟多层次资本市场

中国与东盟应该促进区域内资本市场的合作与资本的流动，并与东盟国家的证券交易所加强合作，为境内企业境外上市融资提供便利的条件和制度安排，重点实施企业境内外上市，使中国与东盟的企业能够在各自的市场进行融资。这首先要加强中国与东盟贷款和授信等基础金融业务的合作，然后在此基础上建立统一的金融交易结算平台和金融体系规章制度，促进金融要素交易市场的发展，为未来更高层次的合作和更深层次的一致打下良好的基础。2013年，新交所也宣布与中国期货业协会达成战略合作；老 - 中证券有限公司在万象成立，是中国在国外设立的首家证券金融机构。这有力地推动了中国与东盟资本市场的发展。此外，为构建中国—东盟多层次资本市场，还应考虑适时推动区域性股权交易市场和外资股权投资基金发展，鼓励中小企业多元化的债务融资等。

（六）推进中国—东盟统一保险市场发展

自 2010 年中国—东盟自由贸易区建成以来，区域经济一体化已是大势所趋。在市场经济下，保险是社会的助推器和稳定器。中国与东盟同属发展中国家和新兴市场，在经济发展上有相似的方面。而且，近年来，中国与东盟的保险业都在不断地发展，形成了自己的特色。通过加强双边合作交流，可以相互学习，取长补短，促进本国保险业的健康发展。中国与东盟的保险业合作重点在于实施双边及多边保险业务合作，加大政策性出口信用保险对试验区海外投资项目小微企业信用贷款保证保险和涉外企业信用保证保险。随着中国与东盟的贸易不断增长以及中国对东盟的援助和投资力度不断加大，中国与东盟之间也必须提供大型成套设备出口融资项目及边境（跨境）贸易出口业务等支持。此外，农产品是中国与东盟贸易的主要产品，探索建立农业大灾风险分散机制在当前也尤为重要。

第十一章

中国—东盟区域经济一体化策略

现如今，如何推进中国—东盟区域经济一体化，已成为一项重要议题。不同于欧盟和北美自贸区，中国—东盟自贸区是由十个发展中国家和一个发达国家——新加坡组成的一体化组织，区域内绝大多数国家经济发展水平不高，多以劳动密集产业为主。另一方面，各国的政治制度、意识形态、宗教信仰都不尽相同。此外，各国的经济制度、政策也不相同，有些国家实行市场经济制度，有些实行非市场经济制度，各国的财税政策、货币政策、汇率政策和产业政策也千差万别。在这样一个经济联合体内推动一体化进程，需要创新型的智慧。我们已经在前面研究了产业政策与分工、贸易与投资、财政与金融在推动中国—东盟区域经济一体化进程中的作用及其可能措施，可以理解为工具变量。从这一部分开始，我们需要研究如何去推动这个一体化进程。

第一节 中国—东盟区域经济一体化的原则

当前，区域经济一体化的实现形式更为多元化。既可以通过建立机制和制度等规范从政府层面推动区域交流与合作，也可以通过政治、经济、安全和文化等方面的认同增强地区的凝聚力，进而实现区域经济一体化。中国应与东盟国家一道，从政治、经济、安全和文化等多个层面推进区域经济一体化。

一、政治思维

（一）坚持开放性、独立性原则，形成多边关系的平衡态势

开放性是新地区主义最为显著的特征。在新地区主义思维下，中国与东盟应该本着开放性和独立性的原则。一方面，有关国家应积极推进中国—东盟区域经济一体化、日本—东盟区域经济一体化和韩国—东盟区域经济一体化，形成东盟与中日韩"10＋3"机制，朝东亚一体化的格局不断前进。另一方面，中国与东盟应正确处理区域内部一体化与美国、俄罗斯和印度等域外大国之间的关系。虽然中国与东盟的区域经济一体化是开放的，但是在一体化进程中双方要坚持独立性原则，自己管理区域内事务，避免其他国家的干预。

（二）尊重东盟"大国平衡"战略，坚持"和谐世界，和平崛起"原则

在处理与大国的关系时，东盟惯用"大国平衡"战略在大国之间周旋，从而增加自身的筹码，实现利益最大化。东盟内部存在着"安全靠美国，经济靠中国"的观点。一方面，美国高调"重返亚洲"，客观上东盟也需要加强与美国在经济、政治和安全等领域的合作。另一方面，东盟希望借助中国快速的经济增长来带动自身的发展。另外，日本一直都是东盟国家最大的直接投资来源国，在东盟有着十分重要的影响力，东盟也积极与日本开展交流与合作。日本与中国都不愿意对方主导亚洲区域经济一体化，东盟也不愿意看到任何大国力量过度膨胀，因此，在东亚区域经济一体化中应坚持"大国平衡"原则，尊重东盟的主导地位。

改革开放以来，中国经济迅速崛起，国际影响力和地位日益提高，世界大国气度和实力逐渐显露。与此同时，西方国家为遏制中国发展，挑拨东盟国家与中国关系，转移矛盾焦点，炮制和传播"中国威胁论"。部分东盟国家受到影响，开始担心中国的快速发展和崛起会对本国的经济、国防安全和意识形态发展产生负面影响。个别东盟国家甚至借助散播"中国威胁论"掩盖政策失误和平息民众不满。东盟倡导"大国平衡"，其实是希望大国相互制约，近期东盟国家提出的RCEP，初衷也为制约中国。短期内无法消除的"中国威胁论"严重阻碍了中国—东盟区域经济一体化的进程，中国在积极的政治、文化、社会交流的基础上，还应遵循和谐世界、和平崛起的原则。

历史上，后起国家的崛起很可能造成国际政治格局的失衡，甚至引起世界大

战。部分东盟国家因此对中国心怀疑虑，为打消这些国家心中芥蒂，中国应走和平崛起的道路。当今世界和平与发展的时代特征也决定中国只能选择和平崛起，和平崛起也会为中国创造稳定和谐的发展空间。和平崛起深入浅出的理解就是，强调通过与外部世界的合作来保持发展，并与世界分享发展的成果。在中国—东盟经济一体化的进程中，中国不单谋求自身发展，也与东盟国家共享成果，加强相互合作，逐步消除威胁论。

（三）坚持"睦邻友好，政治互信"原则

区域内各国应该坚持"睦邻友好，政治互信"的方针，加强与周边国家的政治对话与协商，增进相互之间的了解和信任。加强中国与东盟各国的联系可以通过多种形式实现，包括高层互访，各级政府部门的往来，非政府组织的民间交流以及跨国公司的经济活动等多种形式。

在中国—东盟经济一体化的进程中，还应注意一些东盟国家的反华排华情绪。出现这种情绪的主要原因一是因为华人华侨吃苦耐劳，在东盟国家经营比较成功，造成本地人经济利益受损；二是部分东盟国家怀疑中国通过华人华侨来控制本国的经济和政治命脉；三是历史上中国与一些东南亚国家有过纷争。排华情绪长期存在，引起印度尼西亚 1967 年和 1998 年的大规模排华运动。要缓解排华反华情绪，在政治上要坚持睦邻友好、政治互信的原则。

"睦邻友好"继承发扬中华民族以和为贵、亲邻亲善的传统思想，与周边国家和睦相处，中国承诺永远都是东盟国家和其他国家的好伙伴、好邻居。睦邻友好有利于营造稳定的发展环境，化解部分东盟国家对中国的误解，推动中国—东盟经济一体化的进程。

"政治互信"顾名思义就是政治上相互信任。政治上缺乏相互信任，其他领域的合作都将难以进行。政治互信是一个缓慢艰辛的过程而非简单的结果。中国和东盟国家在冷战结束后，心存疑虑和猜忌地试探性建立起对话关系，再逐渐上升到战略合作伙伴关系，在一体化的进程中，更需要逐步建立起政治互信，加强双方沟通交流。

（四）坚持"合作共赢，共同开发"原则

中国与东盟在重大国际会议中应坚持"合作共赢"的原则，增加双方在国际问题上的话语权。在地区和国际重大问题上，中国和东盟国家应积极交换意见和看法。

南海问题是中国东盟关系中的重要问题。南海海域自然资源丰富，地理位置优越，战略位置重要。部分南海周边的国家认为拥有越多的南海控制权，战略地

位越有利，于是纷纷宣布对南海海域拥有主权。2002 年，中国与东盟国家虽然签订了《南海各方行为宣言》，但一些东盟国家违背宣言，南海争端从未真正停止。2013 年，马来西亚、菲律宾、越南等国声称自己拥有南沙群岛主权，公然入侵南海岛礁和海域，侵犯中国的主权及领土完整。美、英等大国的介入使得南海的问题更加复杂。面对错综复杂的历史、政治因素以及大国的介入，中国应当遵循一定原则解决南海问题。

一体化进程中，中国在南海问题上应秉承"搁置争议，共同开发"这一原则。"搁置争议，共同开发"由邓小平同志提出，前提为主权在我，也就是中国对领土拥有绝对主权。搁置争议并不意味放弃主权，而是选取成熟的时机和条件。共同开发表示中国愿意与周边国家共同合作开发，这有利于区域的和平稳定与发展。为营造良好的政治氛围和稳定的环境，与东盟国家关于南海的争端可暂时搁置，但不能忽视领土主权问题。

二、经济思维

（一）坚持"平等互利、优势互补"原则

贸易合作是经济合作的重要方面。中国与东盟各国由于自然禀赋的差异使得双方贸易产品各具特色，形成了优势互补的贸易格局。因此，中国在与东盟国家进行经贸合作时，应该秉持优势互补、合作共赢的原则，充分利用对方的比较优势产品来弥补我国本类产品的不足，在追求自身利益最大化的同时实现双方合作的共赢。区域内各国在经贸交往中应坚持平等互利原则，经济发展较快、发展水平较高的国家应对落后国家给予一定的优惠和帮助。在中国与东盟国家中，中国以制造业为主；新加坡工业化程度高、服务业发达；文莱以石油、天然气为支柱产业；印度尼西亚、马来西亚、泰国和菲律宾以制造业、旅游业和初级产品出口为主；越南、柬埔寨、老挝和缅甸的工业基础较为薄弱，后三个国家更是非常落后的农业国。其中，中国与印度尼西亚、马来西亚、泰国、菲律宾的制造业水平相当，产业竞争性较强。而越南、柬埔寨、缅甸和老挝的技术水平略低，但这些国家拥有更为低廉的劳动力成本，其在劳动密集型产业的成本优势日渐突出，在国际产业转移中给第二层次的国家带来了一定的竞争压力。对此，上述各国应该坚持优势互补的原则，加快实现产业内的分工与合作，优化区域内产业布局。

（二）坚持综合性、多样性原则

实现中国—东盟区域经济一体化需要中国与东盟双方积极开展多层次的经贸

交往与合作。在自贸区内部，既应该包括国家层面的经贸往来，还应该包括各国地方政府、民间组织和跨国企业等多主体、多层次的经济交往与合作。另外，各成员国也可以以单独身份积极开展与域外国家的双边或多边贸易协定的谈判。

中国与东盟国家有着丰富的矿产、农业、生物、海洋和旅游等资源，各国的经济交流合作可以从能源、农产品贸易扩展到能源开发、农业技术合作，可以从能源、交通等基础设施建设扩展到产业园建设，可以从金融、保险扩展到房地产、电信、旅游等产业。中国与东盟国家签署的贸易协定涉及的内容非常广泛，包括商品服务贸易自由化、投资自由化、贸易投资便利化等。

（三）以"互惠互利、共同繁荣"为原则

在自贸区谈判过程中，各国在考虑自身利益的同时，也应考虑他国的利益，并适当作出让步，以推动一体化顺利进行。自贸区建成后，为了不断推进区域经济一体化向纵深化发展，中国和东盟国家的对外经贸制度、政策和经贸法律、法规等部分决策需要达到一定程度的统一，从某种程度上看这是一种让渡部分主权的承诺。这种妥协和合作可以先从某一个具体的部门开始，逐渐深化，以局部带动整体。这种良性的相互依赖关系将会推动世界的进步，特别是经济利益的不断扩大。

贸易区内部贫富差距较为悬殊，既有经济发展水平较高的新加坡和文莱，又有经济较为落后的缅甸、老挝、柬埔寨等国。贫富差距的存在直接制约着中国—东盟区域经济一体化的发展。贸易区内国家在进行经济合作时，应该充分考虑到各国经济发展水平的差异，并结合自己的实际能力和经济情况，对不同国家实行差别对待，对几个落后的东盟国家提供政策上的倾斜，帮助他们发展经济，实现区域内的共同繁荣。

三、安全思维

安全问题直接关系一个国家的生死存亡，是国际关系中的核心问题。安全问题在中国与东盟国家之间地位十分重要。随着新兴安全观的兴起，安全的概念已经从传统上的国家政治安全、军事安全，拓展到更广阔的领域。提出新的安全观的代表学派哥本哈根学派将安全划分为军事领域、环境领域、经济领域、社会领域、政治领域，并将各领域进行合成。

（一）坚持"确保区域经济安全"的经济安全原则

经济安全包括国内、国外经济安全两方面。国内经济安全是指一国经济稳

定、均衡、持续地发展；国际经济安全则指一国经济发展拥有稳定、持续的国外资源和市场，若是供给出现中断或价格剧烈波动可免于冲击，分布于各地的市场和投资等商业利益不受侵害。对于贸易区内各国而言，经济安全应从两个层面出发，一个是自由贸易区的经济安全，一个是本国的经济安全。各个国家需要考虑的经济安全是动态的变化，要促进区域内的经济合作与时俱进，确保区域经济安全，保证经济体系稳定运行，实现持续稳定地增长。同时，还要保证本国的经济安全，积极应对外来威胁，增强本国经济实力。

（二）坚持"相互尊重，相互包容"的文化安全原则

文化安全是指国家的主流文化价值体系以及建立在其上的意识形态、社会制度、语言系统、知识系统、宗教信仰等文化要素免于敌对力量的侵蚀、破坏和颠覆，从而确保主权国家充分享有完整的文化主权，尊重自己的文化价值传统，保持各个民族之间具有高度一致的民族文化认同。[①] 贸易区内国家地理位置接近，文化交流历史悠久，许多文化习惯接近，但社会制度、宗教信仰等方面依旧存在差异，冲突不可避免。在一体化进程中，文化交流和发展必须建立在相互尊重、相互包容、地位平等的基础上。

（三）坚持"可持续发展"的生态环境安全原则

中国—东盟面临着空气污染、水资源匮乏等生态问题，生态环境安全问题会给经济一体化造成毁灭性灾难，其造成的破坏很可能在长期或永远不可恢复。在生态环境安全上，各国要坚持"可持续发展"原则，在满足当代人需求的基础上，又不危害后代人满足其自身需求能力的发展。人类的经济和社会的发展不能超越资源和环境的承载能力，不能以牺牲生态环境为代价，因此，只有坚持可持续发展原则，才能有效避免生态环境安全问题带来的威胁。

（四）坚持"以和平为主线，但不承诺放弃使用武力"的安全原则

军事安全是指国家没有受到武力威胁或者国家的军事能力没有受到削弱的状态。这里所说的武力威胁，包括军事入侵、军事干涉、军备竞赛和军事结盟等威胁。[②] 南海的领土问题加大了中国和东盟军事冲突的可能性，面对南海问题等国际争端问题，贸易区内各国应出于大局考虑，坚持以和平为主线，通过对话、谈

---

① 邵秉仁：《弘扬传统优秀文化　确保国家文化安全》，《文艺报》，2006 年 12 月 5 日。
② 张学明：《经济安全地位的上升与军事安全的核心地位》，《南京政治学院学报》，2001 年第 6 期，第 62 页。

判等和平方式解决，尽量避免武力冲突。

四、文化思维

（一）坚持"和而不同"的原则，维护文化的多样性

中国与东盟国家各自拥有不同的文化，在区域经济一体化进程中各国应尊重彼此的文明，维护文化的多样性。区域内不同国家有着不同的民族构成、民族心理和宗教信仰。东盟十国中，柬埔寨、老挝、缅甸和泰国信仰佛教，文莱、印度尼西亚和马来西亚以伊斯兰教作为主要宗教，菲律宾是亚洲唯一的天主教国家，而新加坡和越南则是多种宗教"和平共处"。各国在交往过程中要坚持"和而不同"的原则，互相尊重彼此的文化信仰，以平等的姿态进行交流，不能将本国的意识和文化信仰强加于他国。

（二）坚持以文化交流推进经济一体化的原则

应该重视文化交流在区域经济一体化进程中的作用，将文化交流作为各国经济往来的桥梁和媒介。中国与东盟缺乏文化共识和凝聚力。因此，可以从文化层面增强中国与东盟国家的交流，增进双方的相互了解和认同，增强区域内部的凝聚力，为经济一体化夯实基础。此外，应加快中国与东盟国家的文化产业合作。中国与东盟国家在演艺活动、会展、留学教育、体育、中医药等文化领域的交流日益频繁，合作潜力巨大。双方可以从这些领域入手，积极推动文化产业的发展，实现以文化交流带动经贸交往与发展的目的。

（三）坚持"去粗取精，去伪存真，取其精华，去其糟粕"的原则

各国对待传统文化应运用辩证法的思维，坚持"去粗取精，去伪存真，取其精华，去其糟粕"的原则。传承和弘扬优秀的传统文化；摒弃愚昧、腐朽、落后的传统文化。贸易区内国家在进行文化交流的过程中，需要在汲取其他国家优秀文化成果的同时，注重保护与传承本民族的传统文化。对待外来文化要批判性地吸收其精华，去其糟粕，坚决抵制腐朽文化的侵蚀。以继承和弘扬本国优秀文化为主，同时吸收消化外来文化，推动本民族文化和外来文化的融合。

（四）坚持"各国文化一律平等"的原则

各国进行文化交流的过程中，应该坚持各国文化一律平等的原则，尊重东盟

文化的多样性和差异性。不同国家由于社会制度、意识形态等方面的差异会产生不同的文化，但不同文化的存在均具有合理性，没有优劣之分。相反，正是每个国家特有的文化才构成了多姿多彩的区域文化。东盟地区是多元文化共存的区域。印度尼西亚、马来西亚、文莱主要信奉伊斯兰文化，菲律宾主要受到拉丁文化的影响，柬埔寨、老挝、缅甸、泰国受佛教和印度教的影响比较深远，而新加坡、越南则较大程度受到中国儒家文化的影响。贸易区内国家进行文化交流与合作时，必须坚持各国文化一律平等的原则，了解并尊重彼此文化的多样性和差异性，避免由于文化差异产生矛盾冲突，影响合作的进程。

第二节　中国—东盟区域经济一体化的整体策略

一、政治维度

（一）中国层面：与东盟国家相互尊重，增进友好交往，增强政治互信

1. 与东盟国家相互尊重，平等互利

针对"中国威胁论"和部分东盟国家的反华排华情绪，中国在政治上应遵循"和平崛起、和谐世界"原则。面对中国的崛起，东盟国家担心会威胁到本国的经济、政治利益，对此中国应声明倡导地区和平稳定发展，愿与东盟各国共享经济发展成果，相互尊重，积极消除"中国威胁论"和反华排华情绪，积极推进中国—东盟经济一体化。

中国自古就有"平等互利"的交往观，新中国领导人也多次提到"互相尊重、平等互利、平等协商、互利共赢"。国与国之间的交往，都是从本国的自身利益出发，但也要着眼长远利益，尊重其他国家的利益和意愿。在经济一体化交往中，中国应树立"双赢"观念，不能只考虑本身的利益和发展，还要尊重东盟国家利益。将自身的利益建立在别国损失之上，只能获得短暂、有限的发展，相互尊重、平等互利才能获得进一步的发展，一体化的进程才能更加顺利。

2. 加强政治交往，增进政治互信

政治互信是中国—东盟区域经济一体化的基点，只有政治上相互信任，各领

域的交流才会深入和持久。但政治互信是一个缓慢的过程，需要双方共同努力，对于中国而言是增信释疑的过程。增信释疑，就是增加信任，消除疑虑，关键是释疑，但是前提是增信。只有通过加强政治对话，沟通彼此思想，才能达成相互信任。

首先，通过对话解决历史问题。对于一些历史遗留的边界、领土问题，可进行讨论研究，通过谈判协商加以解决。中国与越南边界问题的解决就是很好的例子。历史遗留问题的解决，有利于缓和中国与东盟国家的关系，促进区域经济一体化的实现。

其次，通过多种方式加强政治交往。比较常见和有效的是高层互访、党际交往和民间交往。2003年中国和东盟国家领导人在印度尼西亚巴厘岛签署的《中华人民共和国与东盟国家领导人联合宣言》中特别提到"加强高层往来与接触，巩固和深化双方人民之间的相互了解，更加有效、充分地发挥各层次对话与磋商机制的作用"。中国—东盟自贸区建成后，双方高层的接触和对话更加频繁，领导人建立起了深厚关系，沟通交流进一步深入。党际交往，特别是执政党之间的往来，更具灵活性和多样性，还可以解决不适合国家和政府出面，或是其不愿意、不能够、不应该涉及的事务和国际问题。民间交往使得中国—东盟的交流合作不再局限于口头或协议，而是落实到实际行动上。民间交往对于中国—东盟双方的政治发展十分有效，通过民间交往，增进东盟国家对于中国的了解，为政治交往营造良好环境。

3. 和平解决国际争端

中国长期坚持走和平发展道路，在面对与东盟国家的双边或者国际争端时，应尽量避免通过战争和武力解决，坚持以和平方式解决争端，如对话或谈判。南海问题是中国与东盟之间的尖锐问题，在一体化进程中要妥善处理南海问题。如果现在采用武力解决南海问题，很可能损害中国在南海的利益，恶化中国与东盟、美日的关系。面对南海问题，首先只能维持现状，加大油气等资源的开发力度，获取更多的利益和掌握更大的主动权。其次，要督促其他国家遵守维护南海现状的各项协议、宣言。

当然，作为一个主权独立的国家，面对国际冲突威胁以及侵犯国家主权领土完整的行为，中国应坚持捍卫国家核心利益，抵抗外来侵略。即中国坚持走和平发展道路，但绝不承诺放弃武力。

（二）双边层面：优化合作机制，建立合理的组织构架和高层对话、互访的常规机制

为推动中国与东盟区域经济一体化向纵深化发展，应加强中国与东盟在政治上的互动，在友好平等和相互信赖的政治前提下进行经贸交往。

应该加强政治互信，在原有的一系列合作框架和机制的基础上，继续优化双方的合作机制。首先，双方应该始终坚持"平等互信、合作共赢"的方针，进一步加强双方高层的往来，建立高层对话和互访的常规机制，不断增信释疑。其次，建立各级政府间指导性机构和对应的协调机制，制定双边合作规划，解决合作中出现的问题。按照"政府引导、企业为主、市场运作"的原则，深化经贸合作。再次，建立合理的争端解决机制，有效处理贸易、外资分配、领海纠纷和民族问题等争端。此外，应该充分发挥商会、行业协会等民间组织的协调功能。对此，政府必须转变职能，给予民间组织更大的发展空间。

（三）东亚层面：加强政治对话协调；秉持开放性地区主义的精神

区域内各国应坚持"与邻为善、以邻为伴"的方针，与周边国家友好相处，加强政治对话与协商，增进相互之间的了解和信任。区域各国应支持《东盟宪章》的实施，奉行"主动但不主导"的区域合作战略，在现有的中国—东盟"10＋1"双边合作机制的基础上，推动"10＋3"、东盟地区论坛和东亚峰会等多边合作机制的发展和深化。

秉持开放性地区主义的精神，尊重美国、俄罗斯、印度等域外大国在东亚、东南亚地区的既得利益，处理好与这些国家的关系。长期以来，意识形态、历史遗留问题、安全问题等因素制约着东亚地区的多边合作。对此，东亚国家应该以追求经济增长为目标，求同存异，充分调动一切有利的因素，寻找合作机会，扩大合作领域，实现地区的和平与繁荣。借助中国—东盟自贸区这一平台，进一步推动东亚地区的合作，争取实现更大范围的经济一体化。

（四）全球层面：加强磋商，共同在全球事务处理上发挥建设性作用

中国与东盟应该加强在国际机构和组织的磋商与协作，鼓励东盟在国际事务中发挥应有的作用。推动中国与东盟国家在政治经济、人文、教育、旅游等领域的全方位合作，及时就双边关系和国际热点问题交换意见，在重大国际问题和地区问题上加强沟通和协调，共同促进本地区和世界的和平、稳定与繁荣。

在联合国、世界贸易组织、亚太经合组织、联合国气候变化会议及其他多边场合中相互理解、支持和配合，共同维护广大发展中国家的利益，促进发展中国家平等地参与国际经济决策和运行。

二、经济维度

（一）中国层面：积极与东盟国家开展多层次宽领域的经济交往，促进经济共同发展

中国—东盟区域经济一体化的经济策略包括贸易与投资、产业合作、财政与金融、互联互通四个方面。

1. 贸易与投资策略

首先，基于我国的国情，有序、深入地开放金融服务和投资部门。我国可以先开放一些对金融部门、投资部门的安全冲击较小的环节和领域，并根据环境与自身条件的改善逐步开放受威胁较大的环节和领域。为了减小金融、投资部门逐步开放对我国经济造成的冲击和干扰，应该尽快完善我国金融投资机构的管理法规、加快金融投资风险预警系统的建设。

其次，调整我国出口政策，在现有出口减税政策的基础上增加其他鼓励出口的政策。就中国与东盟签订的《中国—东盟货物贸易协议》来看，出口政策仅涉及出口减税政策，而其他类型的鼓励政策较少运用。为此，我国应该增加一些新型的鼓励政策，如出口退税政策、政府直接补贴政策、出口信贷政策、资本输出政策等。

再次，与东盟国家合作，设立共同基金，用以补偿因市场开放而遭受损失的部门。随着中国—东盟自由贸易区的建成，我国的市场开放度越来越高，一些弱势行业或部门受到来自境外冲击的风险也越来越大。为此，我国可以积极倡议，并与东盟国家一道，设立共同基金，用以补偿区域内各成员国因市场开放而遭受损失的行业或部门。

最后，扩大我国对外投资规模，提高吸引外资的能力。为了扩大我国对东盟的投资规模，我们可以从政府和非政府两个角度加以努力。我国政府可以在完善企业对外投资的法律体系、提高政府投资相关部门的管理执行效率、加强政府信息服务职能等方面有所作为。从非政府组织机构的角度而言，应该增强中国商会、行业协会及中介机构在为中国企业投资东盟提供相关信息及咨询服务的作用，并成立投资东盟的促进机构，完善我国企业"走进东盟"的服务体系。为了提高对来自东盟国家资金的吸引力，我们可以从完善我国投资环境、推进投资便利化等角度加以努力，具体包括加强与东盟互联互通的建设、提高投资审批环节的效率等。

2. 产业合作策略

中国与东盟的产业合作既是实现区域共同发展和互惠互利的必然选择，又是提高本区域生产力和国际市场竞争力的必然要求，更是推动区域经济一体化的重要环节。因此，从以下四个方面就如何促进中国与东盟产业合作提出策略：

首先，产业结构策略。第一，结合东盟各国不同的比较优势，与之开展多层次的分工、合作，共同构建合理的产业分工格局。第二，鼓励发展高科技产业的同时，注重引进创新技术改良传统产业。第三，促进中国与东盟国家产业集聚的形成，推动合作产业园区的建设。

其次，产业组织策略。我国应该充分重视海外华商及企业的跨国并购、重组在产业转移中的作用，并积极推动中国与东盟国家企业交流平台的建设，为中国企业走进东盟提供充足的投资资讯，鼓励中小企业走出去，最终实现双边产业的对接。

再次，产业技术策略。第一，我国应该把高新技术产业作为实现国家战略的手段，重视科技园的建设数量和质量，加强与新加坡、马来西亚等国际金融中心的高科技合作，注重高科技产品的时效性和创新性。第二，注重高科技产业人才的培养与引进，增加我国承接技术密集型产业的能力。第三，充分利用双方领导人定期会晤机制以及双方各领域合作委员会间的相互配合，并通过举办国际科技会展、技术供需洽谈、科技交流研讨等活动，促进中国科技的进步及其成果在东盟的推广。

最后，产业布局策略。第一，为了配合我国产业升级战略的需要，将一些劳动密集型产业转移到东盟国家，以充分利用其低廉的劳动力资源，并且着力在劳动密集型产业内部提高某些加工贸易产品的附加值。第二，在东盟国家与其合作建设产业园区，为我国产业的转移提供重要的平台和载体。第三，加强与东盟国家在互联互通领域的合作，为我国产业转移提供更多的路径选择。

3. 财政金融策略

区域内各成员国若仅以自身利益为导向制定财政政策，势必会影响到区域经济一体化的进程，因此各国有必要通过财政合作，建立起完善的财政政策协调机制。作为中国—东盟区域内的大国，中国应该积极倡议在区域内设立专门的财政协调机构，以弥补当前的一些非常设机构在区域经济政策协调上功能的不足。这个专门的财政协调机构在制定区域内各成员国共同遵循的标准的同时，也要根据区域内各国国情的差异加以调整。另外，区域内财政政策的协调应该遵循先易后难、从部分到整体的原则，分步骤、分阶段地进行。如前文所述，财政政策的协调包括三方面的内容，即国际税收协调、国际债务协调与国际援助协调。在国际税收协调方面，中国应该与东盟国家一道，建立起国际税收协调研究机构，通过构建双边税收协调的法律框架为开展区域内税收协调提供法律保证，并根据区域内各国的实际情况分层次地进行税收协调。在国际债务协调方面，中国应该与东盟一道，根据自身特点，构建起适当的国际债务机制和债务风险防范体系，加强审慎监管。对于一些经济较为落后的东盟国家，中国可以通过给予其优惠的贷款利率、免债、重新安排债务等方式来减轻他们的偿债压力。在国际援助协调方面，中国有责任对部分经济较为落后的东盟国家给予更多的援助，帮助这些东盟国家减少对外依赖，改善内部竞争的局面，并积极与东盟国家联手，通过建立专门的国际援助协调机构、设立中国—东盟区域国际援助基金及建立 CAFTA 国际援助协调的法律框架等途径努力构建中国—东盟区域国际援助协调体系。

为加强与东盟国家的金融合作，推动区域金融一体化的进程，中国可以从以下三方面加以努力。第一，与东盟国家联手，致力于构建高效安全的区域支付结算体系。一方面，中国可以通过与东盟国家签订货币互换协议等措施，增加人民币在国际贸易中的使用率，并逐步将人民币推广成为区域统一结算货币；另一方面，中国可以鼓励本国银行走出国门，与东盟国家的银行展开全方位的合作，共同构建高效安全的区域银行结算体系。第二，与东盟各国协商，设立一个兼具政策性与盈利性的区域性金融机构。该区域性金融机构不仅可以为配合中国、东盟各国双边贸易的政策和目标从事政策性的融资活动，也可以为中国、东盟各国的中小企业提供投融资贷款，还可以为中国、东盟各国的跨境贸易提供资金结算服务。第三，与东盟国家一起，着眼于金融生态环境建设。积极推进法治环境、政策环境、信用环境等维度的金融生态环境建设，致力于在区域内构建一个开放合作、统一协调、充满活力的区域性金融市场体系。

4. 互联互通策略

中国—东盟互联互通合作是加强中国—东盟区域合作的重要举措，也是推进中国—东盟区域经济一体化的有效手段。如前文所述，中国—东盟互联互通包括物理互联互通、机制互联互通以及人文互联互通三个方面。经过三年的努力，尽管中国—东盟互联互通在上述三个方面均取得了巨大的成就，但依然存在着许多亟待解决的问题。为了进一步提升中国—东盟互联互通的合作层次及水平，以下将从整体和部分两个方面分别提出相关策略：

首先，中国—东盟互联互通的总体推进策略。第一，加强与东盟国家沟通交流，协调互联互通的内涵及重点，并就双方工作部署进行协商，确保双边项目规划相互衔接，以达到充分发挥合力推动双边互联互通合作的目的。第二，完善制度建设，提升互联互通水平。成立于 2012 年 11 月的互联互通合作委员会作为双方互联互通合作的直接平台，由于成立时间较短，尚未形成完善的制度与规范。因此，中国应当与东盟国家一道，致力于提升合作委员会的层次，并在委员会的架设下举行一系列制度化的研讨会和论坛，使其真正成为双边磋商合作的平台。

其次，中国—东盟物理互联互通的推进策略。第一，大力推进海上互联互通。这就要求中国充分利用中国—东盟海上合作基金，加强双方港口、物流的合作，建设中国—东盟港口城市合作网络。第二，积极筹备建立中国—东盟基础设施开发银行，为中国—东盟互联互通建设提供资金支持。第三，着力提升中国—东盟跨境经济区与经济走廊建设。

再次，中国—东盟机制互联互通推进策略。第一，通过积极打造中国—东盟通关口岸通关一体化以及合理规划通关口岸等措施，改善通关口岸便利化状况。第二，通过加强与东盟的沟通，逐渐消除中国—东盟贸易投资便利化的隐形壁垒，并以此推动中国—东盟自由贸易区"升级版"的建设。第三，通过推动人民币东盟化来推动人民币区域化的进程，并以此来增加中国与东盟间的直接投资。

最后，中国—东盟人文互联互通推进策略。第一，通过开展一系列文化交流活动，如中国—东盟文化巡展活动、"中国文化节"系列活动、留学生文化交流活动等，提升中国文化在东盟国家的影响力。第二，加大中国与东盟国家文化产业的合作。双边文化产业的合作可以为东盟国家输送大量的文化产品，加强东盟各国民众对中国文化的了解，从而加强中国在东盟国家软实力的建设。第三，在推动中国—东盟人文互联互通的过程中，不仅要重视政府的主导作用，还需要重视民众的推动作用。

（二）双边层面：经济贸易关系良性发展，扩大经济共同利益

总体来说，中国与东盟国家应该本着互惠互利、优势互补、注重实效的原则，不断提升双边经济贸易合作的规模和水平，推动双方经贸关系的良性发展，扩大共同利益。区域内各国应不断开辟新的合作渠道，拓宽合作领域，形成全方位、多层次的外贸格局。今后要在不断巩固经贸、基础设施建设等传统领域合作的基础上，加强金融、能源、科技和环保等领域的合作，实现更大范围内的资源优化配置。同时，要突出交通、信息通信、投资、农业、能源、旅游和环境等重点合作领域，并且不断挖掘、培养新的合作领域，改善双方单一的贸易结构。

中国—东盟自贸区建成后，中国与东盟国家大部分商品的关税降为零。首先受到冲击的是双方的相关出口产业。中国与东盟国家应该加快实现产业内的分工与合作，优化区域产业布局，缓解自贸区各国产业趋同和恶性竞争的问题，推动经贸关系的良性发展，扩大共同的经济利益。各国应发挥各自的比较优势，通过横向和垂直的国际分工，打造优势互补的区域产业链，形成贸易结构不同的产业梯次转移体系，最大限度避免自贸区内的产业恶性竞争，形成产品差异化的有序竞争氛围（见图 11 -1）。

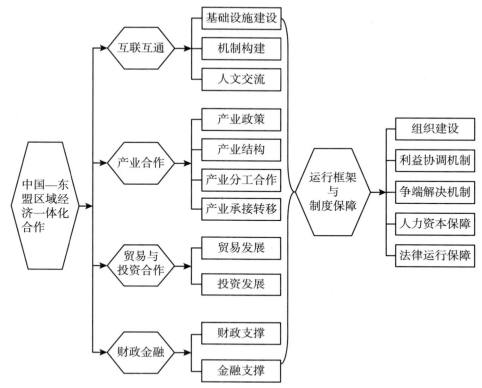

图 11 – 1　中国—东盟区域经济一体化合作框架

　　加强货币金融和税收领域的协调与合作，推进中国—东盟区域金融一体化进程。加强同东盟国家的金融协调与合作应重点从两方面着手。一方面，应努力增加人民币在自贸区内的流通量和使用频率，逐步将人民币打造为区域结算货币。在巩固提高人民币边境贸易结算地位的同时，还应通过签订货币互换协议等措施，扩大人民币在区域贸易结算中的使用范围，增加使用频率。另一方面，中国与东盟国家的银行应该积极走出国门，积极参与到区域经济一体化进程中，为企业和投资者提供投、融资服务，尽快在我国和东盟国家建立安全、便捷、互惠互利的资金流动和银行结算体系。此外，可以参照亚洲开发银行建立一个新的区域性金融机构，为经济发展落后的东盟国家提供援助贷款，为中国与东盟国家企业提供融资支持，为双方重大合作项目提供项目贷款。

　　加强区域内部汇率政策、税收政策的协调，稳定区域内部的双边汇率，降低汇率波动对国际收支的影响；从减免关税，逐渐消除非关税壁垒，到税种、税基、税率等方面的协调，最终朝着税收一体化方向发展。

　　推进贸易和投资的便利化。在降低关税、开放投资、贸易、服务市场的基础上，应进一步推进贸易和投资的便利化，实现中国与东盟交通设施互联互通和水利基础设施建设的合作。一方面，应该以基础设施建设为突破口，整合中国—东盟道路、交通、港口、机场等资源，打造覆盖中国与东盟的海、陆、空交通网络。另一方面，要努力改善吸引外资的"软环境"。不断消除产品标准、技术规定和凭证等方面的非关税贸易壁垒，放宽投资限制；完善相关的投资法律法规和政策，简化审批程序，减少行政事业性收费。

此外，应该不断深化大湄公河、泛北部湾次区域经济合作，从次区域层面推进中国与东盟区域经济一体化向纵深化发展（次区域合作策略在下文有详细叙述）。

（三）东亚层面：促进地区的经济繁荣和金融稳定

作为地区经济发展较快的国家，中国与东盟区域经济一体化的发展对东亚地区的发展与繁荣意义重大。对此，应以中日韩与东盟的"10 + 3"机制为主要渠道，推进东亚、亚洲的区域经济合作，促进地区的发展与繁荣。

首先，应协调与日韩两国的关系，形成中日韩三国关系的良性互动，以积极的姿态应对"10 + 3"东亚自贸区的建立，推动东亚经济合作水平的提高，增强区域经济的协调性。在东盟为主导的多边合作机制下，中国与日本、韩国应放下历史、文化的恩怨，搁置争议，推进以"东盟为主导，中日韩合作为基石"的东亚经济一体化进程。

其次，应进一步加强区域金融安全网建设，进一步落实"清迈协议"。中日韩三国与东盟国家通过签订《清迈协议》建立双边货币互换的安排，可以说《清迈协议》是亚洲货币金融合作的标志性成果。应该将该协议下的区域外汇储备基金规模扩大，并提高与国际货币基金组织贷款规划的"不挂钩比例"，以增强东亚地区抵御金融风险的能力。

（四）全球层面：保持世界经济稳定态势

东盟已经成为亚洲区域经济合作的焦点和中心。加强中国与东盟各国的区域经济合作，不仅能带动东亚地区经济的发展与繁荣，也会影响亚洲其他地区乃至世界的经济发展。特别是建成后的中国—东盟自贸区，人口将近 20 亿、面积超过 1 400 万平方公里、GDP 超过 13 万亿美元①，对世界经济发展具有重大影响。因此，应该努力推进中国—东盟自由贸易区向深层次发展，以便更好地应对经济全球化和区域经济一体化的挑战。对此，首先应进一步推进亚太经合组织、亚欧会议、东亚—拉美合作论坛、亚洲合作对话及其他区域、跨区域合作规划，加强与区域内外国家的经贸交往，促进全球贸易和经济全球化的均衡发展。其次，应

428

① 世界银行 2014 年数据。

该发挥东盟在亚洲经济一体化进程中的主导地位，以东盟为主导推动亚洲地区的经济一体化进程，带动亚洲地区乃至世界的经济增长。

三、安全维度

（一）中国层面：制定经济、文化、生态环境、军事安全策略，维护区域稳定

1. 经济安全策略

经济安全属于非传统安全领域，中国在制定经济安全策略时要因时制宜，根据不同的经济发展阶段和不同的角度制定经济安全策略。

中国首先应制定维护经济安全的整体方针政策，将经济安全战略与非传统安全战略相结合，将经济安全策略融入一体化经济策略之中，并以促进区域经济发展、保护区域与本国经济安全、提升区域整体竞争力为目标制定经济安全策略。

其次，根据经济发展情况，有重点地制定经济安全策略。当前经济安全侧重点集中在金融、贸易、重要能源、粮食和产业安全上。第一，建立并深化金融贸易安全策略。以1997年亚洲金融危机、欧债危机为鉴，针对潜在安全威胁的外资项目进行全面审查及风险评估，并制定解决方案。第二，合理使用和进口重要能源。一方面要做好经济发展重要能源必要的储备和保障措施，提高开采率；另一方面积极引进高效环保新能源，提高自给能力，降低进口风险。第三，重视粮食安全，避免粮食危机。稳定粮食市场价格，加大粮食出口补贴力度，提高粮食产量。第四，完善产业结构，确保产业安全。单一、不合理的产业结构将制约经济一体化，为了保证产业安全，要进一步完善优化产业结构。

最后，要对经济安全策略的运行进行评估。对于经济安全策略的运行程序应当是：经济安全策略的制定——审核与公布——策略运行效果的评估与反馈——阶段性总结的循环过程。在经济安全策略实施后，要建立合理的评估机制，从下至上的反馈和修正存在的缺陷。

2. 文化安全策略

首先，坚持以马克思主义为指导，树立正确的文化核心价值体系。在经济一体化的过程中，与东盟的文化交流会出现百家争鸣的情况，多元化的文化有利于促进思想交流、社会进步，激发新的活力，但不能放弃马克思主义的指导地位。在面对不同文化的冲击时，不能有狭隘的民族主义文化安全观，应去其糟粕取其精华，在继承中国传统文化的基础上，借鉴先进经验并加以融合。

429

其次，创建文化产业合作区。文化繁荣与文化安全在一定程度相互促进增长。文化繁荣为抵御文化安全风险提供内在力量，反过来文化安全也为文化繁荣营造良好的氛围和环境。因此，针对文化安全问题，应与东盟国家联合发展文化产业，创建文化产业合作区。这不仅可以拓展文化服务和产品，也能限制西方文化的侵蚀，从而确保区域不受制于其他国家的文化利益集团的牵制。

3. 生态环境安全策略

生态安全具有跨区域性，不单是一个国家的问题。生态环境的形成与发展具有长期性，破坏后修复的可逆性差，生态环境的破坏等安全隐患对国际社会都存在着巨大的影响。中国在制定生态环境安全策略时，应积极推动、参与和东盟国家或其他国家的环保合作，充分利用联合国、其他国家环保组织的作用，防范外部环境危害的转移，通过提高生态环境危害防范意识和技能确保生态环境安全。同时转变经济发展方式，寻求新型节能环保增长模式，改变不科学的生产、消费理念，实现可持续发展。

4. 军事安全策略

中国一向坚持采取和平方式解决国际争端。面对与东盟国家关于领土的争议，中国为了营造一个稳定的周边环境，继续与东盟进行良好的一体化合作，只能克制自我，采取搁置争议、共同开发的策略。中国需坚持保留主权，不到万不得已不使用武力，在条件时机尚未成熟时暂时搁置争议，避免扩大军事安全的威胁。同时，中国还可通过学术交流、军事培训、军方高层互访等方式方法加强与东盟国家军方之间的往来。加强与其他国家的边境管理合作，以及在非传统安全领域的合作，如打击恐怖主义、贩卖人口、洗钱、制贩假币等。

（二）双边层面：保持并加强战略对话，加强军队间的交流，建立安全互信

首先，双方应继续加强战略对话，推动高层互访和业务团组往来。积极推动新安全观的建立，加强安全对话，以便有效地促进双方的相互了解。

其次，双方应加强各国军队之间的交流与合作。第一，应通过学术交流培训、互派留学生、互相观摩、作战讨论、舰艇参观等方式加强海、陆、空军队之间的交流与合作。第二，有关国家应积极开展包括陆地边界联合巡逻在内的边防交往，加强边境管理与合作，努力维护边境地区的和平、安宁和稳定。第三，中国与泰国、新加坡、印度尼西亚等国家应加强反海盗护航等方面的合作。尤其需要采取实际行动，切实加强中老缅泰在湄公河流域的执法安全合作，建立情报交流，联合巡逻执法，联合整治治安突出问题，联合打击跨国犯罪，共同应对突发事件，

维护湄公河流域的航运安全，保护4国国籍船舶、人员的生命财产安全①。此外，应加强多边领域人道主义救援合作，提升两军应对非传统安全威胁的能力。

（三）东亚层面：共同努力促进地方热点问题的解决，预防地区性冲突

中国与东盟国家应密切关注多边安全事务的协调与配合，增强区域内各国的沟通与协商，共同努力促进地区热点问题的解决，预防地区性冲突的发生。中国与东盟国家应共同推进犯罪侦查、反恐等执法合作，加大对跨国犯罪的打击力度。进一步加强军事演习、海上安全等安全防护领域的合作。

南海地区主权争端关系到东南亚甚至是整个亚洲地区的和平与稳定。目前，南海问题已经阻碍了区域经济一体化的发展。文莱、马来西亚、菲律宾和越南四个国家宣称对南海拥有主权，其中菲律宾和越南表现最为强烈。菲律宾试图将南海问题扩大化，将南海问题放到联合国框架内解决，企图通过域外大国给中国施压，迫使中国让步。菲律宾咄咄逼人，不惜用武力捍卫在南海的既得利益，又试图把南海问题国际化。对此，各国应该坚持以外交途径妥善处理南海争端，将南海地区"非军事化"。

（四）全球层面：合作应对各种非传统安全问题

中国与东盟应进一步加强非传统安全领域的合作，维护地区的和平与稳定。目前，地区恐怖主义、跨国犯罪、贩毒、人口贩卖、食品安全等非传统安全问题日益突出。对此，中国与东盟国家应就反恐、禁毒和打击国际经济犯罪等重点合作领域积极展开合作，明确各领域的合作目标和方针政策；根据区域新的安全形势，加快双方的安全互信机制建设，进一步加强减灾救灾、疾病防治和环保等领域的合作，共同维护海上安全，加强跨国犯罪的打击力度。

四、文化维度

（一）中国层面：秉持"求同存异，和而不同"的原则，增进与东盟各国的文化交流

伴随着中国与东盟国家在经济上的频繁互动，双方文化上的交流也日益密

①《中华人民共和国、老挝人民民主共和国、缅甸联邦共和国、泰王国关于湄公河流域执法安全合作的联合声明》。

切，这种区域内的文化交流不仅可以增进双方的相互了解、增强双方的文化认同感，而且可以促进双边关系的稳定发展，并最终推动中国—东盟经济一体化的发展。对此，中国应该秉持"求同存异，和而不同"的原则，通过采取多样化的策略来增进双方的文化交流，并以此来推动中国—东盟经济一体化的进程。

1. 举办大型的文化交流活动，推动文化的交流与合作

首先，重视中国—东盟博览会的文化交流功能。中国—东盟博览会包含了商品贸易、投资合作、服务贸易、高层论坛、文化交流五大内容。但当前中国—东盟博览会对于文化交流的重视程度仍然比较有限，在博览会期间仅仅是将文化交流活动穿插于经贸活动之间。近年来，中国—东盟博览会在中国与东盟国家的影响力越来越大。充分重视中国—东盟博览会的文化交流功能，并分别开设中国及东盟国家的文化展区，就可以借助中国—东盟博览会建立起来的各种机制、资源以及品牌影响力，达到促进双方文化交流的目的。

其次，开展中国—东盟文化巡展和巡演活动。[①] 该活动可由中国文化部牵头，并在国内指定城市设立"中国—东盟文化交流与合作促进会"作为活动的主办方。中国—东盟文化交流与合作促进会可以联手中国—东盟中心及各国文化管理部门在东盟各国开展活动。该活动可以首先选取中国—东盟博览会的主办城市南宁及东盟各成员国的首都作为巡展和巡演活动的首批城市，在建立了一定的社会知名度和市场影响力后逐步向其他城市推广。活动中应当挑选部分富有中国特色的文化精品进行重点推荐，同时也可以将这些文化精品与东盟当地文化相结合，以提高该活动在当地的影响力。

再次，在东盟国家举办"中国文化节"、"中国文化年"等系列文化交流活动，或者与东盟国家合作举办一些促进文化交流的比赛，比如中泰友谊歌会、中国—东盟礼仪形象大使大赛等，均可以在促进双方文化交流上取到很好的效果。

2. 借助各种大众传媒工具，让东盟受众全面了解中国文化

在当今信息时代，国与国之间文化的交流离不开各种传播及时、广泛的大众传媒。因此，中国应该充分利用互联网、广播、电视等多种传播媒介，以影视作品、国家宣传片等形式向东盟国家的民众宣传中国文化。为了更全面地传播中国文化和展示中国形象，传播的内容不仅需要包括中国政治、经济的大事，还要包括中国普通民众的日常生活。在传播中国文化的过程中需要考虑当地受众的文化习惯、思维方式及接受程度，切忌强行灌输，以免遭到当地民众的反感和抵触。另外，中国也可以加强与东盟各国媒体的合作，共同开办广播、电视节目，避免

---

① 方慧玲：《借"三缘"优势撬动文化产业国际合作》，广西新闻网，2012 年 9 月 4 日 http：// news. gxnews. com. cn/staticpages/20120904/newgx5045308e – 5990381 – 1. shtml。

国外媒体由于资料掌握不足而对中国文化进行错误性的报道。

3. 加强中国与东盟的教育合作，重视中国—东盟文化人才的培养

加强中国与东盟国家教育的合作，实际上就是希望利用两国间教育的合作，增进彼此间的了解，探求更多的文化认同，为双方关系的发展奠定文化互信基础。随着中国—东盟自贸区的推进，中国和东盟都亟须大量熟悉双边国情、语言和文化的专门人才，而现有的文化人才培养规模和培养速度已远不能满足日益旺盛的需求。对此，中国可以加强与东盟国家教育的合作，共同培养适应中国—东盟经济一体化需求的复合型人才。首先，每年定期或者不定期开办中国—东盟文化人才培训项目。由北京外国语学院承办的东盟"10 + 3""了解中国"项目就是一项旨在将中国文化系统地介绍给东盟各国政府官员及学者，并借助他们的力量将中国文化传播到东盟各国的项目。其次，依托与中国合作的东盟高校建立更多的孔子学院和孔子课堂。截至 2015 年 12 月 1 日，中国已在东盟十国建立 30 所孔子学院以及 19 个孔子课堂，为中国向东盟国家推广汉语和传播中国文化与国学作出了杰出贡献。① 再次，出台相关鼓励政策，用以增加东盟国家赴华留学人数。中国与东盟于 2010 年签订的"双十万学生流动计划"就是一项旨在增加中国、东盟双方留学生人数的鼓励政策，该计划提出要在 2020 年实现东盟来华留学生和中国到东盟的留学生人数均达到 10 万人。

4. 加强与东盟国家间文化产业的合作

对于中国与大多数东盟国家而言，文化产业均是一项新兴产业，加强双方文化产业的合作可以为双方文化交流注入新动力。首先，由双方政府签署各项文化产业合作的协议，细化双方文化产业合作的步骤，并借助中国—东盟文化产业论坛这一平台推动中国与东盟各国在文化产业上的交流与合作。其次，由中国和东盟国家在双方中心城市合资建立文化产业园区，吸引区域内各国文化产业领域里的优秀企业入驻，并将文化产业园区发展成为区域文化艺术产品集散地。再次，与东盟国家毗邻的省份可以充分利用自身的区位优势，开展与东盟国家文化产业的合作。

（二）双边层面：推进区域文化交流与融合，增进了解与互信

东盟各国在历史上曾受不同文明的影响，形成了多样化的文化习俗和宗教信仰。区域内不同国家、不同民族的文化各具特色，虽然有过摩擦和冲突，但和平共处是主流。双方应坚持"和而不同"的原则，相互尊重彼此的民族心理、风俗习惯和宗教信仰，维护文化的多样性。

---

① 汉办官网—孔子学院，http://www.hanban.edu.cn/confuciousinstitutes/node_10961.htm。

整合文化资源，积极搭建文化交流合作平台，加强文化项目合作，推动文化产业发展。具体来说，各国应该积极举办博览会、晚会等，介绍和推广各国文化，增进文化交流；举办文化论坛、会议，为中国与东盟国家的文化交流合作提供平台，增进交流、传播友谊、扩大共识；举行各种民间文艺活动，增进了解和互信。

不断推进教育领域的合作与交流。截至 2012 年，东盟国家在中国的留学生人数已突破 5 万人，中国在东盟国家的留学生人数则超过 10 万。今后，双方应进一步扩大教育领域的交流，建立多层次的人才培养机制，增加互派留学生和教师的人数，举办东盟国家语言和汉语、儒家文化培训班，培养更多的国际化人才。

（三）东亚层面：消除隔阂，加强交流与合作

中国、日本、朝鲜、蒙古国等东亚国家和越南等东南亚国家同属东亚文化圈，其基本要素是儒学、汉字和佛教等。自古以来，中国与越南、印度尼西亚等国就有民间文化交流，以儒家文化为代表的中华文化对周边国家和地区产生了深远影响，形成中华文化圈、儒家文化圈。随着中国—东盟区域经济一体化的不断发展与深化以及"10＋3"机制的形成与完善，东亚文化圈内各国的经济依赖性不断增强。东亚文化圈的范围也不断扩展。

中国与东盟国家、日本、韩国的合作潜力巨大。但由于历史原因，中国与日本、韩国存在着一定的纷争，例如，中韩"高句丽"问题、"端午节"之争；中日"教科书"问题。此外，中国与菲律宾、越南等国的南海主权之争也成为区域文化的交流与融合的障碍。对此，有关国家应该消除隔阂，合理解决纷争，从东亚整体利益出发，加强区域文化交流与合作，促进东亚文化的发展与繁荣。

（四）全球层面：向世界传播东亚文化，促进不同文化的融合

目前，东亚文化圈与西方文化圈（拉丁文化圈）、东欧文化圈（斯拉夫文化圈）、印度文化圈（南亚文化圈）、伊斯兰文化圈（阿拉伯文化圈）共同组成世界五大文化圈。

虽然不同的文化圈各具特色，但古往今来，不同的文明在不断的交流与融合中得以发展。目前，汉语在世界范围得到迅速传播和发展，越来越多人开始学习汉语。儒家文化也越来越受欢迎。近年来，区域内许多国家不断被"西化"，欧美文化在东南亚国家的影响日益增强。对此，中国与东盟国家应继续加强文化领域的合作，携手推动东亚文化的发展，将东亚文化不断发扬光大。各国应该加强交流与合作，携手推动区域文化乃至东亚文化的发展与繁荣。具体来说，东亚、

东南亚一些国家可以积极开展儒家文化交流，合办孔子学院，将儒家文化发扬光大；积极打造平台，加强各国在传统文化领域的交流与合作。

第三节　中国—东盟区域经济一体化的阶段策略

一、中国—东盟区域经济一体化的整体阶段策略

区域经济一体化可以分为不同的形式和阶段。作为"南南型"的一体化组织，刚成立不久的中国—东盟自由贸易区还是低水平的区域经济一体化组织。虽然自贸区内的关税水平已降到低点，商品流动的限制不断取消，但各种非贸易壁垒仍然存在，自贸区尚未实现生产要素的自由流动，区域内各国的经济政策也不统一，可以说目前中国—东盟自贸区离完全一体化还相去甚远。根据区域内各国的国情，可以将中国—东盟区域经济一体化进程分为近期、中期和远期策略，分阶段、逐步推进区域经济一体化。近期内，区域内各国政府应积极推动自贸区各项制度机制的建立和落实，不断破除贸易壁垒；在中期，各国应以市场需求为导向，逐步实现生产要素的自由流动；在远期，各国应不断淡化国家利益，强化区域利益，逐步实现自贸区内经济政策的统一，向完全一体化迈进。

（一）近期策略：政府推动贸易壁垒破除，实现区域贸易一体化

2010年中国—东盟自贸区建立以来，自贸区的各项制度机制得以不断建立和完善。中国对东盟十国90%以上的进口商品实施零关税，对东盟6个老成员国90%以上的出口商品享受零关税。尽管区域内绝大部分产品已实现零关税，但技术壁垒、绿色壁垒等各种非关税壁垒仍然存在，市场准入制度、争端解决机制、资格认可制度等各项制度机制还不够健全。

近期内，各国政府应积极推动制度机制的建立和完善，不断破除贸易壁垒，取消对商品流动的限制，实现区域贸易一体化。首先，应该在区域内建立相关的组织机构，协调自贸区的争端，确保自贸区的顺利运作。其次，各国政府应该完善相关的投资法律法规和政策；简化审批程序，减少行政事业性收费，清除贸易通关环节中的所有障碍和壁垒。再次，应促进公平竞争，反对垄断，加强立法，打击不正当竞争的行为；开展技术标准的互认，不断消除产品标准、技术规定和凭证等方面的非关税贸易壁垒，建立成员国之间统一的技术标准。

（二）中期策略：以市场为导向，逐步实现生产要素的自由流动

自贸区建立以来，中国与东盟致力于消除关税和非关税壁垒，实现商品的自由流通。但自贸区尚未实现资本、人员等生产要素的自由流通。在未来，区域内各国应以市场需求为导向，消除技术、劳动力、资本自由流动的各种障碍，逐步推动生产要素的自由流动，实现生产要素的一体化。

各国应统一劳动条件和社会保障标准，促进人员和劳务的自由流动，可以通过制定共同市场法律来实现。让成员国的居民享受和本国居民同等的待遇，包括平等的就业机会、同等工资水平和社会保障水平等。通过制定中国—东盟统一的法律来保护劳动者的权益。在区域内推行统一的教育计划，使教育水平能够尽可能的统一、一致。在资本流动方面，各国应该放宽金融、能源、商业和汽车等领域对外资的限制，促进资本自由流通。

（三）远期策略：淡化国家利益，强化共同利益

实行统一的经济政策和社会政策是较高层次的区域经济一体化。但目前来看，中国—东盟自贸区内各国的关税和外贸政策仍千差万别，尚未实现经济政策的协调。在远期，等到区域内逐步实现要素的自由流通，各国经济相互依存度提高到一定程度之后，各国应着手推动区域内各国的经济政策一体化。此时，区域内各国应淡化国家利益，强化区域整体利益，逐步实现区域各国财税政策、货币政策和汇率政策的协调。各国应推行共同的对外税率，取消进出口关税、数量限制以及其他限制措施，建立对第三方国家共同的关税税率和贸易政策。对此，可以先按照各国的平均关税作为共同税率，再分阶段调整，最终将税率拉平，实现关税同盟。在货币政策协调方面，各国加强合作，增强信息交换，逐步加强部分经济政策工具的协调，共同应对国际经济危机和货币危机。此外，各国可以通过外汇市场的联合干预实现汇率政策的协调。汇率政策协调的最高阶段是各国货币的统一。1997年，马来西亚总理马哈蒂尔在东盟国家首脑会议上最早提出了"亚元区"的设想，得到了一些国家的支持，但"亚元区"是个遥远的梦想，需要亚洲各国长期不懈的共同努力。

二、中国—东盟区域经济一体化的中国阶段策略

中国—东盟区域经济一体化是一个长期的过程。以上从政治、经济、安全、文化四个方面制定的中国整体策略只能从整体出发，并不能做到因时制宜。中国

应当根据区域经济一体化进展的不同阶段，制定不同的应对策略。本节将按照近期、中期、远期三个时期制定中国在区域经济一体化进程中的应对策略。

（一）近期策略：树立大国形象，逐步开放贸易与投资市场，实现双边互利共赢

1. 树立负责任的区域大国形象，建立区域公信力

国家之间的交往是建立在平等互信的基础之上。虽然中国秉持着"和谐世界"的外交理念，但是中国不断增强的经济实力、政治影响力和军事潜力使得东盟内部对中国的崛起存在不少担忧，加之中国与东盟国家之间存在综合国力的差距，使得"中国威胁论"曾一度为东盟国家所信奉，这直接影响到中国与东盟间的政治互信。2010 年中国—东盟自由贸易区的建立在一定程度上表明东盟开始接纳中国，而且愿意将自身经济的发展与中国经济的发展紧密相连，但这并不意味着"中国威胁论"的彻底消除。特别是 2010 年以来，由"南海问题"引发的一系列矛盾与纠纷使得"中国威胁论"再度甚嚣尘上。虽然当前中国与东盟之间合作是主流，但是"中国威胁论"的存在也为双边关系的发展增添了一些不确定性。因此，如何在东盟国家由"威胁者"的形象向"合作者"的形象转变成为近期中国需要思考的问题。为此，中国应该牢固树立负责任的区域大国形象，并建立起区域公信力。

树立负责任的区域大国形象、建立区域公信力要求中国创造型地践行"韬光养晦、有所作为"的外交策略。[①]"韬光养晦"要求我国坚持"永不称霸"的原则，避免蛮干树敌，维护地区稳定，但也绝不屈服于外界压力；而"有所作为"要求我国主动在区域内承担更多的责任，如维护区域和平与安全、提供区域公共产品、提供人道主义帮助等。对于直接影响到中国与东盟关系的问题领域要加强对话，协商解决，做到以合作求发展，以合作解决冲突。另外，在与东盟各国的交往中，做到关系亲疏一致，不搞帮派主义，逐步建立起中国的区域公信力。

2. 逐步开放贸易和投资市场，促进双边贸易与投资的增长

目前中国在贸易和投资两大市场上对东盟的开放程度还不够，近期内中国应该践行《中国—东盟全面经济合作框架协议》的内容，进一步开放这两个市场，促进中国与东盟国家贸易与投资的增长，释放双方更强劲的合作潜能。

贸易市场分为货物贸易市场和服务贸易市场。其中，货物贸易市场的产品包括正常商品和敏感商品。2005 年中国与东盟签订的《货物贸易协定》分别规定了这两类产品的关税减免时间表。中国的敏感产品包括大米、天然橡胶、棕榈油

---

① 翟崑：《中国在东南亚的国家形象》，《公共外交季刊》，2011 年第 8 期，第 13～20 页。

等，这些敏感商品都是我国出于保护国内产业发展的需要而加以保护的产品，它们目前的关税水平较高，并且平均每年降税的幅度小、速度慢，这直接制约着我国货物贸易市场的开放水平。因此，在今后的一段时间内，中国应该率先加大敏感产品的降税幅度，加快敏感产品的降税速度，以此来提高我国货物贸易市场的开放水平。

相较于货物贸易，我国服务业及服务贸易相对落后，服务竞争意识不强，这一定程度上与我国服务贸易市场的开放度不高有关。我国服务贸易市场的开放主要经历以下两个阶段。2007 年，中国与东盟签订的《服务贸易协议》中规定，中国在 WTO 承诺的基础上进一步向东盟市场开放建筑、环保、运输、体育和商务等 5 个服务部门的 26 个分部门，允许设立独资企业，放宽设立公司的股比限制及允许享受国民待遇。2012 年，中国与东盟签署新协议，进一步开放中国的公路客运、职业培训、娱乐文化等服务部门。虽然经过两个阶段的开放，但是我国与东盟国家在服务贸易的合作仍较多地集中在传统服务贸易领域，而且开放的服务部门数量较少，甚至还低于 WTO 要求的水平，特别是在一些新兴服务贸易行业如金融、保险、通讯等行业的合作尚处于起步阶段。因此，近期内我国应该适时、适度地开放我国服务贸易市场，加强服务业的"引进来"和"走出去"，逐步实现涵盖众多贸易部门的服务贸易自由化。

另外，我国在近期内应该逐渐推进投资便利化，这不仅包括创造更多能够吸引投资的硬件环境，还包括通过简化投资审批手续、提供投资信息咨询等方式创造必要的投资软环境，在我国逐步建立起一个开放的、有吸引力的投资体系，促进双边投资额的增长。

3. 输出技术、引入资源，实现双边互利共赢

东盟内部有一些经济较为落后的国家，这些国家均以农业为主，工业基础薄弱，经济技术发展水平较低。相比之下，中国拥有较为成熟的产业技术，可以对这些国家进行技术输出，在帮助东盟国家进行技术升级的同时实现我国相关产业的转移，达到合作共赢的目的。与此同时，东盟国家丰富的自然资源能够为我国经济的可持续发展提供生产要素支持。随着中国工业化进程的加快，中国对于资源的需求量日益增加，国内的资源供给已经完全不能满足日益旺盛的资源需求。东盟国家在棕榈油、石油、天然气等资源型产品的供给上具有较大的优势。因此，近期内中国可以继续扩大与东盟国家在资源领域的合作，充分利用东盟国家的资源优势，弥补自身资源的不足。

（二）中期策略：善于团结东盟国家，积极寻求利益共同点

利益是国际关系中亘古不变的主题，是国家交流合作的基础和前提。只有不断寻求共同利益，双方合作才能稳固。一个国家无论社会性质、政体如何，国力强弱，都有其追求和维护的国家利益。共同的国家利益是各国政府交流合作的基点，在中国—东盟区域经济一体化过程发展至中期时，中国要善于团结东盟国家，寻求利益共同点，以巩固一体化合作。

1. 经济利益

一国在经济活动中产生的经济贸易利益可视为国家的经济利益。许多国家与国际间建立经济组织的主要目的就是为了共同的经济利益，希望通过平等互惠的经济关系达到双赢或多赢的局面。中国—东盟自由贸易区的建立也是基于相互尊重彼此的经济利益，获取更多经济利益的愿望建立的。

首先，要不断增进互利共赢的伙伴关系，稳固现有经济利益共同点。中国与东盟市场经过初期开放，经贸往来更加频繁，交往力度加大，双边经贸的依存度和互补度日益上升。中国和大部分东盟国家作为发展中国家，以劳动密集型和出口导向型为主，在世界市场上与欧美发达国家和经济组织的竞争处于劣势，经济贡献也处于产业链底层。中国与东盟国家只有互帮互助，增强区域竞争力，推动区域经济一体化进程，才能获得更多的经济利益。在一体化中期，区域内市场进一步开放，技术和资金的流通更加顺畅，区域内产品竞争力不断提高。中国与东盟国家应进一步转变高污染、高能耗的劳动密集型和出口导向型经济发展模式，拓宽在金融、高新产业等方面的合作，成为世界市场的新的经济增长点。

其次，善于团结东盟国家，妥善协调共同利益和经济关系。经济一体化发展至中期，双方的贸易摩擦和争端必然增多。此时中国需要在贸易过程中以共赢为目标，协调好共同利益的分配。由于区域内各国经济发展水平不一样，在利益协调上要考虑到成员国不同的经济发展水平。

最后，中国要在稳固已有利益共同点的基础上寻求新的经济利益共同点。随着区域一体化的不断推进，中国和东盟的经济合作不断加深，要努力寻求新的利益共同点，拓宽与东盟的合作领域。只有不断构建新的经济利益共同点，双边合作才能更加稳固。

2. 政治利益

政治利益主要是有关主权国家政治与主权独立、内政不受他国干涉、国际地位受到他国和国际社会的尊重等权利，其他的安全利益、经济利益和文化利益都是为保障政治利益的实现服务的。中国与东盟作为好邻居好朋友，存在相同的政治诉求。

中国与东盟国家可在政治上相互依靠，共同抵御大国干涉。中国与东盟国家不仅是经济上也是政治上的好伙伴。在推动经济一体化进程中，面对西方大国的政治干涉，中国与东盟政治上要相互依靠，相互帮助。中国作为安理会常任理事国可以参与或支持东盟国家事务，或是在国家安全、国家内政、人权问题给予东盟国家道义上的帮助。同时，中国在台湾问题、西藏问题、南海问题、人权问题和反恐禁毒问题上也应积极寻求东盟国家的协作和帮助，不能给予其他国家从政治上干涉经济一体化的机会。

中国需要深化与东盟在政治领域的交流合作，不断加深双方的政治互信程度，立足现有的政治利益，寻求新的共同点。继续保持和加强高层之间的互访和政府部门之间的接触，利用和完善双方的对话磋商机制，增进彼此了解和信任。政治合作和政治互信不断加深，才能奠定中国与东盟国家的经济一体化和长期交往的政治基础，寻求新的政治利益共同点。

3. 安全利益

安全利益是指保障国家领土完整和国内社会稳定、对存在潜在冲突国家具有的军事优势等方面的利益。当前，国家安全除了以前定义的传统安全外，已经发展到了其他领域，如金融安全、反恐禁毒等，也被称为非传统安全。

传统安全主要包括军事安全和政治安全。中国在这两个方面寻求共同利益，以团结东盟国家。美国等西方国家一直试图通过东盟国家扩大自身在东亚的势力，对东南亚地区施加更大影响。中国的迅速崛起也引起了这些国家的不安，企图通过各种手段遏制中国。中国与东盟各国都是独立自主的主权国家，在政治、军事安全上都不受其他外来势力影响，中国应抓住共同的安全利益，团结东盟国家，减少其他国家对中国、东盟的干预。

4. 文化利益

在和平与发展的时代背景下，文化利益得到越来越多国家的重视，其指的是一国对本国文化或本民族传统文化的保护、发展和传播。中国与东盟国家地理位置相近，大量的华人华侨常年居住在东南亚国家，双方文化传统相似，有着许多共同的文化观和价值观。中国与东盟可以通过建立文化产业园区，生产文化艺术产品，拓展文化市场。这不仅可以传播中国与东盟国家的传统文化，在加大加深中国—东盟文化传播影响力度的同时，获取文化产业和服务利益，还可以减缓西方文化的侵蚀。

（三）远期策略：以提升区域竞争力为重点

当经济一体化进入相对成熟的阶段时，中国应当以提升整个中国—东盟区域的竞争力为重点，不断增强区域利益。关于区域竞争力的衡量标准，参考了瑞士洛桑国际管理学院（IMD）的《世界竞争力年鉴》中的指标，基本指标有经济表现、政府效率、商业效率和基础设施。每一个基本指标下还分为一级指标、二级指标和三级指标。具体指标划分如图 11 - 2 所示。

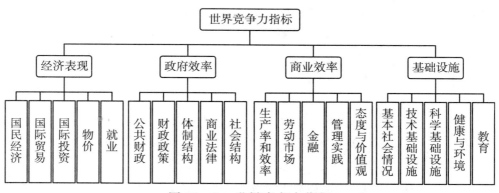

图 11 - 2   世界竞争力指标

中国在远期致力于提高整个区域的竞争力，可以分别从经济表现、政府效率、商业效率和基础设施四方面入手。经济表现方面，中国应致力于提升整个中国—东盟区域的国民经济水平、贸易总量、投资总量，促进区域内人力资源流通，增加就业，稳定物价，抑制通胀。区域内各国的经济发展水平参差不齐的问题在长期都将存在，在提升区域竞争力的过程中，应注意协调经济发展水平不同的国家之间的步伐。利用双方出口产品的互补性，扩大国际贸易总量，促进区域间资本的流通，为区域内的人才流动提供便捷条件。政府效率上，控制本国的财政赤字和政府债务，完善养老金制度，致力于建立一个完善的公共财政制度。同时，促进与东盟国家间的财税政策协调，完善相关的投资、贸易法律制度。从商业效率角度出发，首先要提高区域内的生产效率，其次要降低生产成本，再次减少金融风险加强金融支撑，最后是提升企业的管理水平和竞争力。在基础设施上，中国要发挥大国优势，帮助部分东盟国家完善基础设施建设。基础设施包括技术和科学基础设施，中国加大与东盟国家的信息通信与技术合作，增加 R&D 经费投入，注重与东盟国家的科学研究成果交流。同时还要发展健康基础设施和保护区域环境，增加教育投入，为东盟学生来华留学提供便捷。

第四节   中国—东盟区域经济一体化的次区域合作策略

中国与东盟国家的次区域经济合作主要包括大湄公河次区域经济合作以及泛北部湾次区域经济合作。各次区域所涵盖的国家如图 11 - 3 所示。

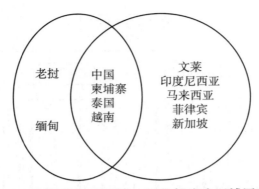

图 11-3　大湄公河次区域、泛北部湾次区域国家构成

注：左边圈内代表大湄公河次区域国家，右边圈内代表泛北部湾次区域国家。

从上图可以看到，大湄公河次区域经济合作主要包括中国、柬埔寨、泰国、越南、老挝和缅甸六个国家，而泛北部湾次区域经济合作则包括中国、柬埔寨、泰国、越南、文莱、印度尼西亚、马来西亚、菲律宾和新加坡 9 个国家。中国、柬埔寨、泰国和越南参与了上述两个次区域经济合作。

一、大湄公河次区域合作

湄公河沿途经过了我国的青海、西藏以及云南三地，并向南延伸流经缅甸、老挝、泰国、越南和柬埔寨五国。湄公河素有"东方多瑙河"之称，其流域内蕴含着大量的生物、矿产和水资源，由此具备了极大的发展潜能。湄公河凭借独特的地理位置和极大的发展潜能，使大湄公河次区域合作得到了区域内部各国以及外部力量的重视。大湄公河次区域合作在发展过程中收获了不少成果，有力地推动了次区域各国的经济发展，推进了中国—东盟区域经济一体化的进程。

（一）大湄公河次区域合作机制

早在 20 世纪 90 年代初期，大湄公河次区域经济合作这一理念便由亚洲开发银行倡导和推行。经过不懈的努力，如今已经形成了多层次的合作机制：一是由亚洲开发银行作为大湄公河次区域经济合作的具体资助方和协调方，由中国的云南和广西地区以及缅甸、老挝、泰国、柬埔寨和越南这几个湄公河流域国家来共同参与，次区域经济合作的目的在于改善大湄公河地区的相关基础设施建设，与此同时不断增进六国之间的贸易与投资合作，从而提升整个大湄公河次区域经济合作的广度与深度，而这也是 GMS 合作中最重要的国际合作开发机制；二是东盟—湄公河流域开发合作，核心是东盟十国再加上中国、日本以及韩国的区域合作格局，其实质是东盟与亚洲开发银行（主要是日本）在相互夺取湄公河流域开发的主导权；三是湄公河委员会，成员为老挝、泰国、柬埔寨和越南，作为一个区域性的组织，湄公河委员会的主要目的就是对湄公河全流域的开发进行管控，并对流域中以水资源为主的各类资源制订开发计划，并借此加强对湄公河的管理；四是由中国、缅甸、老挝、泰国四国构成的"黄金四角"地区的经济开发合作，合作的目的是建设一条联通中国西南以及中南半岛的陆地通道，通过陆地通道实现中国与印支国家市场的无缝对接，由此形成一条区域间的经济走廊，促进区域内的经济增长。上述四种合作机制是在次区域中各项合作机制里比较突出的代表，当然，在不包括中国云南的湄公河流域国家之间的合作机制中还存在着三种合作，分别是由老挝、柬埔寨、越南相邻地区组成的"发展三角"；连接越南中部、老挝中部和泰国东北部的东西走廊（EWC）合作；柬埔寨、老挝、缅甸和泰国组成的"经济合作战略（ECS）"。

（二）大湄公河次区域合作中存在的问题

1. 次区域总体发展水平低，对外依赖性强

大湄公河次区域包括泰国、越南、柬埔寨、老挝、缅甸以及中国的广西和云南。这些都是经济发展水平很低、工业基础薄弱、资金技术匮乏的国家和地区，经济发展的外在依赖性强，这制约了次区域合作的发展。

越南、柬埔寨、老挝和缅甸在东盟十国属于第三层次，经济发展水平最低，老挝、缅甸和柬埔寨在东盟、也在世界最贫困的国家之列。柬埔寨长期饱受战乱，直到 1993 年才成立新的王国，开始经济建设。公路、铁路等基础设施百废待兴，工业基础十分薄弱；贫困问题十分突出；资金匮乏、技术落后，经济发展十分依赖国际援助。老挝是落后的农业国，工业基础薄弱，技术落后，以劳动密集型产业为主；腐败问题严重，政府效率低下；贫困问题突出；教育水平低。缅甸自 1988 年军政府成立便受到西方国家长达 20 年的制裁，经济发展滞后。与柬埔寨和老挝一样，缅甸同样面临基础设施落后，教育水平低下和贫困等问题。此外，缅甸实行军政府统治，腐败问题严重，黑市猖獗，毒品泛滥。缅甸至今仍被联合国列为"最不发达国家"。越南从 20 世纪 80 年代后期开始效仿中国进行经济改革，经过 30 多年的改革，越南经济发展取得了巨大的成就。目前，越南正积极从落后农业国向工业国转变。但越南的经济发展也面临着一些问题，如通货膨胀严重、腐败问题严重、基础设施落后等。

虽然泰国正从农业国向新兴工业国转变，但其工业基础仍然非常薄弱，起点很低。目前，泰国经济发展面临着产业结构不合理、贫富分化严重、对外依赖性强、政局不稳等问题。泰国经济发展十分依赖外部资金和市场，其经济金融体系

的脆弱性由 1997 年金融危机可见一斑。

而广西和云南则属于我国西部地区,经济发展非常落后。

目前大湄公河次区域合作主要依靠亚洲开发银行和各国政府提供资金支持,自身"造血"功能很弱。

2. 相关的"软硬件"设施亟待改善

在"硬件"方面,泰国是大湄公河经济最发达的国家,其基础设施较为完善,投资法规日益健全。但其他大湄公河流域有关国家和地区工业基础薄弱,资金匮乏,交通、能源、水电、通信等基础设施非常落后。缅甸是农业国,以初级加工为主,生产技术落后,工业基础薄弱;交通设施落后,以水路为主,运输能力低;信息化程度低、通信发展滞后,信号覆盖范围窄;全国建成电站总装机容量仅为 349.49 万千瓦,供电严重不足①。老挝、柬埔寨也是落后农业国,工业基础薄弱,基础设施落后,通信发展滞后,电力资源缺乏。

在"软件"方面,大湄公河多数国家面临着腐败、行政效率低下的问题;泰国、缅甸政局不稳定,时有冲突发生。老挝腐败问题严重,政府办事效率低下。越南的腐败现象也比较严重,官僚主义盛行。柬埔寨也存在较为严重的腐败现象,贪污受贿时有发生,办事效率低下;人才匮乏,劳工素质低下。缅甸政局不稳,民族问题尚未彻底解决,政策随意性较大,连续性差。缅甸实行军人政府统治,权力高度集中,行政干预过多,政策不透明,腐败现象严重,办事效率低下;缅甸黑市猖獗,长期闭关锁国,政策随意性大,外汇结算体系不完善,不利于外贸和投资的发展。泰国也存在政局不稳的问题,这对其旅游业和房地产业,投资和消费造成一定影响。

3. 产业结构不合理,互补性差

次区域内各国和地区产业结构极为相似,经济互补性差,在吸引投资、争夺第三方出口市场方面存在很强的竞争性。柬埔寨、老挝和缅甸仍是落后的农业国,工业基础非常薄弱。越南、泰国虽然积极从农业国向工业国转变,但其工业发展水平仍然有待进一步提高。广西和云南的工业基础很薄弱。广西农业人口比重非常高,第一产业占 GDP 比重偏高,工业化程度低,重复建设问题严重;云南以烟草为支柱产业,非烟工业以有色金属、磷化工等初级产品加工为主,产业层次低。这些国家和地区主要以劳动密集型产业、初级产品加工业为主,产业结构不合理,互补性差。当前,随着中国劳动力资源成本的进一步上升,许多跨国公司将生产线转移到老挝、越南等国,这加剧了区域内部的产业竞争。

4. 政局不稳、领土领海争端制约地区合作的顺利开展

(1)泰国、缅甸政局动乱。近年来,泰国政局动荡阻碍了其国内经济发展。

---

① 数据截至 2014 年,来源于中国商务部网站 2014 年版对缅甸投资合作国别(地区)指南。

他信政府上台后触犯了泰国部分集团的利益。虽然目前发生暴力冲突的可能性不大，但政治矛盾和斗争的持续仍会对社会消费和投资带来不良的影响，对旅游业和房地产业的影响更是立竿见影。泰国政局的动荡也影响其国内政策的连续性，泰国对外经济合作也会受到影响。

缅甸长期实行军政府统治，国内反对武装林立，民族矛盾深重。虽然政局整体稳定，但小规模的抗议活动此起彼伏。军人政权上台以来实施的经济政策效果欠佳，腐败问题严重，导致国内经济不景气，贫富分化严重，再加上西方国家长期对缅甸实施政治、经济、安全和军事制裁，严重的"内忧外患"对缅甸经济造成了重创，严重阻碍了贸易、外商投资的增长。

（2）柬埔寨、泰国的边境领土争端。由于历史原因，柬泰两国长期存在边境领土争端，尤其对边境古迹柏威夏古寺的归属问题存在很深的矛盾。虽然目前区域经济合作是主流，双方政府也积极开展经济合作，加强能源、旅游、卫生等方面的合作，联手打击跨国犯罪。但柬泰双方出于各自的政治意图，将领土争端作为实现各自的政治意图的手段。未来两国边境冲突仍会再起，边境问题仍然是制约两国经济合作、大湄公河次区域合作的一个因素。

（3）中越南海问题。近年来，中越、中菲在南海问题的争端愈演愈烈。越南觊觎南海的资源，尤其是油气资源，开始提出对南海岛屿的主权要求，引发与中国的领土争端。近年来，美国高调重返亚洲。越南倚仗美国在背后的支持，对南海问题态度强硬，试图将南海问题国际化。但在另一方面，越南并未获得大多数东盟国家的支持。越南虽然与菲律宾有所互动，但两国在这一问题上也存在分歧和利益冲突。中国政府对于南海争端，向来秉持着"搁置争议，共同开发"的原则，并作出了巨大的妥协和让步。未来南海争端将成为制约区域经济一体化的一个重要因素，如何处理好南海争端成为摆在中国和东盟国家之间的一大难题。

5. 环保问题

随着大湄公河次区域经济的不断发展和人口的不断增长，地区的环境污染、生态破坏问题日益严重。该地区以粗放型的农业生产和初级产品加工为主，随着经济的不断发展，大气污染、水污染、生物多样性锐减、森林面积迅速减少、土壤侵蚀等环境问题日益严峻。2011年缅甸突然停建密松水电站，引发国际社会的关注。密松水电站是中缅一项重要的基础设施合作项目，缅甸总统吴登盛以电站可能会破坏密松自然环境为由宣布停建，引发各方猜想，对中缅关系造成较大的冲击。如何建设资源节约型、环境保护型社会，实现经济的可持续发展成为摆在GMS成员国之间的一道难题。

（三）中国进一步参与大湄公河次区域合作的策略

现阶段，有关国家和地区积极参与GMS并取得了丰硕的成果。展望未来，

445

GMS 各个项目的建设依旧是机遇与挑战并存，需要继续保持高度重视与积极地参与，在保证自身权益的基础上，中国应继续与 GMS 其他五国展开良好协作，为 GMS 的发展贡献中国力量。

1. 基础设施与能源合作

（1）交通与经济走廊建设。中国应在公路、水运、铁路、民航等诸多方面保持与 GMS 其他成员国的合作。民航建设属于上述几项建设中最为薄弱的环节，现阶段除了中国和泰国的航空业较为发达以外，其他 GMS 成员国普遍存在着机场少、运力不足的情况，在今后的建设当中可以参考《中国与东盟航空合作框架》，积极探索适合 GMS 多边民航合作发展的框架。

公路交通建设及经济走廊建设，中国要继续保持现阶段的建设进度，保质保量地完成中国境内道路建设的同时，给予周边国家一定的资金支持和技术援助，共同为早日实现 GMS 全区域公路交通网络而奋斗。随着水路交通的便利化及经济走廊效应的不断增加，公路、水路的往来车辆、船只也会越来越多，应加大口岸执法人员培训的机会，届时以更高的业务能力水平提供专业服务。

在泛亚铁路建设方面，除了保证国内段施工建设的顺利进行外，也要继续保持泛亚铁路境外段的合作，与 GMS 其他成员国共同推进泛亚铁路的建设，并予以技术及资金上的支持。

（2）信息通讯。在有关大湄公河次区域信息通信建设方面，中国应当继续保持与 GMS 其他成员国的良好协作关系，共同推进 GMSIS 项目的建设，以此来全面提升 GMS 六国的整体信息通信技术水平，并建立次区域的良好信息技术平台，为 GMS 其他项目合作与交流拓宽数字信息渠道。

（3）水资源开发。在湄公河的水资源开发问题上，中国应加强与 GMS 各个成员国之间的沟通，就开发、利益分配、环境保护等各个问题进行探讨与协调，本着积极的态度努力协调争端，解决问题，实现在湄公河水资源开发问题上的"多赢"。

中国还可以积极提倡并建立"湄公河水资源开发协调机制"，机制需由 GMS 六个成员国共同参与，并拥有强有力的监管能力，对于不符合规范的行为能够作出裁决。形成协调机制后，GMS 六国必须共同遵守相应的责任与义务，并将其纳入各国法律之中，使其具有法律效应，从而拥有更强的约束性。

2. 产业合作

（1）农业合作。在未来 GMS 农业合作方面，中国应保持现有的良好态势，继续加强同 GMS 其他成员国之间有关粮食安全、农村可再生能源、跨境动植物疫病防控、农业信息应用以及农业科技交流等各个农业项目的合作，并不断地深化合作成果，进一步扩大各国之间的合作领域及范围，提升次区域整体的合作水平。

随着经济走廊的不断建设及其经济效益的不断体现，未来农业产品的交流与贸易也会越来越频繁，应进一步消除农产品的贸易壁垒，扩大对农业的双边投资，提升农业合作的便利性。

（2）旅游合作。随着 GMS 旅游合作的不断深化，合作的领域和范围也会得到进一步拓宽，中国应进一步加强与 GMS 其他成员国的交流，共同探讨将 GMS 作为一个统一的旅游目的地来实施推广的具体环节及措施，提升 GMS 旅游合作的整体水平。

在加强中国导游人才素质培养的同时，应积极尝试与 GMS 其他成员国共同开展国际导游人才合作项目，加大对国际导游的关注力度及推进热情，培养出与 GMS 整体旅游项目相适应的国际导游人才。

3. 贸易与投资

在贸易合作领域，应当充分利用已经建成的中国—东盟自由贸易区（CAFTA）这个有利条件，进一步加大与 GMS 各成员国之间的贸易往来，丰富贸易品种，不断优化贸易商品结构。在扩大贸易商品数量的同时，也要对商品质量进行严格把关，树立并维护"中国制造"的品牌效应，这也是对国家形象的一种捍卫及有益宣传。

在投资合作领域，中国政府在宣传与鼓励国内企业"走出去"的同时，也应当对企业进行后续的支持工作，例如及时提供所投资国的政治、经济运行状况等，以一个坚强的后盾的形式，帮助每一家"走出去"企业发展壮大。在加大对 GMS 其他成员国的投资的同时，也要主动吸引对华投资，使双边投资处于一个良性的状态下，以便双方经济都能获得更好的发展。

4. 综合安全

GMS 在各项合作不断深化的过程中，也逐渐从以政治和军事目的为主的传统安全观发展为一种"综合的合作安全观"，更加注重 GMS 各个成员国在非传统安全领域的沟通与合作。

中国应当继续保持着与 GMS 各个成员国之间就安全问题展开的密切合作，在当前主要针对毒品犯罪以及跨国拐卖妇女儿童的基础上，在各类跨国犯罪的预防、侦查、犯罪人缉捕以及最终审判等多方面开展密切合作。继续落实"中老缅泰湄公河流域执法安全合作机制"，在此合作机制的框架下，通过湄公河联合巡逻执法行动，切实保护湄公河沿岸居民的生命财产安全，保卫湄公河流域上往来船只的安全，严厉打击各类犯罪活动。

在禁毒方面，中国在加强境内防范及处理的同时，也应不断深化与 GMS 其他成员国的协作，对跨国贩毒予以坚决有效的打击。值得注意的是，随着 GMS 交通运输网络的不断完善，毒品的运送及交易也会随着交通的便利化而出现上升的趋势，中国应加强在各个交通运输的重要位置的巡逻布岗，积极有效的切断毒品运输的渠道，降低毒品流入的可能性。

要改善毒品问题的现状，还应在毒品的源头上狠下功夫。中国应进一步加强与 GMS 其他成员国在替代种植上的合作，帮助其他成员国进行人员的培训，并加大对其的经济及物资上的支持。同时，鼓励国内企业"走出去"推广替代种植，改善种植区域的经济状况，提升当地人民的生活水平。

5. 环境保护

现阶段，CEP－BCI 二期框架文件和行动计划（2012～2016 年）已经有条不紊地展开了，区域内各国应积极参与到 CEP－BCI 二期项目的合作中去，进一步加强与 GMS 其他成员国有关环境保护方面的合作，加强在森林生态系统与生物多样性保护、生态恢复与扶贫以及国际环境公约履约等方面的合作力度，促进 GMS 在环境保护方面的成果。

在 GMS 六国加强环保项目合作的同时，也应当积极建立和完善各种形式的保护机制，加强立法保护，使得执行环保合作任务的时候能够有法可依，加大合作机制的合法性及认可度的同时，提升法律的威慑力，切实保护次区域内的森林生态系统与生物不受破坏。

二、泛北部湾区域经济合作

泛北部湾区域是指北部湾和南海海域周边国家和地区所共同构成的空间区域，包括越南、柬埔寨、泰国、马来西亚、新加坡、印度尼西亚、菲律宾、文莱 8 个东盟国家以及中国的海南省、广东省、广西壮族自治区、香港特别行政区和澳门特别行政区。泛北部湾次区域经济合作最早于 2006 年在首届泛北部湾经济合作论坛提出。2007 年的《泛北部湾合作发展报告》将柬埔寨和泰国两国以及中国的海南省、广东省、香港特别行政区和澳门特别行政区纳入泛北部湾区域经济合作。此后，泛北部湾次区域合作受到中央领导的高度重视，也得到了新加坡、柬埔寨和泰国等东盟国家的广泛支持和积极响应。2008 年，中国政府批准实施《广西北部湾经济区发展规划》，正式将广西北部湾经济区上升为国家战略，中国政府正式从国家战略的角度推进泛北部湾经济合作。

（一）泛北部湾合作的主要目标与合作机制

时任广西壮族自治区党委书记刘奇葆在 2007 年全国政协召开的"推进北部湾区域经济合作与发展"座谈会上指出，泛北部湾次区域经济合作旨在通过港口物流合作，实现产业对接与分工，促进相互贸易与投资，大力发展临海工业，联合开发海上资源，形成互补互利、各具特色的港口群、产业群和城市群。主要合作机制有泛北部湾区域经济合作论坛、泛北部湾区域经济合作市长论坛以及泛北部湾区域经济合作联合专家组等。截至 2013 年底，我国已成功举办了八届泛北部湾经济合作论坛，推动了泛北部湾次区域经济合作的发展。

（二）泛北部湾次区域合作中存在的主要困难和问题

区域内各国，各省市地区的发展非常不均衡，新加坡和文莱的人均 GDP 很高，而中国和越南的人均 GDP 较低；中国粤港澳地区和广西等西部地区的经济发展也非常不平衡。

虽然我国与泛北部湾东盟国家开展了较为广泛的合作，但目前泛北部湾经济区的发展面临着许多制约因素，主要表现在以下几个方面：

1. 资金缺乏成为制约泛北部湾区域经济合作的一大瓶颈

泛北部湾经济合作首先亟待解决的问题是融资困难。该地区绝大部分国家都是发展中国家，经济基础差，缺乏资金、技术和先进的管理经验。该地区的众多跨国项目都需要强大的资金支持。例如，政府的财政资金支持远远不能满足"南宁—新加坡经济走廊"、泛亚公路铁路这些大型跨国项目的融资需求。在未来泛北部湾经济区互联互通的建设过程中，还需要大量的资金支持，如何解决重大项目的融资和技术问题，如何确定各国的出资比例，是摆在中国和东盟有关国家面前的一大难题。

2. 南海问题影响区域经济合作的发展

安全问题与经济问题关系密切，安全问题会影响地区的经济一体化。近年来，南海问题愈演愈烈，成为制约泛北部湾经济合作、中国—东盟区域经济一体化的一大因素。泛北部湾经济区中，菲律宾、越南、文莱和马来西亚宣称对南海拥有主权，而菲律宾和越南态度最为强硬。此外，新加坡与印度尼西亚也希望将南海争端纳入东盟的多边框架。中国与有关国家必须妥善解决南海问题，否则将影响双边关系的发展，影响区域经济一体化的进程。此外，恐怖主义、跨国犯罪、贩毒、人口贩卖、食品安全等一系列非传统安全问题也制约着次区域经济合作的开展。

3. 区域内多数国家产业结构相似，存在较大的竞争性

泛北部湾大多为发展中国家，这些国家劳动力成本低廉、资金缺乏、生产率低，多以劳动密集型产业为主。除新加坡、文莱外，中国与区域内其他国家的产业结构较为相似，存在较大的竞争性。如何处理泛北部湾经济区内各国的产业合作与竞争关系是一个重大问题。

4. 缺乏完善的合作机制和法律框架，各国利益难以协调

泛北部湾次区域经济合作涉及 8 个东盟国家与中国的海南省、广东省、广西壮族自治区、香港特别行政区和澳门特别行政区。区域内行政关系复杂，涉及各国中央政府之间、地方政府之间的横向并列关系，本国中央政府与地方政府之间的纵向层级关系以及本国地方政府与外国中央政府之间的交叉关系。目前，泛北部湾合作尚缺乏完善的合作机制和争端解决机制，各国政府之间、地方政府之间存在较大的竞争性，利益难以得到有效协调，阻碍了次区域经济合作的开展。另一方面，一些国家对泛北部湾次区域经济合作还不够重视，没有采取积极措施推动次区域合作的展开。区域内多个东盟国家的企业对泛北部湾的运行机制、规划还不了解。

泛北部湾经济合作领域宽泛、规模较大、内容较多，涵盖了基础设施建设、贸易投资、金融保险、旅游等多个领域。而目前尚缺一个区域性的法律体系和框架约束次区域内部各国的行为。有关国家和地方政府应积极磋商，尽快建立相应的法律体系，让泛北部湾次区域经济活动有法可依。

（三）泛北部湾次区域合作的总体指导思想

1. 将泛北部湾经济合作纳入中国—东盟合作框架

泛北部湾经济合作是在中国—东盟区域经济一体化框架下展开的次区域合作。泛北部湾经济合作与中国—东盟区域合作目标一致，即增进区域经济联系，促进区域经济共同发展。泛北合作是中国—东盟区域合作的新载体，可以丰富和补充中国—东盟区域合作的内容。次区域合作有着区域合作无可比拟的灵活性，可以将北部湾打造为中国—东盟博览会和会议、贸易与信息交流的平台以及中国面向东盟对外直接投资的平台。

2. 突出中国与"海上东盟"国家合作的特点

泛北部湾经济区主要涉及中国的广西与粤港澳、海南等沿海地区以及临海的 8 个东盟国家。因此，泛北部湾经济区的合作应该充分体现海上国家和地区合作的特点。应该充分利用各省区和有关东盟国家的沿海港口设施，大力发展沿海物流业，加强港口物流合作，促进海上贸易的发展。另外，有关国家和地区可以联合开发海洋资源，大力发展沿海工业，加快产业对接，形成沿海产业集群。

3. 体现地区独特优势

次区域寻求的是灵活的、有限的地区化的经济整合，而不是全方位的合作。因此，应该根据泛北部湾地区的具体情况，因地制宜、突出优势，有重点地开展合作，处理好中央政府与地方政府、政府与企业的关系，采取灵活的合作机制和方式。

（四）泛北部湾次区域合作的策略

首先，对于中国、对于广西来说，推动泛北部湾次区域合作的重点在于加快广西环北部湾经济区基础设施建设，简化通关手续，改善贸易投资环境。

1. 加快广西环北部湾经济区的建设

广西背靠大西南，面向东盟，是中国走向东盟的前沿阵地、桥头堡。广西应该充分发挥地理优势，积极倡导、开展泛北部湾次区域合作。具体来说，广西要优化产业布局，完善基础设施建设，改善投资环境，促进贸易投资的便利化。广西应积极与东盟国家开展海域合作，包括海港开发、港口设施建设和贸易等。

（1）积极发展物流业，加快产业对接与分工。物流是泛北部湾经济合作的重要环节。广西应该大力建设和开发沿海港口，发展集装箱运输行业、物流业。加强广西沿岸港口的规划与管理，加强海关的规范、透明管理，维护良好的进出口秩序。以市场为导向，发挥广西的比较优势，承接产业转移，加快产业对接与分工，完善产业布局。

此外，广西应加快建设沿海工业建设，依托区位、资源和港口、交通优势，发展沿海铝加工、钢铁、海洋产业等大型产业项目，形成产业集群。

（2）加快基础设施建设，改善配套设施，加速贸易投资的便利化。加速实现贸易投资的便利化，降低区域内外各类经济活动的交易成本，增进区域经贸往来。按照中国海关总署、商务部等部门提出的具体措施，加强口岸建设，协调和简化海关制度，提高通关效率，推进次区域贸易投资的便利化。

在硬件（基础设施网络）方面，应该致力于加强配套设施建设。目前中国与东盟国家的贸易主要是通过上海、广东和天津的港口进行装运，而通过广西防城港、钦州及北海港的贸易出口非常少。对此，广西应大力完善港口设施建设，完善配套设施，将广西打造为中国—东盟交往的国际大通道、区域性物流基地和商贸基地。将重点放在西南地区，与云南、四川和贵州等省份合作，发展从广西各港口连接到云南、四川和贵州的交通运输网。进一步完善沿海口岸的供水、供电、排水等基础设施。

在软件（信息网络）方面，政府应该完善次区域的合作制度和框架，制定相关的人口流动、资金流动、财税政策、海关等框架和协议，让次区域合作规范化。作为泛北部湾次区域合作的倡导者，广西应根据东盟内部相关国家和地区的差异性，与有关国家一同探索次区域合作的形式。广西可以与广东开展合作，与广东一起"走出去"参与次区域经济合作。

将北部湾建设成为中国—东盟资金的聚集地和区域商业服务中心。建立相应的配套服务机构，如会计公司、法律事务所、保险公司和金融中介等，实现次区

451

域各国知识、信息和资金共享，促进技术和人才的交流与合作。

将广西环北部湾地区打造为个人、政府和国际金融机构的聚集地，将南宁打造为服务大西南，面向东南亚的区域金融中心，为次区域各国提供融资和货币兑换等方面的金融服务。

共建区域性信息交流中心，加强泛北部湾区域各国和地区的相互交流与沟通，及时提供相关的区域概况、会议及统计数据等信息。

在简化行政审批手续，促进通关便利化方面，人员、货物、车辆过关难是泛北部湾次区域合作中存在的一个重要问题。对此，广西应优先推进海关、商检、外汇管理、进出口贸易、投资的便利化，精简相关的行政审批程序[①]。相关各国最好实现程序的统一、标准化。

（3）处理好广西与粤港澳以及其他西部省市的关系。将广西北部湾经济区定位为连接粤港澳，服务东盟和中国大西南的基地。加快融入粤港澳经济圈，加强经济一体化建设；加强广西与西部其他省市的产业对接与合作，将广西打造成为西南出海大通道，将北部湾经济区打造为西部大开发新的增长极。

要争取吸引港澳台参与泛北部湾的合作，为次区域发展引入资金、技术和管理经验，承接国内的产业转移。

2. 中央政府继续加强扶持力度

（1）采取金融、财政、税收政策吸引投资。中央政府对泛北部湾合作项目提供足够的资金支持，可以增加东盟国家和中国其他省市对该项目的信心和兴趣，才能更好地吸引外商直接投资。包括政府软贷款、国债、直接投资或是东盟企业的股权等。努力拓宽融资渠道，争取获得更多来自政府投资、国际经济组织的优惠贷款以及金融机构的资金支持。

（2）给予一定的优惠政策和项目融资支持（资金技术支持）。政府应该为泛北部湾次区域经济合作的开展提供一定的政策支持。将广西作为泛北部湾次区域合作的投融资平台，增加金融支持的力度。国家应该大力支持北部湾的重大项目建设，以重大项目为中心，增加泛北部湾区域经济的活力，增强区域竞争力。

3. 加快中国与东盟国家的合作

中国与泛北部湾经济区其他国家的合作重点在于加强双边互联互通建设、扩大产业、经贸、金融合作，推进贸易便利化，促进区域经济发展。

（1）兴建高速公路，加快港口建设，实现与东盟海陆交通的互联互通。泛北部湾的合作应以基础设施建设为起点。港口、铁路、公路和航空等交通设施建设是互联互通的一大主题，加快基础设施建设有利于实现区域内部的互联互通。为

---

① 金柏松：《关于泛北部湾次区域合作构想》，《东南亚纵横》，2008 年第 1 期，第 6～9 页。

此，应该加快泛北部湾沿海港口建设，建设连接广西与越南、泰国、马来西亚和新加坡等国的跨国跨省公路、铁路交通网，构筑大密度航空网，形成覆盖整个次区域的交通网络，实现基础设施、交通网络的互联互通。

港口在综合运输体系中发挥着重要作用，也是国际物流链的重要节点①。为此，应大力完善次区域的港口建设，打造泛北部湾海上通道和港口物流中心，形成服务大西南、连接泛北部湾各个国家和地区的国际大通道。建立相应的港口协调机制，实现泛北部湾各国港口的对接。另外，泛北部湾各国还应进一步加强海上安全、海上保安和海上环境保护的合作。

具体来说，应该进一步完善广西北海、钦州和防城港港口的建设，形成沿海港口群。明确三个港口的分工，进一步加强集装箱运输系统和配套设施的建设，提升港口的吞吐量和运输能力。加强与东盟国家在物流和航运等方面的合作。

积极支持和推动泛亚公路、铁路的建设。建成后的泛亚公路、铁路将成为贯通欧亚大陆的货运铁路网络，但这一项目目前面临着重重困难。主要表现为有关国家的技术标准不统一，海关、安检程序有待协调，资金匮乏等。对此，中国政府应联合其他相关国家的政府，积极争取亚洲开发银行等国际金融机构的长期优惠贷款，各国政府按一定比例出资的同时，积极引入民间投资，提高资金的使用效率。中国应积极就建设标准、出资比例等内容与有关国家展开谈判，推动泛亚铁路的建设。南新经济走廊的建设涉及一系列跨境程序、利益分配与共享、各国经济开发政策差异、海关条规、铁轨宽度差异等现实问题，需要各相关利益方的支持与配合。对此，必须加强各国有关部门的沟通与协作，处理好各种利益关系。

应加快南宁机场的建设，把南宁机场打造成面向东盟的航空门户枢纽。加快南宁吴圩机场、桂林两江机场的扩建，进一步增加航空网络的广度和密度，完善相关的配套设施，提高服务质量。开通、增加直达东盟国家的空中航线，建设高密度的航空网络，提升广西在泛北部湾公共交通网络的地位。

（2）推动基础设施项目合作。基础设施是泛北部湾合作的重要内容，泛北合作应从基础设施建设开始，逐步实现区域的互联互通。对此，应该以政府投资带动民间资本，积极开展桥梁和高铁等大型基础设施项目的合作；为东盟国家的基础设施建设提供贷款和技术支持，并给予一定的优惠；协助东盟国家开发水力发电站，提供能源方面的支持；继续协助东盟国家开发太阳能、风能和生物能等新能源。

---

① 引自2007年中国—东盟港口发展与合作论坛通过的《中国—东盟港口发展与合作联合声明（南宁共识）》。

（3）加快推动经贸合作，形成合理的跨国产业合作。泛北部湾区域多数国家和地区面临着基础设施薄弱，能源和电力供应不足，资金缺乏，技术落后等问题。多数国家和地区的工业发展水平也不高，但这些国家劳动力资源丰富，工资成本低，都以劳动密集型产业为主。从这一角度来看，泛北部湾地区多数国家在劳动密集型产业有着很强的竞争性。泛北部湾区域经济合作领域可以涵盖煤、石油和天然气等能源、港口建设、航运、旅游、农业和海洋资源开发等。在巩固原有合作的基础上，拓宽合作领域，并参与全球经济分工与合作，增强区域竞争力。

与泛北部湾其他国家开展资源能源的共同开发与工业的合作。泛北部湾海域石油资源丰富，沿岸港口运输便利，若有关国家能够搁置南海争议，合作建设石油管道，共同开发南海（石油）资源，将形成多方共赢的局面。广西和云南的电力资源可以输送到越南等邻国。此外，还可加强太阳能、风能、潮汐能和木薯酒精、棕榈柴油等能源领域的共同开发与合作①。

中国与东盟国家可以开展汽车产业合作，形成跨国产业链，完善产业的布局与分工。在开展产业合作的基础上，促进区域内资金、技术和管理经验的交流，进而带动其他产业的发展。

积极开展农林牧副渔等产业的合作。广西与东盟在农产品贸易有较强的互补性，泰国、越南等东南亚国家盛产大米、热带农作物、木材和海产品，而广西盛产亚热带水果、甘蔗和中草药，双方可以实现农产品贸易的互补。应加强与泛北部湾国家的农业合作，推进技术研发、农产品深加工、渔业等重点领域的农业合作。

积极开展服务、旅游、金融、中医药和文化等行业的合作。在第三产业合作方面，泛北部湾区域各国应该大力发展物流、运输业，加快构建沿海保税物流体系。而广西应该利用南宁的区位优势，充分利用现有的交通网络，加强与国内外物流企业的合作，将南宁打造成服务大西南，面向东南亚的区域性国际物流基地。

金融业的发展对泛北部湾次区域合作起着重要的支撑和推动作用。中国应该加强与泛北部湾其他国家和地区的金融合作。国家开发银行党委副书记、监事长姚中民提议成立由次区域内制定的金融机构组成泛北部湾区域银行联合体，联合体的主要职能包括：加强区域内的信息交流与共享，建立银联体项目库；推动区域内的金融机构建立合作关系；为大型基础设施建设项目提供融资支持；等等。此外，还可以考虑建设区域性的银行、保险、咨询公司等金融机构。另外，鼓励

---

① 《广西北部湾经济区发展规划》。

次区域内各国银行的跨国并购和重组，相互设立分支机构，拓宽金融服务网，实现区域金融交流合作的深化。此外，人民币跨境结算取得新进展，争取国家将北部湾列为跨境人民币结算试点地区。在落实清迈协议的基础上，不断扩大与相关国家的货币互换业务。

促进中国与东盟的相互投资，建设新型产业园区。将重点产业园区的开发建设作为广西北部湾经济区产业发展突破口①，中国可以将部分劳动密集型产业转移到越南等劳动力成本较低的东盟国家，实现产业的更合理分工。在积极吸引东盟国家投资的同时，鼓励企业奔赴东盟国家进行投资。共建区域性加工制造基地，开拓合作开发新空间。打造新型跨国产业园区，对产业园区给予一定的优惠政策，形成重点产业集群的格局，降低成本，更好地实现技术、资金和管理经验等资源的跨国配置。

此外，泛北部湾各国在经济合作中要注重生态环境的保护，走可持续发展道路。各国要加强在环保方面的合作，共同监控和维护次区域的生态多样性。

（4）不断打造新的交流合作平台。更加积极主动地举办和参加各种区域性的博览会、会议和论坛，将北部湾打造为博览会、会议、贸易和信息交流的平台。发挥中国—东盟博览会的平台作用，引导次区域有关国家就泛北部湾经济合作进行交流、洽谈。

（5）正确处理次区域合作中中央政府与地方政府、政府与企业、政府与民间组织的关系，各司其职，明确分工。明确中央政府和地方政府的职责范围有利于提高合作效率。在泛北部湾次区域合作中，政府起着主导作用，但企业等私人部门正日益发挥着举足轻重的作用。政府应该采取一定的措施，包括采取优惠性的金融、财税政策，简化行政审批手续等措施减轻企业的负担，鼓励企业积极参与次区域经贸交往，发挥企业作为区域经济增长发动机的作用。另外，还要正确处理好政府与民间组织的关系。

（6）成立专门的组织，建立良好的合作机制。良好的合作机制是泛北部湾次区域合作顺利开展的前提，相关国家和地区政府应该共同协商，建立次区域合作机制，包括合作制度、框架、推进战略和争端解决机制等。

首先，应建立次区域有关国家和地区政府不同层次的对话机制。定期召开国家首脑会议或部长级会议，共同探讨合作目标和措施，并就地区重大问题交换意见，提出解决方案。其次，应建立争端解决机制，协调各方利益，解决次区域各国贸易等方面的争端。再次，可以成立专门的跨国协调组织，有关国家参与设计泛北部湾经济合作的框架、路径和实施步骤，更好地推进次区域合作。

---

① 《广西北部湾经济区重点产业园区布局规划》。

455

第五节　中国—东盟区域经济一体化的自贸区发展策略

自 2002 年开启的中国—东盟自由贸易区的建设进程极大地促进了中国—东盟关系的发展，对中国与东盟的经济合作、政治合作都产生了重要的作用。在经济上，自贸区建设促进了双方的贸易和投资逐年快速增长；在政治上，自贸区建设促进了双方政治互信的增强。由于自贸区建设是促进中国—东盟区域经济一体化的重要平台和手段，从这个意义上来说，中国—东盟自贸区建设进程的本身即是在推动中国—东盟区域经济一体化的过程。因此，中国—东盟要实现区域经济一体化，离不开自贸区的建设。虽然中国—东盟自贸区的建设已经使双方经贸往来不断扩大，政治互信不断增强，但随着 2010 年自贸区全面建成后，关税降低所带来的贸易扩大效应逐渐下降，而且国际形势也出现了新的变化，美国重返亚太积极推动跨太平洋伙伴关系协议（简称 TPP）谈判、东盟主导构建区域全面经济伙伴关系（简称 RCEP），这些高规格的区域经济合作将会对中国—东盟自贸区形成重大冲击。因此，为了进一步推动中国—东盟区域经济一体化的进程，在巩固合作基础之上使中国—东盟自贸区与时俱进，中国与东盟必须在更广领域、更高质量上打造自贸区的升级版。可见，打造自贸区升级版，发挥好自贸区这一经济合作平台对中国—东盟区域经济一体化的意义重大。

一、打造 CAFTA 升级版的空间分析

（一）区域经济一体化是世界经济发展主流趋势

当今世界，经济全球化和区域经济一体化成为世界发展的两大主流趋势，特别是区域经济一体化的步伐在不断加快，而且合作的形式不断多样化，合作的层次逐渐提高。就中国和东盟而言，不仅中国和东盟成立了自贸区，中国和东盟分别和其他国家也成立了自贸区。中国方面，除东盟之外与中国已签订自贸协议的国家（或区域组织）有巴基斯坦、智利、新西兰、新加坡、秘鲁、哥斯达黎加、冰岛、瑞士以及亚太贸易协定，还有正在谈判的中国—海合会、中国—澳大利亚、中国—挪威、中国—韩国、中日韩以及 RCEP，除此之外，还有一些是正在研究的自贸区，如中国—印度、中国—哥伦比亚。东盟方面，除中国之外东盟已签订的自贸协议有东盟—日本、东盟—韩国、东盟—印度、东盟—澳大利亚—新

西兰以及正在谈判的 RCEP。世界区域经济合作的形势以及其进程不断加快给升级中国—东盟自贸区奠定了合作的基础，在这种趋势下相关谈判更易达成。因为区域经济合作虽然不会提高成员国对区域外国家的贸易壁垒和投资壁垒，但随着区域内各成员国的关税减免、投资环境的完善就会间接影响到区域外国家的对外贸易和投资。因此，在区域经济合作如火如荼的今天，中国—东盟自贸区应借助这股潮流加快升级的进程。

（二）中国—东盟自贸区建成和发展奠定的合作基础

中国与东盟早在 2002 年就已开始了建设自由贸易区的进程，时至今日，自贸区建成已经 14 年。自贸区自启动建设以来，双方在政治上和经济上均取得了很大的成绩。政治上，高层往来频繁，双方互信增强。伴随自由贸易区进程，双方通过各种合作机制增信释疑，逐步化解"中国威胁论"，进一步深化了双方战略伙伴关系。经济上，经贸往来逐渐扩大。签署了《货物贸易协议》，双方按照协议规定的减税进程表实施降税，促进了双方贸易额的逐年增长；签署了《服务贸易协议》，中国和东盟（除越南、柬埔寨、缅甸之外）国家作出了高于 WTO《服务贸易协定》的开放承诺，推进区域服务贸易逐步向自由化迈进；签署了《投资协议》，放开市场准入条件推动投资领域的自由化进程，促进了双方投资额逐年增长。这些成绩为进一步升级自贸区奠定了扎实的基础，使中国与东盟在进行自贸区协议内容更新和自贸区协议范围扩充的谈判时能较为顺利地推进。

二、CAFTA 升级版助力中国—东盟区域经济一体化

目前，中国—东盟自贸区建设本身仍存在诸多需要完善的地方，比如敏感产品的降税问题、服务贸易领域的开放问题、投资领域的便利化程度等。打造自贸区升级版，不能仅仅只是围绕着现有的自贸区加以改进和完善，必须按照真正的自由贸易区来进行升级。特别是对于正在商谈的 TPP 和 RCEP 而言，现有的中国—东盟自贸区建设水平可谓是处于较为初级的阶段。因此，要继续发挥自贸区在促进区域经济一体化中的平台作用，就必须打造自贸区升级版，建立高标准、高水平的自由贸易区。

（一）完善中国—东盟自由贸易区

中国—东盟自贸区自 2002 年启动建设以来，开展了一系列的谈判：首先是在中国—东盟自贸区框架下于 2004 年 1 月 1 日开始实施"早期收获计划"，开启

了双方的降税进程；紧接着是 2004 年 11 月双方签署《争端解决机制协议》以及《货物贸易协议》，《争端解决机制协议》于 2005 年 1 月 1 日生效，《货物贸易协议》规定双方于 2005 年 7 月 1 日开始互相实施全面降税；2007 年 1 月，中国与东盟又签署了《服务贸易协议》；2009 年 8 月，双方再次签署了《投资协议》；2010 年 1 月 1 日，中国—东盟自贸区全面建成。建成之后的自贸区的自由化水平仍比较低，根据 WTO 对中国—东盟自贸区的界定，其为局部自由贸易协定（Patial Scope Agreement）①，由此可见，中国—东盟自贸区并未达到 WTO 对自由贸易区的标准。从这个意义上来看，中国—东盟自贸区并非真正意义上的自由贸易区，仅仅只能算是"优惠贸易安排"（PTA）。因为从现实情况来看，2010 年中国—东盟自贸区全面建成之后，中国与东盟约 7 000 种产品实现零关税，只实现了大约 92% 的产品关税为零，而这离 WTO 所规定的"实质上所有产品"实现零关税的标准还很远。因为在 2002 年时要构建一个高水平的自由贸易区对中国与东盟来说几乎是一件不可能的事。东盟各国经济发展水平差异太大，经济基础很不一致，基于这一背景考虑，中国与东盟先签订较为低水平的降税安排，将影响各国经济发展的敏感产品列入降税产品之外更容易得到东盟各国的认同，使各成员国最终都能达成建设自由贸易区的决定。但中国—东盟自贸区建设到现在，双方经贸合作不断加深，经济融合进一步增强，在新形势下，原有的自贸协定已不再适应双方经济进一步深化的需要，必须首先修改和完善现有自贸协定的内容，如进一步降低关税水平到自由贸易的水平，消除影响贸易的非关税壁垒，以及提高服务贸易和投资自由化的水平，使中国—东盟自贸区真正达到 WTO 对自由贸易区的要求。

（二）升级中国—东盟自由贸易区

从目前来看，中国—东盟自贸区已签订的协议仍然是三大传统领域，主要是商品降税、服务贸易促进以及投资促进三方面。从区域经济合作发展的趋势来看，这三大领域已经是合作的最基本的领域，所有的自贸区协议都会涵盖这三方面的内容。如果中国—东盟自贸区仍然只是围绕这三方面的内容进行补充和修改，那很快中国—东盟自贸区将会被正在商谈的 RCEP 所覆盖，将没有存在的意义和价值。因此，打造中国—东盟自贸区升级版不仅仅只是需要更新已有协定的

---

① 中国与东盟的《货物贸易协议》于 2005 年 9 月 21 日通告 WTO，中国与东盟的《服务贸易协议》于 2008 年 6 月 26 日通告 WTO。中国—东盟自由贸易区（CAFTA）在 WTO 审批之后的类型被界定为局部自由贸易协定（Patial Scope Agreement），南方共同市场（MERCOSUR）的类型被界定为关税联盟（Customs Union），北美自由贸易区（NAFTA）则被界定为自由贸易协定（Free Trade Agreement），详细情况见 WTO 官方网站（http：//www.wto.org/index.htm）。

内容，更为重要的是要进一步扩充协定的范围。以 RCEP 为例，RCEP 的目标除了取消关税、促进服务贸易、完善投资环境之外，还将涉及知识产权保护以及竞争政策等多项领域，其自由化程度远高于中国—东盟自贸区协议。再如 TPP（跨太平洋战略经济伙伴关系协定），其涵盖的领域更为广泛，还将包括劳工保护、安全标准、政府采购、战略合作以及绿色增长等众多领域。中国—东盟自贸区可参照 RCEP 和 TPP 的协议扩充自贸协定的范围。特别是 RCEP，东盟是发起国，中国是参与国之一，在 RCEP 谈判完成之前，中国可首先就相关条款与东盟进行商谈并达成协议。由于东盟各国经济发展水平差异较大，在知识产权保护、竞争政策等领域各成员国态度也有所差异，因此，为了加快中国与东盟在这些领域谈判的进程，可采取较为灵活的办法，先和部分经济较为发达的东盟成员国实行，再逐步扩展到经济发展较为落后的成员国，最终实现整个区域经济的一体化。

第十二章

中国—东盟区域经济一体化的框架设计与制度保障

随着 CAFTA 的建立以及区域经济一体化的不断发展，中国与东盟各国的合作范围和内容会不断地变广和加深，伴随的问题也会不断出现。本章结合中国—东盟自由贸易区发展的实际情况，通过考察北美自由贸易区、欧盟、东盟等区域经济一体化组织的实践经验，从组织建设、利益协调机制、争端解决机制、人力资本保障、法律运行保障五个方面着手，为中国—东盟区域经济一体化发展提出具体的运行框架和制度保障。

第一节 组织建设

区域性国际经济组织机构的合理设置是区域合作取得成功的关键因素之一，中国—东盟区域经济一体化的组织机构应伴随一体化进程不断地发展和完善。

一、构建区域性国际经济组织机构的理论依据

区域性的国际经济组织的常设机构应具备的基本职能和包含的内容是构建组织机构的基础，也是构建中国—东盟区域经济一体化组织机构的依据。

460

（一）区域性国际经济组织机构的职能分析

区域性国际经济组织需要设立一些常设机构来持续监督有关协议的实施，使协议贯穿于经济组织的发展过程。[①] 归纳起来，区域性国际经济组织的常设机构具有以下几项职能：

1. 制定区域发展的方针和政策

区域性国际经济组织构建时签订的协议往往只规定成员国之间的合作宗旨和基本目标，发展过程中具体方针和政策还需要有关机构制定和完善。

2. 监督成员国履行义务

区域性国际经济组织要设立一个机构监督各成员国履行义务，以确保各成员国对外关系、安全、经济等政策保持一致性。

3. 解决成员国之间的争端

国际经济交往必然产生各国之间的经济矛盾和纠纷，区域性国际经济组织有必要提供一个专门的争端解决机构，为争端各方提供一个良好的交流平台，使争端各方选择最适合的解决方式。[②]

（二）区域性国际经济组织机构的分类

各经济组织在机构设置方面虽然具有较大差异性，但都是基于协议规定的宗旨和目标来设置的。根据每个机构应有的职能，区域性国际经济组织机构应主要包括以下几方面的内容：

1. 权力机构

权力机构一般由区域性国际经济组织各成员国的首脑组成，其职能主要有制定和修改方针政策、决定接纳新成员、选举执行机构的成员、审核预算等，该机构体现出决策性和监督性。[③]

2. 执行机构

执行机构由区域性国际经济组织各成员国的代表组成，机构的主要工作人员一般由权力机构选举产生。其主要职能是执行权力机构的决议，提出建议、计划和工作方案并付诸实施，在组织决策中也起到重要作用。[④]

3. 行政机构

一般称为秘书处，是区域性国际经济组织的日常工作机构，由秘书长和专门

[①] 刘世元：《区域国际经济法研究》，吉林大学出版社 2011 年版，第 50 ~ 52 页。

[②] 宋永新、宋海鹰：《国际经济组织法导读》，浙江大学出版社 2000 年版，第 9 ~ 10 页。

[③] 胡焕武：《区域性国际经济组织机构法研究》，广西师范大学硕士论文，2006 年，第 7 页。

[④] 宋永新、宋海鹰：《国际经济组织法导读》，浙江大学出版社 2000 年版，第 31 ~ 32 页。

工作人员组成。其主要职责是处理各项日常事务，如和成员国沟通、对外代表组织参加会议、撰写工作报告等。① 因此，行政机构是保证区域性国际经济组织正常运行的关键部门。

4. 司法或准司法机构

该机构是区域性国际经济组织为了审议和处理法律问题而设立的，它能通过司法或准司法手段解决成员国之间的争端。其组成人员是在客观、公正、可靠和独立的基础上严格选任的，在法律、国际贸易、争端解决方面具有专门知识或经验的人才。

二、国际经济组织机构设置的主要模式

当前国际经济组织的机构设置主要有三种模式。第一种是具有超国家性的欧盟模式，突出表现在欧盟委员会和欧洲议会参与立法，且共同体的法律效力在各成员国内部法律之上。第二种是以国家主权原则为主的北美自由贸易区模式，该模式没有建立一套具有超国家性的组织机构，仅仅是其常设的双边专家小组有一定的超国家性。第三种是完全以国家主权为原则设置机构的东盟模式。

(一) 欧盟组织机构及其职能分析

欧盟的主要机构包括欧洲理事会、欧盟理事会、欧盟委员会、欧洲议会、欧洲法院等 (见图 12 - 1)。

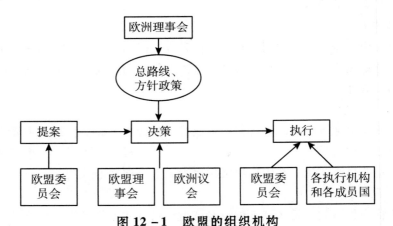

图 12 - 1　欧盟的组织机构

资料来源：冯寿农，项颐倩：《欧盟概况》，鹭江出版社 2006 年版。另外，根据欧盟中国官网资料整理得来。

---

① 田家谷：《国际经济组织法》，中国法制出版社 2000 年版，第 33 ~ 34 页。

1. 欧洲理事会

欧洲理事会是欧盟的最高领导机构，由欧洲理事会主席、欧盟委员会主席及各成员国的国家元首组成。每年至少举行两次例行会议，必要时可举行特别会议。欧洲理事会主席由各成员国首脑轮流担任，任期为半年。欧洲理事会的主要职能是负责制定总路线和方针政策，但不会颁布具体的命令或条例，而是将确定的指导精神交给欧盟理事会去落实。由于采用国际会议的形式，其决议只有在经过商议达成一致后才能通过。可以看出，欧洲理事会的活动更多地体现了欧盟各成员国政府间的合作，而不具超国家性。

2. 欧盟理事会

欧盟理事会又称为"部长理事会"，由各成员国的部长参加（一般是外交部长、工业部长、农业部长等），是欧盟的核心决策机构。欧盟理事会主席采取与欧洲理事会相同的轮值形式，半年为一任。欧盟理事会下设秘书处、常设代表委员会、工作小组与专门委员会等办事机构处理日常事务。欧盟理事会与欧洲理事会一样，更多的是一种政府间的性质，也不具超国家性。

3. 欧盟委员会

欧盟委员会是欧洲共同体委员会的简称，它独立于各成员国，是欧盟的常设机构。欧盟委员会的职能包括代表欧盟进行谈判、向外派驻使团、落实政府间的各种条约及欧盟理事会和欧洲理事会通过的各种决议和法案等。

4. 欧洲议会

欧洲议会是直接代表欧盟公民利益并具有超国家性的机构，议会成员由欧盟公民直接选举产生。它和欧盟理事会共享立法权、民主监督权及欧盟预算的决定权。欧洲议会在一定程度上加快了欧盟的民主化，提升了普通公民对欧盟的政治认同，间接增强了整个欧盟的集体行为能力。

5. 欧洲法院

欧洲法院是欧盟的仲裁机构，负责解释欧洲法律、审理和裁决欧盟和各成员国在执行各项法律法规中发生的各种争执。

通过上面的分析我们可以看出，欧盟的组织机构设置充分体现了国家主权和区域主权的协调。欧盟理事会由各成员国政府的代表组成，在欧盟决策中各代表站在本国立场上维护本国利益。而欧盟委员会和欧洲议会则代表欧盟的共同利益。

除了上述五个主要机构外，欧盟还存在欧洲审计院、各种提供政策支持与建议的专门委员会与专家咨询机构、欧洲中央银行、欧洲投资银行、欧洲警察局和欧洲军备局等机构。

（二）北美自由贸易区组织机构及其职能分析

北美自由贸易区成立的宗旨是：取消贸易障碍，创造公平竞争的条件，增加投资机会，对知识产权提供适当的保护，建立执行协定和解决争端的有效程序，以及促进三边的、地区的以及多边的合作。① 为了实现贸易区的宗旨，其组织机构包括的职能部门见图 12-2。

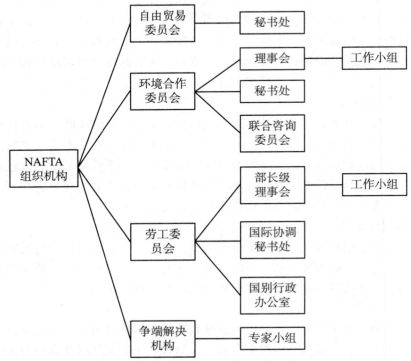

图 12-2　北美自由贸易区的组织机构

资料来源：北美自由贸易区秘书处网站。

1. 自由贸易委员会

自由贸易委员会由各成员国部长组成，是北美自由贸易区的中心机构。自由贸易委员会的主要职能有 8 项：负责《北美自由贸易区协定》的实施；规划《北美自由贸易区协定》的发展；解决在《北美自由贸易区协定》的解释和实施过程中的争端；监督委员会和工作组的工作；考虑任何也许影响本协定实施的其他事项；建立特定的或者固定的委员会、工作组和专家组；寻求非政府的个人或组织的建议；当成员国同意的时候，在其履行职能中采取其他行动。②

---

①　百度百科《北美自由贸易协议》，http：//baike. baidu. com/view/191430. htm？ fromId = 92392，2013.
9. 10。
②　胡焕武：《区域性国际经济组织机构法研究》，广西师范大学硕士论文，2006 年，第 17 页。

2. 环境合作委员会

环境合作委员会的职责是关注区域环境问题，阻止保护性贸易和环境冲突，促进环境法的有效实施。同时，环境合作委员会也是一个关注环境问题的论坛，讨论《北美环境合作协定》中有关环保举措的实施。

3. 劳工委员会

劳工委员会是根据《北美劳工合作协议》建立的一个国际组织，它由部长级理事会、国际协调秘书处和三个国别行政办公室组成。其职能是负责在劳工法、劳工标准、劳工市场方面加强国际合作。

4. 争端解决机构

北美自由贸易区没有常设的争端解决机构，主要依靠自由贸易委员会临时设立的专家小组来解决贸易争端，但建立了具有常设性质的双边专家小组处理反倾销与反补贴税诉讼。

北美自由贸易区的目的并非要建立一个经济政治联盟，其主要目标是贸易和投资自由化。[①] 因此，它的机构设立突出维护国家主权的原则，如自由贸易委员会是由三个国家的部长或内阁级的代表组成，环境合作委员会、劳工委员会也实行国家代表制等。

（三）东盟组织机构及其职能分析

东盟各国在 2007 年召开的第十三届东盟峰会上正式签署了《东盟宪章》，这是东盟成立 40 年来首次颁布具有普遍约束力的规范性文件，标志着东盟法律框架的形成。《东盟宪章》以法律的形式明确了东盟经济、安全和社会文化三大共同体，为改变东盟松散状态、提高决策效率和形成具有约束力的区域性组织提供了法律保障。

《东盟宪章》完善了东盟的宗旨和原则，更注重东盟的整体化发展。其宗旨是维护和促进区域和平、安全和稳定；大力加强政治、安全、经济和社会文化的合作，提高区域的防御力；实现商品、服务、投资、人力资源和资本自由流动的综合经济；通过培养形成不同文化意识和地区性遗产的更大的认知度，促进东盟的统一性，以及各成员国在教育、环保、民主、法治等方面的深化合作。[②]

为了实现上述目标，东盟设置的组织机构见图 12－3。

---

① 胡焕武：《区域性国际经济组织机构法研究》，广西师范大学硕士论文，2006 年，第 18 页。
② 见东盟秘书处网站。

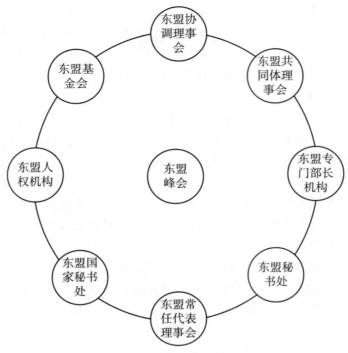

图 12 – 3　东盟的组织机构

资料来源：东盟秘书处网站。

1. 东盟峰会

东盟峰会由东盟各成员国的国家或政府首脑组成，每年举行两次会议，是东盟的最高决策机构，拥有建立和解散专门部长机构和其他东盟机构的权利。主要职能是设定东盟目标、协调各成员国的利益以及对东盟协调理事会、东盟共同体理事会、东盟专门部长机构提交的重大事项作出决议，并对影响东盟的紧急状况作出适当的反应措施。

2. 东盟协调理事会

东盟协调理事会由东盟外长组成，每年至少举行两次会议。其主要职能是为东盟首脑会议的举行做准备工作、与东盟共同体理事会协调并合作制定报告、审核东盟秘书长的年度工作报告等。

3. 东盟共同体理事会

东盟共同体理事会由政治安全理事会、经济理事会和社会与文化共同理事会组成，每一个理事会在各自的权限下拥有相关的行政组织机构。

4. 东盟专门部长机构

东盟专门部长机构是在东盟体系内特定的专门领域从事活动的机构。其主要职能是不同部门在各自范围内执行东盟峰会的协议和决议；在各自范围内加强合作，支持东盟一体化和共同体建设；向相关共同体理事会提交报告和建议等。

5. 东盟秘书处

东盟秘书处由东盟秘书长和必要的工作人员组成。东盟秘书长是东盟的首席执行官，其职能是推动和监督东盟协议和决议的执行，向东盟峰会提交东盟工作年报以及参加东盟峰会、东盟共同体理事会会议、东盟协调理事会会议、东盟专门部长机构和其他有关东盟的会议。

6. 东盟常任代表理事会

东盟常任代表理事会由成员国各自任命一名大使级常任代表组成。其主要的职能是支持东盟共同体和专门部长机构的工作、推动东盟与其他国家合作以及协助东盟国家理事会和其他东盟专门部长机构完成工作。

7. 东盟国家秘书处

东盟国家秘书处由各成员国单独设立，该秘书处作为国内联络点，在国家级水平上协调东盟决议的执行，支持东盟会议的国内筹备等。

8. 东盟人权机构

东盟人权机构是依据《东盟宪章》中关于促进保护人权和基本自由的目的和原则而设立的，该机构在东盟外长会议的授权范围内运作。

9. 东盟基金会

东盟基金会的职能是提升人们对东盟身份的认知、促进人与人之间的互动和加强东盟商界、学术界及其他利益相关方的合作，支持东盟共同体建设。

通过对东盟组织机构及其职能的简单介绍可以看出，东盟目前的组织机构设置比较齐全，而且东盟各个层次的会议均实行国家代表制，体现着东盟十国完全平等的原则。为促进东盟进一步发展，东盟领导人决定将 2015 年 12 月 31 日设定为建立东盟共同体的最后期限。东盟共同体建成后，各成员国必然要让渡部分主权，赋予共同体权力。届时，组织机构必将体现较多的超国家性。

三、中国—东盟区域经济一体化过程中组织机构的设置

合理的组织机构设置是 CAFTA 取得成功并向更高水平发展的根本保障。但现阶段，CAFTA 的组织机构设置还存在缺陷，这在一定程度上阻碍了区域合作的进一步发展。

（一）中国—东盟自由贸易区组织机构的现状

现阶段，CAFTA 的组织机构包括以下几个部分：

1. 中国—东盟领导人会议

自 1997 年始，中国和东盟领导人在每年"10＋3"领导人会议期间举行非正式会议（也称"10＋1"领导人会议，从第四次会议起改称中国—东盟领导人会议）。2001 年 11 月在文莱召开的第五次会议中，双方领导人就在 10 年内建成中国—东盟自由贸易区的设想达成一致。[①]

2. 中国—东盟外长会议

自 1991 年起，中国与东盟各国的外长每年都会举行会议，就中国与东盟关系以及其他双方感兴趣的问题交换意见。从 1997 年起，外长会议还将承担起中国与东盟领导人会议准备工作的职责。[②]

3. 六个工作机制

中国和东盟在 20 世纪 90 年代形成了六个合作机制，对促进区域间的合作起到了重要作用（见表 12-1）。

表 12-1   中国—东盟合作的六个工作机制

时间	名称	内容
1994 年 7 月	中国—东盟经贸联委会	审议中国与东盟之间的经贸合作执行情况，研究进一步扩大经贸合作的措施并提出建议，讨论中国与东盟共同关心的区域和国际经济问题
1994 年 7 月	中国—东盟科技联委会	指导双方在农业、生物、食品、能源、中医药、遥感、地震、海洋等领域实施合作项目
1995 年 4 月	中国—东盟高官磋商会	主要讨论中国与东盟之间的关系以及共同关心的国际和地区问题
1996 年 6 月	东盟北京委员会	由东盟各国驻华大使组成，旨在促进东盟驻华机构与我国政府部门的交流
1997 年 2 月	中国—东盟联合合作委员会	是中国同东盟进行沟通协调、审议并规划各领域务实合作的重要机制
2001 年 11 月	中国—东盟商务理事会	是中国与东盟代表商界的合作对话机制，由中国国际贸易促进委员会、东盟工商会及知名企业家、专家等组成，旨在促进中国和东盟企业间的交流，加强商业合作

资料来源：《中国—东盟商务年鉴 2012》。

[①②] 广西社会科学院编写组：《中国与东盟建立对话关系十五年回顾》，《东南亚纵横》，2006 年第 10 期，第 3 页。

现阶段，CAFTA 的组织机构设置还很不完善，没有专门的决策机构，没有行政作用的委员会，没有起主要立法作用的部长理事会，也没有常设的争端解决机构。但是，随着中国—东盟经济一体化的发展，CAFTA 的组织机构设置会不断完善。

（二） 中国—东盟自由贸易区组织机构的完善

中国与东盟成员国中的越南、老挝、柬埔寨、缅甸四国的绝大多数贸易产品已经实现零关税。同时，中国与东盟各国正在尝试更广泛、深入地开放服务贸易市场和投资市场。要保证这些政策和目标实现，需要完善 CAFTA 的组织机构。目前，中国—东盟自由贸易区经贸往来仍不充分，是不可能建立具有超国家性质的机构的，当务之急应是促进各成员国在人员、商品、货币、服务、文化等领域广泛交流，扩大共识。

通过以上分析，完善 CAFTA 组织建设，可以提出以下设想：

1. 中国—东盟峰会

即中国—东盟领导人会议，作为最高权力机关。随着东盟共同体的发展，东盟首脑会议由每三年召开一次，变成一年或两年召开一次，到近几年每年召开两次。可以看出，各成员国关系日益密切会促进各国领导人相互交流，而领导人交流增多反过来也会促进一体化发展。因此，需要强化中国—东盟领导人会议的规范性，以保证各方面合作不断落实。在条件允许情况下，中国—东盟领导人会议可以由每年召开一次改为每年召开两次，其职能是负责制定和修改贸易区的协议和章程、对重大事项作出决策等。

2. 中国—东盟部长会议

各成员国指派部长参加，作为决策机构。参加会议的部长一般由外交部长、商务部长、农业部长等组成，部长会议下可设秘书处、工作小组与专门委员会等作为办事机构，处理日常事务。

3. 中国—东盟自由贸易区委员会

由各成员国的代表组成，作为执行机构。负责决议的执行，提出建议、制订计划和工作方案并付诸实施。

4. 中国—东盟秘书处

作为行政机构，负责处理组织机构中的日常事务，协调各常设机构的工作，以及为中国—东盟峰会的召开做准备工作。

5. 建立一个具有准司法性质的争端解决机构

鉴于"东盟方式"[①] 强调不干涉内政的原则,在中国—东盟自由贸易区中建立司法机构显然是不现实的。但可以由各成员国按照公平、独立等原则推选熟悉法律、国际贸易等方面的人员组成一个常设性的争端解决小组。并规定争端解决小组作出的裁决,各国必须遵守。

(三) 中国—东盟自由贸易区组织机构的进一步发展

根据 CAFTA 的发展规划,2016 年以后,自贸区将进入巩固完善阶段,自由贸易区的发展完全成熟后,将达成一体化程度比自由贸易区更高的关税同盟。关税同盟除了包括自由贸易区的基本内容,还包括各成员国对同盟外的国家建立统一的关税税率,开始带有超国家的性质。因此,组织机构也应相应具有超国家性质。鉴于中国与东盟的密切关系,可以考虑在东盟原有机构的基础上,设置有利于中国—东盟经济一体化的组织机构,以免出现职能重叠、管理混乱等问题。

1. 中国—东盟首脑理事会

合并东盟峰会和中国—东盟领导人会议成立中国—东盟首脑理事会,首脑理事会负责对各成员国发展的重大问题和发展方向作出决策。

2. 中国—东盟部长理事会

整合东盟专门部长机构和中国—东盟部长会议成立中国—东盟部长理事会。部长理事会下设不同部门,各部门在各自范围内执行中国—东盟首脑理事会的决议,支持中国—东盟区域经济一体化建设。

3. 中国—东盟秘书处

把东盟秘书处提升为中国—东盟秘书处。其主要职能是推动和监督中国—东盟区域间协议和决议的执行,向中国—东盟首脑理事会提交年度工作报告,以及参加与中国—东盟相关的各种重大会议。

4. 中国—东盟共同体理事会

把东盟共同体理事会上升为中国—东盟共同体理事会,作为常设机构,推动各成员国在政治、经济、社会、文化等方面保持一致性发展。共同体理事会对外职能包括代表中国—东盟协调、谈判等,对内负责落实各种政府间条约和首脑理事会通过的各种决议和法案。

5. 常设的利益协调机构和争端解决机构

建立一个常设的利益协调机构,能在事前协调和事后协调过程中发挥作用。

---

① "东盟方式",是指东盟特有的组织和决策方式,其核心是坚持互不干涉内政,坚持通过非正式协商来达成全体一致的原则。它要求东盟在组织和决策上具有非正式性、非强制性的特点,不谋求建立具有约束力的"超国家"权力机构,强调主权的神圣不可侵犯,追求国家间的绝对平等。

而常设的争端解决机构应在贸易、服务、投资、知识产权和环境保护等方面促进争端的有效解决。

综上所述，中国—东盟区域经济组织设计出的制度须综合考虑区域经济组织和各成员国利益的平衡，中国—东盟部长理事会须由各成员国的部长组成，站在本国立场上维护本国利益；中国—东盟共同体理事会则代表各成员国的共同利益。且在构建中国—东盟区域经济一体化组织机构的基础上要强化决策制度的完善，可以由中国—东盟共同体理事会提出议案，中国—东盟部长理事会进行最终决策，形成机构间的制衡。

（四）中国—东盟区域经济组织机构的发展趋势

组织机构的设置是依据区域发展的目标来设定的。因此，中国—东盟区域经济组织机构的发展趋势取决于中国—东盟区域经济一体化的发展程度，一体化发展程度越高则对组织机构的要求越高，组织机构的功能也会越全面。可以预见，中国—东盟区域经济组织机构的权力会随着成员国对经济决策的让渡而不断增强。

第二节　利益协调机制

中国—东盟区域经济一体化的过程也是中国与东盟各国追求利益协调的过程。由于各成员国在政治制度、经济发展状况、宗教信仰、历史文化等方面存在差异，以及国家利益和区域利益之间存在相互关联性和相对独立性，一体化进程中必然会产生各种利益冲突和摩擦。"国家利益之间的协调是国家之间经济合作顺利开展的必要条件。如果条件不具备，即使有政府的积极推动，也难以取得理想的合作成果；即使在对外交往中合作取得一定成功，即使产生了一定的外溢效果，其对内部合作的影响也十分有限。"[1] 因此，利益协调机制的有效构建对减少与解决利益纠纷、保障区域合作进一步发展具有重要的作用和意义。

一、构建 CAFTA 利益协调机制

目前，中国与东盟并没有形成一套有效的利益协调机制，利益协调一直都是

---

[1]　王子昌、栾淑彦：《国家利益协调与区域国际经济合作——以东盟为例的分析》，《国际经贸探索》，2004 年第 5 期，第 44～48 页。

以协商为主的合作方式，这种方式不仅效率低下，且只能解决单一的问题。因此，在构建 CAFTA 利益协调机制这一问题上，可以先参考欧盟和北美自由贸易区利益协调的成功经验，再根据自身实际进行。

（一）国际区域经济组织利益协调机制的考察

目前，欧盟和北美自由贸易区（以下简称 NAFTA）都没有成立专门的利益协调机构，但他们都有一套独特的、合理的利益协调机制，这套利益协调机制对欧盟和 NAFTA 的形成、发展起到了至关重要的作用。

1. 欧盟利益协调机制的考察

欧盟并没有设立专门的利益协调机构，但是欧盟通过区域内各国间权利让渡和利益的博弈，构建出一套有效的合作体制和机制来协调各国的利益，其独特的利益协调方式表现在以下几个方面：

第一，构建多层次、网络状治理的区域协调体系。纵向上，欧盟非常重视超国家、国家、地方等多个等级层次之间权利的平衡以及利益表达的畅通；横向上，诸如政党、行业协会、利益团体等利益相关者机构为整个区域的政策制定、执行和反馈提供了很好的建议和意见。另外，欧盟还能充分利用政府和市场在区域经济发展中的作用，协调好二者的关系，形成了法制经济和行政多管齐下的区域协调方式。

第二，欧盟在组织机构的设置上能充分保证各成员国平等地表达各自的利益需求。欧盟的超国家机构并不凌驾于成员国之上，且成员国与次国家政府对超国家机构没有隶属关系。① 欧盟每一个政策的出台，都需要经过充分的谈判和协调，各成员国无论大小都有投票权，这种制定政策的方式尊重主权、重视各成员国的利益，有利于政策的实施，保证一体化目标的实现。

第三，完备的法律制度为欧盟区域协调发展提供重要保障。《欧盟条约》作为欧盟区域经济一体化发展的基本法，是欧盟制定和实施各项政策的基础和原则。此外，为保证欧盟一体化健康发展，各成员国一般也制定了促进区域协调发展的法律体系。

第四，欧盟建立了一套较为完备的司法性争端解决机制，由一个超越成员国的司法机关直接解决各成员国的利益争端。这个争端解决机制能公平、高效的解决各种争端问题，很好地保障了各成员国利益不受损害。

2. NAFTA 利益协调机制的考察

NAFTA 是世界上第一个由发达国家（美国和加拿大）和发展中国家（墨西

---

① Fritz W. Scharf. *What have We Learned?* – *Problem – Solving Capacity of the Multilevel European Polity*, MPIFG Working Paper, 2001, pp. 4 – 10.

哥）联合组成的国际区域经济组织，各成员国经济发展水平差距很大，既存在明显的不对称性，又存在非常大的互补性和相互依存性，CAFTA 情况与 NAFTA 非常相似。NAFTA 同样不存在专门的利益协调机构，其利益协调的成功主要得益于一套独特的利益争端解决机制以及一套区别对待、实行差别化的措施，并以法规的形式保障它们的有效实施。

第一，NAFTA 有一套独特的争端解决机制，这套机制具有套数多、与其他机制兼容、受案范围广、争端解决主体大等特点，并用仲裁这样具有法律约束力的方式来保障机制的有效运行，大大提高了利益冲突解决的效率。

第二，区别对待，实行差别化的措施以保证各成员国的利益。NAFTA 非常注重各成员国在法律与政策方面的协调，由于成员国巨大的经济水平差距，美国和加拿大不得不考虑墨西哥的承受能力和经济利益，各国通过协调形成了一套有差别性的法律制度，为墨西哥安排了过渡期和差别待遇。"在关税减让的第一阶段，墨西哥只需要对来自美国 35% 的商品取消关税，而美、加对来自墨西哥的 80% 的商品实行免税。此外，还为墨西哥缺少竞争力的产业部门安排了 10～15 年的缓冲期，以便其进行产业进行调整。"[①] 这种区别对待和差别化的措施不仅使墨西哥得到了加入 NAFTA 的好处，增加了墨西哥加入 NAFTA 的积极性，而且有效地缓解了因取消对美国和加拿大产品贸易关税对墨西哥产业造成的冲击，很好地保护了墨西哥的产业发展以及经济利益。

（二）CAFTA 利益协调机制的构建原则

利益协调机制的构建原则是构建 CAFTA 利益协调机制的基础，对利益协调机制的构建具有指导性的作用。通过以上对欧盟和 NAFTA 利益协调机制的考察，并结合 CAFTA 的实际情况，利益协调机制的构建应当主要遵循以下三个原则：

1. 规范化的原则

规范化的原则要求利益协调必须按照一定的理念、程序和框架进行，要符合各项法律和规章制度，以减少人为因素不确定性的影响。通过对欧盟和 NAFTA 利益协调机制的考察可以发现，他们都签署了一套具有法律约束力的国际条约或协定。因此，对 CAFTA 内各成员国，一方面，需要各国共同签订具有法律强制性和约束力的条约或协定来规范和约束区域内各国的行为，以防止一国损害他国合法利益的情况产生；另一方面，由于 CAFTA 是一种以承诺为主的约束机制，缺乏统一的、强制性的常设机构与完善的监督机制来保证各国履行承诺，还需要

---

① 左连村：《中国—东盟自由贸易区与北美自由贸易区比较分析》，《学术研究》，2003 年第 8 期，第 44～47 页。

设立一个专门的、权威的冲突仲裁协调机构，协调各成员国的利益。

2. 具体性原则

具体性原则就是从客观实际出发，根据不同的情况选择适当的利益协调方法。NAFTA 在三个国家之间采取部分商品不同关税率和差别化取消关税壁垒的措施，这对情况更加复杂的 CAFTA 有重要的借鉴意义。CAFTA 各国在经济、政治、文化等方面存在很大的差异，如果不考虑这些事实，而是用相同的政策对所有成员国进行统一指导，会使得经济发展落后的国家（如越南、老挝、缅甸、柬埔寨）的产业、市场结构因为自由贸易区的开放而承担更大的外部冲击风险，不仅分享不到加入自由贸易区的利益，甚至会使他们的利益遭受损失，这有悖于建立自由贸易区的初衷，不利于区域经济一体化的发展。目前，中国与东盟已经就市场开放的时间达成一致，并采取区别对待的办法，东盟老六国最先对中国开放，而给予新四国一段时间的过渡期。这种灵活的方式就是利益协调的体现，充分保证了"互惠互利"合作原则的贯彻和落实，使得自由贸易区得以巩固和发展。在中国—东盟区域经济一体化的发展过程中，可以根据具体情况，设定更多的区别对待的政策。

3. 以共同的利益为基础，充分考虑各方面利益的原则

各国参与区域合作、推动区域经济一体化发展的根本原因是对利益的追求。由于各国都存在不同的利益追求，且各国之间以及国家与区域之间存在利益冲突和矛盾也都是客观存在的。因此，需要建立有效的利益协调机制，把握好各方面之间的利益关系，使各成员国都能从中受益。现阶段，CAFTA 内很多国家之间存在领土和资源开发等方面的争端，但同时 CAFTA 在改变本国产业结构、稳定出口价格、反对西方大国贸易保护主义、加强本国在国际经济交流中的地位和在共同抵御外部威胁上存在利益一致性，在解决利益上的摩擦和争端时，可以从CAFTA 共同利益出发，要求任何国家在争取自己利益的时候都不能损害和妨碍他国的利益，以和平的方式解决问题，始终贯彻"平等互利、利益共享"的区域经济合作的原则。只有各方利益都得到合理实现，才能提高各国家参与区域经济合作的积极性，中国—东盟区域经济一体化才能和谐共赢地不断向前发展。

（三）CAFTA 利益协调机制构建的内容

通过借鉴欧盟和 NAFTA 成熟经验，结合 CAFTA 自身特点以及利益协调机制构建的原则，CAFTA 利益协调机制构建主要应包括下几个方面的内容：

1. 信息合作机制

各成员国间信息的对称性和完备性对区域经济合作顺利展开具有非常重要的作用。在区域合作过程中，信息不对称的情况非常普遍，而信息不对称会导致逆

向选择与道德风险。如果一国企业或者居民根据掌握的信息优势获取不正当的利益或者损害他国企业或居民的合法权益，而该国对该行为不予制止，这必然会导致矛盾和冲突的产生，阻碍区域合作的进程。区域间资源配置达到最优状态是各国参与区域经济合作的目的之一，这就要求各国能尽可能公开其经济政策和相关措施，最大限度地降低由信息封锁而导致的合作风险。因此，区域信息合作需要各国建立一个有效的信息沟通交流机制，能定期、规范、详细地将各国的经济政策及更新变化的信息发布出来，以方便各国企业或居民及时了解和反馈意见，这样可以尽可能地减少地方保护主义的制约和因信息不对称导致的道德风险，促进区域合作的顺利进行。

2. 规则约束机制

在区域市场上，如果利用政治权力和道德良心来人为平衡区域之间的利益诉求，势必违反市场经济的竞争规则，抑制区域主体的积极性和主动性，从而造成区域经济低效率甚至区域经济冲突。[①] 利用规则来约束区域市场参与者的行为，可以降低危害区域发展行为的产生，建立和规范市场竞争。规则约束机制是区域经济一体化的主导力量由政府向市场转移的重要前提，而市场经济体制是 CAF-TA 各国经济运行的发展方向和主流运行机制，其核心是指向法制经济。所以，区域经济的合作行为不仅是政府之间的协调行为，也是法律框架下的契约行为。同时，规则约束机制也是区域经济合作能不断向前发展的重要保障。

3. 利益表达机制

建立健全有效的利益表达机制，需要各成员国的合作，应按照公平、开放、多向度的原则建立。CAFTA 的利益表达机制应保证能广泛地为各利益相关者提供公平的利益表达平台，引导他们以合理和制度化的方式解决各种利益争端，让参与区域经济活动的微观主体都能畅通无阻地向利益协调机构就区域合作过程中产生的问题、矛盾、争端等事项表达建议、批评、要求等，方便他们直接与利益协调机构进行对话和沟通，而不再是仅仅依靠各国政府和领导人来表达。这样，各成员国在制定区域政策时能充分考虑各方面的利益要求和意见。同时，利益表达的多渠道畅通，会增强各成员国、各利益主体、各社会阶层的沟通和相互了解，有利于增强各成员国的向心力与积极性、协调各方面的利益、解决各方面的矛盾与争端，使各成员国都能享受到区域经济合作带来的成果。

4. 利益补偿机制

从 NAFTA 的成功经验可以看到，经济发展水平差距较大的国家在参与区域

---

① 程永林：《区域合作，利益协调与机制设计——基于泛珠三角与东盟跨边界次区域经济合作的研究》，《东南亚研究》，2009 年第 2 期，第 32～37 页。

经济合作时，要充分考虑在合作初期可能给经济发展水平较低国家的产业和经济带来的冲击，并适当为其安排过渡期和差别待遇，以增加其参与区域合作的积极性。CAFTA 各成员国在经济发展水平上也存在着较大差异，且 CAFTA 已经签署的有关利益补偿的合作协议也是不足的，这必然会不可避免地导致掠夺式合作的发生，对区域合作产生消极影响。CAFTA 的利益补偿机制可以通过各国政府机构的协调给予补偿，也可以通过区域间的贸易差额决定补偿金额，或者通过产业关联和技术转移等形式予以补偿。

二、CAFTA 利益协调机制的模式选择

利益协调的模式一般分为政府主导、市场主导以及网络治理模式，由于政府主导和市场主导模式自身存在缺陷，而网络治理模式结合了政府主导和市场主导的优势且符合 CAFTA 实际情况。因此，CAFTA 利益协调机制的模式应该选择网络治理模式。

（一）利益协调的基本模式

根据利益协调的手段和途径，可以将利益协调的模式分为政府主导模式、市场主导模式、网络治理模式。

区域合作利益协调的政府主导模式是指由超国家的组织机构以行政权威为背景，采用行政手段来调解和裁定各国利益冲突，或者通过各国政府直接进行协商和谈判解决的模式。政府在区域经济合作中既是组织者，又是推动者，其在订立合作协定、规划产业布局、推动区域市场开放和协调、提供基础建设与区域公共品等方面发挥着重要的作用。政府主导模式在协调区域利益有一定的积极效应，如帮助解决市场失灵、增加政府间的信任和解决矛盾冲突等。但是，政府主导模式存在着天然的弊端，如政策不符合实际发展的需要、政府不能提供有效的政策和制度保障等，其在某种程度上存在"政府失灵"的现象。

区域合作利益协调的市场主导模式是指各国发生利益冲突时，通过市场化的手段来协调冲突的模式。市场主导的模式在区域经济一体化的过程中起着资源配置的作用，使生产要素从生产效率低的领域流向生产效率高的领域，通过资源互补、产业互补、产品互补来实现区域优势的共增和传递。市场主导模式的调节机制对区域利益协调有一定的积极效应，如促进区域经济一体化的形成、推动技术创新和知识传播、促进产业结构升级等。但是，由于市场机制存在外部性、对利润的盲目追求而导致行业过度竞争以及信息不对称等问题，其在某种程度上存在"市场失灵"的现象。

区域合作利益协调的网络治理模式是一种不同于政府主导模式和市场主导模式的复杂结构模式。该模式采用政府、市场、社会等多元力量共同参与的方式，可以灵活、有效地处理各利益冲突，实现区域利益协调。它具有组织形式网络化、参与主体多元化的特点，并具有政府主导模式和市场主导模式两者的优点。网络化治理模式是顺应社会发展和区域经济一体化需求的模式。

（二）CAFTA 利益协调机制的模式

中国—东盟区域经济一体化的发展，自始至终都需要依赖各成员国政府的积极倡导和推动，通过官方的谈判以国际条约的形式来确立，并需要各国政府密切合作和对规则和承诺的严格遵守和执行。但是，区域合作仅仅依靠政府的力量是不够的，还应当充分利用市场经济下微观主体的作用来推进 CAFTA 的合作进程，引导企业和社会组织积极参与到区域合作中来，构建起由各国政府部门间、政府部门与企业、政府部门与社会组织构成的规范有序的区域合作网络。然而，从实际情况来看，现阶段 CAFTA 社会组织（如商业协会、企业协会等）的发展还远远不够，远不能满足 CAFTA 经济发展的要求，市场的主导力量依然十分薄弱。

在利益主体多元化的背景下，需要各国政府推动、市场主导、社会协同、公众参与的组织间网络体系来解决和协调各成员国的利益冲突与矛盾，彻底改变过往过分依赖政府推动的行事方式，也就是说中国—东盟一体化过程中的利益协调模式是一种网络型的利益协调模式。这种网络治理模式允许非政府组织参与公共政策制定，通过在政府部门之间、政府部门与企业之间、政府部门与社会组织之间建立规范有序的区域合作网络，使公共资源和私营资源得到充分利用。在参与方坚持平等互利的原则下，自愿建立各种资源共享的承诺，以谋求共同发展。在此基础上，利益协调可供选择的方式和执行政策会增多，实施的手段也不再具有强制性。

三、CAFTA 利益协调机制的组织机构

目前，中国—东盟区域经济一体化还处于初级阶段，利益协调机制的构建需要充分吸收、借鉴欧盟和 NAFTA 成功经验，需要各成员国共同的努力，需要不断的尝试和探索并完善。这里，在考虑中国—东盟区域经济一体化自身的特点，并根据构建 CAFTA 利益协调机制的原则和内容，可以对 CAFTA 利益协调机制的组织机构进行猜想（见图 12-4）。

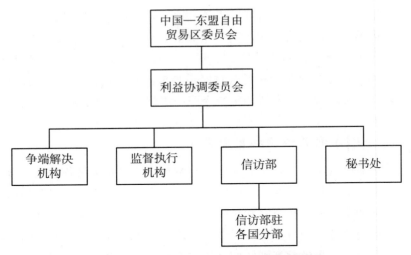

图 12 - 4　CAFTA 利益协调机制的组织机构

中国—东盟自由贸易区委员会是 CAFTA 的执行机构，在利益协调的事前协调中具有非常重要的作用。它吸收和采纳利益协调委员会的建议及反应情况，并通过结合 CAFTA 的现实情况提出协调各国、各利益主体之间利益的建议，制定 CAFTA 发展的计划和工作方案并付诸行动。

一个常设的利益协调委员会是利益协调机制取得成功的关键因素，它对制定利益协调的规则具有积极作用。具体来说，中国—东盟区域经济一体化的利益协调委员会应包括以下几方面的机构设置：

第一，争端解决机构。作为利益协调委员会重要的组成部分，在利益协调的事后协调过程中具有重要的作用，一个常设的争端解决机构是争端解决机制取得成功的关键因素。其工作职能主要包括审查其下属机构中的专家组或上诉机构的报告、解释 CAFTA《争端解决机制协议》的内容等。争端解决机构是解决各利益主体利益矛盾和争端的重要机构。

第二，监督执行机构。其主要的工作职能是监督各利益补偿的合作协议和仲裁结果的执行，对执行不当或未按照规定时限完成执行内容的行为，可根据具体情况，采取适当的措施予以纠正。

第三，信访部。中国—东盟区域经济一体化的信访部门应包括区域信访总部和信访部驻各国分部。信访部门是区域合作中利益表达的主要平台，其主要的工作职责就是广泛听取各利益主体在区域合作过程中产生的矛盾、争端等问题，方便他们与利益协调机构进行对话和沟通，增强他们参与区域经济活动的积极性。

第四，秘书处。秘书处除了协助利益协调委员会完成各项工作，还有一项非常重要的任务就是促进各利益主体间信息沟通交流，通过网络、媒体、新闻发布会等渠道定期将各国的经济政策及更新变化和争端解决的仲裁结果等信息发布出来，接受公众的监督、查询和评价。

第三节　争端解决机制

各国进行经贸等领域合作的初衷往往是良好的，但由于某些特定的政治、经济、自然灾害和突发事件导致的风险，客户资质和信用状况失察导致的信用风险，以及海外呆坏账、汇率变化、合同不规范等引发的经营风险，不可避免地在贸易、投资等方面产生争端。因此，区域经济组织必须建立争端解决机制来应对上述风险引发的国际争端。

一、国际区域经济组织的争端解决方法

国际经济争端的解决方法有司法和非司法两种。司法方法即通过向法院诉讼来解决国际贸易争端；非司法方法是在法院之外，通过谈判、协商或由双方同意的第三人进行调解或仲裁的方式解决争端。一般来说，非司法方法在现实中运用较多。

（一）磋商或调解

在国际经济争端发生后，由争端的当事方直接进行磋商或在中立机构的调解下作出让步，达成共识。这种争端解决方法的优点是所需费用少、适用范围广、灵活性大，不会对政治关系造成不良影响，有利于双方进一步发展经济关系。但由于磋商或调解在当事人之间进行，谈判的结果没有强制的约束力，需要双方的合作诚意才能达成一致。

（二）仲裁

仲裁是指争端各方将争端提交仲裁庭，由仲裁庭作出裁决的解决方法。仲裁是解决国际经济纠纷最常用的方法。首先，仲裁具有自愿性，争端双方可以在自愿的基础上自由选择仲裁机构、仲裁员和争端适用的协议；其次，仲裁具有保密性，有利于保护商业机密；再者，仲裁庭裁决为终局，对争端各方都具有约束力。

(三) 司法诉讼

如果争端双方不能通过磋商或仲裁解决争端,最后的途径一般是到司法机关来寻求解决。目前,欧盟、安第斯共同体、东非和北非共同市场等区域经济合作组织的争端解决机制设立了法院。世界贸易组织的争端解决机制则是通过成立专家组和上诉机构来解决争端。

二、国际区域经济组织的争端解决机制

当前,世界贸易组织、欧盟、北美自由贸易区、东盟都已经设立了各具特色的争端解决机制,这些机制为维护地区稳定发展作出了突出的贡献。吸取这些区域经济组织的实践经验,可以使 CAFTA 争端解决机制更加完善。

(一) 世界贸易组织的争端解决机制

世界贸易组织(以下简称 WTO)的争端解决机构主要由 DSB[①]、专家组和上诉机构组成。WTO 的争端解决机制可分为四个程序(见图 12-5)。

图 12-5 WTO 争端解决机制的程序

资料来源:世界贸易组织官方网站。

WTO 争端解决机制的突出特点是对争端解决的各个环节规定严格的时限。如果争端当事方在 60 日内通过磋商未能解决争议,起诉方可书面请求 DSB 设立专家组。专家组程序是 WTO 争端解决机制最核心的程序,专家组就审理事项作出客观评价,其评价结果是 DSB 提出建议或作出裁决的重要参考。如果争端当事方对专家组的评价结果不满意,可以向上诉机构提起上诉。在专家组或上诉机构的报告通过后的 30 日内,被诉方必须向 DSB 通报其打算采取的措施。如果被诉方不能在规定的期限内采取行动,且争端双方通过谈判不能达成共识,起诉方可请求 DSB 授权报复。WTO 这种规定了时限的争端解决机制很好的保障了争端的快速有效解决。

---

① DSB 即 WTO 争端解决实体,是常设性的管理争端机构,它有权设立专家组,有权以"反向协商一致原则"通过专家组和上诉机构的报告,保持对它作出的建议或裁决的执行与监督,并授权成员方中止减让及其他义务。

（二） 欧盟的争端解决机制

欧盟非诉讼争端解决机制最大的特点就是针对不同类型的纠纷使用不同的争端解决方法。如在处理食品贸易争端时欧盟倾向于采取预防机制和庭外和解的方法；在处理国与国之间的争端时则倾向于采取仲裁程序；在处理自然人与欧盟机构之间的争议时倾向于采取监察员程序等。

欧洲法院是欧盟最重要的争端解决机构，欧洲法院一直奉行积极的法律一体化政策，其赋予了欧共体条约框架实质性的内容。欧洲法院积极地扩大共同体的权限、保障共同体法律的效力，并积极推动各成员国法律制度与共同体法律协调一致，在整个欧盟争端解决机制中发挥了主要的推动作用。

（三） 北美自由贸易区的争端解决机制

北美自由贸易区（以下简称 NAFTA）争端解决机制涵盖的范围很广，包括贸易、投资、与贸易相关的知识产权、环境保护、劳工等，且该机制放宽了对第三方缔约国参与争端解决程序的准入限制。NAFTA 现有 5 套争端解决机制，每一套适用的程序各不相同。

NAFTA 的争端解决机构主要是自由贸易委员会和专家组，自由贸易委员会虽然不是司法机构，但具有广泛解决各类争端的权利，而且自由贸易委员会主持的调解是一般争端解决机制的必经程序（见图 12 – 6）。

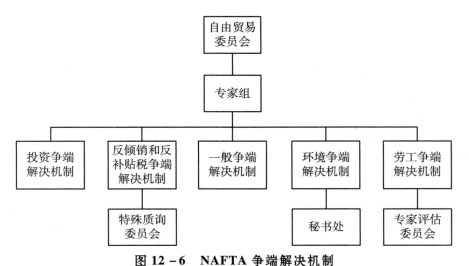

图 12 – 6　NAFTA 争端解决机制

资料来源：北美自由贸易区秘书处网站。

（四）东盟的争端解决机制

具体而言，东盟的争端解决机制包括三个程序（见图 12 - 7）。

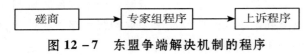

图 12 - 7　东盟争端解决机制的程序

资料来源：东盟秘书处网站。

东盟成员国之间的磋商需要以书面形式通知 SEOM（东盟高级经济官员会议），在磋商期间还可进行斡旋、调停。如果磋商未能解决争端，起诉方可向 SEOM 书面申请成立专家组。[①] 若当事方对专家组作出的建议或裁决有异议，可向由东盟经济部长会议设立的上诉机构提出上诉，上诉报告由 SEOM 通过后，争端方必须无条件接受。

三、CAFTA 争端解决机制的现状

2004 年 11 月，中国与东盟签署了《中国—东盟全面经济合作框架协议争端解决机制协议》（以下简称《争端解决机制协议》），这份文件是实施《中国—东盟全面经济合作框架协议》的核心文件之一，对争端的适用范围、解决方法、仲裁庭的设立、组成、职能和程序、仲裁的执行、补偿和终止减让等问题作出了相应规定，使中国与东盟的经济合作更加规范化和制度化。[②]

（一）CAFTA 争端解决机制的基本内容[③]

1. 适用范围

《争端解决机制协议》第二条规定了该协议的适用范围。归纳起来包括：（1）框架协定（包括附件及内容）下发生的争端；（2）对缔约方境内的中央、地区、地方政府或权力机构采取的影响《框架协议》得到遵守的措施，可援引本协议的规定。

2. 争端解决方法

《争端解决机制协议》按照国际经济争端的一般解决方法，规定了以下几种解决方式供争端当事方选择。

[①]　何祖普：《WTO 和 NAFTA 争端解决机制关系研究》，广西师范大学硕士论文，2007 年，第 9 页。
[②③]　参见《中华人民共和国政府与东南亚国家联盟全面经济合作框架协议争端解决机制协议》。

（1）磋商。《争端解决机制协议》第四条规定只要起诉方在《框架协议》项下的直接或间接利益受到损害，或者《框架协议》任何目标的实现受到阻碍，则起诉方可以提出磋商请求。被诉方则应在收到磋商请求之日起7天内作出答复，并在30天内与起诉方进行磋商，若超过时限，则起诉方可以直接请求设立仲裁庭。

（2）调解或调停。秉承着和平解决争端的理念，《争端解决机制协议》第五条规定了调解或调停程序。此程序给予了争端当事方很大的灵活性，争端当事方可以随时开始，随时终止调解或调停程序。

（3）仲裁。仲裁庭程序是解决争端的核心程序，具有较强的法律特色。

第一，仲裁庭的设立。《争端解决机制协议》第六条规定，如在收到磋商请求之日起60天内（若涉及包括易腐货物案件在内的紧急情况应在20天内），磋商未能解决争端，起诉方可请求设立仲裁庭。

第二，仲裁庭的组成。《争端解决机制协议》第七条规定了由争端双方各自推选仲裁员。仲裁庭由起诉方和被诉方分别指定一名仲裁员，以及通过共同协商选择作为仲裁庭主席的另外一名仲裁员组成。

第三，仲裁庭的职能。仲裁庭的职能是对审议的争端作出客观评价，包括对案件事实及《框架协议》的适用性和与《框架协议》的一致性的审查。仲裁庭裁决为终局，对争端当事方具有约束力。

第四，仲裁庭程序。《争端解决机制协议》第九条对仲裁庭会议的非公开性、仲裁庭实质性会议的地点、仲裁程序的时间表、审议的保密性、最终报告散发时间等方面作了具体规定。

3. 执行

《争端解决机制协议》第十二条规定了被诉方应通知起诉方关于其执行仲裁庭建议和裁决的意向，以及合理执行期限的确定方法。若对于为遵守仲裁庭建议所采取的措施是否与《框架协议》相一致的问题上存在分歧，只要可能，争端方应提交原仲裁庭裁决。

4. 补偿和中止减让或利益

《争端解决机制协议》第十三条规定了补偿和中止减让或利益属于裁决未在合理期限内执行时可获得的临时措施，只维持至被认定与《框架协议》不一致的措施已经取消，或必须执行仲裁庭裁决的缔约方已经做到，或已达成双方满意的解决办法。①

---

① 《中华人民共和国政府与东南亚国家联盟全面经济合作框架协议争端解决机制协议》。

（二）CAFTA 争端解决机制的特点

CAFTA 的争端解决机制虽然是在借鉴 WTO 等较为成熟的争端解决机制基础上建立的，但也具有自身的特点：

1. 单一的争端解决机制

NAFTA 制定了多套解决机制来处理不同类型的争端，而《争端解决机制协议》只规定了单一的争端解决机制。CAFTA 争端解决机制包括磋商、调解或调停、仲裁庭程序和执行，其中以仲裁庭程序为核心（见图 12－8）。

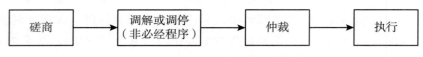

图 12－8　CAFTA 争端解决机制的程序

2. 申诉主体不能为个人

《争端解决机制协议》的当事方为中国与东盟各成员国，即只有一国政府才能作为争端起诉方提起申诉。因为若允许非政府组织或个人作为起诉方，会增加争端解决机制的复杂程度，而且可能不利于区域间的政治稳定和经济发展。

3. 提倡和平解决争端

《争端解决机制协议》第四条第三款和第六条第一款中规定了争端当事方必须经过强制性的磋商环节后才能请求设立仲裁庭，此规定的意图在于希望能通过双方的磋商来解决争端。并且《争端解决机制协议》第五条规定，争端当事方无论是在进行磋商还是仲裁庭解决争议时，都可随时进行调解或调停。这些规定体现了 CAFTA 争端解决机制提倡采用和平方法解决争端的目的。

（三）CAFTA 争端解决机制存在的缺陷

CAFTA 争端解决机制的内部细则相对不规范和宽泛粗略，且个别规定具有滞后性。具体表现如下：

1. 未设立常设争端解决机构

CAFTA 没有设立常设争端解决机构，只有在起诉方提出请求后，才依据《争端解决机制协议》设立仲裁庭，审理相关事项。因此，CAFTA 应设立一个常设的争端解决机构，负责主持磋商、成立专家组、通过仲裁庭的裁决和上诉报告等，来保证争端解决的规范性和有效性。

2. 适用范围较窄

《争端解决机制协议》主要针对货物贸易作出规定，这种较为模糊和简单的规定不能妥善处理由于竞争、投资风险、法律风险、政策风险等引起的日益增多的争端。而 CAFTA 的成员国大部分是发展中国家，劳动力价格低廉，劳动密集型产业较多，必须关注最低工资、童工和职业安全与健康等问题；另外，发达国家把在本国禁止使用的技术和设备迁移至欠发达国家或地区，建立许多污染密集产业①，这会对落后国家的环境产生很大的影响，环境问题也需要关注。因此，CAFTA 应该借鉴 NAFTA 的经验，在争端解决机制中加入环境争端解决程序和劳工争端解决程序。建构涵盖贸易、服务、投资、知识产权、劳工和环境保护等方面的争端解决机制，是促进中国—东盟区域经济一体化发展的重要先决条件。

3. 仲裁庭组成的缺陷

在《争端解决机制协议》中仅要求仲裁庭主席不应该为任何争端当事方的国民，且不可以在任何争端当事方的境内具有经常居住地或为其所雇佣，没有对仲裁员的中立性作出具体要求。② 为了保证公平，应该由争端解决委员会统一列出符合条件的仲裁员名单。在仲裁程序启动时，由争端双方在名单中选择仲裁员和主席。若当事方就仲裁庭主席的指定未能达成一致意见，应交给常设争端解决机构在规定的期限内从名单中随机挑选。

4. 仲裁庭表决制度缺陷

《争端解决机制协议》第八条规定：仲裁庭应基于一致作出裁决，如果仲裁庭不能取得一致，则应依照多数意见作出裁决。③ 但当争端中存在第三方时，如果仲裁员（目前规定仲裁庭包括 3 名成员）分别对三个当事方应承担的责任具有不同意见，便无法作出最终裁决。应规定出现这种情况时，以仲裁庭主席的裁决为准。

5. "第三方" 规定不足

《争端解决机制协议》第十条规定了 "第三方" 制度，但该规定过于笼统，未提及 "实质利益" 的定义和有权威确定 "第三方" 的机构，也未规定关于缔约方申请作为 "第三方" 的期限。可以借鉴 WTO 的规定，在收到起诉方要求设立仲裁庭请求之日起的 10 日内确定 "第三方"，这样才不会影响仲裁庭的设立。

6. 复核程序不足

《争端解决机制协议》第八条规定：仲裁庭裁决为终局，对争端各当事方有约束力。④ 因此，设立一个裁决的复核程序来保证仲裁庭裁决的公平合理至关重要。针对 CAFTA 争端解决机制复核程序的不足，可以增设下列规定：任何当事方可以根据新发现的、对裁决有决定性影响的事实为理由，要求修改裁决；任何

---

① 污染密集型产业是指那些生产过程中若不加以治理，则会直接或间接产生大量污染物的产业。
②③④ 参见《中华人民共和国政府与东南亚国家联盟全面经济合作框架协议争端解决机制协议》。

当事方还可以因仲裁庭组成不适当、收受贿赂、越权和严重背离基本的程序规则等理由，要求撤销裁决；另外，应根据争端技术性的强弱或参与方的申请来确定具体的复核时间。

7. 缺乏对执行的监督

WTO 中对于专家组裁决的执行有一套 "跟随执行监督制度"，即由 DSB 监督裁决的执行，直至问题妥善解决的制度。而《争端解决机制协议》第十二条规定：若存在被诉方执行仲裁结果是否与《框架协议》相一致的分歧，应将此事项提交原仲裁庭来裁决。[①] 这项规定有明显的滞后性，不是防止争端，而是在争端发生后再解决。

为解决这个问题，应规定仲裁庭监督被诉方对裁决的执行。在执行期间，要定期召开仲裁庭会议，被诉方应向仲裁庭提供执行情况的报告，争端当事方可对执行情况提出质疑。仲裁庭的监督可以强化被诉方执行的力度，保证起诉方的利益。

8. 惩罚机制薄弱

《争端解决机制协议》第十三条对惩罚机制的规定过于笼统，没有限定报复的时间和范围。CAFTA 应补充对惩罚机制的规定，防止惩罚权的滥用。交叉报复要具有可预见性，在得到争端解决委员会批准后，要在允许的范围和期限内执行。在交叉报复的实施过程中，实施报复方将拟实施报复惩罚措施的产品清单提交后即为确定的清单，不能随意改变。

（四）CAFTA 争端解决机制的实施现状

CAFTA 的争端解决机制是在东盟实践经验的基础上建立的，重点以 "东盟方式" 来解决争端。这种模式约束力差，且政治色彩过于浓厚。因此，从《争端解决机制协议》的签订至今，还未曾有启动该机制的案例。

四、CAFTA 争端解决机制的进一步完善

现阶段中国—东盟经济一体化处于初级阶段，组织机构不可能具有 "超国家" 性质。应该在借鉴欧盟和 NAFTA 经验、教训的基础上，结合区域自身特点，从以下几个方面完善 CAFTA 争端解决机制（见图 12 - 9）。

[①] 《中华人民共和国政府与东南亚国家联盟全面经济合作框架协议争端解决机制协议》。

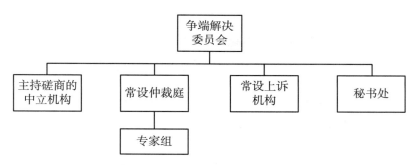

图 12-9　CAFTA 争端解决机制的组织机构

（一）合理设立争端解决机制的组织机构

一个常设的争端解决委员会是争端解决机制取得成功的关键因素。除了通过专家组或上诉机构的报告，更重要的是有权对于协议作出解释，对建立争端解决的规则具有导向作用。

目前 CAFTA 争端解决机制中磋商、调解或调停是由当事方自己进行，由于缺乏第三方机构主持，磋商较难成功。针对这种情况，可由专门的中立机构来主持磋商。而为了完善仲裁裁决复核程序，应设立常设上诉机构。

（二）在管辖制度中增设专属管辖

《争端解决机制协议》第二条规定，若本协定项下争端解决程序未启动，缔约方可依据其均是缔约方的其他条约，诉诸该条约项下争端解决程序的权利。这必然会造成一定数量的案件流失，为了避免这种情况，应增设专属管辖制度，将中国和东盟区域间敏感问题纳入自身专属管辖。

（三）设立预警机制

常设的工作小组可以参考贸易区内各成员国现存的经贸矛盾，收集和分析相关信息，将一些有较大可能发生争端的信息，及时提交给争端解决委员会。这样，可以尽可能避免争端的发生和促进争端的解决，维护区域内经济平稳发展。

五、CAFTA 争端解决机制的发展趋势

司法化的争端解决机制为国际区域经济组织签订的协议的履行提供保障，CAFTA 争端解决机制应加强司法性的规定，监督裁决结果的执行，发展成为具

487

有权威性和司法性的独立机构。

随着中国—东盟区域经济一体化进程的不断深入和各成员国共识的不断增加，CAFTA将逐步完善具有法律导向性质的争端解决机制。在中国—东盟区域经济一体化的高级阶段，可以仿照欧洲法院来设立一个中国—东盟法院，通过法律一体化来保障、促进中国—东盟区域经济一体化的发展。

第四节 人力资本保障

人力资本对各国和区域经济发展以及竞争力提升的作用日益受到重视，提高人力资本质量、加强人力资本国际间流动以及优化人力资本结构在增加各国人力资本存量、促进各国就业结构演变、加快各国经济增长和加深国际区域经济合作等方面发挥着重要作用，人力资本已成为中国—东盟区域经济一体化的重要保障。

一、人力资本要素对区域经济增长及其一体化的促进作用

在经济全球一体化趋势日益加强的今天，国家之间竞争越来越取决于一国是否拥有大量高质量的人力资本，是否拥有大量高素质的各行业劳动者。只有重视人力资本的投资、积累和优化，才能拥有高质量的人力资本存量，并不断提高开发创新能力、创造新技术、新的管理方式和服务，推动经济与社会进步。中国—东盟区域经济一体化的不断发展必然会促进国家间人力资本的流动，而人力资本的流动反过来会增加各成员国的福利，推动区域经济一体化的发展。

(一) 人力资本要素对经济增长的促进作用

人力资本对经济增长的促进作用是多个方面的，这里主要从人力资本通过提高生产效率、促进产业结构调整与优化、促进技术进步和就业这几个方面来考察和分析人力资本对经济增长的作用机理。

1. 人力资本可以提高生产效率

人力资本促进经济增长的关键在于其具有提高生产效率的功能。从经济生产过程的角度来看，主要可以通过以下途径实现：

(1) 增加人力资本投资（教育、培训）可以提高接受教育或培训者的生产效率，如在同一生产过程中，通过学习或者培训出来的劳动者技术熟练程度更高、对新机器设备掌握速度更快，在相同的条件下能更好地促进生产效率的提高。

488

（2）人力资本存在"外部效应"，它可以通过提高其他生产要素的使用效率，消除物质资本等要素边际收益递减对经济的不利影响，从而提高整个生产过程中的生产效率。

（3）作为一种生产要素，人力资本是不可或缺的，一方面人力资本可以通过促进科技创新和进步来提高生产效率；另一方面，人力资本能直接参与到经济活动中，对经济增长作出贡献。

2. 人力资本可以推动产业结构调整与优化

经济增长过程实质上是产业结构不断调整和升级的优化过程，而人力资本是促进产业发展和推动产业结构调整的关键因素。一个地区所拥有的人力资本数量、质量、结构及其变动，决定了一个地区产业结构的状况及其变动，有了相应人力资本，才有相应的产业。[1] 人力资本在产业间的流动和配置是否符合产业发展规律以及经济发展的要求，直接影响着人力资本的产业配置效率及其对经济增长的贡献水平。[2] 从人力资本对产业结构调整和优化的拉动作用来看：一方面，新兴产业的产生和发展需要有科学技术的应用，而高素质的人力资本是科学技术得以开发和应用的基础；另一方面，传统行业的人力资本水平普遍比较低下，推动传统行业的优化需要引进高新技术，需要大量的高素质人才推动。从人力资本对产业结构调整和优化的支撑作用来看：首先，人力资本的合理配置有助于加速产业的转移以及产业的扩散速度；其次，产业转换速度的提高需要人力资本的有效供给；最后，人力资本的积累能促进产业的创新能力。

3. 人力资本可以促进技术进步

人力资本可以通过促进技术进步对经济增长产生正面的影响。技术进步对经济增长的促进作用体现在两个方面：第一，对新技术和知识的应用会产生外部经济的效果，例如一个企业或者部门在其生产过程中率先使用新技术或知识并产生了收益，很快会对其他的企业或者部门起到示范作用；第二，知识存量在增长过程中所蕴含的生产能力会呈现倍增的扩张趋势或质的飞跃。而人力资本对创新技术的进步具有重要的作用。Benhabib、Spiegel（1994）与 Islam（1995）的研究发现，人力资本通过影响本国国内技术创新和吸收国外新技术速度两种机制来影响经济增长，人力资本对于产出的直接贡献不明显，但却显著影响全要素生产率。[3][4] 人力资本是科学和技术进步的重要源泉，具有创造性和科学技术研发的

---

① 韩蕾：《东北地区人力资本与产业结构优化》，《对策研究》，2003 年第 5 期，第 90~95 页。

② 李玲：《中国人力资本产业间流动与配置状况分析》，《经济纵横》，2002 年第 5 期，第 12~16 页。

③ Benhabib, Jess, and Mark M. spiegel. *The Role of Humans Capital in Economic Development*, *Evidence from Aggregate Cross – Country Date*. Journal of Monetary Economics, 1994, pp. 143 – 173.

④ Islam. *Growth Empirics*: *A Panel Data Approach*. Quarterly Journal of Economics, 1995, pp. 1127 – 1170.

489

功能，同时，人力资本具有对新技术的获取能力、转化能力、消化能力和吸收能力，作为技术扩散的载体，其存量越大则技术扩散的速度越快，扩散的范围越广。

4. 人力资本可以增加劳动力就业

人力资本及其投资主要是通过影响劳动力供给和需求两方面来促进劳动力就业的。从劳动力供给来说，人力资本及其投资可以提高劳动力的素质水平，从而扩大劳动力就业范围，提高劳动力的适应能力，使劳动力能获得更多高层次岗位的就业机会，增强他们抵抗失业风险能力；一方面，劳动力在接受教育、培训和提升自身素质的同时也可以延缓他们的就业时间，缓解当前劳动力的就业压力。从劳动力需求来说，人力资本及其投资需要大量的教育机构、培训机构，同时还需要如教材、桌椅、房屋等实物资本的投资，不仅可以促进教育产业的发展还可以促进其他相关产业的发展，从而增加新的就业岗位，吸收更多的劳动力；另一方面，人力资本及其投资通过提高劳动者素质，使劳动者生产效率提高从而提高企业经济效率，还可以通过提高劳动力对新技术的吸收能力和创造新技术的能力来促进技术进步，使企业保持较强的竞争力，创造更多就业机会。

（二）人力资本要素对区域经济一体化的促进作用

在中国—东盟区域经济一体化进程中，各国经济密切互动必然伴随着国家间人力资本的流动。作为战略性生产要素，人力资本国际间流动有利于生产要素的优化配置和社会生产力的提高，成为了国家经济和社会发展重要的战略资本。[①]本书研究人力资本对区域经济一体化的促进作用，主要是研究人力资本要素在可以自由流动的情况下，部分人力资本从人力资本丰富、工资相对较低的成员国流入人力资本相对缺乏的高工资成员国内，各成员国的福利会发生怎么样的变化。

1. 人力资本要素流动的福利效应

图 12-10 是对人力资本在自由流动情况下的分析。假设 A、B 两个国家，具有同样的生产技术且使用资本 K 和劳动 L 两种生产要素生产同一种产品且两个国家都达到了充分就业水平。图中横轴代表劳动力的数量，纵轴代表劳动的边际产量水平（工资水平）。A 国劳动需求曲线为 AA'，充分就业的劳动数量是 OL，表示在资本 K 不变时，当劳动的就业量增加时其边际产量下降，A 国国内劳动的供求平衡点为 E_A，工资水平为 W_A。B 国劳动需求曲线为 BB'，充分就业劳动的数量为 $O'L$，劳动供求平衡点为 E_B，工资水平为 W_B。

---

① ［美］加里·贝克尔，郭虹等译：《人力资本理论》，中信出版社 2007 年版，第 21～22 页。

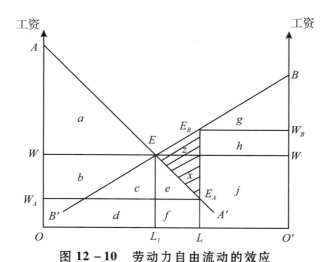

图 12－10　劳动力自由流动的效应

　　在前面假设的基础上，由于 A 国劳动数量相对充裕，在充分就业情况下其工资水平低于 B 国。在劳动不能自由流动情况下，A 国的国内产出为 $a+b+c+d+e+f$ 部分，B 国的国内产出为 $g+h+j$ 部分。每个国家的收入按两种要素进行分配，分别为劳动收入和资本收益，在图中 A 国的劳动收入为 $d+f$，资本收益为 $a+b+c+e$ 部分；B 国的劳动收入为 $h+j$，资本收益为 g。如果 A、B 两个国家的劳动力可以自由流动，由于 B 国工资水平比 A 国高，因而 A 国的劳动力将流向 B 国，A 国劳动力数量减少而 B 国劳动力数量增加，使得 A 国的工资水平上升而 B 国的工资水平下降，直到在 E 点达到新的平衡即 W 的工资水平时，两国的工资水平相等。此时，A 国和 B 国的劳动量分别是 OL_1 和 $O'L_1$。劳动的从新分配效应是：A 国的国内产出为 $a+b+c+d$，加上流出的劳动力的劳动收入 $e+f+x$，A 国的总收益为 $a+b+c+d+e+f+x$；B 国的国内产出为 $g+h+j+e+f+z+x$，其中 $e+f+z$ 归于外国劳动力的收入，x 是 B 国总产出的净增长部分。而 $z+x$（图中的阴影部分）就是劳动力自由流动而产生的净收益，使成员国总的产出和福利增加。且图中 AA' 和 BB' 两条曲线中，较为陡峭的一条所代表的国家将从国际劳动流动中获利更大。

　　综上所述，人力资本要素的自由流动对一体化各成员国及其劳动力和雇主的福利的改变体现在以下几个方面：①高工资成员国的劳动力因外来劳动力流入导致竞争加剧造成工资降低和福利下降；②流入到高工资成员国的劳动力因获得更高的收入而福利增加；③低工资成员国的劳动力因部分劳动力外流导致竞争减少使得工资增加而福利增加；④高工资成员国的雇主因本国劳动力供给增加而获得更高的福利；⑤低工资成员国的雇主因劳动力减少导致劳动力工资增加而福利受损；⑥一体化成员国的整体福利得到提高。

491

2. 人力资本要素流动对不同区域的影响

人力资本要素流动会提高一体化成员国的整体福利水平，但是具体对各成员国的福利如何产生影响需要进一步的分析。只有充分考虑到各成员国各方面的利益得失，人力资本要素对区域经济一体化的促进作用才可能实现。

（1）人力资本要素流动对流出国的影响。对于流出国来说，人力资本的外流，解决了本国就业紧张、就业机会少的问题，对于留下的劳动力而言减少了竞争压力，这也在某种程度上提高了该国人均拥有资源的水平，有利于该国的经济增长和社会稳定。此外，流出国可以收到流出去劳动力的汇款以及学习流出去的劳动力传播回来的先进技术、管理方式和经验，这对该国经济发展也会起到很大的推动作用。

但是人力资本要素流动对流出国也有不利的一面。流出去的劳动力主要是受过教育且有一技之长的年轻人，使得流出国人口结构发生变化。其次，高层次人力资本的流出，降低了流出国的技术开发能力，使得该国经济活力和竞争力下降。

（2）人力资本要素流动对流入国的影响。对于流入国来说，首先，人力资本的流入必然会改变该国人力资本存量增长，缓解流入国人力资本短缺的状况。其次，人力资本的流入可以改变流入国的人力资本结构，流入的一般人力资本可以补充流入国对一般人力资本的需要，而流入的专业人力资本可以提高流入国人力资本的高端化和专业化水平。再次，人力资本的流入节约了流入国培养人力资本的费用，减少了政府和企业各方面的开支，降低了生产成本；同时，高端人才的流入会带动高新技术产品和相关产业的发展，优化产业结构，促进产业升级。最后，人力资本的流入增加了纳税人的数量，特别是具有较强纳税能力的人才，有利于流入国税收总量的提高。

当然，人力资本的流动对流入国也有不利的一面。流入国人力资本存量增加，就业压力就会增大，工资水平也会有一定的下降。其次，流进来的劳动力会分享该国居民如教育、医疗等方面的福利，可能会引发社会冲突。

人力资本要素流动会促进区域经济一体化的发展，也可能引发冲突。因此，为促进区域经济合作、避免产生冲突，用合理的区域政策调控人力资本要素流动是十分有必要的。

二、中国与东盟十国人力资本结构分析

在知识经济时代，人力资本对经济发展的作用日益重要，区域人力资本差异成为导致区域经济差异的重要因素之一，而人力资本结构决定了人力资本功能的发挥，直接影响到区域经济发展。因此，研究中国与东盟十国的人力资本结构对中国—东盟区域经济协调发展具有非常重要的意义。根据研究视角的不同,可以把人力资本结构分为:社会人力资本结构、企业人力资本结构和个人人力资本结构。本书主要从社会人力资本结构角度出发,分析中国与东盟十国人力资本存量结构、人力资本投资结构。

(一) 中国人力资本结构分析

近年来,中国人力资本结构在不断的优化过程中,低层次的人力资本占比逐渐下降,中高层次的人力资本占比在稳步上升(见图12-11)。中国的小学及小学以下人口比重从1997年的54.82%下降到2014年的31.62%,而高中及高中以上的人口比重从13.1%上升到28.23%,变化幅度都非常大。这说明,中国人口文化教育素质提升较快,整体人力资本结构在优化。但是《中国统计年鉴2014》的数据显示,2014年中国高层次人力资本即大专及以上文化程度人口占11.53%,高中以下文化程度人口占比高达71.77%,说明中国人力资本结构中高层次人力资本存量低,而中低层次的人力资本较为密集。

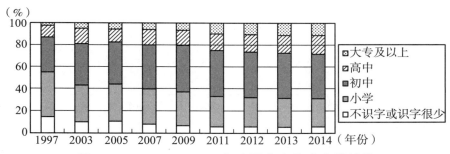

图12-11　1997~2014年中国人力资本存量结构

资料来源:1997~2014年各年份统计年鉴。

从人口平均受教育年限来看,中国人口平均受教育程度较低。"截至2009年底,全国15岁以上人口平均受教育年限接近8.9年;主要劳动年龄人口平均受教育年限为9.5年,其中受过高等教育的比例为9.9%;新增劳动力平均受教育年限为12.4年。"[1] 中国人均受教育程度还未达到高中程度,人力资本优化的空间还很大。

从人力资本的投资来看,当前,中国教育投资力度不足,2014年中国财政性教育经费支出占国内生产总值的比例为4.15%,刚刚达到了世界衡量教育水平的基础线,与发达国家相比差距还比较大。与此同时,中国教育投资的层次结构

---

① 中华人民共和国国务院新闻办公室:《中国人力资源状况》,人民出版社2010年版,第4页。

也存在失调现象（见表 12 - 2）。自 20 世纪 90 年代以来，中国高等教育急剧膨胀，而初、中等教育相对萎缩，基础教育的投入的不足，不仅会影响基础教育质量，还会影响其他教育层次的生源情况，进而影响整个国家人才的培养。目前，我国高等教育的发展相对经济发展来说过度超前，导致高等教育特别是精英教育的教育质量严重下降，大学生就业困难、高等教育规模的扩张对经济的促进作用有限等问题都是我国高等教育过度超前的后果。

表 12 - 2　　　　　　　2011 年中国教育投资层次结构

按学校 类别分组	教育经费 （万元）	占教育经费 总额比重 （%）	在校生 （万人）	学生人均 教育经费 （元/人）
高等学校	70 208 739.8	29.41	3 020.59	23 243.39
普通高等学校	68 802 316.4	28.82	2 473.09	27 820.39
成人高等学校	1 406 423.4	0.59	547.5	2 568.81
中等职业学校	16 385 030.1	6.86	2 205.33	7 429.74
中等专业学校	7 560 390.2	3.17	855.21	8 840.39
职业高中	6 177 797.3	2.59	680.97	9 072.06
技工学校	1 854 711.7	0.78	430.42	4 309.07
成人中专学校	792 130.9	0.33	238.73	3 318.1
中学	66 709 034.2	27.95	7 659.93	8 708.83
普通中学	66 607 151.3	27.9	7 579.03	8 788.35
普通高中	24 943 611.1	10.45	2 454.82	10 161.08
普通初中	41 663 540.2	17.45	5 064.21	8 227.06
成人中学	101 882.9	0.04	80.9	1 259.37
小学	60 124 182.6	25.19	9 926.37	6 057.02

资料来源：中华人民共和国国家统计局：《2011 年全国教育事业发展统计公报》，2012 年。

（二）东盟十国人力资本结构

东盟十国内经济发展水平存在较大差异，人力资本水平和人力资本结构的差异也很明显。在考察东盟十国人力资本结构时，根据各国经济发展的程度，将东盟十国划分为四个等级，首先是最发达的国家：新加坡和文莱；其次是较为发达的国家：马来西亚和泰国；再次是发展中国家：印度尼西亚和菲律宾；最后是较落后的国家：越南、老挝、缅甸和柬埔寨。这里从每个等级选取一个国家（分别为新加坡、马来西亚、印度尼西亚、越南）作为重点来考察东盟十国的人力资本结构。

1. 新加坡人力资本结构基本情况

新加坡是一个国土面积狭小、资源十分匮乏的国家，建国之初其国民平均教育水平比较低，人力资源十分有限。为了提升其人力资本、优化其人力资本结构，新加坡主要做了两个方面的努力：一方面，在国内实行义务教育为主和职业技术教育为辅的普通劳动者的培养体制；另一方面，大量引进优秀人才到新加坡工作，并采取十分开放的人口政策，用最优厚的待遇吸引全世界最优秀的人才。这两方面的政策很好地提升了新加坡基础人力资本和高层次人力资本的数量和质量，是新加坡保证经济持续增长的不竭源泉。

从新加坡劳动力的学历情况来看（见图 12 – 12），新加坡的劳动力结构在不断的优化过程中，低文化水平的劳动力的比重在逐渐减少，高文化水平的劳动力的比重在不断增加。2006~2015 年，小学及小学以下、初中、高中文化程度的比例都在明显下降，分别下降了 4.5%、5.6%、6.1%，2015 年高中及高中以下文化水平的劳动力比重仅为 18.2%，而高中以上文化水平的劳动力比重却在不断上升，特别是拥有学位（包括学士及学士以上学位）的劳动力的比重相比 2006 年上升了 8.8%，达到了 32.2%。

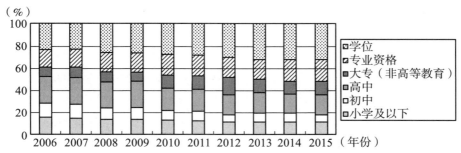

图 12 – 12 2006~2015 年新加坡劳动力学历基本情况

资料来源：新加坡人力资源部网站。

在教育投资方面，新加坡的教育投资一直保持在一个很高的水平，每年教育投资占 GDP 的比重都在 4% 以上，是仅次于国防开支的最大部分，而教育开支占全国财政预算的比重一直处于 22% 左右的水平。从教育投资的结构来看（见图 12 – 13），2006~2014 年以来，各类学校的支出比重变化不大，每年的教育经常支出中小学、中学和大学占的比重最大，差不多都在 20% 以上，这与新加坡重视基础教育和高等教育的精英式教育有关。

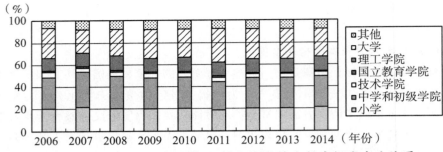

图 12 – 13　2006～2014 年新加坡各类学校占教育经常支出比重

资料来源：新加坡国家统计局。

从每个学生的平均教育经常支出来看（见表 12 – 3），新加坡每个学生的平均教育支出始终保持一个比较高的水平，远远高于同期世界的平均支出水平，各类学校的学生人均教育经常开支呈现递增的趋势，且各类学校增长的幅度都很大。如此高的教育支出不仅保证了每一位学生能接受优质的教育，并能吸引大量的外国学生到新加坡学习，源源不断地培养和吸引了大量的人才。

表 12 – 3　　　　　新加坡各类学校学生人均教育经常开支　　　　单位：美元

年份	2000	2003	2005	2008	2010	2012	2013	2014
小学	3 137	3 508	3 820	5 397	6 624	7 396	8 549	9 304
中学	5 104	5 437	5 793	7 551	9 008	9 940	11 434	12 421
初级学院	7 304	8 791	9 445	11 094	12 331	12 806	13 942	14 894
技术学院	8 076	8 367	9 249	11 106	11 839	11 837	12 491	12 646
理工学院	9 546	10 197	10 843	13 479	14 552	14 487	15 304	15 695
大学	15 384	17 477	17 793	19 664	20 630	20 777	21 870	21 779

资料来源：新加坡国家统计局。

2. 马来西亚人力资本结构的基本情况

马来西亚曾是一个劳动力非常短缺的国家，20 世纪 80 年代后，国家放宽了对人口增长的限制，2014 年马来西亚人口数达到 3 033.29 万，劳动力人数达到 1 393.16 万。从劳动力接受教育的程度来看，1997～2014 年，接受初等教育和未接受正规教育的劳动力比重在不断下降，从 1997 的 306.12 万人下降到 2014 年的 248.51 万人，下降到 17.84%，减少了约 17.01 个百分点；而接受中等教育和高等教育的劳动力比重呈现稳步上升的趋势，特别是接受高等教育劳动力的比重上升的非常明显，从 1997 年的 112.19 万人上升到 2012 年的 371.29 万人。

长期以来马来西亚发展的是资本和劳动力密集型产业，对专业人才甚至是技术工人的需求不多，加上流入国内的外来劳动力中含有大量的技术工人和专业人才，导致马来西亚缺乏对人才培养的紧迫感，直到 20 世纪 90 年代才开始重视人力资本培养。而人力资本的培养是需要一个很长的过程，缺乏高级化、技术性的人力资本也就成为马来西亚经济发展目标的最大障碍之一。现在，马来西亚不仅面临着严重的人力资本短缺状况，也面临着人力资本大量外流状况。"根据世界银行的统计数据显示，2011 年居住和工作在国外的马来西亚人约为 150 万，占马来西亚总人口的 5.3%。这些移民者中的绝大多数都是接受过高等教育的技术工人和专业人才，因而造成了非常严重的人才流失。"[1] 同时，马来西亚还存在着研发投入不足、企业自主创新动力匮乏、研发能力薄弱等问题（见图 12 - 14）。

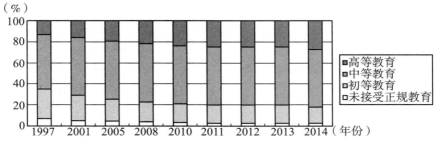

图 12 - 14　1997 ~ 2014 年马来西亚劳动力的接受教育程度情况

资料来源：马来西亚国家统计局。

3. 印度尼西亚人力资本结构的基本情况

从图 12 - 15 印度尼西亚 15 岁及 15 岁以上人口接受教育情况，我们可以发现从 1997 年至 2015 年初中及初中以下文化程度人口的比重下降幅度较大，但其比重依然很高，特别是小学及小学以下文化水平依然占据了约 30% 的比重。从印度尼西亚各年龄阶段的文盲率可以看出（见图 12 - 16），1997 ~ 2015 年，各个年龄阶段的文盲率都呈现下降的趋势，特别是 45 岁以上人口文盲率下降幅度最大；再分别看各年各个年龄段的文盲率，45 岁以上文盲率最多，而其他三个年龄段的文盲率很小，近几年来都在 7% 以下，特别是 15 ~ 44 岁年龄段文盲率在 2015 年仅为 1.1%。这两张图可以看出尽管印度尼西亚受教育程度不高，但受教育程度在不断上升，且年轻人受教育比重越来越大，说明印度尼西亚人力资本结构处于优化的过程中。

---

① 郭惠琳：《马来西亚陷入"中等收入陷阱"的原因和政策应对》，《亚太经济》，2012 年第 5 期，第 96 ~ 100 页。

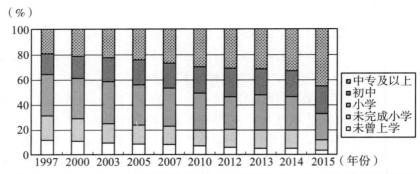

图 12 - 15　1997 ~ 2015 年印度尼西亚 15 岁以上人口接受教育情况

资料来源：印度尼西亚国家统计局。

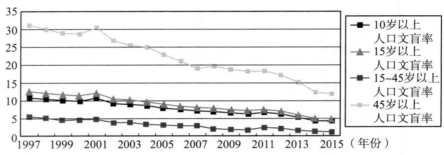

图 12 - 16　1997 ~ 2015 年印度尼西亚各年龄阶段的文盲率

资料来源：印度尼西亚国家统计局。

4. 越南资本结构的基本情况

越南是东盟十国中经济比较落后的国家，劳动力资源比较丰富，2015 年越南 15 岁以上劳动力为 5 461 万人，其中男性占比 51.7%，女性占比 48.3%。越南劳动力文化素质不高，工作效率较低，手工劳动和低效率劳动在经济基础中占大多数，而经过专业培训的劳动者很少。据国际劳工组织公布的数据显示，越南的劳动效率在亚洲排名最后，是新加坡的 1/15，日本的 1/11，韩国的 1/10，甚至比东盟国家中等收入国家都要低很多，如只有马来西亚的 1/5，泰国的 2/5。不仅如此，自 2008 年金融危机以来，越南劳动力效率增长率还呈现不断下降趋势，增长率从 2007 年的 5.2% 下降到 3.3% 左右。

三、CAFTA 人力资本优化策略

通过以上分析，CAFTA 整体存在着人力资本存量不够、水平偏低，人力资本投入不足、布局不合理，人力资本区域内分布不均、差异明显等问题。同时，现阶段 CAFTA 各方面的合作和发展还不够深入，区域内人力资本流动不充分，可持续性不够。这些问题会阻碍 CAFTA 向更高层次发展，影响各国和区域经济发展及整体福利的提高。因此，提升 CAFTA 人力资本水平非常有必要，可以考虑从以下三个方面进行。

（一）大力发展教育事业，改善人力资本结构

教育是获得人力资本和改善人力资本结构的主要途径。个人受教育程度越高，吸收新的知识、获得新技术和熟悉新技能的能力越强；社会整体受教育程度越高，高素质人才越多，则国家的竞争力越强，经济发展潜力越大。根据实际情况，各成员国大力发展教育事业，提高人力资本水平，优化人力资本结构，应从以下几方面下手：

1. 加大教育投资力度

随着各国经济的不断发展，对劳动力素质的要求也越来越高。目前，中国与东盟大部分国家的劳动力在数量上虽然供大于求，但是总体质量不高，缺少大量的高端人才，人力资本对经济的促进作用有限，不能适应各国经济与区域经济一体化的发展要求。虽然各国已经明白了教育的意义和重要性，公共教育投资有了较大幅度的增长，但是多数国家的公共教育支出占 GDP 的比重依然很低。根据世界银行统计数据，2012 年印度尼西亚、菲律宾、缅甸、柬埔寨、老挝的公共教育支出占 GDP 的比重不足 3%，不仅低于世界平均水平的 5.7%，甚至低于发展中国家水平的 4%。因此，各国需要大力发展教育事业，增加教育的投入，改革现阶段不合理的教育制度，全方位地提高人力资本水平，改善各国的人力资本结构。

2. 大力发展非正规教育

非正规教育是对正规教育的必要补充，其范围很广，包括在职培训、继续教育、校外教育、农业技术推广以及基本技能短期培训等。这类教育投资少、回报高、成效快、门槛低，对低收入人群及因各种原因失去正规教育机会的弱势群体最有利。从各成员国发展非正规教育的经验来看，非正规教育对推动全民扫盲、促进国民教育普及、为民众提供职业技术培训等方面都发挥了重要的作用，已经成为各国教育事业的重要组成部分。因此，各国在改革和发展正规教育的同时，要进一步认识到非正规教育的重要作用、地位以及在国家经济和社会发展中的战略意义。

3. 优化教育投资结构

教育的投资结构主要体现在教育投资在各类各级教育中的比重以及在城乡教育中的比重。对于成员国中的发展中国家特别是落后的发展中国家而言，劳动力

受教育程度普遍较低，且对经济贡献作用有限。如果只注重高等教育的投资，而忽略了初、中等教育投资，不仅会制约初、中等教育向高等教育输送人才，还会导致大量优秀人才外流。初、中等教育既是高等教育的基础，也是自学、应用新技术和交流的基础，其对减少文盲率、提高人力资本水平作用非常明显，具有很高的收益率。所以，各国在发展高等教育的同时，还需要注重基础教育的投资。另外，中国、菲律宾、越南、老挝、缅甸和柬埔寨虽然已先后施行了义务教育政策，但是相对于城市教育而言，农村特别是贫穷地区的教育依然存在着投资力度不足、农民教育负担重、教师队伍质量不高、职业教育培训落后等问题，而落后地区贫困的根源就是缺乏教育和培训，要打破"贫穷—缺乏教育—贫穷"的恶性循环，最有效的办法是重视这些地方的教育、加大这些地方的教育投资力度，让更多人拥有公平受教育的权利。

（二）完善各国劳动力市场，发挥人力资本功能

劳动力市场的建立和完善对充分发挥劳动力的生产力有着深刻的、全面的作用，不仅可以为劳动力提供了解和掌握劳动力供需变化信息，还能有效的调节劳动力的供求关系和引导劳动力的流动，进而实现劳动力的合理配置。完善各国劳动市场，可以采取以下措施：

1. 协调发挥市场和政府的作用

市场具有优化资源配置的功能，但市场并不能有效地解决所有问题，市场失灵的现象是普遍存在的。完善各国劳动力市场仅依靠市场的力量是不够的，会导致劳动力收入分配不均和两极分化等问题，还需要政府对劳动力市场的有效干预。政府在劳动力市场上的作用主要体现在完善劳动力市场立法、监督检查相关法律的执行、调整产业结构、促进多方面就业等方面，但政府不能直接干预劳动力的供求和工资定价，阻碍市场作用的发挥。在整个劳动力市场的完善过程中，应以市场为主，政府为辅，并充分发挥二者的作用。

2. 强化信息管理系统建设，充分发挥信息先导作用

强化信息管理系统的建设，能起到减少摩擦性失业、降低劳动力市场交易成本等方面的作用，是完善劳动力市场、实现劳动力资源合理配置的客观需要。现阶段，各国就业服务依然受到较大的地区和行业的限制，还不能有效的搜集、整理、分析劳动市场的信息，而自由贸易区内就业服务更是受到国家的限制。因此，信息管理系统的建设需要各国投入充足的资金，不仅要建立全国性的劳动力信息网络，还要建立贸易区的劳动力信息网络。要充分保证劳动力信息网络的权威性、稳定性、科学性、使用性，运用互联网技术将劳动力市场信息及时、准确、详细地向劳动力市场公布。

3. 健全劳动力市场法律制度，保障劳动力的合法权益

现阶段，各成员国劳动力市场的法律制度不完善，也没有形成区域性的政策或是法律。随着区域经济一体化的不断发展，区域内劳动力的流动会更频繁，各种摩擦也会不断增多。因此，迫切的需要各国完善本国的劳动力市场法律制度，并能在此基础上出台区域性的劳动力市场政策，适时研究推出统一区域劳动力市场的法律，以法律的形式保障企业、劳动力的合法权益，增强区域劳动力市场的活力，促进劳动力在区域间的自由流动并能享受公平的待遇。

（三）促进劳动力自由流动，优化人力资本配置

劳动力自由流动是资源有效配置的根本保障，是中国—东盟区域经济一体化合作不可避免的趋势。只有在劳动力可以自由流动的情况下，人们才能找到适合自己发展的就业岗位信息，从而获得自我发展的机会；劳动力才能从劳动力丰富、工资相对较低的成员国流入劳动力相对缺乏的高工资成员国，改变各成员国的就业情况，从而起到优化生产要素配置和提高社会生产力作用，进而提高各国福利水平，对各国经济产生积极的影响。但是，现阶段CAFTA各国劳动力并不能充分流动，劳动力的分割现象非常明显，也没有一套促进劳动力自由流动的政策。为促进劳动力自由流动，可以从以下几个方面入手：

1. 完善和协调促进劳动力流动的政策，加速劳动力的自由流动

中国—东盟区域经济一体化中劳动力的自由流动包括劳动力在国家内和在区域各国间的自由流动两层含义。由于各国在劳动力流动的政策上和管理上的不协调和不完善，以及政治、文化、语言、福利问题等的制约，导致区域内劳动力的自由流动受到限制。要解决这些问题，需要各国通力合作建立CAFTA劳动力流动的政策，并能在此基础上完善和协调各自劳动力流动的政策，以保证各国政策与区域政策相适应。而对于经济比较落后、人力资本水平低的国家可以有一定的区别对待，适当保留其劳动力限制措施，但是必须规定其彻底清除限制的步骤和期限。

2. 建设CAFTA公共就业服务机构

CAFTA公共就业服务机构由各国合作共同建设，是解决区域就业问题所设立的机构，也是执行区域各项服务政策的组织。它可以免费为各国劳动力提供就业市场供求信息及工资变动信息、就业政策的法规咨询、职业指导和规划等方面的服务，加快劳动供求双方的结合速度。

3. 建立促进劳动力跨区域流动的法律法规体系和制度环境

在劳动力流动的过程中，针对可能产生的问题，各国要及时的调整、修订老政策，制定新政策，建立和健全《劳动法》、《知识产权保护法》等相关法律法

规，充分保证各国劳动力和企业的合法权益不受到损害。此外，提高与劳动力国际流动联系较多的相关政府部门的服务质量，简化其行政审批手续和程序，对相关工作人员的沟通能力、办事能力和服务态度进行要求和培训，提升他们的工作效率和质量，使劳动力的流动更加高效。

第五节　法律运行保障

　　CAFTA 作为中国与其他国家签订的第一个区域自由贸易安排，构想的大方向已经确定，但问题并没有全部解决。CAFTA 要高效运转，不仅要实现贸易和投资的自由化，还要在改善地缘政治环境、促进南海主权纷争的解决、打击跨国犯罪活动、加大环境污染治理力度、遏制非法移民以及国际毒品走私活动等非经济领域进行合作。在中国—东盟区域经济一体化的进程中，法律制度在促进交往、保障合作、维护秩序等方面发挥着不可替代的作用，为解决 CAFTA 现存的问题，促进各方面的合作提供了重要的法律保障。

一、CAFTA 现有的相关政策法规考察

　　目前，CAFTA 成员国均是 WTO 成员，但有的同时还加入另外的双边或多边的自由贸易区。所以，CAFTA 现有的相关政策法规呈现多元化状态，基本上由 WTO 规则、自贸区所签的协定、双边和多边协定、成员国各自相关的法规与政策所构成。

（一）WTO 规则

　　WTO 规则是以 WTO 法律文件为表现形式的法律规范的总称，包括：《WTO 协定》及其 4 个附件和《信息技术协议》以及部长决定、宣言，还有作为加入《WTO 协定》组成部分的议定书及其附件和工作组报告书等内容组成。这一系列法律文件涉及国际货物贸易、服务贸易、与贸易有关的知识产权和国际投资等领域，是一套普遍适用的贸易规则。WTO 规则作为强制性规范，要求其所有成员在与贸易有关的法律、法规、规章、政策、措施、司法裁决等方面必须与 WTO 规则相一致。此外，WTO 建立了一套行之有效的争端解决机制，解决成员之间在执行上述规则过程中发生的争议。

（二）CAFTA 协议

中国与东盟签订的所有协议构成了自贸区的法律体系，适用于自贸区一切事务，对所有成员国与参与自贸区事务的自然人、法人和其他组织具有约束力。这些协议包括：《中国—东盟全面经济合作框架协议》、《中国—东盟全面经济合作框架协议货物贸易协议》、《服务贸易协议》、《投资协议》、《争端解决机制协议》。这一系列的协议规定了 CAFTA 的内容、建设时间框架、贸易规则、降税安排和非关税措施、服务贸易市场开放及相关问题处理、投资优惠待遇和争端解决办法，使中国与东盟间全面的经济合作进一步规范化和制度化，对于自贸区具有举足轻重的意义。

（三）双边与多边协定

双边与多边协定是指中国与东盟成员国签署的双边贸易协议或中国与东盟成员国签署的其他区域性贸易组织的协议，这些协议也是自贸区现有法律体系的组成部分。目前，中国与新加坡和老挝存在着双边和多边协定。《中华人民共和国政府和新加坡共和国政府自由贸易协定》、《中华人民共和国政府和新加坡共和国政府关于双边劳务合作的谅解备忘录》是中国与新加坡在 WTO 规则与 CAFTA 协议的基础上建立的，是双方进一步相互开放市场、深化合作的法律文件。中国与老挝是《亚太贸易协定》的成员国，《亚太贸易协定》是一个多边协定，属优惠贸易安排，只涉及部分产品一定幅度的降税。

（四）成员国国内法律与政策

自贸区成员国的国内法律、政策也是构成自贸区现行法律、政策体系的重要内容，在自贸区框架下，不论是进行货物贸易，还是服务贸易与投资行为，都要受成员国法律及政策的约束。成员国的法律都具有管辖权，这是国际贸易的惯例，除非成员国之间有双边或多边的特殊约定。

二、构建 CAFTA 的法律保障体系

CAFTA 是区域经济一体化的一种类型，不同类型的区域经济一体化具有其内在的法律要求，即便是同一类型的区域经济一体化，由于政治、经济和社会文化因素的影响，法律制度也有所区别。就 CAFTA 法律保障体系的构建而言，主要应遵循以下四个基本原则。

503

第一，在 WTO 的法律框架之下进行的原则。WTO 法律框架由它的规则和协议构成。WTO 协议所确定的基本原则既是 WTO 运行的规则也是各成员履行 WTO 协定义务和行使权力、制定各国国内法的国际法依据。[①] 其所确定的原则主要有：最惠国待遇原则、国家待遇原则、非歧视待遇原则、透明度原则、贸易自由化原则、互惠原则、公平竞争原则等。WTO 相关法律制度在支持区域经济一体化的同时，也对其进行了严格的限定，WTO 所确定的多边贸易体制对于推动经济全球化进程意义重大。由于 CAFTA 所有成员国同属于 WTO 成员，因此在构建 CAFTA 法律保障体系时应充分利用 WTO 协议规则，并应在 WTO 的法律框架下运行。

第二，坚持平等互利、合作共赢的原则。CAFTA 是中国首次尝试参与区域经济一体化合作，中国作为最大的发展中国家，应帮助区内最不发达国家的发展，并在建立国际政治、经济新秩序的过程中扮演更加重要的角色。坚持平等互利、合作共赢的原则高度概括了中国与东盟国家相互依存的状况和发展方向，对于建立国际政治经济新秩序有重大的指导意义。

第三，秉持平等互信、求同存异的原则。CAFTA 各成员国存在着复杂的法律关系，很多成员国（如新加坡、文莱）属于不同的合作组织，需要在不同的法律体系下参与国际事务。从东盟一方而言，一方面，东盟内部各成员分成 WTO 成员与 TPP 成员，所有国家均为 WTO 成员，而新加坡、文莱又为 TPP 成员（越南、马来西亚在进行加入成员国的磋商）；另一方面，东盟国家内部又分为"东盟 6 成员"和"新东盟成员"，"东盟 6 成员"为文莱、印度尼西亚、马来西亚、菲律宾、新加坡和泰国。"新东盟成员"为柬埔寨、老挝、缅甸和越南。CAFTA 内部如此复杂的法律关系加大了构建 CAFTA 法律制度的难度。因此，平等互信、求同存异是构建 CAFTA 的法律保障体系必须秉持的原则。

第四，有利于中国的"和平崛起"的原则。争取和平的国际环境来发展自己，又以自身的发展来维护世界和平，"与邻为善"、"与邻为伴"及"睦邻、安邻和富邻"是新世纪中国与周边国家双边关系与发展各项区域合作的基本外交思想。温家宝总理在印度尼西亚巴厘岛举行的首届"东盟商业与投资峰会"，发表了题为《中国的发展和亚洲的振兴》的演讲，表示中国在与世界的相处中，包括在与东盟国家的相处中，将始终高举和平、发展、合作的旗帜。但由于各种因素的影响，一些国家会对中国在 CAFTA 内扮演的角色存在疑虑。因此，我们在确定 CAFTA 的法律制度时，应体现"睦邻、安邻和富邻"的方针与行动，以便消除疑虑，共谋发展。

① 胡晓红、徐大泰：《WTO 协定基本原则的商法分析》，《科学·经济·社会》，2002 年第 4 期，第 77~80 页。

三、完善 CAFTA 的法律配套机制

无论是经济全球化，还是区域经济一体化，都不是某一国或地区的单方行动，而是需要共同行动。这种共同行动的集中体现就是通过法律博弈达到法律协调，最终实现经济协调。中国与东盟间各方面的合作必然涉及相应的法律制度安排，需要以制度、规则解决中国与东盟国家在合作过程中产生的利益矛盾。因此，完善 CAFTA 的法律配套机制，建立有效的保护机制，对于维护双方的安全和利益，促进 CAFTA 的顺利发展具有重要意义。

一般而言，CAFTA 在区域经济一体化各个具体领域的法律制度包括下述几个方面的内容：

第一，取消关税及贸易限制方面的法律规范。这是 CAFTA 调整各成员国关系的主要法律规范，主要涉及货物贸易法律制度、服务贸易法律制度、知识产权保护法律制度、投资措施或法律制度、原产地法律制度等。

第二，生产要素自由流动的法律规范。随着中国东盟区域经济一体化的不断推进，各成员国之间不仅要实现商品的自由流通，而且要实现人员、资本、服务等生产要素的自由流动。但是，生产要素的流动程度，在不同的自由贸易区是有差别的，调整此种关系的法律规范也因此有所差别。对 CAFTA 来说，这是其向纵深方向发展的时候需要考虑的制度。

第三，货币、财政及其他经济和社会政策协调方面的法律规范。经济联盟是区域经济一体化的高级形式，其成员方的合作范围除了包括共同市场所含的内容外，还涉及货币、财政和其他的经济、社会政策。调整此种经济关系的法律规范是经济联盟进一步发展的法律保障。鉴于此种规范涉及的内容较为复杂，CAFTA 应在发展到一定阶段后再考虑制定这方面的规范。

第四，投资保护法律规范。CAFTA 正式建成，使得中国与东盟各国的投资规模不断增大，双边投资的政治风险问题也日益受到了关注。由于东盟一些国家政治上的不稳定因素仍然存在，例如中菲南海主权争端、越南印度尼西亚排华事件、柬埔寨内乱、中国工人在菲律宾遭受绑架、杀害等，这就需要一个完善的国际投资保护制度来调整和平衡双方的投资利益关系。国际投资保护制度是国际投资法中的核心内容之一，指的是资本输出国、资本输入国单独或共同地（含双边或多边条约）通过立法、司法、执法和争端解决机制等途径对境外投资者或外来投资者利益进行维护所形成的一系列规则的总称。①

---

① 杨建学：《中国与东盟投资保护法律制度研究》，《商业研究》，2009 年第 7 期，第 201～205 页。

CAFTA 的投资保护法律制度是由国内法与国际法构成。就目前法律制度而言，在国内法层面上，一是中国的国际投资保护滞后，国内法律对海外直接投资的保护几乎是一片空白，且中国的海外直接投资项目的审批机关混乱、各自为政、审批程序繁杂。二是东盟有关外商投资的立法仍需修订和完善，东盟国家虽然制定了一系列法律法规为外国投资者的合法财产和权益提供必要的法律保护，但东盟国家现行的外商投资立法仍存在很多不完善和不协调的地方，某些涉及外商投资保护的规定已不合时宜或相互矛盾、冲突，不能适应利用外资的新形势，且法律的透明度、连续性和协调性也亟待加强。

在国际法层面，一是双边投资协议有待修订和完善。中国与东盟国家的双边投资协议大多是 20 世纪 80～90 年代签订的，签约时的时代背景与目前形势已经有了很大差别，协议中的某些内容已明显过时。这些协定中虽然都规定了有关相互投资政治风险保证的内容，但各个协定对某些具体内容的规定却不尽相同，在法律适用上难以完全协调。二是多边投资保护机制难以有效发挥作用。目前，虽然《中国—东盟全面经济合作框架协议的争端解决机制协议》已经生效，但由于该争端解决机制未明确将成员国与其他成员国的私人、企业发生的争端列入争端解决的范围，以及非违约申述未纳入调整范围等原因，其在实践中它却很难发挥作用。

四、构建具有法律保障的组织结构

CAFTA 是多边合作的区域经济一体化组织，一体化层次较低，自由化仅限于贸易（至多扩展至投资领域），且在一体化建设中起主导作用的是政府。成立时间尚短的中国—东盟自由贸易区，组织架构还很不健全，缺乏具有强制性的常设机构，只是由中国—东盟贸易谈判委员会负责执行《框架协议》中所列的谈判计划，其同《框架协议》签署前就已存在的中国—东盟领导人会议、部长会议和高官会议共同构成了中国—东盟自由贸易区的磋商机制；强调各成员方应该加强合作，为彼此解决相关问题提供便利，却对组织运作缺乏具体明确的规定，没有完善的监督机制。[1] 并且，CAFTA 的各项协议都是以承诺为主，缺乏约束机制。CAFTA 这种情况，难以约束各成员国的行为，导致违背协议规定的事情发生，这必然会在一定程度上制约中国—东盟自由贸易区的深入发展。

因此，建构有效的法律运行保障的组织结构，可以从两个方面进行：

---

[1] 张天桂：《欧盟、北美自由贸易区和中国—东盟自由贸易区政府作用的比较》，《当代亚太》，2007年第 10 期，第 55～61 页。

一是借鉴北美自由贸易区的组织机构体系。设立包括自由贸易委员会、秘书处、专门委员会、工作组、专家组、环境合作委员、劳工合作委员会、各国行政办事处、北美发展银行和边境环境委员会等机构，并设立一国一票制的表决制度。在此基础上，CAFTA 各组织机构制定的规范性文件的法律效应具有优先于各成员国国内法及东盟制定的规范性文件的效力。

二是设立利益协调机制和争端解决机制，用法律来规范各个主体的行为和解决经济合作中的各种争端。就目前而言，各区域经济组织并没有完备的、并具有法律约束力的利益协调机制，当然也不存在利益协调的常设机构。而各区域经济合作组织的争端解决机制不尽相同，基本上可以分为司法性、政治性和二者兼容性三大类。对 CAFTA 而言，应当建立一个独立性、权威性和司法性的利益协调机制和争端解决机制。在处理区内 WTO 成员方之间的争端时，允许当事方协议选择 WTO 争端解决程序或是 CAFTA 的争端解决程序，当事国未作选择或协议不成时则适用 CAFTA 的争端解决程序。对于中国和东盟之间的争端则一律适用 CAFTA 的争端解决程序。

此外，在条件成熟时，可以考虑在 CAFTA 建立争端解决预警机制，充分运用政治和外交手段，加强各方之间的沟通与协商，避免 CAFTA 成员间的争端发展成为严重的危机。

第十三章

现有局限与未来展望研究

第一节　中国—东盟区域经济一体化与南海争端

近年来，中国与部分东盟成员国之间存在着由领土主权和海洋权益争议所引发的南海争端，南海争端也因此成为影响中国—东盟关系发展的障碍。当前，区域经济一体化已经是大势所趋。为了不让南海争端成为影响中国—东盟经济合作的掣肘，要求双方尽快以和平方式解决南海争端。伴随中国—东盟区域经济一体化进程，双方密切的经济往来有望进一步增强双方战略互信，为最终解决南海争端创造有利的条件。

一、南海争端的由来与发展现状

南海，位于中国南部，是一个半封闭的海，属于陆缘海，也被称为南中国海，包括东沙群岛、西沙群岛、中沙群岛以及南沙群岛，总面积356万平方公里，但陆地面积仅为5 286.5平方公里。南海海域的资源十分丰富，不仅有着500余种的鱼类资源，更重要的是其所蕴藏的油气资源也极为丰富。1968～1969年，美国海洋地质学家埃默里（Emory）就曾发布关于南海诸岛及其附近海域海上油气资源远景诱人的报告。根据中国国土资源部地质普查数据显示，已知的南海大陆架主要含油盆地有十多个，面积约为 85.24 万平方公里。南海石油储量至少 230 亿～300 亿吨，乐观估计达 550 亿吨，天然气 20 万亿立方米，堪称第二个"波斯湾"。仅在海南近海海域，就分布着北部湾、莺歌海和琼东南盆地等 3 个新生代沉积盆地，面积达 16 万平方公里，是油气资源勘探远景区，已勘探出 55.2 亿吨石油、12 万亿立方米的天然气。正是由于南海油气资源如此丰富，再加之南海重要的战略通道地位，其是太平洋和印度洋的交通要冲，使得南海周边各国均对南海的主权提出要求。特别是随着 1982 年《联合国海洋法公约》（以下简称《公约》）的实施，使得这一争端更为加剧。由于《公约》规定只要能维持人类居住或经济生活的岛屿，包括岩礁在内均可以拥有相应的领海及专属经济区等，这导致南海周边国家为获得这些权益而陆续占领南海的岛礁，并提出各种可能的依据来证明其是合法的。《公约》的出台无疑是想让各国的海洋权益得到保障和延伸，但却未考虑到南海海域的特殊性，使得争端加剧，对专属经济区及大陆架的权益声称造成重叠和冲突。针对这一问题，《公约》只规定当事国可进行协商并公平合理解决，但却未对具体的标准作出明确解释，如对"维持人类居住或其本身的经济生活"并无具体的判断标准。由此可见，《公约》的出台使得南海争端局势更为错综复杂。

事实上，南海是中国的固有领土，早在远秦时代就已成为我国的海上航路，我国最早发现南海海域的岛屿并加以命名，此后我国的海军也经常在南中国海巡逻，最早对这些岛屿行使管辖权等。其实，在"二战"结束之后的很长时间里并无南海争端一说，相关国家也未提出任何异议，涉及南沙群岛主权的相关国际会议及出版物等也均认为南沙群岛属于中国。直至 20 世纪 70 年代，南海周边国家开始以军事手段占领南沙群岛的部分岛礁，并提出主权要求。到现在为止，南海中的西沙群岛和中沙群岛（除黄岩岛之外）处于我国的控制范围内，东沙群岛则处于台湾的控制范围内，而南沙群岛的情况较为复杂，其海域被"六国七方"[①]割据。此后，虽然中国与东盟各国外长于 2002 年共同签署了《南海各方行为宣言》（以下简称《宣言》），希望以和平的方式解决南海争端，但《宣言》在缓解地区局势方面只能起到一定的稳定作用，其所发挥的效果离预想还差很远，当时所作出的承诺也并未得到有效的实施，导致南海冲突时有发生。现阶段，南海争端仍然是影响中国与东盟关系发展的重要因素，并且针对南海问题，中国已受到来自各方的挑衅，除争端方之外，第三方国家的介入也使得南海争端的解决更为复杂化。在解决南海争端问题上，中国除了要继续推进《南海各方行为准则》的制定及积极与各争端方洽谈解决方法之外，可通过逐步推进中国—东盟区域经济

---

① "六国七方"是指中国、越南、菲律宾、马来西亚、印度尼西亚、文莱以及中国台湾。

一体化进程来缓解并最终消除南海争端。

二、中国—东盟区域经济一体化对南海争端解决的积极作用

对于南海争端的解决，虽然中国—东盟区域经济一体化的进程不能发挥立竿见影的效果，但随着区域经济一体化进程的不断深化，东盟成员国会看到加强与中国经济合作的重要性，也有利于形成对中国—东盟命运共同体的未来愿景的展望。通过在区域经济一体化过程中，真正落实我国国家主席习近平所提出的让周边国家享受中国发展带来的好处，给周边国家提供共同发展的机遇和空间，有利于双方经济联系的日益紧密和深化，有利于真正形成中国—东盟利益共同体、责任共同体以及人文共同体，而这些均对南海领土争端的解决发挥着积极作用。通过双边经济融合，双方的经济发展对彼此的依赖性会不断地提高，这样在领土争端问题上争端方就会做一个权衡。争端方对待领土主权问题的态度有以下几种可能：第一，争端方把领土主权当成首要的核心利益，此时，争端方会不惜牺牲与中国的经济合作利益，愿斩断一切经济合作维护领土主权权益；第二，争端方把经济合作利益当成首要的核心利益，把经济发展排在第一位，由于对中国的经济依赖较强，愿意搁置领土主权争议，继续加强与中国的经济合作；第三，争端方在短期内先暂时搁置领土主权争议，以发展与中国的经济合作为重点，搭乘中国经济快速发展的便车，分享中国改革的红利，但在远期继续维护领土主权权益。从现实情况来看，这三种情况均有发生的可能性。面对不同的争端方，其可能的态度也会不一致，但纵观中国与各争端方关系发展的历史，出现第一种情况的可能性较小。而针对后面两种情况，通过加强中国—东盟区域经济一体化的进程均有利于南海领土争端的解决。纵使对持有第一种态度的国家，在其与中国的经济相互依赖性不断增强之后，其态度也会随着双边经济的融合而有所变化，逐渐朝第二和第三种态度转变。

由此可知，中国—东盟区域经济一体化的进程确实对南海领土争端的解决有着正向的作用。但要真正发挥其作用，必须在区域经济一体化进程中不断朝着中国—东盟利益共同体、责任共同体以及人文共同体的目标前进，其实质是在建设更为紧密的中国—东盟命运共同体。只有这样，和平解决南海领土争端才能得到争端方政府与民众的共同赞同。下面具体来看中国—东盟区域经济一体化对于结成中国—东盟利益共同体、责任共同体以及人文共同体的重要作用及在此基础上对南海领土争端的解决所发挥的积极作用。

第一，中国—东盟区域经济一体化有利于建成中国—东盟利益共同体。通过不断加强中国与东盟之间的经济合作，打造自贸区升级版，并朝着共同市场等更

高的区域经济一体化组织形式迈进，有利于中国与东盟发展共同的经济利益，结成利益共同体。区域组织展开合作的最初的动力就是获取经济利益，通过分工合作使得区域内的整体福利增加，各国的福利和经济效益也会增大。而随着区域合作的不断深化，区域内的经济联系必然会越来越紧密，相互之间的经济依赖也会更强，这样一来，区域内成员国的经济发展相互依存程度会更高，共同的经济利益也就越来越多，并最终结成利益共同体。中国—东盟利益共同体的构建有利于南海领土争端的解决，因为南海领土争端归根结底是利益之争，利益共同体的构建有利于中国与争端方实现"搁置争议，共同开发"。

第二，中国—东盟区域经济一体化有利于建成中国—东盟责任共同体。区域经济一体化的进程必然带来的是相互依存程度的加深，在这一过程中，区域内成员国之间的高层互访也会逐渐增加，沟通与对话渠道和平台的增加有利于区域内政治互信的增强。随着共同利益的增加以及政治互信的增强，该区域更容易构建起责任共同体，共同维护本区域的和平与稳定。责任共同体的构建有利于中国与南海领土争端方通过和平的手段来解决领土争端问题。因为维护南海的和平与稳定不单单符合中国的利益，对于东盟国家而言，其经济发展也需要一个和平稳定的南海作为支撑。因此，共同维护南海的和平稳定与航行自由是中国—东盟区域内成员国的共同责任，也是大家的共同利益所在。

第三，中国—东盟区域经济一体化有利于建成中国—东盟人文共同体。通过深化中国与东盟之间的经济合作，可以提高整个区域的福利和效益，分工合作的开展及人员的往来可以真正让东盟国家的普通民众享受到区域经济一体化和区域发展所带来的好处。而通过让区域内的普通民众享受到区域经济发展带来的好处反过来又更利于区域内人员之间的流动，人文交流就会加强，人与人之间的沟通就会变得更容易。如此一来，本区域内的人文交流机制就会逐渐的构建起来并得以完善，并逐渐朝人文共同体的方向发展。人文共同体的构建对于南海领土争端的解决能够发挥积极的社会舆论作用，因为普通民众获得了区域发展的好处，相比矛盾和冲突，他们更愿意维护区域内的和平与稳定，争端的解决也就更容易获得普通民众的理解和谅解，这时在和平解决南海领土争端问题上的民族情绪更能得到有效缓解。

此外，为发挥中国—东盟区域经济一体化对解决南海领土争端的积极作用，在区域一体化过程中必须注重逐步缩小区域内经济发展差异，特别是与东盟成员国中经济发展较为落后的国家，要真正让这些国家享受到中国经济发展的红利以及区域经济一体化的好处。因为双方的经济基础及经济发展态势是合作的重中之重，如果展开区域经济一体化进程之后，区域内各国的经济发展差距能逐步缩小并呈现出协调发展的机制，该区域才会有继续深化合作的动力，否则合作难以持续。如果展开合作之后区域经济存在协调发展的机制，说明合作有利于各国经济发展。本书第四章对中国与东盟区域经济协调发展的态势已进行了实证分析，实证结果表明中国与东盟的经济增长存在不协调发展的状态。虽然从中国与东盟经济协调发展的动态演变来看，呈现出向更高水平演进的趋势，但在很长时间内仍比较分散。因此，我们有理由相信，中国与东盟的经济增长要实现协调发展会是一个非常漫长的过程。为了进一步深化与东盟的经济合作，我国已倡议与东盟打造自贸区升级版，共建"21世纪新的海上丝绸之路"等，可缓解自贸区建成后由关税降低所带来的贸易扩大效应逐渐下降的趋势。根据第四章的分析，虽然中国与东盟开展经济合作之后，各国的经济增长从绝对数额来看呈逐年上升趋势，但至今仍未实现协调发展的机制，人均产出分布存在分化现象。我国要和东盟打造利益共同体，就必须重视这一现象，特别是与南海领土争端矛盾逐渐升级的越南和菲律宾，要真正与对方结成利益共同体，就必须逐渐缩小正在扩大的经济发展差距。因此，在继续深化中国—东盟区域经济一体化进程时，我国要更加注重缩小区域内的经济发展差异，以免引起东盟国家特别是当中经济相对落后的弱势国家的反对，提升我国在东盟国家中的大国形象，增强区域合作的信心，为南海领土争端的解决奠定经济合作基础。

第二节　美国"亚太再平衡战略"对东盟经济一体化及 CAFTA 建设的冲击

中国和东盟作为亚太乃至全球经济最活跃的地区之一，合作与发展是这一地区所倡导的主题。东盟经济一体化进程不断发展和中国—东盟区域经济一体化程度的不断提高为这一地区的经济发展注入了巨大的活力。但同时，我们也注意到，美国重返亚太及"亚太再平衡"战略的提出，为中国与东盟地区的经济发展进程在未来新增了更多不确定性，改变了原有的中国与东盟国家之间以及东盟各国之间的相互调适过程，为中国—东盟地区的经济合作与发展提出了一个现实的难题。在此背景下，研究美国"亚太再平衡"战略给中国和东盟地区带来的经济冲击显得尤其必要，特别是深入研究"亚太再平衡"对东盟内部经济一体化及CAFTA建设的不断推进与发展所带来的冲击和影响，具有极其重要的现实和理论意义。本部分将就美国"亚太再平衡"战略在经济方面对中国和东盟所产生的冲击进行的深入分析：首先对东盟内部经济一体化的影响分析；其次对深化与推进CAFTA建设的冲击进行分析；最后，在前述分析的基础上，为中国应对这些冲击所应该采取的策略提出一些意见和建议。

一、美国重返亚太及"亚太再平衡"战略的提出

奥巴马上台后，面对复杂多变的国际形势和各种新的挑战，在总结小布什政府执政经验的基础上，结合后金融危机时代的美国"国情"，对美国全球战略和对外政策作出重大调整，开始实施战略收缩，战略重心东移，其中的重要一环就是重返亚太，对亚太地区进行再平衡，实施"亚太再平衡"战略。"亚太再平衡"战略是美国重返亚太战略的延伸和扩展，其提出经历了一个调整和深化的过程：一开始，美国对此所采用的是"重返亚太"这一叙述，2009 年 7 月，美国国务卿希拉里在曼谷参加东盟区域论坛并提出了美国"重返亚太"的构想，从此拉开了美国重返亚太、战略东移的序幕；同年 11 月，美国总统奥巴马在东京宣布自己是第一位"心系太平洋"的总统，强调了美国作为太平洋国家的身份，随后便赴新加坡出席首席美国—东盟峰会；2011 年 10 月，美国国务卿希拉里发表的《美国的太平洋世纪》中对美国未来十年亚太战略进行了理论上的全面阐述；直到 2012 年 6 月，时任美国国防部部长帕内塔在新加坡出席第十一届"香格里拉对话会议"时，首次明确提出了"亚太再平衡"战略，也正式确立了"亚太再平衡"的提法。为了规范术语，我们在以下的论述中都使用"亚太再平衡"的提法。

二、"亚太再平衡"对东盟内部经济一体化的冲击

东盟一直以来致力于自身经济一体化的建设，无论是东盟自由贸易区的建设，还是"东盟共同体"的提出，其目的都是要整合东盟的经济能力，促进东盟经济一体化进程，提升东盟的经济实力。特别是"东盟共同体"提出以来，对东盟一体化建设起到了极大的推动作用，其内容包括经济共同体、安全共同体以及社会文化共同体。东盟经济共同体是东盟共同体的核心支柱，是推进东盟经济内部经济一体化的具体手段。东盟经济共同体旨在将东盟内部建立起一个各国货物、服务、资本和技术人员能够自由流通的"单一市场"和生产基地，以实现东盟内部经济一体化进程，从而形成一个竞争力强、区域经济平衡发展、与国际经济体系相融合的经济区域。从目前来看，东盟经济一体化已经取得了比较大的进展并且已经进入了关键阶段。而近年来，随着美国"亚太再平衡"战略的提出和逐步实施，在对东盟经济政治外交等方面影响越发显著的同时，对东盟内部经济一体化将产生不小的挑战与冲击。我们从下面几点进行说明：

（一）美国"亚太再平衡"战略在东盟内部形成离心力，降低凝聚力，不利于东盟内部经济一体化的发展

首先，"亚太再平衡"战略将在政治上锐化了本地区的不同意见，在一定程度上强化了东盟各国政治立场的分歧，增加了东盟共同体建设过程中各类政策的协调的难度，进而不利于东盟各国推进东盟经济一体化。一直以来，东盟在处理与其他大国的关系时，即使各国的态度或立场有所不同，也都会尽力弱化彼此之间的分歧，向其他大国发出一致的东盟的声音，尽量做到东盟各国政策上的协调，将注意力集中于能够为东盟各国提供实实在在利益的地方，与各大国保持着一种务实的合作态度并保持东盟的影响力。这点我们也可以从东盟以往在对待美国、中国或日本的方式上观察到。但美国"亚太再平衡"改变了东盟各国与周围国家的互动过程，给本地区形势增加了更多复杂性，特别是使东盟各国在处理与中国关系的问题上的立场复杂化。众所周知，"亚太再平衡"战略中遏制中国的意图明显，而东盟被美国视为实现这一战略意图的重要部分；而个别东盟国家也因为与中国之间由于历史原因存在的领土争端而寄希望于美国"亚太再平衡"战略的介入，共同联手为在与中国领土争端中获得更多利益；这也正是"南海问题"近年来不断升温的原因之一。虽然东盟国家整体上对美国"亚太再平衡"战略上持积极的态度，但是这并不意味着东盟各国在权衡中国与美国时的态度是一致的，这直接导致了东盟在战略问题上的"两难"，因此，东盟大多数国家都尽量避免在这个"二选一"的问题上进行表态。事实上，在美国抛出"亚太再平衡"战略后，无论是和中国关系比较密切的柬埔寨，还是美国老牌盟友菲律宾，甚至和奥巴马"沾亲带故"的印度尼西亚，都或直接或委婉表达了"不希望中美对抗"、"东盟想和各方发展友好关系"的良好愿望。[①] 但在目前"亚太再平衡"战略推进的背景下，美国绞尽脑汁促使东盟国家表明立场。如果东盟国家在处理中国与美国的关系时不得不被迫作出"站边"选择，将锐化东盟内部分歧，强化东盟各国在政治立场上的不同意见，进而增加东盟经济共同体建设过程中的政策协调难度，不利于东盟内部经济一体化进程。

其次，在经济上，美国"亚太再平衡"通过推行 TPP，削弱东盟整体经济意识，不利于东盟内部经济一体化的发展。东盟秘书长素林就曾表示，东盟应优先致力于内部经济整合，不应该过多地关注 TPP 而耽误了东盟经济共同体的推进。一些学者的研究也表明了相似的观点和态度，刘鸣（2012）认为"环太平洋经

---

① 胡必亮、葛成：《东盟国家的战略两难与中国之对策》，《学术前沿》，2014 年第 4 期，第 48 ~ 79 页。

济伙伴关系协定"（TPP）的发展，从根本上影响了东盟经济体的成效①。李文韬（2012）认为"TPP 轨道"合作在拓展了部分参与缔约的东盟成员出口空间的同时，也将使未来参与"TPP 轨道"合作的东盟国家遭受歧视性待遇，进而造成东盟内部更大的政治经济失衡，加剧东盟各国的矛盾与冲突②。2015 年 10 月，TPP 谈判取得实质性突破，2016 年，包括新加坡、文莱、越南在内的三个东盟国家已经正式签署了 TPP 协议，使得东盟十国面对 TPP 逐渐形成两极化的发展趋势。特别是柬埔寨、老挝、缅甸由于经济条件落后，无法满足 TPP 条款的要求，加入 TPP 谈判只是奢望。那么在东盟十国的阵营中，自然也就逐渐分为 TPP 阵营和非 TPP 阵营。TPP 作为一个标准更高的贸易协定，其在经济要素配置效率以及体系的完善性上更具优势。对于东盟国家中参与到 TPP 的国家而言，其投资、贸易中心自然将转移到 TPP 中，同时其生产基地也将受到 TPP 成员的产业优势分工体系的影响而被重新整合，其经济发展能获得更大利益；而对于无法加入 TPP 的国家而言，将无法获得这些利益。这样的歧视性影响将导致经济利益的分歧进而催化各国立场的分化。不仅难以保证东盟在今后的对外经济合作中保持一个声音说话，更会增加东盟内部经济利益协调的难度，动摇东盟整体经济整合的根基，削弱东盟整体经济意识，难以形成统一的内部市场。这对于构建东盟经济共同体，提高东盟内部经济一体化是一项不容忽视的障碍。

第三，在主导权上，美国"亚太再平衡"的目的是要夺回主导权，无论这一目标针对的对象是谁，但都不可避免地降低东盟在本地区乃至亚太相关事务中的领导型作用，对东盟对其成员国的整合能力、凝聚力形成挑战。根据美国驻东盟大使妮娜·哈奇格恩在接受《外交杂志》采访时表示，东盟成员国开始理解并接受了这个共识：他们越是在解决地区性事务、全球性事务中发挥领导型作用，东盟对其成员国的整合能力、凝聚力就越强。那么，在美国在本地区实施"亚太再平衡"战略的背景下，东盟在地区事务、全球性事务中发挥领导力的机会会大大减少，作用明显降低。此时，东盟给予成员国在国际中的地位必然会降低，东盟对成员国的影响力和作用随之减弱，东盟对成员国的整合能力、凝聚力不断降低，因此不利于实现东盟经济一体化。

（二）美国"亚太再平衡"战略的出发点是美国自身的发展，不会考虑到东盟内部经济一体化，东盟经济一体化面临挑战

东盟作为亚太地区的重要组成部分自然成为美国"亚太再平衡"战略的重点

---

① 刘鸣：《2015 年东盟经济共同体：发展进程、机遇与存在的问题》，《世界经济研究》，2012 年第 10 期，第 81～86 页。

② 李文涛：《东盟参与"TPP 轨道"合作面临的机遇、挑战及战略选择》，《亚太经济》，2012 年第 4 期，第 27～32 页。

实施对象。事实上，美国首次提出的"重返亚太"构想就是由美国国务卿希拉里在 2009 年 7 月在泰国曼谷的东盟区域论坛上阐述的；而同年 11 月，美国总统奥巴马在东京宣布自己是美国第一位"心系太平洋"的总统后，紧接着便召开了首届美国—东盟峰会。这一系列的举动无不表明东盟地区在美国实施"亚太再平衡"战略考量中的地位。但是美国"亚太再平衡"战略的出发点是美国自身的发展，并没有促进东盟内部经济一体化的任何战略考量，其制定的政策不免与东盟内部经济一体化政策有所冲突。"亚太再平衡"战略的提出是基于这样的认知："21 世纪是亚洲的世纪，到 2030 年，亚洲经济体可能占据世界经济总量的 44%，超过欧洲和美国的综合还要多。亚洲的军事力量伴随着财富的增长日趋增强。未来美国的安全和繁荣在更大程度上将取决于亚洲的变化，亚洲任何大规模的冲突都会影响美国的利益。因此，美国的外交政策的重点将转移到亚洲。"[1] 因此，美国推行"亚太再平衡"战略的根本出发点是其经济的复苏和安全。首先，"亚太再平衡"战略于 2009 年最先提出之时，正值美国次贷危机爆发之际。次贷危机的爆发使得本已经因多年反恐战争而不堪重负的美国财政更加雪上加霜，为了重振国内经济，提高就业率，美国将目光转向了被誉为"世界经济发动机"的亚洲，希望借助亚洲的经济活力重振美国经济；其次，美国认为中国的快速发展对美国的世界主导地位形成了挑战，中国充分利用美国忙于反恐、无暇东顾的战略机遇期实现了经济上的快速发展，同时在军事现代化方面也取得了长足的进展。中国在自身不断强大的同时，不断参与到亚太地区经济合作与整合的进程中来，带动了亚太国家的发展，使其影响力不断扩大，部分亚太国家认为亚太区域的主导权已经从美国转移到了中国。最后，例如朝韩问题、钓鱼岛问题、南海问题、台湾问题等地区传统安全和核扩散、恐怖主义、传染病等非传统安全问题在亚太地区的涌现对美国的安全利益产生了不利影响。在这样的背景下，奥巴马政府不得不调整其对外战略，实行"亚太再平衡"战略。因此，可以看到，"亚太再平衡"战略的出发点根本没有任何有关促进东盟内部经济一体化的战略考量。如戴长征（2012）对美国国务院网站相关资料的整理，得到的美国"亚太再平衡"所涉领域和具体措施如表 13 - 1 所示[2]：

---

① 李文、何丽娟：《美国战略东移：理论与实践》，《毛泽东邓小平理论研究》，2012 年第 1 期，第 102 ~ 108 页。

② 戴长征：《美国重返亚洲与中国的周边战略选择》，《国际关系学院学报》，2012 年第 6 期，第 85 ~ 91 页。

表 13 – 1　　　　美国"重返亚太"战略涉及领域与具体措施

涉及领域	具体措施
政治方面	巩固传统盟友关系：日本、韩国、新加坡、菲律宾、泰国 发展新兴伙伴关系：印度尼西亚、越南、马来西亚、印度、中国等 加强与区域性国际组织的合作：东盟、亚太经合组织
经济方面	主导该地区经济发展：推动"跨太平洋伙伴关系协议"的构建
军事方面	加强在该地区的军事存在： 建立与盟国联合军演的数量和力度（美菲联合军演、美日韩联合军演等） 建立新的军事基地（美国与澳大利亚签订军事基地使用协议等）
社会方面	利用"小多边"，加强同亚太国家在教育、环境、文化等方面的合作； 推出"湄公河下游倡议"，支持柬埔寨、老挝、泰国等国的社会发展； 美国国籍援助署（USAID）重返亚太地区，并在斐济设立办事处，用以支持 亚太地区节能减排等

资料来源：根据美国国务院官方网站资料整理。

从表 13 – 1 可以看出，无论从政治、经济、军事还是社会方面，美国"亚太再平衡"战略都没有提到任何有关促进东盟经济一体化的内容。因此，美国在制定"再平衡"政策时，不会在乎其是否有利于东盟经济一体化，那么东盟各国对原有政策进行调整以及使用美国"亚太再平衡"相关政策时，其有关促进东盟经济一体化的政策可能会面临失效，各国之间为东盟经济一体化而进行的政策协调的努力也恐怕会付之东流。那么此时，东盟经济一体化的步伐将会面临巨大的挑战。

三、"亚太再平衡"对 CAFTA 建设的冲击

CAFTA 历经十年的建设，于 2010 年正式建成，中国—东盟的经贸关系取得了长足的进步，促进了中国和东盟双方的经济增长。接下来中国与东盟将一道努力共建 CAFTA 升级版，提升双方的经济一体化程度。而上文已经对美国"亚太再平衡"战略对东盟内部经济一体化的冲击进行了论述，那么其对 CAFTA 的建设，特别是 CAFTA 升级版的建设又会带来哪些冲击呢？

首先，CAFTA 作为中国与东盟经济合作关系的枢纽，其进展、成效在很大程度上取决于双方制定政策的实施效果。一方面，东盟作为美国"亚太再平衡"战略实施的重点拉拢对象，自然在政治、经济、外交、安全等方面受到"亚太再平衡"战略的影响。而美国"亚太再平衡"战略的目的之一是要牵制中国，通

过挑拨中国与周边国家的关系以达到限制中国外部发展空间并重新建立起自己在亚洲主导地位的目的。那么，"亚太再平衡"战略在经济方面的相关政策将会与中国—东盟经贸合作的政策形成竞争关系，降低中国与东盟经济合作的政策效果，不利于中国—东盟经贸合作的发展。另一方面，中国与东盟的经贸合作是将东盟作为一个整体来对待，相关协议的签订与政策的实施的对象是东盟整体。东盟对其成员的整合能力越强、凝聚力越大，中国与东盟经贸合作的政策协调难度就越小，政策成本就越低，政策效果就越明显；反之则政策协调难度就越大，政策成本就越大，政策效果就越微弱。因此，由于美国"亚太再平衡"战略给东盟带来的离心力，将不利于中国—东盟经贸合作的政策协调和实施效果。

其次，美国"亚太再平衡"战略所推行的 TPP 将对 CAFTA 建设形成强有力的冲击。一方面，目前 TPP 协议已经正式签署，虽然其经济效应的实现仍然需要一个过程，但是已经对 CAFTA 形成有力竞争。而从目前的情况看，东盟国家中新加坡、文莱、越南已经签署了 TPP 协议，马来西亚、菲律宾和泰国也表达了对 TPP 谈判浓厚的兴趣，印度尼西亚也一改以往的抵制态度表达了加入 TPP 谈判的可能性，如果这些东盟国家最终都加入由美国主导的 TPP，那么东盟成员国中除了老挝、柬埔寨、缅甸三个较为落后的国家外，其他经济实力较强、市场容量较大的国家都会成为 TPP 的成员国。由于这些国家对于美国经济的依赖程度都相当高，届时其必然会将大部分注意力转移到由美国主导的 TPP 中，从而降低 CAF-TA 在东盟中的地位。这将极大地冲击中国与东盟国家已经建立起来的经贸合作框架，不利于 CAFTA 的推进和发展，甚至错失中国与东盟进一步深入合作的历史机遇。另一方面，由于 TPP 相比 CAFTA，不仅在范围上更加广泛，内容上也更加全面，对各个成员国的要求上也是更为严格。TPP 会给成员国带来巨大的经济利益，对 CAFTA 产生显著的贸易转移效应和投资转移效应，阻碍中国—东盟区域经济一体化进程，最终甚至使 CAFTA 建设和深化面临停滞。

四、中国应对"亚太再平衡"战略经济冲击的策略

美国"亚太再平衡"战略对中国的政治、经济、社会、安全等方面都会产生深远的影响，其对中国—东盟经贸合作未来的发展的作用不可小觑。下一个十年将是中国—东盟共建"钻石十年"的重要时期，为了更好地建设和推进 CAFTA 的建设，顺利建设成 CAFTA 升级版，中国需要以积极的态度进行灵活的应对。下面是笔者的一些对策思考，以下分别论述：

第一，加强与东盟各国的沟通，增强与周边国家的政治互信，进一步巩固与东盟甚至亚太各个国家的双边关系，营造和谐的周边环境，打造中国—东盟"命

运共同体"。这不仅有利于巩固中国—东盟双方已有的区域经济合作的成果，同时还有利于减少未来合作的政策协调难度、协调成本，增强协调成效，为进一步深化经贸合作助力。政治与经济存在着极为密切的互动关系，政治上理解和信任是各国经济合作的重要保证。面对美国"亚太再平衡"战略的来势汹汹，要保持和促进中国—东盟经贸关系的不断深化合作，推动 CAFTA 的向前发展，与东盟各国政府在多渠道、多层次的沟通就显得更为重要。特别在一些敏感的议题上，更是要保持顺畅的沟通渠道，谨慎处理，积极寻找争端解决机制。

第二，重视东盟各国的民意。在中国以往与东盟的经贸合作中，往往忽视东盟国家的民情民意，这不仅直接导致了我们在东盟的经济活动的成效大打折扣，而且影响中国企业在当地人心中的形象，不利于中国与东盟经贸关系的进一步发展。要应对"亚太再平衡"对中国—东盟经贸关系，特别是对 CAFTA 建设的冲击，光靠在政府层面的沟通和互动是不够的，必须加强与东盟当地老百姓的沟通，赢得他们的信任和支持，这样才能做到事半功倍。所谓"民之亲国之交"，加强东盟民意的重视将是未来中国—东盟经贸合作的重要议题。

第三，将更多的精力投入到 CAFTA 升级版的建设，以中国—东盟互联互通建设和"21 世纪海上丝绸之路"建设为契机，不断推进深化 CAFTA 的建设与发展。目前，2010 年 CAFTA 建成至今，中国与东盟各国除少数敏感产品外，绝大多数商品关税已经取消或大幅度降低，因此，现有的 CAFTA 效益已经接近释放完全。为此，必须紧紧抓住中国—东盟互联互通建设和"21 世纪海上丝绸之路"建设的契机，将更多的精力投入到 CAFTA 升级版建设中去，除了要扩大服务贸易、相互投资、注重贸易便利化问题外，更重要的是要着力改变中国与东盟国家简单的互补性货物贸易结构，注重推动区域产业内分工，构建中国—东盟产业链，增加附加价值，从而提高 CAFTA 对东盟国家的吸引力，抵御TPP 的转移效应。

第三节　中国—东盟区域经济一体化与中国—东盟命运同体

命运共同体这一理念在近段时间频繁被提出，中国—东盟命运共同体建设也逐渐地被提上日程。可以说，命运共同体建设是中国—东盟自由贸易区建设的终极目标。关于命运共同体概念的提出、发展及未来的发展目标和研究目标是众多学者关注的焦点，如何有效的制定发展规划将是中国—东盟命运共同体建设的主要任务。

一、命运共同体发展时间轴

党的十八大以来，习近平主席在对内和对外会议和会见中多次提出命运共同体理念。

2013 年 3 月，习近平首次海外出访，在坦桑尼亚尼雷尔国际会议中心演讲时，对中非关系"新定位"为"中非从来都是命运共同体，共同的历史遭遇、共同的发展任务、共同的战略利益把我们紧紧联系在一起。"

2013 年 4 月博鳌亚洲论坛，习近平主席的主旨演讲《共同创造亚洲和世界美好未来》中指出："人类只有一个地球，各国共处一个世界。我们应该牢固树立命运共同体意识，推动亚洲和世界共同发展。"并提出了四点发展目标：

（1）用于变革创新，为促进共同发展提供不竭动力。

（2）同心维护和平，为促进共同发展提供安全保障。

（3）着力推进合作，为促进共同发展提供有效途径。

（4）坚持开放包容，为促进共同发展提供广阔空间。

2013 年 8 月，习近平同肯尼亚总统会谈时指出，中非从来都是命运共同体，中方坚定支持非洲国家自主发展和联合自强，愿为促进非洲和平稳定和发展振兴继续发挥建设性作用。

2013 年 9 月，习近平主席在会谈老挝人民革命党中央总书记、国家主席朱马里时，表示，中老关系不是一般意义的双边关系，而是具有广泛共同利益的命运共同体。

2013 年 10 月，习近平主席在印度尼西亚国会发表题为《携手建设中国—东盟命运共同体》演讲，并指出要从坚持讲信修睦、坚持合作共赢、坚持守望相助、坚持心心相印和坚持开放包容五个方面作出努力。

2013 年 10 月，习近平在周边外交工作座谈会上发表重要讲话，强调要为我国发展争取良好周边环境，推动我国发展，要着力深化互利共赢格局，着力推进区域安全合作，着力加强对周边国家的宣传工作、公共外交、民间外交、人文交流，巩固和扩大我国同周边国家关系长远发展的社会和民意基础。

2013 年 10 月，李克强总理出席第十六次中国—东盟领导人会议时，阐述了"2 + 7 合作框架"，成为习近平主席所提出的中国—东盟共同体概念，包括了经济贸易、基础设施、金融合作、海上合作、安全合作以及人文交流等内容，是一个非常完整的整体，非常务实，又具有一定的可操作性。

2013 年 12 月，习近平主席出访非洲国家，在坦桑尼亚发表演讲时指出："中非从来都是命运共同体……"，"全非洲是一个命运与共的大家庭"。

2014年2月，巴基斯坦总统马姆努恩·侯赛因到访北京。巴方表示愿意加强同中国的友好合作，与中国共同打造命运共同体，并将保持密切高层往来和战略沟通，紧密结合两国发展战略，加强经济政策协调，提高经济合作水平，加强防务和安全合作，共同打击"三股势力"，维护地区和平、稳定、安全，加强人文交流，打造不同文明间对话合作的典范，加强在重大国际和地区问题上的沟通和协作，共同营造和平稳定的周边环境。

2014年4月，习近平在中央国家安全委员会第一次会议上发表讲话，强调要"既重视自身安全，又重视共同安全，打造命运共同体，推动各方朝着互利互惠、共同安全的目标相向而行"，同时阐释了"命运共同体理念"包含了创新、和平、合作、包容的内涵。

2014年5月，习近平主席在亚洲相互协作和信任措施会议第四次峰会上，提出"共同、综合、合作、可持续"的"新亚洲安全观"。

2014年7月，习近平对巴西进行国事访问，在中国—拉美、加勒比国家领导人会晤中发表题为《努力构建携手并进的命运共同体》的讲话，提出中拉关系"五位一体"新格局，打造中拉命运共同体，表示只有坚持平等相待，始终真诚相助，坚定支持对方走符合各自国情的发展道路。

2014年11月，中方在APEC2014年度会议上提出了"一带一路"构想，即"新丝绸之路"和"海上丝绸之路"的建设构想，并积极邀请各国加入到"一带一路"的建设中来，成立了以"丝路基金"来确保"一带一路"建设的保障性。

可以看到，中国在现阶段的世界经济发展中，已经由原来的参与别人建立的自由贸易区发展到可以自己提出建设并邀请相关国家参与的阶段。这是中国国力提升的一个重大表现。而在中国和东盟的自由贸易区建设中，中国始终以区域经济一体化建设为主要目标，认真履行自身责任，积极为双方发展考虑。尤其是习近平主席提出的"诚、惠、亲、容"合作理念，给东盟国家提供了较为舒适的合作方式，为中国—东盟自由贸易区发展提供了更为亲切和轻松的环境。

在"中国—东盟命运共同体"的理念引导下，中国—东盟自由贸易区和区域经济一体化建设在双方的共同努力下，应该以"命运共同体"为主要目标，打造中国—东盟特色的发展形式，具体来说，应确定明确的"命运共同体"内容，为其发展规划好具体目标。

二、中国—东盟命运共同体发展目标

按照习近平主席对中拉命运共同体的解释，中国和东盟之间命运共同体的打造将主要从政治上真诚互信、经贸上合作共赢、人文上互学互鉴、国际事务中密切协作、整体合作和双边关系相互促进[①]这几个方面逐步深入。而按照现在中国—东盟自由贸易区的发展态势，中国—东盟命运共同体的构建将从按照：利益共同体—责任共同体—人文共同体—安全共同体这一脉络逐步深入。

（一）利益共同体

强调中国与东盟之间经济贸易合作的紧密联系。经济发展、技术合作是中国—东盟自由贸易区建设的主要目标。目前中国与东盟的经济合作已经达到了较高的水平，只有投资项目还没有完全放开。但在现阶段形势下，一是加深中国—东盟经济联系，在双方贸易联系紧密的基础上，积极发展双方的服务贸易和投资贸易联系。在服务贸易联系上，充分应用自由贸易区发展相关规章制度，各国在一定程度上开放劳动力流动，对于劳动力流动会产生较大损失的国家，可考虑缓慢推进或给予一定补贴，使其经济发展跟上自由贸易区内的平均水平；在投资贸易联系上，应充分发挥各个国家的优势技术，减少区域内的技术重复开发，造成人力资源和自然资源的浪费，实行区域内的竞标制度，给区域内有资质的企业提供一个相对公平的竞争环境，激发区域内企业的竞争力提升。二是扩大双方金融服务范围，优化双方金融合作方式。突破现有金融发展瓶颈，在区域内实现金融发展的区域化。即实现资本市场的流动性自由，货币的可自由兑换进而实现区域内的货币统一。在此基础上，建设共同的货币市场、大宗商品交易商场、股权（产权）交易市场和国债投放市场。三是在自由贸易区内充分利用资源和地缘优势，做到统筹规划发展目标，产业链发展一条龙，即实现区域内的资源整合。第一阶段，可以在相关国家间进行协调，在有发展优势的国家或地区进行相应生产；第二阶段，更多的国家参与进来，实现产业在不同国家和地区间的基本划分；第三阶段，在全区域范围内，资源实现自行优化配置。这既需要市场主体的积极参与，也需要国家领导人层面的积极推动。并能够在保护环境、绿色生产等方面作出进展，这样，产业的分配才不会由于某产业污染环境较为严重而导致在区域内阻碍产业链条的连通性发展。

（二）责任共同体

强调中国与东盟国家在政治领域的相互信任和相互帮助。这在目前较难实现。由于东盟部分国家参加了不止一个自由贸易区建设，这就导致其在发展过程

---

① 央视网新闻：习近平提五点主张，打造中拉命运共同体，网址：http://news.cntv.cn/2015/01/06/ARTI1420513675454974.shtml。

中有轻重之分。在国际形势较为不明朗的情况下,国家之间博弈是引发一系列政治问题的根源。而中国与部分东盟国家在南海问题上的不一致是中国—东盟自由贸易区发展的主要阻碍力量,未来的发展重点应主要放在借助中国与东盟国家的经济联系弱化南海问题对中国—东盟间政治联系的不利作用。

(三) 人文共同体

强调中国与东盟国家间文化联系的增多和逐渐相互融合。这既包括官方文化,也包括民间文化。尤其是在双方的专业领域机制建设、文化产业、公共文化服务和人力资源开发等方面取得进展。中国与东盟国家的历史发展线条具有一定的相似性,且中国与东盟国家具有一定的文化风俗共识度,即双方人民的民族有所交叉,民族的融合程度较高,这对于双方建设共同的文化理念和形成相同的文化认知具有一定的优势。2014 年 4 月 20 日,第二次中国—东盟 "10 + 1" 文化部长会议暨第六次东盟 – 中日韩 "10 + 3" 文化部长会议上,双方签署了《中国—东盟文化合作行动计划 (2014 ~ 2018)》,就双方的文化务实合作进行了探讨,并达成了一致协议。专业领域机制建设方面,双方积极加强沟通,促进双方互信机制的建立;文化产业方面,支持双方文化的传播,尤其是电视媒体产业和网络媒体产业的相互连接,推动双方文化产业的良性竞争;公共文化服务方面,在区域内形成公共文化服务的相互连接,信息的无障碍流通;人力资源方面,鼓励区域内的文化交流,尤其是高层次人才的相互交流与沟通,深入探讨区域人才发展模式,在区域范围内鼓励大学生的自由流动,商讨区域人才发展新模式。

(四) 安全共同体

安全共同体是中国与东盟国家间命运共同体建设的较高阶段。上升到安全领域,将包含中国与东盟国家的军事安全、信息安全、交通安全等多个方面。届时,中国与东盟国家的安全状态将是统一而和谐的,也即中国和东盟国家达到完全无猜忌的状态,政治上相互信任、经济上相互合作、文化上相互理解、军事上相互支持。应该说,这是一种理想状态。

三、中国—东盟命运共同体建设过程中的着力点

中国是在国际社会上首次提出命运共同体建设的国家,作为主要成员,中国对于中国与东盟间命运共同体建设有着不可替代的责任和义务,应主要做到以下

几个方面：

（一）周边外交细节化

主要指与东盟国家外交过程中做好宣传，这里的"做好"指的是宣传要到位，即让当地民众认识到是从哪个国家受益的。扶持要到位，即发展过程中不要加入过多的中间环节，提高援助成本。民心要稳定，即在与东盟国家外交过程中，不能只参与到与国家政府的交流中，更要注重当地民心所向，尽量不涉及违背民心的项目，以免引起不必要的争端和民族事件。同时要照顾其他国家"舒适度"，在合作中为双方营造一个良好的氛围，不会因为国力之间的差距而使某些国家产生自卑或者抵触情绪。

（二）经济合作优质化

保障项目质量的前提下，保证项目对当地环境的保护。鼓励传统货物贸易，重视服务贸易，关注投资贸易。在服务贸易中，注重流动劳动力的素质，可对人员流动进行一定程度的把控，即对于国内进入到东南亚的务工人员，进行一定程度的培训，包括当地的基本语言、基本文化和传统，保证其进入当地后能够与当地居民和睦相处，树立我国国民在外的形象。对于投资贸易，参与商也应对投资地区的基本自然环境和人文环境进行一定程度的了解，做好项目的环保评估和项目的宣传工作，项目进行中处理好与当地民众生活的关系。最为重要的是，保证各项项目进行的进度和质量，严把质量关，让"中国制造"品质誉满东盟。

（三）创新发展常态化

尤其是在金融合作领域，广泛开展中国与东盟国家双方的金融合作。中国方面，可以先做好一定的金融基础设施建设准备：借助金砖国家开发银行、亚洲基础设施投资银行、海上合作组织开发银行和丝路基金等金融形式，融合中国和东盟双方的金融优势，努力开发开放双方的金融领域，共同建立中国—东盟自由贸易区内的大宗商品交易市场、股权（产权）交易市场和国债交易市场。在中国与东盟国家的边境地带，可利用其地缘优势和发展环境，优先设立各类市场的试点区域，并给予其一定的政策优惠便利，为双方金融合作的创新提供一定的地区范围和政策支撑。

（四）文化产业基层化

文化合作不只限于某特定阶层，而是惠及全民。应借助中国—东盟博览会、中国—东盟民间友好组织等政府和民间自发组织的联系机制，使中国和东盟的联系愈加紧密。借助中国和东盟双方旅游线路的开发，中国居民"东南亚旅游热"和东南亚居民的"中国旅游热"，给双方提供相互了解风俗民情和历史文化的优势条件。借助媒体，尤其是广播电视媒体，促进中国和东盟国家的电视电影节目的相互流通，文化氛围相互融合。借助网络，在全民范围内关注中国—东盟成员国的发展动向和中国与之合作的动向。

四、中国—东盟区域经济一体化未来研究目标

鉴于中国—东盟自由贸易区建设的良好经济基础和政治基础，中国和东盟的合作必然朝向"命运共同体"方向前进。这就说明，国家之间的微小矛盾是可以暂时忽略的，区域内发展成为国家发展的一大支撑力量。而中国—东盟区域经济一体化未来的研究目标也就明确起来：

（一）贸易一体化

即在区域范围内取消对商品流动的限制。这要求，中国和东盟双方要首先达到关税同盟，即完全取消关税。尽管中国—东盟自由贸易区的绝大部分关税已经取消，但是剩下的敏感产品如何处理一直是困扰经济学家和执政者的难题。如何不影响国家之间的主权和隐私，兼顾区域经济发展大局，解决敏感产品关税问题是达到贸易一体化的关键因素。

（二）要素一体化

即在区域范围内实现生产要素的自由流动。由于中国—东盟自由贸易区成员国的生产水平和技术差别较大，限制生产要素的自由流动对于生产力较低的国家是一种保护。那么要实现要素一体化，首先要实现的就是区域内贸易一体化，其次是完善现阶段内生产力较低国家的补贴制度，或者是统筹发展生产力较低国家的生产和技术进步，最后允许劳动力的自由流动，使劳动力伴随生产要素进行流动。

（三）政策一体化

即在区域范围内实现经济政策的协调一致。能够做到统筹规划，统一管理，这需要完善中国—东盟自由贸易区的区域管理体制和区域法律体制，以及相应的区域争端解决机制。也需要各成员国怀着"大爱"之心，以区域发展为最终目标，顾全区域发展大局势，在区域范围内实现文化命运共同体、政治命运共同体。

（四）完全一体化

即在区域范围内实现所有政策的全面统一，也即达到中国—东盟命运共同体状态。完全实现中国和东盟双方的经济命运共同体、文化命运共同体、政治命运共同体和军事命运共同体。

参 考 文 献

［1］［美］亚历山大·温特，秦亚青译：《国际政治的社会理论》，上海世纪出版集团 2000 年版。

［2］［美］加里·贝克尔，郭虹等译：《人力资本理论》，中信出版社 2007 年版。

［3］［美］萨瓦尔多：《国际经济学》（第八版），清华大学出版社 2004 年版。

［4］［英］彼得·罗布森，戴炳然等译：《国际一体化经济学》，上海译文出版社 2001 年版。

［5］《中国大百科全书·社会学卷》，中国大百科全书出版社 1991 年版。

［6］安德鲁：《发展中国—东盟服务贸易合作的思考》，《消费导刊》，2007 第 11 期。

［7］巴晶铝：《中国—东盟自由贸易区贸易效率和公平分析——基于贸易条件的视角》，《现代商贸工业》，2010 年第 8 期。

［8］曹和平、周钜乾：《中国—东盟自由贸易区成长五阶段预测与分析》，《云南大学学报》（社会科学版），2006 年第 2 期。

［9］曹亮：《区域经济一体化的政治经济学分析》，中国财政经济出版社 2006 年版。

［10］曹云华、唐翀：《新中国—东盟关系论》，世界知识出版社 2005 年版。

［11］陈定辉：《老挝：2012～2013 年回顾与展望》，《东南亚纵横》，2013 年第 2 期。

［12］陈寒溪：《此"盟"彼"盟"各不同——东盟和欧盟的地区一体化比较》，《世界知识》，2003 年第 7 期。

［13］［文莱］陈家福：《经济转型：中国—东盟相互投资与产业合作》，《东南亚纵横》，2013 年第 10 期。

［14］陈剑波、胡列曲：《中国—东盟区域金融合作进程及展望》，《合作经济与科技》，2012 年第 4 期。

[15] 陈军亚：《西方区域经济一体化理论的起源及发展》，《华中师范大学学报》，2008 年第 6 期。

[16] 陈璐：《东盟一体化的前景——与东盟一体化的比较分析》，《云南社会主义学院学报》，2012 年第 2 期。

[17] 陈廷根：《区域经济一体化发展的动因探究》，《经济师》，2006 年第 6 期。

[18] 陈文慧：《中国与东盟国家产业结构现状分析》，《东南亚纵横》，2009 年第 11 期。

[19] 陈雯：《东盟区域贸易合作的贸易效应研究》，厦门大学博士学位论文，2002 年。

[20] 陈秀莲：《中国—东盟运输贸易一体化的现状——水平与发展前景》，《国际贸易问题》，2012 年第 8 期。

[21] 陈秀珍：《香港与内地经济一体化程度的量化评价——CDI 香港与内地经济一体化指数研究》，《开放导报》，2005 年第 4 期。

[22] 程敏：《东盟一体化发展中的溢出效应及其影响》，《经济问题探索》，2006 年第 5 期。

[23] 程伟：《简论 APEC 的发展过程及其作用》，《现代日本经济》，1996 年第 4 期。

[24] 程永林：《区域合作，利益协调与机制设计——基于泛珠三角与东盟跨边界次区域经济合作的研究》，《东南亚研究》，2009 年第 2 期。

[25] 东艳：《南南型区域经济一体化能否促进 FDI 流入？——中国—东盟自由贸易区引资效应分析》，《南开经济研究》，2006 年第 6 期。

[26] 董勤发：《关于国际财政学几个基本问题的研究》，《世界经济》，1993 年第 6 期。

[27] 董亚娟、孙敬水：《区域经济收入分布的动态演进分析——以浙江省为例》，《当代财经》，2009 年第 3 期。

[28] 杜平：《国外开发欠发达地区的经验教训》，《人大报刊复印资料》，2001 年第 5 期。

[29] 樊翠香、夏道鹏、刘立峰、马云、夏道成：《浅析儒家文化对新加坡政治的影响》，《消费导刊》，2008 年第 6 期。

[30] 范剑勇：《市场一体化、地区专业化与产业集聚趋势》，《中国社会科学》，2004 年第 6 期。

[31] 范莉：《从〈清迈协议〉看东亚货币合金融合作》，《世界经济》，2006 年第 6 期。

［32］范珍：《中国—东盟承接产业转移与区域物流一体化问题探析》，《研究与探讨》，2012 年第 8 期。

［33］范祚军、何安妮、阮氏秋河、周南成：《人民币国际化战略调整：区域布局与整体推进》，《经济研究参考》，2012 年第 23 期。

［34］范祚军、侯晓：《中国—东盟区域经济一体化趋势下的税收竞争与中国的政策选择》，《东南亚纵横》，2011 年第 11 期。

［35］方柏华：《析东盟一体化的制约因素》，《中共浙江省委党校学报》，1994 年第 2 期。

［36］方军祥：《中国与东盟：非传统安全领域合作的现状与意义》，《南洋问题研究》，2005 第 4 期。

［37］方芸：《老挝全方位外交政策与老中关系》，《东南亚研究》，2011 年第 2 期。

［38］冯兴元：《立宪的意涵：欧洲宪法研究》，北京大学出版社 2005 年版。

［39］高辰星：《加速推进中国—东盟区域经济一体化的战略思考》，《国际经贸》，2013 年第 8 期。

［40］高绵、肖琼、林珊：《中国与东盟五国服务贸易发展趋势与竞争力特点分析》，《亚太经济》，2010 年第 9 期。

［41］高小升：《欧溯经济一体他发展模式评祈国》，《国际经贸》，2008 年第 2 期。

［42］郜火星：《关于世界经济区域集团化发展的思考》，《经济经纬》，2006 年第 3 期。

［43］古惠冬：《北美自由贸易区的解析及其对区域经济合作的启示》，《改革与战略》，2001 年第 6 期。

［44］广西社会科学院编写组：《中国与东盟建立对话关系十五年回顾》，《东南亚纵横》，2006 年第 10 期。

［45］广西社会科学院东南亚研究所、中华人民共和国公安部东南研究所课题组：《中国与越南关系 2012～2013 年回顾与展望》，《东南亚纵横》，2013 年第 1 期。

［46］郭惠琳：《马来西亚陷入"中等收入陷阱"的原因和政策应对》，《亚太经济》，2012 年第 5 期。

［47］韩蕾：《东北地区人力资本与产业结构优化》，《对策研究》，2003 年第 5 期。

［48］何奇松、李明波：《欧盟国防工业的一体化发展及面临的问题》，《军事经济研究》，2004 年第 8 期。

[49] 何祖普:《WTO 和 NAFTA 争端解决机制关系研究》,广西师范大学硕士学位论文,2007 年。

[50] 贺艳红:《中国—东盟区域经济一体化的利弊分析》,《中国商贸》,2009 年第 5 期。

[51] 赫国胜、杨哲英、张日新:《新编国际经济学》,清华大学出版社 2003 年版。

[52] 侯文霞、庞维杰:《论相互依存与中国—东盟合作》,《贵州工业大学学报》,2008 年第 2 期。

[53] 侯振宇:《中国—东盟合作的价值基础》,《开放导报》,2011 年第 4 期。

[54] 胡超、王新哲:《中国—东盟区域经济深度一体化——制度环境与制度距离的视角》,《国际经贸探索》,2012 年第 3 期。

[55] 胡焕武:《区域性国际经济组织机构法研究》,广西师范大学硕士学位论文,2006 年。

[56] 胡晓红、徐大泰:《WTO 协定基本原则的商法分析》,《科学·经济·社会》,2002 年第四期。

[57] 胡再勇:《东亚金融一体化程度研究》,《亚太金融》,2007 年第 5 期。

[58] 华民、于换军、孙伊然:《从欧元看货币一体化的发展前景》,《世界经济》,2005 年第 5 期。

[59] 黄骏:《软实力运用:推进中国与东盟合作的关键》,《现代国际关系》,2009 年第 8 期。

[60] 黄立群、唐文琳、于丰滔、张涵:《出口产业竞争力的主成分分析——基于中国—东盟国家的实证研究》,《广西大学学报》,2013 年第 1 期。

[61] 黄丽君:《CAFTA 框架下南宁区域性金融中心建设研究》,中央民族大学硕士学位论文,2013 年。

[62] 黄素心、王春雷:《产业部门重要性测算:基于假设抽取法的实证》,《统计与决策》,2009 年第 9 期。

[63] 黄绥彪:《中国—东盟自由贸易区构建的税收协调》,《广西大学学报》(哲学社会科学版),2004 年第 5 期。

[64] 黄新宪:《东南亚华人宗教文化与中国宗教文化的渊源联系》,《福建论坛》,1998 年第 2 期。

[65] 倪晓光:《从新制度经济学角度看经济全球化和区域经济一体化》,《经济与管理》,2005 年第 8 期。

[66] 纪小围:《北美自由贸易区服务贸易自由化的贸易效应研究》,厦门大学硕士学位论文,2009 年。

［67］贾庆军：《当代欧洲文化认同及其建构——认识欧洲一体化的一个视角》，华东师范大学硕士学位论文，2005 年。

［68］姜振军：《俄罗斯军事安全面临的威胁及其防范措施》，《俄罗斯中亚东欧研究》，2009 年第 1 期。

［69］金柏松：《关于泛北部湾次区域合作构想》，《东南亚纵横》，2008 年第 1 期。

［70］孔远志：《中国与东南亚文化交流的特点》，《东南亚研究》，1998 年第 4 期。

［71］邝国良、肖磊：《中国—东盟自由贸易区的贸易合作战略研究》，《对外经济贸易大学学报》，2003 年第 1 期。

［72］兰天：《北美自由贸易区经济效应研究》，吉林大学博士学位论文，2011 年。

［73］郎永峰、尹翔硕：《中国—东盟 FTA 贸易效应实证研究》，《世界经济研究》，2009 年第 9 期。

［74］黎晓岚：《中国与东盟社会主义国家政治交往实践：现状、成果及问题》，《东南亚纵横》，2010 年第 4 期。

［75］李晨阳：《中国发展与东盟互联互通面临的挑战与前景》，《思想战线》，2012 年第 1 期。

［76］李格琴：《大国成长与中国的国家形象塑造》，《现代国际关系》，2008 年第 18 期。

［77］李红、彭慧丽：《区域经济一体化进程中的中国与东盟文化合作：发展、特点及前瞻》，《东南亚研究》，2013 年第 1 期。

［78］李建伟：《中国企业投资东盟策略分析》，《社会科学家》，2010 年第 2 期。

［79］李军林、姚东旻、许晓晨：《东盟区域经济一体化——基于边境效应的实证分析》，《经济理论与经济管理》，2012 年第 4 期。

［80］李玲：《中国人力资本产业间流动与配置状况分析》，《经济纵横》，2002 年第 5 期。

［81］李明明：《论欧盟的区域认同与安全防务》，《当代西方研究》，2005 年第 5 期。

［82］李强：《试论中国—东盟区域经济合作的障碍因素：外资竞争和外资转移》，《经济研究参考》，2005 年第 82 期。

［83］李瑞林、骆华松：《区域经济一体化内涵、效应与实现途径》，《经济问题探索》，2007 年第 1 期。

［84］李文韬、樊莹、冯兴艳：《APEC 互联互通问题研究》，《亚太经济》，2014 第 2 期。

［85］李欣广：《产业对接理论与产业结构优化》，人民出版社 2011 年版。

［86］李欣广：《中国—东盟区域经济一体化的产业转移效应》，《国际经贸探索》，2004 年第 6 期。

［87］廖小健：《马来西亚国家利益与对华政策转变》，《南洋问题研究》，2006 年第 3 期。

［88］刘澄、王东峰：《区域经济一体化的新制度经济学分析》，《亚太经济》，2007 年第 2 期。

［89］刘京华：《东盟区域经济一体化绩效评估》，《长江大学学报》，2013 年第 11 期。

［90］刘玲玉：《西非国家经济共同体一体化研究》，上海师范大学硕士学位论文，2010 年。

［91］刘生龙、胡鞍钢：《交通基础设施与中国区域经济一体化》，《经济研究》，2011 年第 3 期。

［92］刘世元：《区域国际经济法研究》，吉林大学出版社 2011 年版。

［93］刘险得：《东盟一体化过程中的"外溢"效应》，《法制与社会》，2008 年第 3 期。

［94］刘兴华：《区域认同与东亚区域主义》，《现代国际关系》，2004 年第 5 期。

［95］刘云中、刘泽云：《中国区域经济一体化程度研究》，《财政研究》，2011 年第 5 期。

［96］刘稚：《大湄公河次区域合作发展报告（2011～2012）》，社会科学文献出版社 2012 年版。

［97］陆建人：《APEC20 年：回顾与展望》，《国际贸易问题》，2010 年第 1 期。

［98］陆建人：《当前中国—东盟合作面临的新挑战与对策》，《广西大学学报》，2013 年第 7 期。

［99］陆建人：《政治互信决定合作命运——写在中国—东盟建立对话关系 20 周年之际》，《进出口经理人》，2011 年第 10 期。

［100］陆利香：《包容性增长视域下的中国—东盟区域经济一体化》，《学术论坛》，2012 年第 8 期。

［101］罗梅：《新加坡：2011～2012 年回顾与展望》，《东南亚纵横》，2012 年第 3 期。

[102] 罗明义：《论区域经济一体化与基础设施建设》，《思想战线》，1995年第6期。

[103] 罗上烧：《北美自由贸易区统一市场建设的经验与教训》，《经营管理者》，2010年第17期。

[104] 吕洪良：《中国与东盟国家间的产业合作升级》，华中科技大学博士学位论文，2004年。

[105] 鲁晓东：《国际直接投资——基于区域经济一体化视角的研究》，经济管理出版社2011年版。

[106] 马炳寿：《促进中国—东盟区域经济一体化发展的税收对策研究》，《广西财经学院学报》，2008年第4期。

[107] 马春海：《区域制度变迁与中国和东盟的政治合作》，《东南亚纵横》，2005年第5期。

[108] 马静、马金案：《文莱：2013年发展回顾与2014年展望》，《东南亚纵横》，2014年第2期。

[109] 马嬛：《中国和东盟互联互通的意义、成就及前景——纪念中国—东盟建立对话关系20周年》，《国际展望》，2011年第2期。

[110] 孟庆民：《区域经济一体化的概念与机制》，《开发研究》，2001年第2期。

[111] 孟真：《论在地区合作中塑造中国的国家形象——以上海合作组织为例》，中国政法大学硕士学位论文，2009年。

[112] 聂晶晶：《吸引国际直接投资与我国经济安全问题》，《知识经济》，2009年第7期。

[113] 农立夫：《越南：2011～2012年回顾与展望》，《东南亚纵横》，2012年第3期。

[114] 彭有祥：《中国东盟自由贸易区建设与我国经济安全》，《经济问题探索》，2007年第1期。

[115] 乔峰、姚俭：《时序全局主成分分析在经济发展动态描绘中的应用》，《数理统计与管理》，2003年第2期。

[116] 秦欣然：《中国—东盟区域经济一体化趋势下的财政政策协调研究》，广西大学硕士学位论文，2013年。

[117] 邱建国：《东亚经济一体化的路径选择——基于北美、欧盟经验的分析》，山东大学硕士学位论文，2008年。

[118] 萨勒胡丁·萨勒：《论中国和东盟经济发展的文化动力》，《国际学术交流》，2008年第2期。

［119］宋兰旗：《亚太区域经济一体化的进程与影响因素》，《经济纵横》，2012 年第 12 期。

［120］宋永新、宋海鹰：《国际经济组织法导读》，浙江大学出版社 2000 年版。

［121］苏颖宏、王勤：《我国与东盟国家的产业分工与协作》，《特区经济》，2007 年第 11 期。

［122］孙林：《中国—东盟区域经济一体化问题研究》，《现代商贸工业》，2010 年第 20 期。

［123］覃玉荣：《中国—东盟跨境民族文化产业发展与合作——基于文化距离的探究》，《广西社会科学》，2012 年第 11 期。

［124］唐姣美、钟明容：《钻石 10 年：中国—东盟服务贸易发展的机遇与挑战》，《东南亚纵横》，2013 年第 11 期。

［125］唐志军、徐会军、巴曙松：《中国房地产周期波动研究——一个机遇时序全局主成分方法的分析》，《科学决策》，2009 年第 6 期。

［126］陶剑平：《浅析广西与东盟文化产业的交流与合作》，《东南亚纵横》，2009 年第 12 期。

［127］田鸿雁、宋学文：《中国—东盟自贸区建设的成就、挑战与对策探析》，《改革与战略》，2012 年第 1 期。

［128］田家谷：《国际经济组织法》，中国法制出版社 2000 年版。

［129］涂志玲：《NAFTA 十年回顾与展望》，《求索》，2005 年第 4 期。

［130］涂志玲：《从 NAFTA 十年成效看南北型区域经济合作》，《世界经济与政治论坛》，2005 年第 4 期。

［131］汪占熬、陈小倩：《中国—东盟自由贸易区投资效应研究》，《华东经济管理》，2013 年第 6 期。

［132］王光厚、张效民：《多边外交与中国—东盟关系》，《东南亚纵横》，2011 年第 12 期。

［133］王光厚：《试析中国东盟关系中的安全问题》，《兰州学刊》，2007 年第 2 期。

［134］王广宇：《论亚太经合组织与中国经济的发展》，《现代国际关系》，1986 年第 6 期。

［135］王海全：《浅谈 CAFTA 框架下金融支撑——中国—东盟区域产业分工与合作策略》，《广西经济》，2010 年第 3 期。

［136］王景敏：《中国—东盟物流产业合作研究》，《经济研究参考》，2013 年第 41 期。

［137］王峻峰：《南北区域经济集团化的典型——北美自由贸易区》，《黑龙江对外经贸》，2006 年第 8 期。

［138］王璐：《欧盟股票市场一体化研究》，厦门大学硕士学位论文，2009 年。

［139］王勤、李南：《东盟互联互通战略及其实施成效》，《亚太经济》，2014 第 2 期。

［140］王勤：《东盟区域经济一体化的进展与前景》，《国际论坛》，2005 年第 4 期。

［141］王勤：《东盟区域一体化的发展及成员国间的双边关系》，《当代亚太》，2006 年第 11 期。

［142］王勤：《论东盟区域经济一体化》，《厦门大学学报》，2005 年第 5 期。

［143］王勤：《中国—东盟经济关系 20 年：回顾与展望》，《南洋问题研究》，2011 年第 4 期。

［144］王小进、何奇频：《欧盟区域经济合作机制的经验与教训》，《商情》，2008 年第 7 期。

［145］王新龙：《国际安全合作：一种安全哲学视角的解读》，《国际论坛》，2008 年第 7 期。

［146］王瑛：《区域经济一体化发展的驱动机制分析》，《企业经济》，2005 年第 4 期。

［147］王玉主：《区域一体化背景下的中国与东盟贸易———一种政治经济学解释》，《南洋问题研究》，2006 年第 4 期。

［148］王昱：《论当代欧洲一体化进程中的文化认同问题——兼评欧盟的文化政策及其意向》，《国际政治研究》，2000 年第 11 期。

［149］王志军、康卫华：《欧盟银行业一体化发展分析》，《南开经济研究》，2005 年第 2 期。

［150］王子昌、栾淑彦：《国家利益协调与区域国际经济合作——以东盟为例的分析》，《国际经贸探索》，2004 年第 5 期。

［151］王子昌：《一体化的条件与东盟的发展》，《东南亚研究》，2002 年第 2 期。

［152］韦朝晖：《马来西亚：2011～2012 年回顾与展望》，《东南亚纵横》，2012 年第 3 期。

［153］韦红：《地区主义视野下的中国—东盟合作研究》，世界知识出版社 2006 年版。

［154］韦红：《中国—东盟合作与东亚一体化》，《现代国际关系》，2005 年

第 9 期。

[155] 吴杰华：《APEC 模式的特点及对中国的影响》，《商场现代化》，2006 年第 18 期。

[156] 吴胜蓝：《东亚区域经济一体化进程中中国的选择——基于建立中国—东盟自贸区的思考》，《福建论坛》，2011 年第 6 期。

[157] 吴双：《北美自由贸易协定若干法律问题研究》，暨南大学硕士学位论文，2007 年。

[158] 吴思敏、詹正华：《基于引力模型的中国东盟自由贸易区研究》，《决策参考》，2006 年第 11 期。

[159] 肖安宝、元晋秋：《中国化的马克思主义与中国—东盟政治关系的发展》，《学术论坛》，2011 年第 9 期。

[160] 谢泽宇、郭健全：《基于直接投资中国与东盟产业双向转移现状研究》，《商业经济》，2013 年第 1 期。

[161] 熊爱宗：《美国量化宽松政策对东亚资本流动的影响》，《亚太经济》，2013 年第 2 期。

[162] 徐秦法：《关联经济理论视域下的中国—东盟政治合作》，《学术论坛》，2009 年第 10 期。

[163] 徐现祥、舒元：《协调发展：一个新的分析框架》，《管理世界》，2005 年第 2 期。

[164] 徐兆存、阎循民：《传统南南型区域经济一体化组织与中国—东盟自由贸易区的比较分析》，《中共济南市委党校学报》，2004 年第 2 期。

[165] 徐中亚、董倩倩：《中国—东盟金融合作：现状、问题与对策》，《经济研究导刊》，2010 年第 26 期。

[166] 许梅：《2012 年越南政治、经济与外交综述》，《东南亚纵横》，2013 年第 2 期。

[167] 许宁宁：《中国—东盟产业合作现状、趋势及建》，《东南亚纵横》，2012 年第 6 期。

[168] 许世铨：《东亚区域经济合作及对两岸关系的影响》，《台湾研究》，2002 年第 2 期。

[169] 杨春梅：《中国与东盟进行贸易合作的战略选择》，《现代财经》，2004 年第 4 期。

[170] 杨宏恩：《东盟与中国经济合作的动机及其现实收益》，《当代经济研究》，2009 年第 7 期。

[171] 杨欢：《中国—东盟自由贸易区中国进口的贸易效应研究——基于巴

拉萨模型》,《对外经贸》,2012 年第 9 期。

[172] 杨建民:《拉美国家的一体化与民主化——从巴拉圭政局突变和委内瑞拉加入南共市谈起》,《拉丁美洲研究》,2012 年第 6 期。

[173] 杨建学:《中国与东盟投资保护法律制度研究》,《商业研究》,2009 年第 7 期。

[174] 杨琴:《东南亚经济一体化研究》,厦门大学出版社 2008 年版。

[175] 杨森林、陈德泉:《论区域经济一体化演进机制及阶段特征》,《商业经济与管理》,1995 年第 1 期。

[176] 杨永红:《中国与东盟国家间产业内分工基础及体系构建探讨》,《改革与战略》,2005 年第 12 期。

[177] 杨勇、胡渊:《亚太区域经济一体化发展趋势与中国的策略选择》,《亚太经济》,2011 年第 6 期。

[178] 于纯海、代明智:《超越主权:欧洲一体化进程的法哲学追问——写在〈罗马条约〉50 年》,《黑龙江省政法管理干部学院学报》,2007 年第 9 期。

[179] 余诚、秦向东:《从贸易角度看东亚经济一体化的进程》,《国际商务——对外经济贸易大学学报》,2011 年第 5 期。

[180] 余文建、郭勇、陆峰:《中国—东盟区域金融机构合作的思考》,《东南亚纵横》,2010 年第 7 期。

[181] [菲律宾] 约瑟思·艾思塔尼斯劳、庞奔奔:《中国—东盟合作的前景》,《东南亚纵横》,2011 年第 11 期。

[182] 翟崑:《试析东南亚地区的中国威胁论》,《亚非纵横》,2006 年第 5 期。

[183] 翟崑:《中国在东南亚的国家形象》,《公共外交季刊》,2011 年第 8 期。

[184] 张彬:《国际区域经济一体化比较研究》,人民出版社 2010 年版。

[185] 张彬、王胜、余振:《国际经济一体化福利效应——基于发展中国家视角的比较研究》,社会科学文献出版社 2009 年版。

[186] 张恒俊:《中国与东盟经贸关系中的互补与竞争》,《社会科学家》,2009 年第 7 期。

[187] 张静宜:《中国—东盟自由贸易区服务贸易发展的思考》,《经济与管理》,2010 年第 6 期。

[188] 张龙:《APEC 经济技术合作的障碍及对策建议》,《亚太经济》,2001 年第 5 期。

[189] 张娜、李立民:《基于产业内贸易视角的中国与东盟产业结构调整探

讨》，《东南亚纵横》，2008 年第 4 期。

[190] 张天桂：《欧盟、北美自由贸易区和中国—东盟自由贸易区政府作用的比较》，《当代亚太》，2007 年第 10 期。

[191] 张学明：《经济安全地位的上升与军事安全的核心地位》，《南京政治学院学报》，2001 年第 6 期。

[192] 张玉华、刘晓东：《广西与东盟文化交流合作的现状、问题与对策》，《前沿》，2012 年第 18 期。

[193] 张媛：《中国—东盟区域经济一体化 FDI 效应实证研究》，《现代商贸工业》，2013 年第 22 期。

[194] 张蕴岭：《区域合作的政治经济学》，《世界经济与政治》，2004 年第 6 期。

[195] 赵仁平：《中国—东盟自由贸易区财政制度协调研究》，经济科学出版社 2010 年版。

[196] 赵银亮：《区域体制变迁与中国和东盟的政治合作》，《国际观察》，2004 年第 6 期。

[197] 赵玉焕、王帅：《中国—东盟自由贸易区投资效应研究》，《北京理工大学学报》（社会科学版），2011 年第 4 期。

[198] 赵媛、诸嘉：《区域经济一体化的动力机制及组织类型》，《世界地理研究》，2007 年第 3 期。

[199] 郑一省、陈思慧：《中国与东盟国家"新经济"产业合作展望》，《广西民族大学学报（哲学社会科学版）》，2008 年第 3 期。

[200] 中华人民共和国国务院新闻办公室：《中国人力资源状况》，人民出版社 2010 年 9 月。

[201] 周文贵：《北美自由贸易区：特点、运行机制、借鉴与启示》，《国际经贸探索》，2004 年第 1 期。

[202] 周燕、张国梅：《南北区域经济集团化的典型——北美自由贸易区》，《决策咨询通讯》，2006 年第 3 期。

[203] 周忠菲：《〈北美自由贸易协定〉的实施及其影响》，《世界经济研究》，1995 年第 6 期。

[204] 朱进、王光厚：《冷战后东盟一体化论析》，《北京科技大学学报》，2009 年第 1 期。

[205] 朱晓军：《欧盟商品市场一体化的实证研究》，复旦大学博士学位论文，2008 年。

[206] 祝小兵：《东亚金融合作——可行性、路径与中国的战略研究》，上

海财经大学出版社 2006 年版。

　　［207］徐春祥：《东亚贸易一体化的路径研究》，辽宁大学博士学位论文，2008 年。

　　［208］左连村：《中国—东盟自由贸易区与北美自由贸易区比较分析》，《学术研究》，2003 年第 8 期。

　　［209］Anthony Welch. China – ASEAN Relations in Higher Education：An Analytical Framework，Emerging International Dimensions in East Asian Higher Education，2014，pp. 103 – 120.

　　［210］A. Tekin Koru. North South Integration and the Location of Foreign Direct Investment. Review of International Economics，2010，4.

　　［211］Aekaputra，Prasit. Report on the ASEAN Economic Cooperation and Integration，European Yearbook of International Economic Law 2011，Springer Berlin Heidelberg，2011.

　　［212］Albuquerque R，Loayza N，Servén L. World market integration through the lens of foreign direct investors. Journal of International Economics，2005，66（2）.

　　［213］Alice D. Ba China and ASEAN：Renavigating Relations for a 21st – Century Asia，Asian Survey，Vol. 43，No. 4，2003.

　　［214］Anyarath Kitwiwattanachai，Doug Nelson，Geoffrey Reed. Quantitative impacts of alternative East Asia Free.

　　［215］Bela Balassa. European Integration：Problems and Issues，The American Economic Review，1963.

　　［216］Benhabib，Jess，and Mark M. Spiegel. The Role of Humans Capital in Economic Development，Evidence from Aggregate Cross – Country Date. Journal of Monetary Economics，1993.

　　［217］Blomstorm，M. and Ari Kokko. How foreign investment affects host countries，Policy Research Working Paper 1745，The world bank，Washington，D. C.，1997.

　　［218］Brodzicki，Tomasz. New empirical insights into the growth effects of economic integration within EU，Paper presented at the Fourth Annual Conference of the European Economic and Finance Society，2005，4.

　　［219］Brown，Drusilla K.，Kozo Kiyota and Robert M. Stern Computational Analysis of the Menu of US – Japan Trade Policies，World Economy，Vol. 29，No. 6，2006.

　　［220］Bruce D. Meyer. Natural and quasi – experiments in economics，Journal of

Bussiness & Economic Statistics, Apr 1995.

[221] Canjels E., Prakash – Canjels G., Taylor A. M. Measuring market integration: foreign exchange arbitrage and the gold standard 1879 – 1913, Review of Economics and Statistics, 2004, 86 (4).

[222] Carranza, M. E., Mercosur. the Global Economic Crisis, and the New Architecture of Regionalism in the Americas. 2012 June.

[223] Chang W., Winters L. A. How regional blocs affect excluded countries: the price effects of MERCOSUR, World Bank Publications, 1999.

[224] Charles E. Moris and Astley. Schulke Survival Strategy: Foreign Policy Dilemma of Small Countries in Asia, New York: Sanit Martin Press, 1978.

[225] Christopher Hemmer, Peter J. Katzenstein. Why Is There No NATO in Asia? Collective Identity, Regionalism, and the Origins of Multilateralism. International Organization, Vol. 56, No. 3, 2002.

[226] Christopher S. P. Magee. New measures of trade creation and trade diversion, Journal of International Economics Volume 75, Issue 2, July 2008.

[227] Cooper, C. A. and Massell, B. F. Toward a General Theory of Customs Unions for Developing Countries, The Journal of Political Economy, Vol. 73, 1965.

[228] Croci M. Country pair-correlations as a measure of financial integration: the case of the euro equity markets, 2004.

[229] Dunning J. Multinational Enterprises and the Global Economy, Addison Wesley, MA, 1993.

[230] East Asian Integration Studies: Comparative Regional Integration: Europe and Beyond, 2010.

[231] Emanuel Adler and Michael Barnett. Security Community, Cambridge University Press, 1998.

[232] European Comission: The Negotiations Between Mercosur and The EU: The Last Opportunity, 2012, June.

[233] Evelyn. Gob Great Powers and Hierarchical Order in Southeast Asia: Analyzing Regional Security Strategies, international Security, Vol. 32, No. 3, 2007.

[234] Fawcett, Louise L'Estrange and Andrew Hurrell (eds.) Regionalism in world politics: regional organization and international order. Oxford University Press, 1995.

[235] Fernando T. Aldaba. Migration Governance in the ASEAN Economic Community, Global and Asian Perspectives on International Migration, vol. 4, 2014.

［236］ Fernandez, R. J. Portes Returns to Regionalism: An Analysis of Nontraditional Gains from Regional Trade Agreements, The World Bank Economic Review, Vol. 12, No. 2, 1998.

［237］ Frankel, Jeffrey and Wei. Shangjin Trade Blocs and Currency Blocs, NBER Working Paper, No. 4335, 1993.

［238］ Fritz W. Scharf. What have We Learned? – Problem – Solving Capacity of the Multilevel European Polity, MPIFG Working Paper, 2001.

［239］ Galgau, Olivia and Khalid Sekkat. The Impact of the Single Market on Foreign Direct Investment in the European Union, APF Press, 2004.

［240］ Gardini, G. L. Unity and diversity in Latin American visions of regional integration: a comparative analysis of Mercosur and Alba, 2009, September.

［241］ Harald Badinger. Growth Effects of Economic Integration: Evidence from the EU Member States, Review of World Economics, Vol. 141, 2005.

［242］ Harris R G. Industry Canada, North American economic integration: issues and research agenda, Industry Canada, 2001.

［243］ Hijazi, H. Asymmetries Among The Members Of Mercosur, Retrieved from www. utp. edu. co, 2012, May.

［244］ Islam. Growth Empirics: A Panel Data Approach. Quarterly Journal of Economics, 1995.

［245］ John H. Dunning and Sarianna Mlundan. Multinational Enterprises and the Global Economy, Edward Elgar Publishing, 2008.

［246］ Joseph S. N. , (eds.) International Regionalism: Readings, Boston: Little Brown & Co. , 1968.

［247］ Joseph S. Nye. Comparative Regional Integration: Concepts and Measurement, International Organization, Vol. 22, No. 4, 1968.

［248］ Kevin G. Cai. The ASEAN – China Free Trade Agreement and East Asian Regional Grouping, Contemporary Southeast Asia, Vol. 25, No. 3, 2003.

［249］ Kindleberger, C. P. European integration and the international corporation, Columbia Journal of World Business, Vol. 1, 1965.

［250］ Kowalczyk, C. Welfare and Customs Unions, National Bureau of Economic Research Working Paper, No. 4983 (Cambridge, MA: NBER), 1990.

［251］ Krugman. P. Increasing Returns and Economic Geography, Journal of Political Economy, Vol. 99, 1991.

［252］ Kuik Cheng Chwen. Multilateralism in China's ASEAN Policy: Its Evolution, Characteristics, and Aspi-ration, Contemporary Southeast Asia, Vol. 27, No. 1, 2005.

[253] L. K. Lim. Convergence and interdependence between ASEAN5 stock markets, Mathematics and computers in Simularion, 2008.

[254] Louise Fawcett and Andrew Hurrell, (eds.) Regionalism in World Politics: Regional Organization and International Order, Oxford University Press, 1995/1997.

[255] Lucas, R. E. On the mechanics of economic development, Journal of Monetary Economics, Vol. 22, 1988.

[256] Luis A. Rivera – Batiz and Paul M. Romer. Economic Integration and Endogenous Growth, The Quarterly Journal of Economics, Vol. 106, No. 2, 1991.

[257] Magee, Christopher S. P. Trade creation, trade diversion, and endogenous regionalism. Econometric Society 2004 North American Summer Meeting. No. 289. 2004.

[258] Malamud A. Theories of Regional Integration and the Origins of MERCOSUR, 2010, August.

[259] Marcel Vaillant. Who Wins in South – South Trade agreements? New Evidence For MERCOSUR, 2010.

[260] Marshall A. Principles of Economics, Macmillan Press, 1920.

[261] Martinoia M. European Integration, Labour Market Dynamics and Migration Flows, European Journal of Comparative Economics, 2011, 8 (1).

[262] Matias Berthelon. Growth effects of regional integration agreements, Central Bank of Chile working paper, No. 278, 2004.

[263] Meade, J. E. The theory of Customs Union, North – Holland Amsterdam Press, 1955.

[264] Meng – Horng Lee and Chee – Wooi Hooy. Country Versus Industry Diversification in ASEAN – 5, Emerging Markets Finance & Trade, Vol. 49, No. 2, 2013.

[265] Michael A. Glosny Heading toward a Win – Win Future: Recent Developments in China's Policy toward Southeast Asia, Asian Security, Vol. 2, No. 1, 2006.

[266] Michael Frenkel and Thomas Trauth. Growth Effects of Integration among Unequal Countries, Global Finance Journal, Vol. 8, No. 1, 1997.

[267] Michaely M. Trade preferential agreements in Latin America: an ex-ante assessment, World Bank Publications, 1996.

[268] Min Gyo Koo. The ASEAN + 'X' Framework and its Implications for the Economic – Security Nexus in East Asia, The Political Economy of the Asia Pacific,

Vol. 1, 2013.

[269] Myrdal, G. Development and Underdevelopment: A Note on the Mechanism of National and International Inequality, Cairo: National Bank of Egypt, 1956.

[270] Myrna S. Austria Moving Towards an ASEAN Economic Community, East Asia, Vol29, 2012.

[271] Narramore, T. E. Communities and Citizens: Identity and Difference in Discourses of Asia – Pacific Regionalism. Citizenship Studies, Vol. 2, No. 1, 1998.

[272] Oman C. Globalisation and regionalisation: the challenge for developing countries, Head of Publications, OCED, 1994.

[273] Paiva P. & Gazel R. Mercosur Economic Issues: Successes, Failure and Unfinished Business, 2004, January.

[274] Peter J. Katzenstein. Regionalism and Asia, New Political Economy, Vol. 5, No. 3, 2008.

[275] Peter R. The Economics of International Integration, Academic Division of Unmin Hyman Ltd. 1990.

[276] R. Harrison. Europe in Quesion: Theories of Regional International Integration, London, 1974.

[277] Richard E. B., Anthony J. V. Regional Economic Integration, in Gene M. Grossman and Kenneth Rogoff (eds.), Handbook of International Economics, 2004.

[278] Robertson R. Defining North American Economic Integration. NAAMIC conference, 2004.

[279] Rodolfo Severino. Southeast Asia in Search of an ASEAN Community, Institute of Southeast Asian Studies, 2006.

[280] Romer, P. Increasing returns and long-run growth, Journal of Political Economy, Vol. 94, 1986.

[281] Ronald L. Jepperson, Alexander Wendt, and Peter J. Katzenstein. Norms, Identity and Culture in National Security. In The Culture of National Security: Norms and Identity in World Politics. Edited by Peter J. Katzenstein. New York, NY: Columbia University Press, 1996.

[282] Sands C. Designing an Index of Relative Economic Integration for North American: Theory and Some Practical Considerations, CSIS discussion paper, 2003.

[283] Shaun Breslin. Comparative Theory, China, and the Future of East Asian Regionalism, Review of International Studies, Vol. 36, No. 3, 2010.

［284］ Shelly， M. Aspects of European Cultural Diversity. London： routledge，1995.

［285］ Sokolsky， Richard. The Role of Southeast Asia in U. S. Strategy Toward China， Rand Corp Santa Monica CA， 2000.

［286］ Soloaga I. ， Alan Wintersb L. Regionalism in the nineties： What effect on trade?， The North American Journal of Economics and Finance， 2001.

［287］ Summers， Lawrence H. Regionalism and the World Trading System. In Policy Implications of Trade and Currency Zones， Federal Reserve Bank Press， 1991.

［288］ T. Scitovsky. Economic Theory and Western European Integration， Stanford University Press， 1958.

［289］ Tinbergen J. International economic integration， Elsevier， Amsterdam， 1954.

［290］ Tinbergen J. International Economic Integration. Amsterdam： Elsevier Publishing Company， 1965.

［291］ Tinbergen， J. Shaping the World Economy; Suggestions for an International Economic Policy， New York： The Twentieth Century Fund， 1962.

［292］ Valle. Inter-regionalism： A Case Study of the European Union and Mercosur， Garnet Working Paper， 2008， July.

［293］ Vamvakidis Athanasios. Regional trade agreements or broad liberalization： which path leads to faster growth?， IMF Staff Papers， Vol. 46， No1， 1999.

［294］ Vamvakidis Athanasios. Regional Integration and Economic Growth， The World Bank Economic Review， Vol. 12， No. 2， 1988.

［295］ Viner J. The Customs Union Issue， Carnegie Endowment for International Perce Press， 1950.

［296］ Waynet Bert. The United States， China and Southeast Asian Security – A Changing of the Guard， New York， Palgrave Macmillan， 2003.

［297］ Yannopoulos G. Foreign Direct Investment and European Integration： the Evidence from the Formative Years of the European Community， Journal of Common Market Studies， 1990.

后　记

时间飞逝，白驹过隙。在用键盘敲上最后一个句号的那一刻，我想这个小小的圆圈已将我们所有的辛酸与充实都画上了一个完美的结尾。四年的时间悄然流过，再回首，就像用鼠标拖着 word 文档的滚动轴从下往上翻动一样——飞速翻页却又感内容厚重。从 2010 年准备申报到 2014 年完题结项，课题组的所有成员们用自己的智慧和心血克服了课题研究中的重重障碍。这段历程是我们成长的道路，也是一条留下我们美好记忆的漫漫长河。

2010 年的夏天是广西典型的一个夏天，太阳无限的释放着自己的热情，气温也很配合的不断爬升。在广西大学中国—东盟研究院原来住址小红楼的 40 平方米的办公室里，我和老师们带着 2007 级、2008 级和 2009 级的研究生们查数据、论方案，热火朝天的撰写着《中国—东盟区域经济一体化研究》的课题申报书。现在回想起来，我们当时的心情既紧张又充满希望。紧张的是广西高校从来没有在哲学社会科学研究方面获得过这种级别的项目，希望的是我们迫切地想在中国—东盟研究领域打破这个尘封已久的记录。就像门外荷花池里的荷苞一样，含羞待放，希望展示自己的惊世容颜却又含羞初见于世。于是，我们开始大量收集资料、整合我们现有的软硬件实力，确定研究框架、研究内容和研究思路，为花开的那一刻汲取养分。最终，经过夜以继日的奋斗，老师和学生们把自己长期积累的知识经过三个月的提炼浓缩为 10 万字的精华，并于 2010 年 12 月收获了一朵绚丽的荷花——项目成功中标教育部哲学社会科学重大课题攻关项目。该项目的中标实现了广西历史上该级别项目"零"的突破，这不只是我们课题组成员努力的结果，更是党、政府和社会对广西哲学社会科学界多年来在中国—东盟研究领域的认可，这是广西哲学社会科学界共同的荣誉。

2011 年 1 月 16 日，我想这一天对整个广西哲学社会科学界来讲可能都是重要的一天。因为这一天，我们在广西大学做了《中国—东盟区域经济一体化研究》项目的开题报告会，时任教育部社科司副司长、现任司长张东刚教授，教育部社科司规划处处长徐青森，成果处调研员马建通，副处长王日春等领导亲临广西大学指导课题研究工作。张东刚教授、自治区高校工委副书记孙海潮作了重要讲话，并就下一步课题研究工作提出了明确的要求。开题报告会专家组组长、南开大学副校长、著名经济学家佟家栋教授主持了课题研究方案论证，我向入会领导和专家汇报了课题研究方案，中央财经大学博士生导师、金融学家李健教授，中国人民大学博士生导师、税务学家朱青教授，中国社会科学院宋泓研究员，南开大学中国 APEC 研究中心主任、博士生导师、著名国际问题专家宫占奎教授，福建社科院全毅研究员，自治区财政厅范世祥总会计师，中国—东盟研究院阳国亮教授等专家就课题研究方案、技术路线调整提出了宝贵意见。张东刚教授肯定了重大项目课题组前一阶段的准备工作，对课题组充分整合理论界和实务界研究力量共同攻关这一做法尤其赞赏。

随着开题报告会的结束，课题组吸取各位专家的建议进一步调整了研究方案并热情地投入到了课题研究工作之中。在研究过程中，有苦有乐，"苦"的是研究过程中所遇到的困难，"乐"的是经过课题组的辛勤耕耘我们解决了一项又一项困难之后所取得的丰硕研究成果。当然这些成果的取得除了课题组成员的共同努力之外，还要感谢为课题组成员排忧解难的专家们。2011 年 12 月 18 日，课题组举行专家咨询会议，会议邀请南开大学副校长、博士生导师佟家栋教授，中国人民大学财政金融政策研究中心主任、博士生导师汪昌云教授，中国社会科学院研究员、《经济研究》主编、博士生导师王诚教授，上海财经大学商学院党委书记、博士生导师戴国强教授，厦门大学东南亚研究中心主任、博士生导师王勤教授，暨南大学经济学院院长、博士生导师刘少波教授，湖北省金融研究中心主任、博士生导师朱新蓉教授，上海财经大学博士生导师丁剑平教授，暨南大学珠海校区管理委员会副主任张江河教授等专家就课题研究过程中遇到的难点及热点问题提出建议及解决思路。此外，课题组还多次邀请相关国内外专家来我校做学术交流，如于 2013 年 5 月 30 日邀请南京大学商学院张二震教授、对外经济贸易大学副校长林桂军教授作学术报告；于 2013 年 10 月 28 日承办"2013 中国—东盟区域发展论坛"为契机，邀请自中国商务部、外交部、中国社会科学院、对外经济贸易大学以及东盟 10 国商务部、贸易发展部、印度尼西亚国立大学等共 18 位官员专家学者作为嘉宾参加了（或在线视频）此次论坛，他们是柬埔寨驻南宁商务联系处随员 Bun Chamnan，印度尼西亚大学东盟研究中心主任、博士 Makmur Keliat，老挝国家大学经济与工商管理学院副院长 Sengchanh Chanthasene，马来西亚前驻 WTO 大使 Suppera Maniam，缅甸商务部贸易司副司长 Win Win Phyoe，菲律宾驻华使馆一秘 Ivan Frank M. Olea，新加坡驻华使馆经济参赞陈如海，泰国贸易与发展研究所常务副所长、博士 Watcharas Leelawath，越南社科院中国研究所所长杜进森教授，商务部国际司公使衔参赞张少刚，外交部亚洲司参赞李碧建，中国—东盟商务理事会中方秘书处秘书长许宁宁，中国社会科学院亚太与全球战略研究院国际合作室主任王玉主，国家发改委对外经济研究所国际合作室主任张建平，对外经济贸易大学国际经济研究院副院长庄芮等；于2013年12月13日举办"中国—东盟金融论坛·2013"为契机，邀请了复旦大学金融研究院陈学彬教授，泰国国立法政大学经济学副教授 Bhanupong Nidhiprabha，新加坡管理大学应用经济硕士项目主任 Tan Kim Song 教授，纽约州立大学纽帕兹分校经济系助理教授 Sara Hsu，厦门大学经济学院金融系主任郭晔教授，波兰经济大学经济学博士 Ewa Cieślik，中央财经大学金融学院副院长李建军教授，美国新经济思维研究院影子银行部成员 Zoltan Pozsar，加拿大魁北克大学统计与概率研究实验室 Christian Calmès 教授，西南财经大学中国金融研究中心主任王擎教授，中国农业银行广西分行副行长于建忠，中南财经政法大学金融学院院长宋清华教授，新疆财经大学金融学院阿布杜瓦力·艾百副教授，广东财经大学金融学院刘湘云教授，中国银监会政策研究局副研究员、高级经济师王刚，招商银行博士后科研工作站周治富参会，共同围绕"中国—东盟自贸区升级版打造"等主题进行交流探讨。通过这些学术交流，课题组成员受益匪浅，不仅开拓了眼界，还积极将这些专家学者们的研究思路、研究方法以及对本课题研究的建议付诸于课题研究过程当中。

为了取得高质量的研究成果，课题组成员积极赴国外进行调研，以获取和搜集最新研究资料。2013年4月10日，课题组赴老挝国立大学进行调研，老挝国立大学国际关系办公室副主任 Bounheng Siharat 介绍了老挝国立大学的概况，并表达出了与广西大学中国—东盟研究院合作的强烈意愿，提出签订两校合作协议，双方可以互派教师到对方学校从事科学研究，提高科学研究的质量。2013年4月12日，课题组在柬埔寨首都金边召开了专家咨询会议，中国国家开发银行在柬埔寨的工作小组、柬埔寨亚洲银行的职员、柬埔寨 NGO 组织的工作人员以及贸易公司的主管参加了此次会议，中央财经大学李健教授、南开大学马君潞教授也随行出席该次会议。课题组向他们了解了柬埔寨的经济发展状况、金融市场的发展情况以及人民币在当地的使用情况，为课题研究的撰写及完善提供了支撑。2013年5月13日，课题组成员李好博士率考察团赴老挝考察调研，并在回程途中专程访问了云南省社会科学院东南亚研究所。云南省社会科学院东南亚研究所所长孔建勋研究员、老挝问题专家方芸研究员参与座谈，李好博士简要介绍了广西大学中国—东盟研究院的情况。双方就各自开展老挝相关研究的经验、成果和面临的问题，与老挝相关研究机构的合作情况等展开了交流。课题组成员还于2013年7月赴印度尼西亚、2013年10月赴马来西亚进行了调研。在赴东盟调研过程中，阮氏秋河（越南）、周南成（柬埔寨）、曾丽萍（老挝）、傅承欢（缅甸）、泰露露（泰国）、谢惠珠（缅甸）等东盟国家在广西大学的留学生为调研工作作出了重要贡献，他们不仅参与了调查问卷的设计、发放及搜集工作，也为课题组成员赴东盟调研时做了联系及协调等工作。此外，老挝国立大学国际关系办公室副主任 Bounheng Siharat 女士、老挝国立大学国际关系办公室中国—越南合作部门负责人 Khamhoung Chanthavong 先生、老挝国立大学经济和商业管理学院副院长 Sengchanh Chanthasene 副教授、老挝 Phongsavanh 银行 Sengdao Bouphakonekham、Vanitja Sayasane、Saynavinh Desakhamphou、Thongchanh Santhasith，柬埔寨亚洲银行 Khoun Vitou，柬埔寨对外贸易银行 Sok Sombo，柬埔寨农村发展组织 Chheng Long、印度尼西亚国家智库—战略与国际研究中心经济部主任 Yose Rizal Damuri 博士、印度尼西亚大学东盟研究中心研究员 Evi Fitriani 博士等专家学者或相关人员为实地调研活动的展开给予了实际的帮助与支持。通过调研活动的开展，课题组不仅搜集了相关经济金融数据及资料，还对东盟国家的发展情况有了更为深入的了解。

最终，通过课题组成员的共同努力完成了整个"中国—东盟区域经济一体化"的研究工作。课题组不仅取得了丰硕的阶段性研究成果，还完成了近50万字的主研究报告和20多万字的政策研究报告（针对广西）。在此，我要对所有参与课题撰写的课题组成员表示由衷的感谢，他们是黄立群、阎世平、梁运文、王中昭、申韬、潘永、梁淑红、李红、陆建人、李好、唐文琳、黎鹏、陆善勇、黄绥彪、岳桂宁、缪慧星、金丹、万亿、张文山、常雅丽、方晶晶、李雄师、程成、张金娟、唐玉爽、范励、唐明知、杨以轩、黎耀川、徐啸、韦姿百、贺柳、张宏杨、廖素桃、刘璐、郭勇熙、吴家奇、林元辉、阮锟、秦欣然、张涵、何安妮、郑薇、韦丽娜、周晨阳，他们将宝贵的时间投入到学术研究之中，为课题的完成贡献了自己的力量，是你们用辛勤的努力和负责任的态度换来了课题的顺利进展。当然，除了直接参与撰写工作的课题组成员之外，吕玲丽、李杰云、甘霖、徐亚平、岳桂宁、唐菁菁、张岩、梁昕懿、倪婷、乔博、黄红纬、安雅丹、艾育澄、段冰洁、刘展等也为课题研究工作作出了重要贡献，他们为课题组在研究思路、资料搜集等方面提出了建议和提供了帮助，在此一并感谢。

通过该项目的开展，课题组不仅仅只是完成了一项研究工作，更重要的是培养了一个踏实肯干、学术精良的研究团队。我相信，今后我们的中国—东盟研究团队一定会在该领域取得更多更新更高质量的研究成果，为社会贡献出自己的一分力量。值得欣慰的是，我们已经看到了自己的努力转化成了对社会有益的成果，产生了很强的社会影响，并且受到了社会各界的高度重视，如课题组成员撰写的《推进人民币东盟化 重塑东盟领域中国的核心影响力》被收录至教育部人文社会科学研究项目成果摘报；针对热点问题"南海领土争端"所撰写的成果简报《应对南海局势的经济金融战略思考与对策》被中国人民银行上海总部调查统计研究部所重视，其观点被提交相关职能部门作为决策参考，该简报还被《当代世界研究参阅资料》第 129 期采用；从阶段性研究成果中提炼出的策略建议《从"国之交"到"民之亲"——中国对东盟战略调整的政策建议》被教育部社会科学司采纳，入选教育部《专家建议》第 29 期，呈送国务院副总理刘延东等中央领导参阅；受外交部国际经济司所托撰写的课题报告《当前亚太区域合作总体形势及对策》被外交部评价为具有前瞻性和创新性，对外交部内部政策规划有较强的参考价值；《TPP 对我亚太战略的影响及应对策略》被中共中央对外联络部当代世界研究中心收录。此外，我们的研究团队还受到了广西壮族自治区党委的重视，并于 2013 年 6 月应自治区党委办公厅邀请，为自治区领导班子作《中国—东盟区域合作与广西战略机遇》专题报告，以自治区党委书记、自治区人大常委会主任彭清华带头的领导班子进行了集体学习与探讨。彭清华书记对课题组所取得的成果表示肯定，并针对广西与东盟之间的发展如"中国—东盟博览会改进"、"北部湾地区海上合作"等问题提出了明确的科研课题，要求就目前中国—东盟领域的研究，结合广西经济社会发展实际，做进一步深入的研究。

因此，我们也十分感谢党、政府和社会对我们研究团队的关注和支持。当然，我们的研究成果可能还有待完善，研究结论还需要更多有学识的学者进行探讨。但是，我相信，未来我们一定会做得更好。我们广西大学中国—东盟研究院愿意"为研究先"，争取尽快提升自身研究实力、团结社会各界研究力量，为国家的决策提供参考依据。

最后，学术研究是一个在大量积累中不断创新的过程。以后我们团队一定会更加努力，保持一颗忠诚、虔诚的心和一个谨慎、谦虚的态度，做好一个学术研究机构的本职工作。我们相信：长途漫漫，上下求索，八千里翅翼，九万里鹏程，始于今朝！只期集众生之力，铸百思之堂，造纵横之才，以匡国稷。

范祚军于广西南宁

2014 年 4 月 1 日凌晨

教育部哲学社會科学研究重大課题攻閱項目
成果出版列表

书　名	首席专家
《马克思主义基础理论若干重大问题研究》	陈先达
《马克思主义理论学科体系建构与建设研究》	张雷声
《马克思主义整体性研究》	逄锦聚
《改革开放以来马克思主义在中国的发展》	顾钰民
《新时期　新探索　新征程 ——当代资本主义国家共产党的理论与实践研究》	聂运麟
《坚持马克思主义在意识形态领域指导地位研究》	陈先达
《当代资本主义新变化的批判性解读》	唐正东
《当代中国人精神生活研究》	童世骏
《弘扬与培育民族精神研究》	杨叔子
《当代科学哲学的发展趋势》	郭贵春
《服务型政府建设规律研究》	朱光磊
《地方政府改革与深化行政管理体制改革研究》	沈荣华
《面向知识表示与推理的自然语言逻辑》	鞠实儿
《当代宗教冲突与对话研究》	张志刚
《马克思主义文艺理论中国化研究》	朱立元
《历史题材文学创作重大问题研究》	童庆炳
《现代中西高校公共艺术教育比较研究》	曾繁仁
《西方文论中国化与中国文论建设》	王一川
《中华民族音乐文化的国际传播与推广》	王耀华
《楚地出土戰國簡册〔十四種〕》	陳　偉
《近代中国的知识与制度转型》	桑　兵
《中国抗战在世界反法西斯战争中的历史地位》	胡德坤
《近代以来日本对华认识及其行动选择研究》	杨栋梁
《京津冀都市圈的崛起与中国经济发展》	周立群
《金融市场全球化下的中国监管体系研究》	曹凤岐
《中国市场经济发展研究》	刘　伟
《全球经济调整中的中国经济增长与宏观调控体系研究》	黄　达
《中国特大都市圈与世界制造业中心研究》	李廉水
《中国产业竞争力研究》	赵彦云

书　名	首席专家
《东北老工业基地资源型城市发展可持续产业问题研究》	宋冬林
《转型时期消费需求升级与产业发展研究》	臧旭恒
《中国金融国际化中的风险防范与金融安全研究》	刘锡良
《全球新型金融危机与中国的外汇储备战略》	陈雨露
《全球金融危机与新常态下的中国产业发展》	段文斌
《中国民营经济制度创新与发展》	李维安
《中国现代服务经济理论与发展战略研究》	陈　宪
《中国转型期的社会风险及公共危机管理研究》	丁烈云
《人文社会科学研究成果评价体系研究》	刘大椿
《中国工业化、城镇化进程中的农村土地问题研究》	曲福田
《中国农村社区建设研究》	项继权
《东北老工业基地改造与振兴研究》	程　伟
《全面建设小康社会进程中的我国就业发展战略研究》	曾湘泉
《自主创新战略与国际竞争力研究》	吴贵生
《转轨经济中的反行政性垄断与促进竞争政策研究》	于良春
《面向公共服务的电子政务管理体系研究》	孙宝文
《产权理论比较与中国产权制度变革》	黄少安
《中国企业集团成长与重组研究》	蓝海林
《我国资源、环境、人口与经济承载能力研究》	邱　东
《"病有所医"——目标、路径与战略选择》	高建民
《税收对国民收入分配调控作用研究》	郭庆旺
《多党合作与中国共产党执政能力建设研究》	周淑真
《规范收入分配秩序研究》	杨灿明
《中国社会转型中的政府治理模式研究》	娄成武
《中国加入区域经济一体化研究》	黄卫平
《金融体制改革和货币问题研究》	王广谦
《人民币均衡汇率问题研究》	姜波克
《我国土地制度与社会经济协调发展研究》	黄祖辉
《南水北调工程与中部地区经济社会可持续发展研究》	杨云彦
《产业集聚与区域经济协调发展研究》	王　珺
《我国货币政策体系与传导机制研究》	刘　伟
《我国民法典体系问题研究》	王利明
《中国司法制度的基础理论问题研究》	陈光中
《多元化纠纷解决机制与和谐社会的构建》	范　愉
《中国和平发展的重大前沿国际法律问题研究》	曾令良
《中国法制现代化的理论与实践》	徐显明

书　名	首席专家
《农村土地问题立法研究》	陈小君
《知识产权制度变革与发展研究》	吴汉东
《中国能源安全若干法律与政策问题研究》	黄　进
《城乡统筹视角下我国城乡双向商贸流通体系研究》	任保平
《产权强度、土地流转与农民权益保护》	罗必良
《我国建设用地总量控制与差别化管理政策研究》	欧名豪
《矿产资源有偿使用制度与生态补偿机制》	李国平
《巨灾风险管理制度创新研究》	卓　志
《国有资产法律保护机制研究》	李曙光
《中国与全球油气资源重点区域合作研究》	王　震
《可持续发展的中国新型农村社会养老保险制度研究》	邓大松
《农民工权益保护理论与实践研究》	刘林平
《大学生就业创业教育研究》	杨晓慧
《新能源与可再生能源法律与政策研究》	李艳芳
《中国海外投资的风险防范与管控体系研究》	陈菲琼
《生活质量的指标构建与现状评价》	周长城
《中国公民人文素质研究》	石亚军
《城市化进程中的重大社会问题及其对策研究》	李　强
《中国农村与农民问题前沿研究》	徐　勇
《西部开发中的人口流动与族际交往研究》	马　戎
《现代农业发展战略研究》	周应恒
《综合交通运输体系研究——认知与建构》	荣朝和
《中国独生子女问题研究》	风笑天
《我国粮食安全保障体系研究》	胡小平
《我国食品安全风险防控研究》	王　硕
《城市新移民问题及其对策研究》	周大鸣
《新农村建设与城镇化推进中农村教育布局调整研究》	史宁中
《农村公共产品供给与农村和谐社会建设》	王国华
《中国大城市户籍制度改革研究》	彭希哲
《国家惠农政策的成效评价与完善研究》	邓大才
《以民主促进和谐——和谐社会构建中的基层民主政治建设研究》	徐　勇
《城市文化与国家治理——当代中国城市建设理论内涵与发展模式建构》	皇甫晓涛
《中国边疆治理研究》	周　平
《边疆多民族地区构建社会主义和谐社会研究》	张先亮
《新疆民族文化、民族心理与社会长治久安》	高静文
《中国大众媒介的传播效果与公信力研究》	喻国明
《媒介素养：理念、认知、参与》	陆　晔

书　名	首席专家
《创新型国家的知识信息服务体系研究》	胡昌平
《数字信息资源规划、管理与利用研究》	马费成
《新闻传媒发展与建构和谐社会关系研究》	罗以澄
《数字传播技术与媒体产业发展研究》	黄升民
《互联网等新媒体对社会舆论影响与利用研究》	谢新洲
《网络舆论监测与安全研究》	黄永林
《中国文化产业发展战略论》	胡惠林
《20 世纪中国古代文化经典在域外的传播与影响研究》	张西平
《教育投入、资源配置与人力资本收益》	闵维方
《创新人才与教育创新研究》	林崇德
《中国农村教育发展指标体系研究》	袁桂林
《高校思想政治理论课程建设研究》	顾海良
《网络思想政治教育研究》	张再兴
《高校招生考试制度改革研究》	刘海峰
《基础教育改革与中国教育学理论重建研究》	叶　澜
《我国研究生教育结构调整问题研究》	袁本涛　王传毅
《公共财政框架下公共教育财政制度研究》	王善迈
《农民工子女问题研究》	袁振国
《当代大学生诚信制度建设及加强大学生思想政治工作研究》	黄蓉生
《从失衡走向平衡：素质教育课程评价体系研究》	钟启泉　崔允漷
《构建城乡一体化的教育体制机制研究》	李　玲
《高校思想政治理论课教育教学质量监测体系研究》	张耀灿
《处境不利儿童的心理发展现状与教育对策研究》	申继亮
《学习过程与机制研究》	莫　雷
《青少年心理健康素质调查研究》	沈德立
《灾后中小学生心理疏导研究》	林崇德
《民族地区教育优先发展研究》	张诗亚
《WTO 主要成员贸易政策体系与对策研究》	张汉林
《中国和平发展的国际环境分析》	叶自成
《冷战时期美国重大外交政策案例研究》	沈志华
《新时期中非合作关系研究》	刘鸿武
《我国的地缘政治及其战略研究》	倪世雄
《中国海洋发展战略研究》	徐祥民
中国—东盟区域经济一体化研究	范祚军
*《中国政治文明与宪法建设》	谢庆奎
*《非传统安全合作与中俄关系》	冯绍雷
*《中国的中亚区域经济与能源合作战略研究》	安尼瓦尔·阿木提

······

＊为即将出版图书